烟台港航大事记

烟台市港航管理局 编

图书在版编目（CIP）数据

烟台港航大事记 / 烟台市港航管理局编. -- 北京：方志出版社，2016.1

ISBN 978-7-5144-1932-0

Ⅰ. ①烟… Ⅱ. ①烟… Ⅲ. ①港口－历史－烟台市 Ⅳ. ①U659.2

中国版本图书馆 CIP 数据核字（2016）第 027158 号

烟台港航大事记

编　　者：烟台市港航管理局

责任编辑：刘方圆

出 版 人：冀祥德

出 版 者：方志出版社

地址　北京市朝阳区潘家园东里 9 号（国家方志馆 4 层）

邮编　100021

网址　http // www.fzph.org

发　　行：方志出版社发行中心

电话（010）67110500

经　　销：各地新华书店

印　　刷：烟台市东风彩印有限公司

开　　本：889×1194　　1/16

印　　张：30

字　　数：702 千字

版　　次：2016 年 1 月第 1 版　　2016 年 1 月第 1 次印刷

印　　数：0001 ～ 1000 册

ISBN　978-7-5144-1932-0　　定价：280.00 元

《烟台港航大事记》编审人员

主　编：邢迎春

编　辑：梁联增　郭恩革

摄　影：吴黎明　姜同川　兰培喜　梁联增
韩永奇　周鲁宁　王建波　冯守权

特邀审稿：吕福堂　王士鹏

复　审：卫家雄

序

前人记事修志，用以问道，而今一脉相承，垂之久远。

烟台，雄踞海道咽喉。古时探海漂航，君王巡狩，漕粮往来，备倭巡检，皆首当其冲。迨当下，港为城用，城依港兴，港航并举，海运畅旺，百业繁荣，是为中国海疆一柱。

烟台港航，与海共舞。溯往昔，她脱胎于白石群落依偎下的自然海湾，从荡舟渔唱起步，走过夕阳落帆的海口，看过船帮、洋行昙花一现，艰辛装扮简陋的近代海港，弄潮在新时期改革开放的涛头。数千年风云变幻、波涛汹涌中，烟台港航人不畏艰险，扬帆趋远，身姿愈显矫健。他追寻着浩渺苍穹的召唤，一步步踏着荒蛮、渔寮、商埠、对外通商口岸的层阶，搭上新中国的巨轮，穿梭往来，通衢五洲。现如今，烟台港航十大港区码头纵横，桥吊林立，机器轰鸣；海运大军船舶、装备升级换代，集装箱承载、客货滚装、汽车火车同舟渡海；陆岛交通实现班轮快航；国家级的空中和海上救助、水下打捞构成海运立体安全保障。

港航事业—港口城市经济运转极富活力的“生长点”。烟台要在二十一世纪前沿崭露头角，为中华民族伟大复兴的中国梦添彩，实力雄厚的现代化国际性港航事业作依托不可或缺。

登高望远，时逢中国水运事业昌盛代。烟台港航，海之骄子，矢志守望着那片蔚蓝。跻身东北亚国际经济圈，有天时地利，更有万众齐心合力向前。加快现代化建设进程，打造中国北方一流港口强市和航运大市机不可失，时不我待！

继往开来，漫漫航路我们扬帆向远，风雨无阻……

2015年2月16日

✦烟台港各港区位置示意图

烟台港航相关单位地理位置
1.交通运输部烟台打捞局
2.交通运输部北海救助局
3.烟台市港航管理局
烟台港引航站
中铁渤海铁路轮渡有限责任公司
4.交通运输部北海航海保障中心烟台航标处
5.中交烟台环保疏浚有限公司
6.烟台同三轮渡码头有限公司
7.烟台保税港区管理委员会
8.烟台边防检查站
9.中华人民共和国烟台海事局
10.山东省烟台船舶检验局
渤海轮渡股份有限公司
11.中国船级社青岛分社烟台办事处
12.中华人民共和国烟台出入境检验检疫局
13.烟台港集团有限公司
14.中华人民共和国烟台海关
2014年8月制
黄 海
套子湾
阳主庙
芝罘岛小学
芝罘岛东路
芝罘岛路
崆峒口
东口
东旺山
芝罘湾
环海路
幸福八村
九村
幸福路
幸福五村
万华小学
幸福一村
革命烈士纪念碑
芝罘屯路
港湾大道
宝丽大厦
南大街
青年路
工人子女小学
北马路
烟台山景区
烟台中心大酒店
解放路
二马路
东方海洋大酒店

鸟瞰烟台港芝罘湾港区

烟台港集装箱装卸作业

凡　例

一、指导思想　本大事记以马克思列宁主义、毛泽东思想、邓小平理论、“三个代表”重要思想、科学发展观为指导，坚持辩证唯物主义和历史唯物主义的立场、观点和方法，记载烟台市港航及密切相关行业的重要活动和事件，力求做到思想性、科学性和资料性的统一。

二、记载文体　运用编年体和记事本末体相结合的方法进行记事。结合正文，选配相关图照，做到文、图相得益彰。

三、时间断限　上限起自新石器早期，下限截至 2013 年。时间记载 1912 年 1 月 1 日前为农历，其后均为公历。

四、记载范围　以 2013 年烟台市行政区划为准。1983 年 8 月 30 日前，行文中所称的“烟台”指今芝罘区；其后，“烟台市”“境内”“全市”指现行烟台市行政辖域。部、省属单位及个别事件适当外延。

五、称谓　凡历史朝代，一律沿用公元纪年，后面加注通称，如明、清等；1912 年起不加括注。记述地域（如县、市、区）和单位时，仍沿用当时的管辖范围和名称。

六、内容编排　坚持实事求是，据事直书，详今略古。其他涉及港航的相关事件，如：行政区划、天灾、地震、气象、道路、桥梁等择要简记。

七、资料来源　主要采纳各相关部门和单位提供的文档资料、历史文献资料、口碑资料、地方志书等。相关古文资料进行标点，并注明出处。

目　录

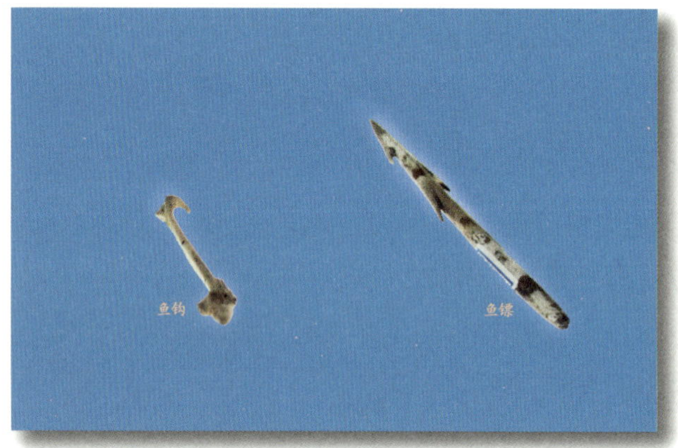

✦长岛出土距今 6500 年的鱼钩和鱼镖 /2011 年摄

原始社会

原始社会

约前7000—前4500年

新石器时代，在胶东沿海生息繁衍的原始聚落群先民，利用自然海湾渔猎和取食蛤、蚌、蚬、牡蛎等岸滩海洋生物，丢弃的贝壳在生活地长期累积、堆积形成“贝丘”，至今境内沿海村镇仍可发现许多“贝丘”遗存。1962年，烟台发现白石村遗址，该遗址位于芝罘区黄金顶山北麓坡地上，距海岸约1.5公里。1975年，由山东省博物馆牵头，烟台地区文物管理委员会参加第一次发掘，1980年至1981年，烟台地区文物管理委员会、烟台市博物馆又进行两次发掘。出土新石器时代石斧、石铲、三角足盆形鼎、骨针等器物，有大量瓣鳃类、腹足类壳皮、鱼骨等海产遗物化石以及石网坠和陶器。从出土鱼骨分析，其时先民已经能够捕捞红鳞加吉（俗称真鲷）、红鳍东方鲀（俗称廷巴鱼）、鲈、黑鲷等深水鱼类。该遗址2006年5月25日被列为国务院全国重点文物保护单位。

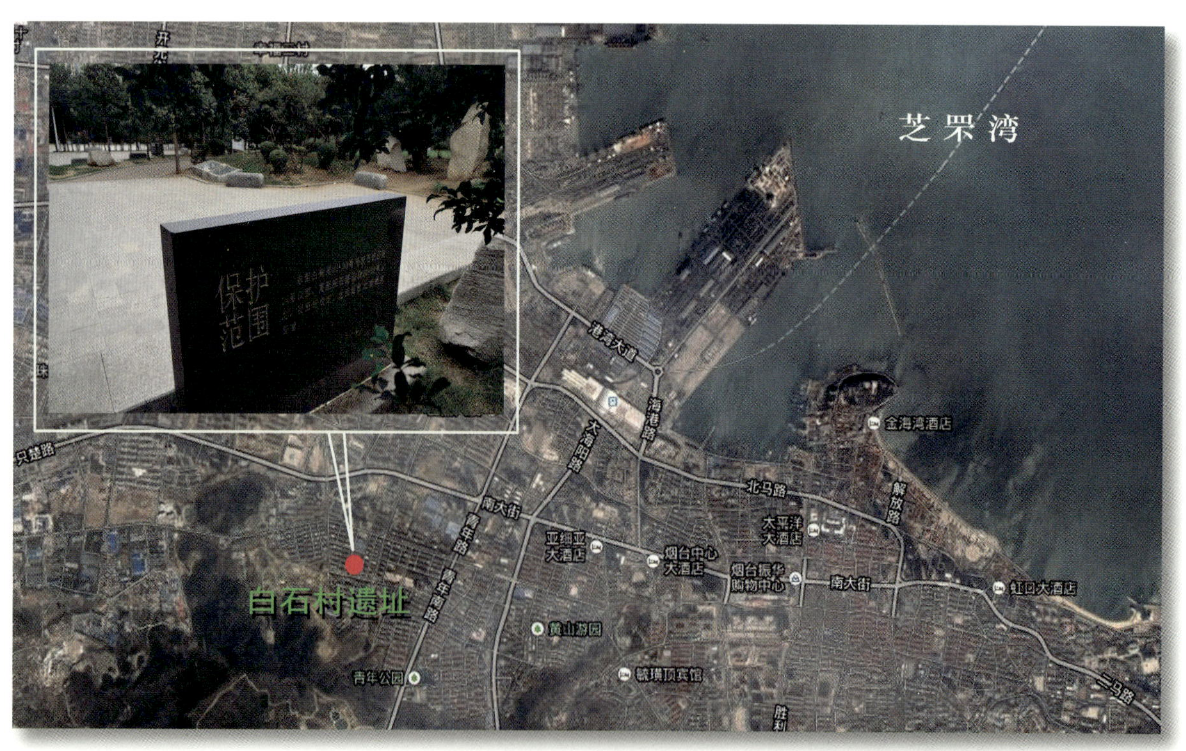

✦ 白石村遗址位置图/2014年摄

约前5700—前5000年

1981年至1987年，北京大学考古系、烟台地区文物管理委员会和长岛县博物馆联合发掘长岛县大黑山乡北庄遗址，发现97座房址，证实古人已能建造半地穴式房屋，制造和使用红陶夹砂圆锥状足鼎、鱼形鼎、手制红陶施红衣绘黑彩陶片以及划纹筒形罐等陶器，堪比同一时期西安“半坡遗址”，故有“东方半坡”之称。（见《考古烟台》）

长岛县北庄遗址出土的鸟形鬶炊煮器具/2011年摄

约前4500—前4000年

1976年，辽宁省考古发掘了旅顺口铁山镇郭家村文化遗址，出土具有龙山文化特点的黑陶等，证实早在龙山文化时期，胶东半岛与辽东半岛通过海上漂航已有文化交流。

白石村“贝丘”遗址/2014年摄

✦ 长岛出土的青铜礼器“舟”/2011 年摄

夏/商/周

夏/商/周

商

约前1600—前1046年

甲骨卜辞记载：商纣王征讨胶东半岛的人方国时，曾两渡淮水至齐国，然后沿海南下征战。

“殷道衰，箕子去之朝鲜，教其民以礼义、田蚕、织作。”（见《汉书·地理志》）

✦ 莱州出土的宋代船舵 /2011 年摄

周

前1046—前221年

田齐时，东莱一带运输鱼盐的车辆往来不绝，“转毂游海者盖三千乘。（见《盐铁论·刺权》）

景公出游，问於晏子曰：“我欲观於转附（今芝罘岛）、朝儛（成山），遵海而南，放於琅琊（胶南），寡人何修，则夫先王之游？”时转附为南北海路重要停泊之地。（见《晏子春秋·内篇》）

桓公曰：“四夷不服，恐其逆政游于天下而伤寡人，寡人之行，为此有道乎？”管子出谋划策以对，其中还建议齐国主动与朝鲜通商贸易：“一豹之皮，容金而金也；然后八千里之发（秽貊）、朝鲜可得而朝也。”（见《管子·轻重甲》）

前656年/鲁僖公四年

夏　“齐人执陈袁涛涂。”因涛涂建议桓公在征服南夷后，“何不还师滨海而东，服东夷且归。”恒公“还师滨海而东，大陷於沛泽之中。顾而执涛涂。”（见《春秋公羊传》）

夏

约前2070—前1600年

《史记·夏本纪》记载：“海岱维青州：堣夷既略，潍、淄其道。其土白坟，海滨广潟，厥田斥卤。……厥贡盐絺，海物维错，岱畎丝、枲、铅、松、怪石，莱夷为牧，其篚酓丝。浮于汶，通于济。”（指渤海和泰山之间是青州，嵎夷治理好以后，又疏通潍水、淄水。这一州的土壤是白坟，海滨则是咸卤盐场。……贡物是盐、细葛布、海产品并有泰山山谷里出的丝、麻、铅、松、奇异的石头。莱夷一带可以放牧，还有装在筐子里进贡的山桑蚕丝。进贡道路是由汶水船运直达济水。）

前567年 / 襄公六年

十一月　“齐侯灭莱。……迁莱於郳。高厚、崔杼定其田。”齐境始边海。（见《左传·襄公》）

齐国利用近海地理优势，以“舟楫之便、鱼盐之利”和铁业、纺织业及“膏壤千里”“耕稼树艺、多聚菽栗”的农业生产昌盛经济，致使“天下之商贾，归齐若流水”，逐步成为“五霸”之首。

庙岛海域出水的宋代水志 /2011 年摄

前566年 / 齐灵公十六年

五月　齐灵公因叔夷灭莱有大功，赏赐叔夷“其县三百……（徭役）徒四千……马车戎兵莱仆三百又五十家”。

前485年 / 鲁哀公十年

春　“公会吴子、邾子、郯子、伐齐南鄙，师于鄎（xi，春秋时齐南地方）。齐人弑悼公，赴于师，吴子三日哭于军门之外。徐承帅舟师，将自海入齐，齐人败之，吴师乃还。”（见《左传·哀公》）

长岛王沟墓群出土的驾车御犬射猎刻纹铜鉴残片 /1990 年摄

✦ 撒网图 /《天工开物》

秦／汉／三国／两晋／南北朝

秦/汉/三国/两晋/南北朝

秦

前221年—前206年

前219年/始皇二十八年

秦始皇东行郡县，于泰山封禅后，“于是乃并勃海以东，过黄、腄，穷成山，登之罘，立石颂秦德焉而去。”……“既已，齐人徐市（福）等上书，言海中有三神山，名曰蓬莱、方丈、瀛洲，仙人居之。请得斋戒，与童男女求之。于是遣徐市发童男女数千人，入海求仙人。”（见《史记·秦始皇本纪》）

前218年/始皇二十九年

中春 “始皇东游。至阳武博狼沙中，为盗所惊。求弗得，乃令天下大索十日。登之罘，刻石。其辞曰：

维二十九年，时在中春，阳和方起。皇帝东游，巡登之罘，临照于海。从臣嘉观，原念休烈，追诵本始。大圣作治，建定法度，显箸纲纪。外教诸侯，光施文惠，明以义理。六国回辟，贪戾无厌，虐杀不已。皇帝哀众，遂发讨师，奋扬武德。义诛信行，威燀旁达，莫不宾服。烹灭强暴，振救黔首，周定四极。普施明法，经纬天下，永为仪则。大矣哉！宇县之中，承顺圣意。群臣诵功，请刻于石。表垂于常式。

其东观曰：维二十九年，皇帝春游，览省远方。逮于海隅，遂登之罘，昭临朝阳。观望广丽，从臣咸念，原道至明。圣法初兴，清理疆内，外诛暴强。武威旁畅，振动四极，禽灭六王。阐并天下，灾害绝息，永偃戎兵。皇帝明德，经理宇内，视听不怠。作立大义，昭设备器，咸有章旗。职臣遵分，各知所行，事无嫌疑。黔首改化，远迩同度，临古绝尤。常职既定，后嗣循业，长承圣治。群臣嘉德，祗诵圣烈，请刻之罘。”（见《史记·秦始皇本纪》）

前215年/始皇三十二年

秦皇帝遣蒙恬将兵攻匈奴，“发天下丁男以守北河”，“又使天下蜚刍挽粟，起於黄、腄、琅邪负海之郡，转输北河，率三十锺而致一石。”（石，dàn 容量单位，一石十斗。）致使“男子疾耕不足於粮饷，女子纺绩不足於帷幕。百姓靡敝，孤寡老弱不能相养，道路死者相望，盖天下始畔秦也。”（见《史记·平津侯主父列传》，唐《元和郡县图志》记：“黄即今黄县，腄即今文登县，属东莱郡。北河，朔方已北。六斛四斗曰锺。计道路所費，凡用百九十二斛，乃能致一石。”）

前210年/始皇三十七年

十月癸丑 “始皇出游。……北至琅邪。方士徐市等入海求神药，数岁不得，费多，恐谴，乃诈曰：‘蓬莱药可得，然常为大鲛鱼所苦，故不得至，愿望请善射与俱，见则以连弩射之。’……乃令入海者赍捕巨鱼具，而自以连弩侯大鱼出射之。自琅邪北至荣成山，弗见。至之罘，见巨鱼，射杀一鱼。”（见《史记》）

西汉

前206年—8年

前119年 / 元狩四年

冬　武帝“初算缗钱”［对商人、手工业者、高利贷者和车船所有者征的税，每两千钱或四千钱征一算（一百二十文），船五丈以上征一算。后又颁“告缗令”，鼓励举报匿财，对告发人赏没收财产的一半。］

前110年 / 元封元年

三月　“上遂東巡海上，行禮祠八神。齊人之上疏言神怪奇方者以萬數，然無驗者。乃益發船，令言海中神山者數千人求蓬萊神人。”（见《史记·孝武本纪》）

前109年 / 元封二年

春　汉武帝“遂至東萊，宿留之數日，毋所見，見大人跡。復遣方士求神怪采芝藥以千數。是歲旱。於是天子既出毋名，乃禱萬里沙，過祠泰山。”（集解應劭曰：「萬里沙，神祠也，在東萊曲城。」孟康曰：「沙徑三百餘里」见《史记·孝武本纪》）

是年　《史记·朝鲜列传》记载：“天子募罪人击朝鲜。其秋，遣楼船将军杨仆从齐浮渤海，兵五万人，左将军荀彘出辽东，讨右渠。……楼船将军将齐兵七千人先至王险，右渠城守窥知楼船军少，即出城击楼船，楼船军败散走。”

前104年 / 太初元年

十一月　汉武帝“东至海上，考入海及方士求神者，莫验，然益遣，冀遇之”。十二月“上亲禅高里，祠后土。临勃海，将以望祀蓬莱之属，冀至殊庭焉。”（见《史记·孝武本纪》）

前102年 / 太初三年

正月　汉武帝“东巡海上，考神仙之属，未有验者。”（见《史记·封禅书》）

前94年 / 太始三年

二月　汉武帝“行幸东海……幸琅邪，礼日成山，登之罘，浮大海，山称万岁。”（见《汉书·武帝纪》）

前89年 / 征和四年

春正月　汉武帝“行幸东莱，临大海”，“欲浮海求神山。群臣谏，上弗听；而大风晦冥，海水沸涌。上留十馀日，不得御楼船，乃还。”（见《资治通鉴·汉纪》）

东汉

25年—220年

30年 / 建武六年

濊遣使浮海入汉，献文豹、果下马、班鱼。（果下马：一种罕见矮种马，毛棕色，高约一米，健行，力大能拉，以体小可行果树下故名。）

32年 / 建武八年

十二月　“高句丽遣使朝贡，帝复其王号。”（高句丽：时其国地域包括今朝鲜西北部和吉林省东南部，不临渤、黄二海，朝汉使须乘舟沿鸭绿江至海，渡海由东莱转陆路赴洛阳。）

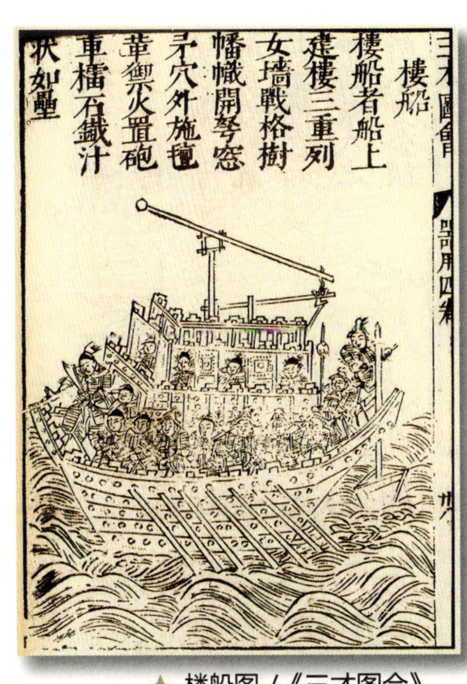

楼船图 /《三才图会》

44年 / 建武二十年

光武帝封韩人苏马谒为汉廉斯邑君。此后曾四时遣使浮海来朝。

57年 / 建武中元二年

正月　东夷倭奴国使者浮海入汉朝贡，光武帝赐之“汉倭奴国王”印绶。（倭奴国：东汉前期日本群岛上一个较大部落。）

107年 / 永初元年

是岁　鲜卑大人燕荔阳诣阙朝贺。太后赐燕荔阳王印绶，赤车、参驾，令止乌桓校尉所居宁城下，通胡市，因筑南、北两部质馆。鲜卑邑落百二十部各遣入质。（见《资治通鉴》）

109年 / 永初三年

秋七月　“海贼张伯路等寇滨海九郡，杀二千石、令、长；遣侍御史巴郡庞雄督州郡兵击之，伯路等乞降，寻复屯聚。”（见《资治通鉴》）

110年 / 永初四年

春正月　“张伯路复攻郡县，杀守令，党众浸盛；诏遣御史中丞王宗持节发幽、冀诸郡兵，合数万人，征宛陵令扶风法雄为青州刺史，与宗并力讨之。”

夏四月　“王宗、法雄与张伯路连战，破走之。……遁走辽东，止海岛上。”（见《资治通鉴》）

111年 / 永初五年

夏闰四月　“海贼张伯路复寇东莱，青州刺史法雄击破之；贼逃还辽东，辽东人李久等共斩之，于是州界清静。”（见《资治通鉴》）

190年 / 汉初平元年

公孙度越海收东莱诸州。

206年 / 汉建安十一年

秋八月　“公（曹操）东征海贼管承，至淳于，遣乐进、李典击破之，承走入海岛。（东莱域）”（见《三国志·武帝纪》）

三国

220年—280年

232年 / 吴嘉禾元年

三月　吴“浮舟百艘”，经东莱海域去辽东。

魏明帝时，遣汝南太守田豫督青州诸军，自海道讨公孙渊。

237年 / 魏景初元年

秋　明帝“诏青、兖、幽、冀四州大作海船。”（见《三国志》）

238年 / 魏景初二年

正月　诏司马宣王帅众讨辽东。司马懿伐辽东，于黄县造“大入城”贮纳军粮，船从此入。（唐《元和郡县图志》记：“大人故城，在县北二十里。司马宣王伐辽东，造此城，运粮船从此入，今新罗、百济往还常由於此。”）

六月　魏帝曹睿派司马懿率军四万，渡海北攻辽东。

239年 / 魏景初三年

六月　以辽东沓县吏民渡海迁入齐郡。

240年 / 魏正始元年

二月　自辽东汶县、北丰县移民，渡海迁入齐郡。

两晋/十六国

265年—439年

319年 / 东晋大兴二年

东莱郡守与青州刺史生隙，因惧祸，“与乡里千余家浮海”赴辽东。

掖县人苏峻率领乡里数千家民众营造壁垒自保，远近民众大多附从。曹嶷恨苏峻势力强大，准备攻击他，苏峻率部众渡海投奔东晋。

338年 / 东晋咸康四年

五月 “赵王虎遣渡辽将军曹伏将青州之众戍海岛，运谷三百万斛以给之；又以船三百艘运谷三十万斛诣高句丽，使典农中郎将王典帅众万馀屯田海滨；又令青州造船千艘，以谋击燕。”（见《资治通览》）

341年 / 东晋咸康七年

十月 赵横海将军王华帅舟师自海道袭燕安平，破之。（见《资治通览》）

380年 / 东晋太元五年

五月 “屯骑校尉石越自东莱帅骑一万，浮海袭和龙（今辽宁朝阳），斩平规，幽州悉平。”（见《资治通览》）

南北朝

420年—589年

432年 / 元嘉九年

九月 “云中镇将硃受之谋与南人袭杀魏主，因入和龙，浮海南归；以告冠军将军毛修之，毛修之不从，乃止。既而事泄，硃修之逃奔燕。魏人数伐燕，燕王遣修之南归求救。修之泛海至东莱，遂还建康，拜黄门侍郎。”（见《资治通览》）

468年 / 晋泰始四年

八月 “上以沈文秀之弟征北中兵参军文静为辅国将军，统高密等五郡军事，自海道救东阳。至不其城，魏所断，因保城自固。魏人攻之，不克。”（见《资治通览》）

520年 / 普通元年

春正月 高句丽世子安遣使入贡。二月，癸丑，以安为宁东将军、高句丽王，遣使者江法盛授安衣冠剑佩。魏光州兵就海中执之，送洛阳。（见《资治通览》）

550年 / 大宝元年

八月 始立九等之户，富者税其钱，贫者役其力。

龙口黄河营古港遗址入海口 /2011 年摄

✦ 封舟 /《中山传信录》

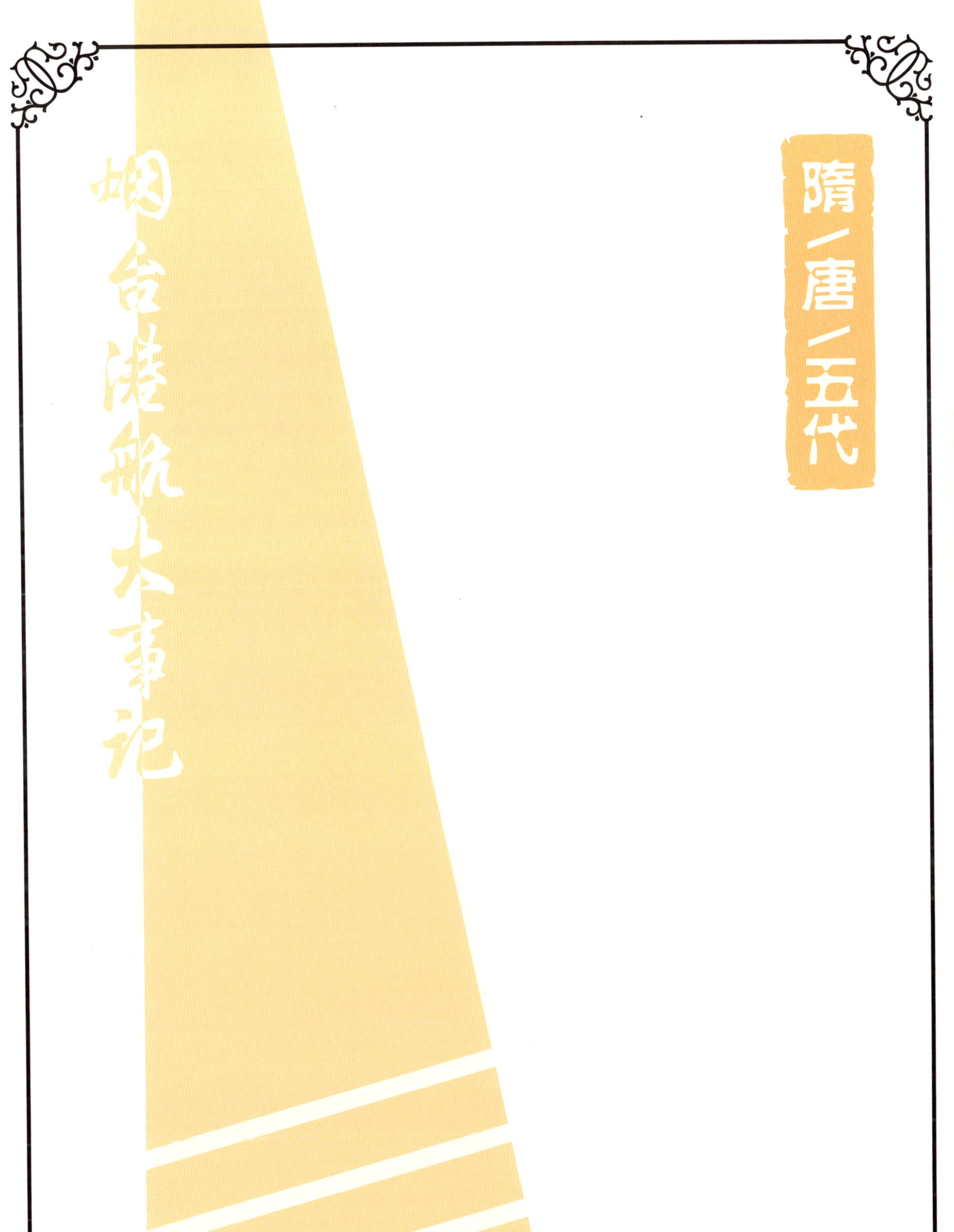
烟台港航大事记
隋/唐/五代

隋/唐/五代

隋

581年—618年

598年/开皇十八年

春二月　“高丽王元帅靺鞨之众万馀寇辽西，营州总管冲击韦走之。上闻而大怒，乙巳，以汉王谅、王世积并为行军元帅，将水陆三十万伐高丽，以尚书左仆射高颎为汉王长史，周罗睺为水军总管。”

六月　“下诏黜高丽王元官爵。汉王谅军出临渝关，值水潦，馈运不继，军中乏食，复遇疾疫。周罗睺自东莱泛海趣平壤城，亦遭风，船多飘没。秋，九月，己丑，师还，死者什八九。高丽王元亦惶惧遣使谢罪，上表称“辽东粪土臣元”，上于是罢兵，待之如初。”（见《资治通鉴》）

607年/大业三年

三月　“帝使羽骑尉硃宽入海求访异俗，至流求国而还。”

608年/大业四年

三月　倭王多利思比孤遣使入贡，遗帝书曰：“日出处天子致书日没处天子无恙”。帝览之，不悦，谓鸿胪卿曰：“蛮夷书无礼者，勿复以闻。”（见《资治通鉴》）

611年/大业七年

二月　“下诏讨高丽。敕幽州总管元弘嗣往东莱海口造船三百艘，官吏督役，昼夜立水中，略不敢息，自腰以下皆生蛆，死者什三四。”

夏四月　“诏总征天下之兵，无问远近，俱会于涿。又发江淮以南水手一万人，弩手三万人，岭南排镩手三万人，于是四远奔赴如流。”

五月　“敕河南、淮南、江南造戎车五万乘送高阳，供载衣甲幔幕，令兵士自挽之，发河南、北民夫以供军须。”

秋七月　“发江、淮以南民夫及船运黎阳及洛口诸仓米至涿郡，舳舻相次千馀里，载兵甲及攻取之具，往还在道常数十万人，填咽于道，昼夜不绝，死者相枕，臭秽盈路，天下骚动。”

山东、河南大水，漂没三十馀郡。

“帝自去岁谋讨高丽，诏山东置府，令养马以供军役。又发民夫运米，积于泸河、怀远二镇，车牛往者皆不返，士卒死亡过半，耕稼失时，田畴多荒。加之饥馑，谷价踊贵，东北边尤甚，斗米直数百钱。所运米或粗恶，令民籴而偿之。又发鹿车夫六十馀万，二人共推米三石，道途险远，不足充餱粮，至镇，无可输，皆惧罪亡命。重以官吏贪残，因缘侵渔，百姓困穷，财力俱竭，安居则不胜冻馁，死期交急，剽掠则犹得延生，于是始相聚为群盗。

邹平民王薄拥众据长白山，剽掠齐、济之郊，自称知世郎，言事可知矣；又作《无向辽东浪死歌》，以相感劝，避征役者多往归之。”（见《资治通鉴》）

612年/大业八年

春正月　“四方兵皆集涿郡”。壬午，诏左十二军、右十二军出，“骆驿引途，总集平壤，凡一百一十三万三千八百人，号二百万，其馈运者倍之。……癸未，第一军发；日遣一军，相去四十里，连营渐进；终四十日，发乃尽，首尾相继，鼓角相闻，旌旗亘九百六十里。御营内合十一卫、三台、五省、九寺，分隶内、外、前、后、左、右六军，次后发，又亘八十里。近古出师之盛，未之有也。”

六月 “高丽诸城各坚守不下。右翊卫大将军来护儿帅江、淮水军，舳舻数百里，浮海先进，入自浿水，去平壤六十里，与高丽相遇，进击，大破之。护儿欲乘胜趣其城，……伏兵发，护儿大败。”

秋七月 “左屯卫将军辛世雄战死。于是诸军俱溃，不可禁止。……初，九军渡辽，凡三十万五千，及还至辽东城，唯二千七百人，资储器械巨万计，失亡荡尽。癸卯，引还。”（见《资治通鉴》）

是岁，大旱，疫，山东尤甚。

613年／大业九年

夏四月 “车驾渡辽。壬申，遣宇文述与上大将军杨义臣趣平壤。命玄感于黎阳督运，遂与虎贲郎将王仲伯、汲郡赞治赵怀义等谋，故逗遛漕运，不时进发，欲令渡辽诸军乏食；帝遣使者促之，玄感扬言水路多盗，不可前后而发。时右骁卫大将军来护儿以舟师自东莱将入海趣平壤，玄感遣家奴伪为使者从东方来，诈称护儿反。”

再征高丽，辽东城久不拔。“帝遣造布囊百馀万口，满贮土，欲积为鱼梁大道，阔三十步，高与城齐，使战士登而攻之。又作八轮楼车，高出于城，夹鱼梁道，欲俯射城内，指期将攻，城内危蹙。会杨玄感反书至，帝大惧，……庚午，夜二更，帝密召诸将，使引军还，军资、器械、攻具，积如丘山，营垒、帐幕、案堵不动，皆弃之而去。”（见《资治通鉴》）

614年／大业十年

春二月 诏百僚议伐高丽。戊子，诏复征天下兵，百道俱进。

秋七月癸丑 车驾次怀远镇。时天下已乱，所征兵多失期不至，高丽亦困弊。来护儿至毕奢城，高丽举兵逆战，护儿击破之，将趣平壤，高丽王元惧，甲子，遣使乞降，囚送斛斯政。帝大悦，遣使持节召护儿还。八月，己巳，帝自怀远镇班师。

唐

618年—907年

621年／武德四年

秋七月乙丑 高句丽王建武遣使入贡。建武，元之弟也。

622年／武德五年

六月辛亥 刘黑闼引突厥寇山东，诏燕郡王李艺击之。

是岁 上以隋末战士多没于高丽，赐高丽王建武书，使悉遣还；亦使州县索高丽人在中土者，遣归其国。建武奉诏，遣还中国民前后以万数。

624年／武德七年

二月丁未 高丽王建武遣使来请班历。遣使册建武为辽东郡王、高丽王；以百济王夫馀璋为带方郡王，新罗王金真平为乐浪郡王。

631年／贞观五年

十一月 倭国遣使入贡，上遣新州刺史高表仁持节往抚之；表仁与其王争礼，不宣命而还。

是岁 新罗王真平卒，无嗣，国人立其女善德为王。

643年／贞观十七年

九月庚辰 新罗遣使言百济攻取其国四十馀城，复与高丽连兵，谋绝新罗入朝之路，乞兵救援。上命司农丞相里玄奖赍玺书赐高丽曰：“新罗委质国家，朝贡不乏，尔与百济各宜戢兵；若更攻之，明年发兵击尔国矣！”

644年／贞观十八年

秋七月辛卯 上将征高丽，敕将作大监阎立德等诣洪、饶、江三州，造船四百艘以载军粮。甲午，……又命太仆卿萧锐运河南诸州粮入海。

十一月甲午 以刑部尚书

张亮为平壤道行军大总管，帅江、淮、岭、硖兵四万，长安、洛阳募士三千，战舰五百艘，自莱州泛海趋平壤；又以太子詹事、左卫率李世勣为辽东道行军大总管，帅步骑六万及兰、河二州降胡趣辽东，两军合势并进。

645年／贞观十九年

三月壬子　张亮帅舟师自东莱渡海，袭卑沙城。五月，己巳，拔之，获男女八千口。（张亮渡海曾在今砣矶岛上刻石留纪）

647年／贞观二十一年

二月丁丑　上将复伐高丽，朝议以为："……今若数遣偏师，更迭扰其疆场，使彼疲于奔命，……可不战而取矣。"上从之。三月，以左武卫大将军牛进达为青丘道行军大总管，右武候将军李海岸副之，发兵万馀人，乘楼船自莱州泛海而入。又以太子詹事李世勣为辽东道行军大总管，右武卫将军孙贰朗等副之，将兵三千人，因营州都督府兵自新城道入。两军皆选习水善战者配之。

秋七月　牛进达、李海岸入高丽境，凡百馀战，无不捷。攻石城，拔之。进至积利城下，高丽兵万馀人出战，海岸击破之，斩首二千级。

十二月　高丽王使其子莫离支任武入谢罪，上许之。（见《资治通鉴》）

648年／贞观二十二年

春正月丙午　诏以右武卫大将军薛万彻为青丘道行军大总管，右卫将军裴行方副之，将兵三万馀人及楼船战舰自莱州泛海以击高丽。

夏四月甲子　乌胡镇将古神感将兵浮海击高丽，遇高丽步骑五千，战于易山，破之。其夜，高丽万馀人袭神感船，神感设伏，又破之而还。

六月　上以高丽困弊，议以明年发三十万众，一举灭之。或以为大军东征，须备经岁之粮，非畜乘所能载，宜具舟舰为水运。隋末剑南独无寇盗，属者辽东之役，剑南复不预及，其百姓富庶，宜使之造舟舰。上从之。秋，七月，遣右领左右府长史强伟于剑南道伐木造舟舰，大者或长百尺，其广半之。别遣使行水道，自巫峡抵江、扬，趣莱州。（见《资治通鉴》）

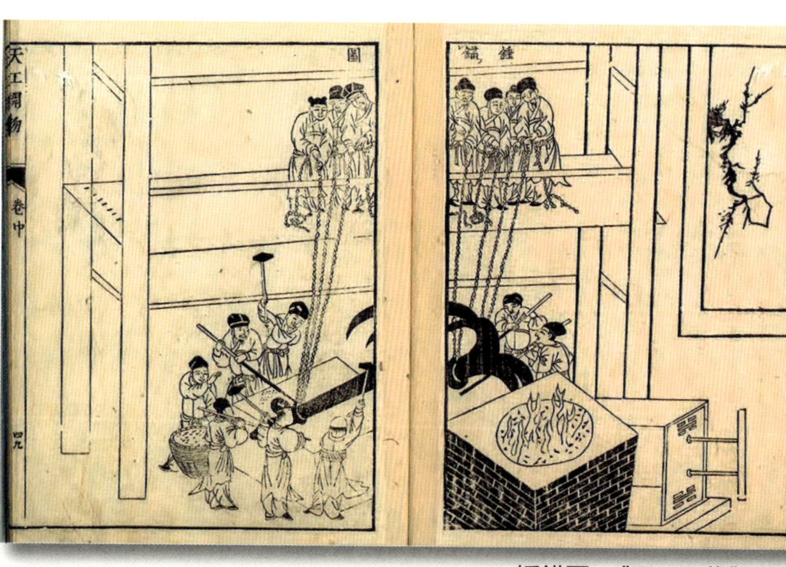

锤锚图／《天工开物》

652年／永徽三年

春正月己未朔　吐谷浑、新罗、高丽、百济并遣使入贡。

660年／显庆五年

三月　百济恃高丽之援，数侵新罗；新罗王春秋上表求救。辛亥，以左武卫大将军苏定方为神丘道行军大总管，帅左骁卫将军刘伯英等水陆十万以伐百济。

669年／总章二年

夏四月　高丽之民多离叛者，敕徙高丽户三万八千二百于江、淮之南，及山南、京西诸州空旷之地，留其贫弱者，使守安东。

709年 / 景龙三年

是岁　关中饥，米斗百钱。运山东、江、淮谷输京师，牛死什八九。

726年 / 开元十四年

江南经登州往辽东粮船在沧州遭遇海难。

730年 / 开元十八年

勃海国贡马六十匹由沙门岛渡登州。

732年 / 开元二十年

九月　勃海靺鞨王武艺遣其将张文休帅海贼寇登州，杀刺史韦俊，上命右领军将军葛福顺发兵讨之。

734年 / 开元二十二年

七月　“移登州平海军于海口安置。”（见《旧唐书》）

838年 / 开成三年

六月十三日　日本僧人圆仁法师随遣唐使团渡海入唐求法。

五代/十国

907年—979年

903年 / 天复三年

六月乙亥　汴兵拔登州。师范帅登、莱兵拒硃友宁于石楼，为两栅。丙子，夜，友宁击登州栅，栅中告急，师范趣茂章出战，茂章案兵不动。友宁破登州栅，进攻莱州栅。（见《资治通鉴》）

909年 / 后梁开平三年

九月　淮南遣使者张知远修好于福建，知远倨慢，闽王审知斩之，表上其书，始与淮南绝。……岁自海道登、莱入贡，没溺者什四五。（见《资治通鉴》）

918年 / 梁贞明四年

冬十一月　刘信引兵还击虔州。先锋始至，虔兵皆溃。吴越王镠常自虔州入贡，至是道绝，始自海道出登、莱，抵大梁。（见《资治通鉴》）

海道图 / 明泰昌版《登州府志》

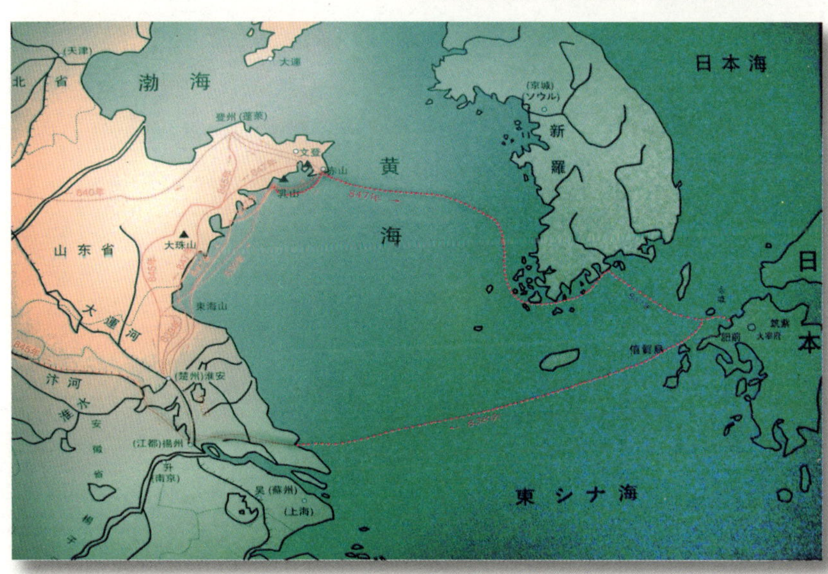

日本圆仁和尚入唐求法路线示意图

登州府城图 / 明泰昌版《登州府志》

烟台港航大事记
宋/元

宋/元

北宋

960年—1127年

962年/建隆三年

七月　“索内外军不律者配沙门岛。（今长岛县庙岛）”“登州沙门砦配隶，……诏以三百人为额。”“沙门岛因众，官给粮者才三百人，每溢数，则投诸海。砦主李庆以两年杀七百人。”（见《宋史》）

长岛县庙岛（沙门岛）/2010年摄

963年/乾德元年

八月　“女真国遣使献名马。蠲登州沙门岛民税，令专治船渡马。”（见《宋史》）

993年/淳化四年

正月　高丽遣使白思柔入贡方物，并谢赐经及御制，于登州海域遇险获救。

二月　遣秘书丞直史馆陈靖、秘书丞刘式出使高丽，自登州趣八角海口，会高丽使船及水工，同赴高丽，加高丽国王王治检校太师，赐高丽王袭衣、金带、金银器数百两、布三万余端。

夏　宋使归国，高丽王遣使元证衔等陪送，并奉表称谢。“至安香浦口，值风损船，溺所赍物。诏登州给证衔文据遣还，仍赐治衣段二百匹，银器二百两，羊五十口。”（见《宋史》）

1010年/大中祥符三年

八月　登州饥，诏江淮发运司运漕米三万石，由海路运至登州等地。

1015年/大中祥符八年

朝廷“诏登州置馆于海次以待使者。”（见《宋史》）

1019年/天禧三年

九月　“登州言高丽进奉使礼宾卿崔元信至秦王水口，遭风覆舟，漂失贡物，诏遣内臣抚之。十一月，元信等入见，贡锦衣褥、乌漆甲、金饰长刀匕首、锦鞍马、布、药物等，又进中布二千端，求佛经一藏。诏赐经还布，以元信覆溺匮乏，别赐衣服、缯彩焉。”

是年　“明州、登州屡言高丽海船有风漂至境上者，诏令存问，给度海粮遣还，仍为著例。”（见《宋史》）

✦ 刀鱼寨示意图

1030年／天圣八年

高丽使团御事民官侍郎元颖等二百九十三人奉表入见于长春殿，贡金器、银刀剑、鞍勒马、香油、人参、细布、铜器、硫黄、青鼠皮等物。明年二月辞归，赐予有差，遣使护送至登州，其后绝不通中国者四十三年。（见《宋史》）

1041年／庆历元年

朝廷诏令登州沿海船户联户编管，以便控驭。

1042年／庆历二年

五月　契丹集兵幽州，边防趋紧。依知登州郭志高议，登州画河入海处“置刀鱼寨巡检，水兵三百，戍沙门岛，备御契丹。”每年仲夏仍居鼊矶（今砣矶岛），秋冬还南岸。

1046年／庆历六年

三月　“登州地震，岠嵎山摧。自是震不已，每震，则海底有声如雷。”

九月　“登州有巨木浮海而出者三千余。”（见《宋史》）

1061年／嘉祐六年

重修丹崖山海神庙，并建蓬莱阁。

✦ 清光绪年间蓬莱阁景象

1074年 / 熙宁七年

往时高丽人往反皆自登州，“七年，遣其臣金良鉴来言，欲远契丹，乞改途由明州（今宁波）诣阙，从之。”（见《宋史》）

1083年 / 元丰六年

八月　高丽王病逝，宋遣使吊祭，杨景略在密州（今胶州）遇风，改由陆路至登州渡海去高丽。冬，杨景略返回，奏请在蓬莱“小海”建天桥。

1088年 / 元祐三年

“贾人由海道往外蕃，令以物货名数并所诣之地，报所在州召保，毋得参带兵器或可造兵器及违禁之物，官给以券。擅乘船由海入界河及往

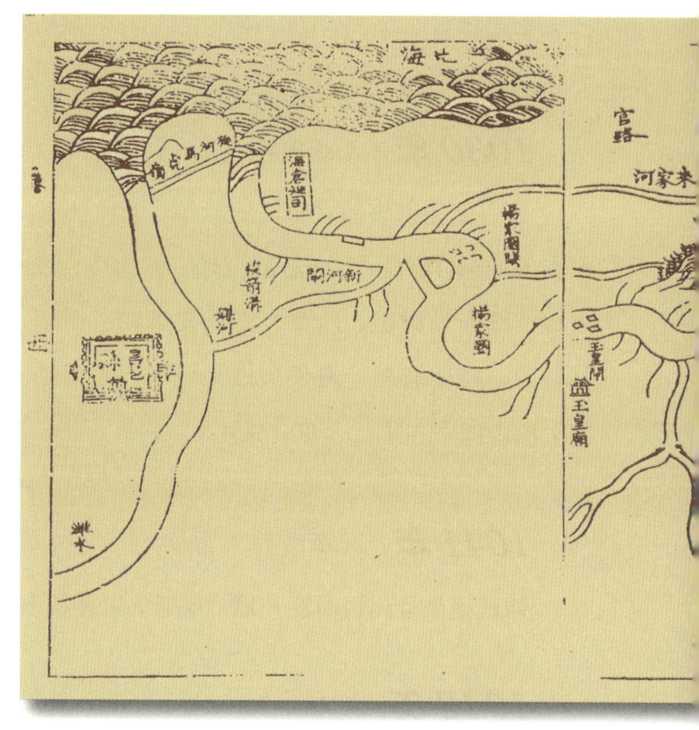

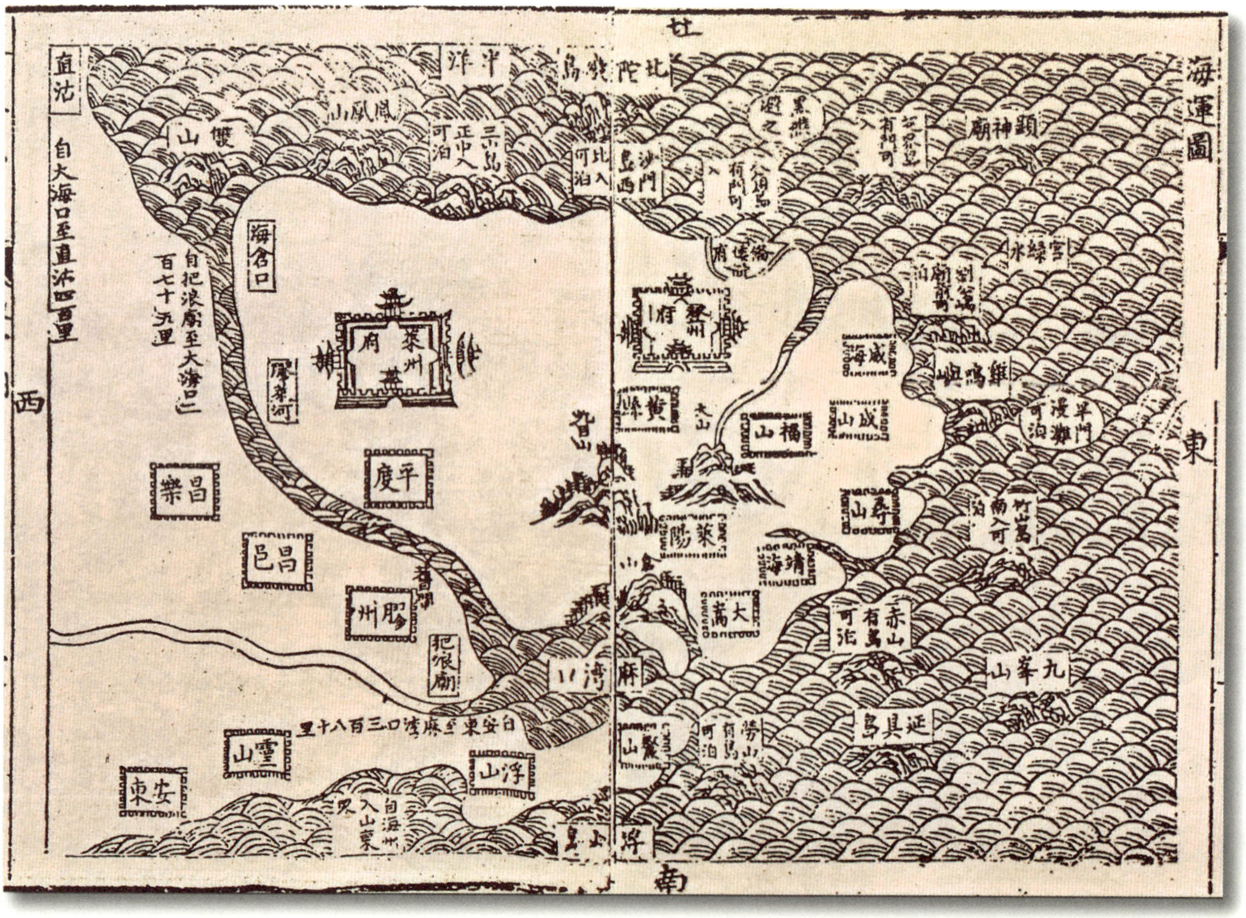

莱州海运图 / 乾隆版《莱州府志》

✦ 胶莱河图 / 乾隆版《莱州府志》

高丽、新罗、登莱州境者，罪以徒，往北界者加等。”（见《宋史》）

1122年 / 宣和四年

福建商贾和船民筹资在沙门岛（今长岛县庙岛）凤凰山东坡兴建龙女庙。明崇祯元年（1628年）左都督杨国栋奉旨鼎建扩修，崇祯皇帝御赐庙额“显应宫”。广东、福建、浙江许多南船每年七月初七聚此办“盂兰会”，唱大戏，盛极一时。

南宋 / 辽 / 西夏 / 金

1127年—1279年

1130年 / 宋高宗建炎四年

秋七月　“己未，禁闽、广、淮、浙海舶商贩山东，虑为金人乡导。”

1133年 / 绍兴三年

宋明州守将徐文以所部海舟六十艘叛，伪齐帝刘豫以其知莱州，并海舰二十艘，骚扰通、泰间。

1137年 / 宋高宗绍兴七年

六月十八日　知兴州府两浙东路安抚使蒋芾言：“据本司参议官敞劄子，顷在北方备知中原利害，……山东沿海登、莱、沂、密、潍、滨、沧、霸等州，多有东南海船兴贩铜、铁、水牛及鳔胶等物……所造海船、器甲仰给予此。及唐、邓州收买水牛皮、竹箭杆，漆货系荆羡客人贩入北界，缘北方少水牛，皮厚可以造甲，至如竹箭杆、漆货，皆此所无。”兴州知府认为这些物资可资军事，输入山东沿海登、莱、沂、密等金国海口，属于资敌。故奏请朝廷令沿海沿淮州、军“严行禁绝。如捕获客人有兴贩上项等事，兴重寘典宪”。

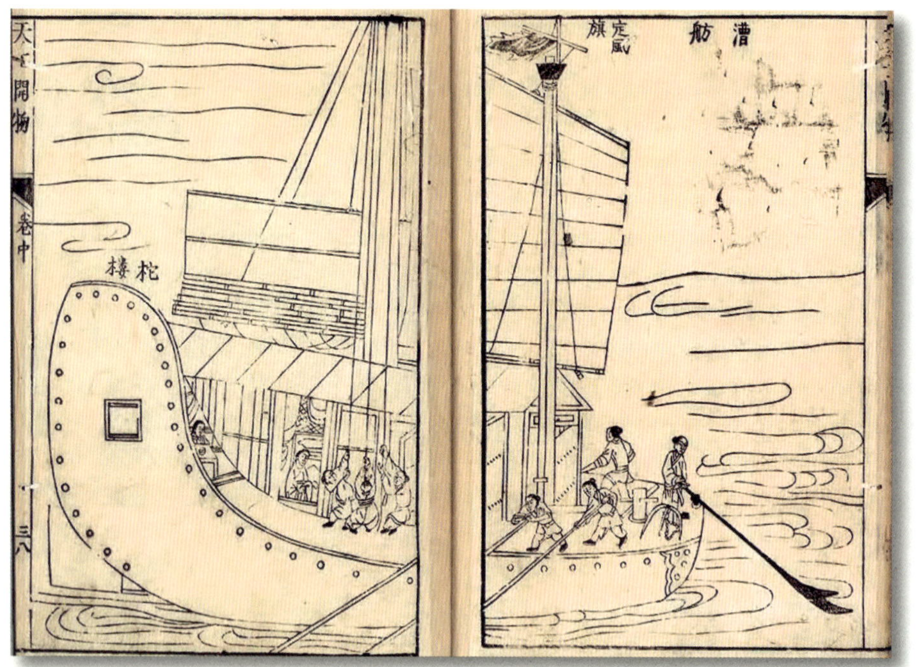

✦ 漕舫图 /《天工开物》

日本，于是以范文虎、实都、洪俊奇为中书右丞，李庭、张巴图为参知政事并行中书省事。水军万户都元帅张禧请行，即日拜行省平章政事，与文虎、庭等率舟师泛海东征。至日本，禧即舍舟，筑垒平湖岛，约束战舰，各相去五十步止泊，以避风涛触击，已而飓风大作，文虎、庭战舰悉坏，禧所部独完。

是年　敕枢密院计胶莱诸处漕船，备征日本。

元

1271 年—1368 年

1276 年 / 至元十三年

元军攻陷临安，元宰相伯颜将南宋大批库藏图书、经海道运往大都（今北京）。

1280 年 / 至元十七年

莱人姚演建议开凿胶莱运河，姚演被任命为总管，调益都、淄博、宁海兵万人、民夫万人开凿运河。1282 年七月竣工。1283 年，元世祖再令扩开，引入多条河水，以壮水势，当年运粮二万石。1284 年，江淮漕粮北运的一百万石中，胶莱河运六十万石，海运十万石，济州河运三十万石。1285 年河道运粮水手军人达二万，船一千艘，岁运粮米六十万石。因耗资巨大，1289 年罢胶莱海道运粮万户府，1290 年停止运粮，胶莱河废。

八月　高丽王王晧来朝，且言将益兵三万征

1282 年 / 至元十九年

因河运不畅，命总管罗璧、朱清、张瑄等造平底船六十艘，从海道至京师，运粮四万六千石。

始以海运之法南粮北调，终元之世不废。至元间（1264 年—1294 年）伯颜议改海漕，取道登、莱，自江南海州至登州约六百里［即自平江刘家港装粮，（今江苏太仓县浏河）傍海岸北上，经之罘岛、庙岛等绕山东沿海抵直沽，再经白河转运京都］。自此海漕兴，登州是为海漕中转枢纽。

1285 年 / 至元二十二年

二月　“增济州漕舟三千艘，役夫一万二千人。初，江淮岁漕米一百万石于京师，海运十万石，胶、莱六十万石，而济之所运三十万石，水浅舟大，恒不能达，更以百石之舟，舟用四人，故夫数增多。丙辰，诏罢胶、莱所凿新河，以军万人隶江浙行省习水战，万人载江淮米泛海由利津达于京师。”

八月　罢禁海商。

冬十月　“敕枢密院计胶、莱诸处漕船，高丽、江南诸处所造海舶，括佣江淮民船，备征日本。”

十一月　“敕漕江淮米百万石，泛海贮于高丽之合浦，仍令东京及高丽各贮米十万石，备征日本。丙申，赦囚徒，黥其面，及招宋时贩私盐军习海道者为水工，以征日本。”（见《元史》）

1286年 / 至元二十三年

十一月　“中书省臣言：「硃清等海道运粮，以四岁计之，总一百零一万石，斗斛耗折愿如数以偿，风浪覆舟请免其征。」从之。遂以昭勇大将军、沿海招讨使张瑄，明威将军、管军万户兼管海道运粮船硃清，并为海道运粮万户，仍佩虎符。”（见《元史》）

1299年 / 大德三年

五月　“申禁海商以人马兵仗往诸番贸易者。”（见《元史》）

1352年 / 至正十二年

是岁，海运不通。

1357年 / 至正十七年

登、莱沿海立三百六十屯，各距三十里，以车转粮汇集登州海运京都。

1363年 / 至正二十三年

八月　倭人寇蓬州，被守将刘暹击败。《宋史》记载：“自(至正)十八年以来，倭人连寇濒海郡县。”

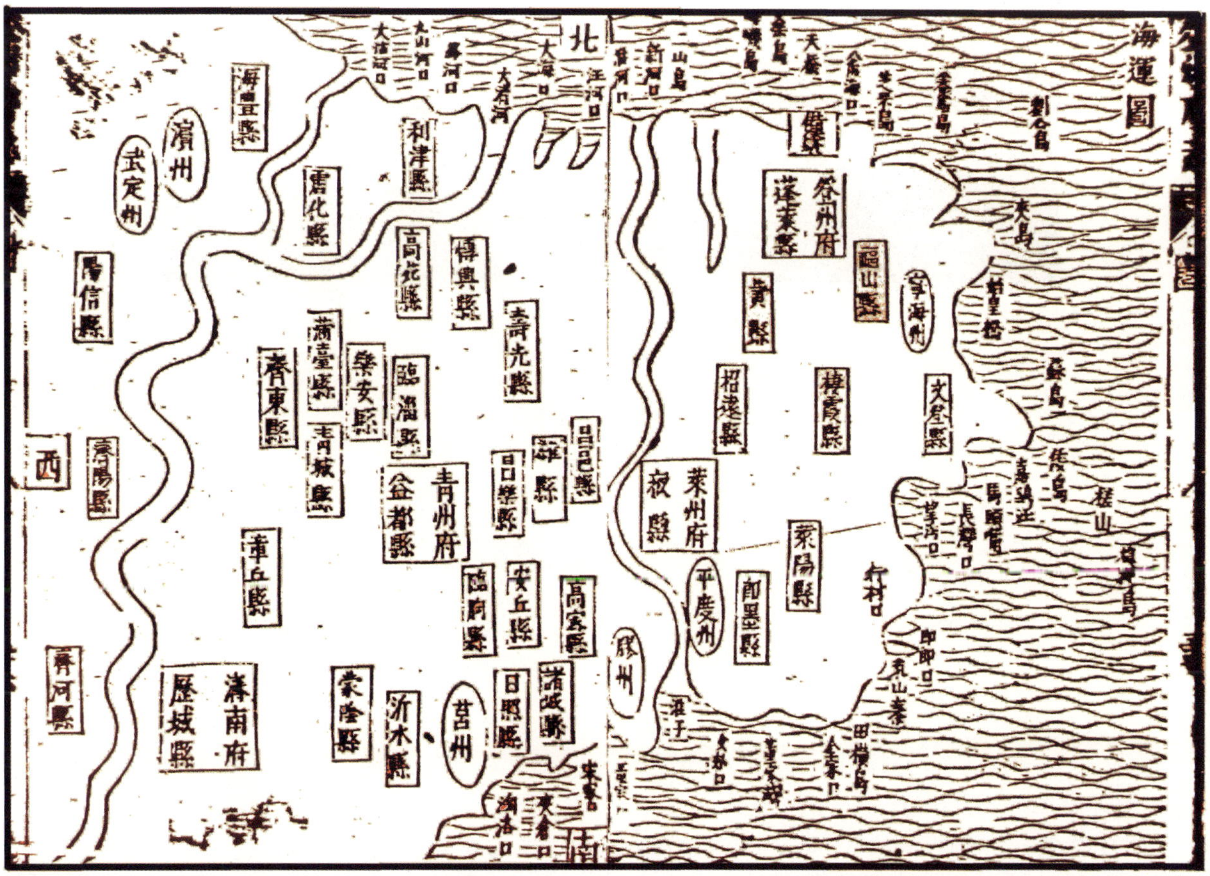

✦ 海运图 / 明泰昌版《登州府志》

✦ 烟台港内的木帆船 / 清末年间摄

烟台港航大事记

明/清

明/清

明

1368年—1644年

1369年/洪武二年

春正月　倭人入寇山东海滨郡县，掠民男女而去。

二月　置莱州卫。

1370年/洪武三年

春正月　朱元璋命中书省符下山东行省，招募水工，於莱州洋海仓（掖县海仓口）运粮以饷永平军。（河北卢龙县）时永平军储所用数多，道途劳於挽运，故有是命。

六月　“倭夷寇山东，转掠温、台、明州傍海之民。遂寇福建沿海郡县，福州卫出军捕之，获倭船十三艘，擒二百余人。”（见《明实录》）

1371年/洪武四年

十二月　仍禁濒海民不得私出海。

1372年/洪武五年

春正月　靖海侯吴祯督海运，饷辽东。

夏四月　“山东行省奏，济南、莱州二府，连年旱涝，伤禾麦，民食草实树皮。即命於淮安运粟往赈之。”

秋七月　“赐沙门岛运粮将士五千余人文绮钱帛。”（见《明实录》）

1373年/洪武六年

高丽遣甲两等船载贡马五十匹入明，道亡其二，以私马足之。太祖恶其不诚，却之。

1374年/洪武七年

春正月　靖海侯吴祯为总兵官，都督于显副之，巡海捕倭。

秋七月　倭寇登、莱。

是年　马云率官兵舟船由登州运粮一万二千四百石北渡，遇风暴，覆舟四十余艘，漂米四千七百余石，亡七百一十七人，失马四十余匹。

1375年/洪武八年

八月　开登州蓬莱阁河役一万五千人。

1376年/洪武九年

春正月　“山东行省言，辽东军士冬衣，每岁於秋冬运送，时多逆风，艰於渡海，宜先期於五六月顺风之时转运为便。户部议以为，方今正拟运辽东粮储，宜令本省具舟，下登州所储粮五万石运赴辽东，就令附运绵布二十万疋，绵花十万斤，顺风渡海为便。从之。”（见《明实录》）

是年

▲驻登州府指挥谢矢见奏议，在刀鱼寨旧址兴建水城，获准动工兴建。北砌水门，南设振扬门，以土城绕之，引海水入城。置海船，屯军

二千四百七十八名，易名备倭城。（备倭都司帅府设于此，又名水城。）

▲调扬州卫军士千人补登州卫，高邮卫军士千人补宁海卫。

蓬莱水城"小海"/20世纪50年代末摄

1377年/洪武十年

五月　"登州卫奏充拓新城，请令民筑之。上谕工部臣曰：凡兴作不违农时，则民得尽力於田亩。今耕种甫毕，正当耘耔，遽令操版筑之役，得无妨农乎？且筑城本以卫民，若反以病民，非为政之道也。其令俟农隙为之。"（见《明实录》）

秋七月　兵民合力拓筑登州城。

1378年/洪武十一年

四月　山东宁海州置宁海卫指挥使司。

1379年/洪武十二年

二月　都指挥使司命登州府於海口设官船，渡军士遗骸。初，辽东军士死者家人归其遗骸，每渡海輙为舟人所弃，故有是命，违者以弃尸律论处。

三月　置登州府蓬莱县河口递运所。

1380年/洪武十三年

二月　高丽使"李茂茅、裴产至登州而还"。

十二月　"登州卫指挥使司言，海运之船，经涉海道，遇秋冬之时，烈风雨雪，多致覆溺。继今运送军需等物及军士家属过海者，宜俟春月风和渡海，庶无覆溺之患，从之。"（见《明实录》）

1381年/洪武十四年

三月　户部奏定永平、登州中盐法。"凡商人於永平输粟一石二斗者，给淮盐一引。一石一斗者，给浙盐一引。四石者，给河间盐一引。登州输粟，一石者给浙盐一引。从之。"（见《明实录》）

冬十月　禁濒海民私通海外诸国。

1384年/洪武十七年

冬十月　朝廷命将士运粮往辽东。"上谕之曰：海道险远，岛夷出没无常。尔等所部将校，毋离部伍，务令整肃以备之舟，回登州就彼巡捕倭寇，因以立功可也。"（见《明实录》）

是年　始陆续分批抽调云南乌撒卫部分官兵（征罢云南就地安置屯戍之军）携眷戍登州。

1387年/洪武二十年

夏四月　布告沿海，严禁番使捎带麻、铁出境。

秋七月　沙门岛神祠年久圮坏，登州卫奏请令有司修葺，获准。

明/清

1388年 / 洪武二十一年

魏国公徐辉祖奉命备倭，沿海置烟墩，设龙口墩。

1390年 / 洪武二十三年

夏四月　“诏滨海卫所每百户置船两艘，巡逻海上盗贼。巡检司亦如之。”

是年　掖县北二十五里建柴胡寨巡检司，县西北八十里建海仓寨巡检司。

1391年 / 洪武二十四年

春正月　免山东青、兖、登、莱、济南五府鱼课，听民采鱼，以济饥馑。赐海运军士一万三千八百余人胡椒、苏木、铜钱，有差。

1394年 / 洪武二十七年

六月　朝廷命辽东定辽等二十一卫军士，自明年俱屯田自食，以纾海运之劳。

海疆有战事，将沙门岛居民迁移蓬莱北沟西部一带，并成立沙门岛社。沙门岛巡检司迁至蓬莱芦洋寨朱高山。

1397年 / 洪武三十年

四月　“申禁人民无得擅出海与外国互市。”

冬十月　停辽东海运。

1398年 / 洪武三十一年

正月　帝命徐辉祖巡视山东东部沿海，征召民众建捕倭屯田军，并择要地拟设卫所。

二月　“倭夷寇山东宁海州，由白沙海口登岸，劫掠居人，杀镇抚卢智。宁海卫指挥陶鐸及其弟钺出兵击之，斩首三十余级，贼败去。钺为流矢所中，伤其右臂。先是倭夷尝入寇，百户何福战死事闻。上命登、莱二卫发兵追捕，至是铎等击败之。诏赐钞帛恤福家。”（见《明实录》）

是年　福山东北三十里设奇山守御千户所（今芝罘区奇山所城里。明泰昌版《登州府志》记：隶四墩两堡，木柞、埠东、熨斗、现顶墩和黄务、西牟堡），归宁海卫辖。占地九点八六万平方米，城内面积七点九六万平方米。城墙全部采用大青砖砌筑（高7.33米，厚6.67米），城外四周有护城壕。奇山所城内建东门里大街，东起原所城

奇山所城南门外牌坊 /20世纪早期摄

奇山所城门楼 /20世纪早期摄

东门，西接西门里大街，长一百八十七米。所城北面濒海北山上筑烽火台。

1403年／永乐元年

三月 平江伯陈瑄、都督佥事宣信充总兵官，督海运，饷辽东、北京，岁以为常。

1406年／永乐四年

冬十月 平江伯陈瑄督海运至辽东。舟还，值倭於沙门，追击至朝鲜境上，焚其舟，杀溺死者甚众。

1408年／永乐六年

倭寇成山，掠白峰头寨、罗山寨等处，复袭宁海。而营、卫、寨堡之设愈严。始置登州备倭都司，以节制沿海诸军。

1416年／永乐十四年

夏五月 直隶金山卫奏，有倭船三十余艘，倭寇三千余人在海往来。敕辽东总兵官都督柳江及各都司、缘海卫、所，令护备及相机剿捕。

六月 敕捕倭总兵官都督同知蔡福等曰，近登州卫奏，有贼舡三十三艘，泊靖海卫杨村岛。已敕山东都指挥卫青等，帅军往捕，尔即合兵殄灭，勿误事机。

1431年／宣德六年

秋七月 "登州府奏，宣德元年，遣库子运绵布五千疋赴辽东，至铁山海风坏舟，布皆沉溺。官责库子偿，贫无所措办。"明宣宗朱瞻基谓行在户部："海风坏舟，岂人力所能制，果有证验，悉免偿。"（见《明实录》）

✦ 蓬莱解宋营遗址 /2011年摄

1436年／正统元年

春正月 山东六府布花钞俱运赴登州卫，拨舡装送过海，给赏辽东军士。而船运不时堆积守候，多致损坏。登州府知府杨颐奏，欲以废军储仓为库收贮候船。"至领运司下行在户部，请如其言。从之。"（见《明实录》）

1437年／正统二年

三月 "山东左参政王哲奏，登州府每岁转运绵布，赴辽东都司给赐军士。比至收受官员，故称纰薄短窄，责令转运之人陪偿，以此破家者众。请敕辽东都司每岁委官一员，同布政司委官预赴登州府，验视中度者方行转运。上从之。仍敕巡抚辽东左副都御史李浚监收，以革其币。"（见《明实录》）

六月 辽东都司所属衙门历日，俱山东印造，自登州浮海运至。而海道险阻，时有漂失，重劳造送。辽东苑马寺永宁监监正毛春奏请铸降印式，於辽东都司印给，获准。

1439年／正统四年

冬十月 从山东登州卫奏请，命工部造海运船十六艘。

1445年／正统十年

倭焚沙门岛及大竹（大竹山岛）、砣矶诸岛，

火光彻南岸，倭舟至以千计。

1448年／正统十三年

登州卫海船百艘减为十八艘，以五艘运青、莱、登布花钞锭十二万余斤，岁赏辽军，余泊海岸以备倭。

1451年／景泰二年

十二月　山东宁海、登州、莱州、鳌山、胶州等卫所城垣、墩、堡被风雨损坏，总督备倭永康侯徐安请发丁夫修理。获准。

1452年／景泰三年

六月　“户部奏，近登州卫言，洪武永乐中，本卫海船僨运军需百物赴辽东者，俱旅顺口交卸，甚便。近令运至小凌、六州河、旅顺口、牛庄河四处交收，缘小凌河等处，滩浅河淤，往往损失。即今运去回船，回再运，秋深风高，海洋险远，尤为不便。请于所余布、花、钞锭六十余万，暂运于旅顺口，以后年分仍运于小凌河四处，宜暂允所请。从之。”（见《明实录》）

九月　蠲山东登州卫风漂海运布、钞、粮米。

1456年／景泰七年

九月　“户部奏，山东登州卫海船损坏者多，其应赏辽东军士布花不敷运给，宜令本布政司量拨济南、东昌、兖州三府绵布一二万疋，绵花五万斤，钞五十四万贯运赴山海卫堆积，仍行广宁卫差官验收，量拨军夫运回本卫，以俟辽河迤西各卫所官军关领给散。从之。”（见《明实录》）

1459年／天顺三年

二月　“山东登州卫海船有遭风飘涉朝鲜国境者，其船已坏，所载赏赐辽东官军布花等物（布货31050匹、花8250斤、纱120390匹），赖国人捞救得十之七，（朝鲜）国王李瑈差人运送鸭绿江，仍给各旗军衣粮遣回。具以闻。上嘉王敬事朝廷之意，特赐敕奖谕之。”（见《明实录》）

1490年／弘治三年

五月　“先是工部以山东登州卫岁运布钞，自海道往给辽东军士，乞下福建布政司造海船二艘，以助之镇守。福建太监陈道言，福州近年山木消乏，且自此至登州，海道险远，恐有人船俱没之患，请备银一万五千两，送南京龙江提举司造海船为便。从之。”（见《明实录》）

1503年／弘治十六年

登州减海船四艘，余十四艘分赴湖广、江西、浙江、福建待修。

1506年／正德元年

三月　“登州卫用海船十有八只，运青、登、莱三府布花钞锭，往辽东给军，初皆福建、湖广、浙江、江西四布政司分造。弘治初，因福建守臣奏，遂改於南京龙江提举司造之，又以料价坐派於四川等布政司并直隶安庆等府，其徵解之弊甚多，每造一船用银六七千两，既成，复不堪驾运，其遭风而毁者所鬻之价仅得四十分之一。南京科道官以为言工部，请移文南京工部议处，至是以闻。工部覆奏，言近者山东巡抚官奏，减海船止用

✦ 蓬莱“父子总督牌坊”/20世纪早期

十四只矣。今宜如旧例，令湖广、江西各造四百料者四只，南京遣匠往彼就料完造。浙江、福建各五百料者三只，则定价银五千两，徵送本部造完。但立限，责其早完，如式期於经久。四川并直隶等司府所派料，停止勿徵。从之。”（见《明实录》）

1508 年 / 正德三年

三月　登州卫海船十八只，运登、莱、青三府布、花、钞绽，于旅顺海口登陆转供辽军。

1526 年 / 嘉靖五年

停登州造船，裁撤登州遮洋船。

1528 年 / 嘉靖七年

闰十月初一日（11 月 12 日）　民族英雄、军事家戚继光诞生。戚继光十岁世袭父职，初任登州卫指挥佥事（正四品），后率军在东南沿海抗击倭寇十余年。万历十五年（1587 年）腊月初八（1588 年 1 月 5 日），逝世于登州蓬莱故里，享年六十岁，葬城南芝山之阳。著有《纪效新书》、《练兵实纪》等。

是年　登州大饥，死者载道。

1552 年 / 嘉靖三十一年

倭犯登州沿海，靖海卫指挥使商祖尧等击退。

1555 年 / 嘉靖三十四年

巡察兵备道由莱州移置登州府城内。

1558 年 / 嘉靖三十七年

三月　水陆驿递裁减车、船夫役，停造铺陈。仍禁民间不得私造座船。

九月　改派山东登、莱二府近海州县米六万石、豆一万石，输之辽东济饥。其米豆价银，准于本镇布花银及太仓挲折银内扣除，不为例。

1563 年 / 嘉靖四十二年

专设“巡察海防道”于登州府城内。管理登、莱两州海防军务。辖登州、莱州二府、三州、十二县、十八巡检司、九卫、五所。

1567 年 / 隆庆元年

登、莱至辽阳自罢海运后，转饷甚艰，登州户科魏时亮乞稍通旧路（海路）获准。

蓬莱戚家牌坊 /2011 年摄

1571 年 / 隆庆五年

是年　因河漕断，海禁初开，登州海路商贾往来者众。

1574 年 / 万历二年

八月　“招抚山东登、莱各岛向来潜住为害辽人四千四百余，安插已定，各岛荡平。前后效劳文武官员，合行甄录并条议四事：

__专责成；登州、金州都司，每遇三六九月，会同登舟，遍诣各岛搜捕一次。

__严防守；石城、广鹿、长山三岛，皆金、复两卫额地，见有军余住种，纳办粮差，与登、莱岛不受官法者不同。合将三岛各建公馆，选金州卫廉干官一员住守，以便钤制。

__加存恤；岛民初归，贫困堪悯。合给帖免差十年，并宥免已往罪犯。

__编船只；山东、辽东，舟楫相通，若私船不禁，是仍开递送之途。合将海岸民船，每口不过三只，听其搬运米薪，捕采鱼虾。见在大者，给价改为官船，其余尽行劈毁。……仍如议行。”（见《明实录》）

1584年/万历十二年

登州饥，籴于辽，航道复通。

1593年/万历二十一年

因倭寇朝鲜，调集南北官兵海防登州，登州蓬莱遂为重镇。

1594年/万历二十二年

倭航海焚沙门岛，沿海黄河寨等处戒严，不久乘风遁去。

调浙兵三千名驻登州海防，随迁家眷逾万。

1596年/万历二十四年

登州总兵李承勋督建水城，画河下游改道，闭原港海口，开掘水门，原备倭城墙砖砌，并设敌台、炮台。

1597年/万历二十五年

五月　辽东所积米豆及朝鲜见报粮数止二十余万石，恐经用不足。户部请行山东发公帑三万金，委官买籴，运至登、莱海口，令淮舡运至旅顺，辽舡运至朝鲜。又借临德两仓米各二万石，运至登、莱转运。得旨“事关军机，不许延误。”

1599年/万历二十七年

诏令登州总兵李承勋为提督，率登州军等越海抗日援朝。

1602年/万历三十年

登州总兵吴有孚以兵船兴贩私货，往来登、辽，事发被逮，巡、按两院参奏，复立海禁。上允。

1613年/万历四十一年

七月七日　蓬莱异风暴作，大雨如注，连绵二昼夜，庐舍倾圮，文庙古柏及民间树株皆拔，禾稼一空。又二日霖雨再作，海啸入蓬莱城至水探头，城东涌至潮水，城西栾家口涌至戏台。沿海居民，溺死颇多。

1615年/万历四十三年

四月　莱州府掖县海庙火起，延烧殿廊神像、钟鼓并在集货物数万金，人畜有伤殒者。明神宗朱翊钧命行布政司修复。

1618年/万历四十六年

登州总兵署兼管海运，凡济、青濒海州县悉隶。

山东派运饷米豆十万石，抵盖州套交卸，寻加之十五万石，岁额登、济、青共六十万石，以供前方军需。

1620年/万历四十八年

六月　登州不雨。七月八日，海水溢。是日，文登大风，拔木折屋，淹死人畜甚多。靖海马头海口伤运船七千余艘，溺死水工百余人，漂没粮三万五千余石。

八月　宁海大雨雹。

是年　为避金人统治，四万余辽民自发陆续渡海至登州，官府将难民“分插属邑，给旷土使耕”。

1620年／泰昌元年

登州知府徐应元编纂《登州府志》十八卷。

1621年／天启元年

七月　礼科都给事中杨道寅随正使刘鸿训出使朝鲜，“仲春往，孟夏十二日抵王京，国王李珲率群臣郊迎惟恪。臣等入国，宣谕颁赐，一时东人快睹汉官威仪。”返回时“归途梗塞”，“国王遂具舟楫，缮兵卫俾由安州登舟，并遣陈慰、陈谢二起陪臣附行。至海口遇风，臣与陪臣舟没者九只，正使则越泊铁山，舟覆几溺，至旅顺方得易舟，因退泊平岛，以俟风霁，今幸至登州。”杨道寅因延误归期，奏请“乞宽限复命。”（见《明实录》）

八月　应朝鲜国王李珲请求，改朝鲜贡道自海至登州直达京师。

冬　登州奉诏发粟输皮岛，以资军用。

是年　登州奉诏接渡南下避金辽民。数月间，遣船赴长山各岛收辽民十余万。

1622年／天启二年

五月　升毛文龙为平辽总兵官，屯兵海岛。毛文龙以岛民为兵，分布硝船联结登州，以为犄角之势。

1627年／天启七年

四月　后金越境掠朝鲜，朝鲜专差从海路飞报登州军门，以冀转奏援救。

1628年／崇祯元年

二月　朝鲜使臣奏朝鲜王，“臣等十二月十四日起马（从北京），正月初四到登州，二十日乘舡，二月初八日下陆於甑山。”

1630年／崇祯三年

五月　明将兴治叛，率“四十九舡向登州”。

是年　以孙元化为登莱巡抚，移所部兵八千人，自天津渡海至登州。

1631年／崇祯四年

一月　后金袭皮岛（朝鲜沿岸），登莱巡抚孙元化遣张焘率军一千五百名（含火攻营一部），乘兵船百余艘驰援，海战胜归。

1632年／崇祯五年

正月　孔有德叛明，陷登州等诸城。明兵部调兵数万，围剿登州叛军。翌年二月，固守水城叛军兵粮不继，孔有德、耿仲明等相继从海路出逃，“以舟师二万人渡海”降清。留守水城千余叛军顽强抵抗，直至炸开城墙攻克。崇祯六年三月二十九日，孔有德乱始平。

1643年／崇祯十六年

二月　清军泛海袭登州，不克，退兵。

清

1644年—1911年

1644年 / 顺治元年

六月　令内外各衙门印信，俱并铸满、汉字样。

是年　发布“剃发令”，“剃发归顺者，地方官各升一级”，抗而不剃者“杀无赦”。翌年重申“向来剃头之制，姑听自便者，欲俟天下大定也，此事朕筹之最熟，若不归一，不几为异国之人乎？自今布告之后，京城内外，直隶各省，限旬日尽行剃完。若规避惜发，巧词争辩，决不轻贷。该地方官若有为此事渎进表章，欲将朕已定地方仍存明制，不尊本朝制度者杀无赦。”

1653年 / 顺治十年

是年　清廷颁《辽东招民开垦奖励条例》，登州大批民众渡海徙往辽东。

1655年 / 顺治十二年

六月　沿海省分立海禁，不许片帆入海，违者立置重典。

九月　辽东旧民寄居登州海岛者甚众，辽阳府知府张尚贤示谕招徕，随有广鹿、长山等岛民丁家口七百余名，俱回金州卫原籍。张尚贤奏言：“金州地荒人稀。倘准其任意开垦、则生聚渐多。亦可立县治。而诸岛皆闻风踵至矣。”下所司议。

是月　奇山所归并宁海卫。

✦ 登州府卫所图

1656年 / 顺治十三年

八月　裁奇山所吏目一员。

1659年 / 顺治十六年

九月　裁山东东昌府南馆陶、寿光县广陵镇、平度州亭口镇、黄县马停镇、福山县孙奔镇、蓬莱县杨家唐巡检司巡检。

是年　裁登州、宁海二卫。（见《增修登州府志·军垒编》）

1663年 / 康熙二年

五月　宁海州黄岛等二十岛及蓬莱县海岛，“暂移其民於内地，酌量安插，免其输粮。”

1664年 / 康熙三年

六月　登、青、莱三府属海岛居民已归内地，豁免其岛内地粮。

是年　长山各岛百姓，尽迁于蓬莱城东沿海一带安置。

1665年 / 康熙四年

二月　山东青、登、莱等处沿海居民，向赖捕鱼为生，因禁海多有失业，之前山东巡抚周有德曾具奏民人无以资生。谕准今照该抚所请，“令其捕鱼，以资民生。如有借端在海生事者，於定例外，加等治罪。”（见《清实录》）

1666年 / 康熙五年

裁登州海防道，归并莱州，改衔登莱道。

1668年 / 康熙七年

五月　山东巡海道自青州府移驻莱州府。

1684年 / 康熙二十三年

四月　浙江沿海地方参照山东等处例行。“听百姓以装载五百石以下船只，往海上贸易捕鱼。预行禀明该地方官，登记名姓，取具保结，给发印票，船头烙号。其出入，令防守海口官员，验明印票，点明人数。至收税之处，交与该道，计货之贵贱，定税之重轻，按季造册报部。”（见《清实录》）

冬十月　海外平定后（台湾、澎湖）开海禁。直隶、山东、江南、浙江、福建、广东和各省，先定海禁处分之例，尽行停止。若有私船将硝黄军器等物违禁出洋贸易者，仍照律处分。

1698年 / 康熙三十七年

秋七月　吏部右侍郎陶岱等遵旨赈济朝鲜，于四月十九日进中江，赏米一万石，率各司官监视，给该国王分赈。其商人贸易米二万石，交与户部侍郎贝和诺监视贸易。朝鲜国王李焞奏：“皇上创开海道，运米拯救东国，以甦海澨之民。饥者以饱，流者以还。目前二麦熟稔，可以接济，八路生灵，全活无算。”

1711年 / 康熙五十年

二月　嗣后山东防海水师官兵，巡哨至锦州铁山。时奉天所属锦州铁山，离山东所属隍城岛，海路约半日程途。

1714年 / 康熙五十三年

十一月　“盛京与山东定巡海界限。铁山、旧旅顺、新旅顺、海帽坨、蛇山、绍並头、双岛、虎坪岛、桶子溝、天桥厰、菊花岛等处，俱系盛京所属海汛。北隍城岛、南隍城岛、钦岛、砣矶岛、黑山岛、庙岛、长山岛、小竹岛、大竹岛、成山头、八家口之荣岛、小崆峒岛、崆峒岛、养马岛等处，俱系山东所属海汛。盛京与山东，各有战船十只，水师营官兵。嗣后盛京所属地方，令盛京将军拨水师营官兵巡查。山东所属地方，令山东总兵官拨水师营官兵巡查。铁山与隍城岛中间相隔一百八十余里，其中并无泊船之所，交与盛京将军和山东总兵官。自铁山起九十里之内，由盛京官兵巡哨。自隍城岛起九十里之内，由山东官兵巡哨。并令盛京将军、山东总兵官定为界限。"

1730年／雍正八年

冬十月　山东水患，特命大臣会同巡抚查赈。"有房屋倾颓者，赐以修葺之资，并大发仓粮，计口授食。又将青、莱、登三府州县存贮仓谷及通省捐监谷石，照时价平粜。其奉天贩米商船，亦准到东贸易。另趁北风之便，将奉天近海州县存贮米粮，运送二十万石至山东海口，交与地方官，以备来年二三月间市价平粜。"

1740年／乾隆五年

四月　直隶、山东各督抚转饬州县，嗣后遇有前往奉天贸易商船，令其将正商船户人数并所载货物数目，逐一写入照票（凭证）。船到海口，由地方官先将照票查明，再令卸载。若票载之外携带多人，立即讯明申报府尹，解回本地。若地方官明知隐匿，按照失察漕船隐匿逃人律议处。

十一月　新设海阳县至莱阳县一百四十里，山径崎岖。凡委解饷犯，一日不能到达。山东巡抚朱定元上疏，请于离海城六十里的小纪集地方，添拨墩兵等。获准设立墩台一座，安兵五名，於福山汛酌拨。归行村汛就近管辖。

1741年／乾隆六年

四月　户部议"请禁止海运"一摺。准奏。摺称："查奉天米价，向属平贱。近年户口滋多，生齿日繁。又加各省贸易人众，本地所产，仅足食用。边外蒙古、黑龙江、船厂等处，收成偶歉，亦赖接济。若听水陆兼运，则粮价增昂，旗民必致艰食。"（见《清实录》）

1745年／乾隆十年

九月　高丽国地方陡发大水，彼处艾江河档口木料冲决四散，有松、榆、杨柳等木料漂流至登州府属蓬莱县境。该县捞获收管，并咨会奉天将军府尹，查明果系高丽漂流木料。即咨明内部，行文该国差员赴领。

1758年／乾隆二十三年

十一月　登州一艘战舰遭风，目兵早上小船，弃战舰于不顾而击碎。小船漂至江省靠岸，总兵吴士胜"恐据实奏报，必致议处追赔，因为此捏饰陈奏，希图免咎。"乾隆帝阅奏，疑其并非情理，"山东距江省，道里甚远，何以於海洋中扶板飘泊，三十九人之多，而淹毙者仅止一人。"令据实查明，确系吴士胜明知其查报不实，始终有心徇匿。著革职发往乌噜木齐，"交与管理屯田大臣等，令其自备资斧，效力种地赎罪。"

1793年／乾隆五十八年

六月十三日（7月20日）　"英咭唎国贡船"（英国全权特使马戛尔尼伯爵、副使兼秘书斯当东爵士，率官员、兵丁、役夫、船员七百余人，乘"狮子"号多桅炮舰及"印度斯坦""戛考尔""克拉伦司"等船）行至登州，泊于庙岛洋面。"十四日即欲开行，经登州府及游击上船犒赏宣谕，贡使情愿敬赴山庄叩祝，俟风顺即便放洋，迳赴天津……"（登州知府蓝嘉瓒登船以中华礼见。次

日送牛、羊、米、面、蔬、果等食品一宗上船，且遣一位老船长登舰为其领航。七月二十一日，使团船队启碇去往天津）（见《清实录》）

十二月　福宁奏，“查明原无居民海岛六十一处，并无新建房屋居住之人。其长山岛三十三处，共有居民三千二百余户，男女大小二万三千余名。”乾隆帝阅奏后令：“惟当遵照前旨，不准添建房屋。”此前曾下令：“海中岛屿，易为匪类潜踪。嗣后毋许民人私自建房居住，以防其勾结滋事。至沿海滩地，居民日多，筑堤圈堰，亦於河流有碍，是以一并禁止。”（见《清实录》）

1796年／嘉庆元年

二月　嘉庆帝令当于鱼汛之时，严密盘诘船中日用淡水食米，防沿海渔船人等私为接济在洋盗匪。

1801年／嘉庆六年

八月　被水地方较多，穷民携带老幼妻子出口谋生者不少。仍通饬地方官各遵定例，“令其安心待赈，切勿擅离乡井。”凡商民出口，给与印票，至口对验相符，始准放行。

1803年／嘉庆八年

七月　铁保奏“定限停止出口民人。”称山海关稽查既严，恐无识愚民於登、莱、青各海口携眷偷渡等。帝谕军机大臣等：“向闻山东民人前赴奉天，多由海道行走，较之陆路，尤为径捷。今山海关定例綦严，民人既不便於携眷出口，则此后乘桴者必众，自不可不防其渐。著该抚督饬沿海口文武员弁，於所管地方实力稽查，毋许民人私行偷渡为要。”

1810年／嘉庆十五年

烟台当地商家、船帮、渔户投资捐款，扩建天后宫，占地三千二百平方米，建房六十四间。（天后宫老烟台民众俗称“大庙”，坐落原北大街西段路北。明初，数十家渔民为保佑出海打鱼安顺，集资筹建三间草屋于海边，供奉海神。）

✦ 烟台“大庙”戏台/2014年摄

1811年／嘉庆十六年

三月　外洋鸦片烟透入内地、贻害多端。责成各处海关监督、严加禁遏。并交广东、福建、浙江、江苏、沿海各督抚认真查察。嗣后海船有夹带鸦片烟者，立行查拏，按律惩办。

闰三月　以山东登州、莱州、青州三府属粮价渐增，平粜仓谷。

十二月　夏旱秋潦，奉天复州、宁海、岫岩一带地方，秋收歉薄。奉省灾民纷纷携眷出边，搭坐海船前往登、莱一带者多。

1812年／嘉庆十七年

四月　奉天海口开冻后，山东民人携眷乘船

登岸者甚多。皆称因本处年成荒歉，赴奉谋生。饬令山东巡抚严饬登、莱各属，毋准再放流民上船渡海等。并晓谕各海口，以东省现已多方赈恤，禁止民人再航海前赴奉省。

是月　缓徵山东登州、莱州二府属上年水灾新旧额赋。

五月　给山东登州、莱州二府属贫民一月口粮。

六月　东省登、莱二府粮价昂贵异常。奉省各海口商户囤积高粱三十余万石，令酌分一半，各商户由海船贩运登、莱等处售卖。

1818年／嘉庆二十三年

庙岛设雾炮，以备海漕导航。

1819年／嘉庆二十四年

登州水城立挑沙碑，商船出港需捎带小海泥沙，以浚拓港池。

1821年／道光元年

成山角有助航标志，时以木杆悬挂油灯用于船舶导航。

1825年／道光五年

因运河难行，开官督商办海漕，登州水城时为监护、中转的要地。

1832年／道光十二年

英舰由广州驶至登州海域，偷测沿海地形。

1835年／道光十五年

八月　嘆咭唎（英国）夷船，驶入东省刘公岛洋面，钟祥派委员弁巡堵驱逐，不准进口。朝廷派遣钟祥严饬所属各员弁，一俟风发，驱令启碇南还。并各岛口严加防范，严禁内地奸民交易接济。

十月　时届隆冬，天气严寒。山东登、莱、青三府民人，因本处年岁歉收，携眷赴奉天依亲就食，前后约有八九千人。其各海口停泊处所，即有下船流离失所灾民五百六十二名。饬各地方官“量为助资，并加抚恤。”待来岁春融“即妥为晓谕，饬令回籍。”（见《清实录》）

1836年／道光十六年

三月　山东登、莱二府，向赖奉天高粱、粟米、苞米三项粮石，以为接济。因上年秋收歉薄，现当青黄不接之时，无业贫民“率皆乞食於外，兼有莱州府属逃荒流民，搀杂其中。”盛京将军奕经等遵旨筹拨高粱十二万石，并各海口杂粮共约计一百万石，准令商人运赴山东接济。

1839年／道光十九年

八月　广东潮州府饶平县出海人名荣裕利，驾牌名“金裕成”洋船，装载糖包于天津海口遇查验时，即行起碇东往。因疑其带有烟土，道光帝派遣耆英等严饬锦县、复州、海城、盖平、各海口密速巡查，并派遣杨庆琛即饬所属在利津、即墨及庙岛一带一体查拏。不久，山东巡抚托浑布奏：“遵饬福山县将该船户拏获，查无夹带烟土。惟因中途添雇水手，与原照不符，畏查起碇，委无别情。”

1840年／道光二十年

八月　夷船一只在鼍矶岛外洋游奕，并驾小船向岛民乞买淡水牛只等。道光帝令“不准在海洋与之接仗。该夷所恃者船炮，若舍舟登陆，则其技立穷。不妨偃旗息鼓，诱之登陆，督率兵勇，聚而歼旃。”

十二月　山东巡抚托浑布督办海防。“添制

军火炮位；相度要隘，修城练兵；於隙地搭盖草房，设闻夷警；将各岛民畜产内徙，掘断岛上泉脉，填平井口，使无可掳掠。”欲“诱之登岸，诱之触礁，可一鼓成擒。”

1841年 / 道光二十一年

十二月　海防吃紧。蓬莱县大竹山等处十三岛，谕令届期塞断上岸道路，团练岛民自守。大小钦岛及庙岛等处，不得不为临时迁避之计，豫令所属地方官，雇觅商渔船只，以备岛民挈资内渡。又福山等县各岛，埋伏枪炮，暗行设守，并将各井泉掘断或置毒药。岛民有实在不能迁徙者，酌量派兵防守或令其投充水勇乡勇，协同兵力分守口岸。临时以渔筏小舟，暗藏火具，以备烧击夷船，并严定各海口稽查章程。凡有南船进口之时，人票不相符，不准收口交易，且本地行户取有切实保结，方令该船正商上岸。本省商渔各船俱编有字号，派遣各地方官於商船出口时，取具保结。遇有南人，不准受雇。其捕鱼各船，照常营生，遇有警报，将各船收回。

1842年 / 清道光二十二年

江南提督刘元孝率兵一千名至登州，加强登州防务。

1843年 / 道光二十三年

秋七月　登州府属之荣成、文登、福山等县，有双桅夷船二只停泊，内有广东、江西等省民人，驾三板小船上岸布散知单，欲与商民贸易。奏报“似系内地奸匪。勾通英夷奸商，越界私贩鸦片烟土等。”道光帝谕令：“英夷通商，业经议定五处马头，山东地方并非该夷贸易之地。严禁各海口商贩，不准私相交易。”不久，该夷船向东南大洋驶去，瞭望无踪。

1849年 / 道光二十九年

夏四月　道光帝谕军机大臣等：“有人奏山东洋盗情形，请饬惩办等语。据奏登州、莱州洋面，上年有盗匪在石岛、烟台各岛屿盘踞，截劫商人柳同兴、黄裕隆等船只五十余起之多，继复登岸抢掠。文武各官，并不实力兜拏，纵令饱扬，并现在宁海一带，复肆蠢动。似此讳盗殃民，实堪痛恨。洋面不靖，固宜严饬水师兵弁，於海口各要隘及港汊纷歧处所，实力巡逻，认真拏办。惟该匪等胆敢登岸滋事，扰害闾阎，必有巢穴。著徐泽醇督饬所属文武将吏，於沿海各地方偏僻山坞，窎远村乡，严密搜查，务须埽其巢穴，不留余孽。并恐勾结邻郡各匪徒，联为一气，此拏彼窜，尤不可不防其渐。该抚当认真督缉，严拏惩办，以靖海疆而除积蠹。将此谕令知之。”（见《清实录》）

1850年 / 道光三十年

五月　英夷船于五月初二日自天津开行，初四日即至山海关，东省员弁於初七日在隍城岛瞭望，有火轮船一只，从外洋向东北驶去。“夷情诡谲，恐其欲赴奉天，抑或转帆南旋。”密饬沿海文武各员，小心防范。

是月　改山东登州镇为水师，兼辖陆路。补兵五百名。令新旧水师三营，分辖山东洋面。

是年　烟台“大庙”周围形成中心商业街市，大小店铺、作坊一千余家，有面市街、菜市街、饭市街、果木市街、竹杆市街、草市街、鸡鸭市街、鱼市街、西瓜市街等集市街道。广州、福建，宁波、关里、锦州帮等商船往来贸易。每年的“大庙”庙会上，人群云集，人山人海，敬神进香，买卖活跃。

1852年 / 咸丰二年

十月　朝鲜国王咨称，近年以来，内地船只前往该处沿海各岛捕鱼，每次渔船或八九十只，或数百只。船载多人并有鸟铳器械等件，其船号俱是登州、莱州、甯海、荣城、奉天、江南、苏州各等处船只，未便擅行驱逐等。沿海居民越界渔采，例禁綦严。康熙五十一年曾申饬严缉，嗣后派遣盛京将军、奉天府府尹并沿海各督抚饬属一体严禁。

1855年 / 咸丰五年

七月初二日　有商雇三桅火轮船一只、两桅夷船二只、无桅火轮船一只，先后驶至之罘岛海口。咸丰帝令："严谕商民，不准率行借用夷力。究属夷船，岂可任听商民驾驶北行，致令夷船溷迹。""山东洋面再有续来夷船，著崇恩饬令登州镇道一体谕令南还，勿再任其北驶。"并分饬沿海各口岸，严密防范。

七月初六日　清军于栾家口村北海面截击全歼去黄县抢掠的十三艘倭船。

1858年 / 咸丰八年

二月　东省海口如蓬莱庙岛、福山之罘、文登威海、荣成石岛、俚岛，均系漕船往来必经之地，防护最关紧要。崇恩令登州镇督带舟师，於漕船入境时在洋面严密巡缉，跟踪护送，严防闽、广艇匪随漕北上。

五月十六日　《中英天津条约》签订，条约共五十六款。第十一款增开通商口岸："广州、福州、厦门、宁波、上海五处，已有江宁条约旧准通商外，即在牛庄、登州、台湾、潮州、琼州等府城口，嗣后皆准英商亦可任意与无论何人买卖，船货随时往来。至於听便居住、赁房、买屋，租地起造礼拜堂、医院、坟茔等事，并另有取益防损诸节，悉照已通商五口无异。"

十月　桂良等奏，山东登州与牛庄两处，以豆石、豆饼为大宗，向来皆系江、浙、闽、广商贩船户运销于东南各省，其利甚大。此项船只共有二千余号，海运漕粮，借此承运北上，其倚此为生活计者不下数千万人。（见《筹办夷务始末》）

1859年 / 咸丰九年

春正月　庆祺奏，"津郡办理厘捐，接济经费。而近来商船，多绕赴登州府属之烟台海口出入，藉图趋避。该处向未设有税局，以致有碍厘捐。且恐各处关税，诸多偷漏。"咸丰帝遂令崇恩即行选派官员，查明烟台海口情形。议立章程，照例核实徵税，暂行拨解天津，协济海防经费。俟海疆平靖，仍归山东报拨。

太平湾渡船 / 清末年间摄

三月二十三日（4月25日） 载有外国人和“洋货”的四艘广东商船抵烟。

秋七月 崇恩奏称：“本年五六月间，有外国商船十二只先后来至登属，在烟台海口停泊。奸民惟利是视，难保无私通买卖之事。并四月间，有广东商人，欲在烟台买地盖造公所，经该县访闻查拏，始行寝息等。”

八月 僧格林沁奏，外国船渐向大沽洋面南驶，难保不再到烟台海口，意图久停。帝谕：“该处商贾云集，人烟辐辏，若视为故常，任其逗遛，恐一旦窃发，猝不及防，殊为可虑。此外各海口港汊纷歧，多有可停泊之处，均宜严为准备。现在通商章程尚未定议，民间概不得与之私行交易，应一并禁绝。” 著崇恩严饬沿海地方官认真巡查，密加防范。“如有夷船停泊，谕令迅速开行，毋许久留，致令上岸滋扰。”（见《清实录》）

九月 烟台海口试办抽厘，所收正杂厘税“每船有七百金之多。”“诚恐入官无几，徒饱私囊。” 著僧格林沁于营中拣派妥员，令郭嵩焘“轻骑减从”带往查办。“务期有裨经费，杜侵渔而有限制，方为妥善。”

十二月 僧格林沁奏，郭嵩焘前赴烟台，派委绅士设局抽厘，未能会同李湘棻查办，又未及与文煜面商。福山县地方，遽有不知姓名多人殴绅拆局之事。帝仍令所有各口厘税章程，与郭嵩焘面晤筹商，奏明办理。

是月 严查山东烟台税局滋事一案。

是年 登、莱、青三州设六厘税局，称为常关。有烟台、石岛、龙口、塔埠头、金家口等，（征收以厘金为主，税为辅，按货价百分之一税收归州县，百分之三纳厘，归厘税局。）本年，清廷在烟台开埠前设立的第一个官府机构“厘税局”开始征收船税（其坐落街巷称厘局子街，1933年更名义聚街）。

停泊在烟台港内的货轮 / 清末年间摄

1860年 / 咸丰十年

正月 有英国火轮船大小四只，由副兵头尊士督驾出口。探系前往山东、直隶交界总隘洋面驻劄，为拦阻漕船之计。谕令僧格林沁等一体严防。

二月初八日 探有火轮船一只，夹板船三只，陆续由东南大洋驶至福山之罘岛口停泊。“其是否尽系夷船及货船、兵船，尚未探悉。”晓谕沿海一带居民，严切禁止与其食物、贸易，并密饬登州镇总兵曾逢年亲统师船，督饬将弁，梭织巡查，“其海运漕船有收入山东各口者，并著妥为保护，不使夷船乘便抢掠”。

四月　《清实录》记载：“文煜奏，咈酋（法国）孟姓，带领夷船於本月十九日驶至烟台山下，约有三四千人，各执器械上岸，占住房屋，即於山上紥营，並张贴伪示，安抚居民，並不滋闹。其心叵测，恐其意图久踞，煽惑民人，徐谋构衅。现委署青州府知府董步云等，前往相机妥办，並将揭取伪示，咨送军机处呈览。”咸丰帝谕：“当令告以去岁在津，该国并未帮助咦英国打仗，中国已令钦差大臣知照贵国，按咪国（美国）换约之事商办在案，迄今并未接据照覆，亦无妥定章程。今骤然携兵而来，实堪诧异。此处既非通商之地，又非商办换约之处，未便相留久住。此地居民，或相惊扰，反伤和好之道。仍应速回上海，向钦差大臣议定条约。应在何处换约，总俟上海钦差大臣知照，方能办理，看其如何答覆。总在该委员等剀切开导，劝其将船只撤回上海，毋任久踞，方为妥善。并饬沿海将弁於各路密为防范，固不可自启衅端。亦不得因其并不滋事，漫无准备。总宜暗中布置，有备无患。並严禁内地民人接济食物，潜相句结，是为至要。”

五月初　文煜续报，法军又占房屋，並於山下开井二眼，又自东南大洋驶来火轮船二只，仍泊之罘岛。该船搬下马鞍二三百盘，並未见有马匹。又逼令各铺户买伊洋钱使用等。

《清实录》记：法军入侵烟台后，将大商船悉行夺去，并于沿海大肆抢劫商船。宁福营威海汛把总禀报，五月十二日辰刻，有火轮船二只由

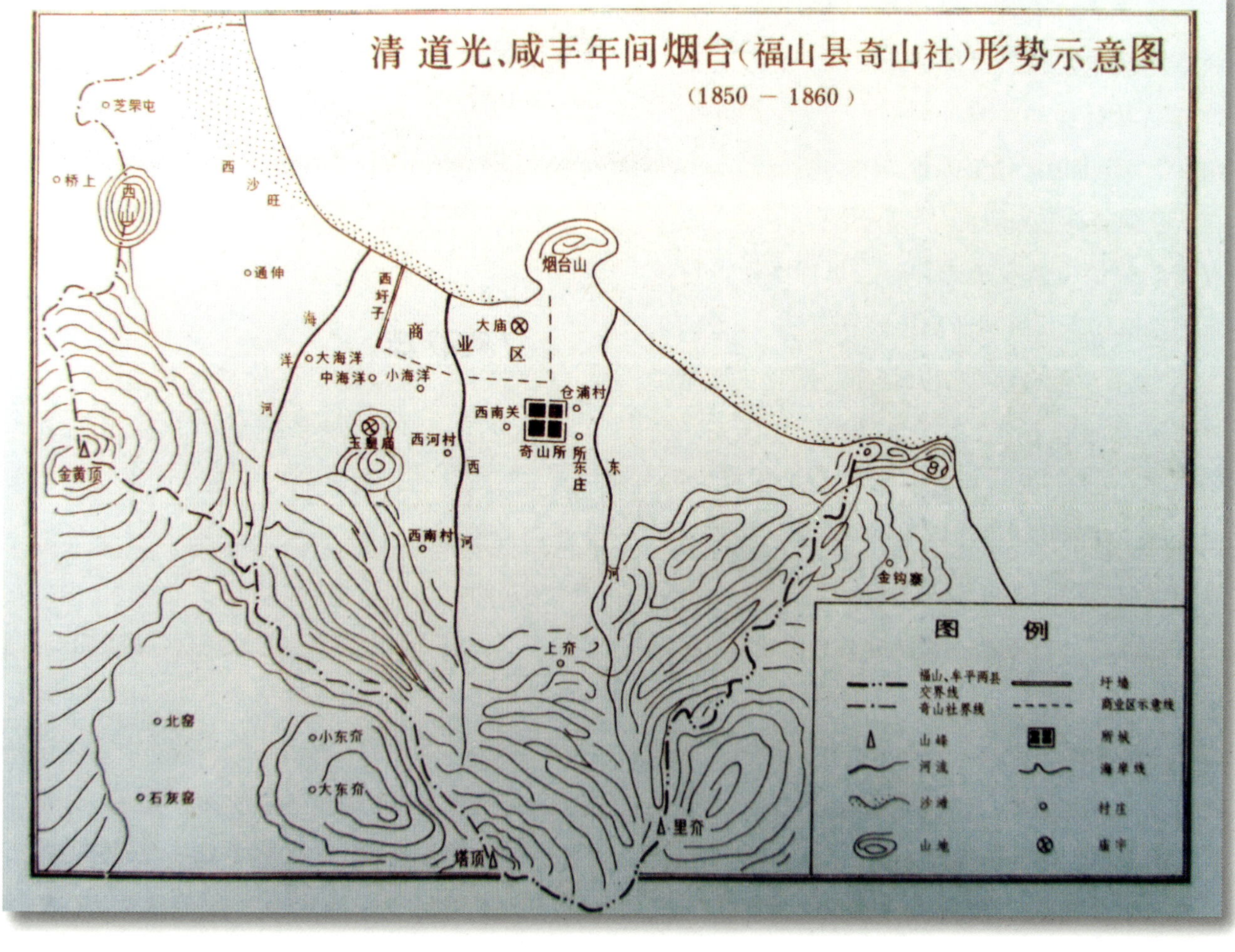

西北大洋驶入刘公岛迆西停泊。当即会同文武差查，“系咈囒哂（法兰西）夷人，由烟台前来，将口内停泊大小商船十三艘全行拉去。”又据八角汛千总禀，“十四日又有夷船二只，在平畅河口一带外洋，分拉船九只。”十五日，登州镇咨报，先后瞭见两船由东南大洋驶往东北。十六日，法军又在养马岛抢取四船货物钱文，並拉船一只，往西北大洋驶去。是日夜间，又在八角汛拉去船九只。十七日，又将该汛口内停泊之杂粮船一只，因牵拉不动，随将其船上粮石，抛下海中，将船拉去。十八日，又瞭见芝罘岛外洋拉去船数只。宁福营属之崆峒岛洋面，共泊所拉商船三十余只。

五月（辛亥　十八日）　《清实录》记：烟台居民、商贾避战祸，“迁徙一空”，法军随至福山县城内，以“修夷馆通商”为借口，向知县索取夫马，搬运瓦石。知县等官业已避去。复於庙岛、长山岛修筑礮（炮）台数座。登州府城官属，闻风远避，法军入城居府署数日，复回岛中。海口地方，银价骤落。法军所带广勇不时出营滋扰，土匪亦乘机掳抢。（壬子　十九日），文煜奏，“夷人於烟台砌筑码头”。董步云等报，“奇山所人张二林，为夷人於烟台地方豫为盖屋，並有闽、广人同来。”本日有人奏“夷人到山东后，有马队三千，上骑中空木人，内装火药，每日上岸操演，近復募到潮勇约五六千人。闲日十余人或二三十人不等结伴北行，防堵官兵，毫无觉察。並闻去岁夏间，福山县知县余枏卖给该夷海岸数段，索得重价，尽饱私囊。是以本年夷人上岸，支搭帐房，欲盖夷馆，此沿海居民所共知者。”著文煜即日出省，前赴登莱青一带，择要驻紥，筹办防堵。“至已革福山县知县余枏，如何将海岸数段卖给夷人，以致夷人有可藉口，径行上岸居住，实属可恶。即著文煜密速访查，一经得实，即将该革员拏问惩办，不得稍涉徇隐。”

是月

◆文煜奏，“所到烟台海口夷人及广东人，约共一万数千人，大小车共二百五六十辆，马共八百余匹，牛共一百六七十只，粮食军械不计其数。夷人於烟台海口，愈聚愈多，欲由海丰水陆赴津。”

◆《筹办夷务始末》记：薛焕奏，本日有北回沙船，据云于四月二十二、二十三等日，在山东成山以北洋面，瞭见北驶夷船三十余只。又山东庙岛、烟台停泊夷船七只，奉天之金州滩停泊夷船三只。沿途抢有沙船三十余只，卫船四十余只，将各船货物，抛弃入海，砍去船桅。每三只联为一处，带赴北驶。

六月　法军盘踞烟台口岸，商贾裹足，“税厘局委员在彼株守，徒多烦费。”文煜奏请暂行撤回，俟事平再设。朝廷以“难保无贪利商人前往，私行贸易。若内地停止抽收税厘，恐该夷得以暗中取利。”著文煜严密查明，如该处尚有商人贸易，“仍当抽收厘税，以重课项”。

十二月九日（1861年1月19日）　山东巡抚文煜派遣青州候补知府董步云陪同英国领事毛里逊抵登州，筹备建立英国领事馆和开埠事宜。考察登州沿岸港湾后，毛里逊以登州府地（蓬莱）“滩薄水浅”，另选福山县属烟台海口为通商口岸。

是年　招远粉丝由龙口装船外运销售，称“龙口粉丝”（其所用原料，初为地瓜，清道光年间，渐以绿豆为主，今添豌豆等。招远粉丝生产始于明末清初，距今已有三百多年历史，传统工艺今已多有改进）。

1861年／咸丰十一年

七月十七日（8月22日）　烟台开埠，首成近代山东对外通商口岸。

是日　东海关开始征收外籍商船税。

是年

▲英国在烟台山设领事馆。（至1945年，法国、美国、挪威、瑞典、德国、荷兰、丹麦、意大利、奥地利、比利时、日本、俄国、西班牙、朝鲜、苏联、芬兰相继在烟台山或周围设领事、代理领事馆。）

▲英国人汤麦斯·福开森在烟台开办“福开森”公司。

▲开埠之初，烟台港是中国北方最大的口岸，国内外商船进出繁忙，年进出口贸易额相当于天津、牛庄（营口）两埠相加之和的两倍，同澳大利亚、暹罗（泰国）、日本、朝鲜及马六甲海峡和直布罗陀海峡地区、海参崴等辟有直接航线，与十多个国家有贸易活动。

1862年／同治元年

春正月（2月4日）　添铸湖北江汉关、山东海关两监督关防。

二月　登莱青道自莱州迁驻烟台，东海关监督衙门成立（址烟台四道湾胡同北头，今道恕街小学），登莱青道台崇芳兼任东海关监督。东海关辖五府十六州县二十三海口，时为山东省海关总关。崇芳上任后整顿各海口厘局，将山东沿海各海口厘局先后改制为铁门关、陈家庙、埕子口、陈家官庄、海庙后、太平湾、虎头崖、下营、青岛口、金家口、塔埠头、柘旺、夹仓口、涛雒、龙口、天桥、烟台、系山、威海卫、张家埠、石岛、俚岛、乳山钞关。

六月十八日（7月14日）　烟台口东海

籌辦夷務始末卷之七十九
咸豐十一年辛酉五月癸卯山海關監督福瑞奏。竊奴才於
四月二十三日接奉軍機大臣遣
寄傳諭到關。奴才擬遵於二十五日自關起程。在途次接准駐紮牛
莊管理英國事務領事密迪樂照會。內稱奉英國派上海
翻譯官密迪樂前往牛莊等處。辦理領事事務等因前來。
奴才即兼程前進。五月初三日抵牛莊。定於初五日前往英
國領事公館。會見密迪樂。議及所定通商事宜。均按和約
條款遵辦。奴才隨時出示曉諭店棧商民人等。遵照所定和
約條款。及一切通商事宜辦理。以期日久永遠相安。伏查
到口洋船十數隻。所載貨物。均與上海執照數目相符。現
在該口商民安堵如常。海疆平靜。
硃批。知道了。
乙巳。辦理三口通商大臣崇厚奏。竊奴才前經咨照山東署
撫臣清盛。會商開辦章程。祇以二三月間大股南竄。復擾
東境。商賈戒嚴。外國商船亦聞風而裹足。一切通商章程。
礙難籌辦。嗣據山東登萊青道崇芳。候補知府董步雲。登
州府知府戴肇辰等稟擬。並開具商辦條陳。請核前來。奴才
詳加覆覈。該道等所擬章程。雖係因地制宜。惟與條約新
章多有不符之處。亟應妥為酌辦。當即批飭另議。一面咨

《筹办夷务始末》影印件一

商山東撫臣譚廷襄。並恐該道等。於現在新章。未能熟悉。
轉致通商室礙。查登州一口。又與牛莊情形不同。向無監
督。亦未設關。現今開埠通商。事屬創始。必須公正廉明熟
悉情形之員。常川駐紮。方足以資治理。擬遴駐津郡。撥長
英及。竊處吁處不實。查總理王大臣奏定章程。准令派員
前往。現查有直隸候補知府王啟曾。人品端謹。辦事精細。
且該員籍隸山東。熟悉該省海口情形。以之調赴登州。會
同登萊青道崇芳等。悉心籌畫。相機辦理。實足收指臂之
效。業經督咨商直隸督臣文煜。劄調來津。將現辦新章。面
為籌商。於四月中旬。飭令迅赴登州。並咨會山東撫臣責

籌辦夷務始末卷七十九　二

令該守會同崇芳等實力舉辦。且應開辦之初。事務煩冗。
復又劄調直隸候補知縣袁大陞。河工候補縣丞曲紀官
隨同王啟曾差委。並擬查沿海卡房。及上海驗貨發單等
事。至應派通事。並外國稅務司。現已與英國人李泰國所
來之代辦總稅務司赫德。商酌一二人前往。幫同徵稅。庶
不致日久滋弊。惟查外國商船。由閩廣上海而來。往往先
到登州停泊。該口商賈輻輳。中外雜處。一切事務較繁。勢
恐一人耳目不及周察。相應籲懇
天恩。飭下山東撫臣譚廷襄。轉飭登萊青道崇芳等。會同督派往
之直隸候補知府王啟曾。認真妥辦。庶於撫綏地方。稽徵

《筹办夷务始末》影印件二

稅務。兩有裨益。至奉天之牛莊一口。本有山海關監督經
理稅務。惟各國商船進出。雜色商民水手與內地民人雜
處。一切交涉事件。必得隨時防範。查有候補知州馬繩武。
直隸候補府經歷張元熙。均在總理衙門。並隨武備院卿
恆祺處當差。熟悉外國情形。亦經擬劄調該二員。於四
月中旬前赴牛莊。並咨明
盛京將軍。奉天府府尹。暨山海關監督。就近差遣。責成會同
地方官嚴緝查驗。俾免滋生別釁。
諭軍機大臣等。崇厚奏。山東登州新開口岸。遴委妥員前往會辦
一摺。據稱山東登萊青道崇芳等所議通商章程。雖係因地制

籌辦夷務始末卷七十九　三

宜。與條約章程多有不符之處。並恐該道等於現辦新章。未能
熟諳。現派直隸候補知府王啟曾等赴登州。請飭譚廷襄轉飭
崇芳等會同妥辦等語。登州開埠通商。事屬創始。於中外交涉
事件。必須遵照條約新章。妥為籌辦。庶各國商民。不致別生枝
節。著譚廷襄飭令登萊青道崇芳等。俟王啟曾到後。即會同該
員將一切通商事宜。悉心籌畫。妥為辦理。令地方稅務。兩有裨
益。毋得稍存畛域。致滋流弊。
崇厚又奏。天津設立新關以來。一切事務紛繁。兼以郡城
內外。海河兩岸。英佛兩國兵未撤淨。自大沽海口。至城南
紫竹林新關。海河一帶。相距二百餘里。商船卸貨。撥運到

《筹办夷务始末》影印件三

关建立（俗称“大关”“户关”“常关”）。关址烟台港南岸的龙王庙（已拆，后在此地建烟台市群众艺术馆，今仅存庙前戏台）。直属东海关监督衙门，七月二十四日起办公。烟台开埠后，关税征收设关前归烟台厘局。东海关设立后，厘税局归东海关，以税为主，厘为辅，税率按货价百分之一归海关，百分之三归州县。

是年　美商那绥公司在烟台设旗昌洋行，经营海外商运。

1863年／同治二年

正月二十八日（3月17日）　东海关常关公布《烟台口东海关章程》和《船只进口章程》，烟台港第一次有港务方面规章制度。《烟台口东海关章程》规定了烟台口的水域界限：“烟台口系由芝罘岛迤东，至崆峒岛东北；自崆峒岛往南，至海岸。”

二月五日（3月23日）　英国人汉南（C.Hannen）任东海关税务司，并开始组建东海关税务司署（称“新关”或“洋关”）。四月，东海关税务司署（洋关）租赁世昌洋行房屋办公。关址烟台滋大路（今海关街）。自此，东海关有洋关和常关之分。

二月十二日（3月30日），总税务司通令，所有海关关员不得从事贸易海运，否则将受开除公职处分。

是年

▲东海关执行由各国制定的《协定关税》，进出口货物原则上按值百抽五税率计征，领事馆工作人员携带进口物品免征关税。当年，东海关常关开始贸易统计。（年征收关税156152芝罘两，芝罘两：系1874年前烟台当地通行的银两单位。）监管进出口船舶六百七十四艘次，二十万八千五百九十四吨位，监管进出口货物九点四万吨。

▲当地人在荣成成山角建花岗石灯塔一座，用以替代原来悬挂油灯的木杆，灯塔宽约十二英尺，高约二十英尺，为一烽火标，上部为露天望台，四角为花岗石柱，上置横梁，悬系火盆，燃木料于铁盆内，以灯光导航。

1864年／同治三年

是年　英国和记、汇昌洋行在烟台开业，经营花生、棉纱、杂货进出口贸易及保险业。

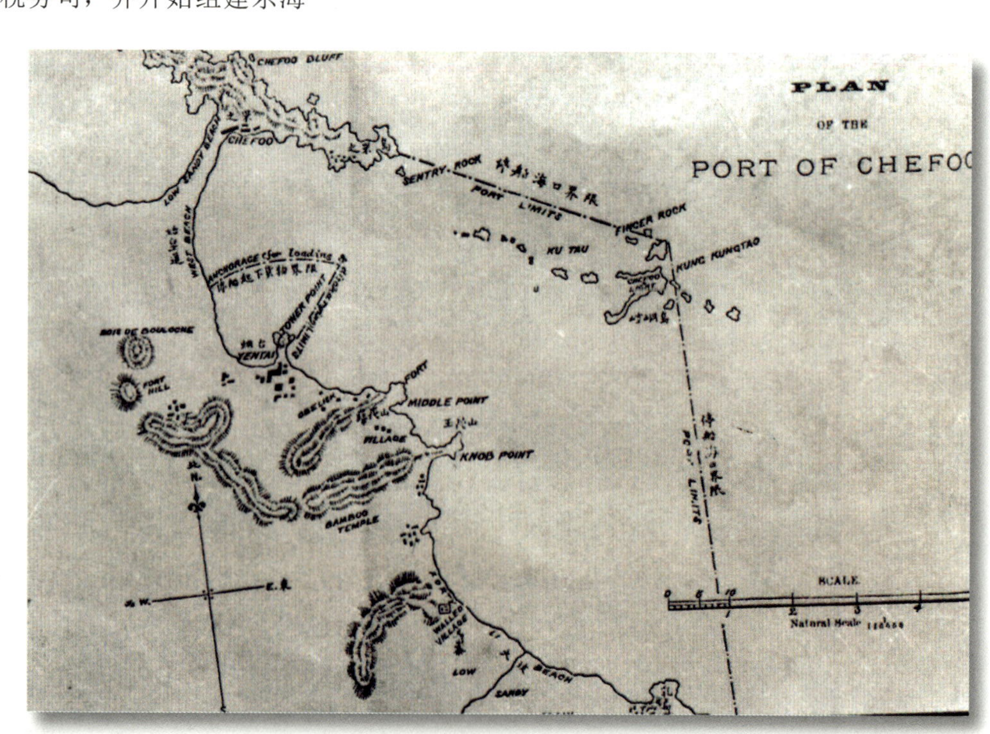

✦ 烟台口界图

1865年 / 同治四年

正月五日（1月31日）　东海关报总税务司的贸易报告第一次出版，记述东海关（洋关）成立以来的工作情况，对山东省政治、经济、贸易、海关税收等作了详细描述。

是年

▲始建烟台海岸街，位于烟台山前，全长二百七十米，是一条遍布外国领事馆、洋行、娱乐场所的具有异国情调的街道。英国人在海岸街建烟台外商会芝罘俱乐部，是居烟台外国侨民的公共娱乐场所。

▲烟台港出口农副产品等土货十四种，进口产品二十种。

▲有骆驼队自天津驮运棉花到烟台，装船南运（延续至1900年）。

▲增设羊角沟口常关。

▲东海关设莱州掖口分关（常关）。

1866年 / 同治五年

是年

▲东海关在烟台山西南侧建造的海关公署和码头等竣工（耗银12528两8钱8分，由东海关船舶吨税中开支）。码头落成后，称东海关码头（今芝罘湾港区南码头），是烟台港第一座公用码头。为东西走向土突堤式（全长257米，西端宽约33.5米），其主体以长方石条灰砌而成，内填砂石泥土夯实取平，缆桩为石柱体。将原来的天然海湾分成南北两个太平湾，码头北沿最大水深约四点五米，靠泊能力约五百吨。上有一架固

✦ 东海关公署工作人员合影

✦ 东海关码头旅客监管厅

✦ 东海关验货房

✦ 东海关税务司公署旧址 /2014年摄

定吊杆，负荷五吨，起升、迴转均用人力牵动；一座海关缉私亭；一座长三十三米，宽十四米，脊高十米海关验货房。东海关税务司署建筑面积九百八十三平方米。关址烟台山下滋大路六号（今芝罘区海关街6号）。

▲德国商人在烟台建立船舶修造厂。

▲清政府总理衙门与总税务司协议，将各国使领馆邮件递送任务移交海关兼办。东海关设邮务办事处，代理邮件递送之事。海关递送邮件包括各国使领馆文件及海关本身公私信件，后扩至外国侨民信函。邮件由轮船代运，冬季津沽（天津塘沽）港封冻，改由陆路递送，开辟北京至烟台、牛庄、镇江三条送信长差邮路。

崆峒岛卢逊灯塔／清末年间摄

重建的崆峒岛灯塔／2004年摄

1867年／同治六年

三月二十七日（5月1日）　烟台崆峒岛灯塔建成使用（1866年始建，位于烟台芝罘湾内崆峒岛上）。塔高四十五英尺，采用反射定光灯，烛光约一千支。当时灯塔以海关税务司卢逊的名字命名，称卢逊灯塔，后改称烟台灯塔。光绪三十一年（1905年）七月二十四日（8月24日），烟台灯塔内长明灯改为闪光灯，十一月开始使用，改名崆峒岛灯塔。（战争期间该灯塔被毁，1955年重建，1974年灯塔原址改建，1988年安装雷达应答器，1997年移位重建，同址建有船舶自动识别系统（AIS）基站。）

五月（6月）　东捻军约十万人沿潍县至登州大道逼近烟台，后折回。七月（8月）从胶莱河北端破围西去。

八月（9月）　英商汤麦斯·福开森租赁的英国船“芬塞尔”号（FinzeL）满载煤炭，从英国加的夫港试航烟台港，首开烟台—英国直接贸易航线，结束英—沪—烟转口贸易，货物以布匹、煤、铁等为主，继而日、俄、美等国也开通至烟台航线。至十九世纪七十年代，还辟

明／清

✦ 烟台山灯楼和旗语杆（烟台小山）/1903 年—1905 年间摄

有烟台至法国、德国、荷兰、挪威、新加坡、菲律宾航线。

是年　烟台西商会（由外国人组成的商会）成立，同年广东船帮建潮州会馆（市府街西部路南），亦称东盂兰会（西盂兰会为福建会馆），占地近四千平方米。

1868 年 / 同治七年

四月初三（4 月 25 日）　海关总税务司署以总税务司第十号同札通知各关，宣布成立船钞股，船钞股直属海关总税务司领导。将全国沿海划为南、中、北三段管理，每段设一名段巡工司，三段巡工司分驻福州、上海和烟台。北方区段设在东海关，专司渤海湾内航运、航标、测绘海图、查缉海上走私及北方三口（烟台、天津、牛庄）海关缉私舰艇的管理和使用等。

是年

▲东海关在烟台山顶原烽火台上建起带木柱屋顶的简易灯楼和旗语杆，向进出烟台港口船只发布进出旗语信号和预报天气风信变化。

▲烟台商人李振玉、郭九山（Ko Kow—San 译音）伙同美国人花马太（M. G. HoLmes），组织了一个清美洋行（HoLmes & Co. ），用六万三千七百五十两从外商惇华洋行购到一艘“天龙”号轮船，二月起（1869 年），在上海、烟台、天津间航行。年底结算，获净利一万七千六百两。但因尚欠原主船价四万两，无力偿还，三月（1870 年），将轮船抵押给怡和洋行，并委托怡和洋行代理经营。李振玉也在这年五月同郭九山、花马太拆伙退出。

▲登莱青兵备道在烟台设水师海防营。

▲登州同知雷树枚倡建导航灯楼，于蓬莱阁东北角丹崖山巅建成，呈六角形，称“普照楼”（1958年重修）。

✦蓬莱阁普照楼/20世纪60年代摄

✦蓬莱阁灯楼/2004年摄

1869年/同治八年

是年

▲东海关掖口分关由掖城移驻虎头崖，辖海庙口、黑港口、三山岛、石虎嘴四个分卡。

▲烟台港向国内外输出草辫五千四百三十二担，占全国外输总量的百分之六十二点六五。

▲丹麦在烟台开设商业通讯机构“大北电报公司”，是著名“丹麦大北电报公司”在烟台的分支机构。（1906年烟台海底电线局落成后，“大北电报公司”和“大东电报公司”迁入办公。）

1870年/同治九年

五月二十三日（6月21日）　英、美、法、德、意等七国军舰聚集天津至烟台沿海，胁迫清廷处理“天津教案”。

是年

▲福开森公司在烟台山西侧北太平湾北建造一个小码头，称“福开森码头”（现海军使用），并立一碑。

▲俄国自烟台港运走华工六十名，系首批输出“契约劳工”。

1871年/同治十年

八月七日（9月21日）　英国“马蒂达”号方帆双桅船在烟台山下撞沉，船员全部丧生。

十二月　改山东福山县烟台巡检为繁缺。

是年

▲英国人在崆峒岛海角山顶始建导航灯塔。

✦烟台山西侧景象/1903年-1905年间摄

最初塔上置木质顶楼，用灯盆状，内贮豆油，上加铁盖，铁盖周围穿有七孔，七只灯芯由七孔穿出，缓缓转动，闪闪发光。

崆峒岛导航灯塔旧照/1915年(左)、1951年(右1)、1972年(中)

▲烟台港舢板工、装卸工增至一万二千余人。

▲基督教美国长老会传教士倪维思夫妇自美国和欧洲搜求西洋苹果、梨、葡萄、大樱桃等果树苗木，在烟台毓璜顶东南山麓建光兴果园栽植，此为外国水果品种传入之始。

1872年 / 同治十一年

四月十一日（5月17日） 清廷调福建“安澜”舰抵烟台守卫海防。

十二月（1873年1月） 上海轮船招商局在上海南永安街开局营业，购置“伊敦、福星、永清”三只轮船。一八七三年十月在烟台设立分局，设立码头、栈房，开设办事机构，注册资金白银三万二千两，备有轮船九艘，开辟烟台至牛庄、天津、上海、福州、台湾、厦门、汕头、香港及日本、爪哇等地航线。烟台至天津、牛庄客运航线途经登州港，无固定班期。

是年 德国人在烟台设缫丝局（工厂），备有缫丝汽机等机械。

1873年 / 同治十二年

二月六日（3月4日） 轮船招商局“伊敦号”轮船首航烟台，是烟台港自开埠后十余年驶抵的第一艘华籍轮船。本年其福星、利远两轮行驶上海—烟台—天津航线。

是年

▲东海关鉴于内地人口和“契约”华工的外流情况，开始审理旅客交通运输，正式开办客运业务。由此，烟台港客运业务始兴。

▲东海关贸易报告中首次出现烟台港客运统计，本年度旅客进出口人次：中国人一千七百六十和一千零二十四，外国人二百九十七和二百四十六，同时特别提出烟台产的长把梨，是该年出口的重要物资。

烟台港码头工人/20世纪前期摄

烟台港舢板装卸作业/20世纪前期摄

明/清

▲清廷以黄底青龙旗作为中国海关关旗。

青龙海关旗

1874年 / 同治十三年

十一月初七日（12月15日）　东海关成山头灯塔建成，塔高七英尺，通体石质，烛力七千支定光灯。灯高二百二十尺，红、白弧光各二。光绪十八年（1892年）改装为明灭镜机。宣统元年（1909年）改为白炽灯头，白光烛力增至三万二千支，红光则为一万三千支。民国十年（1921年）又重新设置二等旋转明灭镜机，每十五秒钟急闪两次，烛力四十万支。后改为张氏“自然式”白炽纱罩，并加以新式灯光，烛力增加到六十九万支。

是年

▲烟台口岸进出口鸦片达到最高峰，年进口达四千四百七十六担，烟台港是当时中国进口鸦片数量最大口岸之一。

▲进出口货值由“之罘两”改为“海关两”（比率是：一海关两等于1.044之罘两，等于1.558银元）。1930年1月，国民党政府废除海关两，改用“海关金”单位作为海关征收进出口税的计算单位。

▲黄山驿设巡检司，兼管龙口码头事务。

▲本年度运输业情况比一八七三年为好，轮船数目增多，足以抵销帆船的减少。年初，旗昌轮船公司开辟北方支线，通过烟台把牛庄航线与他们的干线连接起来，这条支线全年都保持航行。（Trade Roporta. 1874，芝罘，p. 29）

▲此年起，英法两国从山东掠卖华工三十万人，沙俄通过烟台港掠卖山东华工十二万五千人，平均每年近一万八千人。

1875年 / 光绪元年

二月（3月）　招商局轮船“福星”号首航烟台。

七月十八日（8月18日）　烟台连续三天遭暴风袭击，海水溢岸可行船，英船“哀郎炮台”号被海浪击碎。

十月四日（11月1日）　清廷批准在烟台、威海卫、登州、长山岛修筑炮台御敌。在烟台山下及八蜡庙、之罘岛西建浮铁炮台三座；在之罘岛东筑炮台，于口外海面密布水雷，在其北口内亦建沙土浮铁炮台，以作兵船水寨之用。在南长山岛信号山构筑沙土曲折炮台一座，与郡城（登州）相犄角。

是年　由烟台港结关出口的外籍轮船达七百零九艘次。

1876年 / 光绪二年

七月三日（8月21日）　清廷派李鸿章与英国公使威妥玛在东海关税务司署谈判“马嘉理事件”，英舰开入烟台海面进行要挟。俄、美、法、德及奥匈、日本等国驻华公使以来烟台避暑为名，对谈判施加影响。

七月二十六（9月13日）　清廷与英国在东海关签订《中英烟台条约》和《入藏“探路”专条》，使英国得以侵入中国云南、西藏等地区。

是年

▲烟台通伸冈炮台建成，置炮八门。民称“西炮台”。

▲旗昌轮船公司的轮船悬挂美国国旗。并让一百八十一吨的小轮船“米来号”定期行驶于牛庄与芝罘之间，与往返于上海、天津间的该公司的轮船来回把货物转运。(Trade Reports. 1876. 牛庄, p. 1)

烟台西炮台旧照

1877年／光绪三年

十二月　蓬莱冰封海两月，舟楫不通，八岛饥。

1878年／光绪四年

二月六日（3月9日）　试办邮政事宜商得北洋大臣李鸿章同意后，总税务司赫德指派津海关税务司以天津为中心，在北京、天津、烟台、牛庄、上海五处海关设书信馆，试办邮政。

七月十一日（8月9日）　东海关书信馆收到邮政公告，即日出售发行伍分银大龙邮票。

东海关大龙邮票

七月十七日（8月15日）　海关与招商局、太古、怡和轮船公司商定免费优先代运海关邮件办法。八月招商局“雅典“号商船第一次带邮件运抵烟台港，后增加“新铭”、“新丰”“新华”、“新康”号带邮轮船。

是年　英驻烟领事克里斯托弗·丁·加德纳从港口的角度对山东行政区域、地理物产、人口分布、进出口贸易等方面进行经济调查。洋货进口主要有鸦片、棉制品、棉纱、铁钉、钢、锡条、海菜等，土货进口主要有大米、糖、烟草、药材、棉花、纸、丝等，土货出口主要有豆饼、大豆、草制品、干鲜水果、丝、粉丝等。

1879年／光绪五年

六月十四日（8月1日）　特大海潮侵袭烟台，大雨积水，海水漫过码头。

八月　蓬莱知县江瑞采赴长山岛视察，发现岛中柴草奇缺，遂发布《谕各岛并三乡栽松以资樵薪告示》，同时制定保护中外船只航行章程，分别在庙岛、大黑山岛、小黑山岛、长山岛、砣矶岛、大钦岛和北隍城岛设立“永绥局”，分界管理海域。

是年

▲栖霞人郝懿行所著《记海错》刊行，记述登、莱近海水产资源，撰于嘉庆十三年（1808年）。

▲东海关税务司对烟台口岸“洋药”（鸦片）纳税、销售价格、吸毒者的轻重、消费鸦片的数量及当地政府禁烟情况做详细调查，并向总税务司密报。

1880年 / 光绪六年

五月（6月）　东海关税务司署在之罘、成山头、猴矶岛（隶属长山县）设测候所，开始用近代科学仪器进行气象观测，并向上海、香港台提供气象资料。

七月（8月）　清廷与沙俄谈判未成，山东巡抚周恒祺调曹州振字军六个营驻守黄县、烟台一带，并招募勇丁进行操练，以资防守。

是年

▲烟台至养马岛，有客货小汽船二、三艘每日往返二次，断续多年。

▲德商在烟台设盎斯商行，除经营航运外，还经营德国拜耳厂药品和“箭”牌医疗器械，也是当时烟台最大的花生出口商。

✦ 猴矶岛灯塔早期照

1881年 / 光绪七年

四月八日（5月5日）　清廷将烟台防务划归北洋大臣节制。

七月（8月）　为平复朝鲜内乱，清廷调招商局轮船四艘载登州防军六营东渡。

是年

▲日、俄战争爆发，烟台至日本、海参崴航运中断。

▲一万八千七百二十九名中国旅客乘坐轮船往返于芝罘、天津、牛庄及上海之间，其人数大大超过去年。

1882年 / 光绪八年

是年

▲烟台港始有通朝鲜定期班轮，贸易额仅一百八十九关平两。

▲东海关建成猴矶岛灯塔，塔高四十六点五英尺。

1883年 / 光绪九年

是年　镆铘岛灯塔建成，塔高七十一点五英尺。

1884年 / 光绪十年

闰五月（7月）　中法战争爆发后，清廷命山东巡抚陈士杰加强山东沿海海防。陈士杰赴烟台、黄县督办招募兵勇。

六月（8月）　清廷调广武军二千人进驻烟台防守。

八月十二日（9月30日）　法船五艘在庙岛附近海面游弋，每日生火作欲动之势，以牵制北洋水师南下救援。

九月　日本公使覆本武扬请于登州、牛庄二口运豆饼。廷议不准。

是年　福建船商集资兴建福建会馆（1906年落成于烟台市毓岚街，为闽南风格封闭式古典殿宇建筑，结构宏丽）。

明/清

1885年 / 光绪十一年

六月七日（7月18日） 清廷派大臣曾纪泽赴伦敦与英国外务大臣续订《中英烟台条约续增专条》，规定凡鸦片运进中国，由海关验明，封存于海关担保的栈房或趸船内，鸦片出库或改换包装时在海关监督下进行。

是年

▲ 清政府因军事需要拨白银五万四千两架设自济宁经济南、青州、莱州、登州至烟台电报线路，并与天津至上海电报干线相接。

▲烟台电报局成立，开办有线电报业务。

✦ 福建会馆全景 /20 世纪 80 年代摄

1886年 / 光绪十二年

四月十八日（5月21日） 直隶总督李鸿章陪同清廷总理海军衙门事务大臣醇亲王奕譞到威海卫视察海防设施，校阅水陆操演。（22日）抵烟台，指定在岿岱山再建炮台，与西炮台形成交叉火力，严密防御烟台海域。清政府驻烟统领孙金标负责（1891年东炮台于岿岱山竣工。置放德国造克鲁伯炮4门，地下筑有营房2栋，地上修有围墙，长60米，宽40米，南口建大圆形门，门上部刻有“雄风海表”4个大字，顺圆门拱石雕二龙戏珠。1901年 9月，英、美等11国威逼清廷废东、西两炮台）。

✦ 福建会馆内戏台 /2005 年摄

✦ 烟台东炮台 / 清末年间摄

是日　盛宣怀任登莱青兵备道道台兼东海关监督。

七月二十日（8月19日）　朝鲜国王拟脱离宗主国中国，请求俄国保护，汉城发生政治骚乱，朝鲜海关总税务司墨贤理致函东海关税务司穆和德，要求速派英国军舰“奥西泊”（Osciper）开往仁川进行干预。

✦ 盛宣怀

是年

▲日本“邮船公社”开办神户至天津航线，中途在釜山、济物浦（仁川）和烟台挂靠。年内共航行六十四次，使烟台同朝鲜间贸易逐渐增加，贸易额达到三万二千六百八十五关平两。烟台港向朝鲜转运的主要货种有火柴、玻璃、布匹等，由朝鲜运抵烟台的主要是纸张、鱼酱和皮革等。

▲有三艘外轮定期航行天津—烟台—香港。

▲盛宣怀调到烟台任登莱青兵备道道台兼东海关监督后，很快就经营“广济”号小轮船从事沿海运输。“广济”号重三百余吨，吃水六英尺，一八八七年试航，主要航行于烟台港与附近未开放港口之间。此前，烟台港与内港间没有轮船行驶，“广济”号首开轮船从事内港运输先例。

1887年 / 光绪十三年

正月（2月）　设立烟台邮政总局，辖山东省内各邮政分局与代办所。

✦ 烟台东炮台 /2014 年摄

是年

▲招商局烟台分局“广济”轮开辟烟台至虎头崖航线（1891 年后延伸至羊角沟），中途挂靠蓬莱、龙口，又辟烟台至旅顺、大东沟航线，从事货运的同时，捎带旅客，客货混载，一次载客百人以上。

▲草辫出口达高峰，因忽视质量，美国客商通过英国领事向东海关监管提出抗议。

1888 年 / 光绪十四年

五月初四 下午，渤海发生七点五级地震，波及蓬莱县，民房倒塌甚多。

十一月十五日（12 月 17 日） 清廷北洋水师建立，烟台海口驻有北洋水师战舰。

是年

▲威海卫刘公岛建铁码头和日岛炮台，一八九一年竣工。

▲经营草辫的外商，拒绝由烟台港进货，使草辫价格每包由四十关平两猛落至十五关平两；花样草辫由一八八六年每包一百二十关平两惨落至每包十关平两。草辫市场被日本机制品夺去。

1889 年 / 光绪十五年

是年

▲清廷于烟台东山建立海军练营，训练水兵。

▲烟台粮食进口猛增，贸易总值由上年的八万二千三百三十七关平两，增至六十一万四千二百九十五关平两。

1890 年 / 光绪十六年

（1 月至 9 月）招商局、太古、怡和三公司营业竞争，“因水脚合同期满，未经再议，则本年前九个月水脚便宜之极。”所有各色布匹由上海进口者，此时每吨计银二两五钱，他货每担水脚钱一钱，并保险亦在其内，出口货物水脚减至

✦ 北洋水师“定远”舰

张裕酿酒公司大门 / 清末年间摄

一半”。水上客运价格也互相跌落，一名中国旅客自烟台到天津的票价，由原来的二两五钱跌至七钱，上海到烟台则由原来的七两跌至五两。

是年

▲东海关监督盛宣怀奏呈修建“广仁堂”，一八九二年竣工，经费由东海关常关提供。一八九二年三月，慈禧太后下旨改称“胶东第一广仁堂”（址今芝罘区市府街老干部活动中心）。

▲白银价格突然上涨，致使出口货物数量下降。

1891 年 / 光绪十七年

十一月三十日（12 月 30 日）　自香港装货驶抵烟台港的德国“玛丽”号轮船因风、雾于烟台灯塔之北触礁沉没，船上十人遇难。

是年

▲东海关建成赵北嘴灯塔，塔高三十五点五英尺。

▲南洋华侨张弼士应东海关监督盛宣怀邀请，至烟台商谈修建铁路事宜，张弼士实地考察后投资葡萄酒酿造，翌年成立烟台张裕葡萄酒公司。张弼士个人独资三百万两白银，在烟台购地一千二百亩，辟为葡萄园，又在大马路西购地百亩建厂房，并先后从法、德、意等国引进葡萄苗

胶东第一广仁堂旧照

老干部活动中心（广仁堂旧址）/2014 年摄

✦ 张裕酿酒公司第 1 只橡木桶 / 清末年间摄

种二十五万株栽培酿造。

1892 年 / 光绪十八年

是年　王宗周在朝阳街创办山东大药房。

1893 年 / 光绪十九年

是年

▲烟台华侨商人与清廷驻朝鲜使馆合办华侨轮船公司，开通上海—烟台—仁川定期航班。

▲英国传教士詹姆斯·马茂兰夫妇在烟台创办贫民女子学校组织生产工艺品出口，东海关为其办理运输特惠优待，免征关税。

▲烟台发行邮票，面值计有半分、壹分、贰分、伍分、拾分、壹拾伍分、贰拾分、贰拾伍分银八种，后三种邮票图案为烟台山鸟瞰图。

1894 年 / 光绪二十年

三月（4 月）　日本船“日本丸”在烟台外海触礁沉。

五月（6 月）　李鸿章巡视烟台、威海、胶州、大连湾、旅顺口等处海防。

六月六日（7 月 8 日）　中国巡洋舰“福庆号”沉山东洋面，死一百五十人。

六月（7 月）　清廷将登州沿海船只逐一编号联保，训练水手，以备调用。

七月四日（8 月 4 日）　中日甲午战争爆发后，外国船全部离开烟台港，中国船上也悬挂起德国国旗离港。

九月八日（10 月 6 日）　总税务司颁发通令，由于中日开战，关于一般贸易、战事武器弹药、交战禁物等，禁止与日本进行贸易。

✦ 烟台发行的烽火台图案商埠邮票

✦ 战毁的刘公岛炮台 /1895 年摄

四月十四日（5 月 8 日） 清大臣伍廷芳与日本伊东美久治在烟台互换《马关条约》，沙俄纠集法、德两国出面干涉，日本将辽东半岛退还中国，索“赎地费”三千万两白银。

六月（8 月） 日本驻烟台领事馆设立“之罘警察署”并在龙口设立龙口出张所，隶属日本外务省警务厅和日本驻烟台领事馆，是驻烟台的外国领事机构中唯一公开设立警察机关的国家。

是年

▲“道路委员会”和“邮政委员会”合并成“洋人共同事务委员会”，委员全是洋人，由烟台山至东炮台形成洋人没有租界的“租借地”。

▲士美洋行创办，是沙俄在烟台设立的商贸经营机构。地址在原滋大路（现海关街）北首。主要经办银行业务、海上航运业务、保险业务和贸易出口业务。一八九六年沙俄东清铁路公司和士美洋行以招募为名，从烟台港运走华工万余人。至一九零三年的七年时间内，洋行从烟台港掠走山东劳工十二万五千三百人，到国外从事开矿、建筑和伐木等苦力。

1895 年 / 光绪二十一年

腊月二十三（1 月 18 日） 十五时，日本海军第一游击队“吉野、秋津洲、浪速”三艘巡洋舰在蓬莱外海炮轰蓬莱县城北门及蓬莱阁后“海不扬波”石刻，牵制蓬莱守军，掩护其在威海卫的攻势。二十余发炮弹落入城中。

✦ 沉没战舰 /1895 年摄

1896年 / 光绪二十二年

英商为推销开滦煤炭，在海关码头北侧修建“开平局码头”。

七月（8月）　东海关为改变港口被私人码头切割状况，动工修建“南北公共码头岸路工程”，费用在港口杂项费中支出。南自东海关仓库，北至开平码头，全长二千一百七十四英尺，将几家私人地基连接在一起（福开森码头、滋大码头、摄威利码头、和记码头等）。沿岸有码头二处，石级七处，石坡二处，还建有旅客监管厅（翌年11月5日竣工）。

✦ 烟台港驳运旅客在开平码头上岸 /20 世纪早期摄

1898年 / 光绪二十四年

四月五日（5月24日）　英国租借威海卫，威海卫域内仍保留东海关常关。

五月十三日（7月1日）　“中英议租威海专约”签订，将威海卫沿海岸线十英里海域和港内诸岛从东海关关区划归英国管辖。

十一月二日（12月14日）　清廷总理衙门饬令总税务司，青岛设洋关，所有内地设常关，征收民船税均由税务司代办，收款交归东海关监督衙门。

是年

▲东海关建成金线顶灯塔，塔高二十四英尺。

▲清总理衙门批准英国和记商行在烟台海关码头之南购置地产四亩一分六厘七毫，并发给执照。

▲东海关统计，英俄两国通过在烟台的代理人出口金银财宝超过一百万两。

▲德国在华开辟邮政航线，南起上海，北至天津，途经青岛、烟台。

1899年 / 光绪二十五年

三月二日（4月11日）　德国军舰侵入庙岛海域。

四月十七日（5月26日）　德军来烟台“避瘟”，随带枪炮，在西沙滩操练。

五月二十四日（7月1日）　胶海关成立，关址同东海关青岛常关。

九月（10月）　意大利兵舰多艘在烟台海面游弋。

十一月初四日（12月6日）　《申报》登载天津开平矿务总局轮运部启示：“每届天津封河后，本局专派轮船常川往来烟台、秦皇岛两处，接带商旅，递送邮政。秦皇岛地方接连火车，直达天津等处甚便，今年仍照向章冻河后派永平轮船往来烟台、秦皇岛两处，约每礼拜开行一次。每客水脚洋十元。”

是年　烟台至大连首辟客轮班线。

1900年 / 光绪二十六年

二月十三日（3月13日） 俄、美、英、法等国海军在渤海湾举行联合演习。

三月一日（3月31日） 日本“东京丸”轮在长岛海域触礁沉没，登州知府端谨率蓬莱拯救局人员前往组织营救，救出乘客和水手一百二十一名。

五月二十一日（6月17日） 八国联军进攻大沽，山东巡抚袁世凯令在登州海域训练的海军舰队南下避战。

1901年 / 光绪二十七年

春 烟台商界成立商业统一组织“大会”（后改称烟台商务总会）。

六月（7月） 烟台商界“大会”向华商募集白银四十万两，兴建“东西公共码头岸路工程”，从南太平湾向西，跨西南河河口再向西，筑建“阻浪垒”（亦称“海墙”），并将海墙内围拢的海湾全部填平，以修建道路、房屋等。光绪二十九年（1903年）阻浪垒完成，内筑岸路，宽五十尺，长四分之三英里（约华里2里半），形成东太平湾和西太平湾，均留有口门，满潮时，小船可以驶入躲避风浪。

七月二十五日（9月7日） 清廷与德、奥、比、西、美、法、英、意、日、荷、俄十一国签订《辛丑条约》，第六款规定中国赔款以海关税、常关税和盐税作担保。

十月一日（11月11日） 烟台及其五十里内常关（东自系山口，西至八角口）。由东海关监督衙门移交东海关税务司管辖，东海关税务司署征收的税款不再由东海关监督上缴，而作为战争赔款存于英国汇丰和俄国道胜银行。

是年

▲东海关常关管理的民船业务归洋关管理，从此烟台港口权力尽归东海关税务司。

▲顺义轮船公司在烟台创办，一艘轮船三百八十八吨。初期有船二艘，往来上海、青岛、芝罘、天津等处，至一九零七年租船四五艘，航线安东、海参崴、天津、营口、大连。（见《民国上海县志》）

1902年 / 光绪二十八年

是年

▲东海关颁布船只进口章程、检疫章程。

▲东海关首席代办勒慕萨（德国人）向总税务司报告，要使烟台贸易不落后于青岛、大连，除发展内港（指通商口岸以外的港口）航运外，更主要是修筑直达济南的铁路和整建港口。

1903年 / 光绪二十九年

二月（3月） 清廷在烟台金沟寨创办烟台

✦ 烟台港太平湾码头 / 清末年间摄

水师学堂，一九零七年竣工开学，校长谢保璋。一九一三年改名烟台海军学校。

✦ 烟台水师学堂 /20 世纪早期摄

✦ 1912 年，烟台与南京海校毕业生各四名被选拔赴英国留学（正中为英国教官）

六月三日（7 月 26 日） 福山县烟台一带大雨，山水下注，河水陡涨，冲塌民房三千余间，淹毙人口一百五十余名。

是年

▲振飞轮船公司在烟台创办，“宁静”轮一艘，三百八十八吨，航线大连、龙口及南北洋。

▲国美孚煤油公司在芝罘岛建造屯油池栈，翌年落成。北方各口岸及东北各地所需的煤油，多由此转运。

1904 年 / 光绪三十年

三月二十八日（5 月 13 日） 中英在伦敦签订《招华工往南非洲开矿之约》，烟台设招工局，之罘岛建招工屋一所，三年自烟台港运往南非的山东劳力达一万六千五百四十四人。

四月二十一日（6 月 4 日） 清廷改登莱青道为登莱青胶道，辖登州、莱州、青州及胶州。

七月一日（8 月 11 日） 在日俄战争中战败的俄国十九艘驱逐舰、鱼雷艇先后逃来烟台港，日军押运俄军战俘一万一千余名抵烟台。“勒斯特劳尼”号驱逐舰在官兵上岸后被沉入海中。翌年俄军战俘获释回国，“勒斯赫太”号军舰被日军押往大连。

七月（8 月） 美孚洋行以欺骗手段招募华工四千余人企图运往南非，中途被华工发觉，迫使美轮返航。劳工上岸后包围美孚洋行，捣毁其门窗。

十月二十一日（11 月 27 日） 《中外日报》

✦ 烟台港西太平湾南岸的常关码头 / 清末年间摄

报道：来往济南府与杨家沟（羊角沟）的轮船行开船之礼，在座者有山东巡抚及各大员。其轮船来往自杨家沟至烟台，每星期一次，自杨家沟至天津，则两星期一次。

是年

▲胶济铁路全线通车，烟台港货物逐渐被青岛港分流。

▲日俄战争中，日本军舰五十只侵泊南、北隍城海口。

▲直隶（今河北省）有往来烟台、龙口、养马岛、威海卫的小轮。

烟台山灯塔远景 /20 世纪早期摄

1905 年 / 光绪三十一年

正月（2 月）　奉籍商人张本政、张本才二人合资四万元，在烟台顺泰街创设政记轮船合资无限公司，购买一艘日本轮船“仁义丸”改名“胜利号”，宣统二年（1910 年）三月向邮传部注册领照。航线烟台南北各线、江海线等（1920 年改称烟台政记轮船股份有限公司，至 1937 年轮船增至 32 艘 6.45 万吨位，最大船“中华”轮 6020 吨位。时为国内三大轮船公司之一）。日本侵略军入侵后，张本政以船资敌，大部分船只为日本侵略军利用并毁于战事，一九四五年政记轮船公司随日本侵略军投降而倒闭（1951 年 5 月，87 岁的张本政被旅大市人民法院以反革命罪判处死刑，执行枪决）。

是年

▲德国筑港工程师维林（青岛港工程设计师）提供烟台海坝工程设计方案，工程开始填海施工。

▲东海关拆除烟台山简易灯楼、旗语杆，改建成一座造型别致的灯塔。水平线至灯光中心线高度为一百七十五英尺，设三等明灭灯一盏，三万三千支烛光，每十秒闪放红白光各明灭一次，由专人管理瞭望，称烟台山灯塔。

政纪轮船公司“丰利”轮在卸货

烟台山灯塔 /20 世纪早期摄

▲南非矿务局租用十七艘轮船来烟台装运华工一万零六十人，海关征得华工出口费二万六千三百九十三银元。翌年，又载运华工二千七百三十一名出口。

▲小清河轮船公司创办。

1906 年 / 光绪三十二年

四月十一日（5 月 4 日）　山东巡抚杨士骧以“烟台商务日盛，交涉弥繁”为由，将驻威海卫登州府海防水利同知移驻烟台。

十月三十日（12 月 15 日）　烟台邮政总局开辟烟台至大连海上邮运线，由烟台政记轮船公司船只带运邮件。

十一月三日（12 月 18 日）　烟台遭飓风袭击，不少驳船、舢板和轮船损失惨重。公共码头和验货场也遭受破坏。

是年

▲北洋海军一位轮机长王家林，从旅顺口领八名失业技工到烟台，创办协成公司，为烟台首个民办机械工业企业。五台车床，龙门刨床、罗丝床各一台（2×4 英尺），钻床二台，机器全靠人力操作，主要经营修船业务。一九一七年王家林的儿子王修堂接办协成公司，更名协成铁工厂，经营业务仍然是修船和修理机器零件。

▲毛合兴轮船公司在烟台海岸街创办，有“新聚云”（144 吨）及“登州”“新履云”等轮船四艘，共二百九十三吨，航线烟台至龙口、石虎嘴、虎头崖、养马岛、威海卫等处。

1907 年 / 光绪三十三年

四月一日（5 月 12 日）　烟台城区改造工程开工。主要扩建街道、建盖房屋、修桥、开沟、栽树、浚井、改造衙署等，历时一年多。

是年　东海关华籍职工因物价昂贵，向税务司要求增加生活补贴。

1908 年 / 光绪三十四年

六月十一日（7 月 9 日）　广东《农工商报》第二十九期“报告”栏登载：“职商牟君山等，

烟台东海关码头货场 /20 世纪早期摄

政纪轮船公司旧址 /2014 年摄

递禀农工商部，拟备资本三十万，在烟台创设东福航业股份有限公司等情，又由上海商会总理周晋标（镳）代递章程十条，恳予立案云云。惟闻该公司航路，由烟台驶行日本、高丽等国口岸，政府中人，恐与通商行船条约有所窒碍，拟会同邮外两部磋商。”

九月十八日（10月12日）　《中日电约》在东京签订，规定烟台至旅顺水线离烟台海岸以北七点五英里内归中国所有，其他归日本所有。

十月九日（11月2日）　东海关为查禁报刊事致胶海关税务司照会，要求随时密查。

十一月三日（11月26日）　烟台遭飓风沉船多艘，七百余名中外船员遇难。

是年　东海关在芝罘岛东口设卡，民船进港挂号。

1909年／宣统元年

十一月（12月）　烟台商、学等界集资兴建烟（台）潍（县）铁路，成立烟潍铁路招股公司。由于德国的干扰和官商团之间的矛盾，筹议十年之久的烟潍铁路始终未能建成。

是年

▲登莱青胶道以烟台无租界为据，将外国商团设立的巡捕房及三十余名巡捕收归道署管辖，巡捕改巡警。

▲烟台同盟会派会员秘密打入海防营驻军发展会员，使海防营清军成为起义的主力内应。

1910年／宣统二年

二月初五日　《商务官报》登载批山东烟台商务总会禀，“职商李奎耀等招股十万元，在烟台创办芝罘北海轮船有限公司（船名‘齐安’，1109吨，航线南北洋）。粘抄章程，缴纳册费，呈请注册一案。查公司呈请注册均应遵照部定呈式详细填写送部查核。该公司并未送填呈式。关于行轮事宜，亦未定有专章，均属不合，合行发给公司注册章程一本，仰即转饬该公司，遵照定章，补填里式，并详定行轮章程，分送本部，以凭核办可也。此批。二月十九日。”

十月（11月）　东北鼠疫传入烟台，死三千余人，烟台闭港，交通禁绝，东海关闭关四十天。

十月八日（11月9日）　大风摧毁烟台港内许多船只，约值银十五万两，死二十余人。

是年

▲东海关筹集建筑海坝款项，主要项目有“特别货物捐”和“船捐”。

▲烟台成立“戒烟总会”，据统计有二百多人在该会戒除烟瘾，进口鸦片价格每担骤涨为三千零四十八海关两。

▲山东省人民多赴东三省营业经商，而劳工

筹建“烟潍铁路”图

难民前往谋生者，春去秋返，每年不下百余万人。时英商太古公司特派专轮行驶龙口、营口航线，居奇盘剥，商民苦之。山东籍商人李序园、李子初等集资创办肇兴轮船公司。总公司设营口，龙口设分公司。初仅有“肇兴”轮一艘一千三百七十五吨位，航驶营口、登州、龙口间，经与太古公司竞争数年获胜，利用欧战时机，增置轮船，相继扩充营申、营津航线及营口、大连至厦门、汕头航线，并开辟营口、大连直达兴化、泉州航线，旋增加申广航线。至一九三四年有轮七艘（1.03万吨位），日本侵略军入侵后，逐年衰败而破产。（《交通史航政编》，第一册，第386—387页）

▲泰记轮船公司注册“芝阳”轮一艘，一百二十六吨，航线山东沿海。

▲靖安轮船公司注册“济安”轮一艘，一百吨，航线山东沿海。

▲宁福轮船公司注册“系山”轮一艘，一百二十三吨，航线山东沿海内河。

1911年/宣统三年

春正月　陈夔龙、孙宝琦电奏，东海关因办防疫，交通尽隔。烟埠贫民聚集，无可谋生。请饬部拨银数万两，以工代赈，冀免流离等。

二月二十八日（3月28日）　《时报》登载上海宝源长海轮招商无限公司启示：“本公司设在江西路第七号洋房，自备坚固快轮数艘，开往成海、烟台、天津各码头等处，定期开行，再为转告。倘蒙贵客装货，本公司代客报（关？）并保洋面水险，均可驾临写字房接洽，特此预白。本公司谨启。”

三月二十一日（4月19日）　烟台沿海暴风骤起，崆峒岛以北渔场作业的五十多只风网渔船被刮翻，三百多名渔民罹难。长岛砣矶岛翻渔船十四只，二百余名渔民罹难。

九月二十二日（11月12日）　辛亥革命烟台起义成功，二十三日成立山东军政府，次日改为烟台军政分府。

九月二十五日（11月15日）　美、俄、日等国借口保护领事馆，派水兵在烟台登陆，烟台军政分府提出抗议。

九月二十六日（11月16日）　东海关税务司致函总税务司，密报烟台发起革命的情况。

是年

▲大连增设一家华北轮船公司（North China Stearnship Company）。“华北轮船公司这些船只都由大连驶往芝罘，从那儿驶往安东，回到大连，然后开抵天津。”（DecemntaL Report，1902—1911，VoL. P. 203）

▲日商开辟登州至旅顺、大连、龙口航线，每月四个班次。登州水浅，轮船上的旅客由舢板摆渡至近滩，再由人背至岸上。

▲日本“满铁矿业课办事处”在龙口设立，经销抚顺煤。

✦ 烟台崇实街/20世纪初摄

✦ 1913 年的烟台

烟台港航大事记

民国时期

民国时期

1912 年沪军北伐队登陆烟台

革命军乘船离开烟台港 /1912 年摄

1912 年

1 月

1 月 1 日　即日起改用阳历。

1 月 14 日　革命党人徐镜心、邱丕振等 200 余人自大连雇船出发，往攻登州（蓬莱），15 日占登州。

1 月 16 日　关外都督兰天蔚率北伐军舰 3 艘，载兵 2000 人抵烟台。辛亥革命军光复黄县。

1 月 18 日　辛亥革命军光复龙口。19 日，登州军政府黄县民政署派徐镜古、王日吉率冬防队 20 人攻占龙口海关办事处。20 日，商民会合议组成黄县龙马镇民政署，公推王日吉为署长驻北马，徐镜古为副署长驻龙口兼龙口海关监督。

1 月 20 日　代山东都督杜潜及沪军北伐先锋队司令官刘基炎率民军北伐队 2500 余人抵烟台。北伐军赶走王传炯，恢复革命政权，改烟台军政分府为山东军政府。

3 月

3 月 5 日　颁发《大总统令内务部晓示人民一律剪辫文》，“……查通都大邑，剪辫者已多，至穷乡僻壤，留辫者尚不少，仰内务部通行各省都督，传谕所属地方，一律知悉：凡未去剪者，于令到 3 日，限 20 日一律剪除尽净，有不遵者违法论。该地方官勿少容隐，致干国纪。又查各地人民，有已去辫尚剃其四周者，属殊不合，仰该部一并谕禁，以除虏俗。”

7 月

7 月 21 日　《顺天时报》报道：烟台因反抗剪发，发生骚动。

8 月

8 月 20 日　孙中山应袁世凯之邀，由上海乘船赶往北京，夜抵烟台，次日清晨轮船入港，烟

✦ 孙中山与烟台各界代表合影 /1912 年摄

台各界派代表登“安平”轮迎接。上午 10 时，孙中山离船上岸，在烟台同盟会等各界欢迎会上致辞。南京临时政府外交次长魏宸组代表孙中山宣讲民国要旨，即首在振兴实业。孙中山参观张裕葡萄酒公司，题赠：“品重醴泉”。

✦ 烟台“克利顿”饭店 /20 世纪早期摄

✦ 朝阳街北侧孙中山曾下榻的克利顿饭店旧址 /2014 年摄

12月

12月12日　东海关监督王潜刚致电北京临时政府和山东省都府申请批准在烟台建筑海坝，14日北京临时政府复电批准筑坝。

是年

▲北京临时政府下令废除清朝关旗，更换新关旗。

▲实行关、道分治，东海关监督衙门改称东海关监督公署。

▲烟台海军学堂改由北洋直隶海军部统辖。

▲由龙口开往大连、天津、营口、芝罘、虎头崖等港口船只24艘，往返566航次，总吨位286845吨。

1913年

1月

1月1日　驻烟台关外民军1000余人因不满被遣散哗变，纵火抢掠。14日，一批被遣民军运往东北，登船时发现饷银被扣，又发生哗变，登岸夺取枪支，强占军火库，直至饷银解决后离去。

是月　废除驿站制，按照全国统一政令，胶东境内原有驿站、急递铺全部裁撤。沿用数千年的邮驿通信至此废止。

5月

5月15日　“烟台海坝工程会”成立。东海关监督、东海关税务司、外国驻烟领事团代表、中西两商会会长共5人组成。内设秘书会计科、工务科、捐台。

✦ 烟台海坝工程会成员合影 /1913年摄

6月

是月　东海关开始在烟台港征收海坝附加税。

10月

是月　荷兰工程师万立德(VanLidthde´ jeude)和爱思德(VanExter)抵达烟台，对烟台港湾实地勘查，拟定筑海坝方案。

是年

▲东海关重点查缉从海参崴大量走私进口鸦片。

▲烟台设水警厅，由北洋政府拨“澄

✦ 烟台海坝工程会址 /1913年摄

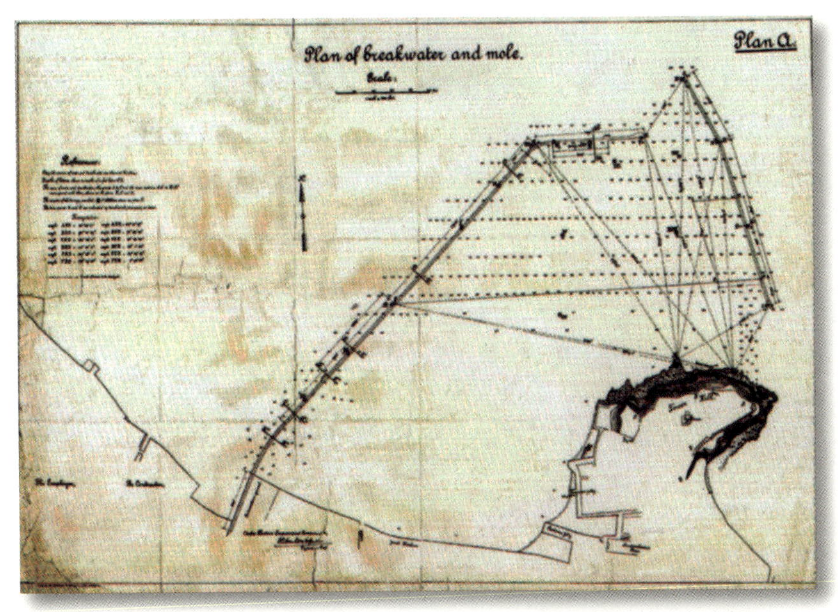

✦ 烟台海坝建设规划图

海”“镇海”两舰归该厅节制、调遣，并将羊角沟、石臼所等处设5区。

▲新益轮船公司创办，“芝罘”轮1艘，1078吨，航线为沿海线。

▲掖县虎头崖商会事务所成立后，靠泊河北、天津、大连、营口等地商船。

1914年

1月

1月8日　袁世凯明令公布，开归化、龙口等7处为商埠。龙口埠区东西6.547公里，南北4.128公里，面积约27.026平方公里。始为官办，因国库支绌，6月改官督商办，1917年6月变为纯商办。

9月

9月2日　日本陆军中将神尾所部第十八独立师团3万人乘24艘军舰登陆龙口。3日，德国

✦ 龙口商埠 /1918 年摄

驻京公使以日本侵略军在龙口登岸事，向北京政府提出抗议。日本侵略军登陆后，适逢大雨，行至老界河受阻，在龙口盘踞40余天，抢掠财物，奸淫妇女。后假道招远、莱阳、昌邑、平度、胶县等地，攻取被德国占领的青岛。21日，日本侵略军侵占龙口海关，驱逐东海关龙口常关官员。

是年　烟台已有顺义、振飞、小清河、政记、毛合兴、新益等华商轮船公司，共有机船10余艘。

✦ 日本侵略军在龙口登陆 /1914 年摄

✦ 日本侵略军在龙口登陆 /1914 年摄

1915年

1月

是月

◆日本驻华大使向袁世凯递交的“二十一条”中，要挟“中国政府允诺，日本国建造烟台或龙口连接胶济线之铁路”。北洋政府划龙口、莱州及连接胶州的地区为“交战区域”，允许日本驻军。

◆设立龙口商埠事务所。9月28日，改为龙口商埠局。

2月

2月1日　日本侵略军开始架设龙口至高密电线，同时铺设龙口至大连的海底通信电缆。

是月　北洋政府批准烟台修建海坝工程方案，令以贷款方式进行。总税务司同意借款300万美元筑坝。

5月

是月　龙口商埠兴筑公司组建。

6月

6月9日　荷兰阿姆斯特丹筑港公司以造价400万银元中标修建烟台海坝工程，与东海关监督王潜刚签订合同。

✦ 烟台港西防波堤建设中 /1916 年摄

8月

8月2日　烟台海坝工程开工，聘请英国人李开特（OR. RECARD）任总工程师。

11月

11月1日　北洋政府设立东海关龙口分关（洋关），专司轮船税务征收。辖管埕口至八角口17处分卡。

12月

12月25日　耶稣圣诞节，由大连开往烟台的日本“阪鹤丸”轮，因大风在芝罘岛山后触礁沉没，死360人。《烟台概览》记：“时值隆冬严寒，尸体冰块连结，厥状至惨。”

是年

▲龙口分关改建屺岈岛灯塔，塔高37英尺。

▲龙口港出口额160774海关两，出入船舶200艘次，51785吨。

▲中国招商局轮船公司烟台分公司李载之在西沙旺建“芝圃果园”，栽种从美国引进的苹果树苗。

1916年

1月

1月24日　东海关制定《烟台港管理规则》及检查员注意事项。

是年

▲烟台总商会筹建公利市场，1918年建成。址北马路49号，占地5082平方米，单层砖木结构平房，3条南北营业街廊，4条南北商房，市场正门向南，4门临街，比临海边码头。1936年火灾后，内廊、屋顶等处改为钢筋混凝土结构。1936年有鱼行120余家，时称鱼市场。1939年，日本侵略军占领烟台后，将其改为烟台水鱼市场股份有限公司。

▲龙口海关收税银44208海关两。

▲鹿玉轩公司创办，注册“北平”轮1艘，536吨，航线烟台上海；1920年注册“北海”轮，783吨，航线为江海线。

公利市场／民国时期摄

1917年

6月

是月

◆山东督军兼署省长张怀芝令各县成立巡警队，并设立水上警察。

◆龙口商埠兴筑公司改组为龙口商埠兴筑股份有限公司。

8月

8月21日　受强台风袭击，烟台海坝工程受破坏被迫停工，增加造价16.5万海关两（折合银元24.8万元），工期延长1年。

是年

▲海关统一着制服，佩戴肩章、帽徽。

▲总税务司任命的烟台港检疫官马尔考姆（Dr. w. Mal. colm）大夫到达烟台，自本年度起对旅客和进出口船舶进行检疫。

1918年

8月

8月14日　烟台港成立“报关业同业公会”，有12家商行参加，以代客报关转运货物为业，后来发展到30家。

9月

9月4日　龙口商埠兴筑股份有限公司与美商慎昌洋行订立兴筑栈桥码头合同书，本月动工，投资12万元大洋。

11月

11月9日　北洋政府允许直、鲁、皖三省运盐赴日本。

是年

▲交通轮船无限公司创办，资本金7万两，所在地：山东烟台洋关码头街。注册“直江津丸”轮1艘，726吨，航线大连、朝鲜、海参崴；1920年注册“第1交通”轮，287吨，航线天津、大连。（见《总商会月报》）

▲东海关向山东省政府呈请修路特权，获准之后拟于胶道所属区域内修筑公路402公里，以连接烟台东、南方向各城镇。

1919年

3月

3月4日　北洋政府外交部电奉天、吉林、山东、烟台交涉员，嗣后查有俄人私招华工情事，应从严禁阻。

5月

5月29日　黄县及登州的一批学生在龙口集会，敦促商人抵制日货。

是月　“五四”运动爆发后，烟台实益学馆学生参加全省学生总会，联合烟台中小学学生举行游行示威，声援北京学生运动。17日，烟台市28所中小学集会游行，各界人士成立“烟台国民外交后援会”，发动抵制日货，并致电外交部：“外交失败，举国同愤，烟台93000人誓死不能承认，请一致力争。”

7月

是月　龙口港与旅顺、大连、营口、安东（今丹东）、天津、上海、香港通航。

✦ 龙口商埠栈桥码头工程打桩 /1919年摄

✦ 龙口商埠栈桥码头 /1919 年摄

10月

10月5日　龙口栈桥码头竣工，总投资12万银元，是首座国人自行设计与施工的钢筋水泥结构的栈桥码头，能停靠大轮5艘。码头全长250米，宽8.97米，高5.95米，桥面受重每平方米1500公斤，上层铺有1条小铁轨，间距6米，配有4轮平车和可运转的起重机（可起重3000公斤），用于装卸船货。两侧设置距离相当200地汽灯（亚拉丁灯）7盏（每灯具1000支烛光），用于夜间照明，并备有14个救生圈和泊系大船用的16个铁铸绑缆器及24对泊小船的铁环。上下码头配置铁梯10具，防擦木等。

11月

11月23日　烟台海军学生发生散学风潮。

12月

是月　龙口兴筑股份有限公司派员赴京请示择轮试靠栈桥码头。

是年

▲烟台船港委员会成立，对港内船只统一管理。

▲东海关制定《烟台海港章程》。

1920年

1月

1月3日　协商日籍“利济丸”轮试靠龙口栈桥码头，“利济丸”船长以船小、航路不熟为由不愿进港试靠。

4月

4月17日　龙口肇兴轮船公司总经理李子初（黄县城后遇家村人）亲自驾驶“荣兴”轮停靠龙口栈桥码头。该码头建成使用，轰动一时。

11月

11月1日　烟（台）潍（县）公路开建，长286公里。

是月　烟台港东、西防波堤及石墙码头工程相继完工。东防波堤长792.48米，西端作为轮船进出口门。西防波堤长为1791.27米，北端连接石墙码头（北码头），该码头长183米。西防波堤上铺设轻便铁路和人行马路，供船只与货车直接装卸货物用。在坝堤围拢港区内，已浚深6.1米，内港锚地最深处7.6米，可同时停泊15艘轮船。

是年　营口商船股份有限公司（大通兴轮船公司）在龙口设分公司。《申报》1923年12月24日登载："近来营业较前两年更胜。故现有华商组织之大通兴股份有限公司，专事经营牛庄航业，已购置两轮：一曰隆顺号，注册为900吨，暂航香港线；一名兴顺号，400吨运量，则行上海营口，班价为20万。"

✦ 烟台港西防波堤／民国时期摄

✦ 烟台港东防波堤／民国时期摄

✦ 烟台港东防波堤／1930年摄

1921年

8月

8月4日　台风挟雨袭击龙口，海水淹没商埠新区，近海路面淤沙数英尺，大片庄稼损毁，死17人。

9月

9月14日　东海关举行"海坝工程"落成典礼，海关总署总税务司抵烟参加，整个工程耗资280余万海关两。

10月

是月　东海关成山头海角导航灯建成。

12月

12月3日　烟台、潍县间汽车路基竣工。

是年

▲黄县及邻县贫民迫于生计"闯关东"，仅路经龙口港流亡东北者达10万人。

▲烟台政记轮船公司、永利轮船公司买办辛作亭从日本购进单缸30万马力机动渔船2艘，引进日本机轮手操网，开始双拖网捕渔业。

▲陶子英公司注册"沣昶"轮，135吨；1922年注册"酒昶"轮，197吨，"永安"轮，170吨；1923年注册"海州"轮，172吨，各轮航线均烟台、海州。

▲胶东轮船公司注册"胶东"轮，287吨，航线烟台近海。

▲崔敬臣公司注册"海天（和平）"轮，

2922吨，航线烟台、海参崴。

▲烟台人口数量，根据警察厅统计：总人口户为14663户；男性61261人，女性27065人，总人口88326人。

1922年

4月

是月　利通轮船股份有限公司在烟台注册，系旅朝鲜仁川华商联合各埠华商，凑集10万元资本，购置“利通”轮专驶烟台、大连、仁川，专运华商客货，优待侨胞。董事会由福山2人、蓬莱1人、文登1人、黄县3人组成，监察人由牟平4人组成，翌年注册（“利通”轮于1884年造于芬格兰，船体坚固，航行甚速，总吨数为1855吨余。官吨1122吨）。

5月

5月26日　烟台海坝工程会接收建港工程。

夏　烟台海军学校毕业生郭寿生按规定到南京鱼雷枪炮学校学习。在南京期间，他继续从事青年团的活动，其间频繁往返于沪、宁两地，与陈独秀、瞿秋白、恽代英等人经常接触交谈。并在王荷波等津浦铁路工运领导人的指导下，积极参加津浦铁路工人运动，并担任南京市团委书记。

9月

9月29日　渤海海域发生6.5级地震。

是年

▲在烟台港开办的外国客邮一律撤销。

▲龙口海关于登州府、石虎嘴、羊角沟分设稽查员。

▲济曹、禹东、德临、禹下、烟潍等5条公路成立汽车公司营运（营业性运输，以下同），共有汽车58辆。

1923年

上半年　在南京学习的郭寿生由王荷波、恽代英介绍加入中国共产党，1923年下半年郭寿生回到烟台海军学校，成为烟台市第一位共产党员。他根据中共中央的指示，一面学习舰艇课，一面秘密筹建烟台党组织。当年就在校内建立中国社会主义青年团烟台支部。1924年他先后介绍烟台海军学校学生曾万里和叶守桢加入中国共产党，并于年底建立中共烟台小组，郭寿生任组长。

11月

是月　大通兴轮船股份有限公司成立，总公司设营口，龙口设分公司，资本：小洋50万元。董事会由蓬莱3人、掖县2人、福山1人、黄县2人、金县1人组成，监察人由掖县、蓬莱、金县各1人组成。（见《农商部批准注册各公司表》，载《农商公报》）

是年　太乙轮船公司注册“恒大”轮，1529吨，航线为江海线。

1924年

9月

是月　第二次直奉战争爆发，烟台港宣布戒严。港内所有轮船、帆船均被吴佩孚征用，后吴佩孚战败，率3000余人南逃时抵烟台港，有炮舰2艘和运输舰若干在港内停泊，两天后向长江方向驶去。

是年

▲烟台海坝工程会购置拖轮1艘，在港内安置浮标。

▲东海关开始办理引水事务，引水员均为洋人。

▲北洋政府明令妇女放足。

1925年

7月

是月　牟平境内霍乱流行，死亡700多人。

11月

11月29日　张宗昌部毕庶澄入烟台，缴张怀斌部械。

是年

▲年底，烟台海坝工程会与东海关协商，在海关验货房南侧借地建成小工厂，负责修理船只器械等。

▲烟台海坝工程会购得烟台港西防波堤南一段马路和西邻海滩约2.7公顷，并购置"普利斯满夹"式挖泥船1艘（可自动行驶，有卸泥底门）。

▲烟台港北码头建造长61米，宽18.3米钢铁仓库2座，翌年8月建成，容量6000吨。

▲海河工程局购买拖轮1艘，在烟台港从事协助轮船靠离泊位、救捞等港口作业。

▲烟台至牟平公路竣工，筑路经费由沿途村镇负担。

1926年

6月

是月　张宗昌派钟震国旅由天津乘船进驻烟台，将施忠诚逼往莱阳。

10月

是月　山东省府设立货物税局取代厘金局，所有进出口货物均按值百抽二征税，烟台各行商会以欲停业对此表示抗议，并公推代表进省请愿，要求省府收回成命。其时，海关码头货物大量积压。

11月

是月　烟台港西防波堤正式开放，各商户可直接到北码头办理装卸事务。

是年

▲东海关开征救灾附加税。

▲疏浚烟台港湾。开挖640尺长、110尺宽海底一段，水深25尺，合3980立方码，并对海关码头、开平码头、福克森码头前沿也都疏浚挖掘。

▲惠海轮船公司成立。（址烟台海岸街）资本28万元，有"回安"轮1艘，1377吨位，主航烟台至青岛及沿海他港。

1927年

1月

是月　烟台港西防波堤开通电话，与市内电话相连。

2月

是月　烟台港防波堤电灯安设工程竣工。码头上有300瓦灯3盏，货栈内有200瓦灯8盏，防波堤连岸处之铁路月台上有100瓦灯3盏，其他各处亦各备灯头。装卸转运货物可于夜间进行。

9月

9月1日　烟台港西防波堤南端约2.7公顷海滩整建完工，作为货物堆场。施工过程中，工人要求增加工资罢工2次，每次不过3天。

10月

10月1日　龙口港设临时引导灯桩2具，翌年4月19日设永久标识。

12月

是月　烟台沿海海面结冰，烟台至威海、天津月余不通航。

是年　经山东沿海港口乘船"闯关东"人数急剧增长，至1928年的两年间，山东到东北谋生人数高达188万人，占全国移民东北总数的87%还多。

1928年

5月

5月29日　日本海军宣布禁止中国海军在青岛、烟台、龙口、大沽、秦皇岛领海各20里

内交战。各国海军武官以事先未经同意，表示反对。

6月

6月14日　国民革命军第一军成立，军部设在东海关监督公署。

9月

9月3日　刘珍年军占领烟台。

是年

▲年初，山东督军兼东北海军司令张宗昌、副司令沈鸿烈，以烟台海军学校员工有“通敌”（指北伐军）嫌疑，令该校南迁，并入福建马尾海军学校。

▲本年以前无直接渔业行政机关，一切渔业行政，均由东海关负责处理。由本年起成立“渔航局”，专司征收渔税工作。

▲蓬莱县属岛区，划为长山八岛特区。

1929年

1月

1月24日　海关船只改换新旗帜。

3月

是月　直鲁联军张宗昌、褚玉璞率部自辽东半岛渡海登陆龙口后，进攻刘珍年部，占领烟台，围攻牟平城。4月，刘珍年部反攻重占烟台，4月16日晚，张宗昌部3000余人逃到砣矶岛。

5月

5月1日，沈鸿烈派海军包围砣矶岛，张部大部被擒，张宗昌逃亡东北。

7月

7月21日　招商局“新康”轮在山东沿海被日本邮船会社“龙野丸”撞沉，溺死57人。

是年

▲山东省政府在蓬莱设立省内第一个气象观测点。

▲孙少政出资17000银元，创建金生水厂，钻井6眼，备有水船，向在港船舶供水。

▲国民党渤海舰队在南长山岛鹊嘴海湾建水上飞机场，有飞机2架。

▲东海关在镆铘岛安装大功率7英寸浓雾信号报警器。

▲东北海军在南长山岛寺后村（现乐园村）前口和鹊嘴村西口各建木质码头1座，可靠小汽船。

▲龙口商埠局撤销。

1930年

4月

是月　牟平城西一带，霍乱流行，死人甚多。

9月

9月20日　中国政府收回威海卫。东海关监督布告威海商民，对以前的进口货物进行补税，遭到威海商民反对，派代表赴京请愿，要求中央政府收回成命，未果。

10月

10月1日　东海关奉命接管威海港，收回烟台至刘公岛1900年敷设的海底电缆，废止由威海卫进口货物免征关税的规定。10月6日设东海关威海卫分关，10月9日东海关威海卫分关正式对外办公。威海卫港口归威海卫分关管理，原英国统治下“船舶吨税司”驻码头办事处及航保设施以及帆船运输管理权俱由威海卫分关接管，“威海常关”裁撤。

12月

12月9日　东海关被劫。

是年

▲东海关截获走私军火的日本轮船“东豫丸”。

▲牟平姜格庄镇北山村

曲宗代购置汽船1艘，30客位，每日往返金山港—烟台。

1931年

1月

1月1日　全国关税会议统一划定全国海关关区，把所有常关改为海关分卡，裁撤厘局，山东省沿海划归东海关关区和胶海关关区，原属东海关关区的乳山口、石岛、石臼所、陈家官庄、张家埠和金口常关改属胶海关。

1月9日　东海关龙口分关开始管理龙口港，常关裁撤归入洋关。

2月

是月　革命政府公布征收“统税”，经由海关之货物委托海关代征。

4月

4月9日　上海报载山东掖县海南寺所藏中国唯一完全本北宋版藏经被焚。

7月

是月　民国政府交通部成立天津航政局，主管河北、山东两省和辽东沿海各埠航政，下设青岛、烟台、威海卫、秦皇岛办事处。1937年9月19日奉命解散，各办事处亦相继撤销。1945年10月恢复，烟台办事处定员11人。1949年，航政局及其设在各主要港口的航政办事处，陆续由中国人民解放军各大区城市军事管制委员会接管。

8月

8月4日　财政部关务署密令总税务司梅乐和，严加注意东海关俄籍代办莫罗作夫传递第三国际文件和上海共产党地下机关印发的材料，并把情况上报。

是月　东海关50里外常关均改为分卡，统归洋关管辖。

11月

11月13日　奉财政部令，所有总吨数在20吨以上之船舶，依法发给国籍证书，自1932年1月起，凡无国籍证书者，各口海关一律不予结关。

12月

12月5日　民国政府公布《船舶载重线法》，对客货船舶的载重线标识方法作出明确规定。

12月9日　东海关将丈量船舶吨位、检查测量船体锅炉业务移交交通部天津航政局烟台航政办事处。

是月

◆开征水灾附加税，按进出口货物货值的10%征收。

◆栖霞县内第一个中共党支部在北洛汤村成立。

◆烟台张裕酿酒公司厂房发生火灾，地面设备几全部焚毁。

是年

▲民国政府财政部长批准，无息借用东海关税款，供烟台港建设使用。

▲烟台报关行业给总税务司写信，报告烟台走私严重，原由本港进口的日用洋货，现在多从八角口、平畅河等口私卸，仅两个月，私货就达三四万元之多。

▲设立交通部天津航政局烟台办事处。1932年7月改组为烟台船舶登记所，1933年改为办事处。隶属于交通部天津航政局。自文登、荣成以西起沿海经烟台、登州、龙口，至羊角沟止，均为该处管理区域，办理船舶登记、丈量、检查及载线标帜、船员考核、船舶出入港之查验等事。

▲山东沿海各口常关全部裁撤，改洋关分卡并重划关区，以荣成县石岛为界，沿海岸线向西，至黄河入海口的埕子口，全部由洋关管辖。

▲牟平养马岛黄家庄富户黄氏购置汽船1艘，70座位，每日往返养马岛—烟台。

▲惠通行成立（址在烟台朝阳街），有惠康、惠昌等轮4艘，计4500吨位，客货兼运。主航烟台至营口、大连、安东、天津、青岛、上海、福州、广州等地并及朝鲜、日本。1946年惠康轮被美船撞沉，惠昌轮在广州被炸沉。

▲烟台港装卸货物开始使用吊货网络兜。

1932年

10月

10月12日　韩复渠、刘珍年连日激战于掖县、莱阳。

12月

12月8日　刘珍年部离掖，由龙口登轮南去，胶东归省政府统辖。

12月15日　刘珍年所属陆军二十一师奉命南调，军火堆放西防波堤南侧空地准备装船南运，守兵燃柴取暖引起弹药爆炸，防波堤上的货物、站台、货车、铁道、电线等设施和设备遭毁。

是年

▲东海关执行南京民国政府命令，对伪满洲国通过大连大量走私到烟台的日货严加查缉。

▲东海关龙口分关下设羊角沟、虎头崖、掖口、海庙后、黑港口、石虎嘴、黄河营、栾家口、天桥口、刘家旺、平畅河、八角口、庙岛13个分卡。

✦ 莱州虎头崖灯楼 /2011年摄

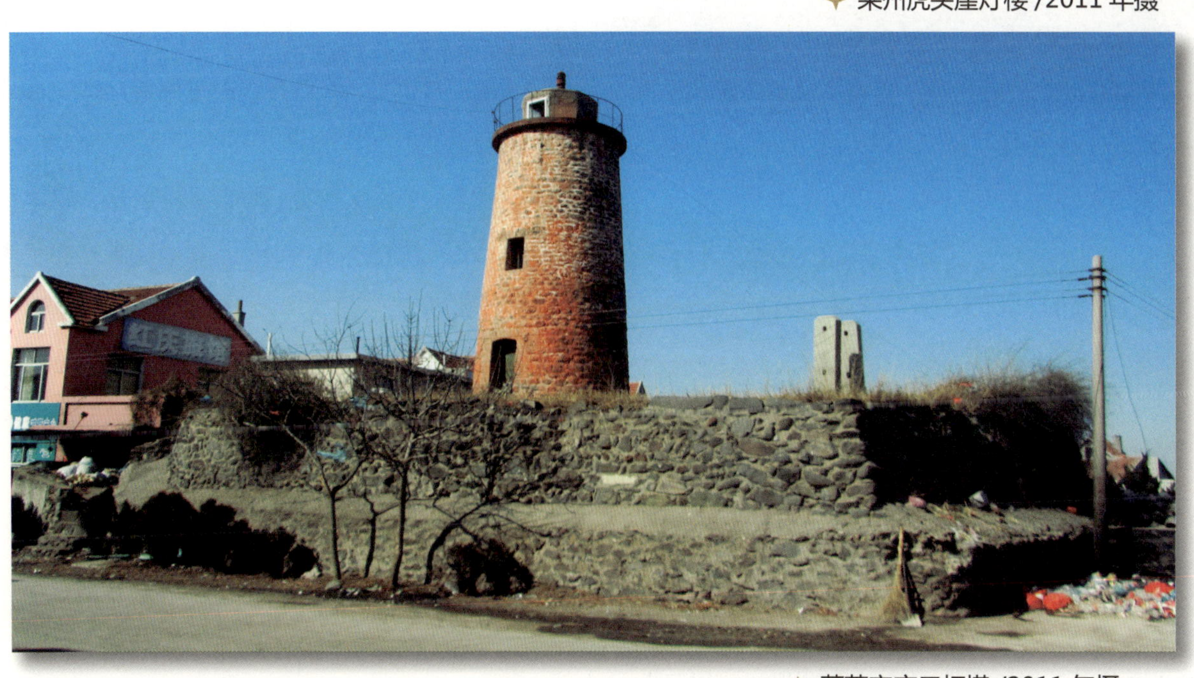

✦ 蓬莱栾家口灯塔 /2011年摄

▲烟台港西防波堤和北码头铺设油质马路。

▲南长山岛寺后村王桂山开办“长运船行”，购客船1只，功率25千瓦，载重量约10吨。经营南长山岛至蓬莱、龙口间不定航次客运业务。1939年，因日本侵略军侵岛而停业。

▲烟台靖安公司客轮“济安”号，往返烟台至养马岛、系山口之间，客票价五角。

1933年

1月

1月27日　天津航政局设青岛、烟台、威海卫、秦皇岛4办事处。

2月

2月14日　民国政府加入《1929年国际海上人命安全公约》。

7月

7月9日　龙口分关所辖刘家旺分卡以东海面发现一艘日本走私汽艇，分卡主任张守范带领三人追捕，乘坐的小舢板被日艇撞翻，造成三名关员和一名船夫遇难，一人重伤。

7月10日　招商局“图南”轮在山东成山附近被日轮“长春丸”撞沉。

8月

8月17日　日本侵略军水雷驱逐舰一艘侵入龙口港停泊。

10月

10月17日　总税务司令东海关每日用电报传送气象报告给吴淞广播电台。

是年

▲东海关在烟台山建无线电发报站，以便与分关分卡通讯联络，同时置5艘缉私艇。

▲烟台至埕子口走私活动猖獗，龙口分关查获走私人造丝达21000斤。市场出售的白糖几乎全是走私进口的。

1934年

12月

是月　烟台至威海沿岸海面冰封，航运中断月余。

是年

▲烟台东海关龙口分关设庙岛管理分卡，人员20余名，汽船、帆船各1只，主要缉私和税收。

▲总税务司派缉私艇4艘到东海关加强缉私，年内共查获走私案130余起，货值200余万国币元，其中查获走私人造丝36.8万斤、白糖19000公担。

1935年

3月

3月7日　东海关在烟台山装置缉私无线电台投入使用。

10月

10月7日　韩复渠致电东海关，移交办理寿光民团缉获的私货船只。

是年　烟台海坝工程会召集会议，议决举办四项工程：浚挖本港，安置浮桥，购置拖轮1艘，在西防波堤北端建筑平行码头一座（因款项不足未实施）。

1936年

1月

是月　大寒，蓬莱冰封海。

✦ 烟台港“建海”号挖泥船 /1936 年摄

7月

7 月 1 日　日本在烟台设“修航会售票处”并于龙口、威海设立分会，以控制烟台至大连的客运航权，票价随之由 2 元 8 角涨至 5 元 2 角 5 分。

7 月 20 日　财政部关务署指令总税务司，将东海关截获的走私船“裕顺号”“登州号”“福安号”船货一概没收充公。

7 月 29 日　总税务司批准建立东海关缉私队，并拟定缉私章程。

9月

9 月 2 日　东海关在烟台港西防波堤栈房处动工兴建一座木质活动码头。

10月

10 月 14 日　烟台海坝工程会为自行疏浚港湾，向上海祥茂洋行订造的“壁士门式”第 60 号驳船和挖泥船抵烟台港交接，挖泥船命名为“建海”号，10 月 20 日开始浚挖。

10 月 20 日　东海关查私货物仓库及塔吊建成。

12月

12 月 13 日　日本侵略军驱逐舰 2 艘侵犯龙口海域。14 日，龙口驻军进行军事演习，日军舰队司令借故登陆，向警察局寻衅。

12 月 21 日　烟台海坝工程会在上海订购的铁驳船抵烟（载重千吨）。

是年

▲烟台渔业同业公会（92 家鱼商组成）章程规定，凡是日本汽船所运鲜鱼，鱼商不准代为销售，否则议罚。

▲烟台港内海底礁石进行爆破并浚除。

✦ 烟台港炸除港池内暗礁作业 /1936 年摄

1937年

3月

是月　烟台特区轮船业同业公会成立。

6月

6月29日　烟台海坝工程会购置的“建泰”号拖轮抵烟台港，在北码头举行命名典礼，烟台各界代表莅临。该拖轮马力900匹，船首船尾坚固，除用于拖带外，还可用于破冰、救生、灭火等。

夏　日本侵略军在大竹岛以东海域烧毁渔船18艘。

8月

8月7日　“景顺”轮由烟台驶龙口，途中遭日舰劫持至旅顺，所载货物被强迫投海。

是月　数以千计的共产党员、救亡团体负责人及平津流亡学生先后从天津乘船到烟台，部分被韩复渠接到济南。

9月

9月19日　由于抗日战争爆发，天津航政局及其下属办事处相继解散。

9月30日　南京民国政府财政部令，东海关监督公署裁撤，只留监督1人，由东海关发给津贴。

是月　日本海军封锁山东沿海，龙口港遭日本军舰飞机骚扰，龙口—大连船只停航，屺㟂岛灯塔停止燃灯。

11月

11月16日和24日　国民党烟台保安队两次用炸药爆破北码头及其他设施，码头上的办公室和宿舍均被炸毁。

12月

12月2日　18时，4艘日舰停泊距龙口10余公里海面，18时25分又驶来7艘，其中2艘驶入口内窥望，见岸上有防卫离去。

是年

▲日本侵略军在烟台、青岛建立“华北水产统制协会”“青岛水产组合”等机构，将中国渔船强征军用，并封锁渔港，控制燃料，致使全省75%以上渔船不能从事捕捞生产。

▲日本阿渡共同汽船公司在烟台开设办事处。

▲“七·七”事变后，登州港客运停办，居民进出长山岛乘民用帆船。

1938年

2月

2月3日　由大连而来的日本侵略军及汉奸张化南等人占领烟台港。日本侵略军第五师团3000余人自青岛沿青（岛）烟（台）公路北犯，侵占福山和烟台。日本侵略军侵入烟台首先占领公安局、电报局、电话局及邮局，并把日本国旗与海关旗同时挂在东海关屋顶，日本海军旗挂在烟台山海关旗台上，次日宣布改烟台特区为烟台市，成立伪烟台市公署（址今老干部活动中心）。5日，日本侵略军由烟台西侵，委任蓬莱伪县长，6日，日本侵略军侵占招远，旋即撤去。

2月28日　南京国民政府财政部通过总税务司下达指令，废除东海关监督，停发津贴。

是月　北平日伪临时政府下令，港口税款必须存入日本横滨正金银行天津分行芝罘营业所，掠夺烟台港口税收。

3月

3月14日　北平日伪临时政府指令，保留海关监督。

3月22日　财政部长孔祥熙电饬东海关，由东海关监督所兼任的海坝工程会长职务由东海关税务司暂行代理。

3月末　日本侵略军由龙口港登陆欲侵占黄县，遭到黄县二支队和龙口地方武装的迎头痛击，仓皇逃走。

4月

4月1日　东海关之武器、弹药、装备被抗日武装人员取走。

4月28日　日本正金银行接管东海关的税款、税收账目、税收附加捐（筑坝捐）、洪水救济附加捐。

4月30日　龙口分关副税务司夏廷耀将八路军司令马保三率部经过龙口的有关事宜密函致东海关代税务司。

5月

5月15日　八路军马保三部500人包围龙口分关，收缴全部武器弹药。有18名关警、2名炊事员和1名水手参加八路军，收编国民党龙口公安局及其所属武装和龙口海关水上警察部队为八路军十三大队，移驻黄山馆。

7月

是月　驻蓬莱县城八路军于城北老北山以土炮轰击骚扰沿海的日舰，击毁其驾驶楼。日舰仓皇逃去。

夏　日本飞机轰炸蓬莱城，投弹3枚。轰炸栾家口及四乡，民众死亡颇众。

8月

8月14日　日本飞机轰炸龙口，16日龙口分关被迫闭关，8月21日龙口分关在八路军游击队保护下重新开关。为防敌机轰炸，海关办公地点移到龙口镇以东15里的仲家集镇。

是月　日本海军设“青岛船舶联合局烟台分局”。（日本海军当局为海上侵略作战之需，于3月在青岛结成船舶联合局。1939年“青岛船舶联合局烟台分局”改组为航业联合协会，1940年8月，基以华北政务委员会华北航业总公会条令，改为华北航业总公会芝罘出张所，以威海卫、龙口等各办事处所置于管辖下，更拟在羊角沟，亦设立办事处，控制烟台海运业，施行统治指导，协力日本海军侵略作战。）

9月

9月7日　北海行政公署专员时任国民党黄县县长曹漫之（共产党员）致信仲伟忠，要求海关向游击队交出60%的税收，支援游击队抗战，仲伟忠当即交出3097.92银元关税，并同意提取60%的关税支援抗战，直到1939年游击队撤出黄县城。

9月10日　日本海军会计“深井”带领两卡车水兵接管烟台海坝工程会。

是月　胶东特委工会负责人苏继光深入龙口码头，开展工人运动。解散旧工会，成立共产党领导下的码头工会，嗣后建立码头工人武装基干营。

11月

11月10日　驻烟台日本海军将烟台海坝工程会改名芝罘港务局，海坝工程会财产统归芝罘港务局，东海关管理的锚地、引水、移泊、卫生、检疫、对轮船使用信号等业务也移交芝罘港务局。

是年

▲日本飞机侵袭长山八岛，在南长山岛寺后村西部平塘处投下2枚炸弹。

▲日本侵略军侵占掖县致海庙后、虎头崖、黑港口（位于掖县过西镇西南5公里处）、三山岛、石虎嘴（位于掖县金城镇西北3公里处）等港口商务萧条，海上航线多为军运航线，远至大连、长山列岛、舟山群岛等地。

1939年

1月

1月10日　日本海军接管东海关电台，转交给烟台电报电话局。

1月15日　日本海军强夺海关对港口的控制权，芝罘港务局取代海关管理烟台港，进出口货物实行统制，将港口作为军事供应站。

3月

3月5日　日伪军侵占龙口，日本侵略军在龙口设领事馆，修筑碉堡8座，派驻海军陆战队及宪兵队150余人，伪警察大队和保安队200余人。在港内建炮楼哨所，致使海运不畅，港口冷落，龙口分关被迫闭关，进出龙口港轮船由每天80只锐减到几只，帆船由几百只锐减到二三十只。

4月

4月10日　日本侵略军命令蓬莱警备司令部抢走平畅河、刘家旺海关分卡的税款。

5月

5月8日　东海关关艇“海澄号”水手张玉琨等用救生艇将13支枪、7813发子弹运出，以支援抗日游击队。

7月

7月1日　日本侵略军设立“满洲劳工协会芝罘出张所”，开始有计划地将俘虏及抓来的劳动群众运往东北当劳工。

7月14日　日本侵略军把持下的龙口海关开关办公。

是年

▲日本海军对烟台港码头工人实行登记制度，统一管理。

▲龙口商埠兴筑股份有限公司人员离职四散，遂告瓦解。

1940年

6月

6月30日　日本侵略军在胶东大肆掠夺物资。据烟台海关统计，1939年8月至1940年6月20日，日本侵略军从烟台港运出海产、矿产、土产品及粮食约27720吨，总价值达994.31万元（伪币）。

秋　日伪在龙口设专员公署，并成立龙口港事务所。

是年

▲日本侵略军从烟台港押走胶东14万人到东北做劳工。

▲日本海军对烟台港码头进行扩建，完成西防波堤尾部展宽，又在开平码头以北、烟台山西防波堤筑堤。

▲日本侵略军在龙口宝善街西海岸处搭建长24米的浮桥码头一座，加紧经济掠夺。

1941年

12月

12月8日　太平洋战争爆发，日本侵略军查封英美等国在烟台开办的企业，接管英美基督教会所办中小学校及幼稚园，并将英美侨民及职员关押在潍县集中营。

12月20日　总税务司命令东海关税务司立即解雇全部英、美、法籍海关职员，任命日本人任东海关税务司并兼管龙口、威海两分关。

1942年

8月

8月1日　东海关税务司改称海关长，原各“课”改为“科”。

11月

是月　东海关官文由英文改为日文。

冬　日本侵略军在龙口设“国际公司”。

1943年

春　龙口港码头工人罢工，迫使日本人增加粮食和工资。逄日喜等为工人代表。

9月

9月1日　总税务司署决定：凡该署下达的训令、指令及其附件均同时用中日两国文字，东海关和胶海关上报的文件也用中日两种文字。

10月

10月25日　张德昌和吴道金率领渔民大队，在砣矶岛南部海域袭击日本侵略军运输船“关东5号”，毙敌2人，俘敌27人，缴枪25支、绿豆1吨。

是年　烟台市场粮食奇缺，工商业萧条。

1944年

6月

是月　东海关与芝罘港务局协商一致后，向海关总税务司署申请维修海关码头，获准后于7月1日动工，历时两月竣工，填平南太平湾使之与东西岸路相接，耗资187770.85伪元。

10月

是月　日本侵略军从旅顺口派遣海军陆战队100余人侵占北隍城岛。

11月

11月24日　蓬莱县山后初家民兵配合海防队和区中队截获日伪军运粮船1艘，缴获高粱7.5万公斤。

是年

▲山东省武委会打电报嘉奖缴获日伪运输船5艘的胶东民兵，并号召开展海上游击战。

▲日本侵略军突击在龙口港修建一座长10.5米，宽20.6米，前沿水深3米的钢筋水泥木板混合的踏步式码头，下层留有两个洞口，直接装卸小船货物。

✦ 海关码头修复前 /1944 年摄

✦ 海关码头修复后 /1944 年摄

1945年

7月

7月30日　美军飞机轰炸东海关码头仓库，海关缉私艇长等3人死亡。

8月

8月17日　八路军解放牟平。19日，日伪军逃离福山城，八路军进福山。21日，日伪军逃往龙口，黄县、招远、莱阳收复。23日，八路军进蓬莱。

8月19日　八路军收复龙口。23日，日伪军重占龙口。29日，八路军再次收复龙口，黄县抗日民主政府接收龙口海关，9月1日，龙口海关对外办公。

8月23日　夜晚，隐蔽在烟台城内的工人纠察队等地下武装千余人在辛广义、曹占一、宫亭、刘风至等率领下，举行武装起义。烟台码头工人纠察队负责海上巡逻，监视伪军动向。

8月24日　八路军收复日本侵略军占领下的烟台，抗日民主政府接管东海关。（自1863年至1945年间，烟台港引航权一直被英法日等国把持。1945年8月至1947年期间，因战事无引水业务与引水员。1947年下半年至1948年10月，烟台港引水业务划归冀鲁区引水工会管辖。1948年1月成立烟台港引水事务所，由一名邢姓者任引水员，只维持一个月因财务不支停止。）

✦ 八路军攻克烟台

✦ 八路军攻克烟台

✦ 烟台首次解放后市政府驻地 /1945年摄

8月26日　中共胶东区委派吕志恒、邹大鹏、柳运光和于克率一个排的武装，携带电台一部渡海去辽东半岛进行侦察。

8月31日

●烟台市抗日民主政府决定撤销日伪时期设立的港务局，恢复海坝工程会，海坝工程会承担起大量港作船只和军用船舶的修理，码头、仓库的维护等。

●八路军收复掖县。

9月

9月1日　人民东海关、人民威海海关、人民龙口海关对外办公。人民东海

关为解放区第一大关，下设八角口、刘家旺、系山口三个海关事务所及山后初家、平畅河二个检查站。

9月4日　中共长山岛大队20余人进占长山岛。

9月8日　胶东军区在龙口设立兵运指挥部，许世友任指挥。

膠東參議會代表
八百萬抗日人民
向盟國發出通電
反對美軍在烟台登陸之無理要

✦ 反对美军在烟台登陆

9月中旬　烟台码头工会成立，在中国共产党烟台市委员会和胶东区总工会烟台办事处领导下，统管烟台港的驳运装卸业务运营（运营：运行营业，以下同）。

✦ 中美谈判代表在美舰上合影

✦ 八路军进军东北

9月24日至10月下旬　胶东军区和山东军区及部分新四军调往东北的兵力，分批从龙口、黄河营、栾家口渡海赴东北。胶东军区在栾家口等地设兵站，为挺进东北的主力部队提供后勤服务。黄县数万民众赶制被服，烙大饼，筹集物资，安置兵员。砣矶岛、大钦岛、小钦岛、南北隍城岛出动帆船百余只，运送进军东北三省的八路军。有6万余名华东八路军主力部队指战员及地方干部由龙口、栾家口等港起航。

9月28日　中共山东省政府宣布棉花为禁止输出物资，10月5日开始实行。

9月29日　美国海军第七舰队5艘军舰驶进烟台海域，企图登陆。烟台军民严阵以待，数次谈判决不退让。10月6日，第十八集团军参谋长叶剑英发表声明，10月8日，烟台民众3万余人集会游行，反对美军登陆烟台。10月9日，美舰大部分撤离烟台海域。

是月

◆中共龙口特区工委重建龙口码头工会。

◆龙口公营大龙公司成立并开始组织港口贸易。龙口港时有99只帆船出入海口，与天津、烟台、虎头崖、石虎嘴等18个港口打通贸易关系，1949年10月大龙公司机关转交给龙口商店。

10月

10月17日　国民党山东保安第三十七旅由塘沽乘船占据崆峒岛。

10月24日　山东军区司令员兼政委罗荣桓率领山东军区机关、警卫部队和几个独立营经龙口港渡海北进。

10月27日　山东省胶东区行政公署任命贾振之为人民东海关海关长。11月，山东省人民民主政府胶东区工商局下令，重新成立胶高即工商管理局，下设5个工商事务所、11个检查站、1个经济工作队。其中，以南海经工队为主成立南村工商事务所，辖4个海关检查站，管理解放区陆运进出口贸易，征收关税。本年共征收关税1897768北海币。

10月29日　胶东军区特务团、警四旅七团各一部和东海特务二团，以8只汽艇、10余只机帆船和一些舢板，组成陆海战部队，连续两次向占领崆峒岛的国民党山东保安三十七旅发起攻击，经8小时激战，收复该岛。毙敌百余人，俘虏116人，残敌逃窜。

贾振之

11月

11月初　烟台海员工会同烟台船管分局密切配合，发动海员参加军运，约3个月时间海运部队2万余人到东北。

11月6日　烟台码头工会在北海岸仓库举行海防工人自卫队成立大会。

12月

12月12日　东海关颁布实施《民船停泊与码头管理规则》《民船货物装卸规则》《进出口货物查验规则》。

是年

▲日本投降前夕，码头工人1700人左右。日军投降后，日本在烟航运业停止。

▲荣成县石岛成立振兴铁工厂（现黄海造船厂）。抗日战争胜利后，在制造枪械支援前线的同时兼修中国、朝鲜来往船只及附近渔船。1947年因国民党进攻解放区而停止，1948年国民党败退后，继续船舶维修业务。中华人民共和国成立当年修建长达百余米坞道，同年更名石岛黄海修船厂。1952年试制12马力船用柴油发动机、木质机帆船，1960年黄海修船厂划归山东省水产厅。

▲抗日战争胜利后，天津航政局恢复建制，其下属的青岛、烟台、威海办事处相

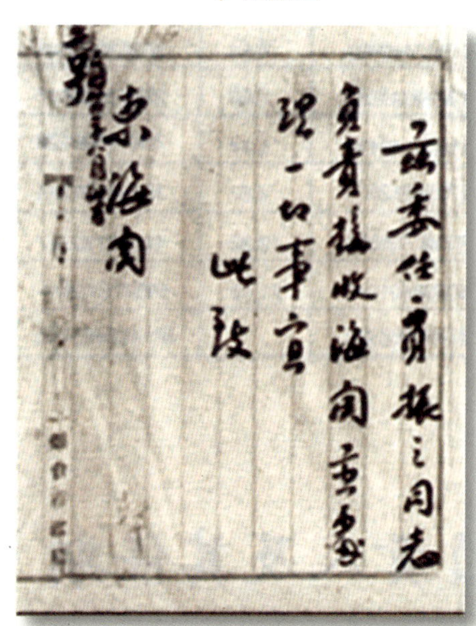
东海关

兹委任贾振之同志

负责接收海关

理一切事宜

此致

贾振之接管东海关委任书

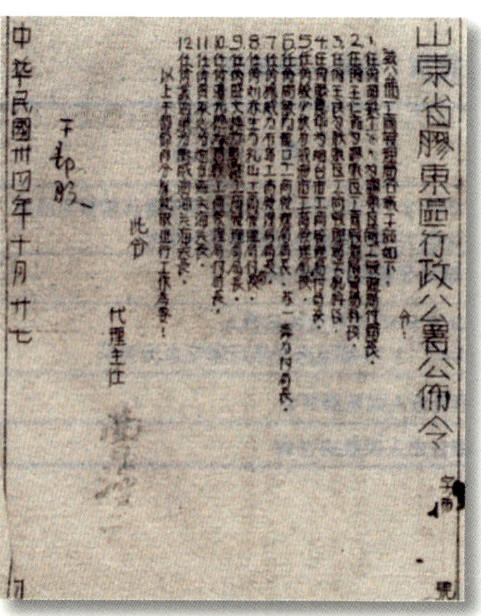
山東省膠東區行政公署公佈令

此令

代理主任

中華民國卅四年十月廿七

任命贾振之为人民东海关关长的公布令

继恢复。海关总税务司将沿海航标调整为上海、青岛、厦门、广州4个海区管理。

1946年

春　龙口大龙公司“新和号”轮奉命以经商为掩护，秘密向朝鲜运送中共党的重要干部，完成任务后上级奖励每人银圆1元。

2月

2月18日至4月3日　龙口特区干部深入码头、商号、农户发动工人、市民开展45天的反奸诉苦运动。

是月　解放军东海军分区后勤处创办“隆华修船厂”（烟台渔轮修造厂），主要修理部队船只。

3月

是月　中共胶东行政公署成立烟台水产养殖试验场。

4月

4月16日至18日　飓风袭击烟台，港内沉船195艘(其中渔船174艘)，死171人，东防波堤、开平码头、西防波堤仓库等港口设施也遭破坏。时海坝工程会已更名为“港务工程所”，仍归东海关领导，该所迅速救灾，打捞沉船和修复受损的港口设施，当年基本修复。

4月至5月　烟台整顿码头工会，会员重新审查和登记，按劳动分工划定10个分会，共有会员1117人，发展中共党员45人。针对国民党军队海上封锁，烟台码头工会组织工人投资组建合作社，经营饭馆、浴池、客栈及运输、铁业等业务。

6月

6月5日　解放区胶东行署任命赵桂源为东海关关长。

6月19日　国民党海军舰艇炮击烟台、威海卫八路军。

是月

◆国民党破坏停战协定，骚扰解放区沿海，拆卸东海关辖区内灯塔设施。

◆为改变来往烟台客人复杂、各部门管理不一的局面，以海关为主，吸收水上公安所、军事管理机关等部门，成立海口管理委员会，每半月召开会议一次，以解决海口管理的混乱现象。

7月

7月5日　中国人民解放军东江纵队自广东大鹏湾乘舰抵烟台，9月调离。

8月

是月　解放区下营口海关事务所改为检查站，石虎嘴海关检查站划归龙口海关。

9月

9月17日　上午11时，暴风骤至，龙口港内停泊的102艘商船，损坏84艘，损失3000余万元。

10月

是月

◆根据战时需要，解放区昌潍掖工商管理局将下属海关和工商事务所、检查站集中成立5个经济工作队，深入敌后开展斗争，胶高即（南海）工商管理局指示各陆地事务所检查站成立经工队，积极备战，深入敌占边缘地区开展经济斗争。

◆烟台市人民政府工商管理局的关税股并入人民东海关总务科。人民东海关整编，内设总务课、监查课、港务课、秘书课、巡缉队。

11月

11月11日　下午，1艘国民党军舰驶入龙口海面，向特区街市发射机关炮弹百余发，毁房多间，伤2人，次日上午离去。

是月　人民东海关升格为总关，受胶东区工商局垂直领导。威海、龙口、石岛三海关改为分关，新成立乳山分关。胶东各海口工商事务所、检查站划归各地海关管辖。东海关龙口分关管辖栾家口、蓬莱、砣矶岛、黑港口4个海关事务所和黄河营、石虎嘴两个监察站。

12月

12月6日　商营汽船“新生”号载客由辽宁驶烟，在威海海域遭国民党军舰劫持拖带，7日行至龙口海域遭大风，军舰离去，“新生”号沉毁，180人遇难，24人获救。

12月上旬　在“誓死保卫烟台”号召下，烟台工人掀起献金拥军热潮，烟台码头工会会员献金达57万元（北海币）。

是年

▲联合国善后救济总署装有救济物资运往解放区的货船在烟台港靠岸，其中有40台美产福特牌轮式4缸20马力汽油拖拉机。

▲人民政府胶东区工商局于烟台、石岛、威海、乳山、龙口及掖县设立6处航运部。6处共有船舶69艘（其中帆船40艘），计3317吨位，人员486名。船舶除军运外，主要经营市境至中国沿海口岸及朝鲜等地的物资运输。其运出货物主有生猪、鱼盐、花生等，运进多系绵、油、纸张等。至1947年因战事各局均撤。

▲龙口码头工会没收“八大船行”财产。后成立“裕兴隆”“裕兴东”代理行，并组建管理委员会，承接“八大船行”经营的全部业务。

1947年

1月

是月　胶东军区于威海筹建海防办事处，担负胶东半岛南北港口和旅大地区各港口海上运输任务，专事海防和海上军运。海防办事处分为两个大队，一是航运大队，主要担负山东半岛至辽东半岛的军事运输任务；二是护航大队，主要任务是护航、护港、护送军事物资。9月，华东财办所属东兴公司与海防办事处合并，组成中国人民解放军胶东军区海防办事处。有船舶60余艘，多为木质。最大泰山轮200吨位。年末迁至荣成县俚岛，1949年年初迁驻烟台。

2月

是月　烟台码头工会召开工人代表会议，讨论解决装卸价格和工资问题。其决议的主要内容是：1. 将货物划为危险、特殊、普通等3个种类，按这3个种类确定3类工资标准；2. 工资计算方法不再以货物件数为标准，而改为以货物重量为标准；3. 工资结算统一按玉米市价用本币支付；4. 加强劳动纪律，提高装卸质量以吸引更多的货源。

3月

3月26日　经胶东行署批准，公布实施《东海关管理报关业暂行章则》，要求经营报关业者，不分公营、私营或合作性营业，均需事先到所在地海关报请备案，经批准后经营报关。

4月

是月　昌潍掖工商管理局取消掖县、沙河、昌平经工队，抽调部分干部重返虎头崖、黑港口等地恢复海关事务所、检查站。

5月

5月14日　东海关第6号训令：对转口货物依照《山东省进出口货物税征收条例》规定，按5%计征税款。

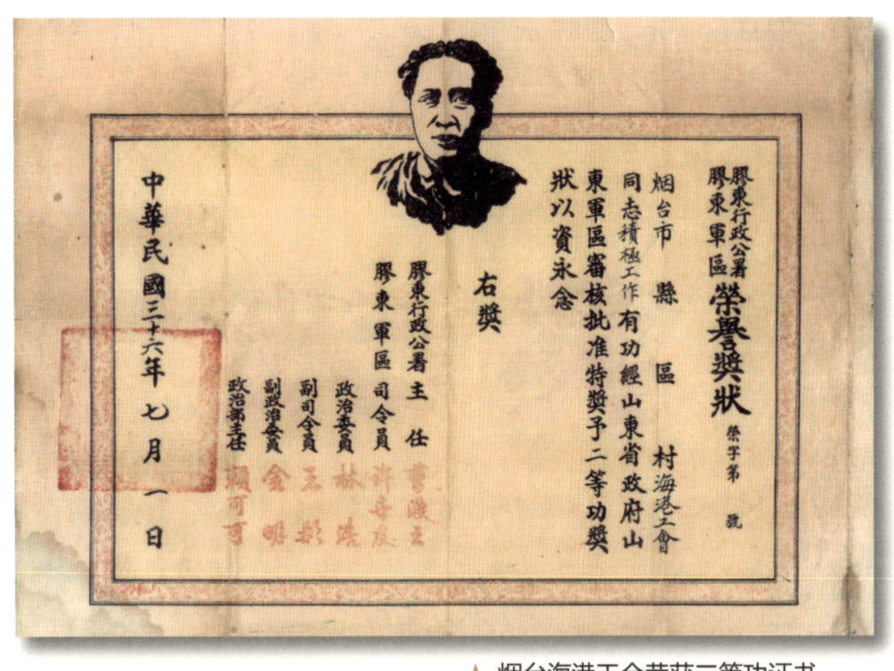

膠東行政公署
膠東軍區
榮譽獎狀　榮字第　號

烟台市　縣　區　村海港工會
同志積極工作有功經山東省政府山
東軍區審核批准特獎予二等功獎
狀以資永念

右獎

膠東行政公署主任　曹漫之
膠東軍區司令員　許世友
政治委員　林浩
副司令員　王彬
副政治委員　金明
政治部主任　賴可可

中華民國三十六年七月一日

✦ 烟台海港工会荣获二等功证书

6月

6月25日　为统一山东解放区土产品出口管理，山东省政府公布《山东省土产品出口管理暂行办法》。规定实施管理出口的土产品有粮、油、肉、烟叶等。指令换回汽油、电器通讯材料、枪械弹药、军工器材、西药及医疗卫生器材、汽车及其零配件、印刷器材、纸、染料、国产棉花等各项必需品。经营进出口的商人输出实施管理的土产品时，必须先向当地进出口税收机关请领“土产品出口许可证”，再行报关纳税，领取税单，运输出口。

7月

7月1日　烟台码头工会荣获二等功，胶东行政公署主任曹漫之、胶东军区司令员许世友、政治委员林浩签发荣誉奖状。

7月25日　解放区胶东行署成立胶东区税务局，人民东海关关长赵桂源任税务局长。

8月

8月10日　解放区胶东行署决定，烟台、龙口、威海、石岛、乳山等人民海关划归胶东区税务局领导。

8月19日　国民党飞机3次轰炸龙口，死伤25人。

9月

9月4日　国民党空军轰炸烟台、龙口、威海卫，次日又炸。

9月27日　国民党军占领龙口。龙口港几乎变成军港，一切均以军运为主。

是月　黄县工商局、银行、税务局合编成虎山经济工作队，成立独立海关，撤离城区开展对敌经济斗争。

10月

10月1日　国民党军队进入烟台，于烟台港东西护岸修建地堡、炮楼，致使挡浪坝、防波堤受到破坏。

10月8日　烟台上空连日发现俄国飞机。

10月9日　“还乡团”180多人乘“来兴”号船由青岛抵达龙口。

10月10日　人民东海关撤出烟台后与烟台市银行、工商局合编成立烟台经济工作队，将原海关的分支机构改编为5个海关事务所，8个检查站，开展经济斗争。

10月12日　胶东国民党军一个整编师海运南京。

11月

11月10日　山东省胶东区行政公署决定，税务局与工商局合并，任命贾振之为烟台局局长，张超为人民东海关海关长，于厚轩为威海海关海关长。

12月

12月1日　国民党当局在烟台港组织成立港湾码头管理处。

12月15日　东海关在民国政府接管后对外办公。

12月20日　国民党海军第二基地司令部将截获的韩籍走私船“有明丸”移交国民政府东海关。

是年

▲掖县7次组织帆船军运，支援解放军作战，最多一次300艘。

▲东海关吸取上年风灾教训，在烟台山上建起一座气象台，监测气象变化。

1948年

2月

2月12日　“永兴”汽轮私运大宗货物前往朝鲜被东海关税务司署截获。

3月

3月3日　八角海关事务所遭国民党福山还乡团袭击，副所长、会计等4人在战斗中牺牲，武器、粮食和现款被抢走。

3月28日　北海主力部队解放龙口，国民党残部乘101号、102号军舰逃往烟台。恢复人民龙口海关。

3月30日　人民解放军解放威海卫、蓬莱。

4月

4月16日　东海关税务司署查获走私13支步枪和11把刺刀情事，该案移交给国民党陆军第八军司令部。

4月27日　占领烟台的国民党军队和国民党海员党部、封建把头相勾结，抓100多名码头工人充当壮丁，并打死工人家属2人，中共地下党组织码头工人及家属进占国民党海员党部，痛打主任夏永春，并在朝阳街阻截国民党第八军军长李弥的座车，迫使其放回大部分工人。

6月

6月14日　对南非联邦、印度、挪威实施关税减让。

6月18日　大连驶往烟台的“和顺号”汽轮在芝罘岛北部海面遭国民党军舰炮击，68人罹难，7人幸存。

7月

7月14日　国民党第八军突击营，在刘公岛附近海面，枪杀由大连驶往青岛的“永生”号等4艘汽船船员，并将船拖至烟台。

10月

10月12日　晚12时，国民党蓬莱县府租用“更生”轮从烟台逃跑，因风浪沉于崆峒岛前，船上官兵眷属被警察局派去的舢板救出，15日逃至青岛大麦岛。国民党从烟台逃跑时，抢走和毁坏包括7只港作船舶在内的大量的港口物资，总价值近8亿元（北钞）。

10月15日　烟台解放，国民党守军三十九军撤往葫芦岛。东海关人员少部分乘军舰随国民党军队撤往青岛。

10月20日　烟台市人民政府工商局接管东海关，海关人员大部分留任。

10月22日　国民党海军总司令桂永清抵长山岛，部署防务，增加兵力。

10月25日　人民东海关重新对外办公。11月23日，人民东海关归烟台进出口管理局领导。

是年

▲烟台公安水上分局成立，烟台边防检查站在此基础上组建，接收第一份业务工作文件《查潜逃犯鲁英通缉令》。

▲长山岛建码头两座。一座在鹊嘴村西北，长80米，顶宽10.7米，高潮时水深3米，称“老码头”。另一座在砣矶岛大口塘东侧，长90米，顶宽6.8米，石质。因码头附近居民多为姜姓，故称“姜家码头”，后废弃。

▲海庙口成立码头工会，在掖县工会领导下，负责组织码头装卸。

✦烟台港南码头／民国时期摄

1949年

1月

1月18日　特区工委由大连市迁移到蓬莱县刘家旺，准备解放长山岛。

是月　烟台进出口管理局将龙口海关改为分关，划归东海关管辖。龙口分关辖管黑港口、虎头崖2个海关事务所及八角至羊角沟13处分卡，有职员120人。

2月

2月17日　国民党海军驻长山岛巡航处“201号”扫雷艇24名官兵驾艇起义，驶抵烟台港。

2月26日　国民党海军最大巡洋舰“重庆”号于上海吴淞口起义，驶抵烟台港，3月3日下午驶往葫芦岛港隐蔽停泊，国民党飞机追踪轰炸后自沉。

✦“重庆”号巡洋舰起义 /1949年摄

✦“重庆”号巡洋舰起义官兵 /1949年摄

3月

是月

◆山东省进出口局局长会议决定，烟台海关港务股改名烟台港务处，设秘书课、工程课和材料课，职工276人，受烟台进出口局领导。港务处除管辖烟台港外，还负责管辖烟台、龙口、威海、成山头、镆铘岛、猴矶岛等10余座灯标和灯塔。

◆烟台市海港检疫所成立（址海滨街海关院内，暂借海关1间房办公）。烟台市卫生局长崔立华兼任所长。

4月

4月23日　营口商船“德发顺”号载客81名，船工5人，由营口驶往龙口途中，在砣矶岛海面遭国民党军舰艇劫持。拖行6天遇暴风，被砍断拖缆，飘至掖县三山岛近海翻沉。73人遇难，13人获救。

4月25日　烟台码头工会创办码头工人子弟小学。

是月　整顿烟台码头工会，设9个分会，会员1052人。

6月

6月28日　人民东海关颁布《烟台港口现行管理暂行章则》。

是月　人民东海关一切公文概采用中文。

夏　招商局烟台办事处成立，主要承办海上运输代理业务。

7月

7月26日至28日　胶东半岛海域遭台风袭击，烟台死伤43人，海岸路、码头遭到破坏，沉没损坏船舶279艘。集结于沿海备攻长岛船只损失313艘，船工罹难32名。（停泊在龙口港待命支援长山岛战役的2只汽船被撞坏，损失汽油1350余公斤，同时被撞坏的还有五六只风船。）

是月　台风后抢修损坏船只。北海地委动员船民1600余名、帆船400余艘，支援解放长山岛之战。

乘船演练 /1949年潘沼摄

8月

8月11日　18时，中国人民解放军华东野战军二十四军第七十二师、特种榴炮团、胶东警备四旅和五旅一部分自蓬莱栾家口、刘家旺、解宋营登船起渡，向长山岛发起攻击。次日23时，解放南北长山岛、大小黑山岛、庙岛、大小竹山岛和车由岛，因受大风阻碍，进攻暂停。19日驻守砣矶岛、大小钦岛和南北隍城岛的国民党军队撤离，20日警备四旅、五旅开进长山岛的北五岛。此渡海登岛战役国民党海军陆战二团伤亡200余人，被俘1305人。烟台全境解放。

乘船出发 /1949年潘沼摄

攻占长山岛 /1949年潘沼摄

解放庙岛 /1949年潘沼摄

招商局烟台办事处旧址

“渡海第一船”七十二师二一四团六连二班战士战地合影 /1949年潘沼摄

鸟瞰烟台港东港池 /1997 年摄

中华人民共和国

中华人民共和国

1949年

10月

10月10日　华东财办工商部将龙口分关改为东海关龙口海关事务所。

10月20日　“奉华东财办之命，招商局轮船股份有限公司烟台办事处与海防办事处正式合署办公。矫奎一任主任，王华卿任政治教导员。下属招商局船舶修理厂、招商局渤海渔业、招商局供应店、招商局航运队，共有人员278人，原有汽船70余艘（海防办的，全是木船，全系日本造）。被台风刮坏10余艘，交警备五旅1艘，交警备四旅1艘，交长山岛5艘，交连云港1艘，交三十二军5艘，交大连4艘，捕鱼12艘，本局运输船7艘，急待修理者4艘，能运输的3艘，余者全部调青岛。本局运输船7艘，平均每船可载10万斤，每小时可航行五浬半（每浬顶华里三里三）。”

11月

11月26日　山东省人民政府令：胶海关改称青岛海关，东海关改称烟台海关。青岛、烟台、石岛三地规定为对外贸易港口。烟台海关隶属烟台进出口管理局。

是月　烟台市人民政府任命于厚轩任烟台海关副主任，12月31日任命为烟台海关主任，1950年2月海关总署任命于厚轩为中华人民共和国烟台海关主任。5月8日，海关总署任命田云生为中华人民共和国烟台海关关长。1953年1月至1981年5月20日，分别任命张法卿、宋宝书、逄本业、孙良言、王滋明、姜学民为中华人民共和国烟台分关关长。

12月

是月　山东省政府将烟台进出口管理局改组为山东省国外贸易管理局烟台分局。烟台海关隶属烟台分局。

是年

▲中华人民共和国成立后，实行统一全国船舶登记管理、统一管理机关、统一管理法规，实行船舶国籍，船籍，产权等方面登记证书制度，主管部门为“中央人民政府交通部所属船舶主管机关”。

▲胶东军区海防办事处改组为烟台航运办事处，后改为北洋区海运局烟台办事处。

▲烟台码头工会组织工人参加支前，牺牲20人。

▲长山岛解放后，居民进出长山岛乘守岛部队军需船，登州港货运恢复。

▲烟台海关监管进出口货物4.7万吨。

1950年

1月

是月　经山东省交通厅批准成立“龙口搬运公司”，统一领导码头工会和搬运工会。

2月

2月21日　海关总署14号令，烟台海关正式更名“中华人民共和国烟台海关”，隶属海关总署领导。

是月

◆中共胶东区委、行署和军区征集帆船300只，组织700多名渔民（含船工）组成三个大队，支援解放舟山群岛战役。（烟台港支前船队120人参加）

◆龙口成立招商局。

4月

4月1日　烟台气象站成立。1978年7月10日更名山东省烟台行署气象局，1980年7月更名山东省烟台地区气象局，1983年11月更名山东省烟台市气象局。实行上级气象部门和地方政府双重领导，以气象部门领导为主的体制。烟台市气象局成立后，先后管辖过16个气象站（局）：莱阳、牟平、文登、海阳、乳山、龙口、招远、长岛、蓬莱、栖霞、荣成、威海、莱州、福山、石岛、成山头气象站（局）。1991年6月14日，所属威海、文登、乳山、荣成、石岛、成山头6个气象台站划归威海市。

烟台港务处印鉴

4月20日　烟台、龙口等港划归青岛区航务局领导。烟台港务处易名“中央人民政府交通部青岛区航务局烟台分局”，辖船舶修理厂，龙口、威海两个办事处，对港口实行全面管理。车忠翰任分局首任局长。10月19日，烟台航务分局更名“中央人民政府交通部青岛区港务局烟台分局”。

4月29日　烟台市海港检疫所改名为烟台交通检疫所。本年先后在阳光街13号、顺泰街7号办公。

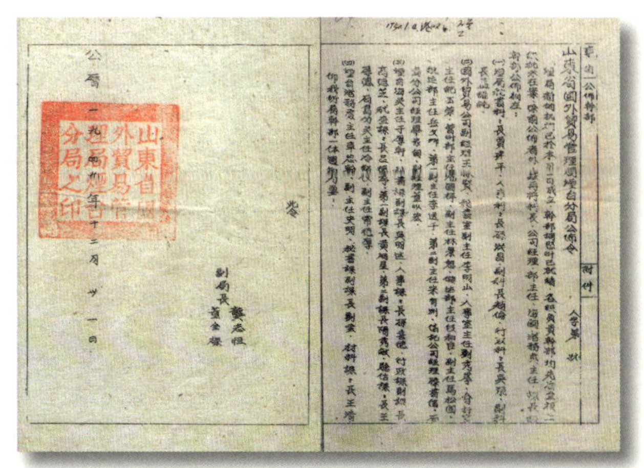

山东省国外贸易管理局烟台分局任命令

车忠翰在港务处留影

5月

5月8日　龙口海关事务所改为烟台海关龙口支关。

7月

7月26日　政务院财经委员会发出“关于统一航务港务管理的指示”，决定将海关管理的航标移交交通部管理。

9月

9月1日　龙口—大连客货班轮恢复通航。

是月　根据交通部指示，设立中央人民政府交通部青岛区港务局烟台分局龙口办事处。

10月

10月20日　按照全国港航统一管理的指示，交通部青岛区港务局烟台分局与海关就港航工作进行交接，接管往来船舶管理、港口码头行政管理、港务规费征收、旗台等，航政管理改由烟台港务分局航政科负责。

11月

11月14日　交通部青岛区港务局烟台分局龙口办事处接管烟台海关龙口支关的港务及港口设施管理职能，12月1日对外办公。

是月　烟台海关向烟台港务分局移交码头、防波堤、仓库和助航设施等。

12月

12月20日　中央人民政府贸易部青岛商品检验局，在烟台设立分支机构“青岛商品检验局烟台分处”，主管烟台进出口商品检验（位于烟台市海岸街20号，1951年7月迁至烟台市北马路281号，1952年6月迁回烟台市海岸街20号）。于肇庆任主任。

青岛商品检验局烟台分处/1952年至1953年间摄

是年

▲长山岛特区政府购置木帆船1只作交通船，载重1.75吨。后又置机动交通船2只，“长兴号”功率44千瓦，载重35吨；“长平号”功率88千瓦，载重50吨，用于接送县内开会人员和上级进岛人员，主要为政府机关服务，并捎运旅客。1985年客运量达9000余人次，并与旅游公司船一起开辟南长山岛一庙岛一宝塔礁一大黑山岛一车由岛的旅游航线。1955年，“长兴号”卖给渔业联社。1957年，“长平号”转作渔业指导船。

▲龙口—天津客货班轮恢复通航。

▲成山头灯塔重修，（位于山东半岛最东端

成山头灯塔/2005年摄

成山角）设旋转式双牛眼透镜，1000瓦白炽灯头，照距21海里。1990年，改造灯塔灯笼，更换灯器（英国产PRB-21灯器，四面灯阵，射程增至25海里）。原透镜其中一面被送到天津，作为文物保存在秦皇岛航标展馆，另一面安装镆铘岛灯塔使用。2004年10月29日完成AIS基站建设，2005年9月8日安装智能控制箱。

▲猴矶岛灯塔修复（位于长岛县猴矶岛上。猴矶岛设置助航标志的记载始于1880年8月，1882年由东海关在原标附近建造灯塔，建成初期每到冬季便停光，海上冬季航行船舶增多才开始全年发光，解放战争期间遭到破坏）。2002年，更新太阳能系统，灯塔高度14.2米，射程15海里。

1951年

1月

1月1日　海关总署决定，中华人民共和国烟台海关改为中华人民共和国烟台分关，隶属青岛海关，辖石岛、威海、龙口3个支关，同日使用全国统一新报关单。1月3日，因龙口港口改为非对外贸易口岸，龙口支关撤销。

2月

是月　龙口招商局更名为中国人民轮船公司龙口办事处，8月又更名为北洋区海运管理局烟台办事处龙口运输站。

✦ 猴矶岛灯塔/2005年摄

5月

5月1日　实施《中华人民共和国暂行海关法》，同月制定《烟台进出口货物仓库登记暨管理暂行办法》。

6月

是月　撤销石岛、威海、龙口（海关）支关。

8月

是月　中华人民共和国烟台分关原在烟台山的关产、无线电台交烟台市政府房产管理处接管，北楼海关单身职工宿舍交与港务局，海关关栈（进出口储货仓库）交与港务局使用，产权仍由海关保留。

9月

9月24日　烟台市搬运公司成立（码头、装卸等3个工会合并而成），时有职工2061名，至1956年更名烟台市运输公司。

10月

是月　烟台分关关员响应抗美援朝捐献号召，6月至10月共为“中国海关号”飞机捐款2777940元。

11月

11月1日　烟台分关停止对国内沿海运输船舶的监管。

12月

是月　龙口港务办事处颁布《龙口港暂行管理规则》。

是年

▲山东省水产学校建立。1994年与烟台大学联合建立烟台大学水产学院，2001年3月经山东省人民政府批准并入烟台大学，组建烟台大学海洋学院。开设航海技术等5个本科专业和

3个专科专业，在校生2600余人（其中航海类1320人）。2008学年开办第一届船员培训班。

▲修复赵北咀灯塔，修复后至今多次改善

✦ 赵北咀灯塔/2004年摄

设施，塔高8.8米，灯高29.3米，射程14海里。（位于威海港东侧海岸岬角上，1890年始建，由法国巴黎“邵特利尔”公司设计，时为北洋大臣李鸿章训练北洋水师之用。灯塔通体铁铸，今仍在用。建成之初，灯高94尺，上置四等灯，烛力2000支，每分钟旋转2次，指示威海卫东口水道。抗日战争和解放战争期间，灯塔设施数次被毁。）

1952年

2月

是月　根据上级指示，港口开展“三反（反贪污、反浪费、反官僚主义）、五反（反行贿、反偷税漏税、反盗骗国家资财、反偷工减料、反盗窃国家经济情报）”运动。

5月

5月19日　接中央人民政府交通部令，烟台山旗台移交当地海军。

是月　青岛区港务局烟台分局航政科增加缪汉生、徐明湖两名引水员。

5月至8月　烟台港务分局于解宋营、八角口等处海域打捞沉船5只。

6月

是月

◆人民解放军公安十四师重新组建烟台边防检查站，团级单位，二十六军七十六师代管。1953年烟台边防检查站移交山东公安局，1959年烟台边防检查站集体转业，改为中国人民武装警察，1966年烟台边防检查站撤销，由芝罘岛哨所代行边防检查任务。

◆青岛商品检验局烟台分处与青岛外贸局烟台分局合署办公，由青岛外贸局烟台分局局长孙梦久兼任主任。

9月

9月15日　烟台分关执行《海关监管来往邻近朝鲜越南地区沿海运输船舶办法》。

9月29日　烟台分关执行《中华人民共和国海关船舶吨税暂行办法》。

是月　中国人民解放军海军炮校迁入烟台市。

10月

10月16日　龙口港务办事处从龙口搬运公司接收304名装卸工人，成立装卸大队。

10月24日　烟台分关将“157号”快艇（美国造）包括物资、人员移交人民解放军公安十四师烟台检查站。

是月　龙口码头工会撤销，龙口港务办事处工会组织纳入海员工会系统。

12月

12月1日　交通部海运总局局长于眉及苏联专家等视察烟台港，提出修整、建设意见。

是年

▲龙口港劳动工资由供给制和薪粮制改

为工资分制。货物吞吐量 160686 吨，旅客通过量 89280 人次。（中国经济三年恢复时期 1950 年至 1952 年龙口港货物吞吐量 333481 吨。）

▲烟台分关查获 2 艘自韩国以走私为掩护的间谍船只。

▲烟台港修建第一座客运站。

▲中华人民共和国成立初期，烟台至国外客运航线取消。烟台有各类船行 13 家，其中国营 1 家，公营 6 家，私营 4 家，公私合营 1 家。仅 4 家公司有自备船只，大的船行十五六人，小的船行 7 人。

1953 年

1 月

1 月 1 日　烟台港务分局接收搬运公司装卸工人 881 名，组成 3 个装卸大队和驳运队。

1 月 17 日　由于海关总署并入对外贸易部，烟台分关奉命与烟台对外贸易管理分局合并，对外仍称烟台分关。除执行海关原定任务外，原对外贸易管理分局的各项任务，统由海关办理。

是月　北洋区海运管理局烟台分局龙口运输站合并于龙口港务办事处，龙口港务办事处统一经营海运业务和港务管理。

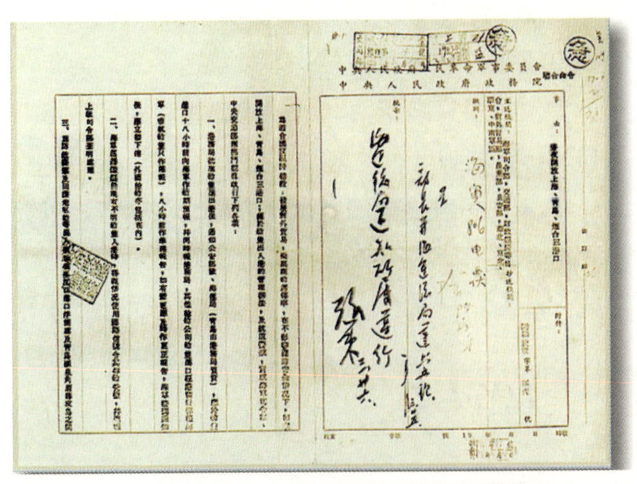

✦ 政务院、中央军委开放烟台港的命令

✦ 烟台港人力板车装运 /20 世纪 70 年代初摄

✦ 烟台港人力装卸作业 /20 世纪 70 年代摄

2 月

2 月 10 日　烟台分关执行对外贸易部海关总署公布的《关于对资本主义国家进出口货物确立以进出口许可证件为依据的实际监管制度》。

是月

◆山东省青岛航运公司烟台分公司成立，负责航政管理及船舶检验，业务属青岛航运公司领导。负责 80GT（总吨）以下木帆船的管理，（包括船舶登记、吨位丈量、检验、进出口签证及海上交通安全管理、海事处理等。）在册船舶 60 余艘。1955 年，改为山东省航运管理局青岛分局烟台办事处。

◆北洋区海运局烟台办事处合并于烟台港务分局。

4月

4月1日　中央人民政府革命军事委员会和政务院联合命令：昼夜开放上海、青岛、烟台三港口。

4月14日　军用莱山机场动工修建，翌年8月建成。

5月

5月5日　根据上级指示，自即日起海关供给制人员全部改为薪金制。

5月11日　烟台分关将货物检验工作移交烟台商检处。

6月

是月

◆蓝村至烟台铁路开工建设。

◆烟台港务分局航政科改为港务监督科，对外称中华人民共和国烟台港务监督，对进出口烟台港船舶行使航务行政管理，具体承担港务监督、引水、信号、救护、海事等职责和船舶登记、签证、船检、航道及航标管理等工作。有1艘仅载5-6人小巡逻艇，港监人员10余人。烟台船检为烟台港务监督一部分。

7月

7月1日　烟台外轮代理公司成立。

是月　烟台交通检疫所更名为中华人民共和国烟台检疫所。

9月

9月9日　根据交通部指示，烟台港内灯塔、浮标等均由中国人民解放军海军青岛基地司令部接管。

9月30日　青岛商品检验局烟台分处迁至烟台市十字街8号办公。

10月

10月1日　中华人民共和国海关使用新的关旗和关徽。

✦ 海关旗

是月　交通部颁布《船舶检验丈量费率标准》统一全国船检收费标准。

是年

▲烟台港工人庄惠君首议十字吊瓦法，减少货损，提高效率30%。

▲烟台港开始大规模挖泥，同时为适应机动渔船卸鱼、装水，在西南河口以西搭设钢引桥，安装2座6.1米×18.3米的钢制浮码头，与岸边的鱼市场、冰库、盐池相衔接，配套使用。至此，渔轮装卸即不再经过驳运。

▲烟台专署航运办事处龙口航运站在栾家口设办事组，管理蓬莱县各港口航运事务。同年，开始实行船只户籍簿、航行登记簿和船只进出港口报、结关制度。

▲龙口港经交通部批准为陆、海、江、河货物联运港口。山东省航运局青岛分局龙口航运站成立。

1954年

2月

2月27日　交通部海运管理总局批复将

烟台港西码头建设 /1954 年摄

烟台港开平码头移交海军使用。

6月

6 月 1 日　根据交通部指示，烟台港务分局接收原属邮电局的海岸电台，成立烟台港海岸电台。

6 月 14 日　烟台港西码头（现 18 号泊位）开工建设，11 月 15 日竣工。码头全长 129. 48 米，最大靠泊能力 7000 吨，顺岸重力式结构。自此，烟台港基本结束舢板驳运货物、旅客的装卸方式。

7月

7 月 13 日　交通部海运管理总局发出《为寄送海港区域划分原则希据此划出港区范围由》的通知，确定烟台港的港口性质为海口港。

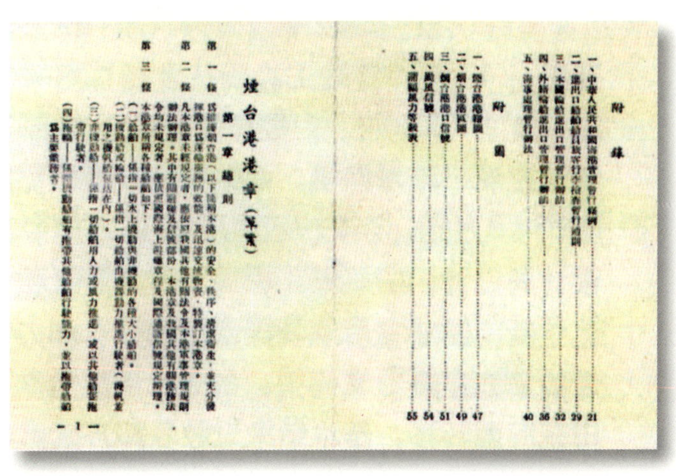

附录

一、中华人民共和国海港管理暂行条例……21
二、进出口船舶船员旅客行李检查暂行通则……29
三、本国轮船进出口管理暂行办法……32
四、外籍轮船进出口管理暂行办法……38
五、海事处理暂行办法……40

附图

一、烟台港港界图……47
二、烟台港港区图……49
三、烟台港港口信号……51
四、台风信号……54
五、蒲福风力等级表……55

烟台港港章（草案）

第一章 总则

— 1 —

《烟台港港章》

9月

9 月 7 日　黄县人民政府批准龙口港海、陆域界线。

10月

是月　烟台汽车站与烟台港务分局互相代售客票。

11月

是月　撤销中华人民共和国烟台检疫所建制，改组为中华人民共和国青岛检疫所烟台检疫站，由青岛检疫所领导。邢万茂任站长。本年迁至海岸街 19 号办公。

12月

12 月 16 日　烟台市政府批复同意烟台港务分局关于烟台港港界划分意见，此批复为制定《烟台港章》港界范围提供依据。

是年

▲龙口港设立客运站机构及旅客候船室。

▲渔船始配收音机，收听天气预报。

▲旅客在烟台港下船可直接于码头搭乘汽车，时称“水陆连接运输”。

1955年

3月

3 月 1 日　国务院命令从即日起发行新人民币，收回旧币，海关税收以新人民币计算，新币 1 元等于旧币 1 万元。

5月

5 月 1 日　《烟台港港章》经交通部批准施行，对烟台港港界、泊区、船舶进出港、港内航行、停泊、移泊、货物装卸、危险物品载运装卸，港内建筑及航道保护、防火措施、台风信号及防风措施、安全秩序、清洁卫生等作出明确规定。

5月16日　烟台港引进汽车式轮胎吊1台，铲车4台。

✦ 烟台商检处/1953年至1987年间摄

9月

是月　“青岛商品检验局烟台分处”更名“青岛商品检验局烟台商品检验处”（简称烟台商检处，烟台市十字街8号）。薛士贤、王田礼、秘际贵、邹本玺先后任主任。

10月

是月

✦ 杨丕芝工作照

◆烟台港潜水员杨丕芝创造水下浇筑水泥新方法，以铁桶代替过去的布包，节省水下作业人员3人，而且质量可靠，（过去水下打桩为4人）年终评为港务局先进生产者。1956年，出席全国群英会，被国务院授予“全国先进生产者”称号。

◆烟台港建设西码头仓库，1956年4月中旬竣工，仓库系单层双跨木桩基砖木结构，面积2970平方米，耗资16.9万元。

是年

▲掖县黑港口成立木帆船运输合作社，有船6艘，20世纪80年代增加钢质船舶10艘，种类有钢质拖轮、钢质驳船等，其他船只400余艘。

▲烟台港务分局司机牟维帮发明“吊杆定位制止器”。

✦ 烟台港自制的电瓶车/20世纪50年代摄

1956年

1月

1月1日　蓝烟铁路建成通车（蓝村至烟台），全长183公里，与胶济铁路相交于蓝村（后与桃威铁路相交于桃村）。始建于1952年8月，由铁道部设计局第二勘测总队负责勘测设计，修建初期由铁道部第五工程局负责工程施工。1954年10月，铁道部第五工程局解散，由济南铁路局基建处负责工程施工。蓝烟铁路全线共完成土石方工程766.3万立方米，正线铺轨183.696公里，站线铺轨29.570公里，建桥126座，涵渠121座，全线实际投资6637.82万元。蓝烟铁路通车后，烟台港经济腹地逐渐扩大，其时烟台港主要辟有至大连、天津、上海、龙口、威海、青岛、连云港、秦皇岛等地的航线。

1月24日　烟台木帆船运输合作社组成（俗称木帆社，址会东街）。隶属青岛航运分局烟台办事处，有帆船36艘835吨位，大者载货75吨，小者5吨。1958年购置50马力木质拖轮1艘，木帆社始有机动船。当年港、航合并，木帆社随“办事处”划归烟台港务局，1961年港、航分设，木帆社转归烟台市交通局，1971年更名烟台市航运公司，1984年改称烟台市海运公司（址芝罘区北马路4号）。

春　龙口港工人自己动手在踏步码头北侧、北堤坝西部建成木质栈桥码头一座，长8.67米，宽4.5米，海底至码头面高5.65米。本年冬季毁于移冰。

5月

是月　烟台港潜水员杨丕芝出席交通部、全国群英会，受到毛泽东主席接见。

6月

是月

◆根据上级指示，港口开展“肃反”（肃清反革命分子）运动。

◆掖县海庙口归山东省交通厅青岛海运局管理，称山东省交通厅青岛海运局海庙港，下设虎头崖、黑港口、石虎嘴3个站，共计214人。1958年1月，海庙港及各站装卸工人组成搬运装卸合作社。

8月

8月1日　交通部船舶登记局成立后，在烟台港务监督内设烟台港验船组（址北马路23号烟台港务局老办公楼1楼），受中华人民共和国船舶登记局青岛办事处和烟台港务局双重领导，技术业务由青岛办事处指导，隶属中华人民共和国烟台港务监督，设一名专职验船师。

8月25日　崆峒岛灯塔增设气雾号设备1套，60匹马力柴油机2部，各带1部6立方米空气压缩机。1978年，换装2部6135柴油机并2部9立方米空气压缩机。1980年，更换雾号设备，改为QW1型活塞式雾号，听程4海里（始建年份不详，但早期雾号1929年撤销，更换新式7寸气压雾笛，该雾笛使用“葛德额”设有引擎三具策动，最远听程32海里，时为中国最大雾笛。解放战争期间，该雾笛亦遭破坏）。

✦ 崆峒岛雾号 /2003年摄

9月

9月10日　交通部批复龙口港务办事处关于海、陆域港界的报告。

10月

是月　蓬莱水城小海清淤工程动工，投资51878.92元，挖土方15523立方米。

11月

11月22日　交通部批复调整烟台港商、渔作业区范围，改变装卸混杂作业局面。原则以西南河口为界，即河东为渔业作业区，河西为商业作业区。此原则并非截然分家，港航监督部门仍可根据需要灵活调整靠泊区域，实行统一管理。

✦ 烟台港客运浮码头 /1956年摄

11月30日　烟台港专用客运浮码头建成，（原位于现K4泊位）系2艘趸船串联顺岸安装而成。

12月

12月7日　“民主1号”客轮靠泊烟台港客运浮码头（3000吨以下级）。

是年

▲烟台市人民委员会交通科建立。

▲蓬莱港由蓬莱水城移至蓬莱田横山西侧，重新建设蓬莱港，时称青岛海运局蓬莱港，1966年改称山东省交通厅航运管理局蓬莱港务办事处。

1981 年 8 月改属山东省交通厅海运局，称山东省交通厅蓬莱港，1985 年更名山东省蓬莱港办事处，机构设置简单，人员 10 余人。

▲青岛航运局在栾家口设站，下设水城、刘家旺代办站，租用长岛驻军的“大安”和“万通”等小型货轮载客，年客运量 5 万人次。年货物吞吐量 4 万吨。1960 年，栾家口（今栾家口渔港）、刘家旺等港停办货运。

✦ 栾家口渔港 /2011 年摄

▲龙口港根据上级指示进行工资制度改革，取消工资分制。

▲重建镆铘岛灯塔工程竣工，红白相间横纹圆形石塔，灯高 29 米，射程 15 海里，1994 年综合改造后又多次设备升级。（位于山东半岛东部荣成市东南角镆铘岛镇。1883 年始建，初为圆柱形铸铁塔身，1909 年改装煤油蒸汽灯头，1950 年在原位重建高 14 米灰色铁架，射程 14 海里。）

✦ 镆铘岛灯塔 /2005 年摄

1957 年

2 月

2 月 21 日　国务院批准沿海 18 个港口准许外国籍船舶进出，烟台港在列。中华人民共和国成立初期，烟台港同苏联、波兰、荷兰、英国、比利时、日本、西德、意大利、朝鲜、北非、丹麦、希腊、罗马尼亚等国辟有航线。

7 月

7 月 9 日　龙口港根据上级部署开展“反右整风”运动，运动中出现扩大化错误，1979 年予以纠正，1984 年处理历史遗留问题。

8 月

8 月 9 日　龙口港务监督对外启用“中华人民共和国龙口港务监督”印章，开始船检业务。1961 年 12 月改称山东省交通厅海运局龙口港航监督，1963 年更名山东省青岛港航监督龙口办事处，至 1980 年代之前，龙口、蓬莱、长岛、招远、莱州等地船检均由龙口港务监督负责，在册船舶 70 余艘。

10 月

10 月 25 日

●“红旗 3 号”客轮自蓬莱首航长山岛，定员 102 人，每日 1 班。

●成立山东省交通厅青岛海运局蓬莱港驻长岛航运组，派船进岛营运，开辟蓬莱—南长山岛—北长山岛—砣矶岛—大钦岛—北隍城岛客运航线，1958 年 4 月 23 日又开辟南长山岛—庙岛—小黑山岛—大黑山岛航线。

●“鲁航 145 号”和“鲁民 6 号”客轮始航蓬莱—长岛，为每日班轮。

是月　交通部电讯局批准龙口港开通海岸无线航务电台，呼号为 XSS。

12月

12 月 10 日　国家首次投资在原龙口码头北侧修建一座混凝土方块重力式岸壁码头，（俗称机帆岸壁）长 60 米，宽 20.6 米，水深 2.45 米，可停靠 300 吨级蒸汽机船或 500 吨级驳船 2 艘。

是年

▲烟台港西防波堤外侧开始展宽 100 米，（逐年进行）增加货场。

▲掖县虎头崖村东北 1.5 公里处建引堤码头 1 座，100 吨以下泊位 1 个，称虎头崖新港。1958 年虎头崖港下放掖县交通科管理，共有船工 93 人，舢板 14 只，25 吨至 30 吨驳船 6 只，60 马力拖轮 1 艘，年吞吐量 5 万余吨。出口盐、滑石、大白粉等。

1958年

3月

是月　青岛海运局调驳船 23 只约 200 吨位、拖轮 1 艘、登陆艇 2 艘、装卸工 138 人加强掖县海庙等 4 港口海运，掖县组织煤建公司、水产部门及渔船参与货运和驳运。

4月

是月　蓬莱县船舶制造修配厂在蓬莱阁东海滨投产，全民所有制企业，从事小型木船修造，翌年迁址蓬莱阁西海港南岸。1960 年开始维修 500 吨渔轮，1964 年开始生产 20 马力机帆船，1965 年为省海运队设计建造水产收购船“鲁水 7 号”，1968 年 4 月改称蓬莱县造船厂，1998 年 4 月改制，蓬莱市冶金矿山设备厂、蓬莱市造船服务中心并入，组建为蓬莱市渤海造船有限公司。开发 2 万吨级以下工程船舶、特种船舶、化学品运输船 / 成品油船等高附加值产品，客户覆盖国内沿海各大港口及日本、伊拉克、约旦、新加坡、德国、意大利、美国、芬兰、比利时、香港等 10 多个国家和地区。2003 年 12 月，该公司整体搬迁至西城临港工业区海滨路 1 号（栾家口村东北海滨），厂区占地约 33 公顷，2005 年员工 181 人，有 240 米 ×29 米万吨级船台 2 座、120 米长千吨级船台 3 座、舾装码头 350 米、200 吨龙门吊 1 座、16 吨以下龙门吊 6 座、444 米 ×58 米（承载量 5000 吨以上，顶端水深 10.2 米）滑（坞）道 3 条，生产的全回转拖轮和各种工程船舶主销日本、伊拉克、印度尼西亚、巴基斯坦、新加坡等国家，部分销往国内。

5月

5 月 23 日　中华人民共和国青岛卫生检疫所烟台检疫站改为中华人民共和国烟台卫生检疫所（简称烟台卫生检疫所），由烟台市地方卫生行政部门管理。11 月，邢万茂任烟台卫生检疫所副所长，主持工作。

5 月 31 日　交通部航务工程局批准烟台港新建客运站工程技术设计，同意施工。客运站为烟台港务分局首次完成的大工程项目设计，6 月底客运站工程动工，10 月因支援钢铁任务，材料被调用，工程被迫中断，1959 年 10 月复工。

是月

◆蓬莱港于田横山西侧动工兴建，1964 年 8 月渔业码头竣工，1966 年 1 月客货码头竣工。

◆中华人民共和国青岛卫生检疫所烟台检疫站改为中华人民共和国烟台卫生检疫所（简称烟台卫生检疫所），由烟台市地方卫生行政部门管理。11 月邢万茂任烟台卫生检疫所副所长，主持工作。

6月

6 月 17 日　中共中央批转交通、铁道等四部门关于体制下放的报告，决定将沿海港口下放地方。

8月

8 月 1 日　中华人民共和国船舶登记局改称中华人民共和国船舶检验局，简称 ZC。1964 年，

对烟台市木帆船运输合作社修船车间建造的木质机动货船“烟社 117”轮（80 载重吨，60 马力）进行建造检验。钢质海船建造检验始于 1969 年 9 月，对烟台市木帆船运输合作社修船车间为威海港务局建造的 2 艘 60 吨甲板驳船进行建造检验。钢质机动海船建造检验始于 1974 年 9 月，对烟台市航运公司船厂（原烟台市木帆船运输合作社修船车间）建造的货船“烟海 13”轮（200 载重吨，200 马力）进行建造检验。

是月　烟台港西码头修铁路专用线，全长 1097 米，其中装卸线 744 米。

✦ 烟台港西码头铁路线施工 /1958 年摄

✦ 铁路线引入烟台港 /1958 年摄

9月

9 月 21 日　交通部批准龙口港建设的一座重力式方块岸壁码头（称客货码头）破土动工，山东省交通厅投资 150 万元，工程总造价 274.5 万元。翌年 11 月 15 日竣工，12 月 31 日交付使用。码头总长度 199.7 米，宽 70 米，（含货场）水深 5.70 米。可停靠 2 艘 3000 吨级乙型客货轮。

10月

10 月 1 日　根据山东省交通厅关于沿海港口体制下放方案的规定，烟台港务分局与烟台航运办事处合并，龙口港务办事处与龙口航运站合并。

11月

11 月 6 日　烟台港划归莱阳专员公署，龙口港等 9 个港口下放至所在县。

是年

▲按照国务院批准的“统一规划、统一制度、分工负责、自建自管”的原则，沿海航标分别由海军、交通、水产三部管理。

▲青岛海运局投资 73170 元，在原海庙口以西用木板筑起岸壁，建成沿岸式土木结构码头一座，供 20 吨至 30 吨木帆船停泊，改称海庙新港。

▲山东省航运管理局青岛分局烟台办事处的航政及船检业务移交烟台港务局港监科管理，1961 年 4 月港航分开，成立山东省交通厅海运局烟台办事处。

▲龙口港兴建中型泊位以后，开始培养第一代引航员。时仅有一名引航员，被引领的船舶仅限在 3000 吨级以下，到 20 世纪 70 年代初期培养五名引航员，1984 年交通部委托青岛港务监督为龙口港考取八名引航员（1 级 1 名、2 级 3 名、3 级 2 名、助理 2 名），1988 年 8 月引航工作从龙口港务监督分出，成立引航科，归属龙口港务局。

▲蓬莱市渤海造船有限公司始建。（位于蓬莱市北沟镇西城临港海滨路 1 号，与栾家口港区

毗邻。)厂区占地500余亩，建筑面积26000平方米，设有20000吨级机械式船台3座，1500吨级水平船台1座，船台起重能力200吨，260米岸舾装码头2座。2001年通过挪威船级社ISO 9001质量体系认证，2003年取得自营进出口资格，是生产工艺流程按壳舾涂一体化生产，设计、生产一体化运行的船舶总装厂。制造的6500马力多用途海洋工作船已交付中国海洋石油总公司使用，开发的8000吨多用途船、11000吨化学品船、600箱集装箱船、70000桶沥青驳船、浮船坞等陆续交付德国、英国、新加坡、加拿大、美国等船东营运。

▲牟平养马岛人民公社组成一个摆渡队（属社办），舢板9只，渡工11人，设队长、会计各一人，驳运庙港与盐滩两岸间客货，日客流量100-300人次，票价5分。1965年改舢板为20马力机船2艘渡客，1978年，养马岛修通连陆海堤公路跨海大坝（长2.445公里），渡口告废。

▲重建猴矶岛雾号。［岛上最早雾号1928年建，当时东北海军（奉系）第二舰队进驻长山岛，海军司令沈鸿烈岛上安装雾号，后在战争中被毁。1956年，建成雾号房。］

1959年

2月

2月2日　交通部属烟台港务分局下放，归属烟台专署领导，易名为“山东省烟台专员公署海运局”。

3月

3月1日　烟台分关执行交通部、对外贸易部发布的《海关对国际航行船舶和所载货物的监管办法》。

5月

5月1日　修订后的海、河港口费收办法公布执行。

是月　“红旗8号”客轮投入蓬莱至长山岛航线营运，定员80人，每日1班。

7月

是月　青岛区港务管理局决定将龙口港海上所有助航标志连同管理人员全部交给龙口港务办事处管理。

10月

10月1日　龙口港务办事处划归蓬莱县领导，改称蓬莱县龙口港。

是月

◆龙口发生大海潮，港内水深齐腰，附近千余亩农田被淹。

◆烟台市海运公司“烟社111”号帆船由长岛载石子，行至大竹山遇风浪触礁，后被风浪冲到岸边。

12月

12月9日　交通部《关于海港引航工作的规定》颁布实施。

是年

▲烟台边防检查站集体转业，改归中国人民武装警察。

▲龙口港自建木质栈桥式码头2座，总长14.3米，称为土码头或帆船码头。将一条驳船上的2台汽力吊车拆装在岸壁码头和踏步码头前沿，作为固定式岸壁吊车用于装卸生产，龙口港自此始有岸吊。

▲烟台港年货物吞吐量达到119万吨。

1960年

1月

是月　掖县虎头崖、石虎嘴、黑港口港下放掖县交通局管理，共有船工93人，舢板14只，25吨—30吨驳船6只，60马力拖轮1艘。至年末，掖县属公社、大队机帆船34艘476个吨位，木帆船703只12319个吨位。本年，黑港口闭港停止货运作业，变为渔港。

春　南、北长山两岛间筑成连岛海坝公路，长1.5公里。

4月

是月　山东省交通厅航政处改为航运处，沿海中小港口管理权上收，统一由青岛海运局代省管理。

10月

是月　烟台港客运站建成使用，建筑面积3301平方米。

✦ 烟台港客运站 /1960年摄

11月

11月15日　国务院批准各地海关体制下放，精简人员。海关体制下放后，受地方党政和外贸部双重领导，块块为主，条条为辅。

✦ 长岛县南北长山岛间连岛海坝公路 /1990年摄

12月

是月　龙口港为“和平18”号轮装黄沙3000吨，舱时量达到178吨，工班效率63吨，船舶在港停泊仅9.08小时，受到上海海运局表扬。

是年

▲荣成县俚岛首通客班轮。“鲁民1号、鲁民2号”两轮对开青岛—石岛—俚岛—威海—烟台海运航线。至1964年，停航。

▲长岛县修船厂建厂，时有坞道1条，系用驻军支援的7号小道钢铺成，有台钳1部、大锤1把和风箱1个，职工21人，以维修木帆船为主。1966年开始建造14.72千瓦木质渔船，1973年转为全民所有制企业，1983年，设计制造33.12千瓦钢壳渔船，到1985年，职工175人，共建造机动渔船68只。

1961年

1月

1月1日

●烟台港直属交通部，业务仍由青岛港代管，原“烟台专署海运局”更名“烟台港务管理局”。

●掖县交通局移交海庙港及虎头崖、黑港口、石虎嘴各站归山东省交通厅青岛海运局管理。

1月17日　烟台分关执行山东省转发国务院《关于华侨和港澳同胞进口粮、副食品问题的请示》的批复。

2月

是月　根据省交通厅《关于改进地方海、河水运管理体制的通知》，龙口港收归省属，更名为山东省交通厅海运局龙口港。

春　龙口港从威海船厂接来起重负荷1吨的少先吊1台，安装在客货码头（5号泊位）东端，此为龙口港的第一台电吊，后来该吊被安装在一部旧汽车上，成为第一台流动吊车。

7月

是月　烟台港西股铁路专用线建成，长492.9米。

8月

8月10日　交通部批准烟台港建设2个客运泊位的设计任务书。

10月

10月9日　国务院通知：烟台港不继续对外开放，出口商品转由青岛港外运。为照顾对外贸易，在个别情况下，遇有特殊需要时，经国防部批准，可允许个别国家商船进入该港。

12月

是月　上海打捞工程局在沿海设立北洋救助工区、上海救助工区、南洋救助站3个救助点，救捞业重点开始转向海洋。北洋救助工区（设在烟台）负责鸭绿江口至江苏连云港沿海海区救助任务。

是年

▲烟台港务管理局精简职工504人。

▲烟台海关征收关税176940元，监管进出口货物0.4万吨。

1962年

2月

是月　龙口港精简下放职工178人（含自然减员）。

7月

7月1日　烟台市公共汽车公司成立，营运线路5条。

7月3日　鉴于国务院命令烟台港不再对外开放，外贸部决定撤销青岛海关所属烟台分关。

10月

是月

◆山东省交通厅海运局决定撤销海庙港机构，海庙港业务并归龙口港。

◆烟台分关闭关，业务由青岛海关办理。

是年

▲烟台港务管理局在1957年展宽西防波堤的基础上，继续向北延伸，本年扩填场地4500平方米。

▲烟台港务管理局精简职工296人。

▲烟台港年旅客发送量达到141.7万人次。

▲烟台市海运公司“烟社127”号帆船由蓬莱至长岛，遇风沉没。

1963年

5月

5月2日　烟台分关档案全部移交烟台市档案馆，共2569卷。其中，东海关档案2382卷（1862年—1949年），全为永久档案，烟台海关档案187卷（1949年—1962年），永久档案

113 卷，长期档案 74 卷。

5 月 18 日　烟台港西股铁路延长线竣工，长 296 米，25 日验收合格（西股铁路总长 789 米）。

11 月

11 月 22 日　龙口港完成港池、航道拓宽浚深，港池水深 5.20 米。

12 月

12 月 14 日　10 时，引航员王少清引领 3000 吨级“和平 17”货船安全靠泊龙口港客货码头。时港池水深 6.82 米，航道全长 4300 米，底宽 60 米，水深 6.2 米。

12 月 25 日　济南军区印发《驻烟台铁路、航务军事代表办事处改组事》的通知，军区驻烟台铁路航务军代处改组两个代表室，即济南军区驻烟台车站军事代表室、济南军区驻烟台港军事代表室，1964 年 1 月 1 日起办公。

是月　龙口港完成航道工程拓宽浚深，3000 吨乙型客货轮可直接进港靠泊码头，港口装卸作业不再以过驳倒载为主。

是年　烟台卫生检疫所并入烟台专区卫生防疫站合署办公，对内称烟台专区卫生防疫站交通检疫科。

1964 年

1 月

1 月 1 日　8 时，“民主 8 号”客轮直靠龙口港新建码头上下旅客。

是月　驻岛职工开始享受驻岛津贴。长岛县北五岛每人月 5 元，南五岛 3.5 元。

3 月

是月　山东省交通厅海运局通知恢复开辟小港口，决定虎头崖、黑港口由龙口港领导。成立龙口港虎头崖站、黑港口站。

5 月

5 月 1 日　客班汽车每日环行南北长山两岛，为全市海岛内通客班车之始。

7 月

7 月 16 日　烟台港客运码头 3 号泊位建成。（现 19 号泊位）该工程始于上年 4 月，泊位长 112.4 米，靠泊能力

✦ 烟台港客运码头 3 号泊位建设中 /1964 年摄

3000吨，顺岸重力式结构。

11月

11月7日　烟台港务管理局审定164种操作工艺并汇编成册。

是年

▲青岛船检烟台验船组首次对船舶进行制造检验。

▲蓬莱港250吨级以下船舶可以靠岸卸货。登州港货运停办。

1965年

6月

是月　烟台港客运码头2号泊位建成投产（现K5泊位）。该工程始于1964年4月，泊位长112.4米，靠泊能力3000吨，顺岸重力式结构。

7月

是月　长岛县砣矶镇建修船厂，主要维修183.75千瓦以下船只和渔、养业用的小型机械设备，并能设计制造小型机帆船。

秋　烟台市联合运输办公室成立（时称“联办”）。由烟台港、烟台火车站、烟台海运分局、烟台汽运公司，烟台市交通局5家联合组成，共70余人，下设营业、调度、财务、“客联组”四个部室，货主托运统由其办理手续，各单位分别理账。翌年各县相继成立“联办”。

是年

▲烟台木帆船合作社自行改装制成机帆船。（40马力）

▲龙口港试行亦工亦农用工制度。

▲外遮岛灯塔始建（进出俚岛港重要航标）。圆柱形石砌结构塔身，外层粉刷白色涂料，前身为灯桩，2001年9月俚岛港务局移交烟台航标处管理，9月10日加装ML—300型灯器，由于岛上无市电，暂用PS—1000电池供电。重新铺设避雷接地装置，塔身粉刷涂料。2003年8月6日，原灯桩拆除。

1966年

2月

2月15日　交通部北方区海运局批准烟台港

✦ 外遮岛灯塔/2006年摄

✦ 烟台港客运码头2号泊位建设中/1964年摄

东防波堤修复方案，当年由交通部第一航务工程局二处施工。维修采用“补破衣服”的办法，逐年修复，1972年因无施工力量停工。

5月

5月26日　蓬莱港客货码头动工兴建，1967年1月20日竣工，形成军、商、渔合一的综合性港口，水域面积1.2平方公里，水深2.8—5.6米，陆域面积30500平方米。

8月

8月25日　交通部北方区海运局批准，烟台港公安分局成立（科级，内设办公室、政保股、保卫股、治安股）。

10月

是月

◆烟台市联运办公室成立。开展客、货联运业务，并主管港、站疏运。

◆长岛县大黑山乡建联合厂，初期主要维修本岛的渔农工具，到1985年共制造小型机帆船13只。

是年

▲烟台边防检查站撤销，芝罘岛公安哨所代行边防检查任务。

▲南长山岛至蓬莱航线“鲁航145号”“鲁民6号”客船更换为“红旗4号（130客位）”“鲁民8号（统舱，定员308人）”客船，1978年更换为“鲁民3号（310客位）”“鲁民9号（200客位）”，1985年又增加“鲁拖4号（统舱，定员130人）”，班期为每日两班，1985年6月增至四班，南长山岛至大黑山岛、北五岛分别为隔日班船。

▲龙口港在矿建码头（4号泊位）货场南端打水井1眼，建成容量30吨水塔1座。

1967年

1月

是月　龙口港群众造反组织联合夺权，成立“龙口港总部”。

3月

是月　烟台港客运候船大厅（下层为仓库）及架空长廊工程开工。

6月

6月22日　烟台港务管理局向北方区海运局建议恢复烟台港对外开放，烟台地区革命委员会、烟台外贸单位同意烟台港恢复对外开放。

10月

是月　烟（台）潍（坊）公路黄县段铺设20公里沥青路面。

是年　蓬莱港增建码头长82米，250吨级泊位2个，安装第一台固定式转盘吊车，起重能力1吨。1986年货运开始采用集装箱运输，1987年主要货运航线有蓬莱至塘沽、丹东、营口、大连、旅顺、温州、黄埔、汕头、汕尾、新惠、海南及省内诸港，年货物吞吐量30万吨。

1968年

1月

是月　龙口港成立革命委员会。

3月

3月30日　山东省革命委员会批准“烟台港革命委员会”成立。

3月31日　中国人民解放军总参谋部批准烟台港实行单航次对外开放。

是月　国家投资220万元兴建龙口渔港，1970年7月竣工。1984年，山东省水产局投资110万元改建，可靠泊5000吨级以下船舶。1994年经农业部批准，先后投资7800万元扩建，1997年8月，在龙口渔港南250米处建成东西走向长140米，前沿水深10米码头。2006年，该码头出售给中海石油（龙口）基地物流有限公司，改造后成为油、货两用码头。

4月

是月　龙口港在客货码头货场南侧建木质栈桥（木台）码头3座，总长30米，称南码头，专供渔船卸鱼和帆船装卸散盐，该码头毁于1972年3号台风。

7月

7月5日　烟台港首次停泊万吨级轮船“宏城”号。

是年　莱阳地震台建立（址莱阳农学院内，中国科学院地球物理所帮助选建）。1970年7月改名烟台地区地震工作综合台，1972年6月17日迁烟台现址（原址保留莱阳地震台），1973年12月开始测震观测，1985年1月改建烟台地震监测中心台，1997年5月烟台市地震局成立。

1969年

2月

2月15日　山东省交通厅海运局龙口港改称青岛海运局龙口港。

是月　渤海湾流冰，堵塞长岛航道。蓬莱至长岛（南五岛）间海面冰封月余，海上交通断绝。

3月

3月8日　下午4时，索马里籍“猛龙”轮在烟台港2号泊位撞坏中国“战斗70”轮，赔偿损失9.6万元。

7月

7月18日　渤海湾发生7.4级地震，波及全区15个县市，其中黄县、掖县、蓬莱、长岛有损失。本月因派性斗争，龙口港陷于混乱，停工停产1个多月。

8月

8月11日　龙口港实行军事管制，恢复港口生产。祝广东任军管组组长。

12月

是月　烟台市革命委员会指挥部批准，幸福公社，幸福大队在芝罘岛南侧修建小型修船厂，属大队集体所有制。1970年9月建成3轨滑道，配拉船机1套，10月开始投产修船（年底改为社办企业）。

1970年

2月

是月　按上级部署，港口开展“一打三反”（打击现行反革命分子，反贪污盗窃、反铺张浪费、反投机倒把）运动。

5月

是月　烟台市交通局汽修厂试制成简易三轮机动车（因形似辫子鱼，俗称“摆拉甲”，单缸195型柴油发动机，额定载重1.5吨）。推广至搬运社制造300辆，用于货物运输，烟台搬运工人装运货物籍此解脱人力板车劳累，该车型至1981年淘汰。

简易三轮机动车 /1981 年摄

8月

8月29日　烟台港船队铺设北码头至东防波堤海底电缆成功。

9月

是月　长岛县北长山乡建修配厂，主要制造维修木、铁质小农具和维修制造小型机帆船。

12月

是月　烟台港客运候船大厅及架空长廊建成使用，候船大厅分上下两层，面积各为3005.6平方米（上层候船厅，下层仓库）。

是年

▲烟台市航运公司组建烟台航运公司船厂，资金不足一度停建，1980年基本完工，主要维修本公司船只，新造方驳2艘、货船2艘。

▲龙口港建成候工住宿职工宿舍楼，2层80个房间，建筑面积2214.64平方米，1969年7月建。

▲长岛县南长山公社建修配厂，1977年改称长岛县交通局船厂，以维修为主、维修制造相结合，除维修183.75千瓦以下各种船只外，还制造150吨级以下的运输船。

1971年

3月

3月6日　经中共黄县革命委员会核心领导小组批准，成立中共青岛海运局龙口港委员会。

3月下旬　砣矶公社井口大队“长渔7号”船员冒着海上11级大风抢救辽宁省16名渔民，山东省革命委员会和山东省军区给予记集体一等功。

6月

是月　烟台港务局购进第一艘294千瓦（400马力）柴油机拖轮。

8月

8月4日　中共烟台港务局委员会处理“四清”（清工分，清账目，清仓库，清财物）

烟台港客运候船大厅及架空长廊 /1970 年摄

运动遗留问题。

8月11日　山东省革命委员会交通邮政局批复投资扩建龙口港，2个3000吨级的重力式岸壁中型泊位开工建设，翌年10月25日竣工，总长207.9米。

12月

12月21日　龙口港军事管制小组撤销，随之充实调整革命委员会，成立“山东省交通邮政局青岛海运局龙口港革命委员会”。

12月23日　龙口港客运站建成，面积1793平方米，本年5月始建。

1972年

1月

是月　海阳县凤城渔用码头始建。（1972年前无人工码头。1947年12月，国民党整编五十四师阙汉骞率部逃窜，掠夺居民门板、树木，搭桥登船。）1973年可停靠机帆船，至1979年投资80万元，建成防浪坝480米，可停20马力—200马力渔船。

7月

7月26日至27日　台风过境，损失渔船118只，10名渔民罹难。龙口港海水倒灌，码头盐垛溶化千余吨，打湿小麦4000余包，沉船1艘。

是月　为方便各地渔船“大战渤海湾”捕捞对虾，由山东省农业局、交通局批准，在屺岈岛原灯塔正南5米处，重建灯塔1座，灯高57米，射程为18海里。10月，架设高压输电线路9.3公里，安装变压器1台，开始用电灯发光。

是年

▲青岛海运局万吨轮“东风55”号首航龙口港。成为靠泊龙口港第一艘万吨级货轮。

▲经山东省交通厅批准，掖县交通局在原海庙口西南3华里处筹建海庙新港。1978年成立掖县海庙建港指挥部，1983年建成500吨级杂货码头2个，岸线长度102米，水深4米，引堤1680米，货场面积7200平方米。

▲三山岛港开始码头建设，时为渔商混杂港。

▲恢复中华人民共和国烟台卫生检疫所建制，编制7人，隶属烟台地区卫生局。

▲烟台港务监督与船舶队共处，引水员一名，学习引水员一名。

▲招远界河公社在辛庄海边成立沙场，始有船只经营海沙运输业务。20世纪80年代中期，年运输海沙20万吨左右，当时招远水上运输管理机构是山东省水上运输管理处龙口港管理站辛庄分站，隶属龙口港务局，办公地点设在辛庄镇沙场。

▲20世纪70年代初，载重5000吨级、1500个客位的“天山”“天华”轮替代“工农兵”轮往来烟台大连间。

1973年

3月

是月　龙口港机帆岸壁码头改建竣工，长152.7米。西部90米为2个500吨级泊位，东部62.7米为港作船泊位。1972年8月，开工改建。

4月

4月1日　“青岛商品检验局烟台商品检验处”更名“中华人民共和国青岛商品检验局烟台商品检验处”（烟台商检处）。

4月16日　国务院港口建设领导小组副组长谷牧等一行20余人到烟台，听取烟台地、市领导和烟台港务局对烟台港建设的意见。

6月

6月7日　国务院、中央军委批准烟台港恢复

对外开放。本年，烟台港务局引航员引领的第一艘船是中远轮“风光”号，1.6万吨级，吃水8.2米。

6月22日　山东省烟台地区烟台港口建设领导小组和山东省烟台地区烟台港口建设领导小组办公室成立。

7月

7月3日　烟台港报请有关部门，恢复烟台海岸电台开放国际通信业务。

是月　长岛县大钦岛乡建修船厂。以维修本乡大、小机帆船为主，并制造小型机帆船。

8月

8月5日　长岛县建港委员会开始筹建长岛商港，批准概算总投资180万元。

9月

9月12日　国家计委批准烟台港新建码头泊位计划任务书，同意烟台港新建2个深水杂货泊位。

是月　根据长岛县革命委员会决定，拆除庙岛“显应宫”。

10月

10月29日　山东省交通邮政局在龙口港召开全省海河港口装卸机械座谈会。

是月　交通部汽车运输总公司三分公司六队在龙口港设立临时基地，为天津建港集运黄沙。

11月

11月1日　经国务院批准，烟台分关重新复关，内设办公室、业务科，在编人员26人，隶属青岛海关和烟台地区外贸局双重领导。（办公地点滋大路6号，今海关街6号。）

12月

12月27日　烟台地区革命委员会生产部发出《关于调五百名民工参加烟台港口建设的通知》，自牟平调集150名、栖霞120名、招远110名、文登120名民工参加港口建设，使用期到1974年6月底，共计63000个劳动工日。

✦ 少年儿童参加港口建设 /1974 年摄

✦ 参加烟台港建设的女推土机手 /1974 年摄

是年

▲根据周恩来总理“三年改变港口面貌”的指示，开始建设客货班轮泊位，至1976年相继建深水泊位和中级泊位各3个。

▲铁道部大桥局参与烟台港建港工程建设。

▲烟台造船厂成立，在幸福修船厂基础上组建，1980年6月主要维修港口拖轮、海军小型运输船和附近渔船。

▲烟台港务监督成立监督组、引航组、船检组，1979年6月成立海务组和防污组。

▲20世纪70年代初，崆峒岛村置旧登陆艇1艘航驶烟台，每日8时离岛开往烟台港，16时离港返岛（夏季时有两次往返），票价3角。

1974年

1月

是月　为支援天津建港车队用地，省革委以〔74〕第2号文批拨土地约2.6公顷给龙口港使用。

4月

4月1日　长岛港动工兴建，1975年底码头主体完成，1976年10月15日竣工，总投资额240万元。码头引堤长230米，宽13米，主体码头长150米，水深4米，可同时停靠500吨级轮船3只。货场面积13800平方米，并建有工具库、供水房和零担房。1982年在货场建仓库500平方米，1985年港口吞吐量为16.4万吨。

4月9日　交通部批准烟台港新建中级码头改为1个深水码头，水深9.2米，码头长度150米。

5月

5月27日　山东省革委会、济南军区联合发文《关于贯彻国务院、中央军委〈关于成立海上安全指挥部的通知〉的通知》，在青岛成立山东省海上安全指挥部，并在烟台港务局设立烟台指挥分部。

7月

7月20日　交通部批准烟台港有线通信枢纽工程设计任务书，建设港口有线通信枢纽用房1200平方米，设置自动电话交换机300门。1975年7月12日，交通部批复自动电话交换机初装增至800门，终期1600门。

8月

8月23日　烟台地区革命委员会生产部自各县、工厂企业、农村抽调110辆汽车、500辆马车和部分帆船，参加烟台港码头后方回填建设。

✦建港马车回填土石/1974年摄

✦建港汽车回填土石/1974年摄

9月

9月9日　交通部批准"烟台港拖2"及"烟台港驳1"报废，至此烟台港再无蒸汽机拖轮。

9月26日　交通部批准烟台港新建第三个

深水泊位，长度由150米改为180米，码头前沿水深按9.2米设计。

是月　交通部征得山东省同意，筹建“交通部烟台海难救助打捞局”（办公地点临时设在烟台市滋大路18号），负责辽、冀、津、鲁四省市沿海及江苏省部分沿海海上救助打捞工作。

✦ 烟台港5号泊位前方仓库施工 /1975年摄

11月

11月1日　交通部批准烟台港建设3000吨级泊位3个及相应的配套库场等工程。

11月2日　交通部同意交通部天津航道局在烟台市（今芝罘区）建设1个航道工程基地“交通部天津航道局第二航道工程处”。1975年1月8日交通部天津航道局烟台基地筹建处成立，7月开工建设烟台基地，1976年3月22日交通部天津航道局第二航道工程处在天津塘沽挂牌成立，担负辽东半岛、山东、河北、天津沿海港口航道治理和工程，1978年6月28日由天津塘沽迁至烟台，“烟台基地筹建处”同时撤销，成立驻塘沽办事处。

12月

12月20日　中华人民共和国烟台动植物检疫所成立（简称烟台动植物检疫所）。徐元丰任副所长，主持工作。办公地点位于烟台市北马路27号。

12月26日　烟台港新建5号、6号深水泊位简易投产（现17号、16号泊位），其长度各为180.3米，结构为重力式（空心方块）。烟台港口始有万吨级深水泊位。

是年

▲烟台港务局引航员引领“赛波罗欧丽皮斯”号进出港，该轮3万吨级，长181米，吃水8.2米，是烟台港恢复对外开放后引领的第一艘万吨级外轮。

✦ 烟台港新建5号、6号深水泊位简易投产 /1974年摄

▲龙口港在机帆岸壁码头东南方30米处打深水井1眼，建容量60吨水塔1座，配28千瓦柴油抽水机1台，铺设至1号、2号、3号泊位地下水管。

▲小竹山灯塔在原铁架西约5米处重建高5米白色圆柱形石塔（位于长岛县小竹山岛上，1951年始建高7米灰色铁架结构灯桩）。1997年，换装灯器升级为灯塔。

小竹山灯塔/2005年摄

1975年

4月

是月　烟台港新建深水泊位配套的3台负荷为10吨的门式起重机安装完毕。

6月

6月1日　上海救捞局所属天津、烟台两救助站划归烟台打捞局，同日“烟救1”轮拖带“烟港7”号轮自烟台至上海，收入11232元。

11月

是月

◆牟平县围海造田指挥部修筑象岛连陆东长堤，1977年5月竣工。1979年10月，县建港指挥部停建东庙港码头（废弃），移至西庙港扩建码头。

◆龙口港建成变电所1座，两层楼面积154平方米，更新和配置整套变、发、供电设备。

12月

12月26日　烟台“三年改变港口面貌”庆祝大会在烟台港召开，烟台地委书记朱本正出席大会。

是月　烟台港新建7号深水泊位简易投产，（现15号泊位）长度为180.3米，结构为重力式（空心方块）。同月，5号泊位前方仓库竣工（现171库）。

是年

▲烟台港建成万吨级深水泊位3个，投资7000万元。

▲中华人民共和国烟台边防检查站在芝罘岛哨所基础上重新组建(以下简称烟台边防检查站)。1980年隶属山东省人民边防警察总队，1983年隶属山东省武警总队，1986年隶属武警山东边防总队。1994年8月，烟台—韩国客货航线开通，开始执行定期国际班轮航线旅客检查任务。

▲山东省青岛港航监督烟台办事处成立，负责航政及船检等工作，业务以省交通厅港航管理局为主，以省海运局为辅，财、物归烟台海运分局。

烟台“三年改变港口面貌”庆祝大会会场/1975年摄

20世纪70年代末80年代初，地方船舶结构发生很大变化，木质机帆船逐步被钢质船舶所取代，载重吨位基本在100吨至1000吨之间，检验人员由1人兼职变为1人专职。

▲烟台商检处检验发现在烟台港卸货的希腊籍“延尼斯”轮所载漂白纸浆和本色纸浆包湿损发霉，出证索赔。

▲长岛县南隍城乡建修船厂（原为村办工厂，1985年改为乡办工厂）。以维修小机帆船为主。长岛县另有村办修船厂10处：砣矶镇后口村修船厂，建于1971年；砣矶镇磨石嘴村修船厂，建于1972年；砣矶镇北村修船厂，建于1973年；砣矶镇井口村修船厂，建于1977年；砣矶镇吕山口村修船厂，建于1979年；砣矶镇西村修船厂，建于1979年；砣矶镇东山村修船厂，建于1984年。钦岛乡东村修船厂，建于1979年；北隍城乡山前村修船厂，建于1983年；北隍城乡山后村修船厂，建于1973年（原属社办厂，1985年改为村办）。这些船厂均以维修本村的渔船为主，有的还能制造小型木壳机帆船。

旗杆咀灯塔/2004年摄

1976年

1月

1月15日　烟台海港职工医院建成。

3月

3月3日　龙口港年输沙能力120万吨坑道输沙机械化作业线开工建设，1979年11月3日竣工投产，总投资1017827.28元，实际输送效率每小时1000吨。

5月

5月30日　龙口港石油、煤炭码头建成，总长367.56米。其中，1000吨级泊位2个，长105.74米，水深4米；5000吨级泊位2个，长261.82米，水深7.5米。码头主体工程1975年3月1日开工，工程总造价375.40万元。

6月

是月　长岛县运输公司成立，有货船6只，总载重量160吨。1979年年底改为县交通局船队，1981年1月更名长岛县海运公司，1985年有职工130人，运输船8只。

7月

7月27日　船检青岛办事处发文，将烟台港验船组改为烟台验船组。本年船检局青岛办事处和烟台验船组在烟台造船厂共同进行“胜利1号”座底式钻井平台建造检验，该平台由天津大学水利系与胜利油田钻井院共同设计，经中国船级社青岛分社审图批准，是中国首制浅海座底式钻井平台，1978年11月1日该

平台建造完成投产。

7月28日　唐山地震，烟台地区派出67人医疗队，调集救灾物资运往灾区，并接受安排治疗伤员1000余人。

8月

是月　烟台动植物检疫所迁至烟台市青年路33号办公。徐元丰任所长。

10月

10月15日　长岛建成Y字形码头，长150米，500吨级客货混杂泊位3个，投资206万元。

11月

11月12日　《中华人民共和国交通部海港引航工作规定》开始实施，1959年交通部颁布实施的《关于海港引航工作的规定》废止。

12月

是月　烟台港7号泊位前方仓库竣工（现151库）。

是年

▲铁道部大桥局参与烟台港建港的施工队伍逐步撤回，以后几年的建港任务由烟台港务局自行承担。

▲山东省交通厅青岛海运局长岛港成立，1984年12月改为山东省长岛港务办事处。1976年长岛全县有货船8艘，总载重量205吨；1980年增至12艘，总载重量830吨；1985年有货船49艘，总功率6342千瓦，载重量4985吨，其中最大的船是海运公司当年购置的“神鹰号”，载重1450吨。

▲旗杆咀灯塔重建。砖砌白色圆柱形塔，高11米，换装500毫米透镜，由威海水警区航保科监造。2005年7月13日，将部分围墙加高，改装防盗门，实行无人值守。（位于威海船厂内土山上，1890年始建于刘公岛西端黄岛上，只偶尔点燃。1898年移现址重建，在抗日战争和解放战争期间又被毁，1951年重建铁架式灯桩，高6.9米。）

1977年

1月

是月　“北海救195”拖轮建造完工，总吨位914，曾用名“烟救9”，主机台数/功率2/970千瓦，拖力21.5吨，总长60.22米，型宽11.6米，型深5.7米，航速14节。

“北海救195”拖轮/1977年摄

3月

3月15日　蓬莱港长岛站移交长岛港。

4月

4月7日　烟台港成交通部直属企业（县团级）。

是月　长岛港挂牌，名称山东省革命委员会交通厅海运局长岛港，（股级）隶属青岛海运局，主要从事长岛至蓬莱、长岛至北五岛、长岛至西三岛之间海上车辆、旅客、货物运输代理服务及煤炭等散杂货物装卸业务。1977年8月长岛港工程通过验收，码头总长150米；1982年在货场建仓库500平方米；1985年8月从青岛海运局分出，改为山东省长岛港务办事处，1996年7月更名

长岛港务管理局（副处级）。1998年4月，长岛港隶属新成立的山东省航运集团主管，名称山东航运集团长岛港埠公司。

7月

是月

◆烟台造船厂开工制造浅海底座式石油钻井船“胜利1号”，翌年10月建成，1979年12月交付使用。

◆烟台港通讯大楼建设动工，翌年6月23日竣工使用。

9月

9月1日　烟台港海岸电台对外轮开放国际通讯业务。

✦ 烟台港通讯大楼 /1978 年摄

是月

◆海阳县凤城港动工兴建，总投资273万元。（1974年由天津大学、山东省交通厅会同海阳县交通局共同勘测、设计建港方案，1976年筹建。）海阳县委成立建港指挥部，县委副书记黄惠亭任总指挥，交通局长张瑞梁任副总指挥，1979年12月31日竣工，1980年投产使用。建有引堤1057米，码头150米，1000吨级泊位1个，长50米，500吨级泊位2个，长100米。设计年吞吐能力10万吨，码头货场面积8526平方米，理货室200平方米两层楼。共有装卸机械10台，后方铺建区面积15600平方米，有办公室、修理车间、宿舍等平房57间，面积962平方米。自然航道宽40米，水深4.4米。凤城港建成后，主要有海阳至山东沿海和海阳至大连、上海、浙江、福建、广东等航线。

◆青岛海运局革命委员会将龙口港Q51汽车吊1台、60厘米皮带运输机1台、青岛港3吨托盘3台、威海港295拖拉机1台调拨长岛港支援新建港口。

冬　交通部烟台海难救助打捞局在大连港外汕岛附近海域打捞2万吨级“汉阴”货轮，至1979年7月完成。

✦ 通部烟台海难救助打捞局打捞 2 万吨级“汉阴”货轮 /1979 年摄

12月

是月

◆烟台建港指挥部撤销，未完工程转烟台港务局修建科负责。

◆敷设蓬莱至南长山岛、砣矶岛海底电信电缆。

是年　龙口港招收100名集体所有制工人，实行全民所有制和集体所有制两种用工制度。

1978年

1月

是月　山东省公安厅拨款长岛县购置220千瓦公安艇1艘。

3月

是月

◆交通部烟台海难救助打捞局成立烟台潜水学校（址芝罘岛南麓），1981年5月，更名烟台救捞局技工学校，主要训练潜水员技能和青工“双补”等。1986年起逐步转为船员专业教育和培训，1987年经交通部水上安全监督局批准获得海员四项证书培训资格和B类职务船员培训资格，1996年8月学校更名为烟台海员技工学校。

◆龙口港动工兴建修船滑道，11月建成使用。

5月

是月

◆龙口港革命委员会撤销，恢复“青岛海运局龙口港”建制。

◆山东省烟台造船厂成立。

6月

6月13日　中华人民共和国海关管理局调拨给烟台分关检查艇1艘（长36.5米、宽6米、吃水2.3米、主机800马力两台、时速13.1海里，产权属管理局），统一编号301，船员编制需配备14人。

6月17日　交通部指示取消“烟台港务局革命委员会”名称，改称“交通部烟台港务管理局”。

9月

9月1日　烟台港接卸“奥克塔”轮，装载16380吨散尿素。

9月9日　中共青岛海运局委员会任命王宝才为龙口港港长。

9月29日　交通部烟台海难救助打捞局基地码头建设竣工。

是月

◆龙口港新建招待所楼房开建，建筑面积2730平方米，内设床位200张，大小会议室各1个。年末竣工。

◆长岛港组建装卸搬运队，有职工15名，各种吊车7台，14.72千瓦内燃牵引车1辆，5吨铲车1台，主要负责港口装卸，年装卸量4至8万吨。1985年，实行装卸任务承包制，装卸工人收入从装卸费中提成。

10月

是月

◆烟台造船厂造成中国第一艘浅海座底式石油钻井船“胜利”1号。至1981年先后制造300吨沿海水船及120马力抛锚船6艘，1982年完成500吨货轮、3号800吨顶柱驳船各1艘，至1985年先后完成趸船3艘，民用钢质船12艘，其中800吨驳船1艘，1000吨、2000吨甲板驳各1艘，300吨工作船5艘。

◆砣矶岛和钦岛间建北礁灯塔，属渔用灯塔。

11月

是月　龙口港修船坞道建成，滑道总长212米，升船能力400吨。

12月

12月15日　烟台港8号、9号、10号3个中级泊位竣工（现14号、13号、12号泊位），长度均为108.9米，重力式结构。

是月　烟台港8号泊位前方仓库竣工（现141库）。

是年

▲年底，三山岛港码头主体工程竣工，长210米，建成拦浪坝1000米，2000吨以下泊位5个。

▲欧美等国游船载客来烟台旅游，至1985年烟台港接待国际游船64航次，游客13869人次。

▲莱州市政府投资购买一部711测雨雷达，莱州市气象局开始雷达观测发报。

▲老北山灯塔改建石砌圆柱形塔。高10米，500毫米透镜，100瓦白炽灯，加装灯笼。（1941年由东海关龙口分关在蓬莱阁普照楼西侧老北山始建，1952年重建，高7.6米铁架。）后数次改造，1982年由海军移交烟台航标处管理。1996年安装TRB-400型灯器，射程改为20海里，2005年9月8日更换美国产M1-300型备灯。

✦ 老北山灯塔/2003年摄

1979年

2月

2月6日　“鲁民3号”客轮载客300人，驶近蓬莱港时因冰块堵塞主机循环水管而停机，浮冰拥着客轮在老北山后触礁搁浅，经蓬莱县政府商请，驻军54934部队派拖船破冰赶往营救。后客轮被拖入蓬莱港内，转危为安。

5月

5月1日　龙口港经山东省交通厅批准，在计时工资加奖励的基础上开始对装卸生产工人试行计件工资制度。

5月21日　烟台港东防波堤修复工程开工，交通部第一航务工程局第三工程处设计和施工。

8月

8月2日　上午8时，中共中央副主席、国务院副总理邓小平在烟台港乘驱逐舰视察烟台海区，山东省委书记白如冰等人陪同，下午2时返回。

8月22日　上午10时，全国人民代表大会委员长叶剑英抵烟台港，乘军舰视察烟台海区，山东省委书记白如冰等人陪同，中午12时返回。

9月

9月4日　全国人民代表大会委员长叶剑英由烟台港乘军舰出航，海军第一政委叶飞和外交部长黄华陪同。

9月28日　烟台分关执行《中华人民共和国对外国籍船舶管理规则》。

是月　水运技工学校经交通部批准成立，初设在烟台港内几栋经过改造的老仓库内，1989年

10月学校由港区搬迁至只楚镇小沙埠。学校以培养中级技术人才为主，后又设立职业中专、大专，1993年3月达到二类技工学校标准，同年10月被烟台市教委确定为市级重点职业学校，2004年12月，山东省劳动和社会保障厅批准为山东省重点技工学校。

10月

是月　长岛县政府置机动交通船“长政交1号”，功率147千瓦，80客位。

11月

是月

◆烟台港机械修理厂建成，始于1973年，建筑面积13000平方米，总投资6628万元。

◆烟台船检与青岛船检共同完成对烟台船厂制造的中国第一座座底式钻井平台“胜利1号”的制造检验与发证。

12月

12月31日　海阳县凤城港建成。始于1974年，当时由天津大学、山东省交通厅会同海阳县交通局共同勘测、设计建港方案。1976年筹建，1977年动工兴建，1980年投产使用。总投资273万元。建有引堤1050米，码头150米，有100吨级泊位1个，长50米，500吨级泊位2个，长100米。设计年吞吐能力为10万吨，货场面积8526平方米，理货室200平方米两层楼。装卸机械10台。凤城港建成后，主要航线：山东沿海各港，海阳至大连、上海、浙江、福建、广东等。

✦ 鸡鸣岛灯塔/2004年摄

是月　烟台船检开始进行气胀式救生筏检修检验工作。

是年

▲烟台市海上运输业淘汰木帆船。

▲龙口港第一栋职工家属住宅楼建成，1978年末开建。

▲鸡鸣岛灯塔改造为高7米地圆柱形石塔(位于威海北部鸡鸣岛上）。原为灯桩，1953年始建，高4.5米，地土色圆柱形岗亭。1996年换装灯器升级为灯塔。

1980年

1月

是月

◆山东省制造的第一艘800吨顶推驳船在羊角沟、龙口间试航成功，开展海河联运。

◆天津航道局第二航道工程处“津航浚302”船长李忠文被授予“全国交通战线劳动模范”称号。

2月

是月　严寒，冰封龙口港湾24天，港口生产受到严重影响。

3月

是月　山东省交通厅青岛海运局凤城港成立（正科级），港长宋强。编制34人，其中管理人员12人，工人22人，长期临时工22人。9月凤城港投产，本年吞吐量1.5万吨。

4月

4月15日　烟台港务管理局通信站无线电话台对国内外船舶开放"甚高频"电话通信业务。

4月24日　国务院、中央军委批准交通部、海军司令部"关于调整海上干线公用航标管理体制，加强管理力量的请示"报告，拟将海军管理的海上干线公用航标，除少数位于海防前沿和军事设施地区者以外，全部划归交通部管理。管理机构拟以交通部所属天津、上海、广州3个航道局现有力量为基础进行调整充实，并在沿海设置航标区、站。

4月25日　交通部颁发《海港引航工作条例（试行）》。

是月　龙口港在装卸生产工人实行计件工资的基础上，将班组计酬法改为个人计酬法。

5月

5月3日　交通部拨予烟台港务管理局的国产Q63吨浮吊（旋转式）抵烟台港交付使用。

7月

7月8日　全国人大常委会委员长叶剑英、国务院副总理王震在烟台港2号泊位乘军舰出海视察。

8月

8月10日　"山东省革命委员会交通局青岛海运局龙口港"更名"山东省交通厅海运局龙口港"。

是月　"鸿雁"号邮船2艘开通烟台至大连海路邮运。

10月

10月1日　北隍城灯塔重建后发光（位于长岛县最北端北隍城岛上，国家公用干线一级灯塔）。1956年始建铁架式结构，乙炔气灯光源，1974年改建5米高石砌圆柱形，1980年8月将原灯塔拆除重建10米高灯塔，换装灯器设备。1996年综合改造塔身，外贴瓷砖，安装雷达应答器1座。2004年7月10日，进行避雷改造。

✦ 北隍城灯塔 /2005年摄

✦ 苏山岛灯塔 /2004年摄

中华人民共和国

10月21日　苏山岛灯塔在原址重建后发光。高10米石砌圆柱形，1989年安装1440瓦太阳能电源。（位于石岛外海苏山岛上，为山东半岛沿海公用干线2级灯塔。1957年始建高5米、射程12海里白色圆柱形石塔。）

10月25日　山东省交通厅公布《关于加强船舶制造管理工作的暂行办法》和修造船两项制度。

10月27日　交通部颁发《海港引航员安全操作守则》及《对现有引航员技术培训、考核、定级和发证办法》。

12月

是月　掖县海仓防潮堤竣工，西起海仓村南，东至虎头崖，全长40公里。

年底

◆北方海区在天津召开接标工作会议，决定在北方海区组建天津、大连、烟台、青岛4个航标区，负责各自辖区的航标维护管理工作。

◆掖县海庙港工程竣工，建有引堤1680米，码头102米，300吨级泊位2个，国家陆续拨款补助127万元。

掖县海仓防潮堤/2011年摄

是年

▲大竹山灯塔始建（位于长岛县大竹山岛上）。1990年安装PRB-46型灯器，1993年安装太阳能电池。1999年9月撤销灯塔编制，委托看管。2005年11月26日安装雷达应答器1座。

▲靖子头灯塔改造（位于威海市区靖子头境内，为山东半岛沿海公用干线一级灯塔。

大竹山灯塔/2005年摄

靖子头灯塔/2004年摄

1953年始建，高7.2米，铁架式结构，1975年重建11.7米高地砖砌圆柱形塔）。2005年10月12日，更换主灯智能控制箱1个。

1981年

1月

是月　“北海救199”拖轮建造完工，曾用名“烟救16”，总吨位914，主机台数/功率2/970千瓦，拖力21.5吨，总长60.16米，型宽11.60米，型深5.7米，航速14节。

“北海救199”拖轮/1981年摄

2月

2月27日　设置天津航道局航标测量处烟台航标区（正科级），负责海军移交航标设施的维护管理工作。

3月

是月

◆郑开友任烟台市交通局局长。

◆龙口港石油煤炭码头—龙口石油站建成，烟台始有管道运输方式。码头长2850米，输油管道直径159毫米。

5月

是月　烟台口岸首次开展鼠密度调查，至翌年4月烟台卫生检疫所对烟台港口码头进行12次鼠患调查，分类鉴定为1目1科2属3种，褐家鼠为优势种。

6月

6月15日　烟台港东防波堤修复工程竣工。

7月

7月8日　烟台港自日本引进3200匹马力“烟港拖1”轮交付使用。

7月10日　蓬莱阁海面现“海市蜃楼”，持续40分钟。

7月21日　山东省进出口委、山东省编委《关于改变烟台分关管理体制的通知》，决定烟台分关为正处级单位，归青岛海关垂直领导，与烟台地区外贸局脱离隶属关系。

是月　烟台动植物检疫所确定为正县处级单位。本年，烟台动植物检疫所改为农业部直属单位，归动植物检疫总所领导。

8月

8月30日至9月1日　台风袭击凤城港，致引堤路面、货场表面被翻起，货场两层楼连基冲毁，两台皮带传送机械被打翻，高压线杆被刮倒，导致港口停产，直接经济损失90万元。

是月

◆烟台国际海员俱乐部建成交付使用，主要接待国际船员。

◆烟台气胀式救生筏检修站成立，设专职检修人员3名，负责烟台、威海、潍坊、东营等地区的气胀式救生筏检修业务，归属烟台港务监督，由验船组分管领导。1982年4月1日归属

烟台船检站，1994 年 5 月划归中国船级社烟台办事处下属的烟台顺捷海上安全技术咨询开发公司。据统计，至 2005 年年底共检修气胀式救生筏约 4200 只，其中来港外轮气胀式救生筏 384 只。

9月

9 月 17 日　长岛县政府复建庙岛“显应宫”，设航海博物馆。今“显应宫”先后与湄洲祖庙、台湾北港朝天宫、新加坡符氏社、澳门天后宫、马来西亚吉隆坡大天后宫（雪隆会馆）、南非朝天宫、美国纽约朝圣宫、加州朝天宫等海内外 30 多家妈祖庙或妈祖文化组织建立联系，开展交流。常有新加坡、日本、韩国、巴西、印尼、泰国、澳大利亚、美国等国家和地区的华人社团、妈祖信众和知名人士到长岛县庙岛显应宫进香，被国台办确定为北方对台文化交流基地。

✦ 庙岛“显应宫”/1990 年摄

11月

11 月 1 日　“中华人民共和国青岛商品检验局烟台商品检验处”更名“中华人民共和国青岛进出口商品检验局烟台处”。

12月

12 月 22 日　烟台分关查获走私进口旧船 1 艘和废钢、铜车叶 264 吨案，决定对旧船、废钢按违章科处罚款 30 万元。铜车叶按走私论处，没收非法所得。

是月　海庙港恢复独立建制，结束龙口港兼管。到 1988 年年末，海庙港码头扩建到 234 米，300-500 吨级泊位 2 个，300 吨以下泊位 2 个，配备 8 吨电吊 4 台，装载机 3 台，其他装卸机械 5 台，职工 91 人。

是年

▲烟台市政府将烟台市海运公司北岛（芝罘岛）修船厂（多年投资计 1024 万元，可修千吨级以上的船舶）。调给烟台市机械局，并入烟台造船厂。

▲三山岛港开始扩建，到 1988 年底，码头总长 450 米，有 2000 吨以下泊位 10 个，港内设有卸油专用码头，2 个泊位，货场面积 1.2 万平方米，投资总额 410 多万元。

▲烟台港务局将“烟港交 1”船移交港务监督，更名为“烟监巡 1”，负责进出烟台港船舶的护航和航道清理，船艇管理由监督站负责。1985 年“烟监巡 2”船投入使用。

▲烟台市气象台添置 1 部 711 测雨雷达，观测范围覆盖全市，用于降水预报和气象服务，短时预报服务能力明显提高。

1982 年

1月

1 月 1 日　交通部所属船检系统实行船检局直接领导管理体制，烟台验船组由部直属烟台港务局分离，定名烟台检验站（科级），直属船检局青岛办事处。

1月7日　日本海洋石油开发科派员参观龙口港石油煤炭码头。

年初　烟台航标区成立，接管海军移交烟台地区海上公用干线航标，时共接管各类航标64座，其中灯塔12座、灯桩18座、灯浮标2座、雾号3座、测速标26座、导航台1座、指向标2座。管辖西起老黄河口，东至荣成成山头，北到北隍城岛，南至乳山口范围内沿海水域航标。

3月

是月　掖县海庙港移交省交通厅海运局管理。

4月

是月

◆中华人民共和国船舶检验局青岛办事处烟台检验站成立，港监的船检人员划归烟台检验站，后改名中华人民共和国船舶检验局烟台检验处，烟台、威海、龙口国内外船舶检验均由该处负责。

◆“北海救108”救助拖轮建造完工，曾用名“北海102”，总吨位3224，主机台数/功率2/4994千瓦，拖力114吨，总长102.2米，型宽11.6米，型深8米，航速18.5节。

5月

5月1日　烟台港客运浮码头（现K4号泊

✦“北海救108”救助拖轮/1982年摄

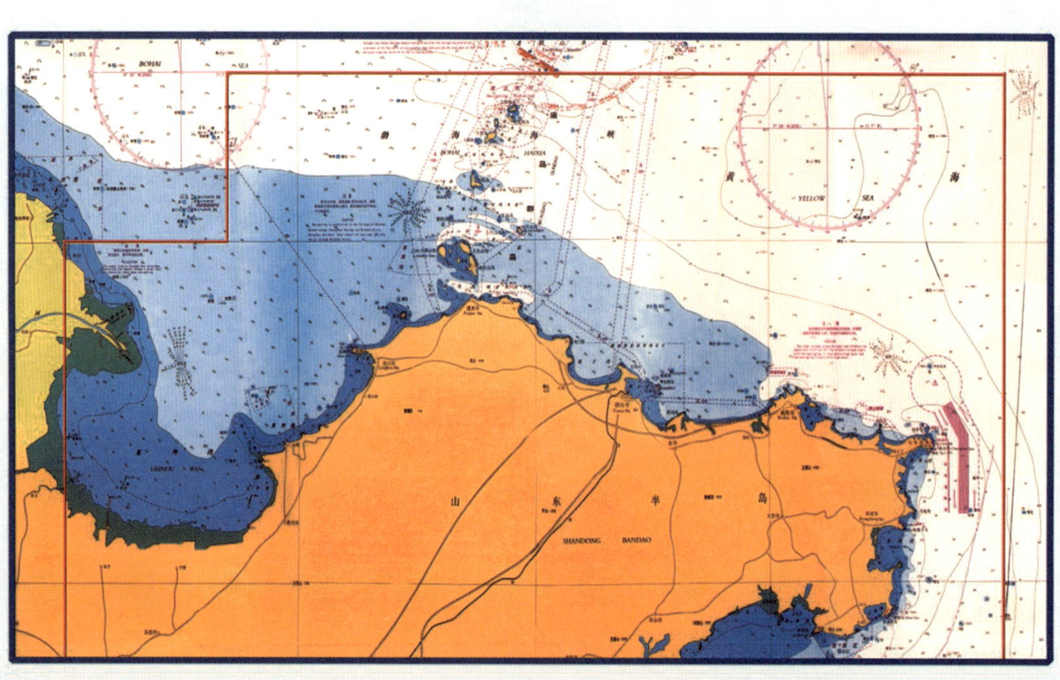

✦天津海事局烟台航标处辖区示意图

位）改建重力式码头竣工，长141.6米，前沿水深6.9米。

7月

7月14日　交通部烟台海难救助打捞局打捞翻沉于渤海的“渤海2号”钻井平台。

9月

9月27日　龙口港散盐卸船堆垛作业线及配置的4台10吨门机安装工程竣工投产，1981年6月开工建设，总投资165万元。

10月

是月　山东省人民政府授予烟台港第一作业区5队党支部书记孙明朴、船队“建海”挖泥船船长刘山刚“山东省劳动模范”称号。

✦ 打捞渤海2号钻井平台/1982年摄

11月

是月　烟台、文登两市县海运公司，选派出国劳务船员30人。

12月

是月

◆龙口港第一栋机关办公楼建成，总建筑面积3543.47平方米，1981年11月交通厅批准建设。

◆交通部拨给长岛县政府交通艇1艘，命名“长政交2号”，功率662千瓦，50客位。

是年

▲全国地方船检工作会议召开，翌年9月，山东省交通厅航运管理局内设船舶检验科对外改称山东省船舶检验处，并在各地（市）、县成立船舶检验所和船舶检验站。

▲敷设蓬莱至南长山岛间海底电缆，始由烟台电网输电。

▲烟台分关购置原海运局招待所（海港路20号，建筑面积为747平方米）。整修后将业务科迁至办公，对外称“中华人民共和国烟台分关办事处”。

▲经交通部港监局批准，成立烟台水域环境监测站。

▲烟台市海运公司船舶13艘2100吨位，至1987年26艘10360吨位9610马力。

▲交通部确定烟台港务监督负责发布航行警告的范围为：北纬36°50′至北纬38°以南，包括庙岛列岛水域，并明确其对所辖海域和港口的交通安全及防止船舶污染海域实施监督管理。

▲龙口港制定《关于一九八二年内部实行经济责任制试行办法》，全港推行“五包联产”经济责任制。

1983年

1月

是月　中国人民武装警察部队蓬莱县大队成立，辖武警、消防2个中队和边防派出所5个。

2月

2月22日　烟台航标区设区机关、船舶联合支部、蓬莱站、威海站、成山头指向标站、成山头导航台、镆铘岛指向标站党支部。

3月

是月

◆烟台地方港客滚泊位（D4泊位）开建，1986年竣工。山东渤海轮渡有限公司（以下简称山东渤海轮渡）客滚船专用泊位，长89.4米，经1996年和2002年两次改造泊位长度增加到154.6米，水深6.5米，灌注桩梁板式结构。

◆烟台粮油储运公司码头开建（企业专用码头），1987年竣工。重力式方块结构，长80米，设计水深5米。

4月

4月2日　巴拿马籍“北欧宝珠号”邮轮抵烟台港。

4月28日　龙口港遭强台风突袭，港口设施破坏严重，码头损坏19处，“龙港拖5”轮上滩搁浅，造成经济损失22万元。

是月　烟台港南岸壁客运码头工程开建（现为K2、K3泊位），翌年5月8日竣工，码头岸线长266米，前沿水深6.2米，重力式结构。

5月

5月4日　中共烟台航标区总支委员会成立，李长远任书记。

8月

8月31日　交通部批准烟台港务管理局为局级单位（相当地师级）。

是月　交通部天津航道局第二航道工程处迁至天津塘沽，驻塘沽办事处撤销，同时成立烟台联合办公室。

10月

10月17日　山东省交通厅海运局任命张泽为龙口港港长。

11月

11月1日　烟台市交通局成立，撤销烟台地区交通局及原烟台市交通局。

12月

是月

◆龙口港新建幼儿园使用，建筑面积312.72平方米。

烟台港南岸壁客运码头工程施工中 /1983年摄

◆烟台市人民政府领导小组联运办公室成立（址在芝罘区青年路37号）。烟台市副市长陈建国兼任组长，烟台市经贸委副主任、烟台市交通局副局长兼副组长，成员由烟台港务局、烟台车务段、烟台汽车运输公司等6单位负责人兼任。设港口、铁路、“客联”3个现场办公室，其主要职责是：保证港站疏运、负责各种运输工具的多式联运行业管理，以及春节、学生寒暑假期间客运流畅。1993年5月烟台市联办改设烟台市交通委运管处，1997年4月联办业务移交烟台市交通委综合运输科，更名烟台市人民政府联运办公室，下设旅客联运和货物联运两个办公室。

✦烟台港货物吊装/20世纪80年代摄

✦烟台港大包水泥装卸/20世纪80年代摄

是年

▲交通部在上海、烟台港试行“单船承包责任制”，1983年召开的全国交通工作会议决定全面推广。

▲烟台市盐业局在虎头崖港修建盐业专用码头。

▲烟台市沿海港口货物吞吐量1072.4万吨。

▲至1986年，全市两级气象局陆续配备气象传真收片机，接收国家气象中心和东京的气象广播资料。

1984年

1月

1月1日　“中华人民共和国青岛进出口商品检验局烟台商品检验处”更名“中华人民共和国山东进出口商品检验局烟台处”。

1月14日　广州远洋公司“惠泉号”8700吨级货轮在天津港大沽外失火，交通部烟台救助打捞局“沪救101”轮参加抢救，21日将大火扑灭，避免难船爆炸和倾覆污染。

2月

是月

◆国务院副总理万里视察石岛港，指示扩建码头。

◆根据交通部指示，天津航道局第二航道工程处机构调整，一分为二，组建航道二处和航道三处。二处仍设在烟台市，剥离一半力量成立“天津航道局第三航道工程处”，将驻秦皇岛市，暂在塘沽办公。3月1日，第二航道工程处机关迁至烟台基地办公，原联合办公室同时撤销。

3月

3月4日　烟台港务局引航员引领中远5万吨级“罗浮山”号载4.7万吨化肥直接进港靠泊东港池码头。

3月23日至6月18日　蓬莱县人民政府组织力量对蓬莱水城清淤、修复，1000余人历时3月余，清出淤泥19万立方米，疏浚水门外航道淤沙2万立方米，重修吊桥、码头、防浪堤和“小海”青石护坡。修复后水城“小海”南北长650米，东西宽50—150米，水深3米余，备有海上游览船只，成为以蓬莱阁为主体的风景游览区，“小海”内亦有当地小型渔船停泊。蓬莱水城小海清淤工程，总投资188万元，发现3艘古船，出土锚、网坠、陶器、瓷器、钱币、兵器等历代文物200余件。其中，发掘出1只元末明初残船，长28.6米，宽5.6米。清淤后，小海内水深3米余。

✦ 蓬莱水城全景 /1988 年摄

✦ 蓬莱水城展出的元末明初残船 /2011 年摄

4月

4月3日　烟台市联运仓储服务公司成立，翌年5月更名烟台市联运公司。

是月

◆烟台市汽车运输公司成立，翌年11月更名烟台第二汽车运输公司。

◆烟台市交通局运输管理处成立。

◆长岛县海运公司成立。1985年计有船舶7艘，共2100吨位，有固定资产原值207万元。

7月

7月26日　组建石岛航标站。

9月

9月1日　烟台港务局引航员引领中远6万吨级大型船舶“明溪海”轮进靠东港池，该轮长

226米，宽32米，吃水9.28米。

9月9日至11日　烟台市政府举行“烟台国际游船旅游考察活动”会议，14家外国旅行社的代表以及中国旅游总局、山东省旅游局和国内15个城市的外事办公室、旅行社负责人到会。烟台市市长董传周举行中外记者招待会。

9月25日　烟台港务管理局客运站被交通部命名为“文明客运站”。

10月

10月1日　山东省海运体制改革，撤销省交通厅海运局，山东省航运公司改为山东省航运管理局，港口分设港务局和港务办事处，实行港航分开。组建青岛和烟台海运公司，隶属省航运管理局。

10月21日　中共中央总书记胡耀邦乘船抵达烟台港，视察烟台市，10月24日，视察乳山口港，次日题字“乳山口港”，并到张家埠港和凤城港等地视察。

11月

11月6日　交通部批准烟台港试行百元净收入含量包干办法。

11月30日　山东省海岛工作座谈会在长岛召开，通过15条开发建设海岛措施和优惠政策。

是月　山东省烟台地方港务管理局成立，烟台海运分局撤销。

12月

12月11日　烟台分关执行《中华人民共和国国务院关于经济特区和沿海14个港口城市减征、免征企业所得税和工商统一税的暂行规定》。

12月14日　交通部批准烟台港西港池一期工程开工，计划建深水泊位6个，并配有相应的水陆设施。

12月25日　根据交通部批复，烟台港务监督升格为处级单位，下设办公室、监督科、防污科、引航科、海务科、船舶监督站（副科级）。

12月30日　国务院、中央军委批准龙口港对外开放。

是年

▲年底，烟台港西围捻建成，定为烟台港小轮码头，两个泊位。

▲烟台邮电码头始建（企业专用码头），邮电部投资。

▲掖县海运公司成立，隶属掖县交通局。1985年，拥有固定资产原值57.6万元，有428马力钢质拖轮和载重480吨位驳船各1艘。

▲交通部委托青岛港务监督为龙口港考取第一批持证引航员，龙口港始有国家承认的具有执业资格证书引航员。

▲龙口港根据山东省简化归并工资标准、提高工资区类文件，理顺工资标准，工资区类由三类提高到四类，并根据国家政策改革劳动用工制度，试行劳动合同制，除国家统配人员外，新招收人员全部实行劳动合同制。翌年招收100名农民合同制工人，从事装卸生产工作，本年龙口港货物吞吐量298万吨，旅客通过量227269人次。

▲烟台市气象台安装静止卫星转收装置。

▲中华人民共和国烟台分关征收税款4936192.27元，监管进出口船舶293艘次，监管进出口货物136.2万吨。

1985年

1月

1月1日

●山东省烟台海运公司成立（址芝罘区环海路2号），隶属山东省航运管理局，拥有各类船船22艘（轮、驳船16艘10550吨位；拖轮2艘，600马力；客轮2艘514客位；油驳2艘）。并在威海设有船厂。1985年职工2012人，固定资产原值共4821.3万元。首任经理余万华。

●龙口港更名“山东省龙口港务管理局”，县级单位，事业编制企业化管理，由省航运管理局直接领导，代管富国、东风、海庙3个港务办事处。

1月9日

●船舶检验局青岛办事处更名中华人民共和国船舶检验局青岛分局，其所属的烟台、石臼所2个检验站更名烟台检验处和石臼所检验处（烟台检验处1991年6月迁至烟台市北马路155号4楼办公）。

●烟台动植物检疫威海分所、龙口分所成立（正科级）。

2月

2月7日　交通部任命朱毅为烟台港务管理局局长，刘先林、毕庶田、石祖勋为副局长，曲海亭为局党委书记（免去局长职务），耿文福为局党委副书记兼政治部主任，毕序广为纪律检查委员会书记，杨国秀为总工程师（免去副局长职务），于江改任巡视员，免去张进顾问职务。

2月12日

●国家海关公署决定恢复龙口海关，隶属青岛海关，称中华人民共和国龙口海关。

●交通部批准龙口港监为“中华人民共和国龙口港务监督”。

2月18日　“中华人民共和国烟台分关”改称“中华人民共和国烟台海关”，同日姜学民改任中华人民共和国烟台海关关长。

年初　烟台市海运公司在人民银行贷款227.3万元，筹借资金40万元，从日本购进3100吨和3600吨旧货轮各1艘。

3月

3月12日　烟台港务管理局聘用汽车队司机徐汝政任汽车队队长，时间1年，属聘用制干部。

4月

4月1日

●天津航道局第二航道工程处所属船舶船籍港由“天津”改为“烟台”。

●龙口港对外开放。

4月4日　山东省交通厅、烟台市人民政府在龙口港举行龙口港对外开放首航典礼，7000吨级“漱玉泉”号货轮满载胶东特产在龙口港引航员引领下离港，直航日本。

✦ 龙口港对外开放首航典礼 /1985年摄

4月20日

●国务院副总理李鹏视察烟台港，交通部部长钱永昌等陪同。

●烟台港西港池一期工程举行开工典礼。交通部顾问陶琦，山东省政府顾问、省重点工程领导小组副组长宋一民，烟台市市长董传周及烟台

✦ 烟台港西港池一期工程举行开工典礼 /1985 年摄

港务管理局党委书记曲海亭等出席。

5 月

是月

◆山东省船舶检验处烟台检验所成立，与山东省烟台港航监督合署办公，实行一个机构，两块牌子（“一门两牌”），负责烟台和凤城、长岛及蓬莱等地船检，同时成立山东省龙口船检所，负责龙口、海庙、东风及富国等地船检。

◆凤城港更名山东省交通厅航运局凤城港务办事处，主任臧福忠，隶属山东省交通厅航运管理局。投资 15 万元，在铺建区前建 1000 平方米 3 层办公楼 1 座，1986 年凤城港吞吐量 6.1 万吨。

✦ 凤城港 /2006 年摄

6 月

6 月 14 日　中共青岛海关党组任命曲春辉为龙口海关关长，12 月 21 日曲春辉任中共龙口海关党组书记。

7 月

是月　烟台市交通局局长郑开友任烟台市检察院检察长。

8 月

8 月 8 日　烟台港海上过驳日本“晓光丸”轮原油，历时 8 昼夜，计 90482 吨。

8 月 21 日　烟台造船厂为胜利油田制造的浅海固井工程船下水。

8 月 27 日　烟台港务局设港务监督处，内设办公室、监督科、引航科、海务科、船舶监督站。

是月

◆臧海强任烟台市交通局党委书记、局长。

◆烟台港接卸灌装中转散氧化铝业务。

◆烟台港获中央爱卫会、卫生部、交通部授予“无鼠害港口”称号。

◆长岛港从青岛海运局分出，改为山东省长岛港务办事处。1996 年 7 月，由办事处改为长岛港务管理局（副处级单位）。

9月

9月14日　烟台港务管理局举行首次“港庆日”活动。

10月

是月　烟台卫生检疫所升为正县处级，本年负责组建和管理威海、龙口卫生检疫站（科级）。

12月

是月　开始使用中华人民共和国海关关徽。

是年

▲烟台港有引航员11人，均经交通部港务监督局考试认定，发有职务证书。1974年—1985年共引航外轮8049艘次，其中1985年引航829艘次。

▲交通部党组决定：各港务监督长改为专职，不再由港务局副局长兼任，并按国务院规定自1985年1月1日起实行任期制。

▲牟平县城关镇新牟里村成立全州海洋运输公司，集资150万元购置5000吨级货轮1艘，定名“新牟101号”，经营南方沿海货运。

▲“鲁民203”“鲁民209”“鲁拖204”客轮投入蓬莱至长山岛航线营运，每日4班。

▲黄县桑岛内航运专业联户以40马力机船1艘每日往返岛陆之间，日客运量百余人，票价每人2角。

▲经山东省航运管理局批准，龙口港设立“山东省龙口海上民间运输管理站”。

▲境内地方海运业，主要航行于渤海、黄海各港之间，并先后航驶射阳、海门、张家港、南通、南京、上海、宁波、温州、马尾、深圳、广州、海口、海南岛等线。全市共有交通运输船舶400余艘；机动渔船9980余艘，其中60马力以上渔船2150余艘；非机动渔船约15000艘。每年春秋鱼汛季节，在烟台沿海航行和从事捕捞作业的船舶日平均在5000艘以上。

1986年

1月

1月1日

●中国船级社成立，“中华人民共和国烟台检验处”同时称“中国船级社烟台办事处”。

●“中华人民共和国山东进出口商品检验局烟台处”更名为“中华人民共和国烟台进出口商品检验局”（简称烟台商检局）。邹本玺任局长。

●《烟台海港报》创刊。

1月9日　“沪救101”轮在朝鲜南浦港外大同江拦江大坝附近成功救助中国万吨远洋货船“湘海”号。

✦ 烟台市交通局局长臧海强（右2）与烟台市领导现场查看烟青一级公路建设/1986年摄

2月

是月　龙口港万吨级散杂码头、5000吨级客运码头扩建工程和新客运站建设工程初步设计获山东省交通厅批复。

3月

3月25日　烟台至青岛一级公路烟台至莱阳段工程举行开工典礼，1989年10月8日建成通车。

4月

4月16日　希腊籍“金奥德萨”号游船抵烟台港，372名游客在芝罘区参观游览、访问。

4月22日　烟台至日本国际班轮首航典礼在烟台港8号泊位举行，烟台市副市长陈建国、烟台港务管理局局长朱毅、天津远洋运输公司党委副书记张建华分别致辞祝贺。

4月28日，长岛县编委批准成立长岛县航务管理所（副科级）编制6人。

是月

◆山东省人民政府授予烟台港第一作业区石油过驳队队长张树本“山东省劳动模范”称号。

◆山东航运管理局批准成立长岛港务办事处，主任负责制，设置办公室、计财股、客运站和装卸队。

5月

5月29日　交通部全国沿海客运工作现场经验交流会在烟台港召开。

是月　长岛港开建客运站。建筑面积1700平方米，省航运局拨款，总投资48.7万元，12月完工，12月15日通过验收。

6月

是月　孙振祚任烟台卫生检疫所副所长，主持工作。1989年5月任所长。

7月

7月3日　海关总署署长戴杰、人教司司长秦岭、广东分署主任孙传禄察看龙口海关，烟台市人民政府副秘书长李常英、青岛海关办公室主任鲁中贤培同。

7月6日　“芝罘岛”号工程船开工制造，1988年12月11日长江船舶设计院设计，江苏镇江船厂和日本石川岛播磨重工业株式会社承造的100米海上救捞工程船“芝罘岛”号竣工交付交通部烟台海上救助打捞局，该船最大排水量10875吨，可航行无限海域、全天候作业。

7月9日　交通部烟台海难救助打捞局在旅顺口外探摸测量、打捞“济远”舰，此后1988年

✦“芝罘岛”号海上救捞工程船吊装作业/2004年摄

✦交通部烟台海难救助打捞局在旅顺口外打捞“济远”舰主炮/1986年摄

又打捞，两次出水文物132件组，1992年7月25日，“济远”舰前双210主炮运抵威海刘公岛铁码头，陈列中国甲午战争博物馆北洋海军提督署后院。

7月18日　龙口港5000吨级航道疏浚工程开工，11月16日竣工，浚后航道长6320米，底宽80米，水深7.5米。

8月

8月1日　中国船级社从船舶检验局内分出成立，烟台设立船舶检验处暨中国船级社烟台办事处。

8月21日　烟台造船厂为胜利油田建造的全国第一艘浅海固井工程船下水。

8月27日　交通部决定，天津航道局第二航道工程处由事业单位改为国营企业，实行企业化管理，按照规定向国家缴纳税金，所得税税率由国家税务总局会同中国人民建设银行核定执行。

10月

10月16日　烟台港务管理局荣获“国家质量管理奖”。

10月19日至11月24日　10月18日19时，“大庆245”轮在黄岛油码头发生强烈爆炸，随即起火沉没于码头西泊位，码头输油管路严重受损（该轮长178.6米，型宽25米，型深12.6米，排水量32319吨）。烟台救捞局首先派出“沪救101”轮，赶赴浓烟未息的现场对沉船进行现场勘探，同时召集数名专家根据现场特点和水下探摸情况制定出“整体起浮、拖带移位”的打捞方案，经过全体施工人员的努力，11月24日9时30分沉船被拖至青岛市沙子口拆船点并办妥移交手续。

10月29日　山东省“五讲四美三热爱”活动委员会评定烟台港务管理局为“社会主义精神文明建设文明单位”。

11月

11月17日　山东省爱国卫生运动委员会在烟台港召开授予烟台港务管理局“卫生港口”称号命名大会。

12月

12月6日　国务院副总理李鹏视察烟台港区和西港池建设工地，山东省副省长马长贵、烟台市市长董传周等人陪同。

12月9日　国务院副总理李鹏在青岛主持召开全国港口管理体制改革会议，交通部与烟台市等5个城市政府草签港口下放协议书。

是月　烟台地方船舶焊工考试委员会成立，在烟台、潍坊、东营、滨州等市地考试地方船舶修造厂焊工。年底烟台船检所检验航行蓬莱至长岛间滚装客货船“鲁长渡1”，1988年全市认可7个船舶修造厂生产技术条件。

是年

▲山东烟台海运公司“鲁长渡1”轮开始蓬莱至南长山岛客货滚装营运，核定载客506人，汽车13辆，改变只能由登陆艇载运汽车进出海岛的状况。

▲烟台边防检查站隶属武警山东边防总队。

▲烟台商检局检验发现在

✦“大庆245”轮打捞出水 / 1986年摄

烟台港卸货的12船苏联进口木材存在短重、规格不符等问题，对有索赔权的11船木材出具索赔证书，提赔金额达35.92万美元。

▲海庙港（位于莱州市区西北9公里莱州镇姜家村北）建有500吨级杂货码头2个，岸线长度102米，水深4米；引堤1680米，货场面积7200平方米，拥有ZL50型装载机2台及其他各类装卸机械12台套。

▲全市（包括威海市）共有18个港口，沿海岸线长达1350公里，涉及1个市2个区12个县，有烟威、石岛两大渔场以及中国北方沿海唯一的对外开放避风锚地荣成湾。烟台港作为商、渔、军合用港口，有港务、打捞、航道、航运、水产及军队等各类泊位33个，码头岸线长达3500多米，交通部核定总通过能力为301万吨/年。

▲龙口港根据国家工资改革政策，经省交通厅批准，实行干部职务工资制。

✦ 烟台港管理体制改革交接大会/1987年摄

✦ 龙口港万吨级煤炭专用码头/2006年摄

▲全市11个气象台站全部配备高频电话，并先后在长岛、芝罘岱王山、栖霞庙顶山建立高频电话中转站和警报发射信号中转站。

1987年

1月

1月1日　烟台港下放，受烟台市人民政府和交通部双重领导，以烟台市人民政府为主，交通部烟台港务管理局更名烟台港务局。

1月22日　龙口港1.6万吨级煤炭专用码头开建，12月20日主体完工简易投产，1988年3月26日竣工，年接卸能力150万吨，总投资7590万元，其中水电部、山东省交通厅、烟台市各投资2530万元。龙口港始有万吨级深水泊位。

2月

2月17日　遵照国务院《港口体制改革座谈会纪要》和国务院办公厅转发的《关于港口管理体制改革的会议纪要》文件精神，烟台港务监督自烟台港务局划出，组建交通部烟台海上安全监督局，地师级（副局），交通部直属一级行政单位。实行以交通部为主，交通部与烟台市政府双重领导管理体制。为适应涉外工作需要，仍保留“中华人民共和国烟台港务监督”名称，负责烟台、威海、东营、潍坊4个地级市1929公里海岸线、58685平方公里水域水上交通安全和防止船舶污染海域以及签发船员、引航员适任证书等职责。

2月24日　交通部、烟台市政府在芝罘宾馆举行烟台港管理体制改革交接大会，山东省副省长谭庆琏主持，交通部副部长林祖乙、烟台市市长董传周签署交接议定书。

会后，“烟台港务局”“交通部烟台海上安全监督局”揭牌。

2月25日　交通部天津航道局第二航道工程处改为交通部天津航道局第二疏浚公司。

2月28日　龙口港万吨级航道疏浚工程开工，1989年3月4日竣工，12月20日通过交通部质量验收。

3月

✦ 烟台商检局办公楼/1987年至1997年间摄

3月8日　烟台港务局设立引航处（址芝罘区海港路23号）。

是月

◆毕序广任交通部烟台海上安全监督局局长兼监督长，耿文福任党委书记。

◆烟台商检局迁至烟台市南大街14号办公。

4月

4月3日　龙口港万吨级散杂码头和5000吨级客运码头开建，1989年10月30日竣工。

4月13日　“辽长粮101”轮在龙口港原5号泊位沉没，24日被烟台救捞局“烟捞5”号轮捞出。

5月

5月1日　牟平港始建，牟平县牟山北（养马岛西庙江对岸）建5000吨级码头1个，码头长192米（初为132米，2005年加长60米）。1988年11月底竣工，1989年8月运营。1998年，经山东省人民政府批准停靠外籍船舶，主要从事煤炭、粮食、矿石原料、黄砂、建材等散杂货的进出口业务，设计年吞吐30万吨。

5月6日

●山东省交通厅函复烟台市交通局成立航管机构的请示，提出烟台市航管机构具体任务是：1. 贯彻落实上级关于水运的方针、政策、规章制度；2. 对省属航管部门不设海上民管站的港埠、滩涂、岛屿、河流、水库、湖泊进行管理；3. 对市、县属的集体航运公司实行行业管理和业务指导；4. 协调关系，平衡港航矛盾；5. 交流水运信息，总结推广先进典型经验；6. 进行监督服务，抓好辖区内的水运安全管理。航管机构人员编制由烟台市政府审批。人员经费可从民管收入中解决。

●龙口海关办公场所由黄城龙口市工会办公楼迁至龙口口岸联检大楼。

5月9日　中华人民共和国龙口海关开关，（在龙口环海路18号联检楼一、二层办公）隶属青岛海关，业务辖区龙口、蓬莱、招远、掖县、长岛。上午在联检大楼前院举行开关典礼，青岛海关关长孙英、烟台市副市长姜德华、烟台市外贸委主任刘长英、龙口市委副书记罗开田、龙口市人大常委会主任曹英之、龙口市政协主席姜华及口岸各部门负责人出席。

5月29日至30日　由交通部、国家经委等有关国家部委组成的评审委员会在北京对烟台港务局委托清华大学经济管理学院所做的《渤海湾地区（南侧）合理运输结构研究》课题进行评审，国家经委副主任兼清华大学经济管理学院院长朱镕基、交通部副部长郑光迪参加评审。

6月

6月6日　小清河航运局“鲁清推4号”轮在龙口港外沉没，龙口港施救，24名船员无伤亡。

6月15日

●威海市升地级市，辖环翠区、荣成县、

文登县、乳山县 4 地。

●胜利油田简易码头建成，隶属中国石化股份有限公司胜利油田分公司海洋石油船舶中心。1990 年码头扩建，1994 年 7 月竣工使用，改称胜利石油码头（位于龙口湾屺㟂岛南侧，龙口市环海路 14 号。胜利港开发始于 1975 年 4 月，胜利油田渤海地震勘探队进驻龙口，当时仅有 2 艘退役旧炮艇在龙口浅海开辟钻探作业）。至 2010 年，胜利石油码头共有泊位 6 个，码头岸线总长 720 米，5000 吨级泊位 2 个，3000 吨级泊位 4 个；门式起重机 4 台，最大起重能力 25 吨。核定通过能力 130 万吨/年。生产用堆场 20000 平方米，与龙口港共用锚地，并接受龙口海事处和龙口港调度。

6 月 18 日　龙口海关业务技术综合办公楼在龙口市龙中路 29 号破土动工。

6 月 25 日　交通部烟台海难救助打捞局更名交通部烟台海上救助打捞局。

6 月 26 日　中共中央书记处书记郝建秀视察龙口港。

7月

7 月 4 日　经山东省编委同意，省公安厅批准成立“龙口市公安局龙口港派出所”，11 月 11 日举行挂牌仪式。

7 月 7 日　山东省物价局、山东省交通厅印发《关于制定海上轮渡过渡收费标准的通知》，青岛至黄岛、蓬莱至长岛海上轮渡，旅客、汽车渡运收费标准正式核定，并自 7 月 10 日起执行。

7 月 15 日　“全国交通系统端正行业风气加强职业道德建设经验交流会”在烟台港务局召开，全国省市自治区交通厅以及交通部各直属企业负责人出席会议，交通部部长钱永昌到会讲话。

7 月 28 日　烟台港海关监管区划定为：港区（包括东港池和西港池）、芝罘岛港区、外锚地、第一检疫锚地、第二检疫锚地。

是月　龙口港为职工提取养老保险基金、待业保险基金，开始参加龙口市养老保险和待业保险社会统筹。

8月

8 月 7 日　“烟救起重 1 号”船、“烟救 12”轮、“烟救驳 5003”吊装承运中国制造的 60 万千瓦汽轮发电机定子，自大连运抵上海。

是月

◆臧海强任威海市委常委、副市长兼政法委副书记，王奎元任烟台市交通局党委书记、局长。

◆长岛港轮渡码头登陆点引堤工程开工。

10月

是月　中央爱卫会、卫生部和交通部授予烟台港“国家卫生港”称号，为全国第一批国家卫生港口。

✦烟台港货物堆场一角 /20 世纪 90 年代摄

11月

11 月 18 日　中国人民解放军总参谋长迟浩田视察龙口港。

12月

12月1日　烟台港务局实行局长负责制。

是年

▲交通部《关于我国海船登记机关分工问题的通知》中，授权烟台港务监督为办理国际航线海船及本地区国内航线海船、木帆船和木驳船以及五十总吨以下海船的船舶登记机关。

▲天津航道局在崆峒岛采用风力发电(5千瓦)，提供航标灯及驻岛人员生活用电。

▲山东省烟台海运公司有3条客船在蓬莱至长岛间营运：“鲁民203”轮（总吨位408.65吨，主机400马力，乘客定额310人）。往来蓬莱至北五岛之间：“鲁民209”轮（178.20吨，250马力，200人）和“鲁长渡1”轮（577.50吨，1700马力，540人）往来蓬莱与南长山之间。

1988年

1月

是月　龙口港实行浮动工资制，根据经济效益提出效益工资，以奖金形式进行分配。

2月

2月19日　中共中央书记处候补书记温家宝视察烟台港。

2月23日至4月23日　“北海102”轮自美国西雅图拖带2艘废钢船通过太平洋至南通港。

3月

3月1日　烟台港务局宣传教育中心成立，设政治教育科、干部培训科、工人培训科、海港报编辑部、影视部、图书馆，定员30人。

3月15日　烟台市编制委员会批复同意设立烟台市航务管理处，（副处级）定事业编制26人，其中工人3人，行业管理全市地方海上运输，隶属烟台市交通局领导，经费自理（址芝罘区南大街159号烟台市交通局楼内）。各沿海县市区也根据工作需要相继设置航务管理机构。

3月26日　烟台邮电局属邮运码头建成使用。

4月

4月1日

●交通部海洋运输管理局批复同意烟台港轮驳公司“烟港拖2、烟港拖4、烟港拖5、烟港拖8、烟港拖12、烟港拖13，烟港驳1、烟港驳2、烟港驳4、烟港驳6、烟港驳8、烟港驳10、烟港驳12、烟港驳14、烟港驳16，烟港方驳2”以集、散烟台港货物为目的，经营青岛以北的沿海运输。

●中国工商银行烟台市分行港内营业处成立营业。

4月2日

●交通部批复同意烟台市海运公司“奇山、芝罘”两轮参加近洋运输，航线以韩国及中国香港为主，到南朝鲜运费16美元/吨。（烟台市海运公司前身为烟台木帆船运输合作社，址在太平湾西南侧，独立核算的集体性质企业，主营沿海货运。1988年8月16日有职工556人，固定资产净值1015万元，流动资金85万元、自有资金186万元，轮、驳船19艘，共6671千瓦10681吨位。）

●交通部烟台海上救助打捞局增加国内沿海运输业务。

●蓬莱县航务管理所成立，定编6人，全民所有制股级事业单位，登州、南王、刘家沟、马格庄、潮水、五十堡、大季家、北沟8个沿海乡镇设航务管理站。

4月16日　经龙口市编制委员会批准，设置龙口市航务管理所，副科级事业单位，编制4人，

隶属龙口市交通运输公司（交通局）。

4 月 20 日　党和国家领导人赵紫阳、李鹏、姚依林、田纪云等在中南海怀仁堂接见 20 名首届全国优秀企业家并合影留念，烟台港务局局长朱毅获“全国优秀企业家”称号参加接见合影。

4 月 30 日　中共中央总书记赵紫阳视察烟台港西港池建设工程。

是月

◆蓬莱至长山岛客货滚装运输航线“鲁胶渡 3 号”营运，每日 3 班。

◆长岛港公安派出所成立，编制 3-5 人。

5 月

5 月 17 日　中共烟台市委组织部同意提名于新建担任烟台市航务管理处处长，姜同源任中共烟台市航务管理处支部委员会书记。

5 月 25 日　烟台市人事局经烟台市政府同意，任命于新建为烟台市航务管理处处长。烟台市编制委员会同意烟台市航务管理处内设水运管理科、船舶维修管理科、水运开发科、办公室、港口航务管理科（对外称港口航务管理所）。

5 月 29 日　烟台市海运代理公司成立，全民所有制企业，址环海路 2 号。

是月

◆莱阳市交通局设航务管理所，后随机构变更，航务与汽车维修管理统一集中至运输管理所，2002 年 9 月，运输管理所更名莱阳市交通运输管理处。

◆牟平县航务管理所成立，7 月 1 日挂牌办公，全民所有制股级事业单位，隶属牟平县交通局，1995 年改称牟平区航务管理所。（始址在牟平县北关大街 172 号，又迁址养马岛，后迁至牟平区通港路 18-58 号。）

◆掖县航务管理所成立，共 3 人，股级全民事业单位，隶属掖县交通运输公司，管理莱州辖区水路运输及水运服务业、船舶及船舶修造业、水运市场等。7 月，成立莱州、西由、金城 3 处航务管理站，分别管理三山岛、海庙、石虎嘴及原家滩涂、装卸的水运业务。

6 月

6 月 1 日　烟台山灯塔改建竣工。（1982 年对 1905 年建烟台山铁制灯塔拆除，1986 年 6 月开始重建。由清华大学设计，灯塔总高 49.5 米，海拔高 89.2 米，共 13 层，底部 3 层采用古堡式造型建筑，可供 200 余人观光瞭望海港景色。内部形似倒扣的海螺，设电梯可直通 11 层观光台，

✦ 改建后烟台山灯塔 /1992 年摄

✦ 烟台市航务管理处执法人员列队上岗 /1989 年摄

聚光灯通过运转的千块透镜反射强光，射程20海里。烟台山灯塔集导航、旅游、海上交通指挥于一体，被誉为“烟台市标”。）

6月6日　海阳县编制委员会批准设立海阳县航务管理所，全民所有制股级事业单位，隶属海阳县交通局。

6月15日　胜利油田屺砪岛石油码头竣工，共建4个泊位，可靠泊5000吨级油轮。

6月21日　山东省航运管理局决定撤销“山东省民间运输管理处”，原海上民间运输管理工作，由各有关市地、县航运管理处、所，按《山东省水路运输管理实施办法》的有关规定进行管理。

6月30日　山东省民间运输管理站所属工作全部移交烟台市航务管理处负责。山东烟台海运公司过去受省航运管理局委托，负责组织管理地方船舶集疏烟台港口工作全部移交给烟台市航务管理处。市航务管理处自1988年7月1日起负责组织管理一切地方船舶对烟台港经水路集疏的物资运输，凡到达烟台港、地方港筹备处以及其他码头（包括军港、渔港、商港、企事业码头、滩涂等）参加营业性运输的地方船舶（包括外省市船舶），都要到当地航务管理机关签到，办理货票。山东烟台海运公司和烟台市海运公司等单位，须每天向烟台市航务管理处报送运输计划、船舶动态和港存计划，以备综合交烟台港总调度室安排作业计划。

7月

7月1日

●龙口港新客运站建成。建筑总面积6154.72平方米，1986年7月12日开建。

●烟台港西港池一期工程1号、2号泊位简易投产。

7月10日　全市审核补办水路运输许可证81个，199艘船舶办理营业运输证，总计48324.5载重吨位，59811马力。各级航管机构从7月1日起，统一使用省局印制的新票据，原票据全部作废。

8月

8月1日

●龙口港扩建万吨级件杂码头开工，在煤炭专用码头工作船泊位接建80米长的突堤岸壁，水深从7.5米加深到10.1米，形成长104.32米，宽189米，底标高-10.1米，顶标高+3.28米的1.6万吨级件杂货码头。翌年5月31日竣工。

●龙口港务监督正式脱离龙口港务管理局，党组织仍从属龙口港务局党委，龙口港务局保留引航站，改称引航科。

8月2日　山东省人大常委会主任李振到龙口海关查看业务开展情况，烟台市人大常委会主任栾聚岚和龙口市人大常委会主任曹英之陪同。

✦ 龙口港客运站 /2006年摄

8月13日　烟台港举行“国际集装箱首航运输庆祝大会”，烟台市市长俞正声为首航仪式剪彩，首航船舶是天津远洋运输公司“华宁河”轮。烟台港国际集装箱运输业务开始，烟台港至日本横滨成为烟台市第一条国际集装箱运输航线。

是月　海庙港购进400马力拖轮1艘，500吨货驳1艘。

9月

9月15日　烟台汽车运输公司与中汽总公司合资成立烟台集装箱运输公司（址在今芝罘区黄务机场路西侧），拥有专用集装箱运输汽车30辆。

9月25日6时　烟台市海运公司3000吨级“芝罘”号货轮在上海港检疫锚地沉没（该轮是1985年4月贷款28万美元从日本购进的二手干货轮，同年5月投入营运。主机内燃机，2000马力，1971年4月日本三好造船厂建造。3162.15载重吨，总长81.72米，型宽12.15米，型深7.60米，设计吃水5.579米）。事故过程：9月23日9时在长江引航员的引领下驶离南京，拟往广州。开航时装载钢坯1490吨，钢板283吨，卷板781吨，聚丙烯300吨，卫生纸34吨，燃油75吨，润滑油5吨，淡水38吨。24日9时30分抵达上海港临时锚地抛泊。25日晨刚启航，轮机突然停车，约5时57分在上海港检疫锚地Q1-25灯浮联线之间，“之罘”轮左舷第二舱口处以3-4节流速碰撞“法利亚克”轮的右锚锚链和球鼻首，货仓进水迅即沉没。17名船员8人获救，9人遇难。“法利亚克”轮右锚和11节锚链失落，球鼻首处有轻微凹损。沉船打捞出水后，由于破损严重，放弃修复。翌年9月，烟台市保险公司兑现保险赔款200万元。

集装箱班轮运输/20世纪90年代摄

是月　蓬莱港滚装码头、登陆点码头竣工使用，主要货运航线有蓬莱至塘沽、丹东、营口、大连、旅顺、温州、黄埔、汕头、汕尾、新惠、海南及省内诸港。

10月

10月1日　烟台港东港池及主航道疏浚作业。

10月12日　交通部批复同意烟台市海运公司“云龙”轮（1986年由黄海船厂制造，载重1000吨）、长岛县海运公司“神鹰”轮（载重1450吨，其中冷藏舱100吨）参加近洋国际运输。

10月25日　蓬莱港客运站破土动工，位于蓬莱阁西田横山西北坡，建筑面积2500平方米，投资28万元，1991年10月竣工。

11月

11月7日　烟台至香港海运国际集装箱运输航线开通。

11月15日　烟台航标区划归交通部烟台海上安全监督局管理。

12月

12月26日　“津航浚105号、212号、216号、303、403号和501号”等近20艘船舶参加烟台西港池一期工程疏浚，提前完工，疏浚工程被评为部级“优质工程”。

是年

▲国务院批准烟台港为通航韩国口岸。

▲烟台港集装箱吞吐量始有统计，本年共计装卸694个标准集装箱。

✦ 烟台港集装箱码头卡口 /2014 年摄

▲龙口港务管理局引航站成立（科）。

▲招远县航务管理所成立，接管辛庄分站管理职能，同时在辛庄镇设立招远县辛庄航务管理站。接管时辛庄沙场有2艘登陆艇，12艘载重10吨左右的小船，经营海上滩涂海沙过驳业务，年过驳海沙8万吨左右。

▲中国船级社烟台办事处首次进行全回转拖轮建造检验。[烟台造船厂为上海港务局制造的882千瓦全回转拖轮。自1985年以后，中国船级社烟台办事处对烟台莱佛士船业有限公司（原烟台造船厂）、威海船厂、北方船厂（原烟台渔轮厂）、黄海造船有限公司、威海东海造船有限公司、蓬莱市渤海造船有限公司、乳山市造船厂、荣成市西霞口船厂、荣成海达造船有限公司、烟台打捞局造船厂、荣成造船工业集团有限公司、东营港务局船舶修造厂等建造的拖轮、全回转拖轮、散杂货船、集装箱船、渔船、冷藏运输船、油船、驳船等160余艘各类国际、国内航行船舶进行建造检验或建造入级检验。]

▲海上新增运力有烟台市海运公司千吨级“云龙号”货轮，500吨级“烟海17”号和长岛海运公司720吨登陆艇等20条运输船只，计419客位，在原有船舶客位基础上翻了一番，增加4916个载重吨位，5146马力。先后成立牟平县海洋运输公司，烟台市全洲海运公司，蓬莱县航运公司和长岛鹊嘴海运公司，烟台市海运代理公司。1至10月份约15000吨酒类、15000吨钢材、15000吨玉米和苹果，25000吨水泥等货物海运至广州、汕头、福州、上海等地。

▲烟台卫生检疫所迁址新建办公楼，位于烟台市北马路27号。

▲烟台动植物检疫威海分所、龙口分所改为威海动植物检疫所和龙口动植物检疫所，为烟台动植物检疫所分支机构（均为副县处级）。成立石岛动植物检疫所（正科级）。

1989年

1月

1月1日　龙口海关迁址龙口市龙中路29号海关大楼。

1月17日

●大连轮船公司从丹麦购进的7988吨级客滚轮“天鹅”号开始烟台—大连航线营运，首创渤海湾客滚运输先例。

●烟台海关查获“林海25”轮藏匿未报的香烟172条、录像带12盘（其中2盘淫秽录像带）、淫秽刊物1本。

“天鹅”号客滚轮/1989年摄

2月

2月28日　龙口港万吨级航道疏浚工程竣工，总长9697米，底宽80米，水深9.5米。

3月

是月

◆烟台地方港D1、D2、D3泊位建成。D1、D2是5000吨级，D3是1000吨级，方块重力式码头。

◆龙口港为煤炭专用码头输煤皮带机安装1套微机控制系统，16吨门吊与1公里长的输送机将煤炭运送到电厂，微机技术用于装卸工艺流程。

4月

4月6日　澳大利亚“美丽星”号大型邮轮载游客1200人到烟台游览。

4月18日　烟台航海学会成立，会员单位31个。

4月21日　山东省原副省长宋一民、烟台市副市长杨金镜到烟台港西港池工地及滚装船码头察看建设情况。

4月28日　山东省航运管理局任命王树波为龙口港务管理局局长，5月4日召开委托承包经营大会，局长王树波为首席承包人。

4月30日　烟台港东港池及主航道疏浚结束，航道水深由疏浚前的8.4米加深至8.7米，东口门至港内航道由80米加宽至90米，东口门至港外航道由80米加宽至100米。

龙口港煤炭专用码头输煤皮带机(一)/2006年摄

龙口港煤炭专用码头输煤皮带机(二)/2006年摄

5月

5月1日　烟台港务工程公司建造烟台港滚装船码头主体竣工（K1号泊位）。

5月9日　国际豪华级邮轮“海洋公主”号载客630人抵烟台。

5月11日　根据辽宁山东两省开发“蓬莱—旅顺”滚装运输航线联席会议纪要的精神，烟台市交通局成立“山东烟台蓬旅滚装运输航线开发办公室”，办公地点设在烟台市航务管理处。

5月21日　烟台至香港集装箱班轮航线开通，“北戴河”轮首航。

5月26日　烟台市委书记陈建国到烟台港检查指导工作。

5月28日　天津远洋公司“桐柏山”轮在烟台港西港池26号泊位装卸过程中机舱突然进水下沉，烟台海监局立即组织救助，在救捞局等单位配合下，经4昼夜救助使“桐柏山”轮脱险。

是月

◆烟台船检所由烟台海运公司代管改由烟台地方港代管，人员及业务归山东省航运管理局，财、物归烟台地方港。20世纪80年代末，烟台船检所专兼职检验人员5人。

◆龙口港务局调整内部机构，改革干部管理制度，对中层干部实行聘任制。

◆龙口市交通局筹资200万元兴建200吨级港栾码头，1990年11月竣工使用。码头泊位水深3.0米，引堤长115米，宽10米，设客船登陆泊位1处。

6月

6月24日　龙口港务局成立第一装卸公司，对下属单位试行公司制管理。

7月

7月1日　烟台港务局引航员引领巴拿马籍“鲁娜2号”进靠烟台港西港池26号泊位，船长189米，吃水9.0米。

7月27日　旅游客船“电华”轮试航大连至蓬莱，该船长31.5米，宽6米，总吨位158吨，净重79吨，223匹马力，载客215人，由大连海运学院制造，大连市电力学校经营，蓬莱港务办事处代为组织蓬莱地方客源并提取客运代办费。单日由蓬莱开出，双日由旅顺启航。后因船小交通部未批准航线，同年11月停航。

8月

8月1日　烟台市交通局属公路运输管理处、汽车维修管理处、航务管理处、附加费征收处4个行业管理部门实行政务公开制度。

8月8日　中共山东省委书记姜春云到烟台港察看。

8月10日　交通部副部长郑光迪察看烟台港。

8月12日　山东省烟台地方港务管理局成立，隶属山东省交通厅，烟台港航监督成建制划归该局管理。港务局级别和性质仍照省府（84）鲁政函279号批复执行。

8月15日　烟台海关办公地址由海关街6号迁至南大街192号，新办公楼建筑面积3986平方米。

8月17日　交通部烟台海上救助打捞局“北海102”轮（中国自行设计制造的拖轮），通过太平洋和巴拿马运河，自美国诺福克和博蒙特港1次拖带3条废钢船回国（总重1.4万吨），往返23260余海里。

是月

◆烟台卫生检疫所根据烟台港口生产需要，

开始对部分来自非检疫传染病疫区的船舶实施靠泊检疫。

◆长岛县砣矶岛码头工程开工（位于砣矶岛磨石嘴村南端），1991 年 10 月竣工，总投资 740 万元，建设千吨级泊位 1 个，年货物吞吐量 20 万吨，年客运量 20 万人次。工程主要项目：码头长 80 米，结构形式为

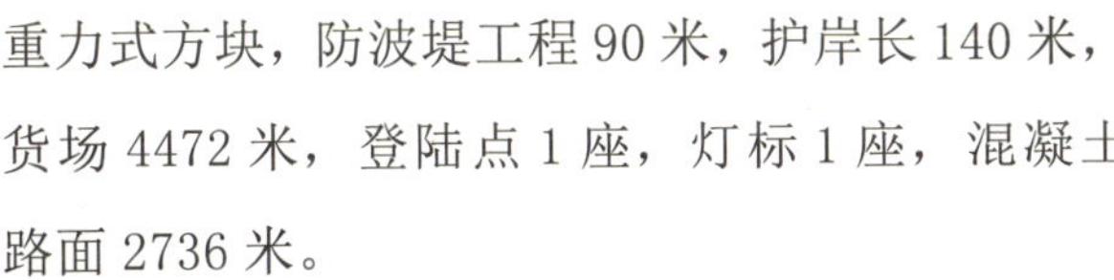

重力式方块，防波堤工程 90 米，护岸长 140 米，货场 4472 米，登陆点 1 座，灯标 1 座，混凝土路面 2736 米。

✦ 砣矶岛码头 /2011 年摄

9月

9 月 4 日　烟台市航务管理处批复同意长岛县饵料厂“海燕 1 号”船从事长岛至庙岛航线海上旅游运输，有效期限为 1989 年 8 月 25 日至 1990 年 8 月 24 日。

9 月 9 日　烟台港务局购置的第一艘货轮“崆峒岛”号（4000 吨级）抵烟台港。

9 月 20 日至 22 日　中共中央总书记江泽民，国务院总理李鹏等党和国家领导人接见出席全国优秀党务工作者大会代表，烟台港务局党委书记曲海亭受到接见并被授予“全国优秀党务工作者”称号。

9 月 28 日　江泽民、李鹏等党和国家领导人接见参加全国劳动模范和先进工作者大会代表。曲海亭、徐功卿、张汝栋、邱元坤、孙泰昌、徐沛然、李登海、门玉琦、常宗琳、王永幸出席全国劳动模范先进工作者表彰大会，被国务院分别授予全国劳动模范、先进工作者称号。

是月

◆烟台港客运站使用微机售票。

◆山东省海上搜救中心烟台分部挂靠烟台市经委，办公设在交通部烟台海上救助打捞局。

◆龙口港根据国家政策将 1977 年 12 月招收的集体固定工转为全民固定工。

10月

10 月 1 日　烟台港客运滚装码头使用。（K1 泊位）

10 月 7 日　交通部副部长王展意及山东省、烟台市有关负责人察看烟台港。

✦ 交通部副部长王展意（右 3）察看烟台港 /1989 年摄

10 月 16 日　新牟国际联合企业总公司（牟平县宁海镇新牟里村村办企业）属“全洲号”货轮首航日本。

10 月 21 日　山东省计划委员会批准蓬莱新

港工程立项，核准建设规模为2个5000吨级散杂货泊位，设计年吞吐能力98万元，投资4800万元，其中申请中央补助1600万元，省交通厅补助1000万元，省计划委员会补助600万元，烟台市、蓬莱县自筹1600万元。

是月

◆全市有8个专业水路运输企业，其他水运户116个，各类营业性运输船舶286艘，合计103670.38载重吨，101356.51千瓦。

◆烟台海关查获“飞料”走私进口尼龙布料40000码，案值298472元，经青岛海关批准，没收其走私货款，并科处罚款90000元。

11月

11月6日　烟台港务局第一家合资企业“烟台通用塑料包装有限公司”投产。

11月9日　省计划委员会、省经济委员会、省交通厅、省财政厅、省物价局、中国人民建设银行山东省分行联合发文，自1990年1月1日起在全省征收货运建设基金。

11月23日　全国政协副主席谷牧察看龙口港，题词“龙口腾飞”。

是月　山东省计划委员会批准立项建设蓬莱新港。

12月

12月18日　烟台港西港池一期工程1号、2号、4号、5号4个万吨级泊位通过国家验收。交通部、建设总行、国家投资公司、全国总工会、山东省、烟台市及烟台港务局等有关部门和单位负责人参加工程验收和签字仪式。

12月19日　龙口港煤炭专用码头、散杂码头、客运码头、件杂码头及新建客运站通过交通部验收交付使用，20日举行剪彩仪式。

12月27日　成立中共烟台海上安全监督局航标处委员会，姜成国任书记，王俊波任航标处处长、党委委员。

12月28日　烟台至韩国国际集装箱班轮首航仪式在烟台港举行。

是年

▲全面整修青渔滩灯塔（又称海猫子头灯塔，位于山东半岛荣成市青渔滩境内，国家公用干线航标一级灯塔）。1963年始建高14米白色石砌圆柱形结构，1980年重建加装灯笼，配备195型3000瓦柴油发电机组两部，直接给作为主灯光源的1000瓦灯泡供电，平均每天开机6小时，照距达20海里。1996年12月换装灯器。

✦青渔滩灯塔/2005年摄

▲烟台卫生检疫所组建石岛卫生检疫所（副县处级）。本年，威海、龙口卫生检疫站更名为卫生检疫所（副县处级）。

1990年

1月

1月15日　烟台港西港池一期工程配套铁路工程举行通车典礼，烟台市副市长杨金镜，青岛铁路分局局长周道三，烟台港务局局长朱毅为通车剪彩。

2月

2月1日　烟台港务局引航员安全引领长230米、宽30米、吃水11.6米6万吨级香港籍“石慧”轮，进靠烟台港西港池23号泊位。

2月8日　根据海关总署和青岛海关的“三定”方案，核定烟台海关1990年底编制总数

为120人，其中干部编制110人，设关领导4职，（1正3副）内设办公室、人教科、行政科、调查科、保税业务监管科、监管1科、监管2科。

2月17日　烟台港轮驳公司4000吨级货轮“崆峒岛”号满载4000吨工业用盐驶往广州。

3月

3月7日　烟台海关增设财务科，同日烟台海关工会成立。

3月9日　海关总署批准设立烟台海关驻经济技术开发区办事处（副处级），人员编制暂定60人。

3月15日　交通部天津航道局第二疏浚公司设计施工的烟台西港池水下输泥管工程获交通部嘉奖。长1300米，时为国内最长水下输泥管线。

4月

4月1日　《龙口港报》创办，内部发行。

4月14日

●《烟台市船舶修造行业管理暂行办法》发布施行，交通主管部门只负责各船舶修造厂交通运输船舶的修造行业管理。

●山东省经济委员会批准蓬莱、长岛两港及山东省烟台海运公司蓬长航线的渡轮、客轮合并，组建山东省渤海轮渡公司，隶属山东省航运管理局。系全民所有制企业，按中型一类企业管理，独立经营，自负盈亏，具有法人资格，与山东省蓬莱指挥部合署办公，后该公司印章转交山东省烟台海运公司。

4月28日　蓬莱—旅顺客货滚装海运航线开通，“鲁胶渡3”轮可载汽车30辆、旅客300名，隔日开航，5小时可达旅顺。

5月

5月10日　山东省口岸办公室批准烟台地方港对外开放，其泊位对外名称烟台港D1、D2泊位。

5月18日　交通部、公安部联合发布《关于加强航道标志安全保护工作的通知》，要求各地交通部门和公安机关加强航标保护。

5月29日　中共中央顾问委员会委员、原山东省委书记谭启龙莅临龙口港。

是月

◆烟台市海运公司增添“畅通”号旅游轮，80客位，经营芝罘湾与崆峒岛海上游览。

◆烟台港务局自美国引进的IBM9370计算机软硬件装建竣工试运行。

✦“畅通”轮/1992年摄

✦烟台地方港/1992年摄

6月

6月18日　交通部运输管理司《关于同意开辟蓬莱至旅顺（羊头洼）港滚装运输航线的批复》，同意青岛轮渡公司经营“鲁胶渡3号”轮，从事蓬莱至旅顺（羊头洼）港之间的客货滚装运输。11月中旬“鲁胶渡3”轮坞修，该航线停航。

6月25日　烟台海关开办烟台—上海—日本东京货运包机监管业务。

7月

7月1日

●济南军区司令员张万年考察龙口港。

●交通部烟台海上安全监督局开始对外国籍船舶安全检查。

7月25日　海关总署署长戴洁到龙口海关检查工作，青岛海关孙英关长、烟台市政府副市长刘国栋陪同。

7月26日　山东省省长赵志浩察看烟台港，烟台市委书记陈建国陪同。

✦ 烟台港工人铜像/2014年摄

8月

8月2日　中共中央顾问委员会常务委员刘澜涛携夫人莅临龙口港。

8月4日　中共中央顾问委员会委员、铁道部原部长陈璞如莅临龙口港。

8月6日　山东省原省委副书记陸懋曾等莅临龙口港。

8月10日　中共山东省顾问委员会常委王成旺等莅临龙口港。

8月21日　中共中央顾问委员会委员赵琳及夫人莅临龙口港。

8月27日　中共中央组织部副部长王照华察看龙口港。

9月

9月3日　国务院发展研究中心副主任张磐等考察龙口港。

9月9日　受日本神户海运公司委托，交通部烟台救助打捞局采用水下机器人“ROV”探摸沉没在旅顺口外老铁山水道的“马雅8号”轮。

9月12日　烟台市黄海拆船厂正在拆解的“壮洋丸”号废钢船失火，“德安”轮经4个多小时将10名船员救下难船，控制火势蔓延。

9月21日　烟台港务局举行西港池一期工程6个万吨级深水泊位（设计通过能力390万吨、总投资4.2亿元）竣工验收暨海港工人铜像揭幕仪式，铜像作者余志强应邀参加。

9月27日至10月5日　交通部烟台海上救助打捞局抢险小分队抢险堵漏大量渗水的门楼水库，出动车辆32台次，投入抢险人员162人次，

成功堵住每秒3.8立方米、日流量30万立方米的水库渗漏，解除险情，保住数千万立方米库容水源和烟台市区自来水供应。

是月　龙口港购置大客车，接送到职工小学读书的子女上学。

交通部部长钱永昌（左5）查看烟台港　烟台市副市长王树建（左2）、烟台市交通局局长王奎元（左3）陪同/1990年摄

10月

10月10日　国家计委批复同意烟台港西港池二期工程开工建设。

10月17日至19日　山东省交通厅在蓬莱培训中心召开蓬莱新港工程初步设计审查会，投资规模控制在5200万元以内，本月29日行文批准。

是月　烟台卫生检疫所加挂“中华人民共和国进口食品卫生监督检疫所”牌子。

11月

11月15日　龙口市人民政府批准设置龙口市港栾港务管理局（副科级事业单位）办公地点设置在港栾码头港区，隶属龙口市交通运输公司（交通局），主要从事港栾—桑岛陆岛交通码头和陆岛运输船舶的经营管理。

11月16日　烟台航标处重建海驴岛灯塔发光。白色六边形砖混结构，外贴马赛克，换装美国产ML-300型灯器，安装雷达应答器。1997年换装西班牙产BGA-500灯器，1998年升级为国家干线2级灯塔。（位于山东半岛东端以北海域海驴岛上，原为灯桩始建于1953年，高7.5米灰色铁架结构，1976年改建为7米高白色圆柱形石塔。）

11月21日　交通部部长钱永昌察看烟台港。

11月24日　烟台市交通局、烟台市财政局、烟台市物价局联合颁发《烟台市水路运输管理费征收和使用暂行办法》，自1990年4月1日起施行。

是月　山东省省长赵志浩察看龙口港。

海驴岛灯塔/2006年摄

“黑虎泉”轮/1991年摄

"鲁渤渡 1"轮开航剪彩 /1991 年摄

12月

12 月 25 日　山东省烟台海运总公司自德国购进 1.9 万吨货轮 1 艘，价格 2500 万元。命名"黑虎泉"号，时为全省地方海运最大货运船舶。

12 月 27 日　交通部烟台海上救助打捞局历时 5 个多月，水下扳正起浮 6 月 18 日撞沉在青岛港主航道的万吨级"津航浚 102"挖泥船。

12 月 31 日　烟台航标处设置基层单位：蓬莱航标站、威海航标站、石岛航标站、成山头导航台、成山头指向标站、镆铘岛指向标站、供应站、航保修理所、船队（均为正科级）、监测台（副科级）。非驻烟单位和船队设基层党支部。

是年

▲烟台港出口韩国货物 51.4 万余吨（1989 年出口 2 万多吨）。货物品种主要有水泥、钢材、粮油、化工、土产等，其中水泥所占比重较大，为 46 万多吨，占出口总量的 89.5%，占烟台港水泥总出口量的 65%。

▲烟台港务局机关及烟台市口岸办公室、外轮代理、外轮理货等单位迁入烟台港综合办公楼（址在烟台市芝罘区北马路 155 号）。

1991 年

1月

1 月 17 日　山东省烟台海运总公司投资 155 万美元从日本购进"鲁渤渡 1"车客滚装渡轮，蓬莱至旅顺航线恢复通航。"鲁渤渡 1"轮可载货 250 吨，载车 51 辆，载客 700 人。该轮每日往

烟台港综合办公楼 /2014 年摄

"鲁渤渡 1"滚装轮 /1991 年摄

返1次，早7时由蓬莱开旅顺新港，下午13时由旅顺新港开蓬莱，单航次航行时间4小时。

1月21日　快速救生船“烟救生1”号在交通部烟台海上救助打捞局使用（交通部在新加坡制造）。

1月29日　“山东省蓬莱新港建设指挥部”成立并启用印章。3月5日，山东省交通厅公布省航管局长杨国榜任山东省蓬莱新港建设指挥部总指挥，工作人员从蓬莱港务局办事处、龙口港务局、蓬莱市有关部门借调，时有职工22人，办公地址设在蓬莱港务办事处客运站。

是月　龙口港开始实行浮动工资滚动固定升级办法，每年将浮动工资的30%转为固定工资升级，翌年实施《龙口港浮动工资制暂行规定》。

2月

2月7日　烟台市政府批准发布《烟台市水路旅客运输管理暂行办法》。

3月

3月1日　龙口港制定《劳动管理制度暂行办法》，对职工实行内部离岗退养和停薪留职管理。

3月6日　商业部部长胡平莅临龙口港。

3月20日　烟台市航务管理处批复同意烟台市海运公司所购趸船改建成旅游船舶从事营业性海上旅游业务。

✦ 龙口港散装水泥装卸 /1991 年摄

4月

4月3日　晚8时，烟台市海运公司“奇山”轮（3600吨级杂货轮）满载杂货，从青岛港驶往香港，货主为山东省外运公司。

4月11日　交通部、山东省人民政府批准《烟台港总体布局规划》。

4月21日　蓬莱新港开始进行港外协作配套工程和施工，进行陆域回填。（位于蓬莱城东8公里皂河口东侧，烟台港集团蓬莱港有限公司所在地，现称蓬莱东港。）

4月22日　龙口港—韩国散装水泥运输航线开通。

5月

5月1日　龙口港为全部在职固定职工、合同制职工和离退休职工办理家庭定额财产保险，保险金额每人5000元。

✦ “奇山” 轮 /1991 年摄

5月27日　烟台市航务管理处批复同意烟台航标处用闲置驳船改建成“海上乐园”号，挂靠烟台市海上旅游服务公司并签订挂靠协议后经营海上游乐业。

6月

6月2日　烟台市委书记陈建国查看公路建设情况，烟台市交通局局长王奎元、烟台市公路管理段段长刘锡琋陪同。

✦ 烟台市委书记陈建国（前）在烟青一级公路建设工地查看 /1991 年摄

6月10日　至翌年2月27日，蓬莱市人民政府、烟台市计划委员会、山东省交通厅、交通部运输管理司相继批准成立蓬莱海运公司，隶属蓬莱市交通局。

6月13日　烟台海关查获海南某公司低报价格走私案。追缴税款652462.27元，没收违法所得65万元，科处罚款10万元。

6月25日

●山东省航运管理局在蓬莱市交通培训中心召开蓬旅滚装运输协调会，烟台市政府副秘书长柳君华到会。交通部烟台海监局、烟台市经委、烟台市交通局、长岛县政府、蓬莱市政府、省港航监督、省烟台港航监督、省港航监督长岛办事处、省烟台海运公司、省蓬莱港务办事处、长岛县水产局、南长山镇政府，蓬莱市经委、水产局、交通局，蓬莱海运公司等代表参会。就蓬旅航线渡轮运行班次的安排、航道的确定和清理及有关检查设卡收费问题进行协商。

●中华人民共和国驻荷兰王国特命全权大使王庆余参观龙口港。

7月

7月19日　中顾委委员杜星恒一行6人莅临龙口港。

7月31日　烟台港装卸火车作业线开建，位于西港池24号库与流动机械库之间，长126米，宽24米，高16米，建筑面积3000平方米，可容纳18节火车厢“全天候”作业，翌年7月1日竣工投产。

是月

◆烟台船检所对中国自行设计制造的第一艘采油平台“胜利开发1号”进行检验。

✦ 烟台港火车装卸作业线 /1992 年摄

◆交通部、中国海员工会、中国公路运输工会授予烟台港客运站“1989、1990年度全国交通系统两个文明建设先进集体”称号，授予烟台港务局局长兼党委书记朱毅“劳动模范”称号。

8月

8月2日　烟台市交通局局长王奎元率交通代表团赴韩国洽谈海上通航事宜。

8月6日　烟台海关查获走私进口聚丙烯2000余吨案，案值达1300余万元。

8月8日　烟台港储运公司投资300万元兴建的三里桥仓储基地竣工投产。该基地占地30000平方米，建有两座仓库计3000平方米，货场20000平方米及其他配套设施，可一次存放货物2.5万余吨。

8月10日

●省物价局、省交通厅《关于公布蓬—旅客运等级票价的通知》公布蓬莱—旅顺航线“鲁渤渡1”滚装船等级舱位的等级票价：单人椅15元/张；软皮椅20元/张；航空椅27元/张；普卧35元/张；软卧50元/张。自1991年8月20日零时起执行。

●“辽旅渡1”轮投入蓬旅航线，随后该航线船舶不断增加，顶峰时共有客滚船6艘。

9月

9月10日　交通部烟台海上救助打捞局技工学校“船舶水手”班开学，经交通部教育司批准恢复招生，分设“船舶水手”“船舶轮机工”两个专业，学制3年，招收当年初中毕业生，隔年招生，每年设1个专业。

9月12日　省物价局、交通厅印发《关于公布蓬莱—砣矶、长岛—砣矶航线车辆过渡收费标准的通知》。

9月27日　烟台至威海一级公路烟台东出口段通车。

10月

10月4日　山东省交通厅批复同意“烟台联运总公司”所属集装箱中转站开展海上国际集装箱中转业务，所受理的中转集装箱及货物由国营专业运输企业承运。

10月15日　山东省物价局、山东省交通厅印发《关于公布滚装运输洗舱消毒费收费标准的通知》，对承运车辆装载的各种家禽、牲畜等有生动物船舱必须进行洗舱消毒。船舶单位按80元／次辆

✦ 航拍烟台至威海一级公路烟台东出口段/1992年摄

（不分所装层次）的标准向承运家禽、牲畜等有生动物的车主收取洗舱消毒费，即日起执行。

10 月 31 日　龙口至秦皇岛客货滚装运输航线在龙口举行首航仪式。交通部运管司司长张奇，山东省副省长王建功，省政协副主席郑伟民，省顾委常委孙恕之，省经委副主任朱正昌，省交通厅副厅长尹振维及省直有关部门和烟台市、龙口市的负责人，河北省副省长陈立友，省计经委副主任梁茂林，省交通厅副厅长杨树青及省直有关部门和秦皇岛市的负责人参加首航仪式。交通部副部长郑光迪参加 11 月 2 日在秦皇岛举行的秦皇岛至龙口通航仪式。（航线全长 143 海里，航行 9 小时，山东省烟台海运总公司 1500 吨级“鲁渤渡 1 号”客货滚装船营运，每逢单日上午 9 点 30 分由龙口开往秦皇岛，每逢双日上午 9 点 30 分由秦皇岛开往龙口，可载客 500 人、5 吨货车 27 辆或小轿车 42 辆。）

是月　龙口港职工俱乐部大楼开建，1993 年 12 月竣工使用，建筑面积 2681.03 平方米。

烟台卫生检疫局办公楼 /1988 年至 1999 年间摄

11 月

是月

◆烟台船检所相继检验“鲁渤渡 1”“鲁渤渡 2”“鲁渤渡 3”“华鲁”“昆嵛”等跨省航行客滚船。2000 年 4 月，烟台船检处又对航行蓬莱—长岛—北五岛的车客渡船“长兴 1”和“祥龙　”轮进行审图和制造检验，至 2000 年 8 月 31 日烟台船检处专业验船人员 4 人（不包括港监人员）。

◆龙口港自筹资金 202 万元，自广州购进 2574 千瓦可变螺距浆“龙港拖 19”拖轮开始使用。

12 月

12 月 6 日　烟台卫生检疫所更名为中华人民共和国烟台卫生检疫局（简称烟台卫生检疫局，址烟台市北马路 27 号）。孙振祚任局长。

“海上世界”驳船 /1991 年摄

是月　台海关驻开发区办事处业务办公楼建成，建筑面积 3800 平方米，位于开发区长江路 7 号。

是年

▲烟台港务局建港指挥部通过中国技术进出口公司为西港池扩建工程从日本进口三菱电线电缆株式会社生产的电力电缆，经烟台商检局检验发现有 6 个规格的低压电缆导体电阻率达不到标准规定，通过出具索赔证书，日方赔偿烟台港务局 2600 万日元（约 19 万美元）。

▲烟台市海上旅游服务公司成立。

✦ 烟台市海上旅游服务公司成立典礼在船上举行 /1991 年摄

▲龙口市交通局投资 100 万元开工建设桑岛 100 吨级交通码头。

▲凤城港投资 25 万元在货场建 927 平方米仓库 1 座。

1992 年

1 月

1 月 1 日　山东省航运管理局将海庙港务办事处划归龙口港务管理局代管，1998 年归属省航运集团，仍由龙口港务管理局代管。海庙港 1997 年投资 240 万元，购进 1100 吨级自航船“鲁海 280”。

2 月

2 月 18 日　烟台市计划委批复烟台市轮船运输公司（前身为烟台市海运公司）转为全民所有制企业。4 月 10 日，该公司申请制造 2 艘“170 箱多用途集装箱船”的报告称，公司职工 487 人，固定资产总值 2770 万元，各种船舶 13 艘，8150 总吨。其中自航散装货船 9 艘（3600 吨货轮 1 艘，1000 吨货轮 2 艘，500 吨货轮 3 艘，200 吨货轮 3 艘，共计 7700 载重吨，船龄都在 6 年以上，最老已达 56 年）。

✦ 蓬莱新港（东港）/2011 年摄

3 月

3 月 12 日　交通部烟台海上救助打捞局“北海 102”轮将 1 件海上采油平台巨型导管架自日本运抵新西兰，往返 11780 海里。

3 月 14 日　烟台—日本（横滨）集装箱班轮开通。

3 月 19 日　中国人民建设银行山东信托投资公司出资 135 万美元购买日本永雄商事株式有限会社二手客货滚装船“禾丸号”，自日本航抵蓬莱港。船长 77.6 米，宽 12.7 米，型深 5.2 米，1595 总吨，可同时装载 5 吨标准解放牌汽车 30 辆和旅客 350 人，主机功率 6400 马力，航速可达 18.7 节 / 时，抗风能力 8 级。

3 月 30 日　龙口海关关长曲春辉调任烟台海关关长（副厅级），张继光主持龙口海关工作。翌年 3 月 19 日张继光任龙口海关关长，8 月 17 日任中共龙口海关党组书记。

是月　蓬莱新港（东港）一期工程开建，1995 年 11 月竣工，12 月 28 日通过国家验收，正式使用。累计投资 7600 万元，建成 2000 吨、5000 吨、1 万吨级泊位各 1 个，码头总长 455 米，水深分别为 5.5 米、8.0 米和 10.0 米，年吞吐能力 120 万吨。

4 月

4 月 1 日

●烟台港航监督自烟台地方港务管理局划

莱州港码头 /2006 年摄

芝罘区海上游艇营运 /1993 年摄

出，直属省航运管理局。

●烟台市物价局、交通局批复烟台市海上旅游服务公司“关于旅游艇票价的申请”，普通机动游艇：烟台山至鱼台嘴每人次 6 元；烟台山至月亮湾每人次 5.50 元；烟台山至崆峒岛每人次 15 元；烟台山至东口每人次 12 元。高速游艇：烟台山至东炮台每人次 8 元；烟台山至崆峒岛每人次 20 元。均为往返里程收费标准，即日起执行。

4 月 3 日　烟台市航务管理处同意实施“鲁蓬渡 1 号”票价：软卧 50 元，硬卧 35 元，航空椅 30 元，软座 25 元，硬座 20 元，每张票面印有“山东省蓬莱海运公司”字样。4 月 13 日，又审定补充说明价格为座席票 15 元、20 元、27 元票面，卧铺票 35 元、50 元票面。

4 月 8 日　莱州港开建，作为百万吨盐田项目的配套工程（地处莱州市三山岛特别工业区）。莱州市引进建设资金 200 万美元，总投资 2.2 亿元，1996 年 6 月一期工程竣工运营。建成 1 万吨级散杂货码头 1 个，长度 190.99 米、水深 10 米；1000 吨级散杂货码头 2 个，长度 159.52 米、水深 7.2 米；3000 吨级客滚码头 1 个，长度 162.8 米、水深 7.2 米。码头岸线长 513.31 米、引堤 390 米、防波堤 774.5 米、护岸 867.18 米，航道 900 米、宽 95 米、最大吃水 9.2 米。货物堆场 22918.8 平方米。290 千瓦二手拖轮 1 艘，设计年吞吐能力 240 万吨。1996 年 12 月 17 日，国务院批准为一类对外开放口

烟台市交通局领导看烟威一级汽车专用公路建设方案示意图 /1992 年摄

烟台至威海一级公路开工动员会 /1992

岸。1997年增建候船大厅380平方米，购进660千瓦二手拖轮1艘，1998年建成仓储库1座。至2003年年末，莱州港建成万吨级泊位，年吞吐能力300万吨，双航道水深12.6米，5万吨船舶可乘潮进港。

✦“鲁蓬渡1”号滚装船/1992年摄

4月16日　烟（台）威（海）一级汽车专用公路开工建设，至1994年12月20日建成通车，为全市首条一级汽车专用公路。

4月17日　俄罗斯籍“拿格耶夫”号油轮载5000吨柴油靠烟台港21号泊位，直接将柴油卸入罐区油罐。

4月28日　山东省蓬莱海运公司开业，主要经营海上客货滚装运输。以1300万元承租经营由“禾丸号”更名的“鲁蓬渡1号”客滚船，经营航线为蓬莱港(西港)至旅顺羊头洼港。10时18分，“鲁蓬渡1号”在蓬莱港（西港）启航，交通部、省交通厅、烟台市交通局、蓬莱市六大班子负责人出席仪式（“鲁渤渡1”和“鲁蓬渡1”轮实行一天一倒班轮换制）。2006年8月，运行该航线的老龄船舶下线，该公司经营的蓬莱—旅顺航线停航。

是月

◆“中华人民共和国烟台动植物检疫所”更名“中华人民共和国烟台动植物检疫局”（简称烟台动植物检疫局），6月1日挂牌，其分支机构均由“所”改“局”。

◆烟台船检所实行政企分开，不再挂靠烟台地方港务局，直属山东省航运管理局。12月山东省船舶检验处烟台检验所更名为山东省烟台船舶检验处，与山东省烟台港航监督、山东省烟台海上安全监督局合署办公，一个机构三块牌子，吕化境任处长（监督长、局长）。1994年5月王富兴任处长，1997年12月王炳江任处长。（山东省龙口船舶检验处同时更名，陶锡光任处长，业务范围和隶属关系与原船检所不变。）1995年6月，成立山东省蓬莱船舶检验处，王行宽任处长，负责蓬莱、长岛两县市船检业务。1998年12月，成立山东省莱州船舶检验处，负责莱州市船检业务，李惠堂任处长。

5月

5月11日　国际救助联盟主席、施密特国际救捞公司总经理雷尼哥尔特，英国夏礼文律师行总裁、国际救助联盟法律顾问比绍普及国际救助联盟香港分部总经理史蒂文斯一行3人参观交通部烟台海上救助打捞局救生专用码头。

5月19日　中国人民解放军总参谋长迟浩田、济南军区司令员张万年、政委宋清渭、山东省省长赵志浩、省军区政委刘国福检查烟台港务局民兵预备役工作，烟台市委书记杜世成、烟台警备区司令员邓守业陪同。

5月28日　烟台芝罘湾保税区管理委员会成立，烟台市副市长杨金镜兼主任，迟焕然、宋家来

“锦芝 101”轮 /1992 年摄

“升华”轮 /1992 年摄

“升华”轮首航韩国剪彩仪式 /1992 年摄

中韩合资烟台锦芝船务有限公司开业 /1992 年摄

任副主任，下设办公室，正县级机构，开始申办烟台保税区。

是月

◆烟台市牟平港务公司（养马岛文化港）始建，1995 年 7 月建成使用（位于牟平港对面，养马岛西端环岛路 1000 号）。拥有 5000 吨级泊位 1 个，码头长 150 米，前沿水深 7.0 米，港区陆域面积 2 万平方米，货场 4000 平方米，2 台 10 吨门座式起重机，立式和卧式储罐共 7 座，最大单罐容量 50 吨。经营项目为码头停泊、租赁仓储服务，黄砂、石材、花岗岩、粮食、煤炭等进出口业务。为加快养马岛整体开发，改善养马岛码头周边生态环境，牟平区政府决定依法收回烟台市牟平港务公司养马岛码头的国有土地使用权。2014 年 4 月 19 日，烟台市牟平港务公司的港口经营许可证到期后，停止办理续期。

◆龙口—大连客运班轮航线改为客、车滚装运输班轮航线，由“天鲲”和“天鹏”轮承运，每天 1 班。

6 月

6 月 16 日　龙口海关业务开始 H883 计算机网络运行。

6 月 20 日　烟台市属海运企业烟台市轮船运输公司“升华”货轮首航韩国。

6 月 29 日　龙口港 5000 吨级燃油专用码头开建，1994 年 10 月 8 日通过竣工验收交付使用。

6 月 30 日　烟台海关扣留“万福”轮所载 70 辆无证进口蓝鸟轿车。

7 月

7 月 1 日　烟台港西港池二期工程全面开建，总规模 6 个万吨级深水泊位及铁路等配套工程。计划投资 6.6 亿元，系国家“八五”重点建设项目。

烟台港西港池二期工程预制沉箱 /1992 年摄

烟台港西港池二期工程第一块沉箱下水 /1992 年摄

7 月 21 日　青岛海关批准龙口海关组建调查技术科，负责缉私和科技管理工作。龙口海关内设机构形成设办公室、监管一科、监管二科、调查技术科、行政科 5 个科室，编制 43 人。

8月

8 月 1 日　烟台港与新西兰陶朗加港缔结友好港口。

8 月 5 日　交通部运输管理司批准筹建山东龙口海运公司，1994 年，该公司购置 1 艘 800 吨

航拍烟台港与城区 /1992 年摄

级50客位、48车位客货滚装船。

8月24日　龙口港利用自有资金在上海港机厂建造的4台M10-30型门座起重机抵港。

8月26日　全国政协常委，文化部原副部长王济夫莅临龙口港。

8月30日至9月2日　因台风袭击，海阳县凤城港5吨重油罐移位，防浪墙冲毁60米，灯塔处下沉。

是月　山东牟平海洋运输公司经交通部批准成立（国有企业），1993年5月注册登记，注册资本1670万元，一期投资2200余万元购进欧洲客滚船1艘（“昆嵛”轮），经营烟台至大连客滚航线。

9月

9月6日　交通部烟台海上救助打捞局救捞工程处经5昼夜排水和堵漏，避免洪都拉斯籍货船“瓦伦丁”号在烟台港内沉没。

9月12日　交通部印发《关于同意船检局直属分局、检验处更名的批复》，烟台检验处更名中华人民共和国烟台船舶检验局暨中国船级社烟台办事处（正处级），仍为青岛船检局（正处级）下属机构，11月1日挂牌办公。杨机敏任局长。

9月13日　“渤海海峡跨海通道”课题前期研究在蓬莱召开鉴定会，该课题的基本设想是：建设烟台至大连的跨海大桥和海底隧道，研究“南桥北隧”方案，即蓬莱—长岛北隍城利用岛屿架桥，长岛北隍城—旅顺建海底隧道。该课题由烟台市政府办公室为主承担前期研究，国家计委政策研究室和烟台市经济技术发展研究中心协作。

9月15日　烟台港举行“飞鱼”双体高速客轮首航仪式。（此客轮大连远丰轮渡公司经营）

9月27日　中华人民共和国莱州进出口商品检验局筹备处成立。

是月　“烟救驳5008”交付交通部烟台海上救助打捞局使用，系天津一航局船厂制造的国内第一艘救捞减载驳船，长90米，宽20米，载重5000吨，是散装和集装箱两用驳船。

10月

10月26日　龙口港接卸大型外籍滚装货轮“马斯基天空”号，8.5小时接卸小轿车1400辆。

10月30日　龙口至香港集装箱班轮通航，每月两班（7000吨级“皇华泉”轮营运）。

11月

11月1日　山东省烟台船舶检验处成立。

11月18日

●海关总署批准烟台保税区（筹）开展进口汽车保税业务，保税汽车仅限转口贸易和销售给烟台市内可享受免税优惠的外商投资企业。

●烟台市计划委员会批复同意成立烟台东方船务公司，为集体所有制企业，注册资金30万元。实行独立核算，自负盈亏，具有法人资格，隶属烟台市经协委，主要从事船舶代理、货运代理、船舶营运、引航服务、海事代理、船员培训等业务。

11月23日　由中国港湾建设总公司承担的澳门机场工程开工，交通部天津航道局第二疏浚公司“津航浚105”轮首次赴境外施工。

是月　烟台海关扣留某公司无证到港18辆“沙龙”“王子”轿车。

12月

12月5日　山东省航运管理局党委任命王树波局长兼任龙口港务管理局党委书记。

12月8日　烟台、大连两地方港开通客滚班轮，山东省烟台海运总公司与大连海运公司的客滚轮每日对开。

12月28日　烟台海关驻经济技术开发区办事处正式对外开办业务。

是月　耿文福任烟台海监局党委书记兼局长，1995年11月任党委书记兼局长、监督长。

是年

▲烟台市政府副秘书长迟焕然任烟台市交通局局长、党委副书记。

▲龙口港出资270万元与龙口矿务局、龙口发电厂等单位合资组建“龙口市柳林水泥实业股份有限公司”，主要生产、经营“柳林牌”水泥。

1993年

1月

1月9日　烟台海关没收某公司无证进口70辆日产“蓝鸟”牌轿车（2.0 SC1）。

1月12日　龙口港港史展览馆开馆。

1月16日　烟台市政府决定：撤销烟台市交通局，组建烟台市交通委员会，列政府工作部门序列，对全市公路、铁路、海运、航空等交通运输实行统一管理和协调工作。烟台市政府副秘书长迟焕然任烟台市交通委员会主任。至6月，烟台市辖10个县市区均建置政府序列交通委员会。

1月17日　烟台市政府副秘书长、烟台市交通委主任迟焕然带领有关部门人员赴大连，同大连市政府领导及有关部门协商，就共同争取烟大铁路轮渡项目的一系列问题达成共识，18日烟台市政府与大连市政府签订《关于修建烟大海上铁路轮渡的协议》。（烟大铁路轮渡项目源于1984年5月李鹏副总理对国家经委“经交〔1984〕278号”文的批示，1985年4月至5月，铁道部、国家经委、交通部、中国船舶工业总公司组成海上轮渡考察组到丹麦、瑞典、德国进行考察。1992年11月，烟台《政务参阅》刊载《兴建“烟大铁路轮渡与环渤海经济开放开发研究”报告的设想》供领导参阅；1992年12月9日，烟台市政府向山东省政府上报《关于兴建烟大铁路轮渡的请示》。）

1月19日　中共烟台市委发文公布，撤销中共烟台市交通局委员会，建立中共烟台市委交通委员会工作委员会。4月，迟焕然任书记。

是月　蓝（村）烟（台）铁路复线入选铁道部“八五”规划，确定由济南铁路局负责修建。

2月

2月10日　龙口港制定《职工停薪留职暂行办法》《职工离退休、退职、内部退养暂行办法》，经龙口港职工代表大会四届四次会议审议通过实行。

2月23日

●烟台市政府市长办公会确定，成立烟大铁路轮渡工程筹建办公室、德龙烟铁路筹建办公室（至6月更名为烟台地方铁路筹建办公室）、烟台市地方民航发展办公室，隶属关系挂靠烟台市交通委员会。（4月16日，烟台市政府批准烟台市烟大铁路轮渡工程筹建办公室成立，为县级事业单位，挂靠烟台市交通委，主要任务负责烟大铁路轮渡工程及对韩、对台通航的筹备和有关组织协调工作。）

●烟台市轮船运输公司合并烟台市海上旅游服务公司。

3月

3月13日　蓬莱市乙炔工业公司拆船厂拆割1艘旧货轮时发生火灾，蓬莱、龙口两个消防中队将大火扑灭，13名官兵烧伤，蓬莱中队冯建治牺牲。

3月18日　交通投资公司成立，是为烟台市交通委兴办的第一个实体公司。1994年7月7日，经烟台市政府批准，由全民所有制企业单位改为全

烟台动植物检疫局办公楼/1993年至1999年间摄

民所有制县级事业单位，隶属烟台市交通委员会。

3月20日　山东电力燃料海运公司在济南成立，注册资金3050万元。购置1.7万载重吨船1艘，1995年1月15日经交通部运管司批准开业，1999年6月7日更名山东鲁能电力燃料海运有限公司。2000年1月至3月相继购置“鲁能海2”（2.2万载重吨）和“鲁能海3”（2.2万载重吨）散货船。2003年1月21日，向龙口市航管所提交《变更〈水路运输许可证〉的请示》，经主管部门批准，更名为山东鲁能海运有限公司，公司办公场所由济南市经三路14号迁至龙口市电厂东路16号。2006年1月至2011年5月，又购置“鲁能海5”（约2万载重吨）、“鲁能海7”（约2.2万载重吨）、“华鲁海1”（约2.7万载重吨）3艘散货船。

3月24日

●龙口港职工参股组建的海裕货运公司举行开业典礼，是独具法人资质的综合性货运代理公司，主要经营内外贸水陆货运代理业务。

●烟台海关查获巴拿马籍货轮“JU-UN NO.1”自韩国仁川港走私进口35辆“现代”牌轿车。

3月30日　莱山机场1架“大力神”飞机（中国西南航空公司）装载13吨海鲜品9时起飞直航日本名古屋市，成为烟台市首架国际货运包机，至年末，烟台至日本货运包机飞行7个航次。

是月　《烟台市交通志(1840—1985)》印制成书。

4月

4月11日　山东龙口海运公司与香港“惠港投资有限公司”共同兴办“龙口鑫达海运有限公司”。

4月13日　烟台市交通委员会迁入新建交通大楼办公，址在南大街159号。

4月14日　山东省烟台海运总公司合并山东省烟台地方港务局。

4月中旬　山东省邮电管理局行业管理处批准烟台港程控交换机进入烟台市话局，局号为78分局。

4月28日　烟台海关查获韩国籍“横津”轮走私进口91辆日产丰田汽车。

是月　烟台动植物检疫局迁至烟台新海阳街59号办公楼办公。

中华人民共和国

烟台市交通局办公楼/1990年摄

烟台市交通委员会办公楼/1993年

5月

5月4日

●烟台市政府批准《烟台港道路交通管理办法》，烟台港区内道路纳入城市道路交通管理。

●烟台港与美国坦帕港缔结为友好港口。

5月5日　烟台至大连海运航线增添大连海运集团高速客轮“海鸥”号营运。

5月17日　烟台商检局机构升格为副厅级。孙书平任局长。

5月25日

●山东省计委与辽宁省计委签订《关于积极开展辽鲁海上列车轮渡前期工作的协议》。

●烟大铁路轮渡暨蓝烟铁路复线可研报告审查会议在养马岛交通培训中心举行，铁道部副部长屠由瑞在济南铁路局局长盛光祖陪同下，到烟台考察烟大铁路轮渡和蓝烟铁路复线工程项目，并为烟台铁道大厦开业剪彩。

“海鸥”号高速客轮 /1993 年摄

烟大铁路轮渡暨蓝烟铁路复线可研报告审查会议在养马岛交通培训中心举行 /1993 年摄

6月

6月4日　李炳岩兼任烟台航标处党委书记，王明亭任处长。

烟台至丹东海上客运航线首航 /1993 年摄

6月7日　交通部同意筹建蓬莱鹏翔海运有限公司。

6月11日　龙口港自筹资金1400万元制造的2500千瓦全回转拖轮“龙港拖20”开始使用。

6月16日　烟台—丹东旅客海运航线开通（因经营亏损本年10月4日停班）。

6月20日至22日　参加全国公路建设会议人员，实地考察烟台市境400多公里公路建设和莱州公路站。其间，国务院副总理邹家华莅临龙口港，交通部部长黄镇东、山东省副省长李春亭陪同。

是月　烟台港D5、D6泊位开工建设，1994年竣工，是山东渤海轮渡滚装船专用突堤式码头，重力式预制沉箱+钢引桥结构，突堤长度102米，泊位前沿水深6米。

7月

7月7日

●新加坡副总理王鼎昌率领政府代表团50余人参观考察烟台港。

●烟台港务局海港新村住宅楼开始入住职工。

7月14日　烟台海关查获走私进口家电50集装箱案，案值2500万元。

7月16日　烟台海关查获无证到货15辆日产轿车。

7月17日　龙口海关查获烟台鑫港电缆有限公司在港栾码头利用小型货船走私进口轿车59辆。

7月28日　烟台海关查获30辆无证到货日产轿车。

7月29日　龙口海关查获蓬莱市振兴实业有限公司走私进口轿车28辆。

8月

8月7日　烟台某公司向烟台海关自首其走私进口210辆日产旧轿车。

8月11日　烟台海关没收走私进口的35辆韩国产”现代”牌轿车，并科处当事人35万元罚款；没收“JU-UNNO.1”轮违法所得35万元，并科处罚款5万元。

8月17日　海关总署批准设立龙口海关驻长岛办事处，科级，编制8人。（1998年12月30日开关对外办公，负责办理长岛县海关业务。）

8月23日　烟台至韩国釜山国际客箱班轮航线开通，烟台真星公司“黄海”轮试航。

✦ 烟台港务局海港新村住宅楼/2010年摄

✦ 海港医院迁新址/20世纪90年代摄

8月26日　国务院副总理李岚清在烟台督察打击走私工作。

是月　烟台海港医院迁址。（位于芝罘区幸福路100号）

9月

9月11日　龙口港与天津海运公司合作，开辟龙口—日本神户外贸集装箱班轮直达航线。

9月16日　烟台海关依法没收无证到货15辆“公爵王”轿车。

9月21日　烟台海关查获某公司利用集装箱走私进口17辆汽车。

是月　铁道部第三勘测设计院完成《烟台至大连铁路轮渡及后方铁路道路可行性研究报告》。

中华人民共和国

✦"新世纪"号高速船开航剪彩 /1993 年摄

✦"新世纪"号高速船上客 /1993 年摄

10月

10 月 11 日　高速客轮"新世纪"号开始烟台至大连航线营运，2.5 小时可达，系山东省烟台海运总公司以 600 万美元价格从挪威购进，长 40 米，宽 20 米，478 总吨，304 客位，航速 33 海里 / 小时，装有 DMS 防摇装置、闭路电视等设施。

10 月 17 日　烟台海关依法没收某公司走私进口 8340 箱香烟，并科处当事人罚款 68 万元。

10 月 18 日　烟台海关依法没收某公司走私进口 12 辆"现代"轿车。

10 月 22 日　海关总署批准烟台保税区（筹）设立办公用品保税仓库，经营所有三资企业和外商在烟办事机构开展活动、处理行政和业务事务所必备的机器设备、家具、工具和家用电器。

10 月 30 日　新加坡政府经济考察团到龙口港考察投资环境，双方就合资兴建万吨级集装箱泊位或多用途泊位进行磋商，签订意向书。

10 月 31 日　烟台港与美国圣迭戈港缔结为友好港口。

是月　烟台港务局实行全员劳动合同制。

11月

11 月 7 日　烟台至大连铁路轮渡及后方铁路道路可研报告审查会议在牟平养马岛召开，铁道部副部长屠由瑞、山东省副省长张瑞凤、辽宁省副省长从正龙及国家、两省有关领导和专家出席会议，屠由瑞、张瑞凤、从正龙签署了报国家计委"烟大铁路轮渡及后方铁路道路"项目建议书。

11 月 9 日

●烟台市政府副秘书长、烟台市交通委主任迟焕然带领有关人员进京，向交通部副部长刘松金、刘锷，国家计委交通司司长李瑞申，山东省委书记姜春云，辽宁省省长岳岐峰汇报烟大铁路轮渡事项。迟焕然列席山东省副省长李春亭向国家计委副主任叶青汇报全省重点项目的会议。

●烟台保税区（筹）内出口监管仓库由烟台海关授予登记证书，出口监管仓库挂牌营业，是海关总署在山东省批准的第一家出口监管仓库。

●莱州海运公司成立，集体所有制企业，职工 20 人 。

11 月 16 日　山东省烟台海运总公司利用德国政府贷款，由德国布朗德船厂建造 2 艘集装箱船的项目合同在北京人民大会堂签字，项目总额 7980 万马克，为中国首家地方海运企业利用外国政府贷款的造船项目。

11月29日　青岛海关签发《关于设立烟台芝罘湾海关监管区有关问题的批复》文件，决定在国务院未批准烟台保税区之前，将“烟台保税区”列为海关监管区，可开展转口贸易，设立烟台芝罘湾海关监管区。

是月

◆交通部发布《中华人民共和国海上航行警告和航行通知管理规定》。

◆烟台市气象局建成局域网。1993年-1994年，先后建立烟台市市－县气象数据通信网，采用维持费用较低的甚（超）高频数据传输方式（无线微机远程终端）。1995年，在全省气象部门率先实现市局局域网和省台局域网的远程互联。1995年10月，引进PTC气象传真卡，该卡插入微机扩展槽内，在程序控制下按用户的收图节目表自动收取无线气象传真图，可代替传真收片机，并且具有自动、可靠、高效、方便的优点，在信号较好情况下可无人职守。

12月

12月17日　山东省人民政府、济南军区联合发布《关于将山东省海上安全指挥部更名为山东省海上搜救中心的通知》，仍下设青岛和烟台两个分部，办公室仍设置在烟台市经贸委，有固定编制和经费来源。

12月18日　韩国政府代表团一行6人抵龙口港，就龙口港向韩国政府低息贷款800万美元项目进行评估，翌年6月2日韩国输出银行派员再次考察评估。

12月31日　龙口港编制的1990年-2020年《龙口港总体布局规划》获山东省人民政府批准。

是年

▲交通部发出《关于公布全面开放渤海湾海上客运市场实施方案的通知》，烟台至大连海上运力结构从单一的客船转向客滚船和高速船。

▲烟台海关查获走私案件5起，私货值19105059元，罚没收入30095058元。

▲招远市交通委成立招远市海运公司，1995年成立招远市鑫海航运经营部，两企业不久即倒闭。1996年，辛庄沙场改设招远市渤海沙石有限公司，增加20吨过驳趸船1艘，最高年份运沙量达到10万吨。

▲长岛祥隆水运有限公司成立（与2008年成立的烟台锦隆海运有限公司一套班子，两块牌子）。长岛县民营企业，职工160人，主要从事国内沿海散货运输、蓬长及北五岛、西三岛航线客货滚装运输及冀东油田开发海上服务等，有货船、客船、客滚船10艘共20000总吨。初期，购日本一艘载车10辆、载客100人的小型客滚船“太龙”轮在蓬长航线营运，后相继置“兴龙、祥龙、盛龙、锦容18、玖龙王子、和龙”等轮，光租“钦岛1号、长山号”等轮。

✦“和龙”轮/2014年摄

1994年

1月

1月1日　烟大铁路轮渡项目继副总理邹家华在“铁专报〔1993〕21号”文件上批示之后，副总理朱镕基也在此文件上圈阅同意，6日总理李鹏也在文件上圈阅同意。

1月17日至18日　国家在唐山市召开环渤海地区经济规划座谈会，烟大铁路轮渡项目正式入选国家《2000年环渤海地区经济发展规划要点》。

2月

2月4日　海关总署批准烟台海关为副厅级单位，领导干部职数副厅级1名，正处级4名，副处级5名。

2月21日　烟台市副市长杨金镜，烟台市政府副秘书长、烟台市交通委主任迟焕然陪同山东省副省长陈建国、省政府副秘书长孙光远察看烟威一级汽车专用路和烟台港西港池建设工程。

是月　烟台市交通委委托驰通工程咨询公司进行全市港口布局整体规划，驰通公司和交通部水运规划设计院7月完成初稿，征求意见后于11月初提交送审稿，11月18日至19日，《烟台市沿海港口总体布局规划》通过专家评审，1995年2月定稿。

3月

3月8日　烟台海运总公司从挪威引进“华鲁”客滚轮抵烟，该轮时为渤海湾内最大客滚船。

3月11日　龙口—旅顺客、车滚装运输航线开通，在6号泊位举行通航仪式。

3月14日

●全市交通工作会议在牟平养马岛召开，提出“紧紧围绕市区这个中心，坚持以港口为龙头，以公路为基础，以铁路为动脉，以民航为两翼，构筑现代化、立体式、快速反应的大交通”的全市交通工作总体发展战略。

●龙口海关关长张继光调任青岛海关技术处处长，成守信任龙口海关关长、党组书记。

3月15日　蓬莱登州镇西庄村民就“长岛县海运公司在西庄村北海中登州浅滩大量挖沙，致使邻近海岸严重侵蚀，西庄村土地被侵，房屋被毁，村民生命财产受到严重威胁”一事，向青岛海事法庭提起诉讼。

3月18日　烟台海运总公司兼并烟台市轮船运输公司，4月28日完成兼并工作。

4月

4月7日　龙口、招远海域遭暴风雨，出海渔民遇险，龙口港拖轮全部参与救助，营救遇险渔船25只，渔民65名。烟台市政府特电表扬。

4月8日　蓬莱市政府与美国北美美康国际集团在北京就美方独资兴建蓬莱新港及有关的海湾发展项目达成协议。4月26日，交通部遵照总书记江泽民和副总理李岚清的批示，向山东省交通厅发出《关于终止蓬莱市利用外资独资建设蓬莱新港问题的通知》，并抄送蓬莱市人民政府，确定蓬莱市必须终止外商独资建设、经营港口的有关工作，并立即通知对方终止所签协议。

4月13日　交通部印发《关于加强对非航标管理部门在海上设标管理问题的通知》。

4月13日至17日　新加坡企业投资考察团到龙口港考察投资环境等项目。

4月14日　利比里亚籍3万吨级货轮“中国希望”号因值班人员严重疏忽，与正在荣成市成山头西北水域68渔区4小区从事捕捞作业的蓬莱籍“鲁蓬渔1121”号42吨级钢质渔船相撞，导致“鲁

蓬渔 1121”沉没，13 名船员全部遇难。 事后事故双方达成调解协议，10 月 10 日天津海事法院公布《民事调解书》予以确认，被告利比里亚跨洋航运公司一次性赔偿原告蓬莱市大季家镇初旺渔业公司责任经济损失 2088637.71 美元，一次性赔偿原告赵清国等 13 户死难者家属 6.5 万美元。

4 月 25 日　山东省烟台海运总公司兼并烟台市轮船运输公司。

是月　长岛县大钦岛码头工程开工（位于大钦岛南口），1996 年 6 月竣工，总投资 750 万元。建设 500 吨级泊位 1 个，年货物吞吐量 20 万吨，年客运量 20 万人次。工程主要项目：码头长 60 米，底高程 -5 米，顶高程 +3.5 米；半直立式护岸长 50 米，底高程 -2.4 米，顶高程 +1.0 米；斜坡式护岸长 60 米；回填货场 3500 平方米；港池及码头基础清礁 500 立方米；土建 1300 平方米。

✦ 大钦岛码头 /2011 年摄

5月

5 月 17 日　烟台海关内部机构调整为办公室、监管处、调查处、人事教育处、船舶监管科、技术科、基建办公室（临时机构）、驻烟台经济技术开发区办事处（正处级）。

6月

6 月 3 日　烟台海关对某韩籍货轮船长为某公司运输走私日产汽车进境，并擅自停靠中国未设关港口起卸货物的走私行为，科处罚款 200 万元。

6 月 6 日　龙口港与新加坡客商余大中签订《出让土地协议书》，向外商出让土地在港区内建设冷风库 1 座。

6 月 14 日　澳大利亚副总理布赖恩·豪率政府代表团参观考察烟台港。

6 月 28 日　长岛县乐通轮驳有限责任公司成立，员工 75 人，曾投资建造运营过“鲁海拖 401、鲁海驳 401、鲁海驳 406、鲁长乐 2、鲁长起、鲁长驳 8、鲁长拖 8、鲁长拖 2”等拖轮、驳船、起重船、工程船和客滚船，代管客滚船“鸿鹰”，运营普通货船“鲁长升”，散货船“鲁长起、长平、长和”轮。

7月

7 月 8 日　蓬莱鹏翔海运有限公司开业，系蓬莱海运公司与香港三湘金属矿产公司合资兴办，总投资 2988 万美元。

7 月 12 日　交通部副部长刘松金察看龙口港和烟台航标处成山头指向标站。

7 月 17 日　国务委员兼国家科委主任宋建莅临龙口港。

7 月 25 日　烟台海监局烟台山航标移交烟台航标处管理。

7 月 28 日　烟台港务工程公司承建的西南河口加盖工程竣工，该场地作为烟台港客运服务公司滚装停车场使用，可停汽车 200 余辆。

✦ 西南河入海口 /1990 年摄

7 月 29 日

●以新加坡总理秘书陈原生为团长的新加坡仓储运输考察团一行 13 人到龙口港考察仓储运输项目。

●全国人大常委会委员，海关总署原署长戴杰莅临龙口海关，青岛海关关长李庆祝陪同。

7 月 30 日　烟台市交通委 28 层住宅楼开建，1996 年入住（址在今烟台汽车总站北侧）。

8月

8 月 15 日　龙口港制定《职工医疗费管理暂行办法》和《九月二十八日为龙口港港庆日方案》，经龙口港职工代表大会四届六次会议审议通过实行。

8 月 16 日至 18 日　交通部在大连召开“大连至烟台火车轮渡系统论证审查会议”，国内港、铁、水各方专家基本统一认识，形成肯定性建设审查意见。

8 月 26 日　经青岛海关研究决定，设立烟台海关驻芝罘湾海关监管区办事处。（科级）

8 月 27 日　烟台至韩国釜山客货班轮航线在烟台港举行首航仪式，省政府副秘书长费云良，省交通厅副厅长段璋银，烟台市市长张华福、烟台市副市长杜昌祚、烟台市政府副秘书长迟焕然等出席首航仪式。“黄海”轮载重 4000 吨，载客 300 人，集装箱 120 标准箱，航速 20 节，单程 27 小时可达。由烟台国际海运总公司、烟台外代、中国钢铁工贸集团公司与韩国釜山真星株式会社合资兴办的烟台真星国际船务有限公司经营。

是月　烟台边防检查站开始执行定期国际班轮航线旅客检查任务。

9月

9 月 19 日　烟台市政府办公厅印发《烟台市营业性旅游船舶管理办法》，辖区内沿海或通航水

✦“黄海”轮 /1994 年摄

✦ 烟台至韩国釜山客箱班轮首航仪式在烟台港举行 /1994 年摄

域，从事营业性旅游的各类船舶（含水上拖伞、垂钓船、趸船及水下观光船等）的所有者和经营者适用。“八五”期间，烟台市政府先后批准发布实施《烟台市水路旅客运输管理暂行办法》《烟台市营业性旅游船舶管理办法》《烟台市水路运输服务业管理办法》《烟台市人民政府关于鼓励外商投资建设经营港口码头的规定》《关于进一步开放水路客货运输市场若干意见》等。

9 月 20 日　龙口港 2 个万吨级多用途、散杂泊位开建（1995 年 9 月 20 日多用途泊位简易投产，12 月 20 日散杂码头简易投产）。1996 年 7 月 5 日通过竣工验收，6 日举行由交通部、山东省领导和专家参加的投产仪式。总投资 2.4 亿元。码头总长度 360 米，水深 10.3 米。

9 月 28 日　龙口港举行建港 80 周年庆祝大会和建港碑志落成揭彩仪式，交通部等 170 多个单位的领导和嘉宾到会祝贺，中国美术家协会、山东省美术家协会有著名画家向大会赠画。

9 月 30 日　龙口海关签字购买龙口宾馆。

10月

10 月 31 日　龙口港制定《岗位技能工资制试行方案》，经职代会四届七次会议审议通过，将等级工资制改为岗位技能工资制。

11月

11 月 1 日　烟台港务局与美国奥林匹亚港缔结友好港。

11 月 6 日 14 时许　牟平县“鲁牟渔 2019、2020”两轮，因避风驶至北纬 34°、东经 125° 处，发现八名韩国船员落水，将其救助后经烟台海监局等联系，次日在韩国小黑山岛处向韩方移交四名船员及 4 具遗体。

11 月 7 日　烟台港务局引航员引领超大型希腊籍“首长马其顿”轮进靠烟台港 23 号泊位，该轮总长 295 米，宽 54 米，抵港吃水 11.0 米。

11 月 18 日　烟台救捞局开始港口客滚代理服务业务，大连海运公司“国润”“国华”轮每日于烟台救捞局码头和大连香炉礁对开。

12月

12 月 7 日　烟台港“951”工程的 2 座水泥筒仓竣工。系烟台三菱水泥有限公司散水泥储存装船设施的主要部分，每筒仓净高 44.8 米，可储散水泥 1.5 万吨。

12 月 21 日　烟台海关本年度上交罚没收入 5013 万元，其中走私罚没 3230 万元，违规罚没 1783 万元。

散水泥储存筒仓 /2010 年摄

散水泥装船设施 /2010 年摄

是月

◆山东省航运管理局决定设立山东省蓬莱港务管理局（全民所有制中一型企业，隶属省航运管理局），同时撤销山东省蓬莱建港指挥部、山东省蓬莱港务办事处。

◆烟台港务局引航员石新青被中国航海学会、交通部安全监督局评为“全国优秀引航员”，2001年4月，石新青获山东省总工会颁发“山东省富民兴鲁劳动奖章”。

是年

▲烟台海上搜救协调分中心挂靠烟台救捞局，实际工作一直由烟台海监局负责，海上救生力量主要来自过往船舶、救捞局，海军和渔船等。1983年至1994年，211起海上遇险事件中遇险船员2415人，救起2271人。

▲莱州港一期工程建成3000吨级滚装码头。

▲中国船级社烟台办事处开始焊工考试，在烟台、蓬莱、威海、石岛均设有焊工考试委员会。1994年至2005年，山东省黄海造船有限公司、蓬莱市渤海造船有限公司、山东省威海船厂、烟台海员技工学校、烟台北方造船厂、中国人民解放军第四八零八工厂威海修船厂共有1123名焊工通过考试。

▲烟台造船厂、新加坡烟台造船私人有限公司合资成立烟台普泰造船有限公司（位于芝罘区芝罘东路70号，占地72万平方米）。1997年，更名烟台莱佛士船业有限公司。1996年，烟台普泰造船有限公司与胜利油田实业集团公司、新加坡泰山烟台造船私人有限公司投资成立烟台泰山造船有限公司，2001年烟台泰山造船有限公司更名烟台来福士海洋工程有限公司，2010年烟台来福士海洋工程有限公司更名烟台中集来福士海洋工程有限公司。注册资本3.6亿元，固定资产8.2亿元，员工2000余人，外协员工近3000人。该公司拥有30万吨级干船坞，2000吨全回转岸吊，用于大型钻井平台吊装的10000吨×2巨型吊机，通过网络摄像机可以在世界各地了解公司现场施工情况。

✦ 烟台中集来福士海洋工程有限公司厂区码头 /2010 年摄

1995年

1月

是月　龙口市海运公司“通惠”客滚轮加盟龙口—旅顺航线营运，2000年5月“通惠”轮改装为“危险货物封闭式滚装车货船”，11月9日交通部水运司批准该船增加危险品滚装货车运输项目。

2月

2月7日　烟台航标处船队实行船长负责制。

2月17日　烟台航标处驻东营办事处在东营市河口区仙河镇东风港成立。

2月18日　烟台海关查获出境文物346件，古钱币2614枚，经鉴定没收不符合出境规定文物90件、古钱币2614枚。

是月　莱州市海运公司购买二手船舶1艘，定名“莱州1号”（1982年日本建造，载重量4713载重吨，船长96.45米，宽18.5米，航速14.5节，主机3300马力）。经营范围近洋散装货物运输。

3月

3月27日　山东省航运管理局公布成立蓬莱港务局、港监局、船检局。

4月

4月4日　青岛海关批准烟台海关内部机构调整为办公室、监管1处、监管2处、稽查处、调查处、人事教育处（均为副处级）、征税统计科、技术科、驻芝罘湾海关监管区办事处、驻烟台经济开发区办事处（正处级）、烟台海关驻机场办事处（副处级，筹）。

4月5日　豪华大型旅游船“皇家奥德萨”号进靠烟台港东港池15号泊位。

4月12日至20日　经烟台市政府批准，以烟台市政府副秘书长、烟台市交通委主任迟焕然为团长的烟台市海运考察团，应韩国有关方面的邀请，赴韩国就开辟烟台至韩国群山航线，进一步经营好烟台至釜山航线等进行考察洽谈。

4月19日至20日　山东省航政工作会议在烟台召开，省交通厅副厅长龚学智，省航运管理局局长王兆福、副局长邢生文，省经委交通处处长于志群，省交通报社社长王纯忠，烟台市交通委副主任曲延璋及来自全省港监、船检、航管部门的70多名人员参会，会议传达全国水上交通安全工作会议、全国船检工作会议和交通部1995年度水上运力额度审定会议精神。

4月20日　交通部、山东省、省交通厅等有关单位50余名专家和领导，审议通过龙口港散杂、件杂、通用、杂货4个万吨级泊位工程可行性研究报告。

4月27日　交通部批复同意莱州海运公司“莱州1号”轮以山东省港口为主与境外港口间近洋国际运输，时间1年，在此期间，该轮不得从事国内沿海运输，并收回国内航线的船舶营运证。在外营运期间，由山东烟台海运公司负责安全代管。2006年2月，该轮转卖。

栾家口港码头/2006年摄

顾正泽　王德利　孙国明　牟彦峰

"海港卫士"：顾正泽 王德利 孙国明 牟彦峰

是月　山东蔚阳集团有限公司开建栾家口港（地理坐标为北纬37° 46′ 50″、东经120° 37′ 30″）。翌年5月30日省计委批准立项，定为货主自用码头，核准建设规模为万吨级、5000吨级、1000吨级通用泊位各1个，1996年12月竣工，总投资1.7亿元（1-12号泊位）。码头岸线长1250米，单一散货泊位，货物仓储堆场面积400亩。时有装卸设备10吨门座式起重机5台、3吨铲车 2台和3吨叉车1台。1999年8月，通过山东省交通厅验收，年吞吐能力96万吨。

5月

5月3日　交通部部长黄镇东、部体改司司长李宗琦、山东省省长助理孙光远、省交通厅厅长朱正昌察看烟台港和烟威一级汽车专用公路。

5月16日至19日　中韩两国在北京举行海运会谈，19日签订两国政府海运协定，同意烟台开通与韩国釜山的海上航线后，再开通与韩国群山的海上客货运航线。

5月21日　天津航道局承担烟台港西港池二期工程建设任务竣工，3年挖泥、吹填1177万立方米。

5月23日

●18时20分，烟台港公安局客运站派出所民警王德利、牟彦峰、孙国明，所长顾正泽4名干警追捕持枪歹徒时先后遭枪击壮烈牺牲，歹徒受伤后畏罪自毙。6月29日，交通部、公安部、山东省暨烟台市在烟台市体育馆隆重举行烟台"5·23"英雄群体命名表彰大会，7月28日山东省委、省政府发出《关于在全省开展向烟台"5·23"英雄群体学习活动的决定》。公安部追授顾正泽为全国公安系统一级英雄模范，王德利、牟彦峰、孙国明为全国公安系统二级英雄模范，交通部追授4人为"海港卫士"荣誉称号，山东省政府批准4人为革命烈士。

●烟台港与美国奥林匹亚港缔结友好港口。

是月

◆烟台港汽车轮渡专用码头开建，1997年2月21日竣工，2个5000吨级专用泊位，码头自西向东依次排列编号为71、72泊位。

烟台市"5.23"英雄群体命名表彰大会 /1995年摄

◆烟台卫生检疫局对入境船舶开始试行电讯检疫。

◆船长105米，载重吨5000吨的内贸船舶“友谊3号”轮，由莱州港装载原盐至上海港，系莱州港开港后首航船舶和首次由引航员引航的船舶。

6月

6月7日　山东省航运管理局发文，成立“山东省蓬莱港航监督”“山东省蓬莱船舶检验处”。

6月12日　烟台海关没收某韩国人走私出境42件文物及463枚古钱币。

6月20日　河北省“冀海驳14号”（载重量1000吨）载煤950吨在蓬莱海域站锚待卸时，被长岛“长通”号渡轮撞击，左舷出现裂口，在拖往蓬莱港途中沉没。

是月　莱州市港务管理局成立，正科级全民事业单位，企业化管理，隶属莱州市政府，归口莱州市交通委，主要职能行使港口行政管理和港口规划建设。

7月

7月4日　烟台海关没收某公司无证进口200辆旧摩托及零配件。

7月5日　山东省委副书记陈建国察看龙口港。

是月

◆长岛港千吨级滚装码头开工，总投资320万元。工程内容包括：前方调度楼240平方米，30米宽登陆点1个，1100平方米宿舍楼1栋，90米×10米引堤拓宽，开通南大门，设26米高杆灯1架。1996年6月竣工，9月通过验收。

◆经青岛海关批准，龙口海关设立稽查科，负责辖区内三资企业、加工贸易业务的监管稽查工作。

◆烟台航标处“海标0515”150吨登陆艇在杭州钱江船厂制造完工，船总长34.50米，宽5.80米，满载吃水1.58米，航速12.8节。造价374万元。

8月

8月1日　蓬莱港建立装卸队伍，职工80余人，港口自行管理。

8月4日　全国人大常委会委员长万里视察龙口港。

8月5日　烟台港首台集装箱装卸桥在烟台港西港池二期工程多用途泊位整体接卸，装卸桥高63.7米、自重908吨、吊具下额定起重量40.5吨，由上海振华港口机械有限公司制造。

烟台港汽车轮渡专用码头

"海标 0515"登陆艇 /2004 年摄

客滚船都是老龄、超龄船舶，其中超龄船占 78% 以上，而且都是从国外购进的二手船。会议决定对这些船舶存在的重大遗留问题进行技术审核，并按照适航、暂可航行但需限期解决、解决后方可航行和停止使用四个档次分类处理。

9 月 23 日　烟台市公安局山后初家边防工作站在初旺渔港破获一起走私外逃犯罪案件，抓获"蛇头"4 名，扣押登陆艇 1 艘、轻型货车 1 辆、走私毒蛇 10 余箱，总价值约 50 万美元。

9 月 28 日　龙口港举行多用途泊位简易投产暨建港八十一周年庆祝大会。

9 月 29 日　交通部批复青岛远洋公司、烟台国际海运总公司、烟台外轮代理公司、中国钢铁工贸集团公司和真星国际航务有限公司合资组建"烟台中韩轮渡有限公司"，注册 160 万美元，中方持股 75%、韩方 25%，其中青岛远洋持 55%。12 月 3 日租中海集团"紫玉兰"客箱轮（德国制造）运营中国烟台—韩国釜山班轮航线。

9 月

9 月 6 日　招商局—道达尔石油化工有限公司成立，注册资本 7150 万元，持股分别为深圳招商燃气投资有限公司 44%、道达尔（中国）投资有限公司 44%、牟平港务局 8%、烟台万华氯碱有限责任公司 4%。化工码头、库区及办公楼在牟平港西侧，占地 61546.6 平方米，至 2010 年有 6 个 1000 立方米液体化工浮顶罐、4 个 1000 立方米及 2 个 650 立方米液化石油气球罐。此后，相继又有 6 家经营油品的公司在牟平港南侧落户。

9 月 9 日　烟台港接卸装载 11.8 万吨矿石的"麦伽山"轮。

9 月 19 日至 20 日　交通部在烟台召开渤海湾客滚船安全整顿工作会议，决定凡 1993 年 11 月 1 日以后未经交通部审批，擅自增加运力或航线的，必须在 1995 年 9 月底前停运。新企业加入市场或原有企业增开航线、增加运力，要严格报批；今后凡超过 20 年的客滚船，都不得从国外购进作新增运力从事海上客滚运输，并成立渤海湾海上客运协调会。当时在渤海湾营运的 24 艘

10 月

10 月 13 日　烟台市海洋气象台成立，11 月 1 日开始海洋气象服务。每天 5 时、11 时、17 时三次发布责任海区 3 天天气预报，预报风力 6 级以上时发布大风警报。通过广播电台、电视台、121 自动答询电话、报纸向社会公众发布。

10 月 20 日　大连海运公司在荷兰建造的"棒棰岛"号客滚轮首航烟台港，该船全长

✦ 海岛自动站 /2006 年摄

✦ 自动气象站 /2006 年摄

✦ 渤海海峡首座浮标自动气象站 /2008 年摄

✦ 新一代天气雷达 /2008 年摄

✦ 风廓线雷达 /2008 年摄

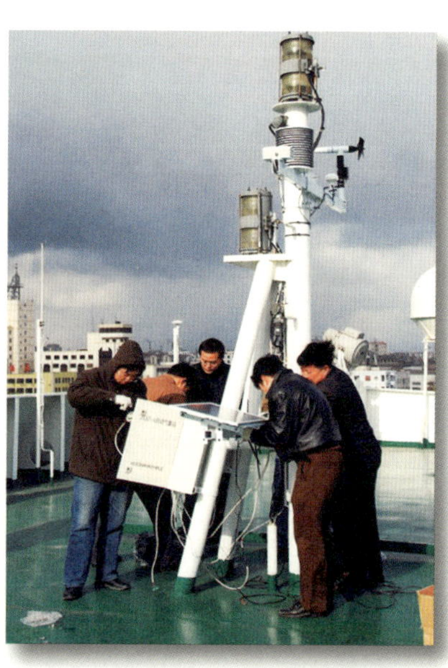

✦ 船舶自动气象站 /2009 年摄

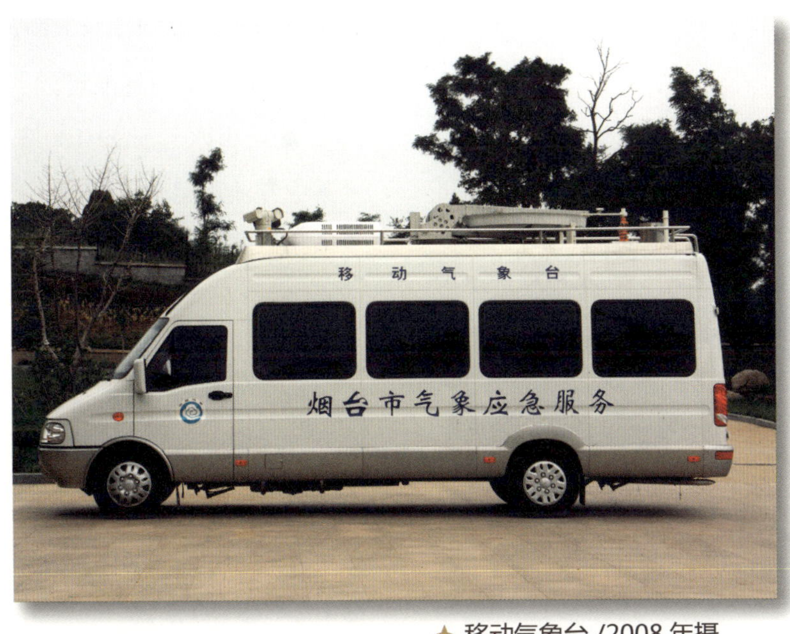

✦ 移动气象台 /2008 年摄

✦ “棒棰岛”号客滚轮 /2006 年摄

134.8 米，载车线长 95 米，载重 15560 吨，载客 937 人。

11月

11 月 1 日　即日起，烟台海监局不再对停靠在烟台海运总公司码头的国内航线船舶实施现场监督管理（包括危险品管理、船舶污染管理、船舶的安全检查）；对停靠在烟台海运总公司码头的国际航行船舶仍然由烟台海监局实施统一监督管理。停靠在烟台海运总公司码头的船舶，在进出港和移泊过程中，要服从烟台海监局的统一指挥，有违反《烟台港水上交通安全和防止船舶污染水域管理规定》的行为，仍由烟台海监局负责调查处理。

11 月 17 日　烟台海关对青岛某公司无证进口 52541.5 吨美国产黄玉米当事人罚款 265.2 万元。

11 月 22 日　沿海内支线船舶首航烟台港。

11 月 23 日　龙口港制定《全员劳动合同制管理办法》《劳动合同书》《关于实行五天工作制的指导意见》《劳动模范工作暂行条例》，经职代会四届九次会议审议通过。

是月　龙口港实行全员劳动合同制，企业与职工开始签订劳动合同。

12月

12 月 1 日　烟台海关首次办理沿海内支线集装箱中转业务。

12 月 3 日　国务院 187 号令发布《中华人民共和国航标条例》，自发布之日起施行。

12 月 15 日　烟台海关将伪报价格、走私进口活动房屋建筑材料的某公司主要责任人移送司法机关，追究刑事责任。

12月21日　龙口港新建业务办公大楼使用，总建筑面积 6006.44 平方米。

12 月 28 日

● “紫玉兰”轮自烟台港 15 泊位启航至韩国釜山。船长 150 米，1.6 万总吨，航速 20 节，载客 392 人，293 标准集装箱位。原烟台真星国际航务有限公司“黄海”轮退出经营。

"紫玉兰"轮启航剪彩 /1995 年摄

9个，货物吞吐量1210.3万吨。集装箱吞吐量6万标准箱。

▲全市水运业户130家（其中专业水运企业23家），"八五"期间新成立水运企业14家，全部各类营运船舶308艘（其中从事外运的船舶24艘、109万载重吨）、7800客位、28.8万载重吨，客位和载重吨分别比"七五"末增长242.6%和153%，年递增率27.9%和20.4%。

●烟台海港西客运站建成启用。

12月31日　烟（台）大（连）铁路轮渡工程项目被国家计划委员会列入"九五"建设计划。

是年

▲大连海运公司在荷兰建造的"海洋岛"号客滚船开始烟台至大连航线营运。[1997年7月1日中国海运（集团）总公司在上海海运（集团）公司、广州海运（集团）有限公司、大连海运（集团）公司、中国海员对外技术服务公司和中交船业公司等五家交通部直属企业的基础上组建成立，总部设在上海。]

▲1995年年末，全市沿海港口完成客运发送量263万人，货物吞吐量2374万吨，分别比"七五"末增长53.5%和112.1%，年均增长9.0%和16．2%。烟台港21个泊位，万吨级以上

1996年

1月

1月1日　龙口港实行医疗保险制度改革，建立医疗保险基金，分别用于龙口市大病医疗保险统筹金、企业医疗调剂金和职工个人医疗账户金。

1月11日　烟台海关销毁一批查扣物品，其中：反动宗教宣传品、封建迷信书籍943本；

"海洋岛"号客滚船 /2005 年摄

录音带、唱片、电影胶片519盘；赌具17盘；药品100余瓶（盒）及一批破旧衣服。

是月　龙口港开始为在职职工缴纳住房公积金，缴纳比例为职工工资的10%，由单位和职工各承担5%。

2月

2月11日　交通部副部长李居昌查看蓬莱港、龙口港春运工作。

2月17日

●交通部批复在烟台港规划区内建立保税区。

●交通部烟台救捞局“德安”轮救助“烟运1号”货船。

是月

◆烟台港开通经香港至新加坡集装箱班轮，是继烟台至中国香港地区及日本、韩国后第四条国际集装箱直达海运航线，国际货代“泉城”轮营运。

◆烟台港西港池二期工程集装箱场地使用。

3月

3月6日　烟台港务局与日本宇野通商、兵食等大商社共同集资230万美元创建的烟台港和国际物流冷藏有限公司举行开业典礼，该公司主要从事进出口商品的门到门物流服务，国际集装箱多式联运等业务，在烟台港内建成设施先进、功能齐全的大型现代化码头冷库，库容达4000吨级。

3月18日　烟台港务局局长朱毅率中国港口专家代表团，出席联合国贸发会在日内瓦召开的政府间港口专家组第二次会议。

3月20日　日本海关执法代表团访问烟台海关，青岛海关调查局领导陪同。

3月21日　山东省长岛港务管理局印章启用。

3月29日　山东省政府、交通部批复《烟台市沿海港口总体布局规划》，同意将烟台市港口分为3个层次，形成以烟台港为主枢纽港口，龙口港为区域性港口，莱州港、蓬莱港、长岛港、海阳港为地方性港口的规划布局。

4月

4月1日　交通部天津航道局第二疏浚公司根据《中华人民共和国劳动法》以及天津航道局的总体部署，实行“全员劳动合同制”改革。

4月3日　烟台海关与烟台港务局签署加强海关监管和加速港口疏运工作谅解备忘录，是烟台海关与辖区内企业签订的第一个谅解合作备忘录。

4月12日

●蓬莱外轮代理有限公司成立，中国外轮代理总公司和蓬莱港务局合资组建。

●龙口港两个5千

✦烟台港和国际物流冷藏有限公司/1996年摄

吨级客滚专用泊位开建，设计年通过能力50万人次，车辆2.5万台次。12月25日，竣工验收使用。

4月13日　上午，烟台港西港池37号泊位使用岸桥（岸边集装箱起重机）接卸巴拿马籍“金程”集装箱轮，系烟台港使用岸桥接卸的首船集装箱。

4月16日　烟台海关首次查获持盖有伪造海关放行章的提货单骗取10辆走私汽车案。

4月30日　山东省航运管理局批复同意蓬莱海上安全监督局设立栾家口监督站。

是月

◆烟台港国际客运站竣工。6月4日，启用旅检厅。翌年1月1日，烟台港国际客运站正式启用。

◆龙口港利用韩国政府贷款从德国引进的1台起重负荷80吨轮胎移动式集装箱高架吊启用。

✦ 烟台至韩国群山航线开通 /1996 年摄

✦ 欢迎韩国群山市长一行到访烟台 /1996 年摄

5月

5月18日　龙口港与天津市海运公司合作，开通龙口—香港等地集装箱运输班轮航线，举行首航仪式。

5月26日　蓬莱市中国船舶发展陈列馆、全周影院向游人开放。

5月30日　韩国驻华使馆关税协办官李钟运及海关调查局官员尹仁采拜会烟台海关领导。

✦ 烟台港国际客运站 /2014 年摄

6月

6月1日　莱州港与大连港开通客／车滚装航线，由“天鹍”轮承运，9月改为“天鹭”轮。当年客、车进出量分别为47208人次和5624辆次，1997年5月由于船型不合适停航。1998年10月9日“公主5号”客滚船首航莱州港至旅顺港，1999年1月改为莱州至大连航线营运，随后因船况问题停航。11月10日“辽旅渡1”客滚船开始莱州至旅顺航线营运。

6月2日　烟台至韩国群山（转仁川）海运航线开通，“紫玉兰”轮营运，烟台至韩国客运班期每月增至8班，星期一烟台至群山，星期四烟台至釜山。

6月3日　交通部烟台海上救助打捞局“烟救13”轮自青岛拖带4艘驳船至日本门司。

是月　长岛港千吨级滚装码头竣工。

7月

7月1日　交通部决定即日起暂停审批筹建从事国内沿海、内河及国际海上运输的船公司（包括扩大经营范围的公司）、港澳运输的船公司及新增加运力的申请，但船公司可以更新老旧船舶，调整船舶构成，严禁老龄船、超龄船、退役船、废钢船参加国内外客货运输。凡经营国内1万吨级（含）以上的船舶以及液化气船、散装化学品船、客船、客滚船，均由部进行审批和发证。

7月23日　烟台港务局南码头仓库（东海关验货房旧址）被列为市级重点文物保护单位。

7月24日

●国务院《关于同意山东蓬莱港对外籍船舶开放的批复》批准蓬莱港为国家一类口岸，设立边检、海关、卫检、动植检、商检和港督等检查检验机构，人员编制核定为139人，其中边检40人，海关40人，卫检12人、动植检12人、商检20人和港督15人。

●下午，龙口港遭罕见狂风暴雨，造成5台门机出轨。

7月26日　交通部烟台海上救助打捞局自筹资金新置的327集装箱“通兴”轮首航。

7月30日　长岛县乐通轮驳公司1艘驳船在天津外海作业时，遇风暴沉没，8人失踪。

是月　蓬莱海监局所属“长港1号”登陆艇产权归长岛港。

8月

8月2日　中德两国交通基础设施合作研究项目会议在北京召开，磋商烟大铁路轮渡和蓝烟铁路复线项目。

8月11日　龙口港投资制造的自航供水船“甘泉”轮抵港开始使用。

8月28日　龙口港务管理局举行集体合同签字仪式，局长王树波与工会主席邹志文分别代表企业和职工在合同书上签字。

8月30日　上午9时许，蓬莱市登州镇西庄村民约80人强行进入蓬莱港，登上长岛县“鸿鹰”渡轮，将已上船的旅客和车辆赶下船，致使正常航班中断。事件起因为1992年长岛海运公司海上挖沙与蓬莱西庄发生纠纷，当时蓬莱西庄将长岛海运公司拖船强行抢滩，造成损失。烟台市委市政府召集蓬莱长岛两县主要负责人，要求各自做好群众工作，不再发生类似事件。

9月

9月3日　根据《中华人民共和国水路运输管理条例》制定的《中华人民共和国水路运输服务业管理规定》以交通部3号令发布，自1996年10月1日起实行。

9月7日　海关总署及经贸部联合调查组到龙口海关检查1993年以来大蒜和板栗出口情况。

9月24日　烟台市航务管理处转报《山东牟平海运公司关于将“昆嵛”轮停靠烟台港经营的请示》，“昆嵛”客滚轮原经交通部批准为牟平至大连航线营运，因牟平港泥沙淤积碍航，临时改航烟台至大连航线，期限1年。

9月26日　交通部、解放军总后勤部联合发

出通知，中国人民解放军、中国人民武装警察部队人员乘船购票优先。人数在10人（含）以上、不足30人的军人团体，部队可持团（含）以上单位介绍信，于乘船日前5天，到始发港军事代表办事处或港航单位直接联系订、购团体票；零星军人凭军人证件（军官证、警官证、文职干部证、士兵证、学员证、军人通行证）购票；执行作战、演习训练、抢险救灾等紧急公务，来不及购票的军人，可凭军事代表办事处出具的证明先上船，然后在船上补票。

是月　烟台航标处工作船码头始建，1998年9月通过验收并交付使用。（位于烟台港北部、芝罘湾西侧，南邻天津航道局第二疏浚公司码头，北靠烟台渔轮修造厂码头。顺岸浮壁式，长468米，宽30米，码头面高程＋5米。码头水深：240米/-7米，228米/-2米。15米登陆点1处。码头边沿安装453米橡胶护舷，D型护舷456米，漂浮式护舷：24套/Φ800，Φ600型间隔10米1套。码头配置15T系缆桩16个，25T系缆桩13个，给水栓9套，供电设备7套。）

10月

10月20日　烟台招商局-道达尔石油化工码头开工建设，5000吨级泊位1个，码头长120米，前沿水深7.5米，1997年8月20日竣工，同年12月17日省交通厅组织验收并全面运营。

10月23日　山东省航运管理局批复同意长岛县“鸿鹰”轮延伸大钦岛营运，试运行南北隍城岛，解决“鲁民205”轮撤离后两岛海上交通问题。

10月28日

●山东省委书记赵志浩察看龙口港。

●龙口港引航站引领满载货船“凯尼斯”号出龙口港，该轮长177米，载重27000吨，吃水10.05米。

●一艘外国籍船舶“昌顺”轮抵达蓬莱口岸，烟台港务局引航员引领停靠蓬莱港码头，船舶长65米，出口苹果400吨。

是月　蔚阳栾家口港投资3500万元，从上海钢机厂购置7台门机和1条25米传送带，2006年购置6台门机两条25米传输带，2011年3月投资3600多万元从青岛购置4台门机（25吨/35米）。

11月

11月14日　省财政厅、省交通厅印发《关于启用新版水路规费专用票据的通知》，原“山东省港口作业费用收据”“山东省港口货物堆存保管费收款收据”“山东省港口规费收款收据”予以取消，新版票据1997年1月1日启用。

11月21日　烟台海港机械厂自行设计、制造和安装的烟台港第一座液压缸升降桥面的汽车滚装连接桥通过验收。

11月27日　烟台直航日本集装箱班轮开通，不再挂靠国内其他港口。

是年　烟台市气象局机构改革（正处级事业单位），内设办公室、人事科、气象台、业务装备管理科、气象科技服务中心、气象综合服务中心。

✦烟台港K1泊位汽车轮渡滚装连接桥/1996年摄

全市气象部门编制总数196人，其中市局83人，县（市、区）局113人。

1997年

1月

1月1日

●山东省交通厅加强水路交通港航事业费的征管工作，印发《山东省水路交通规费征收管理办法（试行）》，即日起执行。

●建于芝罘区西南河口的烟台港新客运站正式启用。

1月4日　国家邮电部主持铺设的北部沿海海底光缆登陆蓬莱市。

1月8日　烟台联运总公司承办海上国际运输代理业务。

1月11日　蓬莱市海港边防工作站破获一起偷渡外逃团伙案，抓获5名蛇头、23名偷渡人员。

✦烟台港新客运站/2014年摄

✦烟台港客滚船登船客梯/1997年摄

2月

2月2日至5日　1.2万吨级外贸货轮“风驰”号停靠蓬莱新港（东港）码头，装载1.1万吨水泥，5日驶往也门穆卡拉港。

2月14日　国家经贸委将烟台港务局列入全国512户重点国有企业名单。

是月　烟台商检局在烟台港设立集装箱检验站。

3月

3月17日　中华人民共和国莱州进出口商品检验局成立（正处级，址在莱州市掖县东路18号）。内设办公室和检验科两个科室，3月20日开始承接检验业务，至1999年12月“三检合一”有干部职工17人。

4月

4月1日　龙口港利用韩国政府贷款建造的全回转拖轮抵港，该轮吃水3.2米，功率2500千瓦，航速12节。

4月16日　烟台海关销毁查获的走私进境450盘反动淫秽盗版音像制品和2050件反动淫秽迷信书刊杂志等违禁品，同日查获国家禁止出境文物16件。

是月

◆烟台地方港D3泊位改造，1000吨级散杂货泊位改成5000吨级通用泊位，码头前沿线水平前移7.2米。改造后长度138.8米，泊位水深 7.5 米，泊位宽度 35 米，顶标高 +4.2 米，其中原码头 84 米岸线采用灌注桩梁板结构，原护岸 54 米采用板桩结构。翌年 10 月竣工。

◆沿海水温较常年偏高，平畅河口海区 200 公顷海带、芦洋湾海区 100 公顷海带大面积死亡，直接经济损失近 2000 万元。

5月

5 月 1 日　下午 18 时许，蓬莱登州镇水城村个体游艇“蓬游 29 号”因风浪天违章出海超范围营运，从长岛返回蓬莱途中在三山门外登州水道倾覆，除 1 名东营游客被过往渔船救起外，其余死亡 1 人，失踪 6 人。为此，山东省交通厅印发《关于加强现存游览摩托艇交通安全管理工作的意见》，严禁个体经营船舶，要求通过挂靠形式由公司统一管理。时蓬莱有木质船 3 艘，救生艇改为游船的 5 艘，青岛产 710 型和乳山产 710 型快艇 31 艘，共计 39 艘。

5 月 7 日　交通部批准山东省烟台海运总公司“兴鲁“轮参加蓬莱至大连湾滚装运输航线营运。（该公司 1996 年 11 月向部申报进口二手客滚船指标获准）只允许从事车辆滚装运输，除所运车辆的司机及随车人员外，暂不得载运其他旅客，同时同意该公司“长渡 1”号滚装船退役。

5 月 13 日　16 时，山东省烟台海运总公司“鲁渤渡 2”号轮在旅顺口海域与新加坡“KOTA INTAN”号轮（肇事船）相撞沉没，43 名旅客获救，1 名旅客及 6 名船员失踪。

5 月 16 日　山东省蓬莱港航监督航行通告，蓬莱东港码头建成使用。码头轴线角度为 112°，10000 吨级泊位长度 170 米，前沿平均水深 10.19 米，5000 吨级泊位长度 130 米，前沿平均水深 8.24 米，2000 吨级泊位长度 130 米，前沿平均水深 5.73 米。

5 月 18 日　山东省烟台海运总公司、蓬莱港务局、辽宁渔业集团公司合资经营蓬莱新港（东港）至大连湾海运航线通航，“兴鲁”轮每日 1 班。（该轮长 105 米，宽 22 米，型深 14 米，满载吃水 5.5 米，3800 载重吨，主机功率 6400 马力，航速 13.5 节，可同时装载标准解放牌汽车 80 辆，乘客 380 人。）

✦ 烟台海关大楼 /2014 年摄

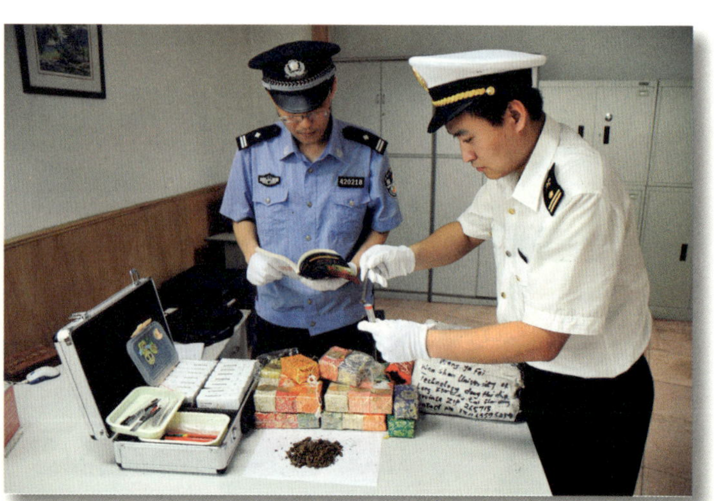
✦ 烟台海关人员查获走私大麻 /2010 年摄

5月23日　烟台港务局与烟台市建委共同建设的芝罘区环海路立交桥主桥竣工通车，是烟台港西港池二期工程配套项目，全长520米，上层机动车道宽25米，6车道，桥下13孔，进港铁路联络线穿过第七孔通向二期码头，总投资2900万元，其中烟台港投资1489万元，1996年9月烟台市政总公司承建。

5月26日　烟台海关迁至新的业务技术大楼办公（北马路1号）。

是月　栾家口港第二个1万吨级码头竣工使用。

6月

6月6日至12日　交通部烟台海上救助打捞局“烟救10”轮、“烟救12”轮、“烟救4”轮成功救助塞浦路斯籍17万吨级货轮“继承者”号，时创中国轮船救助史上救助吨位纪录。

6月7日　亚太经合组织（APEC）发起人、澳大利亚前总理霍克和夫人参观烟台港。

6月18日　“浙椒502”轮满载1000吨广州瓷地砖抵海庙港码头卸货。

6月23日　经国家动植物检疫局批准，成立莱州动植物检疫局，为烟台动植物检疫局分支机构（正处级，编制12名，址在莱州市开发区玉山西街10号）。1998年4月开始承接检疫业务，1998年12月8日局内设办公室、动检科、植检科、船检科，至1999年年底“三检合一”时干部职工8名。

6月24日　山东省人大常委会主任赵志浩察看龙口港。

是月

◆长岛港增加6艘小客船，泊位紧张，省航运局投资105万元在长岛港建小型客运码头（现长岛港南面小码头）。

◆蓬莱动植物检疫局成立。

7月

7月2日　烟台市物价局、烟台市交通委员会颁发《烟台市搬运、装卸、理货管理和计费办法》。

7月8日　国务院总理办公会讨论通过烟台港三期工程开工报告，8月4日烟台港三期工程（第一阶段）获国家计委批准开建。

7月13日　济南军区“前卫-97”实兵演练，全市各级交通战备办公室密切协作，至8月15日圆满完成交通保障任务。

7月15日　巴拿马籍2.6万吨级货轮“安达”号自蓬莱新港码头装载2万吨水泥，驶往孟加拉国吉大港。

7月24日　中华人民共和国国家环保局首次综合调查渤海、黄海近岸海域水质，一艘国家环保局环境监测船在蓬莱近岸海域站销作业。

7月30日　海关总署签发《海关总署关于设立莱州海关的通知》，决定设立“中华人民共和国莱州海关”（正处级），隶属青岛海关。

是月　烟台市交通稽查支队成立，事业单位，

✦17万吨级货轮“继承者”号/2009年摄

负责全市运政、路政、航政管理有关法规执行情况和道路、水路交通规费缴纳情况的监督检查，2008年5月改为参照公务员管理（副处级），2011年9月更名烟台市交通运输监察支队。

8月

8月8日　蓬莱市登州水城海上旅游客运有限责任公司成立，由44艘个体船舶挂靠经营，2009年9月25日改制成立蓬莱仙阁海上旅游客运有限公司。

8月19日　海阳县凤城港受11号台风侵袭，引堤600平方米路面被破坏，码头西南角500平方米路面冲坏，外护坡800立方米条石被冲走、灯塔周围120平方米地面下沉，直接经济损失60万元。

8月20日晚　11号强热带风暴袭击龙口港，客滚泊位、人行桥等设施受损，直接经济损失120万元。

8月31日　《烟台市沿海港口总体布局规划实施办法》经市政府第二十九次常务会议通过，发布施行。

是月　烟台港三期（第一阶段）疏浚工程国际招标揭标，天津航道局击败6家国内外疏浚施工企业中标，该工程设计疏浚工程量600多万立方米。

9月

9月14日　美国T.K公司派员在煤炭部国际合作司领导陪同下到龙口港考察投资环境。

9月22日　烟台海关实施业务现场改革：①在报关大厅设置大屏幕显示器；②将业务现场单证流转制度由外部流转改为内部流转；③将以前12个对外窗口压缩为5个，对不合格报关单实行一次性退单；④增设业务咨询窗口；⑤全体关员

烟台港西港池二期工程鸟瞰/20世纪90年代摄

挂牌上岗。

9月30日　烟台港西港池二期工程通过国家验收。工程历时5年，总投资9亿元，建成6个万吨级以上深水泊位，新增吞吐能力340万吨，烟台港始有集装箱专用泊位。

是月　长岛县北隍城码头工程开工（位于北隍城山前村东南部鹰窝口湾内），1998年9月竣工，总投资1500万元。建设500吨级货运和轮渡泊位各1个，年货运量8万吨，客流量15万人次，车流量4千辆次。工程主要内容：500吨级货运泊位1个，长60米，顶高程+3.2米，登陆点1个，前沿宽10米，前沿顶高程+1.0米，前沿水深均为4.5米；防波堤长110米，堤顶高程+4.5米，堤顶宽5.0米；护岸20米；港内回旋水域直径120米，港内航道底宽50米，两者设计水深均为5.5米；生活辅助设施600平方米，港内道路长230米，宽10米，装卸作业区、堆场及停车场共计2500平方米；港外300米供电线路及港内供电照明配套设施；200立方米蓄水池1座，污水处理器1台；轮胎起重机“DQ1-8”1台及其他装卸机械。

✦北隍城码头/2011年摄

10月

10月15日　龙口港开通“环半岛内支线”国际集装箱航线。

10月22日　山东省人民政府印发《山东省人民政府关于同意龙口胜利码头停靠外轮的批复》，批准龙口胜利码头自1997年11月28日起，允许航行国际航线的中外籍船舶在码头进行装卸作业。

10月24日　长岛县“海神3号”木质客船在蓬莱港内与1艘登陆艇碰撞，导致船体破裂而沉没。

10月28日　土耳其籍6万吨级货轮“古乐”号抵龙口港，该轮长224.4米，宽32.27米。

11月

11月3日　交通部副部长胡希捷察看龙口港。

11月4日　浙江省乐清市七里港海运公司“振宁2号”货轮在蓬莱新港近岸海域搁浅。

11月14日

●交通部批复莱州海运公司恢复开通莱州至大连客滚运输航线（原由大连海运集团公司经营，后停航）。

●经国家卫生检疫局批准，成立“中华人民共和国莱州卫生检疫局”，为青岛卫生检疫局的分支机构，规格止处级，人员编制12名，内设办公室和业务科，址在莱州市开发区玉山西街6号。1998年4月，开始承接检疫业务。至1999年年底“三检合一”时共有干部职工 11 名。

12月

12 月 8 日　蓬莱新港对外开放（今蓬莱东港区），开放水域为北纬 37° 52′ 10″、东经 120° 48′ 00″，北纬 37° 52′ 10″、东经 121° 00′ 00″，北纬 37° 48′ 54″、东经 120° 48′ 00″，北纬 37° 49′ 00″、东经 121° 00′ 00″四点连线范围内。2.25 万平方米的联检机构办公、生活用房基本竣工，配备门式起重机、电吊等装卸机械 50 余台（套），建成 15 万平方米的货场和 5000 平方米仓库，1998 年购进 1 艘 2600 马力全回转拖轮。今蓬莱新港通航国家和地区：韩国、日本、印度尼西亚、朝鲜、新加坡、缅甸、阿拉伯联合酋长国、泰国、阿根廷及中国香港。

12 月 11 日　经山东省人民政府批准，自 1998 年 1 月 1 日起，允许航行国际航线的船舶停靠龙口渔业码头。

12 月 25 日　烟台海关在旅检现场首次查获军用机密地图。

12 月 29 日　龙口港成立龙口海盛集装箱公司，经营船代、货代、装卸、堆存、陆运等业务。

是月　省体改委批准设立蓬莱市蔚阳栾家口港港务股份有限公司。

是年

▲年底，烟台卫生检疫局正式开展入境船舶电讯检疫，实现交通工具检疫查验与国际惯例接轨。

▲烟台市气象局新业务楼主机房、预报会商室装修和环境改造，安装 9210 主机和 PCVSAT 小站（卫星单收站）。2001 年，2 兆数字电路建成，实现省、市间数据宽带传输及可视化天气会商。

▲莱州海庙港购买 1 条自航船，1301 载重吨，主机功率 662.4 千瓦，船长 64.65 米，航速 11.2 节，威海建造，2001 年因受货源影响转卖。

▲烟台商检局迁至新建办公楼，位于烟台市北马路 66 号。

烟台商检局办公楼 /1997 年摄

1998 年

1月

1 月 25 日　烟台海监局航标处芝罘湾航标站成立（正科级）。

3月

3 月 20 日　北海救助局孙世彬享受国务院、省（部）政府特贴。

是月

◆在烟台市十三届人大一次会议上，杨金镜当选为烟台市第十三届人民政府市长，吕在模、王修伯、王德和、范庆梅、张心骥、张幸福、孙晓方、王新陆、迟焕然分别当选为副市长。

◆刘锡琋任烟台市交通委员会主任。

龙口港 2 个 3.5 万吨兼顾 5 万吨级通用泊位 /2005 年摄

中华人民共和国

◆龙口港2个3.5万吨兼顾5万吨级通用泊位开工建设，2002年6月全面竣工，码头全长435米，前沿水深14.0米。

"海标0516"航标巡检船/2004年摄

4月

4月1日 烟台航标处"海标0516"400吨航标巡检船在"一航局船厂"制造完工，造价1048万元。船总长42.16米，宽8.20米，满载吃水2.70米，航速12.8节。

4月7日 莱州港运有限公司与烟台恒通船务有限公司合资购买"公主5号"客滚船1艘（船长102米，宽18米，主机3432千瓦，载客400人，载车60辆，3800载重吨）。主要经营莱州港至旅顺港航线，2004年5月合作方因故倒闭停航。

"银河公主"轮/2009年摄

4月8日 烟台港建港指挥部利用西港池二期工程亚行贷款166万美元购置的3台集装箱场桥运抵烟台港。上海振华港口机械有限公司制造，吊具下起重能力40.5吨，跨距23.47米，控制系统采用交流变频调速技术和计算机故障诊断系统。填补烟台港集装箱堆场专用设备空白。

4月10日 交通部烟台海上救助打捞局自日本购置8800吨级"银河公主"滚装船抵靠烟台港打捞局码头，4月28日开始烟台至大连营运。

烟台港集装箱场桥作业/1998年摄

4月17日 韩鲁蓬任烟台航标处处长、党委委员。

4月22日 中国港湾建设（集团）总公司成立后，交通部天津航道局作为其子公司更名"天津航道局"，交通部天津航道局第二疏浚公司更名"天津航道局第二疏浚公司"。

4月24日 深夜，孟加拉国籍"海上世界（SEA WORLD）"号货轮在蓬莱港外遭暴风袭击遇险，前后缆断裂，船舶移位，1名船员受伤，蓬莱边防检查站组织两艘拖轮出海，将其拖至安全地带，转危为安。

是月 至本月烟台港务局有11名引航员，

其中高级3名，一级3名，二级3名，三级2名。

5月

5月18日　龙口港2万吨级航道疏浚工程开工，2002年5月6日竣工，疏浚后航道水深12.2米，底宽94米。

5月19日　烟台港三期工程第一个沉箱采用半潜驳新工艺顺利下水，沉箱重1200吨，高17米。三期工程建7个万吨级以上泊位，设计年吞吐能力390万吨，总投资21亿元。

✦ 烟台港三期工程采用半潜驳输送预制沉箱 /1998 年摄

5月22日　山东省人民政府批准设立山东蔚阳栾家口港务股份有限公司。

5月23日　上海港龙吴港务公司包起帆等到龙口港商讨开辟龙口至南方内贸集装箱航线等事宜。

5月25日　山东省航运管理局批复同意长岛县“鸿鹰”轮（经营砣矶经长岛至蓬莱的客滚运输）在现行中准客票价的基础上上浮50%。

是月

◆山东航运集团公司成立，龙口港务管理局转为其成员单位。

◆长岛县大黑山码头工程开工（位于大黑山岛东侧中部的北庄湾内），1998年12月竣工，总投资1300万元。建设500吨级货运和轮渡泊位各1个，年货运量7.5万吨，客流量16万人次，车流量6千辆次。工程主要内容：500吨级货运泊位1个，长50米，顶高程+3.0米；登陆点1个，前沿宽15.5米，前沿顶高程+1.0米，前沿水深均为4.5米；防波堤长125米，堤顶高程+4.5米，堤顶宽5.5米；护岸长115.3米，顶高程+3.0米；港内回旋水域直径120米，航道底宽50米，两者水深均为4.5米；建生产生活辅助设施600平方米；港内道路宽10米，总长230米，堆场2558平方米，停车场600平方米；125千伏安箱式变电所1座等供电照明设施；码头供水线路269米，污水处理器1台；轮胎起重机“DQ1-8”1台及其他装卸机械。

6月

6月17日　开始执行山东省物价局《关于公布莱州至旅顺航线“公主5号”客货滚装船运输价格的通知》，旅客运输票价（全价票）：豪华客舱票价每间462元；3等A客舱票价每票131元；三等B客舱票价每票111元；散席票价每票56元。客票价格中均含保险费、客运附加费和旅客运输港务费，为中准价格，经营者可在上下各25%的幅度内自主定价。车辆（货物）运输价格：运输空车每计费吨15.70元；运输重车每计费吨18.10元。车辆货物港务费和港口建设费仍执行现行规定标准，即货物港务费空车每计费吨0.40元，重车每计费吨0.46元；港口建设费空车每计费吨0.50元，重车每计费吨0.58元。

是月　国务院批转交通部关于水监体制改革方案，合并中央与地方水上安全监督机构，实行“一水一监”“一港一监”垂直管理体制，由交通部统一领导，统一政令、统一布局、统一监督管理。根据国务院办公厅《关于印发交通部直属海事机构设置方案的通知》，组建交通部直属的

（副局级）中华人民共和国烟台海事局（以下简称烟台海事局），负责烟台行政辖区海上安全监督管理。马喜臣任烟台海监局局长兼监督长。

8月

8月1日　烟台航标处船舶实施集中管理，原隶属石岛站、威海站、蓬莱站的B-105、B-106和B-123船成建制划归船队管理。

8月7日　烟台港三期工程海底爆夯试验成功。

8月31日　天津—烟台—神户客货班轮通航，天津津神轮船公司"燕京"轮承运（442客位，161标准集装箱位，航行38小时）。

是月

◆以蓬莱港务管理局为基础，长岛港务管理局参股组建山东渤海轮渡有限公司，蓬莱和长岛港务管理局行政隶属山东渤海轮渡有限公司，对外保留原名称和牌子。2001年，山东渤海轮渡公司与其他几家公司一起兼并烟大公司，山东渤海轮渡有限公司机关迁移到芝罘区。

◆海阳县凤城港被批准为二类对外开放口岸。

◆栾家口港改制为山东蔚阳栾家口港务股份有限公司，1999年8月经山东省交通厅验收合格。

◆蓬莱至大连航线"鲁渤渡1"轮接替"兴鲁"轮，1999年5月4日"大华"轮接替"鲁渤渡1"轮，目的港改靠大连港大连湾港务公司。2001年2月，"宝华"轮加入该航线营运。2002年5月，"英华"轮加入营运。2004年8月，"兴鲁"轮替换"宝华"轮，"宝华"轮调到烟台至大连航线营运。

9月

9月1日　山东省政府批复允许国际航行船舶停靠牟平港装卸作业。

9月3日　新加坡"城市的士私人有限公司"总裁林汉翔到龙口港商讨投资事宜。

9月8日　山东龙口港通海运有限公司注册，系龙口港、龙口海运公司、龙口市交通委3家单位职工出资组建，经营"通泰""通惠"轮龙口—旅顺间客、车滚装营运，12日举行通航仪式。

9月21日　人事部、交通部授予烟台港务局建港指挥部副指挥牟增平为"全国交通系统劳动模范"称号。

9月27日　龙口海关在栾家口港查获"顺宝油2"油轮走私进口柴油1300吨。

"宝华"轮/1998年摄

"英华"轮/1998年摄

9月29日　烟台绕城高速公路建成，举行通车典礼。该路东起轸格庄立交桥，西北接八角规划港，全长45.74公里，与9条国道、省道相连接，境内首条高速公路。

10月

10月1日　根据交通部规定，罗兰A导航系统零时起关闭。（罗兰A海上无线电导航标系统1965年始建，1976年10月1日开放使用。）

10月21日　国家计委主任曾培炎察看烟台港三期工程，山东省副省长宋法棠、省纪委主任倪永康和烟台市委书记任海深、烟台市市长杨金镜陪同。

10月22日　海关总署签发《海关总署关于同意莱州海关开关的批复》，同意莱州海关于1998年10月28日开关，对外办理海关业务。经青岛海关批准，龙口海关将原莱州辖区海关业务全部移交莱州海关。11月16日，莱州海关正式对外开办业务，内部设办公室、业务一科、业务二科，2001年7月调整为办公室、监管技术科、通关科。1999年，监管进出口总值1361万美元，进出货物22万吨，进出境船舶160艘次。首任关长董中央，由烟台海关调入。

10月29日　蓬莱海关开关，（正处级）编制40人，内设办公室、业务一科、业务二科，隶属青岛海关。烟台市市长杨金镜、省口岸办主任张哲生、蓬莱市五大班子领导、青岛关区各隶属海关关长、蓬莱口岸查验单位、蓬莱驻军、有关部门负责同志、新闻媒体等1000多人参加开关典礼，海关总署发贺电，青岛海关副关长张勤授关印。1999年4月，青岛海关党组任命鞠远礼蓬莱海关关长、党组书记。2001年6月，蓬莱海关改设办公室（综合业务科）、通关科、监管技术科。

是月　烟台地方港D1、D2泊位改造，将两个5000吨级泊位改造成20000吨级通用泊位。码头前沿水平前移10.2米，采用灌注桩梁板结构，改造后码头岸线长度242.5米，泊位水深11米，泊位宽50米，码头顶标高+4.2米。2001年4月竣工。

11月

11月1日　烟台疏港高速公路开建，交通部副部长李居昌出席开工典礼，该路东起烟台港四突堤码头，西接烟台绕城高速公路，长20公里，是国家沿海公路大通道组成部分。（即黑龙江省同江至海南省三亚的高速公路，简称同三高速。）

11月13日　青岛海关综合业务处处长王迪主持召开龙口海关与蓬莱、莱州海关业务交接工作会。

11月19日　烟台港务局、中海集团集装箱运输有限公司举行烟台—日本（名古屋）集装箱

✦ 铁矿船过驳减载作业 /1998 年摄

航线“向强”轮启航仪式，班期为周班。

11月30日　“王帆”轮装载11.13万吨铁矿抵达烟台港锚地，12月3日，过驳减载近3万吨，12月10日至13日又进港靠泊35号、36号泊位，完成81335吨卸货作业。

12月

12月3日　山东省通厅印发《关于解决我省交通系统计算机2000年问题的通知》。（由于早期计算机软、硬件系统中只采用两位十进制数记录年份的最后两位，因此，当时间从1999年的12月31日跨入2000年1月1日时，计算机存在着将2000误认为1900的问题。部分老一些的主机系统、个人计算机和嵌入软件程序及安装了微处理器和集成电路芯片的控制设备，到2000年都可能因时间判断的混淆而发生故障。）

12月7日　山东省交通厅港航局批复，鉴于蓬莱市蔚阳栾家口码头系属地方货主码头，烟台市航管处应负责统一纳入辖区行业管理，并监督其装卸生产经营活动，严格贯彻国家和我省的港口费收价格政策，确保建立辖区港口生产经营的良好秩序和公平竞争环境。

12月10日　烟台航标处成立助航公司。

12月20日　北长山灯塔移址重建后发光，太阳能供电（位于长岛县北长山岛大顶山上，1951年始建，1973年重建为石砌圆柱形石塔，1978年扩建）。2005年8月27日改造灯塔太阳能供电系统，更换1000AH 6GFM-2V电池12块，更换150瓦/12伏太阳能板4块，峰瓦达到1240瓦。

●交通部烟台海上救助打捞局在上海制造的“德翔”大功率远洋救助拖轮（船长94米，设计航速20节，主机功率10560千瓦）。执行台湾高雄外海至新加坡平台拖航任务。

●烟台海监局VTS系统成建制划入航标系列管理。

12月23日　烟台海关为烟台鹏晖铜业有限公司申请进口11002吨、价值3913961美元的铜精矿办理加工贸易备案手续，此为烟台海关本年度最大一笔备案合同。

✦“德翔”远洋救助拖轮/1998年摄

✦北长山灯塔/2005年摄

是年

▲济南军区副司令员裴怀亮中将到烟台边防检查站调研海防工作。

▲龙口港根据国家政策进行住房改革，856户职工购买住宅产权。

▲莱州市海运服务业有国际船舶代理业务，莱州外轮代理有限公司1家，到2010年国际船舶代理公司增加到15家。

▲全市共有各类船舶279艘，8209客位，290459载重吨，261140千瓦。其中，客船、客滚船30艘，散、杂货轮96艘，拖轮29艘，驳船23艘，旅游船101艘。近两年来，全市共淘汰老旧船舶62艘、1361客位、42742载重吨，新增适龄船舶73艘、3251客位、34624载重吨。港口：烟台港、烟台地方港、龙口港、蓬莱港、长岛港、莱州港、海阳港、牟平港，共有生产性泊位81个，设计吞吐能力2436万吨，其中万吨级以上泊位23个；一类开放港口5个（烟台港、烟台地方港、龙口港、莱州港、蓬莱港），二类开放港口2个（牟平港、凤城港），另有企业专用码头16处、27个生产性泊位。

1999年

2月

2月11日　组建成山头航标站，编制20人（灯塔班4人，航标班4人，DGPS台6人，站部6人）。

春　按照省交通厅指示，蓬莱市政府研究决定，将原有39艘老旧游船全部淘汰，更新莱州产HPK630型115匹马力高速游艇。

3月

3月12日　交通部水运司同意山东龙口海运公司改制并更名为山东龙口港通海运有限公司，经济类型变更为有限公司责任公司。注册资金1833.8万元，由山东龙口海运公司、龙口港职工王树波等47名自然人股东出资，1艘50客位/40车位客滚船营运，经营范围：国内沿海各港间货物运输和龙口至旅顺客、车滚装运输。

3月25日　龙口港和山东海丰公司合作开通龙口—青岛内贸集装箱航线，龙口港内贸集装箱业务启动。

4月

4月16日　烟台海关走私犯罪侦查支局揭牌。

✦ 烟台海关缉毒人员押回犯罪嫌疑人/2006年摄

4月18日　蓬莱市渤海造船有限公司为伊拉克制造的2271千瓦全回转拖轮在蓬莱渔港交付。是蓬莱市制造的第一艘出口拖轮。

是月　长岛长通旅运有限公司成立，是在原长岛长通公司的基础上组建的民营航运企业，主要从事长岛至蓬莱，长岛至北五岛、西三岛的客、货运输。船舶11艘（含光租船“海神9”1艘），其中客滚船4艘、货滚船3艘、高速客船2艘、普通客船2艘，船员170人。（相继投资建造“长通3、长通5、长通7、长通9、长通10、长通12、新长通1、海马6、长岛海马、长岛之星”轮。）

5月

5月8日　山东渤海轮渡公司“大华”客货滚装船开始蓬莱新港至大连港航线营运。

5月15日　蓬莱渤海造船有限公司为日本制造的全回转拖轮交付外方，总价值2000万元，总动力2352千瓦。

5月18日　台湾三功集团主席谢修平一行抵龙口港考察。

✦“海标0517”巡逻艇/2005年摄

5月28日　烟台航标处“海标0517”巡逻艇（玻璃钢质）在宜昌中交船业公司制造完工，船总长20米，宽4米，满载吃水0.76米，造价218万元。

是月　长岛县南隍城码头工程开工（位于南隍城岛东北角），2000年7月竣工，总投资1595.27万元。建设500吨级轮渡泊位1个，设计年通过能力：货运量8.85万吨，旅客2万人次。工程主要内容：主体码头长50米，登陆点长13.5米，防波堤长170米，护岸长78.5米，陆域回填，堆场道路、港池疏浚、供电照明、给排水、环保、消防、通讯等。

✦ 南隍城码头/2011年摄

6月

6月4日　烟台港务局引航员安全引领超大型船舶“普安海”轮进烟台港，该轮长303米，宽43.3米。

6月6日　长岛县南长山岛至北隍城岛海底电力电缆敷设成功。

7月

是月　蓬莱港（东港）改建3040平方米客运站使用，投资300万元。

8月

8月1日　开始执行山东省交通厅、山东省物价局《关于调整我省船舶港务费收费标准的通知》，山东沿海地方港口“船舶港务费”标准由每净吨0.5元调整为每净吨0.25元。

8月4日　根据交通部《关于中国船级社主要职责、机构设置和人员编制的通知》，实行局社分开，“中国船级社烟台办事处”不再使用“中华人民共和国烟台船舶检验局”名称，“中华人民共和国烟台船舶检验局”作为中国船级社所属机构，更名“中国船级社烟台办事处”（自芝罘区北马路88号5-6楼迁至芝罘区西盛街28号“第一大道”楼24层）。2000年3月，刘坤绪任中国船级社烟台办事处经理/主任。

8月11日　山东省交通厅同意蓬莱市栾家口货主专用码头使用。

8月27日　烟台港二期工程铁路专用线开通。

是月　长岛县小钦岛码头工程开工，（位于小钦岛南端）2000年8月竣工，总投资1723.54万元。建设500吨级轮渡泊位1个，设计年通过能力：货运8.3万吨，其中滚装运量1万车次/4万吨，客运量2万人次。工程主要内容：主体码头长50米，登陆点长13.5米，防波堤长110米，护岸长63.5米，开山回填造陆、场地道路、装卸设备、供电、照明、给排水、环保、消防、土建、助航等。

✦ 烟台港二期工程铁路专用线开通/1999年摄

✦ 烟台港二期工程铁路专用线/1999年摄

9月

9月1日　龙口港与中海集团合作开通龙口—马尼拉外贸集装箱运输班轮航线，并在集装箱码头举行首航仪式。

✦ 小钦岛码头/2011年摄

10月

10月1日　龙口港2个5万吨级通用泊位开建，设计年通过能力90万吨，2002年8月2日通过竣工验收投产。

10月9日　烟台海关走私犯罪侦查支局执行公安部《公安机关公务用枪管理规定》。

10月11日　王迪任烟台海关走私犯罪侦查支局局长，马永奎任烟台海关走私犯罪侦查支局政委。

10月12日　“大华”轮抵达蓬莱新港（东港）时底舱发生火灾，致2人死亡，5辆汽车受损，“大华”轮停航4天。

10月15日　交通部、山东省人民政府联合下发《关于转发交通部山东省实施水上安全监督管理体制改革协议的

通知》，山东省烟台、龙口、蓬莱、莱州4个海上安全监督局自2000年9月1日起，划归烟台海事局管理。

10月17日　山东烟大汽车轮渡股份有限公司“盛鲁”轮自大连湾驶往烟台途中失火沉没，全船165名乘客和船员，2人死亡，1人失踪。

10月18日　烟台救捞局自日本购进的1.5万吨级“银河王子”号客滚轮开始烟台至大连航线营运。

“银河王子”号客滚轮/2005年摄

是月

◆针对日本发生核泄漏事件，加强检测来自日本的国际航行交通工具及装载货物的放射性污染。

◆交通部部长黄镇东检查烟台公路建设，省交通厅厅长周秋田、烟台市交通委主任刘锡琢陪同。

黄镇东（左1）检查公路建设，周秋田（右2）、刘希锡（左2）陪同/1999年摄

11月

11月10日　交通部批复同意天津市海运股份有限公司经营的新港—威海—日本集装箱班轮航线加挂烟台港。运营船舶“天荣”轮（412TEU）“亚洲之星”轮（357TEU）“亚洲之荣”轮（357TEU），天津、威海为周双班，烟台为周班。

11月16日

●中华人民共和国烟台出入境检验检疫局成立（副厅级，以下简称烟台检验检疫局）。核批编制321人，是山东检验检疫局设在烟台口岸的分支机构，由原烟台进出口商品检验局、原烟台进出境动植物检疫局、原烟台卫生检疫局“三检合一”组建而成，内设办公室、综合处、卫检处、动检处、植检处、食检处、轻纺处、机电化矿处、人事处、财务处、政工处、监察室。下属3个事业单位（检验检疫技术中心、国际旅行卫生保健中心、机关服务中心），1个企业单位（商检公司），辖烟台经济技术开发区、民航莱山机场、招远、蓬莱、长岛5个办事处。首任局长、党组书记孙书平（副厅级，2002年1月调任山东检验检疫局副巡视员）。26日举行挂牌仪式，烟台市委副书记杜渊泉、烟台市人大常委会副主任丁桂盛、烟台市政协副主席姜中兴等有关领导出席。

●中华人民共和国莱州出入境检验检疫局成立（正处级），莱州进出口商品检验局、莱州动植物检疫局和莱州卫生检疫局合并组建（址在莱州市掖县东路18号，2006年12月29日迁至莱州市城港路玉山西街88号）。为山东出入境检验检疫局的分支机构。内设办公室、检务与综合业务科、卫生检疫科、动植物检验检疫科、轻纺机电化矿检验科、莱州港办事处。辖综合技术服务中心1个事业单位及莱州检验认证有限公司。在编39人，固定资产总值1210万元，拥有1个常规综合实验室和1个合资合作油品化矿实验室，检测项目100余项。首任局长尚京亮。

●中华人民共和国龙口出入境检验检疫局成立（正处级），龙口出入境卫生检疫与进口食品卫生监督检疫、动植物检疫和龙口进出口商品检验机构合并组建，设7个行政业务处室、1个事业单位。干部职工57名，11月29日挂牌。首任局长、党组书记王义之。

✦ 烟台出入境检验检疫局办公楼 /2014 年摄

11月24日　山东省海运集团烟大汽车轮渡股份有限公司“大舜”号客滚班轮载旅客、船员304人，汽车61辆，自烟台地方港直航大连，途中因风浪返航时车辆舱起火，导致船机失灵，经多方施救无效，23时38分在烟台市牟平区养马岛东部海面（北纬37° 28′ 57″、东经121° 47′ 6″）翻沉。282人溺亡，生还22人，直接经济损失约9000万元。[“大舜”轮系烟大汽车轮渡公司于1999年1月从日本购进的二手客滚船，之前已在日本服役5年。该船1983年4月20日由日本内海造船株式会社建造完工，满足日本NK船级社近海航区要求（相当于中国近海航区），船长126.23米，型宽20米，型深6.70米，总吨位9843吨，载客量520人，载货量2310吨]。同日，烟台救捞局“烟救13号”轮和烟台港轮驳公司“拖19轮”“拖14轮”“拖15轮”“拖16轮”紧急出航，冒着11级大风巨浪，自当日下午至26日，分别向“大舜”号、“银河公主”号、“齐鲁”号、“集轮2号”、“新华油1”轮施救。

✦ “大舜”号客滚轮 /1999 年摄

交通部部长黄镇东（左3）在打捞现场/1999年摄

11月28日　烟台救捞局"烟救13"轮、"烟救14"轮、"北海102"轮、"芝罘岛"工程船及烟台救捞局租用的"烟渔685"轮在"大舜"号沉没现场救捞遇难者。

11月29日　交通部部长黄镇东、副部长洪善祥、交通部公安局副局长张玉胜看望"银河公主"轮全体船员。部长黄镇东到医院安慰"11·24"海难幸存人员。

12月

12月2日　中共中央政治局委员、国务院副总理吴邦国，中共中央政治局委员、山东省委书记吴官正，国家经贸委副主任、国务院"11·24"特大海难事故调查处理领导小组组长石万鹏，交通部部长黄镇东、副部长洪善祥，山东省委副书记、常务副省长宋法棠，海军参谋长么兴远中将等在烟台港乘船到"大舜"轮海上沉没现场，登上"芝罘岛"号工程船看望正在潜水救捞作业人员。

12月6日　审计署驻济南特派员办事处审计龙口海关业务。

12月7日　交通部副部长洪善祥率渤海湾客滚船安全检查组到龙口港进行安全大检查。

12月10日　烟台航标处"海标0518"150吨登陆艇在杭州钱江船厂制造完工，船总长33.66米，宽5.8米，满载吃水1.55米，航速12.5节。造价429万元。

12月11日

●山东省副省长韩寓群到龙口港检查客滚船安全工作。

●龙口港派往烟台参加"11·24"海难打捞救助人员回港，历时半个月。

12月15日　山东省人民政府发布施行《山东省航道管理规定》。

12月22日至23日　来自全国打捞、船舶等

"海标0518"登陆艇/2005年摄

烟台海事局办公楼/2014年摄

方面专家及工程技术人员27人在烟台救捞培训中心论证“大舜”轮沉船打捞方案，扳正起浮整体打捞方案通过专家论证。

12月28日

●在烟台海监局（环海路8号）举行“中华人民共和国烟台海事局”揭牌仪式。

●“11·24”海难后，交通部将跨省航运的客滚船全部交由中国船级社检验发证。

是月　马喜臣任烟台海事局局长，钟阳任烟台海事局党委书记。

2000年

1月

1月3日　烟台检验检疫局启用新的检验检疫证单、流程和计算机业务系统。

1月7日　烟台市委书记任海深查看烟台检验检疫局工作。

1月25日　龙口港开通龙口—美西集装箱外贸班轮航线。

是月　莱州来银港务有限公司组建，中外合资经营企业，注册资本1450万美元。2003年8月投资3780万元，增建3000吨级危险品码头2个，水深9.2米，增加码头岸线长度257.23米，增加堆场面积17500平方米。

2月

2月21日　烟台市联合运输领导小组经研究，烟台市交通委副主任石守志任烟台市政府联运办公室主任，山东省烟台市公路管理局局长王东生不再担任这一职务。

2月23日　烟台检验检疫局查验人员在烟台海港国际旅检厅，从韩国旅客携带物中截获旧服装7500件，依法销毁处理，同年又先后4次从韩国入境旅客携带物中截获旧服装3200件。

2月24日　美国菲利普斯石油公司技术人员就渤海湾石油开发后勤基地建设问题到龙口港考察。

2月27日　烟台海关首次利用电脑印鉴比对仪查发1张伪造海关印章的假付汇报关单。

是月

◆权良宝任烟台市交通委员会主任。

◆中国船级社（CCS）烟台办事处选派3名验船师进驻烟台莱佛士（来福士）船业有限公司，为中国海洋石油工程有限公司承包建造的总长157.50米，34384总吨，满载排水量51021.7吨，最大起重能力3800吨“蓝疆”号大型起重铺管船进行法定检验和联合入级检验。该船入CCS和美国ABS双重船级，由CCS和ABS验船师执行联合入级检验。

◆龙口市交通局投资180万元建造64个客位、

✦“鲁龙渡9”客渡轮/2011年摄

2 个车位“鲁龙渡 9”客渡轮，从事港栾—桑岛陆岛交通营运。

3月

3 月 8 日　中国海洋石油公司派员到龙口港考察，选择渤海石油开采登陆点。

3 月 11 日　烟台—上海—蛇口内贸集装箱班轮首航暨签字仪式在烟台港集装箱公司举行，“月恒”集装箱轮首班营运。

3 月 16 日　交通部烟台海上救助打捞局与山东烟大汽车轮渡有限公司签订“大舜”轮沉船打捞合同，4 月 11 日开始打捞。

3 月 21 日　山东检验检疫局党组书记、局长邢德茂到烟台检验检疫局检查指导工作。

3 月 25 日　经青岛海关批准，烟台海关成立烟台东海服务中心。

3 月 26 日　山东省蓬莱港务管理局引航站成立，隶属山东省蓬莱港务管理局，一级引航员 1 人。2004 年 3 月 1 日烟台市港航管理局和烟台海事局批准蓬莱引航站的引航范围是：蓬莱港和蓬莱港栾家口作业区以及蓬莱海事部门指派的其他海域。至 2006 年 1 月，有引航员 4 名，2 名 1 级，2 名助理引航员。2010 年，经烟台市港航局和烟台海事局批准，长岛县及附近水域引航业务亦划归蓬莱引航分站负责。

3 月 31 日　烟台至日本神户、大阪集装箱班轮航线开通，是烟台市直达日本关西的集装箱航线，每周 1 班。

是月

◆蓬莱新港开工扩建 2 个 5000 吨级滚装泊位，总投资 8700 万元。

◆蓬莱市清理疏通蓬莱—长岛、蓬莱—旅顺、蓬莱—大连 3 条主航线海上障碍物，清除坛子网 9100 块，养殖筏架 4000 行，上级补助资金 440 万元。

4月

4 月 5 日　龙口港救助遇险船舶“辽油 301”轮。

4 月 8 日　由清华紫光、山东远程、青岛海关联合研制的集装箱数据自动采集及应用系统在烟台海关通过国家教育部组织的鉴定，烟台海关物流监控自动化程度改善。

4 月 9 日　下午，龙口沿海现罕见沙尘暴，龙口港救助遇险“鲁龙渔 4160”等 4 艘渔船和 16 名渔民。

4 月 12 日　国家经贸委安全生产监督管理局副局长闪淳昌、山东省省长李春亭、副省长林廷生、省长助理臧海强及省政府有关部门、烟台市委、市政府领导等乘“德成”轮，前往“大舜”轮海上打捞现场，看望慰问打捞职工。

4 月 25 日　龙口港与中外运合作开通龙口—宁波—黄埔内贸集装箱运输班轮航线。

✦“大舜”轮沉船打捞现场 /2000 年摄

4月27日　国务院“国办函〔2000〕37号”（《国务院办公厅关于进行设立出口加工区试点的复函》）批准设立烟台出口加工区。属全国15个首批出口加工区试点之一，规划控制面积2.96平方公里，其中起步区0.7平方公里。

是月　长岛港实行竞争上岗，以民主评议和业务知识考试成绩为依据确定上岗、待岗和下岗人员。

5月

5月16日　烟台市政府召开“关于调整山东省海上搜救中心烟台分部办公室有关问题的会议”，5月22日，烟台市编委会发《关于调整山东省海上搜救中心烟台分部办公室机构设置的通知》，明确烟台分部办公室改设在烟台海事局，原由烟台市经贸委承担的海上搜救组织工作一并移交烟台海事局，7月17日烟台海事局正式履行海上搜救组织职能。

是月　蓬莱环球木业有限公司建成投产（印尼财源帝集团投资5000万美元，址在蓬莱市外向型工业加工区）。厂区占地83万平方米，自东南亚输入原木56种，加工生产木地板、胶合板、密度板等产品。年制材能力20万立方米，干燥能力8500立方米/周期，年消耗原木近100万立方米。2002年生产胶合板30万立方米、密度板10万立方米，产品主要销往日本、韩国、欧洲，其中密度板、胶合板可替代国外进口产品。2003年，有员工1200名。2004年，撤资停产。

6月

6月1日　交通部部长黄镇东、山东省副省长林廷生等乘“北海102”轮前往“大舜”轮海上打捞现场看望施工人员，当日“大舜”轮在8只800吨浮筒抬浮下起浮。

6月6日　交通部烟台海上救助打捞局3200千瓦海洋救助拖轮“德洋”轮在上海东海船厂交船。

6月7日　姜绍华任龙口海关关长、党组书记。

6月15日　塞浦路斯籍大型铁矿船“好望角”轮装运167195吨铁矿抵达烟台港卸载，轮长289米，宽45米，平均吃水17.68米。

6月16日　北海救助局刘新堂享受国务院、省（部）政府特贴。

6月19日　11时30分，山东烟大汽车轮渡

“大舜”轮打捞出水/2000年摄

“大舜”轮打捞起浮/2000年摄

✦ 大型铁矿船“好望角”轮抵烟台港卸载 /2000 年摄

有限公司代表在“大舜”轮交船确认书上签字，“大舜”轮打捞结束。

7 月

7 月 7 日

●烟台市人大常委会主任王树建察看烟台检验检疫局工作。

●烟台港 18 号、19 号泊位浮式双向连接桥经靠泊海洋岛轮下车重载试荷成功，投资 178 万元，由海港机械厂为主承建，本年 5 月 1 日开始制造，7 月 5 日完工。

7 月 12 日　烟台海关查获烟台某公司夹藏文物出口走私案，其中包括清末铜法器 2 件、清代青花笔筒 1 件、藏传佛教唐卡 1 幅、清代雀替 1 件、汉代彩绘陶鼎 1 件、清末木面具 1 件，均属国家禁止出境文物。

7 月 15 日　龙口港在上海港机厂制造的 2000 型集装箱专用桥吊抵港，定额起重量 40 吨，起重高度 25 米，造价 1380 万元。

7 月 17 日　中海客轮有限公司从意大利引进的“长兴岛”滚装轮在烟台港举行首航仪式，烟台市副市长迟焕然等出席。该轮长 148 米，17961 总吨，航速 16 节，载客 1508 人，载大车 65 辆或小车 170 辆。

8 月

8 月 18 日　龙口丛林集团“丛林河”牌球管出口首航仪式在龙口港北港区举行，外经贸部等有关单位领导为首航剪彩。

8 月 31 日　龙口港自日本购进全回转拖轮“龙港拖 22”轮抵港，该轮长 26.76 米，宽 8.6 米，

✦ “长兴岛”轮烟台港首航仪式 /2000 年摄

✦ “长兴岛”轮 /2000 年摄

功率 1912 千瓦，航速 12.8 节。

是月　烟台检验检疫局检验人员对巴拿马籍“MASS WITS”轮装载的 23401.89 吨美国 2 号大豆进行检疫时，发现进境植物一类检疫危险性病害“大豆疫病”。

9月

9 月 1 日

●全国水监系统管理体制改革，在交通部烟台海上安全监督局（中华人民共和国烟台港务监督）的基础上，从事船舶检验人员与蓬莱、龙口、莱州港监从事船舶检验人员合并，筹建山东省烟台船舶检验局。

●蓬长航线管理由省交通厅下放烟台市交通局，烟台市航务管理处增设蓬长航线管理科，负责蓬莱至长岛陆岛运输的管理工作。

9 月 6 日　天津航道局第二疏浚公司 3968 平方米办公楼开建，投资 352 万元，由烟台建筑设计研究院设计，烟台建设集团九公司承建。

9 月 19 日　菲律宾籍木材船“海洋主人”满载 1.8 万立方米木材靠泊蓬莱东港，船长 160 米。

是月　烟台港区海事处、蓬莱海事处、龙口海事处、莱州海事处相继挂牌成立，为烟台海事局正处级分支机构。

10月

10 月 9 日　烟台中韩轮渡有限公司开通烟台—仁川航线，由租用的“紫玉兰”客箱班轮营运，每周 1 班。

10 月 19 日　烟台港务局和新加坡康益国际私人有限公司、济南康惠油脂有限责任公司合资成立的“烟台康益谷物有限公司”［后改名“益海（烟台）粮油工业有限公司”］豆粕加工项目举行签字仪式。

12月

12 月 18 日　烟台海关没收某韩国人走私出口的 7 件文物，并科处罚款 5000 元。

12 月 20 日　长岛县庙岛陆岛交通码头竣工，总投资 1296 万元。建设规模为 100 吨级灌注桩突堤式码头 1 座，主体码头 46.75 米，宽 16 米，顶高程 +3.3 米，为钢筋混凝土灌注桩结构，改建登陆点 7.2 米，前沿顶高程 +0.8 米。设计年通过能力：货运量 6.2 万吨，客运量 19 万人次。（2000 年 5 月 10 日开工）

12 月 21 日　烟台海关接待韩国海关代表团。

12 月 27 日　海阳县凤城港划并山东省交通厅青岛筑港工程公司。

是月　天津航道局第二疏浚公司年度产值过亿元。

是年

▲蓬莱新港 3.5 万吨级码头开工建设。

▲海阳港开辟至日本、韩国航线。

▲全市老旧小杂旅游船全部淘汰，由山东

✦ 庙岛码头 /2014 年摄

省港航局推广的550型和630型取代，蓬长航线更新投入营运客船3艘、客滚船1艘。

▲烟台海事局签发适任证书471本，海员培训合格证7224本，办理海员证6939本，海员出境证明951份。

▲烟台检验检疫局共检验检疫出入境货物4.86万批，20.3亿美元。其中，发现不合格235批，货值1.78亿美元。传染病监测体检1.07万人次，预防接种5822人次。检疫出入境船舶1392艘次，检疫集装箱5.8万标箱。

▲莱州出入境检验检疫局共检验检疫进出境货物4253批，货值7522万美元，其中进境货物52批，货值558万美元，出境货物4201批，货值6964美元；共检出出口不合格商品2批，货值4.6万美元；船舶卫生检疫144艘次，检疫出入境船员1486人次；签发普惠制证书650份，货值1356.9万美元，签发一般原产地证书270份，货值359.2万美元。

✦成山头雾号/2006年摄

▲龙口出入境检验检疫局共检验出入境商品4651批，货值13640万美元。其中出境商品4937批，货值8963万美元；入境商品287批，货值5933万美元。

检疫出入境动植物及其产品2153批，货值7943万美元。从入境大豆中检疫发现二类疫情假高粱2批。进境食品卫生监督检验431批，总重量4.9万吨。检疫出入境人员4527人次，疾病检测649人次，检出其他疾病5例；船舶卫生检疫230艘次；检验检疫集装箱11006个标箱。签发普惠制证书468份，货值1418万美元，签发一般原产地证书403份，货值878万美元。

▲成山头雾号撤除（位于成山头灯塔南偏东80米处，每120秒钟鸣1次，鸣5秒，停115秒）。据记载，1893年成山头灯塔增设气压雾笛1套。1927年，改装新式直径7寸雾笛，由24马力“鲁司墩”引擎3架策动。1979年，更换雾笛，改装QW-1型（活塞式）雾号，听程4海里。1983年，北京声学研究所对雾号进行改造，空压机马力增至120马力，但使用效果不佳，听程不到1海里，后换装地亚风式雾号。1999年，雾号停止工作。

2001年

1月

1月9日　烟台出口加工区通过海关总署等8个国家部委的联合验收，正式封关运作。

1月14日　烟台市委书记任海深走访龙口海关，龙口市委书记于爱军陪同。

1月15日　龙口港转让港内场地29.4亩给龙口新龙公司，用于建设库容5000吨大豆筒仓8座及豆粕库1座。

1月19日　烟台市委书记任海深察看烟台检验检疫局工作。

是月　栾家口港经国家批准临时对外开放。

2月

2月19日　烟台市联合运输领导小组发文《关于调整烟台市人民政府联运办公室主任的通知》，烟台市交通局副局长杜福堂任烟台市人民政府联运办公室主任，石守志不再担任这一职务。

是月　根据交通部通知，组建中华人民共和国烟台长岛海事处、海阳海事处、牟平海事处，为烟台海事局直属派出机构，原蓬莱海事处所属长岛、大钦岛、大黑山、砣矶监督站各项业务划归长岛海事处管理。

3月

3月6日　长岛县小黑山岛码头工程开工，（位于小黑山岛东端）2001年8月30日竣工，总投资1198万元。建设100吨级突堤式码头，设计年通过能力：货运量6.8万吨，客运量8万人次。工程主要内容：码头总长40米，宽15米，顶高程+3.3米，底高程-4.0米；登陆点前沿宽10.3米，顶高程+0.6米，底高程-3.0米，为重力式方块结构；护岸长40米，采用斜坡式抛石外护1吨四脚空心方块结构；泊位宽20米，水深4.0米。

3月12日　烟台海事局所属烟台航标处（区）成建制划归天津海事局，更名为天津海事局烟台航标处（正处级）。

3月15日　烟台检验检疫局检疫查验人员在烟台海港国际旅检厅从入境旅客携带物中截获无检疫审批许可的进口梨树插条32包，约1万枝，销毁处理。

3月20日　蓬莱新港2个5000吨级滚装泊位竣工，投资3393万元。

是月

◆烟台航务军事代表办事处划归驻济南铁路局军事代表办事处管辖。

◆龙口港实行内部经营与分配制度改革，模拟公司化管理模式，开始试行经营管理者工资年薪制。

4月

4月6日

●烟台市航务管理处委托山东省交通科研所编制的《蓬长航线运力发展规划》通过省交通厅专家评审。

●烟台海关开展大连—龙口—天津—烟台—大连内支线集装箱班轮航线监管业务。

4月11日　中海船务代理有限公司外贸内支线在烟台港开通，“向东”轮靠泊西港池37号泊位开始作业，中海公司的“向东”“向春”班轮运营，为周四班，可承揽由烟台到大连中转世界各地的货物。

4月13日　烟台至仁川海运航线增添“紫丁香”客箱班轮（全长148.7米，载重4590吨，256标准集装箱位）。烟台中韩轮渡公司经营，每周1班。

✦ 烟台市委书记任海深（左）烟台海关关长曲春辉（右）揭牌/2001年摄

4月15日　龙口港与中外运集装箱运输有限公司、韩国长锦商船株式会社三方合作，开通龙口—釜山集装箱运输班轮航线。

4月19日　烟台海关驻烟台出口加工区办事处开关暨烟台出口加工区封关运营。

4月20日　烟台港首船煤炭出口启航仪式在西港池23号泊位举行，交通部水运司副司长李凤岐，烟台市副市长迟焕然，中国煤炭工业进出口集团部长宫清操，中煤青岛有限公司总经理黄树成和烟台港务局局长朱毅等出席仪式，17时许，载有32511吨煤炭的“金色收获”号轮启航驶往日本。

4月23日　武警总部司令员全双战中将参观龙口海关驻长岛办事处，并要求驻岛武警积极配合海关工作，共同把好国门。

5月

5月1日　按照交通部《老旧运输船舶管理规定》，强制报废“昆嵛”“海神6”“蓬祥”3艘船龄超过30年的老旧客（滚）船。

5月26日　烟台港装饰材料市场开业，位于烟台港西港池东南侧，占地总面积35万平方米。内有装饰材料、布艺、灯饰、五金、厨具等批发零售货品，至2002年，年营业额超过10亿元，山东省建设厅、省工商局分别授予其“山东省优秀商业区”和“山东省规范化文明市场”称号。

5月28日　龙口海关查获烟台经济开发区进出口公司非法倒卖豌豆5800吨，案值1090万元。

5月底　烟台港三期工程集装箱码头竣工。

是月　龙口港与临朐县劳务输出公司签订《装卸劳务协作合同书》，62名协议工到龙口港装卸，龙口港实行装卸劳动力市场化管理。

✦ 烟台港首船煤炭出口启航仪式 /2001年摄

✦ 烟台港装饰材料市场远眺 /2004年摄

✦ 烟台港三期工程集装箱码头 /2006年摄

6月

6月4日　根据《海关总署关于青岛海关机构改革方案的批复》，烟台海关内设办公室、人事教育处、财务处、通关处、物流监控处、加工贸易监管处、查验处、调查处、驻经济技术开发区办事处（正处级）、驻机场办事处（副处级）、驻出口加工区办事处（可对外挂牌办理业务）。核定烟台海关行政人员编制211人，关长1名（副局级）、副关长4名（正处级）。

6月6日　烟台中韩轮渡有限公司暂停烟台—群山班次，至群山的集装箱按照原定价格由该公司自仁川转运。

6月8日　国务委员吴仪、外经贸部部长石广生、副部长龙永图莅临烟台出口加工区，查看闸口管理系统和闭路电视监控系统。

6月9日至15日　第二届APEC投资博览会在烟台召开，烟台海关为韩国、印尼等国进口的15票、价值3万余美元的进口展品及400余名参会人员办理放行手续。

6月20日　烟台市政府召开“清理整顿道路水路运输秩序”电视电话会议，交通、工商、海关、海事、船检、海洋与水产、旅游、城管等12个管理部门负责人及公路、水路企业主要领导600多人参会。烟台市政府副秘书长栾军波主持会议，烟台市副市长迟焕然做动员讲话，烟台市交通局局长权良宝宣读《关于清理整顿道路水路运输秩序的实施方案》。除主会场设在烟台市政府外，辖区内的13个县市区设立分会场，会议要求清理整顿从6月开始，到10月底为止。整顿重点：一是整顿违规经营的企业，规范市场经营秩序；二是严格企业经营资质审查，严把市场准入关；三是加强船舶的监督检查，清理报废船舶；四是整顿和规范水运工程建设市场，规范港口经营秩序；五是切实加强安全管理，进一步落实安全生产责任制。

6月28日　烟台海事局海阳海事处挂牌成立，全民事业单位。

是月　蓬莱—长岛、蓬莱—旅顺和登州水道航路11座灯浮标设置完成。

7月

7月8日　烟台检验检疫局在烟台海港旅检通道，查获入境韩国旅客非法携带旧衣物900余件，销毁处理。

7月9日　青岛海关通关管理处在龙口海关进行“中国电子口岸”企业应用操作培训，龙口海关辖区110余名企业相关人员参加。

7月13日至8月27日　济南军区在龙口港举行“前卫-201”军事演习，7月19日龙口海关向部队官兵赠送慰问品。

7月14日　烟台市委书记焉荣竹到烟台港务局调研。

8月

8月18日　天津航道局第二疏浚公司迁至新建办公楼办公。

8月29日　中铁建设开发中心、烟台交通投资公司、大连市建设投资公司在烟台市召开协调会议，决定成立公司筹备组，组建公司。9月5日，中铁渤海铁路轮渡有限责任公司筹备组在北京成立，同日召开筹备组第一次会议，明确筹备组的工作目标是抓紧召开公司第一届董事会第一次会议，并着手组建公司。11月7日，中铁建设开发中心、烟台交通投资公司、大连市建设投资公司在烟台市举行股东会第一次会议，讨论并通过了合资合同、公司章程，研究了烟大轮渡项目引进外资近期工作计划并确认了股东三方推荐的董事、

✦烟大铁路轮渡股东三方举行合同、章程签字仪式/2001年摄

监事人选。11月8日，股东三方在烟台市举行合资合同、公司章程签字仪式，投资比例为：中铁建设开发中心50%，烟台交通投资公司25%，大连市建设投资公司25%。股东三方代表及烟台市副市长迟焕然、大连市计委主任邢良忠等出席仪式。

是月　龙口海关撤销行政科，设立查验科，稽查科改为加工贸易科。

9月

9月6日　烟台市辖区内从事渤海湾客滚船省际运输的公司共6家：山东渤海轮渡有限公司、烟台银河轮渡有限公司、山东龙口港通海运有限公司、蓬莱海运公司、莱州海运公司、牟平海洋运输公司。在航车客滚装船12艘，车货滚装船1艘，（含危险品船）共4947客位，808车位，30778载重吨。主要经营烟台、蓬莱、龙口、莱州至大连、旅顺航线的客、车货滚装运输。

是月　侯景华任烟台海事局局长。

秋　蓬莱水城保护性开发（修复为明万历二十四年旧貌）工程启动，水城内居民560户、15家单位开始搬迁，拆迁建筑面积约12万平方米。

10月

10月1日　龙口港5万吨级粮食专用泊位配套的散粮筒仓工程开建，容量6000吨螺旋钢板筒仓10座。2002年8月16日建成并完成重载试运行。

10月23日　烟台港三期工程试投产，“合作”轮载49500吨铁矿抵靠烟台港三期工程63号、64号泊位作业。

10月28日　山东龙口港通海运有限公司所属“通惠”滚装轮，装载液化气罐车6台、普通货车3台，船员和汽车司机32人，自旅顺新港返龙口途中在长岛北隍城正西8海里处遇风浪失火爆燃沉没，27人遇难或失踪，5人生还，直接经

✦龙口港5万吨级粮食专用泊位配套的散粮筒仓/2006年摄

✦龙口港5万吨级粮食专用泊位场地/2011年摄

济损失近800万元。该公司“通泰”轮停航整顿，龙口港客滚运输业严重受挫。

是月　龙口港开始实行岗位效益工资制，制定《岗位效益工资制试行方案》和《岗次动态管理实施细则》，岗位效益工资由岗位工资、年功工资、效益工资三单元组成。

11月

11月21日　烟台港三期工程铁路通过竣工验收，长4945米。

11月22日　中铁渤海铁路轮渡公司在龙口市召开第一届董事会第一次会议，选举陈克济为董事长，聘任迟宝璋为总经理。

11月23日　国务院办公厅《转发交通部等部门关于深化中央直属和双重领导港口管理体制改革的意见的通知》，要求由中央管理以及中央与地方政府双重领导的港口全部下放地方管理。

11月29日　烟台市人大代表参观烟台检验检疫局技术中心实验室，烟台检验检疫局局长孙书平陪同。

是月　海庙港投资3600万元增建3000吨级粮食专用码头1个。2005年，完成货物吞吐量43.15万吨。

12月

12月7日　烟台港三期工程通过竣工验收。

烟台检验检疫局局长孙书平（右2）陪同烟台市人大代表参观技术中心实验室/2001年摄

（第一阶段）建设集装箱泊位和杂货深水泊位各2个，年设计通过能力255万吨。12月8日交付使用。

12月30日　烟台港开通经香港至台湾集装箱海运航线。台湾行业集团有限公司“桃园”“宜兰”两条船周班营运。

是月　蓬莱巨涛海洋工程重工有限公司成立。（址在蓬莱市外向型工业加工区内）由中国海洋石油总公司、新加坡胜科集团、中国南山科技开发有限公司和西萨摩亚茂盛投资有限公司组建的大型合资企业，总投资2.2亿美元，主要从事海上石油和天然气钻井采油平台的设计、开发与建造，包括导管架和桩、组块、生活模块、浮式生产储油轮的上部模块以及港口机械和石油化工设备等。2004年10月一期工程动工，投资7160万美元，主体工程包括4条滑道、700米长自用码头和建筑面积10万平方米厂房。其中，4条滑道分别是1.5万吨级2条、8000吨级1条、6000吨级1条；700米长自用码头最大水深10.9米，可停靠30万吨级空载油轮和各类船舶。2008年，追加投资3.6亿元进行二期建设，12月底完成全部工程。2009年，公司又追加投资2亿元，新建1条3万吨级滑道，购置安装龙门吊等设备259台（套）。2009年，实现销售收入8.7亿元、利税6200万元。

是年

▲烟台市交通委员会改为烟台市交通局。

▲海阳县凤城港投资36万元建设1200米输油管道1条，从码头输送柴、汽油至港口办公楼东侧的油库。码头能靠泊1000吨级液体化工船舶。

▲根据《山东省气象局关于印发烟台市国家气象系统机构改革方案的通知》烟台市气象局机构改革（正处级事业单位），局机关内设办公室、业务科技科、人事教育科、政策法规科，下设烟台市气象台、烟台市专业气象台、烟台市气象局后勤服务中心、烟台市气象综合服务中心4个直属事业单位。全市气象部门编制总数178人，其中市局机关22人，直属单位55人，县（市、区）局101人。

▲烟台检验检疫局共检验检疫出入境货物6.42万批，27.2亿美元，其中发现不合格319批，货值2.2亿美元。传染病监测体检8023人次，预防接种7309人次。检疫出入境船舶1459艘次，检疫集装箱5.62 万标箱。

2002年

1月

1月1日

●《中华人民共和国交通部港口收费规则（外贸部分）（修正）》开始实施。

●交通部制定的《船舶引航管理规定》正式施行。

●废止“中华人民共和国烟台港务监督船舶登记专用章”，船舶登记统一使用“中华人民共和国烟台海事局船舶登记专用章”，中国籍船舶开始换发新版所有权证书、国籍证书和最低安全配员证书，6月30日全部换发完毕。

1月6日　中铁渤海铁路轮渡有限责任公司（以下简称中铁渤海轮渡）经国家工商行政管理总局批准成立（址今芝罘区中国工商银行烟台西大街支行）。1月26日在烟台山下金海湾大酒店举行揭牌仪式，国家发展计划委员会基础产业司处长张建平、国家工商行政管理总局企业注册局处长陈良、铁道部计划司副司长杨忠民、山东省发展计划委员会副主任薛克、大连市政府常务副市长王承敏、烟台市政府市长杨金镜，副市长迟焕然等出席，中外来宾、新闻记者200余人参加仪式。

✦中铁渤海轮渡有限责任公司成立暨揭牌典礼 /2002年摄

1月22日

●烟台市委书记焉荣竹察看烟台检验检疫局工作。

●中海船务代理公司所属“向东”轮靠烟台港三期码头61泊位装卸作业，三期工程集装箱码头开始外贸集装箱作业。

1月24日　《山东省水路交通管理条例》经山东省第九届人民代表大会常务委员会第二十五次会议审议通过，自2002年3月1日起施行。

1月26日　中华人民共和国国务院令第344号公布：《危险化学品安全管理条例》已经2002年1月9日国务院第五十二次常务会议通过，自2002年3月15日起施行。

是月　杨俊峰任烟台检验检疫局局长、党组书记。（副厅级，2007年11月22日杨俊峰调任山东检验检疫局党组成员，青岛检验检疫局党组书记、局长。）

2月

2月9日　烟台市市长杨金镜、烟台市副市长李淑琴到烟台港集装箱码头和益海有限责任公司察看。

2月12日　大年初一，烟台海事局值班室报告，烟台港20号灯浮标因被撞失常，适值2艘14万吨船舶到港，烟台航标处立即组织人员乘船出海检修，发现浮标灯器、顶标等均已被撞丢失，因海上风浪太大，船舶无法靠近浮标作业。次日上午8时再次出海修复，20号浮恢复正常发光。

2月20日　满载57097吨大豆的“天桐峰”轮抵烟台港，

是益海有限责任公司成立后的第一船加工原料。

2月22日　烟台市委书记焉荣竹、烟台市副市长迟焕然率烟台市交通局、烟台市规划局、烟台市建设局等部门负责人到烟台港集团公司指导工作。

2月25日　龙口港接卸“法拉利”轮铁矿砂60584吉，该轮吃水12.2米。

是月　蓬莱新港蓬莱—旅顺航线客货滚装业务暂停。

3月

3月1日　烟台港务局举办“烟台港开港140年展览”。

3月5日　龙口市政府召开“鲁龙渡9客渡轮易主管理经营协调会”，将“鲁龙渡9”船交龙口富龙汽车有限公司经营管理。3月9日，龙口市港栾港务管理局与山东龙口富龙汽车有限公司签订《关于“鲁龙渡9“客渡轮易主经营管理协议书”》，港栾—桑岛陆岛交通营运船舶“鲁龙渡9”始由山东龙口富龙汽车有限公司管理与经营。（“鲁龙渡9”船2000年11月18日制造完工，138总吨，25载重吨，功率263.2千瓦，2个车位，64个客位。2010年客运量30345人次，客货运量6100余吨。）1991年8月以前，港栾至桑岛客渡船票价为岛内居民2元，岛外人员2元。2010年12月至2011年8月，岛内居民5元，岛外人员10元。

3月8日　烟台海关试运行出口无纸通关，

✦“香雪兰”客箱轮/2002年摄

✦蓬莱西港文明港区建设/2004年摄

同日烟台海关驻烟台出口加工区卡口集装箱自动识别系统升级，使集装箱号码识别率由原来的60%左右上升到80%左右。

3月18日　中韩轮渡有限公司租赁中海集团“香雪兰”轮营运，起止港中国烟台至韩国仁川。

3月25日　张原军任天津海事局烟台航标处党委书记、党委委员兼纪委书记，钟建军任天津海事局烟台航标处处长。

是月

◆蓬莱港（西港）改造服务设施，投资2140万元。建设规模含旅客长廊1833平方米、候船厅1298平方米、地磅房及停车场、道路、防护墙、绿化、供电、消防等配套工程。交通厅补助1800万元，其余企业自筹。2003年12月竣工。

◆山东蔚阳栾家口港务股份有限公司增建4个5000吨级散货码头工程开工，2003年12月竣工。

4月

4月1日至18日　济南军区交通战备办公室、军交运输部组织驻青岛、烟台航务军代处和山东省交通战备办公室，对战区沿海港口、码头、船舶、修造船厂、部分滩涂进行全面勘察。

4月3日　山东省交通厅印发《山东省小型客（渡）船、旅游船运输企业经营资质管理办法》。

4月4日　益海（烟台）粮油工业有限公司（原康益谷物有限公司）榨油厂开始试车，5日正常

✦ 益海（烟台）粮油工业有限公司 /2002 年摄

生产，日加工能力达到 1200 吨。经改造，2003 年 5 月达到 2000 吨，所产的豆粕大部分出口韩国和日本。

4 月 18 日　山东航运集团公司聘任孟祥罡为龙口港务管理局局长，集团党委任命王守美为龙口港务管理局党委书记。

5 月

5 月 7 日　北方航空公司 1 架“MD-82”型客机在大连海域失事，交通部烟台海上救助打捞局派出“烟救 9、德润、烟救 4、烟救捞 5、烟救起重 2”救助船及工程技术人员、潜水员等 156 人参加空难救助打捞。期间国务院副总理吴邦国乘船到空难现场，视察失事飞机搜寻打捞工作，慰问一线职工。5 月 26 日空难救助打捞结束。

5 月 8 日　烟台检验检疫局在烟台港从澳大利亚进口铜精矿中检出水分含量比装港高 2.7 个百分点，为公司挽回经济损失 11 万美元。

5 月 9 日　铁道部副部长王兆成、发展计划司司长曹菁，中国地铁协会会长华茂昆，中铁建设开发中心总经理陈克济、副总经理韩建荣等察看中铁渤海轮渡公司，烟台市政府副市长迟焕然和济南铁路局、青岛铁路分局领导陪同。

5 月 15 日　山东省交通厅和烟台市政府签署《关于将双重领导港口及省属港航企业下放烟台市管理的商谈纪要》，下放范围包括烟台港、龙口港、蓬莱港、长岛港、海庙港、凤城港、山东省烟台国际海运总公司、山东渤海轮渡有限公司，涉及固定资产 41.07 亿多元，职工 12618 人。

5 月 19 日　铁道部副部长王兆成到龙口港考察铁路进港情况。

5 月 20 日　山东省航运集团公司党委任命

✦ 空难现场烟台救捞局打捞作业㈠ /2002 年摄

✦ 空难现场烟台救捞局打捞作业㈡ /2002 年摄

孟祥罡（兼）、徐明熙（正职待遇）为龙口港务管理局党委副书记。

5月29日　烟台航标处机构调整：内设办公室、航标科、计划财务科、人事科、政工科、技术装备科。下设后勤服务中心、航标修理所、石岛航标站、成山头航标站、威海航标站、芝罘湾航标站、蓬莱航标站、龙口航标站、潍坊航标站（均为正科级）。

5月30日　中华人民共和国交通部令2002年第1号公布，《海上滚装船舶安全监督管理规定》已于2002年5月20日经第八次部务会议通过，自2002年7月1日起施行。

是月

◆永和重工（蓬莱）有限公司成立。（址在蓬莱西城临港工业区）韩国永和建筑工程株式会社（ENGINEERING）独资企业。一期投资1000万美元，建设占地约6.7万平方米的重型机械加工厂，厂房面积8500平方米，附属设施5000平方米；当年9月完工。二期投资1600万美元，扩建生产区70亩，2004年7月完工，形成年产钢结构20万吨、龙门吊50台套生产能力。当年通过韩国KS质量认证机构与英国BSI质量认证机构的ISO 9002质量体系认证。2005年年末，占地约10万平方米，有员工300余名；当年实现销售收入3895.9万元、利税315.1万元、利润总额295.6万元；出口钢架结构产品2万余吨，出口额1200万美元；主要产品有龙门吊、集装箱钢结构件、石油导管架、厂房钢架结构等，主要出口伊朗、南非、韩国等国家。

◆蓬莱安邦油港（前身为蓬莱栾家口油港）开工建设，青岛广源发集团有限公司总投资2.3亿元，建设5万吨级原油专用码头和10万立方原油库区各1个，2003年12月完工；2006年9月，中国化工集团油气开发中心与青岛广源发集团公司签订资产重组协议后，成立蓬莱安邦油港有限公司。2008年3月，自筹资金24023万元，建设33万立方原油库区和10万立方成品油库区各1个，2010年10月完工。2009年1月自筹资金3500万元，建设9万立方原有库区1个，2010年4月完工。

◆蓬莱映华海运有限公司注册成立（原蓬莱海运公司人员为基础组建）。由个人出资60万元，9月，全体股东同意将所占股份转卖威海客商。专业从事海上旅客运输业务，主营蓬莱至长岛间的车、客海上运输及海上旅游观光服务。至2005年有船4艘，“蓬长快航3”“蓬长快航5”两艘客船，“蓬莱阁1号”旅游船，“映华7”车客滚装船，同时代管“蓬长快航1”“蓬长快航6”“蓬旅2”3艘客船，年营业收入844万元，实现利税35万无，固定资产1186万元。

6月

6月8日　蓬莱沙河口机场落成，由蓬莱市

✦“映华7”滚装轮营运中/2011年摄

政府投资900多万元与山东航空公司合作修建，跑道长800米，宽23米。

6月16日　卡塔尔当地时间9时30分，中国驻卡塔尔大使周秀华、商务参赞魏华等6名大使馆主要官员在RASGAS公司工作人员和船舶代理的陪同下，登上烟台救捞局在卡塔尔执行期租任务的“德洋”轮，看望全体船员。

“齐鲁”轮/2002年摄

6月25日　经山东省机构编制委员会批准，正式成立山东省烟台船舶检验局（正处级事业单位，直属山东省交通厅，址烟台市芝罘区环海路2号）。编制23人，任威为局长，王炳江为书记。2006年5月王炳江任局长兼书记。2003年11月通过交通部船舶检验机构资质认可，2005年4月10日开始执行《山东省交通厅船舶检验局质量管理体系文件》。山东省烟台船舶检验局辖蓬莱、龙口、莱州船检分局，均为正科级事业单位。

6月28日　烟台港西港池顺岸码头扩建工程水工主体开建，投资1.9亿元。建设规模3万吨级内贸集装箱泊位1个，2万吨级多用途泊位1个，设计年吞吐能力96万吨。

6月29日　客滚船“齐鲁”轮退出渤海湾航运市场。

山东省烟台船舶检验局办公楼/2014年摄

7月

7月1日

●海事系统“一省一局”管理体制改革，烟台海事局由山东海事局作为分支局管理。

●根据国家政策，龙口港开始给在岗、待岗、工伤、病保、内退职工发放住房补贴，标准为职工规定工资的25%。

7月2日　改造太平湾码头和清除湾内淤泥完工，建设1座临时浮桥作为船舶停靠点。2001年4月1日开建。

7月8日　龙口—东南亚集装箱班轮直达航线开通，在龙口港集装箱码头举行首航仪式。

7月10日　烟台检验检疫局偶氮染料实验室通过澳大利“NATA”现场评审。

7月15日　首届中国国际航海博览会在青岛举行。龙口港参展并组团参观。

7月22日　烟台港务局与美国CSX环球货柜码头有限公司签订合资经营集装箱码头意向书，烟台市委书记焉荣竹、美国CSX环球货柜码头有限公司副总裁马文彪（Williamv.McHugh）出席签字仪式。

7月24日　天津航道局第二疏浚

公司获得山东省建管局颁发的港口与航道施工总承包二级、航道工程专业二级资质证书。

7月26日　山东省政府办公厅《关于深化全省港航管理体制改革的意见》，将双重领导烟台港与省属龙口港、蓬莱港、长岛港、海庙港、凤城港、山东省烟台国际海运总公司、山东渤海轮渡有限公司自8月1日起下放烟台市管理，人员成建制移交，总资产达53.4亿元。龙口港12月1日办理正式移交手续。

✦ 烟台港务局与美国 CSX 环球货柜码头有限公司签订合资经营集装箱码头意向书 /2002 年摄

7月29日　铁道部副部长蔡庆华、计划司副司长黄民察看烟台港四突堤，中铁渤海轮渡董事长陈克济、总经理迟宝璋陪同。

8月

8月1日　中铁渤海轮渡公司股东三方在烟台召开股东会第四次会议，审议通过中铁二局股份有限公司出资参与烟大铁路轮渡项目建设方案及大连市建设投资公司、烟台交通投资公司股比转让方案，并上报部省批准。是日，召开股东会第五次会议，会议同意中铁二局股份有限公司入股方案，股东由三方变为四方，即中铁建设开发中心（占50%）、大连市建设投资公司（占17.5%）、烟台交通投资公司（占17.5%）、中铁二局股份有限公司（占15%），并修改公司合同书及公司章程，增补熊学军、迟宝璋、张次民、谭厚斌为公司董事。

8月6日　济南军区副司令员裴怀亮，山东省军区参谋长金培昌、山东省公安边防总队政委隋援军等一行11人到烟台海关进行海防调研。

8月12日　根据国务院对交通部《关于改革我国海上救助打捞体制的请示》的批示和国务院办公厅安排，交通部、国家计委、国家经贸委、财政部、劳动和社会保障部、中央编办共同研究制定《救助打捞体制改革实施方案》，将当时交通部烟台、上海、广州海上救助打捞局直接用于海上救助值班和人命救助的资产和人员划分出来，分别组建交通部北海救助局、交通部东海救助局、交通部南海救助局，下设救助基地。对中国沿海海域的救助实行分区负责。北海、东海、南海救助局分别担负中国北部海域及黑龙江干线、东部海域及长江干线和南部海域及珠江口三个救助责任区的救助工作。救助局事业经费纳入中央财政支出预算。

8月29日　烟台海关查获集装箱班轮“金荣”轮走私“中华”“三五”等品牌香烟557条、洋酒94瓶。

是月

◆施炜任蓬莱海关关长、党组书记。

◆烟台检验检疫局在美国输华的针叶木木质包装中检出国家禁止进境的二类检疫性病害“松材线虫”（BursapheLenchus xyLophiLus）。

◆蓬莱八仙过海旅游有限公司成立，管理人

员5人，从业人员30人，旅游船18艘，198个客位，从事蓬莱阁水域海上观光旅游服务营运。

◆蓬莱安邦油港投资50万元购置3台10寸输油臂，2009年12月投资69万元购置3台10寸输油臂，2010年3月投资110万元购置2台12寸输油臂。

9月

9月6日　烟台检验检疫局与烟台海关签订无纸通关联网协作备忘录。

9月12日　姜绍华调任青岛海关人教处处长，杨清庆任龙口海关关长。

9月15日　永和重工（蓬莱）有限公司一期项目正式投产，该公司由韩国永和建筑工程株式会社独资兴建，一期投资1000万美元，规划厂区占地约6.7公顷，主产龙门吊、集装箱钢结构件、钢架结构及其他钢结构件，产品主要出口伊朗、南非、韩国等国家。

9月21日　烟台渤海轮渡公司以1315万元购进的2万吨级“渤海明珠”号客滚轮开始烟台—大连航线营运。

9月23日

●经中共山东省委研究决定，烟台港务局领导班子成员由中共烟台市委管理，其正职任免需先向省委组织部备案，原级别在本人档案中予以保留，以后新提拔任用的领导班子成员不再套用行政级别。

●大竹山岛码头开建，由省筑港总公司第二工程公司承建，设计为500吨级客、货运码头各1个。

是月　莱州市运通海运公司成立，从事国内近海成品油运输。购买2艘油轮“运通油1”（1027载重吨，功率955.5千瓦，长61米，航速10节，日本株氏会社建造）、“运通油2”（1580载重吨，功率735千瓦，航速8节，船长63米，日本株氏会社建造，2010年因船龄较长淘汰）。2003年增加2条船舶：“运通油8”（512载重吨，功率198千瓦，船舶长度43米，

✦“渤海明珠”客滚轮 /2002年摄

✦“渤海明珠”轮旅客餐厅 /2002年摄

航速5节，浙江建造）、“运通油9”（500载重吨，功率294千瓦，长度54米，航速5节，安徽建造。2005年由于船龄较长淘汰）。

10月

10月1日　经烟台市口岸委组织烟台海事局、烟台海关、烟台检验检疫局、烟台边防检查站等单位验收，烟台救捞局船舶修造厂和北方造船厂具备承修外籍船舶业务资质。10月9日，烟台救捞局船舶修造厂承修第一艘外籍船舶“平洋5”轮。

10月9日　交通部批准筹建龙口市兴隆航运有限公司（前身为龙口市兴隆船务中心，从事国内沿海各港口间货物运输）。该公司先后拥有“鲁兴隆1”轮（1039载重吨）、“道恩1”轮（2537载重吨）、“道恩2”轮（750载重吨），后相继转让、出售，注销营运手续。2010年4月，购置一艘1.7万载重吨“道恩7”散货轮，成为龙口市民营公司第一艘万吨级散货船。5月24日，取得营运证。

10月15日　烟台港务局与美国布雷默顿港务局缔结友好港口。

10月16日　天津航道局第二疏浚公司完成烟台港三期工程疏浚。工程历时4年，累计工程量1300多万立方米。

10月30日　铁三院在天津正达宾馆组织烟大铁路轮渡铁路栈桥联合设计招标评标会，对德国帕尔公司、英国通海公司等评标，德国帕尔公司中标。

11月

11月11日至13日　烟大铁路轮渡渡轮电力推进系统专家论证会在上海召开，30余名专家入会，建议渡船采用旋转吊舱式交流电力推进系统。

11月25日　韩国泛洲海运株式会社“泛洲快车”集装箱轮自韩国釜山港抵靠烟台港，船长137.5米，舱位586标准集装箱，挂靠烟台—青岛—釜山，每周1班营运。

是月　蓬莱新港35000吨级木材码头工程通过初验开始试生产；投资9700万元。

12月

12月5日　烟台市经济技术开发区交通局成立港航管理处，编制5人，2007年9月成立港航管理局对外挂牌办公，有工作人员3名。

12月20日，山东海事司法鉴定中心烟台实验室在烟台海事局揭牌成立。

✦ 蓬莱新港35000吨级木材码头/2011年摄

12月27日　烟台市普通货船运输企业经营资质审查统计，省际普通货运运力规模达到2000载重吨以上企业12家：烟台港轮驳公司4艘船舶，2027载重吨（2艘拖轮，2艘驳船）。烟台市平洋海运有限公司2艘货船，3300载重吨。牟平海洋运输有限公司2艘货船，10660载重吨。莱州海运公司1艘货船，4713载重吨。烟台市通兴海运有限公司3艘船舶，2100载重吨。山东省烟台国际海运公司有国际航线办理兼营国内运输的船舶7艘共44141载重吨。烟台海德海运公司船舶1艘，2151载重吨。长岛县乐通轮驳有限公司船舶20艘，其中货船5艘（含拖轮、辅助船舶等），登陆艇15艘。共2205载重吨。山东省海庙港办事处船队船舶5艘，共10290载重吨。烟台东方海运股份有限公司船舶1艘，2345载重吨。北京市水产总公司烟台分公司船舶4艘，2002载重吨（光租1艘490载重吨）。正在建造船舶的1家，烟台全洲海洋运输公司在青岛灵山船业股份有限公司制造3600吨货船。淘汰个体运输业户9家（通兴、平洋、浪潮、港通、龙口兴隆船务中心、胡维胜、胡立承、牟维飞、胡本波、杨俭松）。

是月

◆长岛县海关业务划归蓬莱海关，成立蓬莱海关驻长岛办事处，龙口海关驻长岛办事处撤销。2003年3月4日，龙口、蓬莱海关业务交接。

◆龙口海关内部机构改设办公室、通关科、调查科、加工贸易监管科、查验科、监管技术科，编制 42人，业务管辖区龙口、招远二市。

◆蓬莱市渤海造船有限公司迁至蓬莱市西城临港工业区，职工3000余人，主要建造全回转拖轮、集装箱船、多用途散货船等高附加值产品，产品出口日本、伊朗、新加坡、德国、美国等20多个国家和地区。开发三用工作船、化学品船等高附加值特种船舶。2010年，交付船舶16艘，其中11000吨化学品船1艘、600箱集装箱船2艘、8000吨多用途船7艘、4000马力拖轮1艘、5000马力拖轮1艘、5600马力拖轮2艘、7600马力拖轮2艘，实现销售收入10亿元、利税1.2亿元。

◆栾家口油港原油运输专用码头建成使用。

是年

▲山东省交通厅公示全省52家国际集装箱中转货运站，烟台5家：烟台海丰货柜有限公司箱站、山东省龙口海盛集装箱公司箱站、烟台港集装箱公司箱站、中国外运烟台支公司国际集装箱储运站箱站、中国烟台外轮代理公司箱站。

▲烟台检验检疫局共检验检疫出入境货物8.64 万批，35.14亿美元，其中发现不合格423批，货值2.19亿美元。传染病监测体检7898人次，预防接种6930人次。检疫出入境船舶1925艘次，检疫集装箱3.70万标箱。发现动植物疫情133批，货值2.0亿美元。

▲烟台港共有各种装卸机械560台（套），其中，起重机械共131台，输送机械共53台（套），装卸搬运机械共316台，专用机械共60台。龙口港共有多种大型机械132台，其中起重机32台，装卸机械58台，专用机械16台（含集装箱专用机械14），皮带输送机械26台，长1519米。

▲烟台国际海运公司完成营业收入11亿元，实现利润2580万元，完成集装箱34.25万标准箱，在世界百强集装箱班轮运输公司排名中，列第66位。

▲烟台航标处完成老北山灯塔改造和登州水道、蓬长航线、蓬旅航线灯浮标配布，并通过验收。接收地方灯浮标改造项目，改善辖区水域通航环境。

2003年

1月

1月1日

●启用《中华人民共和国船舶营业运输证注销登记证明书》，防止老旧运输船舶和报废船舶在买卖转让过程中出现的篡改船龄等问题。

●龙口港实行“企业经营与决策经济责任追究制度”。

1月25日　按照国家深化港口体制改革要求和山东省港航企业管理体制改革意见，烟台港管理权限由部、省双重管理下放烟台市直接管理。山东省交通厅、烟台市政府在烟台大酒店召开交接会，省交通厅副厅长高洪涛、烟台市副市长刘筱杰出席并讲话。

1月26日　海阳市海务局成立，正科级单位，编制6人，专事海阳市口岸、海上贸易、海砂开采等工作。凤城港更名海阳港，总经理、法人代表王林。2008年，刘全平任董事长，总经理纪连政。2009年，刘全平离任，新任董事长史乐堂，总经理张登国。有职工112人，管理人员45人，一线工人67人。港口装卸主要有海阳市装卸有限公司，装卸工人约22人。

是月　龙口—非洲杂货班轮航线开通。

2月

2月18日　烟台检验检疫局与韩国原丝织物实验室研究院合作建立中韩合作实验室。

2月22日

●14时30分，大连渤海轮船公司“辽旅渡7”轮（1979年日本三菱重工下关建船所建造，2667总吨，总长71.57米，宽13.60米，型深4.80米，乘客定额206人，参考载货量155吨）。自旅顺新港至龙口港途中，在长岛县砣矶岛西北约8海里处，因风浪使船载车辆翻倒，导致船舶倾斜沉没（15辆车载货307吨，其中两车载100吨桶装有毒化学品“苯酚”）。“爱丁湖”轮等5艘商船、“鲁长渔3045”等6艘渔船、长岛县驻军2艘军船及烟台救捞局“德惠”轮参加救援，长岛县砣矶岛渔民们烧热炕、备棉被、熬姜汤、做好饭菜，帮助安抚被救旅客。救助过程历时6小时，船上人员共87人，获救77人，6人死亡，4人失踪。

●受“辽旅渡7”沉没影响，龙口至旅顺客、车滚装航线停止营运。

✦“海神9”客船运送被救旅客/2003年摄

2月26日　烟台港务局引航员安全引领巴拿马籍船舶“新丰收”轮（船长315米，宽50米，吃水17.5米，载货18万吨）。靠泊烟台港63号、64号泊位。

2月28日　“釜山—烟台—釜山”海运航线开航仪式在烟台举行。“泛州快车”集装箱专用轮营运。

是月　莱州港客运因合作方倒闭而停航。8月与大连海运集团合资经营莱州—旅顺航线，原“辽旅渡1”更名为“诚海”轮，至2004年5月停航。

3月

3月4日　根据海关总署及青岛海关党组决定，

龙口海关驻长岛办事处划归蓬莱海关管理，双方办理交接手续。

3月12日　烟台港三期工程集装箱码头合资项目合同签字仪式在香港举行，烟台市委书记焉荣竹出席仪式。烟台港务局与美国环球货柜公司合营期限30年。

4月

4月4日　海阳港下放海阳市政府管理，海阳市政府将海阳港交海阳市海务局管理。本年海阳港务有限公司成立。

4月12日　烟台市政府《烟台市人民政府关于烟台市港航体制管理和改革的意见》决定，成立烟台市港航管理局（以下简称烟台市港航局），隶属烟台市交通局，授权承担全市港口和水路运输的行政和行业管理职能。6月19日，杜福堂任烟台市港航局局长。6月26日，烟台市政府办公室《烟台市人民政府办公室关于印发烟台市港航管理局职能配置内设机构和人员编制规定的通知》确定，烟台市港航局为正处级事业单位，内设办公室、规划建设与规费征稽科、港务监管科、水运监管科、安全监管科、蓬长航线管理科，人员编制32名，其中，局长1名，副局长2名，总工程师1名，科级领导职数10名，工勤人员编制2名。

4月14日　山东省交通厅港航局决定全省从事港口经营业务的港口企业统一核发山东省港口经营许可证，并实行许可证年审制度。

4月17日　烟台检验检疫局与烟台海事局建立国际航行船舶快速通关协作机制。同日，两局部分工作人员还进行了锚地检疫模拟演练。

4月18日　山东检验检疫局党组书记、局长于桦到烟台检验检疫局机场办事处检查指导“非典”监测控制工作，5月2日于桦再次到烟台检验检疫局察看口岸防“非典”工作。

4月20日　龙口港5万吨级粮食专用泊位开建，总投资2.2亿元。翌年6月30日竣工，2005年5月27日获省政府批准对外启用，2006年7月通过省交通厅竣工验收。码头主体总长287.5米，泊位水深14.0米，港池水深12.2米，港池回转直径

✦ 烟台检验检疫局和海事局工作人员进行锚地检疫模拟演练 /2003 年摄

✦ 龙口港 5 万吨级粮食专用码头 /2011 年摄

✦ 龙口港 5 万吨级粮食专用码头卸船作业 /2005 年摄

460 米，设计年通过能力 90 万吨。

4 月 23 日　烟台中韩轮渡有限公司关闭釜山线客货班轮业务，将烟台至仁川线周 3 班客货运输业务，调整为每周一、三、五自烟台开船，15 小时可达。

4 月 25 日　山东省人民政府授予烟台港集装箱公司吴宇震“山东省劳动模范”称号。

4 月 30 日　海阳港、海庙港下放交接仪式在烟台市交通局正式举行，烟台市交通局、烟台市国资局、烟台市财政局、烟台市劳动局、烟台市航务管理处以及海阳市、莱州市政府和相关部门的领导参加。下放后的海阳港、海庙港分别由所在的海阳市、莱州市政府实施属地管理，人、财、物整体移交给所在地政府。

✦ 王德生工作照

5月

5 月 12 日　烟台港卫生防疫站党支部书记王德生赴大连港执行防“非典”任务，牺牲在工作岗位上。6 月中共中央组织部追授为全国防治“非典型性肺炎”工作优秀共产党员，7 月中共山东省委、山东省政府追记一等功。

5 月 13 日

●龙口港新购置的 2000 型集装箱专用桥吊抵港。

●烟台市政协主席栾秉良一行到烟台检验检疫局海港、空港防控点查看防“非典”工作。

5 月 16 日

●烟台检验检疫局在烟台海港国际厅旅检通道启用“一机双屏”监管模式，利用海关在旅检通道的 X 光机对进境旅客携带物进行查验。

●龙口港东港区内河桥工程开建，7 月 30 日建成，南北作业区贯通。

5 月 23 日　莱州市港航管理局成立，正科级事业单位，全额预算管理，隶属莱州市交通局，编制 18 人，内设综合科、港政科、运政科，授权行使有关行政管理职能。原莱州港务管理局和莱州航务管理所撤销，其职能归并莱州市港航管理局，由莱州市港航管理局履行对莱州市水路运输、港航企业的行政和行业管理职能。2003 年 6 月，首任局长李恩江。

5 月 29 日　龙口港购得龙口经济开发区土地约 35.3 公顷用于建设物流园区，7 月园区开建，10 月 27 日经工商部门核准成立龙口海达物流有限公司。

是月

◆全市沿海港航单位全面预防“非典型性肺炎”传播，实行海上关口前移，烟台港、大连港互派驻港工作组，对每位旅客进入候船厅检测体温，严防“非典”自海上传入。

◆长岛宏达海运有限公司成立，是专门经营海上成品油运输的私营企业，2007 年 12 月 27 日更名长岛龙兴海运有限公司。注册资金 790 万元，员工 50 名。2007 年 1 月投资 1500 万元，建造 3250 载重吨、功率 735 千瓦的“龙兴油 9”

轮，2007年12月完工，2008年5月开始运营。2009年11月投资3900万元购上海交运航运有限公司“明东101”轮，6393载重吨、功率2060千瓦，2010年5月29日开始营运，更名“龙庆158”轮，2艘油轮航行近海及长江中下游，为中石油、中石化作配送。

6月

6月2日　中共海关总署党组任命边佩全为烟台海关关长（副厅局级）。

6月8日　龙口海关委托龙口市拍卖行将查获商标侵权所扣40655公斤粉丝公开拍卖。

6月23日　海阳市海务局受海阳市政府委托，与青岛海砂建材开发有限公司签订海阳港扩建合同。6月27日，将海阳港整体划归青岛海砂集团，由青岛海砂集团投资扩建海港，使用50年。2005年，引进山东海龙股份有限公司，在原合同基础上签订新的港口扩建合同。

6月24日　蓬莱至长岛海运航线增添“蓬长快航3”号客船营运，载客定员200客位，航速14节。

6月28日

●中华人民共和国主席令第5号发布《中华人民共和国港口法》。

●交通部救捞系统改革，实行救助、打捞分设，交通部北海救助局（以下简称北海救助局）、东海救助局、南海救助局及交通部烟台打捞局（以下简称烟台打捞局）、上海打捞局、广州打捞局成立大会在上海召开。

●北海救助局直升机场筹建处在烟台成立。（北海第一救助飞行队前身）

6月30日　北海救助局、烟台打捞局揭牌。

是月　长岛县大竹山岛交通码头竣工，100吨

✦ 建设中的龙口港物流园区 /2005年摄

✦ 龙口海达物流有限公司 /2005年摄

✦ 交通部烟台打捞局揭牌 /2003 年摄

级泊位 1 个，年通过能力 4.5 万吨，3.2 万人。（工程概算 910 万元，实际投资 800 万元，2002 年 9 月开建。）

7月

7 月 2 日　国家人事部、公安部授予烟台港公安局客运站派出所民警李正云为“全国特级优秀人民警察”称号。

7 月 8 日　烟台打捞局船舶修造厂开工制造秦皇岛港“交工 59”全回转港作拖轮，2004 年 4 月 23 日交付。

7 月 9 日　“塔游 1”和“塔游 2”　游艇开始芝罘湾海上旅游营运。

7 月 10 日　烟台打捞局与北海救助局交接救助指挥和责任，8 时北海救助局正式接替人命救助指挥、救助任务。

7 月 11 日　经中共烟台市委研究决定，撤销中国共产党交通部烟台海上救助打捞局委员会，建立中国共产党交通部烟台打捞局委员会。

7 月 24 日　国家发展改革委员会委务会通过《烟台至大连铁路轮渡工程可行性研究报告》。

是月

◆烟台打捞局从大连港购置 2 台二手门机，打捞局码头开始船舶装卸业务。

◆烟台港公安局北岛分局张振军被评为全国公安系统优秀人民警察，记个人二等功。

8月

8 月 1 日　北海救助局“北海 102”轮前往

✦ 烟台打捞局办公楼 /2014 年摄

✦ 北海救助局办公楼 /2014 年摄

上海执行“神舟5号”海上应急救援保障任务。10月23日下午，交通部副部长洪善祥、交通部救捞局局长宋家慧到上海外高桥码头参加仪式，欢迎执行“神舟五号”任务的北海救助局“北海102”轮、东海救助局“德意”轮和南海救助局“德鲲”轮归来，交通部部长张春贤发贺电。

8月6日　国务院常务会议通过《国家发展改革委关于审批烟台至大连铁路轮渡工程可行性研究报告的请示》。

8月7日

●中华人民共和国交通部令2003年第9号公布《港口危险货物管理规定》，自2004年1月1日起施行。

●烟台航标处“海标0519”航标夹持船在中港天津船舶工程有限公司制造完工，造价507万元。船总长28.98米，宽6.20米，满载吃水1.80米，航速大于12.5节。

8月8日　烟台市港航局印发《全市港航系统重特大安全生产险情及事故应急处理预案》。

8月14日　“钦岛1号”客船加入蓬莱至长岛、北五岛（砣矶岛、大钦岛、小钦岛、南隍城、北隍城）海运航线营运，238客位，航速15节。

8月15日　龙口至大连集装箱外贸海运支线开通，每周1班，挂港顺序大连—龙口—烟台—大连。

8月22日

●烟台港太平湾码头由货运码头转为陆岛运输码头和旅游休闲码头。

●长岛县长通旅运有限公司“长通5”客滚船在长岛港至大黑山岛间营运。

●杜柠任交通部烟台打捞局局长。

●侯景华任北海救助局局长，齐世峰任北海救助局党委书记。

是月

◆龙口市港栾—桑岛陆岛交通码头竣工，建成500吨级滚装泊位2个。（工程概算2043万元，实际投资1804万元，2001年5月开建。）

◆“德浩”轮拖带“幸运天使”半潜驳船，单航次安全运载5台大型集装箱吊。

9月

9月1日　烟台市政府召开第八次市长办公会议，决定启动八角港区建设（烟台港西港区）。

9月6日　烟台市港航局挂牌（址芝罘区环海路2号海运大厦）。省交通厅厅长周秋田、中国港口协会理事长屠德铭、省厅港航局副局长王廷章、山东省港航协会理事长王兆福、烟台市市长周齐等出席挂牌仪式。

9月10日　烟台打捞局西顺岸码头工程开工，

✦“海标0519”航标夹持船/2004年摄

✦ 烟台市港航局挂牌 /2003 年摄

✦ 海运大厦 /2014 年摄

2005 年 6 月 20 日竣工。

9 月 15 日　“德安”轮在北纬 33° 15′、东经 122° 31′ 处救助“冀黄港渔 2065”船一名受伤渔民并送至石岛港。

9 月 18 日

●商务部批准设立烟台环球码头有限公司。

●希腊籍 75574 载重吨“蓝宝石”轮靠泊龙口港 12 号泊位装卸。

9 月 22 日　长岛港服务设施改造开工，总投资 1956 万元，新建港口客运站大楼 4500 平方米，港内外广场 20000 平方米及给排水设施等工程。2004 年 5 月，旧客运站拆除，开建新客运站，整个工程 2005 年 5 月竣工。

9 月 24 日　交通部批准烟台环球码头有限公司经营海上国际集装箱港口装卸业务。

9 月 27 日　烟台出口加工区关于置换土地设立 B 区的请示经国务院批复同意，置换面积为 2.26 平方公里，设在烟台市经济技术开发区。

9 月 30 日　烟台市港口发展座谈会召开，确定“建设结构合理、层次分明、功能完善、分工明确、互为补充、信息畅通、优质安全、便捷高效、文明环保的现代化港口群”发展思路，明确以深水、大型、专业化和集装箱化为目标的港口发展方向和要求。

是月

◆烟台打捞局船修厂为威海港务有限公司

✦ 长岛港 /2005 年摄

✦ 长岛港客运站 /2008 年摄

建造的“沪救18”全回转拖轮竣工交付。2002年11月签订合同，2002年12月开工。

◆烟台打捞局签订集装箱船“天利”轮救助合同，是烟台打捞局第一个启动SCOPIC条款的救助合同，12月2日至31日完成救助“天利”轮。

✦“蓬长快航6”靠泊长岛港 /2004年摄

10月

10月1日

●“蓬长快航6”客船开始蓬莱至长岛海运航线营运，200客位，航速14节。

●烟台海关人员统一佩戴新肩章上岗。

10月8日　海关实行关衔制。

10月11日至12日　“德成”“德润”轮在北纬38° 29′、东经118° 5′处搜寻受强冷空气袭击的“华源顺18”轮，12日难船沉没。

10月12日　“顺达2”轮在北纬38° 37′、东经119° 30′处遇险沉没，“德润”轮出动参与搜救，16日“德成”轮在北纬38° 4′、东经119° 35′处打捞出“顺达2”轮遇难船员尸体1具。

10月14日“德安”轮前往北纬35° 55′、东经122° 41′处救助因设备故障失控的“兴龙舟32”轮，将遇险船拖至石岛港。

✦烟台市港航管理人员登船检查 /2003年摄

10月18日

●龙口至大连客滚航线复航，大连新洋客轮有限公司“中原”轮首航营运。

●烟台打捞局对救捞基地供水、供电系统进行改造升级工程竣工，2002年10月18日开工。

10月20日　烟台市港航局制定全市海上旅游船舶季节性停航的规定，每年11月1日至次年3月31日为全市旅游船舶禁航期，期间全市所有旅游船舶停止营运。12座以下摩托艇原则一律吊离海面实行陆地存放，并落实专人负责管理，12座以上旅游船舶由各企业自行确定码头存放。禁航期过后，所有旅游船舶必须办好年审换证手续并取得有效营运证件后，方可重新营运。

10月21日　烟台检验检疫局检疫人员在来自韩国的新加坡籍“快车”轮上发现3名船员无有效健康证，经烟台国际旅行保健中心检查，确诊1名菲律宾船员为HIV感染者，检疫人员责令该船员限期离境。

10月24日　烟台市总工会同意建立中国海员工会交通部烟台打捞局委员会，11月12日交通部烟台打捞局第一届工会会员代表大会召开，选举产生第一届工会委员会和经费审查委员会，烟台市总工会对选举结果予以批复。

10 月 27 日

●姜德忠任莱州出入境检验检疫局局长。

●秦皇岛籍链斗式挖泥船因遭遇大风浪走锚失控，“德安”轮前往北纬 36° 52′、东经 122° 30′ 将遇险船舶拖至石岛港。

10 月 28 日

●东海第一救助飞行队两架直升机及部分专业救助人员自上海转场大连周水子国际机场，与北海救助局直升机场筹建处共同组建救助联合指挥部，担负渤海湾海域救助值班任务，大连待命点建立。

●烟台检验检疫局在烟台海港国际旅检通道进行防非典和防生化恐怖袭击模拟演练。

●烟台港集装箱年吞吐量实现 20 万标准箱。

是月　烟台打捞局船修厂开工建造营口港全回转港作拖轮“营港 19”轮，2004 年 7 月完工交付。

11 月

11 月 1 日

●烟台打捞局码头开通烟台—上海轿车滚装班轮，装运轿车。2004 年 6 月 15 日，“安利 8 号”船装载别克系列中高档轿车靠抵烟台打捞局港后，形成每 4 天停靠 1 次的轿车班轮，成为上海通用汽车公司在山东的整车输入输出轿车集散地。2005 年，上海通用汽车公司的滚装轿车专用船“安吉号”又停靠烟台打捞局港装卸轿车，后因上海通用汽车公司将海上运输改为道路运输，该业务 2005 年 5 月 31 日终止，共装运轿车 10745 辆。

✦ 烟台港集装箱年吞吐量实现 20 万标准箱 /2003 年摄

●“烟救 13”轮期租韩国现代重工株式会社，在杭州湾拖带驳船运送海底管，至 2004 年 8 月 23 日结束。

11 月 9 日　山东渤海轮渡公司与山东省黄海造船有限公司签订“渤海金珠”客滚轮制造合同（1300 客位 / 1800 米车道）。

11 月 10 日 0 时 40 分　山东渤海轮渡公司“中鲁”轮自烟台开往大连途中，巡舱员在 1 辆大货车尾部发现正在引燃香火的自制爆炸物，船上立即采取措施，排除险情。

11 月 14 日　交通部发布《港口设施保安规则》，要求中国所有对外开放港口按照

✦ 禁航期过后停放太平湾的旅游船舶开航 /2005 年摄

《1974年国际海上人命安全公约》（S01AS公约）海上保安修正案和《国际船舶和港口设施保安规则》规定（ISPS规则），于2004年7月1日前实施港口设施保安工作，烟台市开始贯彻落实。

11月18日

●零时，烟台港内外贸集装箱装卸生产分开运作，内贸集装箱作业区位于38号泊位，外贸集装箱作业区位于61号、62号泊位。

●烟台市港航局转发省港航局《关于认真做好近期水运行业预防非典工作的通知》。

11月20日　烟台市港航局将6个审批项目方式改为备案和登记：国内水运企业更名和注销许可；国际船舶运输企业增减运营船舶；国际海运及海运辅助企业更换法人代表、变更企业名称、注册资金由审批制改为备案制；开辟国际集装箱班轮航线、班轮航线变更；国内水运企业增减船舶运力；国际船舶进入国内水运市场由审批方式改为经营资格登记、报备和申领船舶营业运输证方式。

11月21日　香港特别行政区政府飞行服务队派出数名专业救助人员赶赴大连，与筹建处飞行队共同担负渤海湾海域冬季海上救助飞行任务。

是月　蓬莱西港服务设施改造竣工，改造完成港口客运站，新建长廊、停车场等。总投资2140万元，2002年3月开建。

✦ 蓬莱西港码头面貌 /2013 年摄

✦ 蓬莱西港客运走廊 /2005 年摄

12月

12月8日　烟台港客运总公司启动中国水路运输企业网上在线支付系统，在渤海湾实现计算机联网售票和网上预订票功能后，又与工商银行联手合作开发出网上售票系统。

12月9日　中铁渤海轮渡在北京与天津新港船厂签订渡船制造合同，铁道部、国防科工委、中国船舶重工集团公司、上海船舶研究设计院、铁道第三勘察设计院、中铁建设开发中心、天津新港船厂、中国船舶重工国际贸易有限公司有关领导出席合同签字仪式。

12月10日至24日　烟台打捞局“烟救起重1号”船在烟台

✦ 烟台港环球码头有限公司开业典礼 /2003 年摄

✦ "烟救起重 1 号"船作业 /2003 年摄

✦ 烟台港环球货柜码头集装箱装卸作业 /2006 年摄

港进行 3 台门机的移位吊装作业。

12 月 18 日　烟台环球码头有限公司成立，交通部水运司副司长张钧雷、烟台市委书记焉荣竹、烟台市副市长刘筱杰、美国驻华使馆公使衔参赞艾伦、烟台港务局局长朱毅、美国 CSX 环球货柜码头有限公司副总裁马文彪等出席仪式。

12 月 21 日　"鲁青渔 0016"轮因机械故障在北纬 35° 55′、东经 122° 26′ 处失控，"德安"轮前往救助并将其拖至石岛港。

12 月 26 日　交通部北海救助局在蓬莱沙河口机场举行"北海飞行队固定翼飞机海上搜寻启动仪式"，山东航空彩虹公务机公司属 B3639 号固定翼飞机加入联合指挥部救助行列。中国北方海域空中搜寻救助体系建立运行，该体系由 4 个救助基地、9 个待命站点及 2 架救助直升机、1 架固定翼飞机组成。

12 月 30 日　国家发改委批准烟大（烟台至大连）铁路轮渡项目建设。一期工程主要以轮渡码头、铁路引线和渡轮 3 部分组成，烟台端铁路引线 12 公里，专用码头 1 座。

12 月 31 日

●烟台市港航局印发《烟台市港口设施保安工作实施方案》。（根据全国港口设施保安工作暨 SO1AS 公约履约会议精神和交通部、山东省统一部署，确保《港口设施保安规则》2004 年 7 月 1 日按时履行"1974 年《国际海上人命安全公约》（SO1AS 公约）"，以加强海运安全，预防和控制针对海运活动的恐怖事件。）

●烟台港引航处自烟台港务局机关划出，组建烟台港引航服务公司，为烟台港务局直属单位，企业类型为中型（一）。

是月　山东蔚阳栾家口港新建 4 个 5000 吨级散货码头竣工使用。

是年

▲烟台边防检查站张日升被公安部评为全国优秀人民警察。

▲北海救助局“北海救108”轮船长曲广文获2003年度全国海员工会第九届“金锚奖”。

▲烟台市港航局针对“11·10”爆炸未遂案件，实行上下滚装船车、客分流，各行其道。进出港口重点部位安装闭路监控摄像设施，候船厅、停车场实行封闭式管理。

▲烟台海事局交管中心成立，负责辖区各港区船舶航行动态监控和交通管理工作。

▲烟台航标处先后完成蓬莱东港、栾家口港原油专用码头堤头灯桩设置。

▲烟台滨海旅游开发公司旅游船经营芝罘湾“海上看烟台”旅游业务。

▲龙口市政府投资2342万元扩建港栾、桑岛陆岛交通码头，建成1个500吨级泊位，东西长70米，南北宽46米，水深4.6米港栾码头（引堤125米，客船登陆泊位2个）和1个500吨级泊位，总长150米，水深4.0米桑岛码头（客船登陆泊位2处）。

▲根据交通部《国内船舶运输经营资质管理规定》，个体沿海运输船舶实行公司化管理。龙口市相继成立龙口市顺达轮驳有限公司、龙口市龙盛航运有限公司、龙口市兴隆航运有限公司、胜利油田龙口海舟海运有限公司4家从事省际运输的航运公司和1家市内陆岛客运公司（山东龙口富龙汽车有限公司）。

▲烟台检验检疫局共检验检疫出入境货物8.64万批，36.56亿美元，其中发现不合格362批，货值1.96亿美元。传染病监测体检1.03万人次，预防接种9336人次。检疫出入境船舶2163 艘次，检疫集装箱9.40万标箱。发现动植物疫情122批，货值2.80亿美元。

▲烟台市气象台市－县SDH 2兆数字电路建成，实现市、县之间数传、语音、视频的三网合一；烟台市海洋气象台与省海洋气象台实现视频会商；烟台市气象台开始增加酸雨观测项目。烟台市使用新一代多普勒天气雷达，开始对海上对流天气进行监测，增强了烟台市对冬季半岛冷流强降雪和夏季强对流天气等灾害性天气的监测能力。

✦龙口港栾陆岛交通码头/2011年摄

2004年

1月

1月1日 《中华人民共和国港口法》实施，烟台市港航局通过烟台日报等媒体向社会作宣传，营造支持港口

发展的舆论氛围。

1月8日　交通部印发《关于同意大连航运集团大连海运总公司光租“银河王子”“银河公主”轮从事大连至烟台航线客滚运输的批复》，烟台打捞局属烟台银河轮渡有限公司“银河公主”“银河王子”轮光租给大连航运集团大连海运总公司经营，暂停银河轮渡公司烟台至大连客滚运输经营资格。

1月16日至19日　北海救助局“德翔”轮、“北海救197”轮与联合指挥部救助直升机“B7305”“B7309”和“B3639”固定翼飞机在旅顺以北57海里处对失火浙江籍油船“利达洲18”轮实施海空救助，交通部救捞局宋家慧局长乘坐固定翼飞机现场指挥，3名遇险船员获救。此次救助系北海飞行队组建后首次海空立体救助任务。

1月22日至2月5日　烟台打捞局将沉没“利达洲18”轮打捞出水，2月11日交船。

1月23日　中国种畜进出口有限公司申报自新西兰进口荷斯坦青年母牛2895头，烟台海关办理验放手续，系烟台口岸首次进口荷斯坦青年母牛。

1月24日至27日　烟台检验检疫局完成烟台口岸首次从新西兰入境的2895头种牛卸载前检疫，并全程监督入境种牛进入进境动物临时隔离检疫场。

✦ 烟台检验检疫局监管3000头新西兰进境种牛的卸载/2004年摄

2月

2月4日

●烟台检验检疫局从来自日本的集装箱中查获大量废旧复印机、废旧汽车发动机等，与国家环保局第19675〔1〕号批准证书不符，且属于国家禁止进口货物，烟台检验检疫局出具不合格证书并做退运处理。

●烟台打捞局举行局管干部竞聘会，30名干部参加6个副处级岗位竞聘，284名职工参加投票。

2月11日　烟台来福士船厂申报出口1艘豪华游艇，烟台海关办理离境手续。1998年开工制造，耗资4亿元，是烟台口岸首次出口豪华游艇。

2月16日　龙口港制定《关于中层领导干部离职管理的试行意见》，对中层干部实行离职管理。

2月19日至20日　烟台打捞局首届职工代表大会召开，通过并签订《交通部烟台打捞局集体合同》，通过《交通部烟台打捞局职工代表大会条例实施细则》《交通部烟台打捞局船舶职工大会工作细则》《交通部烟台打捞局职代会民主评议干部办法》等制度。

2月23日　烟台打捞局船修厂承接建造国外船舶，开工建造新加坡远洋拖轮“MARITIME RATU”，12月交付使用。4月第二艘新加坡远洋拖轮“MARITIME RAJA”开工建造，2005年2月交付使用。

2月24日　烟台市港航局印发《烟台市旅游船运输百分考核标准》，加大对旅游船考核力度，规范业户经营行为。

2月25日　烟台海关东海服务中心获总关批复成立。

2月28日　栾家口港正式对外开放，为国家一类开放口岸。范围是1号、2号、3号、4号、5号、6号、7号、8号、9号、原油码头泊位。2010年，外贸货物吞吐量达到66.7万吨，其中，煤炭4.7万吨，金属矿石1.9万吨，水泥2.4万吨，钢铁1.8万吨。油品55.8万吨。港口货源主要来自蓬莱市西城临港工业区，辐射至威海、淄博、潍坊等地。主要内贸航线为天津、黄骅、秦皇岛、大连和广州；外贸航线主要有韩国、日本、朝鲜、非洲和俄罗斯。

3月

3月4日　烟台打捞局签订有偿转让“海驳5006”和“海驳5008”合同，4月6日正式与舟山市大舟祥船务有限责任公司交接船舶。

3月10日　烟台打捞局自筹资金购置5300千瓦“德治”拖轮，4月28日派员到阿拉伯联合酋长国迪拜港接“德治”轮，5月28日“德治”轮抵达烟台打捞局码头。

3月12日　龙口港在作业码头、港门安装可360度全回转摄像头，启用港口安全实时监控系统。

3月15日　海关总署配发烟台海关的金属探测门在烟台海港旅检现场安装启用，此探测门在旅客随身携带枪支等金属制品通过时会发出报警声，能有效遏制利用身体走私违规藏匿金属制品乃至含金属成分的机械及电子零部件等。

3月19日　山东蓬莱栾家口油港原油专用码头工程通过山东省交通厅委托烟台市港航局组织的竣工验收和消防，环保，海事，安监等部门的分项验收，4月30日通过山东省人民政府组织的对外开放验收，2004年9月3日取得山东省交通厅港航局港口经营许可证。

3月20日　烟台海事局组织烟台港公安局消防支队、烟台港轮驳公司等单位举行船岸消防演习，山东渤海轮渡客滚船“顺鲁”轮参演。交通部、省政府、省交通厅、省厅港航局、烟台市有关部门及相关单位代表100多人观摩。

3月23日　烟台造船厂首次承修巴拿马籍“太平”轮（总吨位16250吨）烟台海关办理联检手续。

3月24日

●烟台海关查获4名旅客超量携带美元7万、港币10万元出境。

●烟台打捞局实行陆地职工离岗退养制度。

3月29日　烟台海关查某公司申报进口54台喷雾机（Ts-28大农牌）说明书及设备铭牌上标有“中华民国”字样，按规定监督企业对含“中华民国”字样的说明书进行销毁，对设备进行除标处理，并向企业宣讲有关政策规定。

3月30日　龙口海关完成H2000系统切换工作，各业务环节正常运行。

是月

◆长岛渔港划转长岛港。山东渤海轮渡有限公司与长岛县政府和海洋与渔业局达成协议，长岛港接收渔港在职和退休职工，长岛港租赁渔港码头使用50年。

◆山东蔚阳栾家口港务股份有限公司2万吨油品码头开工建设，至2005年5月码头竣工。本月又投资2亿元开工建设1个5万吨级散杂货码头。

4月

4月1日

●交通部部长张春贤、副部长洪善祥到大连周水子国际机场看望联合指挥部全体人员，同时欢送香港特别行政区政府飞行服务队成员返回香港。当日，联合指挥部其他人员撤离大连，蓬莱直升机场筹建处更名北海第一救助飞行队，开始独立担负渤海湾海域救助值班任务。

●烟台市委书记焉荣竹，烟台市委常委、开发区管委主任王秀臣到深圳富士康集团公司考察调研。

●龙口港进港铁路筹建办公室成立，负责进港铁路建设前期工作，7月进港铁路初步设计获省发改委批复。

"海标0520"航标夹持船/2005年摄

4月5日

●烟大铁路轮渡项目烟台端工程开工。

●烟台港西港池顺岸码头扩建工程通过竣工验收。（38号、39号泊位，2003年12月竣工，设计年吞吐能力96万吨，其中内贸集装箱10万标准集装箱，杂货16万吨。）

烟台港西港池顺岸码头扩建施工/2003年摄

4月15日　白德锋任交通部烟台打捞局党委书记。

4月19日　天津海事局烟台航标处升格为正处级社会公益类机构。5月26日，张原军任天津海事局烟台航标处党委书记兼纪委书记，钟建军任天津海事局烟台航标处处长。

4月27日　烟台航标处"海标0520"航标夹持船在宜昌中交船业公司制造完工，造价168万元。船总长13.33米，宽3.75米，满载吃水0.57米，航速28节。

4月28日　由龙口港、山东滨化集团沾化经贸责任有限公司、广州阳鸿实业有限公司和38名自然人出资组建的龙口滨港液体化工码头有限公司注册成立，5月21日举行挂牌仪式。主要从事建设、经营液体化工码头及其配套罐区，属龙口港第一个合资码头公司。

烟台港顺岸码头/2004年摄

4 月 30 日

●自 2004 年起，烟台市港航系统开展“港航安全杯“竞赛活动，每年度对全市各县市区港航管理部门、港口、航运企业安全管理工作进行考评，并实行竞赛达标制度，烟台市港航局每年对获得“港航安全杯”的单位进行重点奖励，对达标单位进行适当奖励。

●烟台港务局和烟台市地方史志办公室举办的《烟台港建设发展史》在烟台山烟台地方史志陈列馆开展。

4 月 30 日至 7 月 8 日　北海第一救助飞行队大连基地共出动直升机执行救助任务 4 次，首次跨区域救助飞行和跨昼夜救助飞行。

是月　龙口港接卸国外进口燃料油 5147 吨、重油 5083 吨，均采取油罐汽车直取方式接卸。

5月

5 月 1 日　龙口港开始为女员工缴纳计划生育社会统筹保险，享受计划生育津贴和医疗费保险待遇。

5 月 2 日　烟台检验检疫局从泰国进口木薯淀粉中查获一批以伪装和瞒报手段进口国家明令禁止进口的废复印机、废电脑、废打印机等旧机电产品，全部做退运处理。

5 月 9 日　烟台中联理货有限公司挂牌开业。（2003 年 3 月交通部批准成立，烟台港务局占 30% 股份，中联理货有限公司占 70% 股份。）

5 月 12 日　深圳海靖潜水工程有限公司更名深圳中海潜水工程有限公司。

5 月 14 日

●烟台市港航协会成立，通过《烟台市港航协会章程》和《烟台市港航协会会员发展及会费管理办法》，烟台市港航局局长杜福堂兼会长。

● 17 时，山东渤海轮渡“英华”客滚轮自大连湾返回蓬莱途中，因货车夹带甲醇钠危险化学品遇水导致自燃起火，船上封闭车辆舱控制火势，21 时 53 分全速驶抵蓬莱东港，22 时 25 分，143 名旅客 44 名船员全部安全脱险。21 日 12 时 10 分，经连日多种措施和封舱灌注二氧化碳，火情告止。交通部部长张春贤、副部长徐祖远到中国海上搜救中心调度指挥救助；省、市和有关部门领导在蓬莱港现场组织灭火。此次火险，有关方面专家、烟台警备区官兵、公安、消防干警、有关单位部门等共 350 多人参加扑火和救助工作，消耗 52 吨二氧化碳、干粉灭火剂两车、泡沫灭火剂 1 车。

5 月 17 日　山东蔚阳栾家口港专用油码头启用。18 日接卸 1 艘新加坡油船，燃料油 5800 吨。

5 月 18 日　中国化工集团蓬莱安邦油港有限公司（原青岛广源发蓬莱有限公司）接卸外国籍船舶“喜悦”轮，长度 107 米，进口原油 5000 吨。

5 月 19 日　韩国宗教协会组织 208 名人员乘坐“香雪兰”轮到烟台观光旅游，烟台海关予以监管放行。

5 月 26 日

●交通部副部长徐祖远率国家安全督查组检查龙口港危险化学品安全管理。

●北海第一救助飞行队组建后招收的首批海上救生员受交通部委派，到香港特区政府飞行服务队进行专业海上救生培训。

是月　烟台打捞局船修厂开工建造威海港“威港拖 18”轮，2005 年 7 月交付使用。

6月

6 月 11 日　龙口港 5 万吨级液体化工码头开建，总投资 1.7 亿元，设计年通过能力 95 万吨，翌年 1 月码头工程完工。码头主体长 250 米，泊位水深 15.6 米，港池水深 12.2 米，港池回转直径460米。

6月14日

●陈俊新任龙口出入境检验检疫局局长、党组书记。

●烟台打捞局码头26000平方米连锁块场地竣工，开始码头场地租赁和流转服务业务，6月15日上海通用汽车集团停放第一批轿车。

6月15日　烟台海关对汉高乐泰（中国）有限公司申报进口的美国产丙烯酸乙酯征收反倾销税。

6月17日　“幸运星”轮在丹东至天津航行途中，遇9级大风，避风时发生走锚，搁坐在广鹿岛和瓜皮岛之间的礁石上。船上载有桥吊高达60米，重600吨，重心高度20多米，给船舶、货物自身安全和海洋环境造成威胁，烟台打捞局派“德安”“烟港拖14”和“烟救捞5”赶赴现场实施救助。附近海域礁石密布，水流湍急，可供作业的水域十分狭窄。参救人员冒着30多摄氏度高温酷暑，采取封舱堵漏、给难船充气排水和利用浮筒帮抬等措施，奋战37个昼夜，将难船一次扳正起浮出浅，安全拖至烟台打捞局码头。此救助工程创造中国救捞三个第一次，即第一次采用内浮力对载有60多米高的桥吊且严重倾斜的驳船实施整体扳正起浮，第一次对严重高位搁浅的万吨级驳船实施救助出浅，第一次对难船在边充气、边调载的同时实施长距离海上拖航。

6月18日

●烟台市港航局上报危险货物港口作业管理情况：辖区内共有从事危险货物港口作业企业18家（芝罘区8家，烟台港务局、烟台环球码头有限公司、烟台国际海运公司港务公司、天津航道局第二疏浚公司、烟台打捞局、北海救助局、中国水产烟台海洋渔业公司东口油库码头、烟台中油油品销售有限公司东口油库码头；牟平区2家，牟平港务局和烟台招商局道达尔石油化工有限公司；龙口市2家，龙口港务局和中国石化胜利油田有限公司海洋石油船舶公司；莱州市2家，莱州来银港务有限公司和海庙港务办事处；蓬莱市3家，渤海轮渡有限公司蓬莱货运公司、蓬莱栾家口油港有限公司和蔚阳栾家口

✦ 救助“幸运星”轮/2004年摄

✦ 龙口港5万吨级液体化工码头/2005年摄

港务股份有限公司；海阳市1家，海阳港务有限公司）。危险品码头34个，设计年通过能力935万吨，集装箱110万标准箱；港区内液体危险货物储罐143个，罐容34.7万立方米，其中油品类储罐109个，罐容29.2万立方米。全市共有危险货物港口作业从业人员304人。

●龙口港与国投交通公司、龙口南山集团合资组建国投龙口西港开发有限公司，7月6日注册成立。2008年6月30日，国投交通公司全部退出，所持股权转让南山集团。

6月21日　国家环境保护总局下发《关于新建铁路烟台至大连铁路轮渡工程环境影响报告书审查意见的复函》，批复烟大铁路轮渡工程环境评价报告。

6月27日　龙口港2个通用、硫黄、粮食、集装箱、食用油、煤炭、危险品等8个码头取得交通部颁发的中华人民共和国港口设施保安符合证书。

6月28日　莱州港海润有限责任公司成立（法人独资），1996年5月购进400马力二手拖轮1艘，1997年11月购进900马力二手拖轮1艘（1998年9月将400马力拖轮卖出，2001年2月将900马力拖轮卖出）。2000年11月购进2600马力二手拖轮1艘，2006年5月购进3600马力二手拖轮1艘，2007年4月购进3100马力二手拖轮1艘，2009年4月购进600马力二手交通艇1艘，2009年7月购进3100马力二手拖轮1艘。

6月30日

●烟台港扩建西港池航道竣工，工程范围为西港池内航道及35号、36号泊位前沿港池内，航道水深由11.5米加深至13米，总投资约8000万元。

●烟台打捞局打捞工作船码头陆域围堰内部工程通过阶段验收。11月20日，烟台打捞局首个万吨级船台竣工。

●交通部下发《关于同意烟台银河轮渡有限公司变更股比等有关事项的批复》，同意银河轮渡公司将“银河公主”轮出售给股东烟台打捞局。

●长岛海铖旅游开发有限公司成立，注册资本50万元，购买青岛远东船舶公司制造的游艇3艘，船号“长游031、长游037、长游033”，总功率231.5千瓦。

是月

◆国家发改委确定烟大铁路轮渡项目为2004年国家重点建设项目。

◆高维斌任莱州海关关长。

◆烟台打捞局船修厂开工建造龙湾港“福岷18”轮，2006年3月29日交付使用。

◆海庙港粮食专用泊位竣工，工程规模为3000吨级粮食专用泊位1个，年通过能力45万吨。工程概算总投资4150万元，实际投资1086万元，2002年6月开工。

✦ 海庙港粮食专用泊位/2005年摄

7月

7月1日

●《山东省港口管理办法》实施。

●烟台市港航局召开第一次全体党员大会，杜福堂作《关于筹建中共烟台市港航局党委的情况报告》，大会采用直接差额选举办法，选出杜福堂、刘云发、张文生、刘海4名党委委员，杜福堂任党委书记。

●龙口港开始为员工缴纳工伤保险，参加社会统筹。11月5日，实行《员工工伤管理暂行办法》。

7月8日　省港航局党委副书记张德全到烟台港客运站、蓬长航线营运船舶和长岛县庙岛码头现场检查港航系统创建文明站船工作情况。

✦ 烟台市港航局召开第一次全体党员大会 /2004年摄

✦ 蓬长航线客滚船洁净敞亮的客舱 /2004年摄

✦ 省港航局党委副书记张德全（中）查看"祥龙"轮 /2004年摄

7月12日　风浪过后，蓬莱抹直口海滩有大面积蛤仔（花蛤）堆积，厚处达70余厘米。

7月19日　烟台航标处机构调整：内设办公室、航标科、计划财务科、人事科、政工科、技术装备科，下设威海航标管理站、蓬莱航标管理站、烟台航标养护中心。

7月20日　交通部副部长徐祖远到烟台打捞局察看工作，部救捞局副局长王振亮和部体法司副司长柯林春陪同。

7月26日　烟台港务局引航员安全引领海上钻井平台到指定地点后（最长处102.5米，宽88.8米，井架高达205.3米，载重达40311吨，自身无动力，完全靠拖轮拖带移动）。把平台的3个支架准确移到海底3个点上固定。

7月28日　烟台港保安监控中心试运行。

7月29日　"烟救14"轮救助"1i Qin"轮。

7月30日　烟台海关将查获的294台

废旧复印机、177 台废旧打印机、590 台废旧电脑主机等退运出境。

是月

◆烟台打捞局重新启动已停止三年的职称聘任工作。

◆烟台打捞局港务处取得港口危险品码头装卸证书。

8月

8 月 2 日　烟台来福士船厂首次承接维修海上钻井平台（丹麦籍）“平台”号抵达芝罘岛北部海面，烟台海关派员出海办理进境手续。

8 月 7 日至 10 日　烟台打捞局将“津航拖 28”沉船打捞出水。

8 月 10 日　北海第一救助飞行队首批救生员完成香港特区政府飞行服务队安排的全部专业科目和业务理论培训后归队。

8 月 12 日至 13 日　交通部创建文明站船工作检查组一行来烟台，到渤海轮渡和蓬莱港登船检查并听取烟台交通系统创建工作汇报。

8 月 18 日　烟台海关与市民对话活动在烟台通信大楼举行，烟台海关领导答复企业代表提出的问题。烟台港集团等 12 家涉外企业及莱山区招商局有关负责人、烟台大学有关人员参加对话，烟台市新闻媒体现场采访报道。

8 月 20 日　烟台海关查扣 2 名在韩国长期居住中国籍旅客未申报携带进境宗教书籍《驯服的圣灵生活》等 145 本。

8 月 23 日　北海第一救助飞行队部分先遣人员进驻蓬莱。

8 月 24 日　烟台海关集中销毁查扣的淫秽录像带 548 盘、邪教“法轮功”宣传品 19 件、宗教书籍 162 本、宗教录像带 58 盘、淫秽画报 46 份等淫秽反动宣传品。

✦交通部创建文明站船工作检查组查看“渤海明珠”轮 /2004 年摄

✦“渤海明珠”轮服务员列队迎接检查 /2004 年摄

✦专职人员对乘船车辆进行固定 /2004 年摄

8 月 25 日至 30 日　B7305、B7309 两架救助直升机由大连转场筹建中的蓬莱直升机场，蓬莱待命点启用。

8 月 26 日　烟台海关查扣 45 台卫星电视解码器和 2 个卫星电视接收天线。

✦ 全市港航系统首届文艺会演汇报演出 /2004 年摄

9月

9月7日　烟台打捞局西顺岸码头工程可行性研究报告通过交通部审查。10月21日开工，2005年2月1日初步设计通过交通部审查，2005年7月21日通过初步验收。

9月12日

●交通部救助打捞局在烟台北部海域举行首次专业救助力量海上立体救助演练，北海第一救助飞行队完成使用直升机为难船带缆和滑降救生，交通部副部长徐祖远和国务院参事、国务院应急预案领导小组副组长闪淳昌等领导观摩。

●中国远洋集装箱运输公司东南亚航线“秀河”轮首航烟台港烟台环球码头，烟台至东南亚及欧美地区班轮航线开通。

9月15日　烟台市政府研究决定，撤销烟台港务局，组建烟台港集团有限公司（以下简称烟台港集团），烟台港务局转变为公司制企业。同日烟台市政府办公室发文公布，撤销龙口港务管理局，组建龙口港集团有限公司（以下简称龙口港集团），烟台市政府委任孟祥罡为龙口港集团董事会董事长。10月21日烟台市政府委派周波为烟台港集团董事会董事长，10月29日董事会聘任纪少波为烟台港集团总经理。同日，烟台市委组织部建议孟祥罡任龙口港集团总经理，龙口港集团董事会予以聘任。12月26日，龙口港集团公司挂牌。

9月18日至20日　烟台打捞局将“凯龙”轮打捞出水。

8月28日

●烟台市港航系统首届文艺会演部分节目在烟台市政府礼堂汇报演出（市政府礼堂位于南山公园西侧）。

●由大连海事大学协助制作的龙口港网站开通。

8月31日　烟台打捞局自筹资金从俄罗斯购置4艘5300千瓦二手3用拖轮（后命名为“德浚”轮、“德潞”轮、“德淑”轮、“德凇”轮）和4320千瓦消防船（后命名为“德清”轮）。11月11日，所购船舶从俄罗斯抵达烟台，其中“德凇”轮原价转卖上海打捞局。

是月　中国船级社烟台办事处开始进行客滚船建造检验。（黄海造船有限公司2004年4月28日开工建造的首制客滚船“渤海金珠”轮为艉机型客滚船，由武昌造船厂设计，中国船级社上海审图中心审图，中国船级社烟台办事处执行现场建造检验。该轮设双主机双可调螺距螺旋桨，左右舷各设有1套减摇装置，艏部配备2套侧推装置。）

9月19日　烟台海关将查获的33.72吨国家禁止进口的固体废物废PP塑编袋退运出境。同日查扣1中国籍旅客未申报携带进境的宣传性宗教书籍《今日语录》200本。

✦龙口港开埠九十周年庆祝大会/2004年摄

9月22日　龙口港大型"世纪风帆"雕塑在港区内落成。

9月24日　中铁建设开发中心、烟台交通投资公司、大连市建设投资公司、中铁二局股份有限公司在烟台召开股东会第十一次会议，由中铁渤海轮渡公司董事长顾聪主持，会议同意山东省产权代表由烟台交通投资公司更换为烟台市电力开发有限公司，并承接原股东烟台交通投资公司在中铁渤海铁路轮渡有限责任公司的全部权力、责任和义务；同意由烟台交通投资公司向烟台市电力开发有限公司转让全部股权，其他股东放弃优先购买权；同意刘少军、于义秋辞去公司董事和刘少军辞去公司副董事长职务的请求。

9月25日　龙口港举行建港九十周年庆祝大会，烟台市政府、龙口市政府、省交通系统、相关企业及《人民日报》、新华社等新闻媒体共300多人出席。

9月29日

●天津航道局第二疏浚公司自俄罗斯引入1艘自航链斗式挖泥船，每小时挖泥750立方米，命名"津航浚306"，12月11日在大连大窑湾工地开始使用。

●烟台打捞局与大连集发环渤海集装箱运输有限公司签订有偿转让"通发"轮合同，10月28日在大连交船。

✦"津航浚306"挖泥船/2005年摄

是月

◆交通部在蓬莱城东沙河机场设立飞行救助基地，配备专业搜救人员60人，"S76C+"型专业救助直升机3架、"塞斯纳"208型水陆两栖机1架，以及搜索航行仪、海上漂浮设备、卫星通讯电台、强光搜索灯、红外成像仪等搜救作业装置。基地实行全天24小时待命制度，随时准备出动救援。

◆烟台打捞局采用10F2000救助合同格式加固定价格的方式签订印度籍散货船“10K PRAGATI”（普瑞吉特）轮救助合同，9月29日起浮沉船，10月5日交船。

◆烟台打捞局首次通过中介机构“烟台和盛出国劳务服务有限公司”招用40名普通船员。

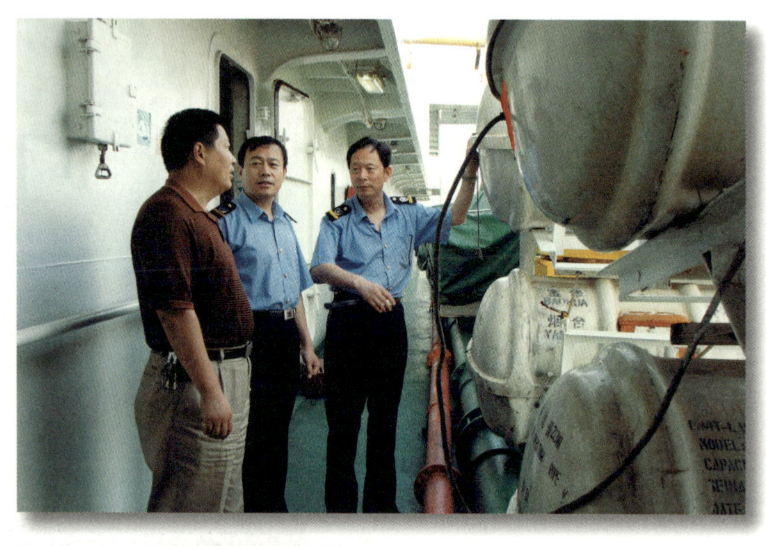

✦ 烟台市港航管理人员检查船舶管理 /2004年摄

10月

10月7日　驻蓬莱救助飞行服务队B7305直升机飞行137海里，首次远程救助青岛附近海域“辽长渔运0108”船1名头部重伤渔民。

10月8日　烟台港三期工程（二阶段）开建，概算总投资3.9508亿元，总工期两年。两个深水泊位，码头全长608米，前沿水深20.0米，顶面高程+4.5米，码头结构为重力式大沉箱，年设计折合吞吐能力135万吨，

10月9日　烟台市委决定周波任中共烟台港集团委员会书记，纪少波任副书记。

10月10日　烟台市港航局转发交通部《关于加强国有海运企业船舶资产管理的通知》：（一）新增普通货船自2002年9月开始，水运企业在国内建造普通货船由审批制改为登记制。逐级上报，取得《国内水路运输登记证明书》后，方可进行造船。（二）企业新增客滚船等“四客一危”船舶的运力审批，国家仍然采取严格的审批制度，并且需要经过筹建和开业程序，当筹建批准后（运力批文），根据交通部有关规定，对新设计的船型需要进行专家评审，船舶建造后还需要申请开业，经批准和取得相关船舶证书后方可从事营运。以上自2004年11月1日起施行。

10月12日　烟台打捞局开始陆续发放离退休职工一次性房贴。

10月20日

●烟台市经济技术开发区有关部门接洽韩国大宇造船株式会社考察，烟台市经济技术开发区港航处协助。

●交通部下发《关于中外合资烟台银河轮渡有限公司

✦ 烟台港三期工程二阶段施工 /2005年摄

从事国际船舶管理业务的批复》，同意银河轮渡公司扩大经营范围，经营国际船舶管理业务。

10月21日　历时10个月的烟台港集装箱公司19万平方米集装箱堆场改造工程完工并通过验收，整个堆场划分为21个区和1个物流仓储（CFS）堆场，总存箱能力17000标准箱。

10月27日　烟大（烟台至大连）铁路轮渡工程全面开工建设。

10月29日

●中国海员工会烟台港务局委员会更名中国海员工会烟台港集团有限公司委员会，经选举报烟台市总工会同意，尹怀惠任中国海员工会烟台港集团有限公司委员会主席。

●烟台航标处重建屺㟂岛灯塔发光。2005年实行无人值守，安装智能控制器。（位于龙口市屺㟂岛西北端，1915年海关接管后修建。1917年夏改造，装置电石丛集灯头，每4秒闪白光1次，晴时20海里均可望见。1951年，中交部航道工程总局青岛区航标处在原址重建灯高56米灰色三脚铁架灯塔，1959年7月铁架塔移交龙口港务局管理。1977年7月，黄县水产局在铁架塔正南5米处重建石砌白色灯塔，灯高57米，每5秒闪白光1次，射程18海里。2001年9月，该塔从龙口港务局移交中华人民共和国天津海事局烟台航标处管理。铁架塔拆除。）

11月

11月9日　烟台中燃船舶燃料供应有限公司液体危险品保税仓库成立，是烟台海关辖区内成立的第一家公共型保税油库，改善烟台港多年不能为外轮供应保税油的状况。

11月10日　烟台海关查某公司进口的数字集成电路部分规格型号的内包装上贴有“中华民国XX号专利产品”的标识，按规定，责令其将有上述字样的标识去掉或涂抹并销毁后予以放行。

11月11日　烟台打捞局与大连三峰船务有限公司签订有偿转让“通兴”轮合同，12月20日在澳门交船。

11月16日　北海救助局“北海救198”轮、“北海救159”轮、“德洋”轮与北海第一救助飞行队“B7305”直升机，在大连黄白咀附近救助烟台开往大连途中失火的“辽海”客滚轮，救助船利

✦ 屺㟂岛灯塔/2005年摄

✦ 北海救助局救助失火“辽海”客滚轮/2004年摄

用消防水和泡沫灭火，救出两名被困机舱3个多小时的船员，340名旅客和船员全部获救，将“辽海”轮拖至安全水域。11月26日，国务院副总理黄菊、国务院副秘书长尤权、交通部部长张春贤等接见救助打捞有功人员。

11月21日　东方航空公司CRJ-200型支线客机由包头机场起飞后，在距机场不远的南海公园湖中坠毁，机上47名乘客和6名机组人员全部罹难。北海救助局和烟台打捞局、交通部东海救助局派员组成应急反应救助队连夜驱车奔赴包头，成功打捞“黑匣子”及水下最大一块飞机残骸。

11月26日　8时30分，福建福安市成茂运输有限公司杂货船“海鹭15”装载3000吨煤炭，在调整航向时涌浪导致船体左倾船舱进水，在龙口港主航道沉没在龙口港7号—8号浮标之间主航道内，船上14名船员落水，4人被附近船舶救起，9人爬上倒扣船底待救。现场海域北风6至8级，浪高3到4米，气温低。11时2分，北海第一救助飞行队“B7309”救助直升机飞抵。救生员从翻扣船底上救起4名遇险船员，11时15分，又从水中救起4人，救助直升机搭载8名获救船员降落蓬莱直升机机场，其中1人生命垂危，等候在机场的救护车立即急救。11时44分，沉船附近船舶又救起1人。“B7309”号救助直升机补充燃油再次飞赴现场搜救无果，51岁船长郑惠明失踪。沉船影响通航。

11月29日　烟台海关为烟大铁路轮渡项目首批进口的价值500万美元的铁路栈桥液压和电气控制系统等设备办理减免税手续。

是月　王俊波任烟台海事局局长。

12月

12月7日　烟台打捞局开始打捞在龙口港主航道翻沉的“海鹭15”轮，2005年1月11日打捞出水，龙口港航道恢复正常。

12月9日　省委常委烟台市委书记焉荣竹走访龙口海关，烟台市委常委龙口市委书记于爱军陪同。

12月10日至2005年4月25日　烟台打捞局起浮沉没于营口鲅鱼圈港内的集装箱船“锦集7”轮，之后打捞随船沉没的集装箱，2005年7月中旬整个“锦集7”轮打捞工程结束。

12月15日　龙口港集团与南金兆集团、

打捞“海鹭15”杂货船/2005年摄

东平五矿加拿大有限公司合资组建龙口宏港码头有限公司，21日山东省政府印发《中华人民共和国外商投资企业批准证书》，23日在烟台市工商局注册成立，翌年1月19日举行揭牌仪式，是龙口港第一个中外合资企业。

✦ 龙口宏港码头试运行仪式 /2005 年摄

12 月 18 日　烟大铁路轮渡渡船在天津新港船厂开工制造，国防科工委系统三司、铁道部计划司、中国铁路建设投资公司、中国船级社、中国船级社天津分社、中国船舶重工集团、中国船舶重工国际贸易公司、上海船舶研究设计院、上海佳豪船舶工程设计有限公司、天津新港船厂、铁道第三勘察设计院及中铁渤海轮渡的有关领导，国家、省、市有关新闻媒体记者参加开工仪式。

12 月 20 日

●龙口港 5 万吨级航道扩建工程开工建设，2007 年 11 月竣工通航，扩建后航道全长 11786 米，底宽 140 米，水深 14.5 米。

●烟台市委任命徐明熙为龙口港集团有限公司党委书记，孟祥罡兼任副书记。27 日，烟台市政府任命孟祥罡为龙口港集团有限公司董事长兼总经理，徐明熙兼任副董事长。

12 月 26 日　中央政治局常委、国务院副总理黄菊在北京京西宾馆接见在“11·21”空难打捞中做出贡献的交通系统 10 人，烟台打捞局潜水员邢思浩参加。

12 月 27 日

●天津航道局出资购买的二手挖泥船“津航浚 406”从日本抵达烟台，该船是 1 艘采用 3 支钢桩定位的 20 立方米抓斗式挖泥船，船长 56 米，型宽 22 米，型深 3.75 米，2005 年 1 月 27 日在大连大窑湾工地开始使用。

●北海第一救助飞行队“B-3639”固定翼飞机和“B-7309”直升机及时出动，在莱州湾海域救助 4 名遇险渔民。

12 月 29 日

●烟台市政府国有资产管理委员会确定以 2004 年 12 月 31 日为基准日，将山东省烟台地方港务局整建制划归烟台港集团。

●烟台市海上搜救中心成立，负责全市行政辖区沿海海域海上险情、事故搜救行动和防抗台风、风暴潮、防治船舶污染海洋等应急救援行动组织指挥。搜救中心办公室设在烟台海事局，由烟台海事局局长任办公室主任，负责搜救中心的日常工作、基础工作和 24 小时搜救值班工作。

12 月 30 日　烟台打捞局救捞浮筒基地工程竣工，2006 年 6 月 10 日交通部进行竣工验收。

12 月 31 日　在烟台锚地抛锚避风的“浙普 26167”轮上 300 吨重大件货物（发电定子）移位，导致船体右倾 40 度，12 名船员弃船逃生，北海救助局“德洋”轮救9人。

是月

◆烟台市政府召开《烟台市港口总体规划》审查会。

◆莱州市莱州来银港务有限公司和山东省海庙港务办事处被中国海外物流国际有限公司全资收购，统一更名为中海港务（莱州）有限公司。莱州海庙港同时被收购，成立中海港务（莱州）有限公司海庙港，作为莱州港海庙作业区，由中海港务（莱州）有限公司海庙分公司具体经营。“山东省海庙港务办事处”注销。

是年

▲烟台边防检查站站长张晓东出席全国双拥工作会议，受到党和国家领导人接见。

▲《中华人民共和国引航员职业道德和纪律规范》颁布。

▲交通部提出在烟台港、大连港进行客滚车辆大型安检系统试点建设。

▲长岛县编委批准成立长岛县港航管理局（正科级）。

▲烟台市域9处港口共22个码头设施通过“SOLAS（索拉斯）”保安评估。

✦《烟台市港口总体规划》审查会/2004年摄

✦ 中海港务（莱州）有限公司办公楼/2007年摄

▲牟平区养马岛跨海大桥建成，大桥全长507.06米，主桥全宽28.2米，引桥宽26米，总造价8000万元。

▲烟台检验检疫局共检验检疫出入境货物9.82万批，48.08亿美元。其中，发现不合格467批，货值3.68亿美元。传染病监测体检9992人次，预防接种4663人次。检疫出入境船舶2432艘次，检疫集装箱13.72万标箱。发现动植物疫情135批，货值3.0亿美元。

▲烟台市气象台、龙口市

✦ 养马岛跨海大桥/2011年摄

气象局、莱阳市气象局安装闪电定位仪，开展闪电观测。

▲龙口港引入聘用制用工制度，聘用制人员与龙口兴港实业有限公司签订劳动合同。

▲截至年底，全市共有旅游船公司12家，各类旅游船舶132艘，1311客位。其中，12客位以下旅游船115艘，851客位；旅游客船6艘，438客位。

2005年

1月

1月2日　烟台打捞局救助“浙普26167”轮，1月16日“烟救起重2号”将该船所载发电机定子安全转移至“金华夏”轮运走。

1月10日　蓬莱市政府设立蓬莱市港航管理局（正科级），隶属蓬莱市交通局，内设办公室、业务科和安全监督科，蓬莱市航务管理所同时撤销。2007年11月8日蓬莱市港航管理局内设办公室、安全监督科、规费征稽科、港务监管科、水运监管科。

1月11日　烟台市政府同意烟台港集团《关于规范烟台港西港区及开发建设项目名称的请示》，开发建设中的八角港改称烟台港西港区。

1月12日

●烟台市政府在烟台海事局组织召开烟台市海上搜救中心成立暨海上搜救工作会议，举行烟台市海上搜救中心挂牌仪式。

●“德淑”轮将北纬37° 31′、东经122° 49′处因设备故障失控遇险的外籍货轮“阿尔探戈”轮拖至大连港。

1月13日　“德淑”轮在成山角海域救助新加坡散货船“STAR ALTANGER”。

1月14日　“烟救13”轮协助因遭遇大风走锚搁浅于龙口水域的“银环5号”船脱浅。

1月16日　齐鲁石化公司龙口物流中心成立（齐鲁石化储运厂与龙口港集团合作项目）。在龙口港液体化工码头一期投资5000万元，建液碱储罐4座，总库容4万立方米。

1月18日　龙口市港航管理局成立，隶属龙口市交通局，正科级事业单位，编制13人，内设办公室、水运监管科、港口监督科、港航稽查科（址在龙口市环海中路2880号），龙口市航务管理所撤销。至此，烟台市域莱州市、龙口市、蓬莱市、长岛县、牟平区、海阳市、烟台经济技术开发区7个有港口的县市区全部成立港航管理机构。

1月20日　烟台市港航局转发烟台市禽流感防治指挥部《关于切实做好高致病性禽流感防治工作的紧急通知》，要求芝罘区内各相关港航企业加强监测，完善应急反应机制，做好高致病性禽流感防治工作。

1月21日

●“银河泉”轮装载46标准箱铁矿砂自烟台港运往京唐港，烟台港开始铁矿砂集装箱运输业务。

●大连新洋客轮有限公司客滚船“中原”轮季节性停靠烟台打捞局码头，2月28日春运结束后终止停靠。

1月22日至24日　香港特别行政区政府飞行

✦“烟救起重2号”/2004年摄

服务队派出航空医生到蓬莱待命点考察救护设备、器材、急救条件等，提出建设性意见。并培训专业人员使用医疗器械，护理伤员，现场急救等。

1月25日至26日　中铁渤海轮渡第二届董事会第一次会议在烟台召开，公司董事长顾聪主持，根据董事长提名，聘任迟宝璋为中铁渤海轮渡总经理。

1月27日　第二批香港特别行政区政府飞行服务队派出人员自蓬莱市返回香港，交通部副部长徐祖远、山东省省长助理臧海强和部救捞局、山东省、烟台市、蓬莱市及相关部门领导、代表参加欢送会。香港特别行政区政府飞行队员在蓬莱期间救助飞行东至荣成，西至天津，北至大连，南至连云港海域，共出动救助飞行9次，救起14名海上落水人员。

1月28日　烟台港集团有限公司完成公司制企业工商注册登记。

是月

◆烟台检验检疫局从美国进口大豆中检出检疫性有害生物“菜豆荚斑驳病毒”（Bean pod mottle virus）。

◆烟台打捞局工会号召职工向印度洋海啸灾区捐款，共捐款17349.34元，送交烟台市红十字协会。

✦ 交通部副部长徐祖远（右）欢送香港特区飞行队员 /2005 年摄

✦ 山东省长助理臧海强（右2）赠送香港飞行队员纪念品 /2005 年摄

2月

2月1日　烟台打捞局180米西顺岸码头初步设计通过交通部审查。6月20日，码头及后方8万多平方米场地、6条190米轨道梁竣工，7月21日工程通过初步验收。

2月15日晚　广州“番连油19”轮在龙口港锚地锚泊期间机舱失火，经海事部门及龙口港全力救援，船上14名船员全部获救。

2月24日　中国青年志愿者协会在北京人民大会堂为中国青年赴泰国救援服务队举行出征仪式，交通部救捞局选拔18名潜水人员编队前往泰国抢险救灾。北海救助局宋立仕、王德好志愿参加，2月25日至3月7日，中国青年志愿者救援队圆满完成赴泰国为期10天的救援打捞行动，交通部、团中央向参加此次行动的全体志愿者颁发中国青年志愿服务奖章，向北海救助局及其

他5个局颁发“中国青年志愿者行动组织奖”。

是月　烟台打捞局码头微机售票网络完善改造完成，实现全程宽带联网售票，取消手工票。2007年10月售票系统升级，实现客滚运输系统条形码检票、验票，2007年12月6日无线条码检票系统运行。

3月

3月6日

●蓬莱水城小海清淤工程开工，计划投资1000万元，清理港内淤泥约11万立方米，使港内平均水深达到3米，翌年4月竣工。

●中海油基地集团油田建设工程公司承接的深海钻探模块“番禺30-1”钻机模块在烟台打捞局场地开工建造。

3月8日　烟台港39泊延长段开建，长99米，水深14米，烟台港自行设计和施工，本年9月24日建成投产。

3月9日　烟台港联合港埠公司总经理姜伟建获人事部、交通部授予“全国交通系统劳动模范”称号。

3月10日至11日　北海第一救助飞行队救助在大连海域遇险“金闽江8号”货船，派出7305直升机配合北海救助局船舶，经23小时遇险船

✦龙口港液体化工码头/2005年摄

✦龙口港液化品储罐/2005年摄

✦龙口港接卸液体化工品船舶/2005年摄

员全部获救。

3月13日　龙口港5万吨级液体化工码头试运营，“兴通油10”号轮顺利靠泊龙口港5万吨级液化专用码头。2006年7月通过省交通厅竣工验收，8月30日通过山东省口岸办、青岛海关、省边防总队、出入境检验检疫局等相关单位对外启用验收，9月18日，经山东省政府批准对外启用。

3月18日　北海救助局长岛县南隍城救助站开建，2006年4月20日竣工，码头长120米，宽18米，水深8.3米。

3月25日

●烟台海事局印发《关于加强烟台辖区引航机构管理工作的通知》，明确烟台辖区引航员的职责是代表国家行使引航主权，对进出烟台港的外国籍船舶实行强制引航，并接受远洋、近海航运公司的申请，提供引航服务，国内船舶也可申请引航。引航呼叫频道VHF 16，通信频道VHF 8（156.40MHZ）VHF 10（156.50MHZ）。引航员烟台港登船位置：烟台港第1、第2引航检疫锚地。

●烟台打捞局船修厂开工建造新加坡远洋拖轮“1ANPAN 10”，2006年1月24日交付使用。

3月31日　B-7310救助直升机及机组人员完成渤海湾海域救助值班工作，返回东海第一救助飞行队。

是月

◆全市先后建立16个自动气象站，其中5个无人值守加密自动站。自动气象站自动监测温度、湿度、风向、风速、气压、雨量、地温、蒸发等气象要素，并自动上传观测资料。5月，烟台市气象局配置静止气象卫星接收处理系统，正式接收风云2C卫星云图。

◆龙口宏港码头公司10万吨级通用泊位开建，2006年8月31日竣工，9月28日试投产，12月30日山东省交通厅组织竣工审查验收。该码头是龙口港第一个中外合资建设的沉箱式结构码头，总投资1.59亿元，新增通过能力200万吨。

◆烟台山西南侧老太平湾码头改造完成。

4月

4月2日　“长鼻熊”轮载4万吨液碱自龙口港液体化工码头起航，液碱出口不再驳运至第三国转口。

4月3日　满载12万吨原油的葡萄牙籍油船“阿提哥”轮（该船长274米，宽43米。）在大连新港正东4.2海里附近海域触礁搁浅，导致

太平湾码头/2014年摄

原油泄漏，北海救助局“北海救198轮”“北海救195轮”“北海救108轮”与北海第一救助飞行队“B7305”直升机联合实施清污救助，控制污染。

4月6日　烟台检验检疫局在海港国际旅检厅截获一名韩国籍旅客携带一批非法进境植物，包括带土壤的黄杨树20余株、仙人掌500余株，全部限期退运出境。

✦ 烟台海员职业中等专业学校 /2014年摄

4月8日　烟台市政府国有资产管理委员会决定，山东渤海轮渡属烟台地方港（客滚码头）、港湾宾馆（服务公司）、和信修船厂、烟拖8等资产无偿划转烟台港集团，相应人员一并转入。

4月12日

●龙口海关“无纸通关”试运行。龙口龙渤粉丝有限公司通过龙口外代国际货运有限公司申报的“粉丝”放行。

✦ 烟台海员职业中等专业学校 /2014年摄

●全国第二批输往日本波菜现场会在烟台召开。

4月14日至24日　烟台打捞局救捞工程处完成朝鲜籍散货船“太马港”轮探摸及水下录像等作业。

4月18日　烟台打捞局与局船修厂签约建造2940千瓦（4000 HP）全回转拖轮，6月9日在船修厂举行开工仪式。

4月22日

●烟台市教育局批复烟台打捞局属烟台海员技工学校更名烟台海员职业中等专业学校（简称海员职专，校址烟台市芝罘区芝罘岛东路100号），全日制中等职业技术学校，开设船舶驾驶、轮机专业，招收初中毕业生，学制3年，以培养二副、三管轮、电子员、值班水手、高级值班水手、值班机工、高级值班机工、电子技工、海上乘务员、民用潜水员、CCS船舶电工、船舶管理级和操作级适任培训等为主。有教职工120人，在校生2000余人。学校附近有烟台打捞局造船厂、莱弗士

造船厂、烟台造船厂和北方造船厂。

●烟台市港航局印发《烟台市港航系统文明行业建设实施方案》。

✦ TC-SCAN 车辆安全检测设备 /2005 年摄

✦ 安检人员察看透视影像 /2005 年摄

4 月 25 日

●客滚运输车辆安全检测设备（型号 TC-SCAN）在烟台港试运行，采用放射透视原理监测车辆夹带危险品货物，具备车辆体积、重量自动测量、证件扫描、安检单输出等功能。交通部安全检查组领导现场察看了车辆检测过程。

●烟台港客运总公司接管烟台地方港客滚运输业务，山东渤海轮渡客运站对外称“烟台港环海路客运站”，对内称“烟台港客运总公司环海路客运站”。

●烟台打捞局船修厂开工建造新加坡远洋拖轮“1ANPAN 11”，2006 年 4 月 10 日交付使用。

4 月 29 日

●海阳市交通局航务管理所与海阳市海务局合并，成立海阳市港航管理局，为海阳市政府直属正科级事业单位，授权承担海阳市港口和水路运输行政和行业管理职能，并承担原航务管理所与海务局的职能。编制 10 人，设办公室、港务监管科、水运监管科、安全监管科。

●烟台打捞局船修厂完成“永通”散货船的改造。

✦ 交通部安全检查组现场查看车辆检测设备 /2005 年摄

✦ 烟台港环海路客运站 /2014 年摄

是月　王献国任蓬莱海关关长、党组书记。

5月

5月1日　上午，交通部部长张春贤、副部长徐祖远到大连和蓬莱检查海上安全保障工作。张春贤乘坐救助直升机空中巡视渤海湾海域动态救捞待命情况，在蓬莱沙河口机场降落，交通部办公厅主任杨咏、交通部救捞局局长宋家慧、交通部海事局局长刘功臣和烟台市领导等陪同察看蓬莱直升机场。交通部部长张春贤一行同日还乘车前往龙口港察看。

交通部部长张春贤（前左）检查渤海湾海上安全保障工作 /2005 年摄

5月2日

●山东省委副书记、省长韩寓群现场察看烟台港西港区规划和建设，省政府秘书长刘宗元，烟台市市长周齐等陪同，烟台市港航局局长杜福堂、烟台港集团董事长周波分别汇报规划和建设情况。

杜福堂（右）向韩寓群（前左）介绍西港区规划情况 /2005 年摄

●北海救助局“北海救 159”轮、“北海救 108”轮、“北海救 198”轮与交通部北海第一救助飞行队直升机“B7305”“B7310”和固定翼“B3639”飞机联合救助在大连遇岩附近海域失火客滚船“宝华”轮，B-7305 直升机还将消防专家送上客滚船，使火势很快得到控制，745 名遇险人员全部获救（船员 47 人、乘客 698 人）。

5月5日　“烟救 14”轮救助“运丰”轮，5月10日将该船拖抵塘沽南锚地交船。

5月9日　牟平区东北海域 4.5 级地震。

5月10日　烟台市人民政府国有资产监督管理委员会、山东航运集团有限公司、山东省蓬莱港务管理局、山东省长岛港务管理局、山东省烟台国际海运公司、辽宁省大连海洋渔业集团公司、大连海桥国际实业有限公司在烟台金海湾大酒店签订山东渤海轮渡有限公司股权转让协议书。烟台国资委对渤海轮渡的出资额为 12067 万元，持有渤海轮渡 49.32% 的股权；山东航运对渤海轮渡的出资额为 1000 万元，持有渤海轮渡 4.09% 的股权；蓬莱港务局对渤海轮渡出资额为 5500 万元，持有渤海轮渡

22.48%的股权；长岛港务局对渤海轮渡的出资额为500万元，持有渤海轮渡2.04%的股权；烟台海运对渤海轮渡的出资额为2400万元，持有渤海轮渡9.81%的股权，合计87.74%股权转让给辽宁省大连海洋渔业集团公司、大连海桥国际实业有限公司和山东高速公路有限公司。经股东会研究，选举张毅为公司法定代表人。

5月13日　莱州市发改委《关于新建莱州朱旺渔业码头的申请》批准莱州市朱旺村在莱州湾东南部太平湾东崖建渔业码头。2006年6月1日，山东省人民政府批准朱旺村渔船停泊码头建设项目海域使用，本年7月突堤围堰开始施工，至2008年12月渔港码头完工，码头岸线长560米。2009年3月至2010年11月码头扩建工程完工，建成3000吨级码头2个，前沿水深6.6米、岸线279米；万吨级码头2个，前沿水深10米、岸线328米。航道长18千米，设计水深8.7米，宽150米。港池水深10米，回转直径292米。前沿堆场面积32万平方米，工程总投资4.3亿元。4个泊位转为商用试运营。

5月19日

●烟台市国有资产监督管理委员会宣布山东省蓬莱港务管理局和山东省长岛港务管理局与山东渤海轮渡分离，独立经营。

●烟台港二、三期工程通过山东省口岸办公室、海事局、边防总队等部门的对外开放验收。

✦ 俯瞰渤海轮渡公司和烟台港西客运站 /2012 年摄

✦ 渤海轮渡公司票务服务中心 /2014 年摄

✦ 渤海轮渡公司办公楼 /2014 年摄

✦“渤海金珠”轮下水/2005年摄

5月20日　烟台港汽车滚装运输安全检测综合系统通过交通部和省交通厅联合组织的专家组验收，正式开始使用。

5月23日

●“渤海金珠”轮下水。

●16时50分至19时，蓬莱城北海面出现海市奇观，蓬莱电视台一名记者用摄像机录下部分影象。

5月30日　山东海龙股份有限公司投资建设海阳港，经海阳市人民政府授权，海阳市港航管理局与海阳港务有限公司签订港口扩建合同。投资2.5亿元，建2个5000吨级泊位、2个10000吨级泊位码头。

是月

◆烟台打捞局潜水员邢思浩被交通部、团中央授予“2004年度全国交通系统青年岗位能手”称号。

◆山东蔚阳栾家口港新建2万吨级油品码头竣工使用，投资2亿元的5万吨级码头及配套设施在建。港区岸线近8000米，航道全长14.8公里，宽1000米，深12.5米。仓储堆场面积900多亩，年吞吐量103万吨。

◆牟平区仙坛集团实业公司投资290余万元购置“仙坛”轮，载重960吨。2007年11月，又投资380余万元购置“仙通”轮，载重950吨，两轮主要用于大连—牟平载运玉米、牟平—大连载运黄沙。

6月

6月1日　山东省副省长赵克志在烟台主持召开渤海湾客滚运输安全工作会议。

6月4日

●龙（口）烟（台）铁路开建，西起龙口，经蓬莱、福山、开发区、芝罘区至烟台市中心，全长123公里，总投资15亿元，是黄烟铁路（河北黄骅港至烟台）组成部分。

●烟台至大连海运航线增添“普陀岛”号客

✦“普陀岛”号客滚轮/2005年摄

滚轮营运，属中海客轮有限公司，船长140米，宽24米，载客1428人、汽车100辆，航速19节，设计抗风12级。

6月7日　全国人大常委会副委员长司马义·艾买提率全国人大常委会安全生产执法检查组到烟台港检查。

6月9日　龙口港鑫装卸运输有限公司成立。龙口兴港实业有限公司与龙口鑫龙装卸运输有限公司合资组建，主要从事港内货物的车辆装卸和水平搬倒业务。

6月12日　“河北神威”轮（长241米、宽32.2米、吃水13.57米）满载65872吨矿砂抵龙口港靠泊11号泊位卸载。

6月20日

●全市港航行业管理部门的内勤人员（从事办公室、财务等内部行政管理人员）不再着原来的标志服装，外勤人员（从事港口行业管理、水路运输管理、安全管理等一线执法人员）统一着原来服装，但摘掉臂章。

●烟台打捞局船修厂为本局建造的“烟捞拖6”轮开工，7月20日“烟捞拖7”轮开工，两船分别于2006年5月16日和6月21日交船，之后两船出售给印度TAG SEA1OGISTICS有限公司，10月20日两船在新加坡DNBNORBANK.ASA和烟台打捞局码头交接。

6月28日

●莱州港扩建一期工程2个兼顾50000吨级油品码头开工建设，投资2亿元。

●大莱龙铁路（大家洼—莱州—龙口）建成试运营，该路全长175公里，1999年5月始建。

6月30日

●烟台港通货柜码头有限公司揭牌。

●蓬莱港（西港）从蓬莱港务局分离，与长岛港合并筹建烟台蓬长客港有限公司。

●烟台打捞局港务处客运站装修改造及安检机房工程开工，12月18日港务处新客运站

（芝罘岛客运站）落成使用。

6 月底　莱州市海上搜救中心在莱州海事处挂牌成立。

7月

7 月 1 日

●山东省交通厅船舶检验局下发《关于船舶检验登记号网上自助授号系统开通的通知》，规范船舶检验登记号申请，遏制一船多证、大船小证等现象，省交通厅网站开通船舶检验登记号网上自助授号系统。

●交通部批复龙口港为内外贸集装箱同船运输试点港口，外贸船舶可在龙口港装卸内贸集装箱，7 月 21 日青岛关区内外贸集装箱货物同船运输试点运行。

●龙口津港疏浚工程有限公司成立，由龙口港、天津航道局、舟山市冠全航道工程有限公司合资组建。

7 月 10 日　大连海事大学 22 名学生组成的纪念郑和下西洋 600 周年“凌风”无动力航海队乘两艘帆船，横渡渤海海峡，在蓬莱登陆。从大连星海湾起航，中途不停靠岛屿，有风用帆，无风划桨航行。

7 月 20 日　烟台市政府印发《烟台市海上交通和渔业特大事故应急救援预案》，成立周齐市长任总指挥、分管市长和烟台海事局局长任副总指挥的烟台市海上交通和渔业特大事故应急救援指挥部，负责全市行政辖区沿海海域海上交通和渔业特大事故应急救援行动组织指挥工作，指挥部办公室设在烟台海事局，烟台海事局局长兼任办公室主任。

7 月 20 日至 29 日　蓬莱小海清淤施工时在港池南部西侧 2 米深的淤泥中发现 3 艘大型木制古船，均位于 1984 年古船出土位置西侧，山东电视台、中央电视台对古船出土做了现场直播。

7 月 21 日　陈正伟任北海救助局党委书记。

✦ 莱州港远眺 /2005 年摄

7月 26日　中国远洋总公司“松河”轮满载集装箱，开通烟台港到东南亚、欧美航线周班运输。

是月　龙口港获交通部批准成为具有内外贸集装箱同船运输业务资质的试点港口，20日开通龙口—天津航线。

✦ 蓬莱“小海”1号古船发掘 /2005年摄

8月

8月1日

●《中华人民共和国港口收费规则（内贸部分）》开始实施。

●长岛县封闭式高速客货船“海马6号”加入蓬莱至长岛及北五岛航线营运。

●6台门机由青岛港运抵蓬莱新港 3.5万吨级码头，转运采用一次性整体吊装方式。

●北海救助局“德翔”轮在上海执行“神舟六号”海上应急救援任务，10月1日从上海启航开赴预定海域，10月12日完成“神舟六号”飞船发射上升段海上应急救援保障任务后返航。

8月4日　烟台海事局、烟台市交通局、烟台市港航局召集北海救助局、烟台打捞局、烟台市海洋与渔业局、中国船级社烟台办事处、烟台市气象局、天津海事局烟台航标处、烟台港集团公司、烟台港公安局、山东渤海轮渡公司等召开“安全畅通文明”航线创建活动座谈会，9月印发《烟台地区创建烟台—大连“安全畅通文明航线”活动实施方案》；9月27日，山东海事局、辽宁海事局在烟台港客运码头举行创建活动启动仪式，交通部副部长徐祖远、山东省副省长赵克志、烟台市市长周齐、烟台市副市长刘筱杰、大连市副市长何建中等出席。

8月6日　9号台风“麦莎”侵袭中国东部沿海，新造尚无动力5000吨级集装箱船“扬帆2”轮、“扬帆3”轮、“扬帆4”轮和货船“浩恒12”轮走锚，4艘船96人遇险，“德翔”轮、“东海救196”轮赶往救助，“德翔”轮使用新型吊篮救生装备将84名遇险人员转移到救助船，“浩恒12”轮拖离险境，12名船员转危为安。

✦ 烟台至大连“安全畅通文明”航线创建活动启动仪式 /2005年摄

8月10日

●烟台市政府国有资产管理委员会确定以2005年6月30日为基准日，将蓬莱东港划转烟台港集团，作为烟台港子公司，实行独立核算，自负盈亏，对外独立承担民事责任。

●烟台港集装箱货运有限公司成立，由烟台港集团有限公司和烟台港务货运经营有限责任公司共同投资。烟台港集装箱货运有限公司为烟台港集团有限公司控股

✦ 渤海湾客滚码头大型车辆安检系统全国推广使用现场会 /2005 年摄

企业，为中型（二）类型企业。

8 月 11 日　北海第一救助飞行队救助“天云山”号货船一名患心绞痛休克船员，系该队首次从船舶上救助重症患者。

8 月 13 日　交通部在烟台召开渤海湾客滚码头大型车辆安检系统全国推广使用现场会，交通部副部长徐祖远到会提要求，山东省长助理臧海强、省交通厅副厅长迟焕然、省交通厅港航局局长王栋、烟台市政府副市长刘筱杰、烟台市港航局局长杜福堂等出席。

8 月 17 日至 19 日　北海第一救助飞行队 4 次搜寻和救助遇险船员 5 人。

8 月 18 日　龙口港通港铁路开建，正线全长 11.7 公里，装卸线及机车行走线长约 6.7 公里，设计年输送能力 1850 万吨，投资总额 1.57 亿元。2007 年 6 月 28 日全线贯通，10 月 16 日上午试运营，2009 年 11 月 27 日通过山东省发改委组织的竣工验收。

8 月 25 日　山东省发展和改革委员会核准龙口港 10 万吨级通用散货泊位工程，码头泊位布置在屺㟂岛西侧，年设计吞吐能力 690 万吨。

8 月 26 日　烟台打捞局工程处处长戚明获山东省“十佳知识型职工标兵”称号、山东省“富民兴鲁”劳动奖章。

8 月 29 日至 9 月 6 日　烟台打捞局打捞在辽宁绥中海域沉没的“恒达 188”沉船出水。

8 月 30 日　第六届东北亚港口论坛会议和第四届东北亚港口协会会长会议在烟台东方海天酒店举行。中、日、韩三国港口协会代表，航运界专家学者及国内上海、天津、大连、宁波、青岛等主要港口企业负责人共 220 余人参加会议（其中韩国 48 人，日本 42 人）。会议由交通部水运司副司长宋德星主持，交通部水运司司长苏新刚，日本国土交通省港湾局局长鬼头平三，韩国海洋水产部港湾局局长郑万和，省交通厅副厅长迟焕然先后致辞。

是月

◆中柏京鲁船业落户蓬莱市。该项目由蓬莱京鲁渔业有限公司与日本大阪淡水鱼贝株式会社合资建设，总投资 7500 万美元，计划建设 3 万吨级船台、6 万吨级水坞各两个。

◆蓬莱东港 TC-SCAN 滚装运输车辆安检系统开始使用。

✦ 龙口港通港铁路开通 /2007 年摄

◆烟台打捞局为参加“和平使命—2005”中俄联合军事演习的某部多次无偿提供装卸载作业支持。

9月

9月1日

●蓬莱东港改制烟台港集团蓬莱港有限公司，企业类型为中型（一）。至年末，港区有泊位6个，港内工作船泊位1个，码头岸线总长1102米，货物堆场面积14万平方米，装卸机械25台。3艘客滚班轮营运，年发送车辆9.4万辆，滚装吞吐量449万吨，对外贸易吞吐量33.9万吨。

●参加第六届东北亚港口论坛的国内外嘉宾参观龙口港。

●烟台打捞局停止事业单位会计核算制度，实行企业会计核算制度。

✦烟台港三期工程安装大型门机㈠/2005年摄

✦烟台港三期工程安装大型门机㈡/2008年摄

✦烟台港西港区施工现场/2006年摄

9月6日

●交通部批准烟台港西港区液体化工码头使用港口岸线。

●烟台港集团举行烟台港西港区启动工程开工仪式。（西港区位于蓬莱市大季家镇山后顾家村东）

●“德润”/“重任503”船组从天津起航，远赴印尼，执行中海油印尼SES项目服务任务。

9月13日　大型集装箱班轮“洛巴河”轮挂靠烟台港，轮船长242.85米，吃水11.2米。

9月14日　“葫芦岛”号客滚船开始烟台至大连航线营运。“葫芦岛”轮和“普陀岛”轮为姊妹船，总长137.3米，型宽23.4米，主机功率11600千瓦，16234总吨，航速19节，载客定额1428人，车115辆。

9月16日　由上海港机重工有限公司设计制造的6台40吨大型门机运抵烟台港三期工程码头安装。

9月20日　按照海事执法模式改革要求，蓬莱、龙口、莱州、长岛海事处设置现场执法大队，担负应急搜救职责。

9月22日　烟台市集装箱工作座谈会专题研究加快发展烟台港口集装箱运输。

9月23日

●海关总署副署长龚正、青岛海关关长李书玉

一行察看烟台港集装箱码头。

●山东省人民政府国有资产监督管理委员会批复烟台市国有资产监督管理委员会，同意设立烟台蓬长客港有限公司（国有独资公司）。

●烟台市港航局同意烟台打捞局西顺岸码头试运营（4号、5号泊位），可停靠5000吨级船舶。

✦ 烟台市集装箱工作座谈会 /2005年摄

9月28日

●烟台港集团蓬莱港有限公司举行成立仪式。

●烟台打捞局救捞工程处派遣潜水员到大连集装箱码头探摸“国事峰2号”沉船（朝鲜籍），30日完成探摸作业。

9月30日　烟台市港航局同意大连航运集团大连海运总公司所属“诚海”轮由烟台港集团有限公司客运公司码头转至烟台打捞局码头停靠，从事大连—烟台航线客滚运输。

10月

10月1日

●烟台港、山东渤海轮渡、打捞局和蓬莱港4处客滚码头实现客滚车辆大型安检设备同时运行。自此，烟台市域客滚码头全部配备此种设备。

●龙口港集装箱业务CTMIS新系统使用，实现集装箱业务微机化管理。

10月1日至10日　烟台打捞局“烟救起重1号”船在烟台港吊装门机。

10月8日　大连海运总公司“诚海”轮首航烟台打捞局港。

10月10日　龙口港海达物流园区公用型保税仓库通过青岛海关审查验收，总面积34255平方米，主要经营豆类、矿石、钢材、铝材、塑料制品等除危险化学品外的保税货物的仓储业务，11月25日举行挂牌仪式，12月5日首批保税货物6920吨木薯干入库。

10月16日至31日　烟台市港航局在全市滚装码头和货运码头开展严禁超限超载车辆进港上船和出港的集中整治活动。

✦ 蓬莱东港一角 /2005年摄

✦ 烟台港集团蓬莱港有限公司成立仪式 /2005年摄

✦ 竞赛开幕仪式 /2005 年摄

✦ 客运员考试 /2005 年摄

10 月 18 日　由天津航道局第二疏浚公司与龙口港务局、舟山冠全疏浚工程有限公司 3 家共同出资的每小时 3000 立方米绞吸式挖泥船"天威"号开工制造，该船总长 99 米，船体长度 77.7 米，型宽 18.2 米，型深 5.2 米，设计吃水 3.5 米。

10 月 20 日　北海救助局"德翔"轮完成"神舟"6 号载人航天飞行海上救援保障任务返抵上海，交通部救捞系统在上海外高桥码头举行欢迎仪式，交通部徐祖远副部长等到码头迎接。

10 月 21 日　"德治"轮在北纬 40° 10′、东经 121° 5′ 处守护救助"辽葫渔 11236"轮。

10 月 21 日至 22 日　渤海湾遭遇罕见大风寒潮天气，多艘船舶海上遇险，北海第一救助飞行队"B7309、B7305"号救助直升机和"3639"号固定翼飞机先后多次出动，连续奋战，6 次救助遇险人员 19 名。

10 月 23 日　烟台市港航局批复同意烟台港集团公司与韩国仁川港湾公社建立友好港际关系，10 月 28 日烟台港与仁川港缔结友好港口。

10 月 29 日　全省港航系统"百名十佳"竞赛活动客运员、安全员竞赛在烟台举行，烟台市参赛客运员获好成绩，除第二名外，囊括第一到第九名。

是月　烟台检验检疫局下属企业烟台海泰

✦ "北海救 111" 救助船 /2005 年摄

✦ "辽旅渡 7" 客滚轮

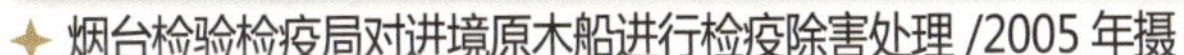

✦ 烟台检验检疫局对进境原木船进行检疫除害处理 /2005 年摄

✦ 龙口港海达物流园区公用型保税仓库 /2005 年摄

卫生除害科技服务有限公司对“诺贝尔”轮装载的进口原木实施熏蒸除害处理，历时 7 天，投药 1.62 吨，熏蒸原木 8228 立方米。为烟台检验检疫局首次独立承担大船熏蒸业务。

11 月

11 月 3 日　“北海救 111”救助船建造完工交付使用，总长 98 米，宽 15.20 米，型深 7.6 米，3474 总吨，主机台数 / 功率 2/4500 千瓦，拖力 105.2 吨，航速 20.35 节。

11 月 4 日　上午 10 时，烟台打捞局完成“辽旅渡 7”客滚轮及所载剧毒危险品“苯酚”打捞任务。自 4 月 27 日开始，烟台打捞局先后派出“烟救 4”轮、“烟救捞 5”船、“德清”轮、“烟救 14”轮、“芝罘岛”船、“烟救起重 2 号”船等多条大型浮吊和拖轮在长岛海域进行打捞作业。“辽旅渡 7”打捞工程所在海域海况恶劣，海流湍急，最大流速达 2 米 / 秒，打捞工程多次受到台风及强冷空气等恶劣天气的影响，工地风力最大时超过 10 级，浪高 5-6 米，先后有百余名职工参与打捞，在 6 个月的时间里，潜水员下水作业 700 多人次，完成水下攻打 5 个千斤洞，并穿引 10 根直径 13 寸的过底钢丝，在沉船甲板等强结构处生 6 个扳正桩头，安放 14 个 85 吨—500 吨卡环，

✦ 烟台打捞局清除危险化学品苯酚作业现场 /2005 年摄

✦ 潜水员下水作业 /2005 年摄

✦ 烟台检验检疫局进行口岸人感染高致病性禽流感疫情应急处置演练 /2005 年摄

✦ 烟台蓬长客港有限公司办公楼 /2011 年摄

并清除沉船甲板面的淤泥和浮筒障碍物，最终将沉船和所载 15 辆车及货物全部打捞出水。

11 月 5 日　“德清”轮对外消防系统完成恢复改造，消防能力增强。

11 月 9 日至 10 日　烟台打捞局打捞在辽宁省长海县皮口港沉没的“辽普运 777”轮出水。

11 月 16 日　烟台打捞局签订 1700 吨全回转多功能船“德瀛”购置合同，12 月 14 日“德瀛”轮抵靠烟台打捞局码头。

11 月 21 日　烟台检验检疫局举行防控禽流感疫情演练。烟台市口岸办、烟台海事局、烟台边防检查站、烟台海关、烟台市卫生局、烟台市防疫站、烟台港集团公司、中韩轮渡公司等单位参与。烟台市委副书记、市长周齐观看了演练。

✦ “德瀛”多功能船 /2005 年摄

11 月 23 日　烟台港集团有限公司撤销宣传教育中心，其职能分别划归有关部室。

12 月

12 月 4 日　韩国籍“海峰”轮在龙口海域遇险，龙口港“龙港拖 21、龙港拖 22”轮与“北海救 195”轮救助。

12 月 9 日至 11 日　“辽瓦渔 25048”渤海海峡被撞翻扣，8 名渔民下落不明，北海救助局应急反应救助队采取船底开洞救人方法，“北海救 111”轮、“北海救 169”轮将难船用缆绳兜起，稳住难船，避免渔船开洞后浮力丢失下沉，从翻扣渔船救出 4 人。烟台市海洋渔业局参与救助，救助直升机“B7309”将救生器材和潜水员运送到救助现场。

12 月 18 日　烟台打捞局港务处新客运站（芝罘岛客运站）落成并启用。

12 月 22 日

●烟台港集团成立引航站，挂在烟台港引航服务公司。

●北海第一救助飞行队“B7309”直升机组人员长途飞行 130 海里，在山东滨州市套尔河口附近救起 4 名船员。

12月26日　龙口港集团铁路有限公司注册成立，由龙口港与烟台交通投资公司合资组建，该公司主要负责进港铁路的建设经营。

12月28日

●烟台蓬长客港有限公司成立，杨金聪任董事长兼总经理，隶蓬莱港务公司和长岛港务公司。

●烟台港通货柜码头有限公司举行揭牌仪式。

12月31日　交通部部长李盛霖、副部长翁孟勇察看蓬莱直升机基地，慰问一线值班人员。当晚，交通部救捞局局长宋家慧、北海救助局书记陈正伟等与北海第一救助飞行队干部职工座谈。

是月

◆蓬莱市海岸防波堤工程竣工，该工程东起龙山河入海口，西至林格庄村北，长10.45公里。（1998年3月开工，分五期施工，总投资4700万元。）

◆“北海救131”救助船建造完工，总吨位2055，主机台数/功率2/3360千瓦，拖力102吨，总长77米，型宽14米，型深6.8米，航速17.5节。

◆烟台打捞局引进船舶动态监控系统，将本局装载C站的13艘船舶纳入该系统监控中。

◆年末，蓬莱西港有办公楼4000平方米，16吨电吊1台，码头海岸线长410米，1000吨级滚装泊位4个，500吨级客运滚装泊位3个，登陆艇专用码头1个，货物装卸码头2个。

是年

▲交通部颁布《关于进一步加强引航安全管理的通知》。

▲莱州港引进一名3级引航员。（初期，港口未成立引航站，从龙口引航站聘请引航员1名。1996年—2005年期间，引领近1500艘船舶。）

▲23艘客运船舶烟台—大连航线营运。（其中，客滚运输船舶17艘，普通客船6艘。）

▲烟台航标处管辖范围变化：西起黄河口，东至荣成成山头，北到北隍城岛，南至乳山口。至年底，烟台航标处共有职工251人，下辖芝罘湾、蓬莱、龙口、潍坊、威海、成山头、石岛7个航标站，管辖各类助航标志262座。

▲烟台航标处科技人员研制成ISA－400型国产中型旋转航标灯器，该灯器具有完全自主知识产权，元部件国产化率达到100%。同年，还研制出带短信告警和GPS定位功能的新一代1ED灯器，能够利用网络实现对灯器工作状态和浮标位置的监控。

▲“烟救起重2号”船参与中国远洋运输集团建造的世界最大浮船坞施工。

▲烟台检验检疫局共检验检疫出入境货物11.06万批，货值66.42亿美元，其中发现不合格586批，货值4.71亿美元。传染病监测

✦“北海救131”救助船/2005年摄

✦ 马耳崖村委会赠送锦旗 /2005 摄

✦ 烟台市港航局扶贫投资修路 /2005 年摄

体检 9953 人次，预防接种 1557 人次。检疫出入境船舶 2604 艘次，检疫集装箱 20.26 万标箱。发现动植物疫情 109 种，1134 次。

▲蓬莱海关征收税款 23062 万元。

▲烟台边防检查站 6000 平方米办公楼落成启用（址烟台市芝罘区环海路 19 号）。

▲烟台市港航局投资 20 余万元为结对帮助扶贫的栖霞市杨础镇马耳崖村修通进村水泥道路。

2006 年

1 月

1 月 1 日　交通部部长李盛霖、副部长翁孟勇察看烟台港滚装车辆安检和客运站现场，登上中海集团客滚船检查安全，省委常委、烟台市委书记焉荣竹，副省长赵克志、王军民，省交通厅厅长周秋田，烟台市市长周齐等陪同。

1 月 7 日　“辽海”轮更名“耘海”轮后首航靠泊烟台打捞局码头。

1 月 8 日　宋修璞任交通部北海第一救助飞行队队长，霍福廷任党支部书记。

1 月 10 日　烟大铁路轮渡首艘渡船“中铁渤海 1 号”在天津新港船厂下水。

1 月 12 日　烟台市港航局同意山东渤海轮渡有限公司所属“英华”轮由烟台港集团蓬莱港有限公司码头转至烟台港环海路客运站码头停靠，

✦交通部部长李盛霖（前排右 3）等察看烟台港安全工作 /2006 年摄

✦ 山东渤海轮渡有限公司“大华”轮 /2006 年摄

✦ 烟台边防检查站办公楼 /2014 年摄

✦ 交通部北海第一救助飞行队揭牌仪式 /2006 年摄

从事烟台—大连航线客滚运输；“中鲁”轮由烟台港环海路客运站码头转至烟台港集团蓬莱港有限公司码头停靠，从事蓬莱—大连航线客滚运输。鉴于大连港大连湾港务公司尚未安装大型车辆安检仪，为贯彻交通部文件精神，保证安全，同意该公司所属“英华、中鲁、兴鲁、大华”轮在大连的停靠地由大连港大连湾港务公司转至辽渔集团大连湾新港港务公司码头。

1 月 13 日

●交通部北海第一救助飞行队在蓬莱沙河口机场举行揭牌仪式，交通部最新引进的两架 S76C+ 型专用救助直升机启用，该机种单机 1 次可搭载 11 名被救人员。交通部救助打捞局副局长丁平生、烟台市政府副市长刘筱杰揭牌，烟台市政府副秘书长栾军波、烟台市港航局局长杜福堂及北海救助局、烟台打捞局、蓬莱市政府有关领导参加。自此，交通部北海第一救助飞行队（以下简称救助飞行队）正式担负渤海湾海域人命救助工作。

●烟台打捞局救捞工程处处长戚明被中华全国总工会授予“全国知识型职工先进个人”称号。

1 月 15 日　烟台打捞局船修厂为烟台港轮驳公司制造“烟港拖 6”全回转拖轮，2007 年 6 月 16 日交付使用。

1 月 16 日　龙口港委托蓬莱市渤海造船有限公司建造的 3676 千瓦全回转拖轮“龙港拖 23”轮交付使用，该轮长 36.2 米，宽 10.4 米，最高航速 13.8 节。

1 月 16 日至 17 日　救助飞行队派出“B7305、B7313”两架直升机，在秦皇岛港附近海域参加“宜

✦ “烟港拖 6”全回转拖轮 /2007 年摄

✦ 烟台市委书记焉荣竹（前左3）在西港区现场查看 /2006年摄

1月21日　救助飞行队“B7305”直升机紧急出动，在辽宁兴城菊花岛附近海域救起冰面遇险人员20名，2月2日又在大连三辆车岛附近海域救起“辽大开渔02605号”2名船员。

1月23日　烟台市委书记焉荣竹到烟台港听取上年生产经营、港口建设、内部改革工作情况以及2006年工作打算后，又到西港区现场查看工程建设情况。

昌众基8号”货轮救助任务，救起9名船员。

1月18日　救助飞行队“B7313”直升机从蓬莱沙河口机场起飞，经威海机场中转加油后，抵石岛（威海）以南100海里附近海域（共飞行180海里），救助1名荣成重伤渔民（孙继军，26岁，作业时头颈部受到撞击，口鼻大量流血，伤势严重）。送往威海机场，由等候在那里的120急救中心医护人员转送当地医院救治。

1月19日　烟台市港航局同意大连航运集团大连海运总公司所属“耘海”轮上线营运，从事大连—烟台航线客滚运输，并在烟台打捞局码头停靠。

是月　“北海救201”救助船建造完工，552总吨，主机台数/功率2/2240千瓦，总长49.9米，型宽13.1米，型深4.5米，航速32节。

2月

2月8日　烟台港集团引航站设置蓬莱引航站，负责蓬莱港及附近水域的船舶引航业务，时有1级引航员2名，助理引航员2名。

2月10日　烟台港首次出口液态多亚甲基多苯基异氰酸酯（俗称聚合MDI，海运危险货物）。

✦ “北海救201”救助船 /2006年摄

2月15日　龙口港散杂货生产管理软件系统项目启动，12月25日使用，港口生产实行信息化管理。

2月16日　省发改委《关于海阳港扩建一期工程项目的核准意见》，同意建设海阳港一期工程扩建项目，2009年5月建成1号、2号万吨级泊位、3号5000吨级泊位、4号出运泊位各1个，前沿水深分别为：9.5米、8.0米、6.5米。海阳港务有限公司

投资4427万元，按万吨杂货船型设计，建宽100米，水深7.7米，长2504米航道。

2月20日　长岛县大黑山乡水域发现大面积状似原油的污染物，烟台海事局人员赶赴现场开展调查并派专家参与国务院联合工作组。

2月22日　交通部港口设施保安工作检查组到烟台港现场检查。

✦“华英395”救助艇/2006年摄

2月23日　中海油基地集团油田建设工程公司承建的“蓬莱19-3”钻机模块建造工程在烟台打捞局场地开工。

2月26日　救助飞行队“B7312”直升机飞行118海里，将上海华泰海运公司“申江海”号货轮1名伤员救回。

2月27日　天津航道局第二疏浚公司更名为烟台中交环保疏浚有限公司。

2月28日　山东省交通厅港航局批复山东省蓬莱港务管理局更名烟台港集团蓬莱港有限公司，核发新港口经营许可证。

是月

◆“华英395号”救助艇从英国引进，主机千瓦/台数356/2，总长16米，型宽5.3米，空载吃水1.68米，航速18节，续航力208海里。后续相继引进“华英394号、386号、387号、384号”救助艇。

◆龙口港开工改造5000吨级燃油危险品码头，

✦龙口港燃油危险品码头/2007年摄

✦龙口港输油臂作业/2006年摄

✦ 长岛港 /2008 年摄

✦ 打捞"辽渔 18"轮 /2006 年摄

7 月竣工，改造后码头岸线总长 260 米，前沿水深 10.10 米，可停靠 2 万吨级油轮 1 艘或同时停靠 5000 吨级油轮 2 艘。

◆烟台检验检疫局烟台港集装箱查验电子执法视频监控系统正式运行，通过在环球码头安装 11 个视频监控探头，对港口进出境集装箱检验检疫、出口换证查验、进口废物原料查验全部实施视频监管。

3月

3 月 1 日　山东省发展和改革委员会、山东省交通厅批复龙口港屺峪码头 4 号 10 万吨级通用泊位工程初步设计。

3月5日至6日　"德清"轮参与救助"港龙运3"油轮。

3 月 6 日　山东省副省长赵克志、省长助理臧海强、省交通厅副厅长迟焕然、烟台市政府副市长刘筱杰检查烟台港安全工作，部署山东渤海轮渡老旧客滚船提前退出营运。

3 月 7 日　烟台市政府代市长孙永春察看

✦ 长岛港客运码头 /2012 年摄

✦ 长岛港渔码头 /2012 年摄

烟台港西港区建设。

3 月 16 日　龙口市四通海运有限公司经交通部批准开业（1 艘 3360 载重吨“通康”普通货船），2007 年 9 月购置 5031 载重吨“通康 5”轮，2008 年 3 月购置 2035 载重吨“通康 6”轮，主要从事国内沿海及长江中下游货物运输。

3 月 16 日至 31 日　烟台打捞局打捞在大连辽宁省海洋渔业公司码头沉没的“辽渔 18”轮出水。

3 月 20 日　山东省委副书记、省长韩寓群察看烟大铁路轮渡烟台端工地，副省长赵克志、省政府有关领导、烟台市领导孙永春、郝德军、刘树琪、王国群、张广波等陪同。

3 月 22 日　烟台检验检疫局在烟台港口岸截获一名韩国入境旅客藏匿携带未经检疫审批的蔬菜种子，共 75 公斤，依法退运处理。

3 月 22 日至 27 日　烟台打捞局对沉没于丹东海域的韩国“太容兰花”货轮进行水下探摸作业。

是月　长岛港改造基础设施，工程包括 1000 吨级货运泊位及游艇码头、渔家乐码头等，总投资 1899.5 万元。

4 月

4 月 7 日　烟台港集团有限公司和中港一航局二公司合资成立的烟台中交航务工程有限公司举行揭牌仪式。

4 月 10 日　龙口港制定《薪酬管理暂行办法》，经职代会联席会议审议通过，将薪酬体系分为管理、营销、技术和熟练 4 个员工岗位序列。

4 月 11 日　烟台打捞局打捞工作船码头工程可行性研究通过交通部审查，10 月 20 日工程初步设计通过交通部设计审查。

4 月 12 日　救助飞行队“B7312”直升机在大风浪中将“鲁长渔 2838”号 2 名遇险渔民救起。

4 月 13 日　银河轮渡公司签订光船租赁合同，承租自航甲板船“至宪 38”轮，5 月 25 日又将“至宪 38”轮期租给韩国公司，从事中日韩航线造船分段大件货物运输，2008 年 8 月 25 日解租。

4 月 20 日　烟台市政府对龙口港与烟台港

实施重组整合。龙口港集团有限公司由市管国有独资公司，变为烟台港集团有限公司管理的法人独资子公司，法人主体地位保持不变，实行独立核算，自负盈亏，独立承担民事责任，烟台港集团对龙口港集团行使有限责任公司股东会职权。周波为董事长，孟祥罡为副董事长、总经理，徐明熙为副董事长、党委书记，孟祥罡、徐明熙任中共烟台港集团委员会副书记，李立明任中共烟台港集团委员会副书记、纪律检查委员会书记。中共烟台市委不再直接管理龙口港集团领导班子，交烟台港集团管理。

✦ 山东省副省长才利民（左 2）察看烟台港 /2006 年摄

4 月 22 日　交通部、国家发展改革委员会印发《港口设施保安费的通知》，自 2006 年 6 月 1 日起执行。

4 月 23 日至 5 月 4 日　烟台打捞局打捞青岛北海船厂 30 万吨坞门出水。

4 月 24 日　山东省副省长才利民在烟台察看烟大铁路轮渡项目建设情况，4 月 28 日又到烟台港察看，烟台市市长孙永春、省交通厅副厅长迟焕然等有关部门负责人陪同。

4 月 24 日至 5 月 1 日　烟台打捞局打捞“黑河货 201”轮出水。

4 月 28 日至 30 日　10560 千瓦远洋救助拖轮“德翔”轮由北海救助局交还烟台打捞局，完成交接。

是月

◆蓬长航线联合管理办公室成立，烟台市港航局会同蓬莱市、长岛县港航管理部门联合办公。

◆烟台市港航局春季安全检查芝罘区 7 家危险货物码头，抽查莱州港、蓬莱广源发、龙口港和牟平港。

◆蓬莱中柏京鲁船业有限公司成立，（位于山东蓬莱城西临港工业区）主要从事 10 万吨级以下船舶设计、生产制造和维修。累计投入资金 10 亿元，建成 30 万吨级造船坞 1 座、10 万吨级造船坞两座、3.5 万吨级船台 2 座及配套舾装码头，拥有钢材预处理流水线、数控等离子切割机、大型油压机、造船门式起重机等各种造船专用设备 700 余台套（第一艘 5800 吨级油轮 2008 年 12 月 30 日下水）。2009 年 2 月 24 日二期工程开工，投资 8 亿元。

◆长岛顺航海上旅游客运有限公司成立，小型旅游船运输企业，由个体到集体合作，员工 51 名，装备 11 座摩托艇 6 艘，99 座钢质客轮 3 艘，60 座和 40 座高强纤维客轮各 1 艘，主要从事长岛港—庙岛—犁犋把岛（宝塔礁）—高山岛（万鸟岛）—大黑山岛（龙爪山）等海上观光赏鸟和港湾内拖渔网、拔蟹笼、垂钓等服务。每年 4 月运营，“十一”黄金周过后停航。2000 年，购买钢质 900 马力普通客船“海神 9”，2010 年 5 月 31 日，股东集资

330 万元委托长岛船业总公司承造的“海神 16”轮下水，7 月 18 日再次集资 204 万元买下“祥坤 1”更名“海神 17”营运。

5月

5 月 1 日

●烟台打捞局救捞工程处王元波获山东省“富民兴鲁”劳动奖章。

●长岛港陆岛交通码头竣工试运行，总投资 2070 万元。建设 1000 吨级码头 1 个，300 吨级码头 2 个等。

5 月 2 日　龙口港通过大莱龙铁路龙口站运出铁矿砂，10 月 3 日首列外贸融雪盐由龙口站转运龙口港出口，龙口港货物集疏始有铁路运输。

5 月 8 日至 16 日　在烟台打捞局码头场地建造的大型钻探模块“番禺 30-1”钻机模块及生活模块进行滚装起运。

5 月 9 日至 6 月 12 日　“德瀛”/“德翔”船组执行中国海洋石油工程股份有限公司东海八角亭项目服务工程。

5 月 10 日　龙口富龙汽车有限公司“鲁龙渡 9”船年度核查由于公司机务、海务人员不在位并且是单船公司，不符合《山东省小型客（渡）船、旅游船运输企业经营资质管理规定》，年度核查不予通过，并由龙口市港航局负责下发《限期整改通知书》（整改期限不能超过 6 月 30 日）。

5 月 14 日至 6 月 24 日　烟台打捞局“烟救起重 1 号”船在烟大铁路轮渡工程火车、汽车上下栈桥烟台段、旅顺段进行安装作业，吊装铁路栈桥钢梁各 2 件，重量分别为 407 吨和 296.6 吨；铁路栈桥提升架各 2 套，重量分别为 120 吨和 90 吨；汽车栈桥钢梁各 1 件，重量 90 吨。在吊装施工中，“烟救起重 1 号”船积极配合工程方，运用多年积累的大件吊装经验，完成栈桥提升架连接法兰与底座就位。

5月中旬　烟台市港航局按照交通部统一部署，核查港口码头靠泊能力。

5 月 18 日　烟台环球码头签约，烟台港集团、中海码头发展有限公司、DP WorLd China（Yantai）Limited 在上海举行合资经营仪式。

5 月中旬至 6 月中旬　年度审验全市危险货物港口作业资质。

5 月 20 日　蓬莱东港 3.5 万吨级木材码头工程通过安全设施专项验收。

5 月 23 日　龙口宏

✦长岛港陆岛交通码头 /2006 年摄

港公司购置的4台25吨/33米新型门机到港，新门机额定最大起重量为40吨，最大起重幅度为35米。

5月25日　全省水路交通规费征管工作会议在烟台市召开。

5月29日

●全国港口安全暨港口保安工作会议在芝罘区东方海天酒店召开，交通部副部长徐祖远、省长助理臧海强到会。

●当天下午，救助飞行队“B7312”直升机对长岛县北隍城附近海域遇险朝鲜货轮“UN SAN号”实施救助，救起4名受伤船员。

5月31日　烟台海事局研发的“烟台海域油污应急信息系统”获山东省科学技术奖励委员会2005年度山东省科技进步三等奖。

是月

◆国家主席江泽民在烟台接见烟台边防检查站站长徐骏、政委苏新。

◆龙口港开建10万吨级通用泊位，总投资116065万元。

◆蓬莱巨涛海洋工程重工有限公司在蓬莱临港工业区（北沟镇境内）投产，该公司由国际茂盛投资有限公司、深圳赤湾胜宝旺工程有限公司合资兴办，总投资7000万美元，规划占地46万平方米，主营海洋石油开发及生产设施设计、建造、安装和维修。

6月

6月6日　烟台打捞局船修厂为本局建造的第一艘58米远洋拖轮“烟捞拖8”（BRAVO SAPPHIRE）轮开工，7月18日第2艘58米远洋拖轮“烟捞拖9”（BRAVO EMERA1D）轮开工，两船分别于2007年12月和2008年6月完工。之后两船出售给挪威，2008年3月27日和2008年8月6日“烟捞拖8”（BRAVO SAPPHIRE）、“烟捞拖9”（BRAVO EMERA1D）轮，先后交船给挪威船东。

6月8日　中铁渤海轮渡公司与天津新港船厂、中国船舶重工国际贸易有限公司在北京举行烟大铁路轮渡第三艘渡船建造合同签字仪式。中国铁路建设投资公司总经理顾聪、投资监管三部经理接建峰、中铁渤海轮渡有限责任公司总经理迟宝璋、天津新港船厂厂长高学虎、中船重工集团公司副总经理董强、中国船舶重工国际贸易有限公司党委书记兼副总经理高晓塞等参加签字仪式。

6月9日　全国政协副主席李贵鲜到烟大铁路轮渡北港工地视察，大连市政协有关领导陪同。

6月11日　龙口海达运输有限公司在龙口港挂牌成立，由龙口港海达物流有限公司与龙口矿业集团汽车运输有限公司、胜通运输有限公司、山东龙口富龙汽车有限公司合资组建。

6月13日至15日　烟台打捞局“烟救起重1号”船在烟台港芝罘湾港区吊装门机。

✦ 龙口港码头远眺/2006年摄

龙口港危险化学品消防应急演习 /2006 年摄

6 月 16 日　烟台市港航局在龙口港液体化工码头举行危险化学品消防应急演习观摩活动，全市 20 多家从事危险化学品作业的单位及港航系统有关单位现场观摩演习。

6 月 22 日　北海救助局“北海救 111 轮、北海救 131 轮、北海救 159 轮、北海救 201 轮”、救助飞行队直升机 B7312 和 B7313 在大连遇岩附近海域，参加交通部与辽宁省人民政府联合举办的“2006 年海上联合搜救演习”。

6 月 26 日　“中铁渤海 2 号”渡船在天津新港船厂下水。

6 月 28 日　莱州港 3 万吨级航道开浚，长 12.21 公里，总投资 1.5 亿元。

是月　烟台中交环保疏浚有限公司更名中交烟台环保疏浚有限公司。

7 月

7 月 3 日

●8 时 28 分，长岛县长通旅运有限公司客船“海神 9”轮从长岛港载 167 名旅客驶往蓬莱港途中，因海面能见度不良，被“渔工 18”轮撞在左舷前部舷窗上，造成两个舷窗玻璃破碎，两窗之间船板断裂，8 名旅客不同程度受轻伤，烟台市港航局对该公司通报批评，“海神 9”轮

中交烟台环保疏浚有限公司 /2014 年摄

停航整顿。

●烟台打捞局在“3+1共建社会主义新农村”工作中，援建莱阳市沐浴店镇北小店村水利灌溉工程开工，8月4日竣工。

7月8日至9日　烟台市召开港口工作会议，出台《烟台市人民政府关于加快港口发展的意见》。提出烟台市港口发展总体思路是：“以调整和优化港口结构为主线，突出深水、大型、专业化和集装箱码头建设，优化资源配置，提升港口结构，形成以烟台港西港区、芝罘湾港区、龙口港区为核心港区，各港区分工协作、结构合理、特点鲜明、互为补充的综合型港口群，逐步将其建设成为环黄渤海、面向东北亚地区的区域性、现代化大型枢纽港口。”

7月12日　中国认证认可协会会长王凤清到烟台检验检疫局调研，山东检验检疫局局长于桦、烟台检验检疫局局长杨俊峰陪同。

✦中国认证认可协会会长王凤清（中）在烟台检验检疫局调研，山东检验检疫局局长于桦（左1）、烟台检验检疫局局长杨俊峰（右2）陪同 /2006 年摄

✦烟台港保安演习 /2006 年摄

✦烟台大宇造船码头 /2011 年摄

7月13日

◆烟台市港航局根据交通部、省交通厅制订的有关文明站船标准的要求，制定印发全市港航系统《文明客运站标准》和《文明船舶标准》。

◆烟台市经济技术开发区与韩国大宇海洋株式会社签署协议，韩国大宇海洋株式会社在烟台市经济技术开发区以独资方式主要生产7万吨级以上油轮、集装箱船、超大型油轮、液化天然气船舶以及海洋钻井平台用船段。

7月17日　11时38分，烟大铁路轮渡第一艘渡船“中铁渤海1号”驶入旅顺西站口门，12时6分，在港内原地360度廻转并首侧推停靠码头，在旅顺西站还进行了船桥港联调实验及渡船重载航行试验。

7月20日　交通部公安局批准在龙口港成立烟台港公安局龙口分局，（副处级）内设综合队、消防监督科、交警队、刑侦队。翌年6月20日挂牌。

7月20日至21日　全省港口设施保安暨港口危险货物管理工作例会在烟台市召开，其间烟台港举行海陆空联合港口保安观摩演习。

7月24日

●烟台市委常委刘树琪看“渤海金珠”轮。

●龙口津港疏浚工程有限公司投资8000万元

建造的绞吸式挖泥船抵港。

7 月 25 日

●烟台港西港区一期工程获国家发改委核准，7 万吨级和 20 万吨级散货泊位各 1 个，总投资 171666 万元。

●烟台检验检疫局烟台港除害专用熏蒸区建成启用。总投资 110 多万元，面积 1 万多平方米，配有 100 平方米的快速检疫查验平台，先进的熏蒸处理设备及高标准的危险化学药品专用仓库。熏蒸区实行封闭式管理和全方位电子监控，安全标准和综合功能时为国内行业领先水平。

7 月 27 日至 8 月 16 日　烟台打捞局打捞在长兴岛海域沉没的门机出水。

7 月 30 日　烟台船员培训中心与解放军 71187 部队共同建立的军地合作海船船员培训基地启用，交通部海事局常务副局长刘功臣、中国人民解放军内长山要塞区司令员韩志庆、省交通厅副厅长迟焕然、烟台市政府副市长刘筱杰等出席首期培训班开班典礼。

7 月 31 日　烟台检验检疫局烟台港除害专用熏蒸区建成启用。

是月

◆山东省副省长李玉妹到烟台边防检查站慰问官兵。

◆龙口港港埠分公司安技科 QC 小组改进钢坯吊具，获省交通厅优秀 QC 成果一等奖和全国优秀质量管理小组称号。

◆“北海救 112”救助船建造完工，总吨位 3412，主机台数 / 功率 2/4500 千瓦，拖力 105.2 吨，总长 98 米，型宽 15.20 米，型深 7.6 米，航速 20.35 节。

◆蓬长航线旅客票价由 20 元升至 23 元，取消团体“10 免 1”购票制。

烟台市委常委刘树琪（左 3）看“渤海金珠”轮 /2006 年摄

8月

8 月 8 日

●上海通用汽车雪佛兰新赛欧出口智利发车仪式在烟台打捞局港务处举行，烟台市委副书记、市长孙永春，副市长刘筱杰、上海通用汽车总经理丁磊、交通部救助打捞局副局长王振亮、烟台打捞局局长杜柠出席发车仪式。

●韩国独资企业新和重工（蓬莱）有限公司在蓬莱经济开发区正式投产，该公司由韩国新和重工株式会社投资 498 万美元独资兴建，主要从事新型港口机械设备的设计、制造与销售。

8 月 9 日　中国人民解放军驻济南铁路水路军事代表办事处任命烟台市港航局局长杜福堂任驻烟台航务军事代表办事处兼职主任。

“北海救 112”救助船 /2006 年摄

✦ 山东省沿海港口建设与发展现场观摩会人员在烟台港集装箱码头参观 /2006 年摄

8 月 15 日　山东省人大常委会副主任朱正昌一行到烟台港察看。

8 月 16 日　蓬莱巨涛海洋工程重工有限公司码头和滑道工程完工，8 月 20 日烟台市交通工程质量监督站主持交工验收。

8 月 18 日　山东省沿海港口建设与发展现场观摩总结会在烟台市召开（17 日会议在日照市开幕），会前山东省副省长才利民、烟台市市长孙永春及与会代表观看烟台港西港区和烟台港集装箱码头现场。

8 月 21 日　烟台打捞局与芝罘岛街道办事处和烟台市芝罘区教育局签订《芝罘岛街道办事处、交通部烟台打捞局关于停办打捞局子弟小学相关问题的协议》，将打捞局小学移交地方政府，解决企业办学问题。

8 月 27 日至 28 日　山东省发改委、交通厅组织有关单位和专家对《龙口港防波堤工程初步设计》进行审查，2007 年 8 月 20 日防波堤建设海域使用获山东省海洋与渔业厅批复。

8 月 31 日

●烟台港三期工程（二阶段）竣工，建成 3 个通用泊位，其中 1.5 万吨级 1 个，2 万吨级 2 个（水工结构兼顾 15 万吨级散货船靠泊作业），9 月 19 日烟台港三期工程（二阶段）和改造后烟台港客滚中心 3 号泊位试运营。

●烟大铁路轮渡烟台端港口轮渡码头（长 181 米）及工作船码头竣工。

是月　烟台经济技术开发区八角海岸开建韩国大宇造船海洋（山东）有限公司。

9 月

9 月 1 日　山东渤海轮渡"顺鲁"客滚船停止烟台至大连海运航线营运，"大华、兴鲁"客滚船停止蓬莱至大连海运航线营运，蓬莱港客滚运输航线暂时停航。

9 月 4 日　烟台市港航局组织研发的渤海湾海上移动视频监控系统通过山东省交通厅验收。

✦ 山东省交通厅副厅长迟焕然（前右 1）查看视频传输系统 /2006 年摄

✦ 山东渤海轮渡公司船舶航行视频监控室 /2009 年摄

"渤海金珠"客滚轮在烟台港举行首航大连仪式 /2006 年摄

"渤海金珠"轮旅客餐厅 /2006 年摄

"渤海金珠"客滚轮上客 /2006 年摄

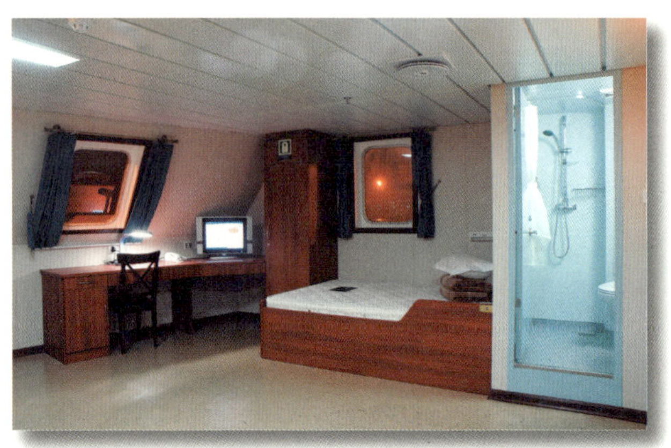

"渤海金珠"轮一等舱 /2006 年摄

"渤海金珠"轮驾驶台 /2006 年摄

"渤海金珠"轮服务员服务训练 /2008 年摄

9 月 14 日　烟台天成油脂有限公司办理港口经营人名称变更手续。

9 月 14 日至 27 日　山东省第二十一届运动会帆板、帆船项目比赛在蓬莱市举行，烟台、青岛、淄博、潍坊、日照等 8 个地（市）80 多名运动员参赛，蓬莱帆板代表队获 6 金 4 银 8 铜。

9 月 18 日　龙口港滨港公司 10 万吨级液体化工泊位工程开工建设，2008 年 12 月 19 日竣工，2009 年 5 月 7 日烟台市港航局批准试运营。码头长 350.76 米，重力砼方块结构，设计年吞吐能力 180 万吨。

9 月 26 日　山东渤海轮渡"渤海金珠"客滚轮开始烟台—大连海运航线营运，投资 2.58 亿元，总长 161.2 米，船舶总吨 19847 吨，设置 4 个等

级舱，载客1128人，可装载长度15米的重型汽车100辆。

9月26日至27日　烟大铁路轮渡工程通过铁道部烟大铁路轮渡新建铁路工程初验委员会初步验收。

9月28日　浮雕壁画《众志成城，再铸辉煌》在龙口港落成。

✦"新锦州"轮靠泊烟台港环球码头/2006年摄

9月30日

●蓬莱东港客运站暂停蓬莱—大连海运航线运营。

●2时，北海救助局救助值班室接报：威海港正北20海里处"鲁寿渔0768"被一货船撞翻，6人失踪，要求救助。"北海救111"轮和随船的北海救助局应急救助分队到达现场，经勘测翻扣渔船中有幸存者，借鉴以往救助经验，结合难船是铁壳渔船和翻扣情况，制定先牵引，捆绑，再供气、清障，最后潜水员进船舱救人方案，经4个多小时从翻扣船中救出3名船员。

✦"德瀛""德翔"船组作业/2006年摄

✦"德瀛"船在安放基盘作业/2006年摄

是月

◆马玉清任烟台海事局党委书记。

◆"德瀛""德翔"船组在南海文昌油田完成大型储油轮1PG改造工程。

10月

10月9日　烟台市国有资产监督管理委员会、烟台市财政局、烟台市劳动和社会保障局批准烟台港集团有限公司主辅分离改制分流总体方案，烟台港储运公司、烟台海港医院等28家企业被确定为烟台港集团有限公司辅业单位。

10月10日

●烟台港综合服务公司被烟台市工商局核准注销。

●中海集装箱运输有限公司开辟的烟台—秦皇岛—黄埔—泉州内贸集装箱航线首航烟台港，承担首航的是"新锦州"轮，烟台至南方沿海的超大型内贸集装箱航线开通。

10月17日

●经有关部门评估审核，烟台市港航局原则同意中铁渤海轮渡有限责任公司在试营运货

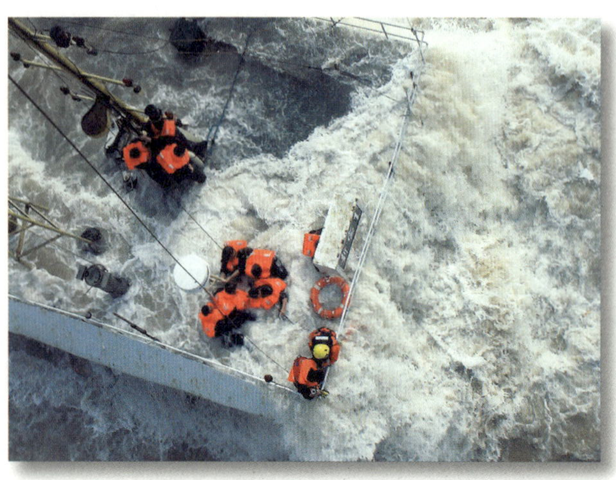

✦救助飞行队风浪中解救遇险船员 /2006 年摄

运列车后，再增加滚装汽车、普通旅客运输业务的开业申请，航线由旅顺羊头洼至烟台港四突堤。

●上午，救助飞行队“B7313”直升机在山东东营海域解救即将沉没“新宝 1 号”货轮 14 名船员脱险，下午又从威海海域救回一名腿部重伤渔民。

10 月 19 日　经过为期 594 小时的 MTBF 测试，烟台至大连铁路轮渡海上安全监督系统（烟台侧）对外试运行。

10 月 24 日　陈正伟任交通部北海救助局局长。

10 月 25 日　交通部印发《关于同意中铁渤海铁路轮渡有限责任公司烟大铁路轮渡开业的批复》，颁发水路运输许可证（交鲁 XK0266），从事烟台四突堤至大连旅顺羊头洼货运列车轮渡运输，同时颁发船舶营业运输证“交鲁 SJ〔2006〕033 号”。

10 月 29 日　烟台市政府代市长张江汀到烟台港调研。

是月

◆烟台港集团引航站迁址芝罘区北马路后海崖街 1 号烟台港国际客运站 6 楼。

◆龙口海关增设缉私科。

11 月

11 月 1 日　根据省交通厅《关于在渤海湾省际客运船舶配备保温救生服的通知》要求，渤海轮渡公司与江苏省通州市海鸥救生防护用品公司签订购货合同，供货数量 3136 件，总金额 313.6 万元。

11 月 4 日　龙口港滨港公司罐区二期工程 30 万立方米原油罐通过省安监局竣工验收。至此，滨港码头配套罐区库容已达 70 万立方米。

11 月 6 日　8 时 08 分，“中铁渤海 1 号”渡轮试营运。时海上风力 8 级以上，最大 10 级，渡轮满载铁路货车自旅顺港西站出发，经 5 小时 48 分航行，抵达烟台港北站码头，内燃机车随即沿船桥开上渡轮，牵引列车下船。烟大铁路轮渡（烟台至大连）是中国粤海跨海铁路建成后第二个跨海铁路轮渡建设项目，也是中国首个、世界第三十五个海上运输距离超过百公里的铁

✦“中铁渤海 1 号”渡船 /2006 年摄

✦中铁渤海铁路轮渡船员在驾驶渡船 /2009 年摄

✦ 渡船特等舱 /2006 年摄

✦ 中铁渤海轮渡船观景厅 /2007 年摄

✦ 中铁渡船火车舱 /2009 年摄

✦ 中铁渡船汽车舱 /2009 年摄

✦ 中铁渤海轮渡烟台北站 /2008 年摄

路轮渡。至此，中国东部陆海铁路大通道全线贯通。

11 月 7 日至 8 日　烟台打捞局救助因大风高位搁浅在山东蓬莱的“STEELHUB-7”驳船。

11 月 8 日　烟台市委副书记、代市长张江汀到龙口港调研。

11 月 14 日　下午，烟台港集团有限公司在烟台环球码头举行美西集装箱航线周班开通仪式。

✦ 美西集装箱航线开通 /2006 年摄

11 月 15 日　蓬莱东港 2×50000 吨级通用泊位工程可行性研究报告及航道工程可行性研究报告在济南通过审查。

11 月 16 日　山东省发改委与交通厅联合召开审查会议，通过《龙口港 10 万吨级航道工程可行性研究报告》《龙口港 2×5 万吨级通用泊位扩建工程可行性研究报告》《龙口港 2×2 万吨级多用途泊位扩建工程可行性研究报告》。

11 月 23 日　中国化工集团油气开发中心与青岛广源发集团有限公司签订资产重组协议，成立蓬莱安邦油港有限公司，注册资本 1 亿元。

11 月 25 日　大型电视纪录系列片“中国港口”完成龙口港的拍摄。

11 月 27 日　“烟救 15”轮将北纬 37° 18′、东经 122° 39′ 处搁浅的“锦德 1 号”拖浅。

11 月 29 日　韩国大国家党前党首、韩国总统候选人朴槿惠率领韩国大国家党国会议员团一行 10 人，考察烟大铁路轮渡烟台北站及“中铁渤海 1 号”渡船。

11 月 30 日　莱州港液体化工品码头竣工，建成 3 个 2 万吨级（兼顾 5 万吨级）液体化工品泊位，新增通过能力 285 万吨，12 月 14 日试运营（8 号、9 号、10 号泊位）。

是月

◆烟台边防检查站王海堂被公安部记一等功，被山东省公安厅记二等功，被联合国授予和平勋章。

◆龙口港新生活区（2005 年 7 月兴建）员工餐厅、浴池、活动中心等相继使用，室内设施设备先进，餐厅采用“一卡通”收费服务方式。

✦ 朴槿惠 (右3)率领韩国考察团在“中铁渤海 1 号”渡船上/2006 年摄

✦ 莱州港液体化工品码头 /2013 年摄

蓬莱冬季海滋景观 /2006 年摄

12月

12月1日　即日起，全市施行港口货物运输源头管理。两种管理方式：对年道路货物运输发送量达20万吨（含20万吨）以上的港口企业，实施现场驻员管理；对年道路货物运输发送量达5万吨以上、20万吨以下的港口企业，实施巡查管理。

12月2日　14时许，蓬莱海滨发生海滋现象，景观持续约30分钟。

12月4日　中交烟台环保疏浚有限公司获得建设部颁布的港口与航道工程施工总承包一级资质证书。

12月8日　烟台港铁路公司（烟台中交航务工程有限公司铁路工程处）承建烟台港三期二阶段铁路竣工交付使用。

12月上旬　《烟台市港口货物运输源头管理工作方案》出台，烟台市港航局在烟台港和龙口港设驻港源头管理办公室。

12月10日　山东渤海轮渡4艘客滚船配备保暖救生衣。

12月13日　蓬莱港3.5万吨级（兼顾5万吨级）木材码头通过竣工验收，总投资8900万元，新增通过能力95万吨，山东省交通厅组织省发改委、港航局、规划设计院、烟台海事处以及施工、建设和监理人员等在蓬莱市蓬莱宾馆进行验收。

12月13日至31日　烟台打捞局在青岛黄岛海域打捞沉没的“浮坞101”浮船坞出水。

12月18日　烟台海事局在辖区试运行船舶“一卡通”刷卡签证。

12月19日　上午，烟台港集团在烟台港

渤海轮渡公司船员试穿保暖救生衣 /2006 年摄

渤海轮渡船舶救生演习 /2006 年摄

✦ 烟台港芝罘湾港区集装箱过百万剪彩仪式 /2006 年摄

✦ 烟台港实现年集装箱吞吐量 100 万标准箱 /2006 年摄

环球码头举行集装箱吞吐量百万标箱庆典仪式，烟台市委书记孙永春、代市长张江汀发贺信。

12 月 19 日　蓬莱市渤海造船有限公司为新加坡太平船务有限公司制造的第一艘 600 箱集装箱船下水。

12 月 20 日至 22 日　铁道部工程设计鉴定中心在北京召开《烟大铁路轮渡及相关工程清理概算审查会》，烟大铁路轮渡工程总投资 288559 万元。

12 月 26 日

●当日，全市港口年吞吐量累计过亿吨，烟台由此成为全国第十二个港口吞吐量过亿吨的沿海港口城市。交通部发电祝贺，省委、省政府主要领导作出批示，指出这是烟台市改革开放、社会发展的又一重大成果，烟台市委、市政府向烟台港集团及全市各港口企业发贺电，12 月 29 日，烟台市政府召开新闻发布会，通过有关新闻媒体向社会发布这一消息。

●国务院批准《海关总署关于开展出口加工区拓展保税物流等功能试点准备工作的函》，烟台出口加工区成为全国 7 个拓展保税物流等功能试点之一。区内在原有加工贸易基础上，增加保税物流、研发、检测、维修等功能，区内企业可以开展仓储物流、对外贸易、国际采购、分销和配送、国际中转、检测和售后服务维修、商品展示、研发、加工、制造等业务。

12 月 29 日　烟台检验检疫局查出在产自刚果的 12 个集装箱进口铜矿砂放射性超标，最高的超过当地本底值 150 倍，依法作退运处理。

✦ 烟台市政府副秘书长李永乐主持新闻发布会 /2006 年摄

✦ 全市港口年吞吐量过亿吨新闻发布会 /2006 年摄

✦迟宝璋（前左）向孙永春（前右）介绍渡船情况/2006年摄

12月30日　中铁渤海轮渡总经理迟宝璋被评为“感动烟台”十大新闻人物之一。

12月30日至31日　长岛、蓬莱海上搜救中心挂牌成立，以烟台市海上搜救中心为枢纽，7个县区搜救指挥中心为辅助，覆盖全市港口和12个沿海县市区的海上搜救指挥体系建成。

是月　“中铁渤海铁路轮渡渡船建造技术”获得国防科学技术成果鉴定证书；“中铁渤海1号”渡船被ShipPax Information（瑞典《国际名船录》杂志）评为2006年度杰出渡船科技奖，被英国造船师协会刊物《重大船舶》选为2006年世界重大创新船舶（50艘）之一。

是年

▲蓬长客港公司与蓬莱市政府协商200万元购买蓬莱渔港，借以整合港口资源，实现蓬莱西港、长岛港统一改造、统一管理、统一运营。

▲烟台检验检疫局共检验检疫出入境货物11.99万批，货值73.01亿美元。其中，发现不合格891批，货值4.56亿美元。传染病监测体检1.32万人次，预防接种1917人次。检疫出入境船舶2623艘次，检疫集装箱23.50万标箱。发现动植物疫情84种，961次。

2007年

1月

1月1日

●蓬莱海关启动运行新的报关员记分管理系统，报关员向海关申报报关单时，系统将自动监控报关员身份和申报行为，对违反有关规定的行为予以记分。

●龙口港调整住房公积金缴费基数，员工技能工资改为岗位效益工资，缴费额由过去员工和单位月平均各缴纳29元提高到78元。

1月2日　省交通厅厅长贾学英带领省春运安全检查组来烟台，在港航系统先后到烟台港车辆安检现场、蓬莱港客运站查看并听取烟台市春运安全工作汇报。

1月3日　救助飞行队“B7312”直升机在长岛

✦山东省交通厅厅长贾学英（右5）检查春运安全工作/2007年摄

✦烟台市春运安全工作汇报会/2007年摄

县大钦岛救助重伤员1名。

1月9日

●国际集装箱码头服务（香港）有限公司（ICTSI HONG KONG）收购原烟台港通货柜码头有限公司60%股权后签署合资合同，股东各方（烟台港集团、国家投资交通公司、国际集装箱码头服务（香港）有限公司）重新注册成立烟台东龙国际集装箱码头有限公司（YRDICT）。2月28日获得中外合资企业法人营业执照，4月1日起由ICTSI接管运营。2010年2月，股权变更，ICTSI HONG KONG 60%，烟台港股份有限公司40%。业务范围：经营内外贸集装箱码头；内外贸集装箱货物、大件散杂货、滚装货物的装卸业务；集装箱中转、堆存、保管、拆装、修洗、冷藏箱预检业务；保税仓储及港内短途运输业务；集装箱港口物流服务。航线9条：内贸航线1条，内支航线3条，外贸航线5条，截至2010年完成609828个标准箱。

●救助飞行队救助长岛县砣矶岛急症病人1名。

1月10日

●全国政协主席王忠禹莅临中铁渤海轮渡。

●山东鲁能海运有限公司投资近亿元新购2万载重吨“鲁能海6”轮营运，该公司属地方散货海运企业，拥有5艘万吨轮，载重总吨达10万吨位。

✦ 崆峒岛码头 /2014年摄

●崆峒岛—太平湾陆岛交通码头试运营，2006年9月完工。

1月11日

●烟台市港航局批复蓬莱栾家口原油专业码头靠泊能力，按照核准的靠离泊限定条件，该原油专用码头减载最大可靠泊5万吨级船舶，但要随时对护舷进行检查。

●烟台检验检疫局查出来自韩国的巴拿马籍“好友（KOYO）”轮多名船员健康证过期，经烟台国际旅行卫生保健中心体检，1名船员检出活动性肺结核。

✦ 崆峒岛客运站 /2014年摄

1月16日　烟台市海上搜救中心与烟台市两家移动通信运营商签署合作协议，建立海上搜救通信应急联动机制，在海上搜救行动中引进“手机定位”技术。

1月19日　“中铁渤海2号”渡船加入烟台至旅顺省际海运航线营运，烟大铁路轮渡每天2个航次对开。

1月24日　新加坡康基石油公司总经理陈美娟、美国雪佛龙公司亚太区总经理梁敬轩、荷兰ING银行（新加坡）董事谢桂美

等外商到龙口港考察20万吨级油品码头、化工码头和100万立方仓储罐区建设项目。

1月26日　龙口港海达物流园区公用型保税仓库，首次接收外商“世运亚洲有限公司”暂存货物36500吨铝矾土，价值620500美元。（龙口港海达物流园区内设立面积125400平方米海关监管场所，通过青岛海关审批使用，是山东省内在海关监管区外设立的监管场所。）

1月29日至2月9日　烟台打捞局“烟救起重1号”船在烟台港进行门机移位作业。

1月30日至31日　烟台打捞局救助搁浅的液体化学品船“汇通22”轮。

✦ 救助搁浅“汇通22”轮（左）/2007年摄

✦“中铁渤海2号”渡船/2006年摄

✦“渤海银珠”客滚轮/2007年摄

2月

2月3日　救助飞行队、长岛县政府在长岛港客运码头举行渤海湾地区陆岛空中救援网暨长岛直升机起降点启动仪式，交通部救捞局副局长丁平生、农业部渔业指挥中心处长陈健峰、山东海事局副局长林波、山东省交通厅港航局副局长张焕军、烟台市政府副秘书长郭尊东、烟台市港航局局长杜福堂和中央驻烟单位、当地驻军领导出席。

2月7日　交通部副部长黄先耀检查烟台春运安全工作，看望并慰问救捞生产一线干部职工，省市有关领导陪同。

2月13日　山东渤海轮渡“渤海银珠”客滚轮开始烟台至大连航线营运，总投资2.41亿元，长161.2米，型宽24.8米，总吨位19847吨，可装载长15米的重型汽车100辆，载客1128人，抗风能力9级。

2月16日　山东渤海轮渡有限公司改制，名称变更为“山东渤海轮渡股份有限公司”。

2月28日至7月31日　根据《交通部救捞系统深化人事制度改革的实施意见》，

北海救助局进行人事制度改革，历时153天，陆地338名职工参加，全面推行人员聘用制，建立并推行岗位管理制度，对处级领导干部实行任期制、选任制、竞聘制和退居二线制度。

是月　烟台市港航局批准成立莱州市嘉日游船有限公司，购买630型旅游客船3艘，船长5.54米，船宽2.3米，载重量1吨，载客30人，主要经营距岸不超过1海里旅游营运。

3月

3月2日

●经13个多小时努力，烟台港集团引航员引领莱佛士造船厂为挪威建造的圆筒形储油罐下水、装船（该储油罐主体直径达60米，高45.8米，船上有直升机升降平台）。

●16时　烟台市气象局召开新闻发布会，通过电视、广播电台、报纸、网站、手机短信向公众预报风暴潮，以“重要天气报告”形式传真发往烟台市委、市政府、春运办、海事局等部门，建议防风、防冻，烟台市港航局通知各港口和港航企业、单位做好安全预防，客货船舶到锚地停泊。

3月3日16时　烟台市气象局发布大风黄色和寒潮蓝色预警信号。

3月4日至7日　正值农历正月十五元宵佳节，全市受强寒潮和黄淮气旋共同影响，1天内先后出现暴雨、大雪、狂风等恶劣天气。龙口、蓬莱、栖霞出现暴雨，烟台有气象记录以来每年最早暴雨日期提前1个月。降雨过后，市区出现5.8毫米大雪。夜间，海面风力达到10级，阵风达到12级，陆地风力8级，阵风10级。持续狂风加天文大潮，渤海湾、莱州湾区域出现1969年以来最强1次温带风暴潮。全市港口作业、沿海渔业、农业生产、群众生活受到影响，一些滨海景区遭到破坏。烟台港北风7到8级，最大风力13级，最高水位3.66米，最大增水1.4米；龙口港北风7到8级，最大风力10级，最高水位2.6米，最大增水1.45米；蓬莱港北风9级，最大风力11级，最高水位2.7米，最大增水1.39米。烟台市气象局共发布4期“重要天气报告”，向烟台市委市政府发送雨情报告5期，海岛站大风实况4期，预警信号5次。北海救助局在风暴潮中救助遇险人员18名、遇险船舶1艘；援助遇险人员61名，救援守护遇险船舶3艘。

3月5日

●救助飞行队“B7313、B7312”直升机连续多次出动，分别将“苏连渔1688”“鲁长巡168”轮以及辽宁营口港外3艘遇险船10名遇险人员全部救起。

●烟台海域强风，停泊莱佛士船厂码头的“泰安口”轮，装载直径60米、高45.8米的大型储油罐，受风后船首尾20根缆绳断8根，船东向烟台港集团引航站发救助请求，烟台港集团引航员经10小时努力，保住船舶和货物，避免重大损失发生。

●海岛自动气象站观测到最大风力43.2米/秒，为14级。

3月6日　烟台港通货柜码头有限公司更名烟台东龙国际集装箱码头有限公司，中外合资企业。

3月8日至4月23日　交通部救捞局统一协调指挥，烟台打捞局于天津港主航道外打捞出因碰撞沉没的世界最大挖泥船“WD FAIRWAY”（奋威）轮。采用10F2000救助合同格式并入SCOPIC条款救助合同，2008年10月，收回“奋威”轮救助报酬。

3月12日　龙口港5万吨级和3.5万吨级2个多用途泊位建设工程开工，2008年4月19日竣工，11月通过烟台市港航局、龙口市口岸办公室审核，开始试运营，2010年3月20日

通过竣工验收。

3 月 14 日　龙口港集团与京汉航运有限公司合作开通龙口—烟台—平泽—仁川集装箱班轮海运航线。

3 月 16 日　北海救助局烟台基地码头改扩建，2008 年 11 月 26 日竣工，长 325 米，宽 36.6 米，水深 7.3 米。

3 月 18 日　“中铁渤海 3 号”渡船在天津新港船厂开工制造。

3 月 23 日　烟台打捞局签订 7060 千瓦 3 用拖轮“德洁”轮购置合同，2008 年 1 月 24 日接船，3 月 24 日从挪威斯塔万格返回烟台打捞局码头。

3 月 27 日　龙口港在交通部海南铁矿石运输协调会议上被列入运输计划，年中转量 7 万吨。

3 月 29 日　烟台市委、市政府印发《关于进一步支持烟台港发展更好发挥港口作用的意见》。

3 月 30 日

●烟台市港航局制定印发《烟台市港口设施保安督导管理办法》，规范和加强全市港口设施保安工作。

●烟台打捞局、大连航运集团、丹东海上物流有限公司三方合作，利用“银河王子”客滚轮尝试烟台—大连汽车甩挂运输。[利用有动力机动车拖带承载装置，包括半挂车、全挂车甚至货车底盘的货箱，开上客滚船将承载装置甩留在船上后，再拖带其他装满货物的承载装置返回陆地，或者驶向新的地点。这种 1 辆带有动力的主车（车头），连续拖带 2 个以上承载装置的运输方式称甩挂运输。]

✦“奋威”挖泥船打捞现场 /2007 年摄

4月

4 月 1 日　烟台港集装箱公司成立，拥有 35 号、36 号、37 号泊位，码头岸线 600 米，堆场面积 15 万平方米，配有超巴拿马型岸桥 4 台，场桥 6 台，航线以南青公司为主，集装箱运输可直达上海、广州、深圳、海口、厦门、福州、泉州、长江沿线各港以及环渤海湾各港。

4 月 2 日　烟台打捞局船修厂承揽的广州打捞局 2 只 1200 吨和 4 只 800 吨打捞浮筒开工建造，2008 年 8 月交付使用。

4 月 9 日　山东省交通厅港航局审核发放蓬莱安邦油港有限公司港口经营许可证。

4 月 10 日　烟台市港航局批复同意蓬莱巨涛海洋工程重工有限公司自主码头试运行，长 700 米，港池平均深度 8.5 米。

4 月 13 日　香港来宝有限公司董事、总经理游腾龙、来宝公司北京办事处中国市场总经理赵淳刚、中海油能源办生物开发经理梅永刚等到龙口港考察投资建设燃料乙醇项目。

4 月 16 日　龙口港港埠分公司粮仓出仓工艺技术革新，出仓作业人员由 9 人降至 2 人，千吨能耗由 891 元降至 73 元。

4 月 18 日　蓬莱引航站引航员引领 115 米长的无动力“重任 1501”轮安全靠泊蓬莱巨涛码头（装载海上钻井平台支架）。

4 月 23 日　烟台打捞局与本局船修厂签订 4 艘

3676千瓦远洋拖轮建造合同。

4月26日　烟台港集团引航站交接和烟台港引航站揭牌仪式举行，交通部水运司副司长邹斌，省交通厅港航局局长王栋，烟台市委常委、副市长刘树琪、烟台市港航局局长杜福堂出席仪式。

4月27日　黄强任龙口出入境检验检疫局局长、党组书记。

4月28日　龙口港集团公司被中华全国总工会授予全国“五一”劳动奖状。

4月29日　下午，山东省副省长郭兆信一行到烟台港察看客滚运输安全生产情况。

4月底　在烟台市经济技术开发区落户的韩国大宇造船一期分段项目试生产，投资9990万美元，7月正式投产。

是月

◆山东渤海轮渡股份有限公司总经理于新建荣获山东省政府富民兴鲁劳动奖章。

◆斯瑞尔重工业(烟台)有限公司落户蓬莱市，该公司由韩国YANASE（株）创建，主要从事研究、开发、生产港口新型机械设备、船舶用舱盖、汽车舱、钢结构及船舶用配件、船段等产品，是韩国大宇、现代、三星、韩进等世界著名造船公司的主要供应商，一期投资2000万美元。

5月

5月3日　烟台港集团引航员经5个多小时操作，引领大型无动力矿船“港月”轮进港，船长270米，满载约17万吨铁矿。

5月8日　经山东省工商总局批准，龙口阳鸿海达物流有限公司注册成立，（中外合资）资本5000万元，龙口港集团1500万元、新加坡康基集团属阳鸿有限公司以折合2000万元的美元、康基投资有限公司以折合1500万元的美元出资组建，主要从事公路、铁路国际货运代理及货物进出口等相关物流业务，经营期限20年。一期项目总投资1.2亿元，翌年4月7日龙口阳鸿海达物流有限公司增资至1亿元，各股东按照原出资比例相应出资。

5月9日

●烟台市委常委、常务副市长郝德军到龙口港屺峁岛10万吨级通用泊位工程察看进展情况。

●烟台市港航局同意蓬莱安邦油港有限公司从事危险货物港口作业。

5月12日至29日　北海救助局“北海救108”轮、“北海救131”轮、“北海救111”轮、“北海救112”轮、“北海救169”轮、“北海救199”轮和应急反应救助队，救助飞行队直升机“B7312”和“B7313”、固定翼飞机“B3636”、烟台打捞局“芝罘岛”号船及选派的18名潜水员，在渤海湾老铁山水道东南30海里处，空中、水面和水下立体搜救雾中碰撞失踪的韩国籍货船“GOLDEN ROSE”（金玫瑰）轮，打捞6名落水失踪船员的遗体及部分物品。5月22日，烟台海事局局长王俊波应邀拜会韩国外交通商部在外同胞领事大使吴甲烈，商谈事故处理情况，6月11日，韩国驻青岛总领事馆金善兴总领事向烟台海事局发感谢信，对“5·12”事故救援表示感谢。

5月16日

●龙口市海上搜救中心业务楼主体工程开工建设，建筑总面积4910平方米，9月28日通过竣工验收。

●山东工商学院教学与就业实习基地在龙口港挂牌。

5月20日　龙口港集团、营口华鸿物流有限公司合作开通龙口—营口集装箱班轮航线。

5月25日　烟台莱佛士（来福士）船业有限公司为荷兰道克怀斯公司制造的半潜式游艇专用运输船被命名为“游艇特快”，总造价5300万

✦ 半潜式游艇专用运输船“游艇特快”/2007年摄

美元。该船总长208.89米、型宽32.2米、型深8.5米、结构吃水5.8米、下潜最大吃水22米、总载重量12500吨，采用主机发电、电力推进，电动螺旋桨功率5100千瓦，设计航速18节，入挪威船级社。

5月27日至2008年3月9日　烟台打捞局对翻沉在东营桩西码头的“华勇起重6号”船实施打捞，2008年9月17日起浮，拖离至约2海里处搁浅。

5月28日　交通部批复烟台辖区船舶交通管理系统改扩建工程，投资3950万元，在烟台海域改建、扩建6处雷达站和1个船舶交通管理中心。

5月29日　烟台打捞局召开深化人事制度改革动员大会，推行人事制度改革工作，至8月1日止，共与职工签订岗位合同1277份、聘用合同1316份，开始全面实施事业单位聘用制度和岗位管理制度。

是月

◆龙口港集团与康基集团、山东省地方铁路局、青州市政府等共同开发建设的青州港天物流中心开工建设，12月建成运营，成为龙口港在内陆开辟的第一个“无水港”。

◆长岛渔港码头改造工程开工，投资概算1899万元，省交通厅拨款1000万元，其余企业自筹，工程包括渔港路面加宽加高、摩托艇泊位、护岸工程、前方调度楼及港池清淤、给排水等，2008年9月完工。

◆烟台打捞局打捞工作船码头开工，码头岸线210米，后方场地面积5万平方米。

6月

6月1日　烟台港三期二阶段工程通过竣工验收。

6月5日　全市港航系统“爱岗敬业、共谋和谐”演讲比赛在烟台华侨宾馆举行。

6月7日　龙口港制定《员工救济金管理办

✦“爱岗敬业、共谋和谐”演讲比赛/2007年摄

✦ 烟台广播电台播音员刘丽（前右）为获奖选手颁奖/2007年摄

✦ 东龙国际集装箱码头有限公司开业 /2007 年摄

✦ 烟台东龙国际集装箱码头 /2008 年

法》，建立 40 万元专项救济基金，专门用于减轻员工因重病、大病、意外伤害等造成的家庭困难。

6 月 8 日

●黄海客货船社协议会韩方顾问、威东航运有限公司社长李钟洵和协议会中方会长、副社长单国防等中外客人到龙口港考察开通龙口—韩国箱客船航线事宜。

●烟台打捞局救助翻扣于山东东营海域的“冀海鱼 1019”轮。

6 月 10 日　蓬莱水城“小海”关门口防波堤修复主体工程开工。

6 月 12 日

●烟台市气象局实施《气象灾害预警信号发布与传播办法》，预报或监测到责任海区出现台风、大风、大雾等灾害时发布预警信号，本年开始在南隍城、大黑山岛、北长山岛、大竹山岛、砣矶岛、大钦岛、北隍城、养马岛、崆峒岛等先后建设 9 个海岛自动气象站，并在沿岸地区，新增多个自动气象站（2005 年之前长岛县气象站是渤海海峡海域唯一的海岛气象站）。

●海关总署、商务部、质检总局、环保总局联合下发《关于开展出口加工区边角料、废品、残次品出区处理试点的通知》，烟台出口加工区被列入全国 6 个试点加工区之一。

●烟台打捞局船舶修造厂更名烟台打捞局船厂。

6 月 18 日　烟台东龙国际集装箱码头有限公司开业，菲律宾国际集装箱集团的全资子公司［国际集装箱码头服务（香港）有限公司］、烟台港集团、国家投资交通公司共同投资组建，拥有集装箱专用泊位 2 个，码头岸线 730 米，前沿水深 14 米，年通过能力 90 万标准集装箱。

6 月 23 日　龙口港消防抢险救援大队挂牌成立，投资 218 万元购置烟台市首辆 32 米举高喷射消防车。

6 月 26 日　救助飞行队出动两架救助直升机，赴淄博市华能辛店电厂，救出 2 名被困高 110 米烟囱顶部的施工人员。

✦ 烟台海关关员在烟台富士康科技工业园调研 /2007 年摄

✦ 烟台东龙国际集装箱码头运输卡口 /2014 年摄

6 月 29 日　烟台市港航局组织机关干部和离退休老干部到海阳市"地雷战"纪念馆参观。

7 月

7 月 2 日　烟台打捞局船厂为本局建造的第一艘 3676 千瓦多功能远洋拖轮"德沣"轮开工，2008 年 9 月 30 日下水。

7 月 5 日至 12 日　烟台打捞局"烟救起重 1 号"船在烟台救助局码头改造工程吊装 390 吨沉箱 30 个、80 吨盖板 9 个。

7 月 9 日　烟台港引航站成立（划转烟台港集团引航站为组建基础），7 月 22 日，烟台市机构编制委员会批复：烟台港引航站为副处级自收自支事业单位，隶属烟台市港航局，编制 55 名，内设办公室、调度室、引航科，站长龙启汛。下设龙口引航分站、蓬莱引航分站、莱州引航分站，均为科级建制。

7 月 11 日　蓬莱中柏京鲁船业有限公司为国外建造的第一艘散货船"宁城"轮交船，长 115 米，6245 载重吨。

7 月 13 日　交通部下发《关于烟台港芝罘湾港区三突堤集装箱码头工程初步设计的批复》，同意建设 2 万吨级、3 万吨级、5 万吨级和 7 万吨级集装箱泊位各 1 个以及相应配套设施，（码头水工结构按靠泊 15 万吨级集装箱船舶设计）设计年通过能力 150 万标准箱。8 月，正式开工建设。

7 月 13 日至 14 日　烟台打捞局"烟救起重 1 号"船在烟台打捞局码头吊装 500 吨浮筒 5 只。

7 月 19 日　"大唐 19"轮与"金华夏 158"轮发生碰撞，"金华夏 158"轮沉没，烟台市委常委、副市长刘树琪到烟台市海上搜救中心指挥搜救行动，烟台海事局协调船舶 11 艘、专业救助飞机 1 架赶赴现场参加搜救，救起"金华夏 158"轮 11 名落水船员，另 2 名船员失踪。

7 月 24 日　莱州引航分站设立（此前莱州港

✦ 参观"地雷战"革命教育展览 /2007 年摄

✦ 烟台港引航站人员开会 /2008 年摄

引航主要聘请龙口港、大连港、天津港等引航员操作），自收自支事业单位，内设办公室、调度室，办公地址租借莱州海关楼3楼。（至2010年，高级引航员1名，1级引航员1名，2级引航员1名，3级引航员1名，助理引航员2名。引领中外船舶1469艘次，其中内贸船舶300艘次，外贸船舶1169艘次。）

全市港航系统2007年度港口保安演习 /2007年摄

龙口港消防队员列队 /2007年摄

龙口港保安消防演习 /2007年摄

7月27日

●交通部副部长黄先耀、国务院法制办副主任张穹到龙口港检查海上防污染工作。

●烟台打捞局“烟救起重1号”船在烟台打捞局码头吊装“烟救403”轮出水并装车。

是月　马玉清任烟台海事局局长兼党委副书记，孙晓秋任烟台海事局党委书记兼副局长。

8月

8月8日　龙口港2个5万吨级多用途泊位工程通过山东省海洋与渔业厅组织的海洋环评和海域使用论证，11月28日海域使用权获山东省人民政府批复，12月岸线使用获交通部批准。

8月16日　龙口港在中信银行举办的金融服务品牌推介会上，获得3亿元额度的货物质押监管资质，并与中信银行烟台分行签署综合授信合作协议。

8月23日　救助飞行队在蓬莱市办公地点由海滨路3号迁至天祥街3号。

8月24日　烟台市港航系统安全工作会议及消防应急救援演习在龙口港举行，全市港航系统20多家企事业单位参加会议并观摩演习。

8月27日　交通部、山东省人民政府联合批准《烟台市港口总体规划》，自此，全市各港口按照“一城一港”原则，对外总称烟台港，各港口称烟台港某某港区。全市计有10个港区：芝罘湾港区（原烟台港）、西港区、龙口港区、莱州港区、蓬莱东港区、蓬莱西港区、栾家口港区、长岛港区、牟平港区、海阳港区。

8月28日　龙口中港集装箱物流有限公

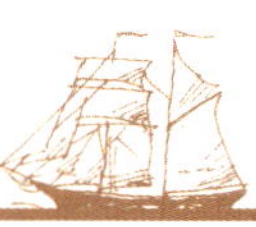

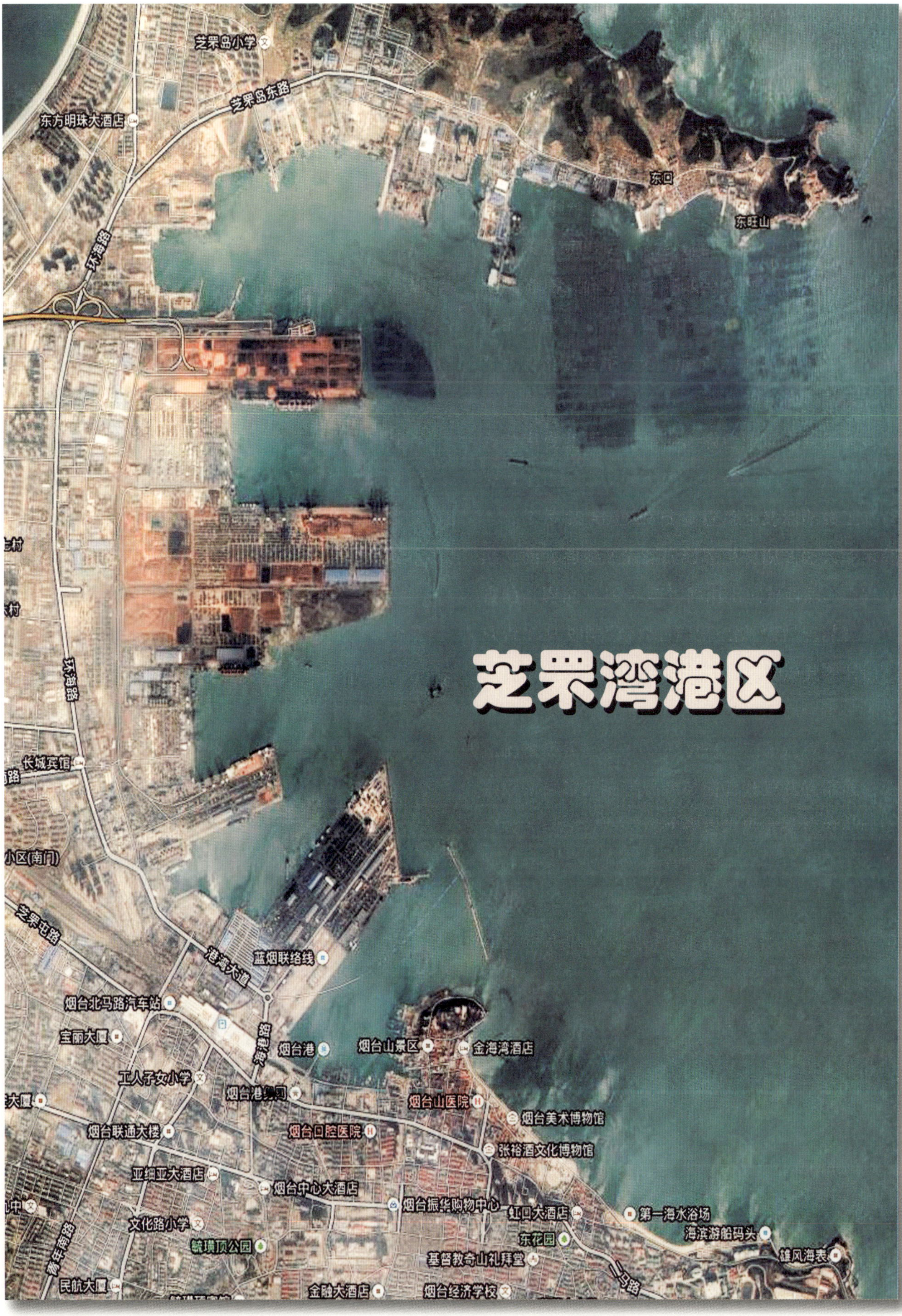
芝罘岛小学
芝罘岛东路
东方明珠大酒店
东口
东旺山
环海路
芝罘湾港区
长城宾馆
小区(南门)
芝罘屯路
港湾大道
蓝烟联络线
烟台北马路汽车站
宝丽大厦
海港路
烟台港
烟台山景区
金海湾酒店
工人子女小学
烟台山医院
烟台美术博物馆
烟台联通大楼
烟台口腔医院
张裕酒文化博物馆
亚细亚大酒店
烟台中心大酒店
烟台振华购物中心
虹口大酒店
第一海水浴场
文化路小学
海滨游船码头
毓璜顶公园
东花园
基督教奇山礼拜堂
民航大厦
金融大酒店
烟台经济学校
二马路

烟台港西港区
山后陈家村
山后顾家
山后李家
赵家庄
S7402
S7402
沙窝孙家
仲家
开封路

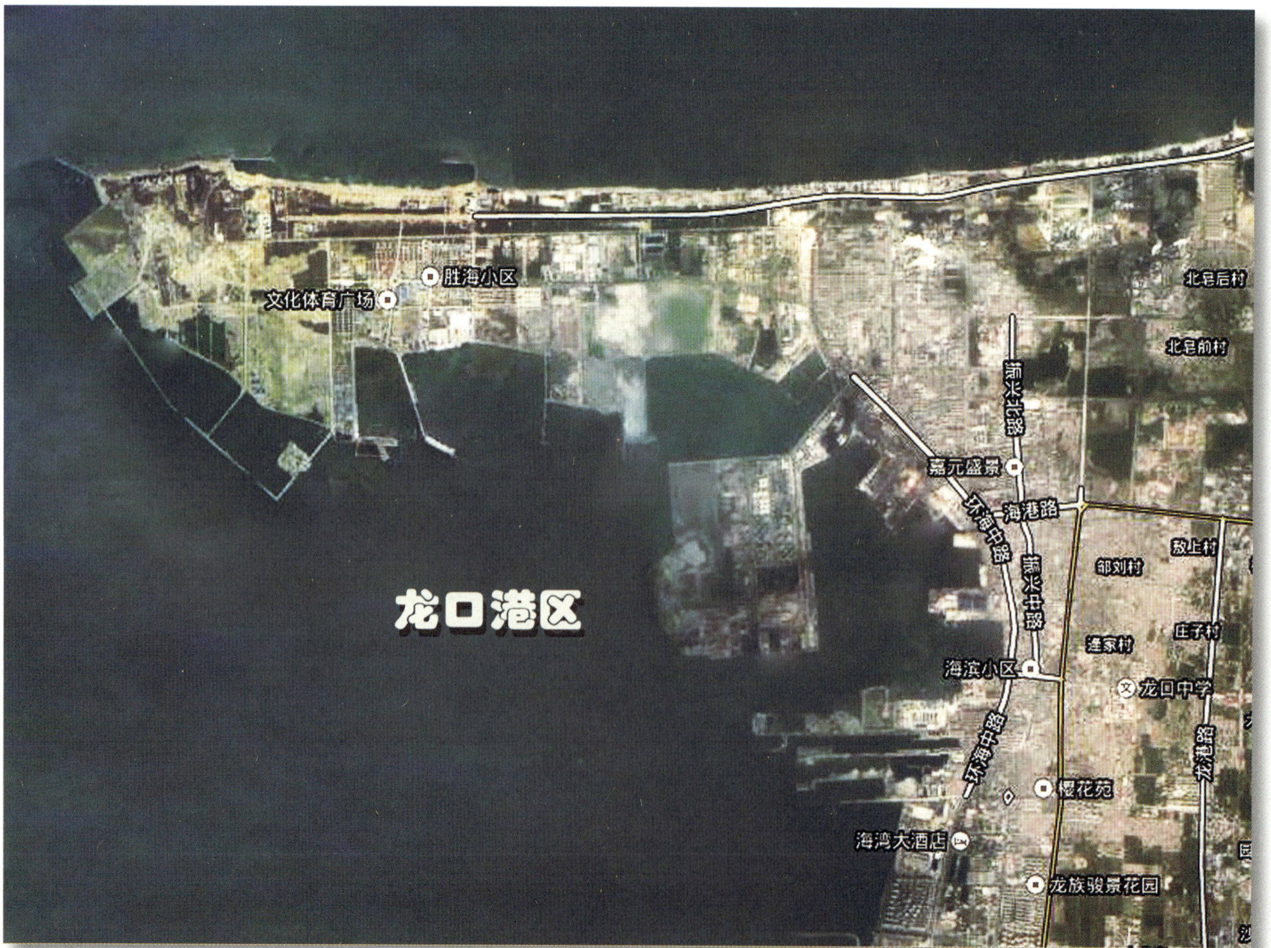

龙口港区
胜海小区
文化体育广场
北皂后村
北皂前村
振兴北路
嘉元盛景
海港路
环海中路
振兴中路
敖上村
邹刘村
庄子村
逄家村
海滨小区
龙口中学
樱花苑
海湾大酒店
龙族骏景花园
龙港路

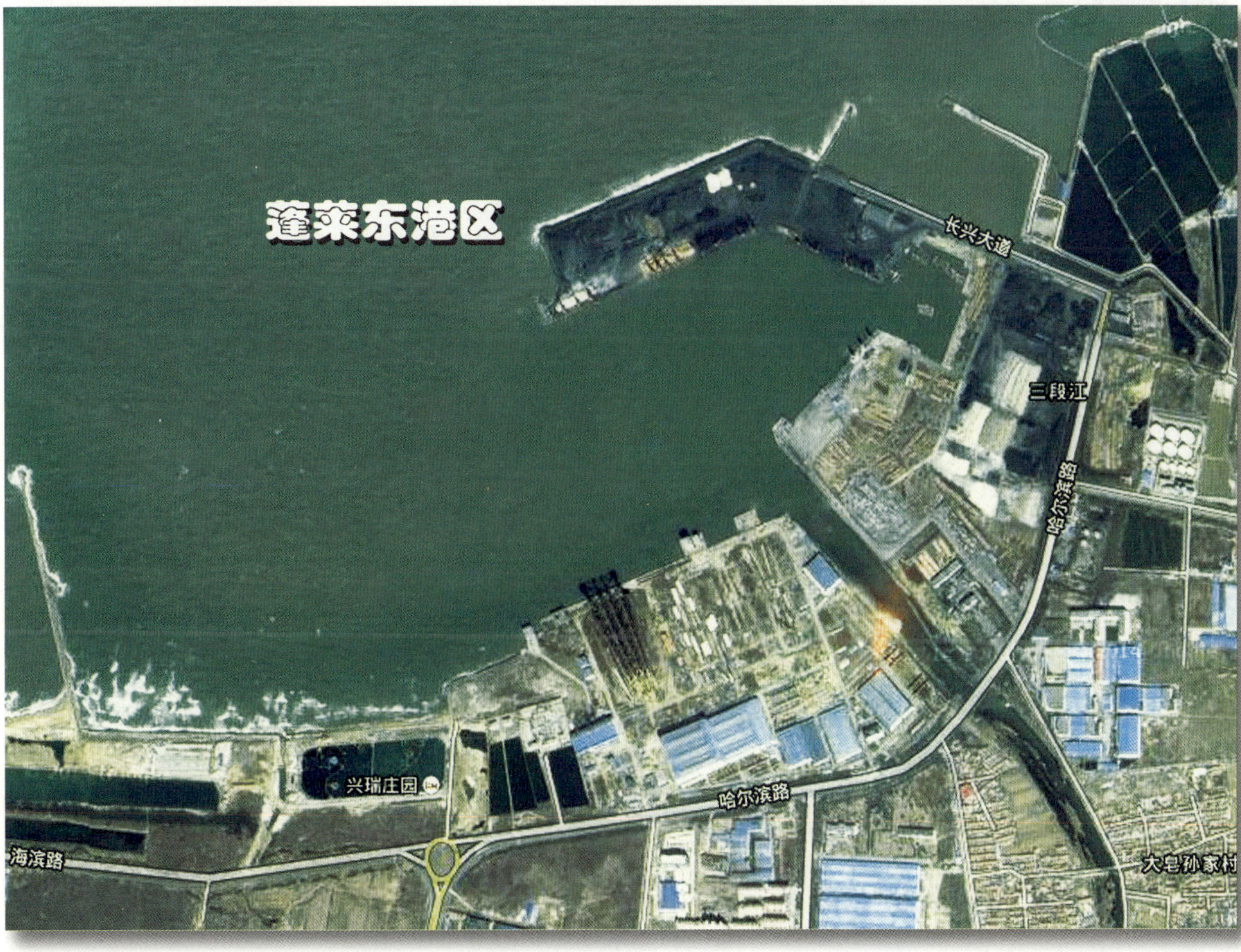

蓬莱东港区

长兴大道

三段江

哈尔滨路

兴瑞庄园

哈尔滨路

海滨路

大皂孙家村

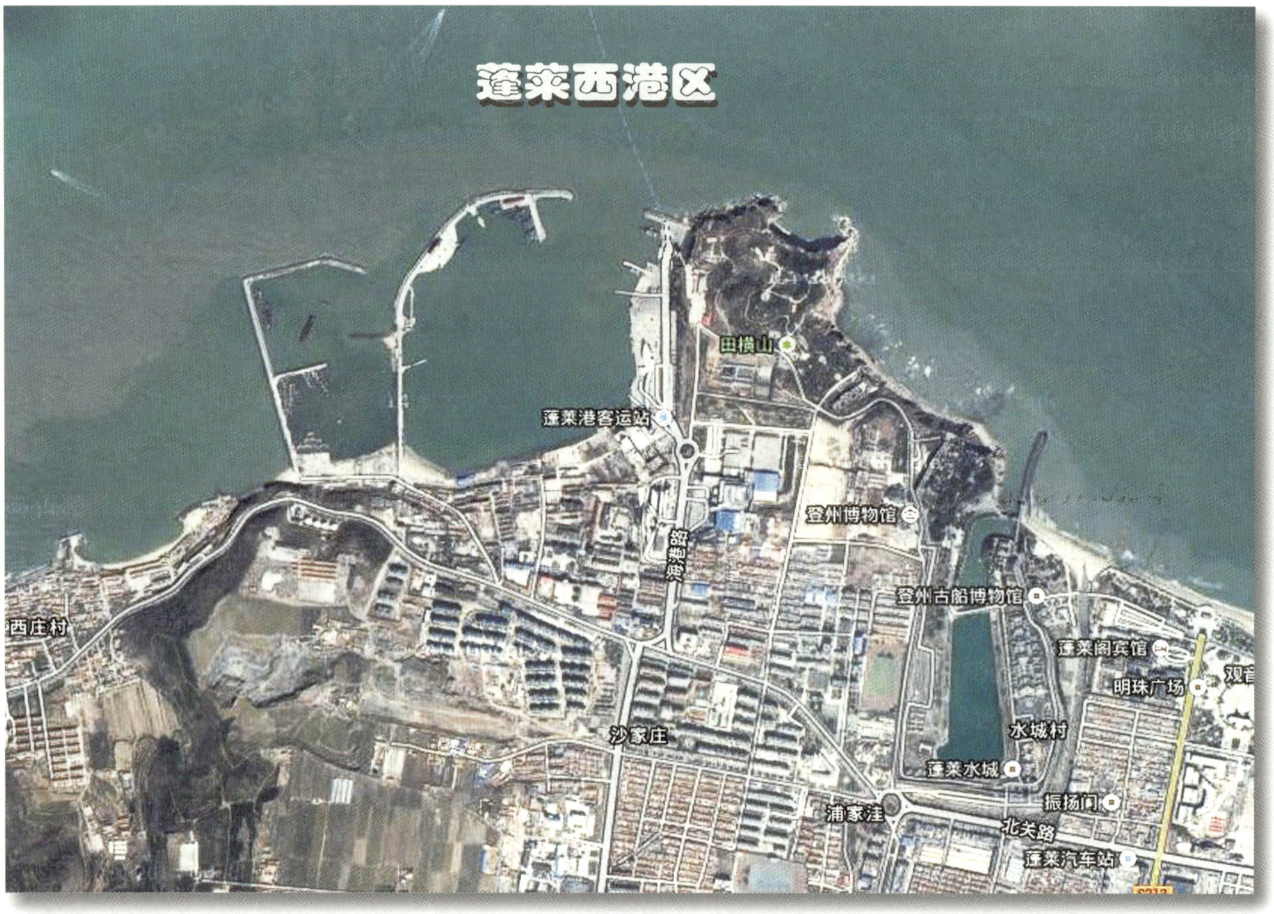

蓬莱西港区

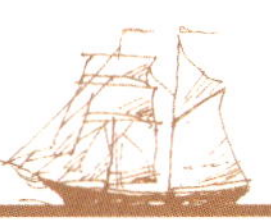

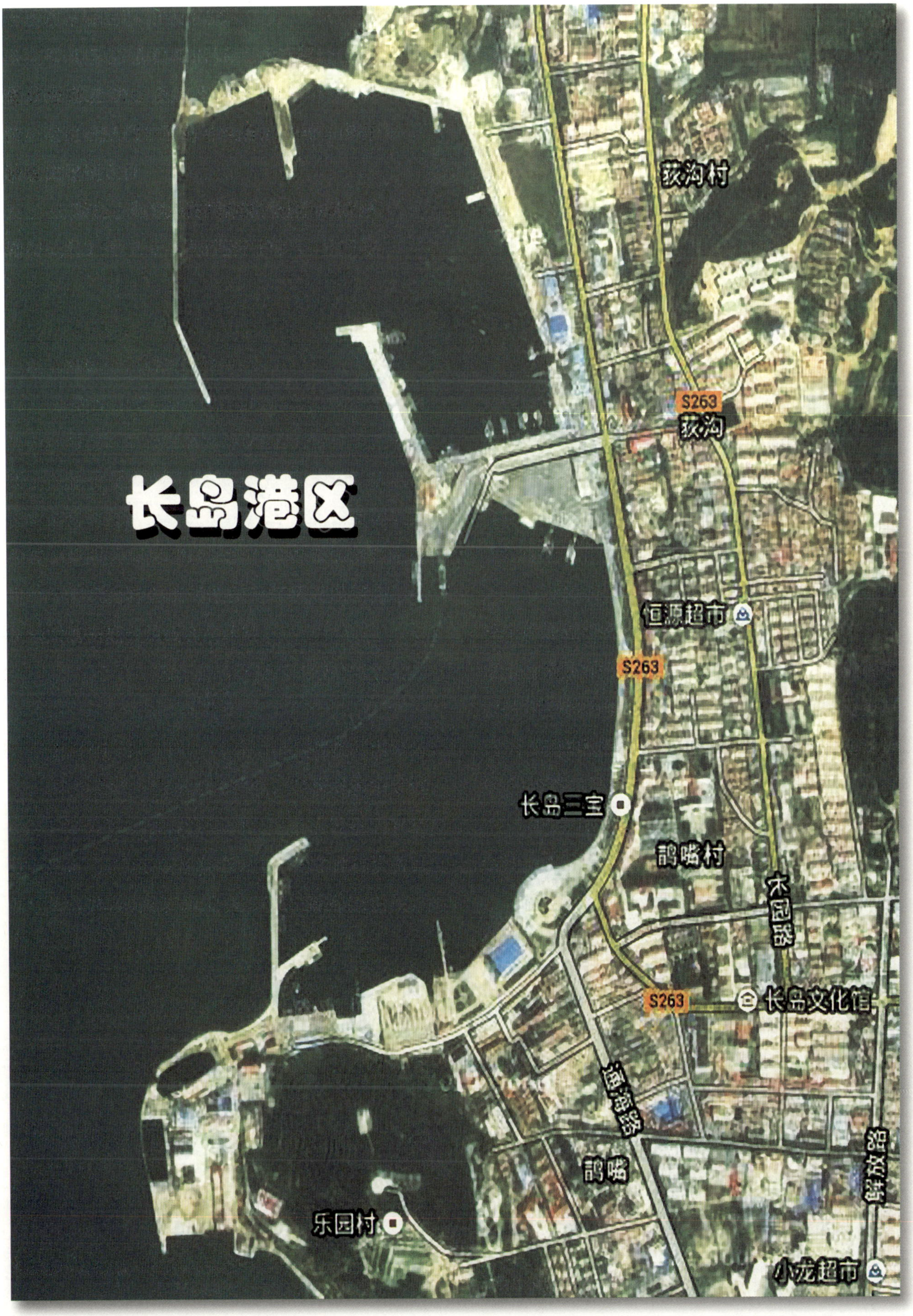
长岛港区
砣沟村
S263
砣沟
恒源超市
S263
长岛三宝
鹊嘴村
木园路
S263
长岛文化馆
通海路
鹊嘴
解放路
乐园村
小龙超市

S207
养马岛三官庙
养马岛
牟平港区

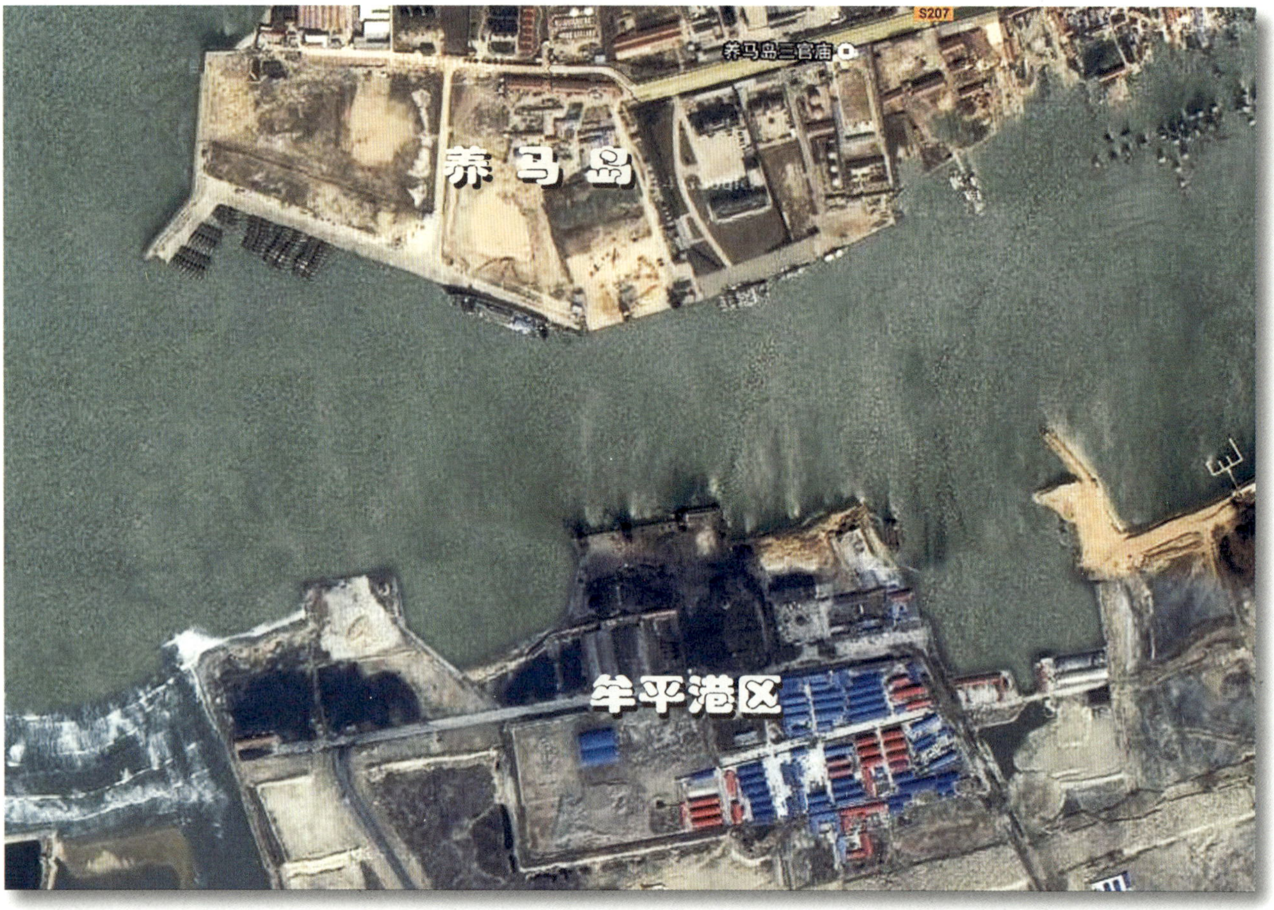

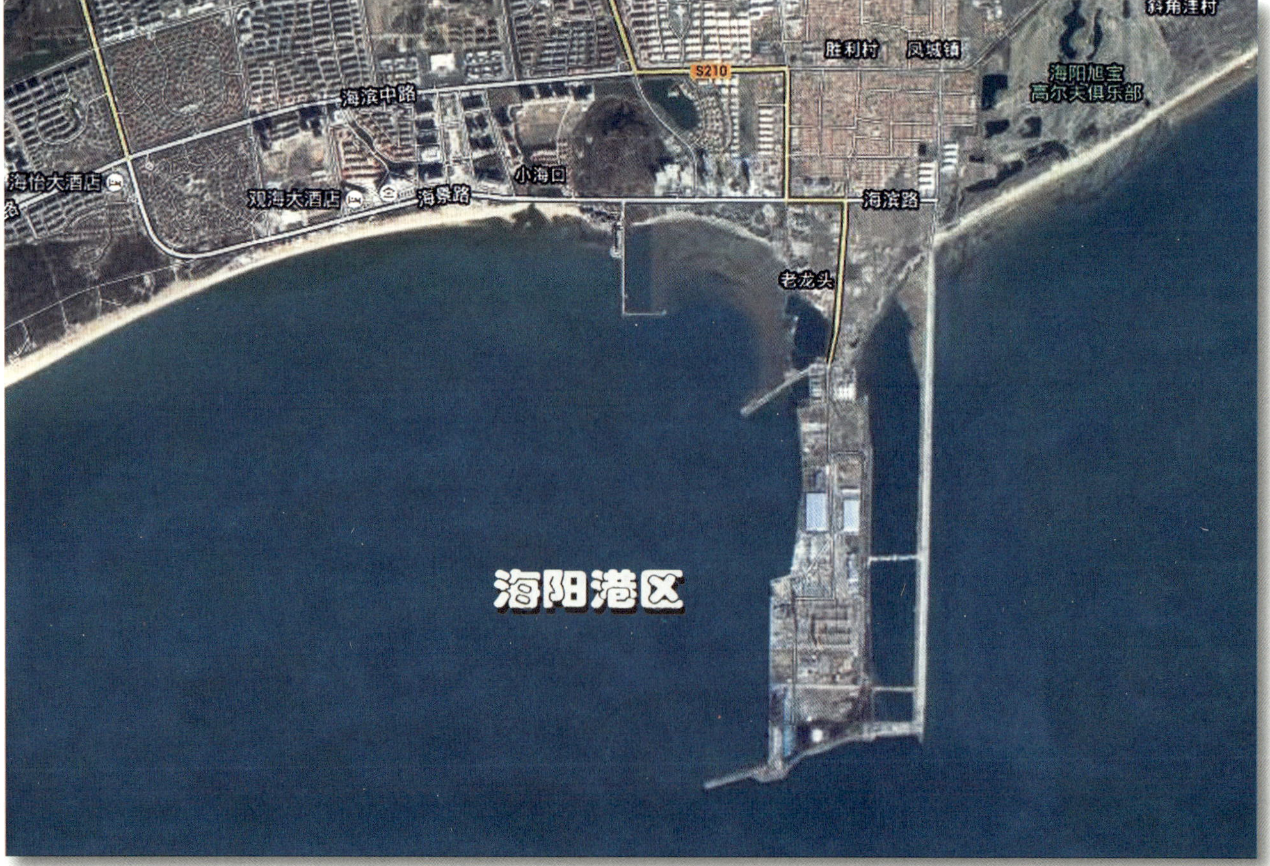
斜角洼村
胜利村
凤城镇
S210
海阳旭宝
高尔夫俱乐部
海滨中路
海怡大酒店
观海大酒店
海景路
小海口
海滨路
老龙头
海阳港区

司注册成立，由龙口港集团与中外运山东分公司共同出资组建，经营期限10年，主要从事集装箱仓储、运输、场站等业务。

8月31日

●“海桥”“大海”两艘客滚船退出烟台—大连海运航线。

●龙口港集团购置的4台沃尔沃新型装载机抵龙口港区，额定载重量11吨，配备芬兰“坦创电子秤”且具有打印功能，适用直接对铁路疏港货物装载。

是月

◆龙口港引航站从龙口港集团有限公司分离，成立龙口引航分站，内设引航科、调度室、综合办公室。（2010年，在编人员15人，持证引航员12人，高级引航员1人，一级引航员4人，二级引航员3人，三级引航员4人。）

◆烟台检验检疫局从韩国进口的旧机电产品木质包装中，一次截获多种活害虫，分别为巨齿谷盗（SiLvanus Productus Hasstead）、六齿锹形虫（Hexarchrius Vitalisi Didiev）、双齿谷盗（SiLvanus Bidentatus「Fabricius」）、皮蠹科（Dermestidae）成虫及幼虫等，并检出活体滑刃属线虫和活体小杆线虫，在烟台口岸均属首次发现。

◆烟台检验检疫局在烟台港国际旅检通道首次从一名韩国籍旅客携带的豆类中检出重要检疫性害虫“四纹豆象”。

9月

9月3日

●交通部副部长徐祖远率国务院安全生产隐患排查专项行动水上交通安全督查组到烟台督查专项整治活动开展情况，省长助理臧海强、省交通厅厅长贾学英、山东海事局副局长王玉成、烟台市委常委、副市长刘树琪等陪同。

●交通部批准丹麦A. P. 穆勒－马士基航运公司设立烟台代表处。

9月4日　交通部副部长徐祖远察看中铁渤海轮渡烟台北站。

9月15日

●中铁渤海轮渡调度中心自大连市迁移烟台市办公。

●烟台打捞局船厂为本局建造的第二艘3676千瓦多功能远洋拖轮“德涟”轮开工。

9月15日至22日　北海救助局“北海救108”轮、“北海救111”轮、“北海救201”轮与救助飞行队“B7312”直升机，在烟台正北41海里处救助发生碰撞的巴拿马籍散货船“CHANG TONG”（畅通）轮和德国籍集装箱船“HANJIN GOTHENBURG”（韩进－哥德堡）轮，96人获救。中国船级社青岛分社烟台办事处按照交通部和交通部海事局的指令，派员参加碰撞事故的应急处理。16日至18日，烟台打捞局将（畅通）轮移位到烟台港芝罘湾港区锚地，20日（畅通）轮受台风影响沉没，同日德国联邦海难调查局派员到烟台参与“9•15”事故海事调查。

9月18日　韩国海洋警察厅官员一行4人访问烟台海事局。

9月18日至20日　长岛县举办首届“中国·长岛中华妈祖文化节”，来自国内外的妈祖宫庙代表、文化名人及知名企业家1000多人聚汇长岛，CCTV-4套播放了节日盛况和“四海心•妈祖情”大型文艺晚会电视录像。

9月29日　烟台打捞局救助失火“森河17”轮，2名船员随船获救。

是月　张凯任莱州海关关长。

10月

10月3日

●山东省代省长姜大明陪同菲律宾总统

✦ 菲律宾总统阿罗约（前右3）参观烟台港 /2007年摄

阿罗约参观烟台港芝罘湾港区东龙国际集装箱码头。

●龙口港集团投资1360万元由青岛港机厂制造的两台40.5吨RTG新型集装箱场桥吊运抵龙口港区。

10月5日　山东省委常委、副省长王军民察看"渤海金珠"轮和烟台港车辆安检仪，有关部门负责人陪同。

10月10日　山东省发展和改革委员会批复烟台港西港区20万吨级航道工程可行性研究报告，11月27日山东省交通厅、省发改委《关于烟台港西港区20万吨级航道工程初步设计的批复》同意建设。

10月10日至11日　烟台市港航局申报的《渤海湾客滚船移动视频安全监控系统》获"中国航海学会科学技术奖"2007年度评审三等奖。

10月11日

●山东省交通厅和省发改委发文批复《龙口港10万吨级航道工程初步设计》，10月25日获交通部批复，12月25日开始施工，2009年4月28日竣工，长11460米，底宽200米，水深15.5米。

●香港来宝集团（世界500强企业）董事长兼首席执行官理查德·埃尔曼及董事会成员一行19人参观考察龙口港区。

10月12日　烟台市发展和改革委员会《关于烟台港西港区液体化工罐区及配套设施初步设计的批复》，同意建设库容100万立方米，年中转量565万吨。罐区位于西港区液体化工码头后方，规划占地69.5万平方米，其中建筑物及罐区占地29.9万平方米，绿地2.8万平方米。

10月15日　因烟台火车站改造，芝罘湾港区东港3股和东港走行线铁路拆除，进出芝罘湾港区东港的火车改由西港铁路

✦ 渤海轮渡客滚船制造合同签字仪式 /2007年摄

进出。翌年4月至8月因烟台港港区功能调整，芝罘湾港区东港4股、5股、6股道铁路拆除，2009年11月至12月，又将北坝线、化工线、东港西港联络线等铁路拆除。至此，芝罘湾港区东港铁路全部拆除。

10月16日

●山东渤海轮渡股份有限公司投资15亿元制造“渤海珍珠”“渤海玉珠”“渤海宝珠”“渤海翡珠”客滚轮。

●烟台浩通造船有限公司在蓬莱经济开发区现场举行万吨级坞道启用仪式，该坞道投资总额3200万元，坞道水下长度220米，水上长度140米。

10月17日

●由渤海造船有限公司为新加坡太平船务有限公司制造的第二艘600箱集装箱船在蓬莱中心渔港举行“弘城号KOTA DAYA”命名仪式。

●烟台打捞局与上海起帆科技股份有限公司签订200吨大型打捞抓斗建造合同，2008年5月7日抓斗运抵烟台打捞局码头场地进行闭合试验，达到设计要求。

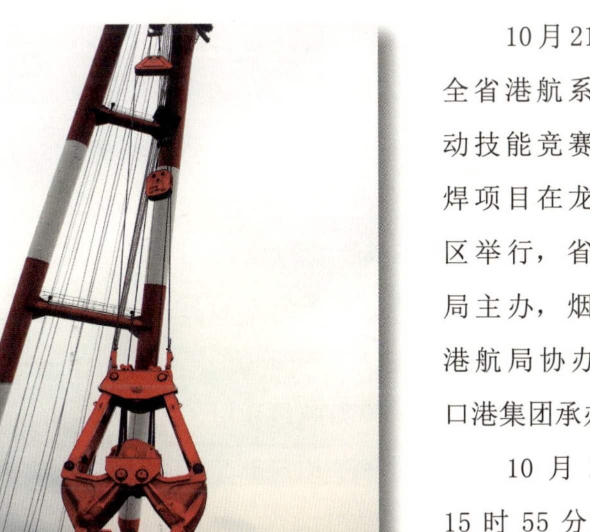
200吨打捞抓斗/2008年摄

10月21日，全省港航系统劳动技能竞赛电气焊项目在龙口港区举行，省港航局主办，烟台市港航局协办，龙口港集团承办。

10月28日15时55分，朝鲜籍货船“JUNG SAN”轮在距烟台山灯塔正东方向24海里处进水下沉，船上23名船员遇险。烟台海事局迅速组织搜救行动，烟台市委书记孙永春、市领导郝德军、刘树琪到烟台市海上搜救中心坐镇指挥，经过近8小时的全力救助，21名船员获救，2人失踪。

是月　邢迎春任烟台市交通局副局长、烟台国际机场筹建处主任（兼）。

11月

11月5日　龙口港集团开始在局域网内试运行物资设备管理新系统，海惠物资公司与各生产用料单位推行无纸化办公。

11月6日　海阳港区一期扩建工程1号万吨级泊位试运营，由青岛港湾工程勘察设计院有限公司设计，山东海龙股份有限公司投资，中交一航局第二工程有限公司施工。

11月7日　上午，山东省高速公路集团公司总经理孙亮一行参观考察龙口港区。

11月12日　烟台海事局（烟台市海上搜救中心和海上防风暴潮指挥部办公室）与烟台广播电视台广播中心签订协议，建立海上重大风险预警信息发布联动机制。

11月14日　莱州诚源海运公司成立，主要从事国内沿海及长江中下游普通货物运输，营运船舶3艘。2008年7月，购买散货船“诚源1”，船长96.9米，宽15.8米，功率1265千瓦，5013载重吨，浙江台州建造，航速10节，2009年7月购买散货船“诚源11”，船长96.9米，宽15.8米，主机功率1765千瓦，三门健跳港建造，5026载重吨，航速10节，2010年2月购买散货船“诚源3”，船长145.5米，宽20.2米，主机功率3600千瓦，乐清市远洋船业公司建造，航速13节。

11月15日　宋修璞改任南海第一救助飞行

队队长，交通部北海第一救助飞行队行政工作由潘伟副队长代管。

11 月 16 日　烟台打捞局投资建造的第三艘3676 千瓦拖轮“德渝”轮举行开工仪式，因场地等原因，该船 2008 年 5 月 4 日正式开工建造。

11 月 20 日至 12 月 8 日　烟台打捞局救助搁浅于山东东营海域的“伟业 6”轮。

11 月 21 日

●6 时 30 分，长岛县“鲁长渔运 926 号”运货船搭载货物和人员从蓬莱港起航赴大钦岛，因货物超载、违规载客，于港外倾覆，导致 15 人遇难，1 人失踪，7 人获救。

●烟台经济技术开发区管理委员会同意烟台银河轮渡有限公司经营期限延长至 2014 年 12 月 23 日。

11 月 22 日　龙口港集团委托南京港口机械厂制造 5 台 MQ25 吨 /33 米和 6 台 MQ40 吨 /37 米门座起重机合同签字仪式在南京举行，合同标的 1.066 亿元。

11 月 23 日　在山东省港航系统行业文化、服务品牌展示活动中，龙口港集团企业文化和“大包水泥效率”品牌展示获一等奖。

11 月 25 日

●烟台大学船员教育和培训质量管理体系通过交通部海事局组织的专家组审核，烟台大学本、专科航海学历教育和船员培训工作启动，该校成为山东省开展航海类本科学历教育的院校。

●11 月 25 日　龙口林港水泥有限公司成立，由龙口港集团、龙口市丛林水泥有限公司和新加坡新龙水泥私人有限公司共同出资组建，注册资金 3000 万元，主要建设经营水泥粉磨站。

11 月 27 日　国家商务部主办、中国人民解放军海军潜艇学院承办的秘鲁等 24 个国家“水上救助打捞官员研修班”40 名官员参观北海救助局。

11 月 28 日

●孙崇然任莱州出入境检验检疫局局长。

●由青岛海军潜艇学院组织的来自亚洲、非洲、拉丁美洲 24 个国家的水上救助打捞管理官员考察团一行 40 人，参观考察救助飞行队蓬莱飞行救助基地。

11 月 30 日

●烟台港集团有限公司与香港泰山投资集团有限公司共同出资成立烟台泰山石化港口发展有限公司，烟台港集团占注册资本 55%，香港泰山投资集团占注册资本 45%。翌年 7 月，根据烟台市国资委《关于无偿划转烟台泰山石化港口发展有限公司国有股权有关问题的批复》，烟台港集团有限公司将持有的泰山石化公司 55% 的国有股权无偿划转给下属全资子公司烟台港西港区发展有限公司。

●龙口港区 5 万吨级进港航道工程交工，2004 年 12 月 25 日开工，总投资 2.2 亿元。在原航道双向拓宽延长，总长 11578.51 米，底宽 140 米，底高程 -14.5 米。

是月

◆烟台海湾实业发展（集团）公司下属四家企业（烟台海湾环保餐具有限公司、烟台海湾塑料餐具有限公司、烟台海湾贸易公司、烟台海湾塑料制品有限公司）完成产（股）权对外挂牌转让，共收回股权转让价款及占用资金 2200 万元，安置职工 800 多人。

◆龙口港区 2 个 10 万吨级通用、散货泊位工程海域使用范围经山东省政府批准，12 月岸线使用获交通部批准。

12 月

12 月 6 日　烟台市政府印发《烟台市港口突

发公共事件应急预案》。

12 月 7 日　经交通部党组研究并征得烟台市委组织部同意，烟台打捞局党委调整为烟台打捞局党组，纪委调整为纪检组，党组织由中共烟台市委管理改由中共烟台市委市直机关工委管理。

12 月 10 日　山东省委副书记、代省长姜大明察看中铁渤海轮渡、烟台市海上搜救中心，省委副书记刘伟、省政府秘书长周齐、烟台市委书记孙永春、市长张江汀等陪同。

12 月 11 日　烟台打捞局港务处采用总包干方式，利用客滚船大批量运输烟台经济技术开发区东岳汽车有限公司生产的“别克”系列商品车，自烟台打捞局码头运往大连湾码头。至 12 月 24 日共运输商品车 2860 辆。

12 月 13 日

●迟双龙任交通部北海救助局局长，党组副书记。

●白德锋任交通部烟台打捞局党组书记；交通部烟台打捞局领导干部职务实行任期制。

12 月 14 日

●莱州港区液体石油化工品码头和液体化工品码头扩建工程竣工验收，液体石油化工品码头建设 2 万吨级液体石油化工品泊位 1 个，设计年通过能力 95 万吨；液体化工品码头扩建 2 万吨级液体石油化工品泊位 2 个，设计年通过能力 190 万吨。

●蓬莱海事处批复同意蓬莱东港区 2 个 5000 吨级滚装码头兼作货运码头使用。

12 月 18 日　交通部副部长徐祖远察看烟台打捞局船厂。

12 月 19 日　交通部批复同意蓬莱东港区 2×50000 吨级通用泊位工程使用港口岸线 620 米，建设 2 个 5 万吨级通用泊位，设计年通过能力 220 万吨。

12 月 20 日

●烟台港集团 EDI 信息系统运行。

●山东省交通厅副厅长高洪涛到烟台打捞局对物流发展和甩挂运输进行专项调研。

12 月 25 日　18 时，烟台港集团年吞吐量过

✦ 莱州港液体化工品码头 /2008 年摄

✦ 莱州港接卸船舶靠泊 /2007 年摄

1亿吨。

12月28日　龙口港区港湾新村、悦港小区、丽港小区天然气管网安装工程全部竣工，总投资170.99万元。居民生活用上天然气。

是月

◆“中铁渤海轮渡渡船建造技术”获得国防科工委颁发的2007年国防科学技术进步二等奖；中铁渤海轮渡渡船获得中国航海学会2007年的“航海科技创新奖”和2007年第三届中国技术市场协会“金桥奖”。

◆龙口港集团根据国家《技术改造国产设备投资抵免企业所得税暂行办法》，运用码头装卸自动化工程技术改造项目抵免企业所得税1034.4万元。

是年

▲北海救助局祖旭峰获2007年度全国“五一”劳动奖章，2007年国际海事组织海上特别勇敢奖。

▲中海（莱州）港务公司员工司绍兴获得山东省人民政府颁发的“富民兴鲁”劳动奖章。

▲烟台打捞局“烟救起重2号”船分别在大化码头、庄河电厂码头、大连重工码头、寺儿沟吊装水泥沉箱262个；在大连造船新厂吊装主机17台；在大窑湾码头吊装集装箱和柴油机；在大连甘井子码头吊装桩腿和抓斗；在大连渔轮厂和大连造船新厂吊装沉箱9个；在中远船厂吊装锅炉。

▲烟台检验检疫局共检验检疫出入境货物14.13万批，货值92.44亿美元，其中发现不合格1588批，货值5.85亿美元。传染病监测体检1.49万人次，预防接种8655人次。检疫出入境船舶3034艘次，检疫集装箱27.28万标箱。发现动植物疫情71种，1038次。

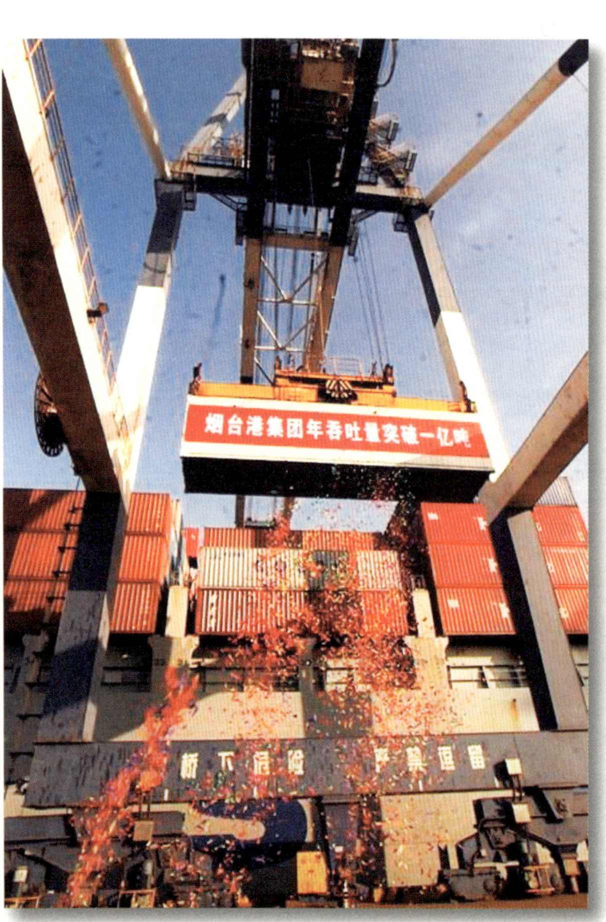

✦ 烟台港集团年吞吐量过亿吨 /2007年摄

2008年

1月

1月1日

●12时30分，烟台至大连航线客滚船在停航96小时后恢复正常航班。受强冷空气影响，该省际客运航线停航取消客运航班56个。

●龙口港集团为在职员工提高住房公积金缴费比例，由原12%提高到20%，企业和员工各承担10%。

1月2日　烟台港集团有限公司投资成立烟台海港国际物流有限公司，该公司为全资企业，企业类型为中型（一）。

1月4日　山东省发展和改革委员会核准建设蓬莱东港区2个5万吨级通用泊位工程项目，设计年通过能力190万吨。同意8号泊位沿3.5万吨级木材码头布置，9号泊位在突堤端部布置的总平面布置方案。码头前沿水深14.2米，

回旋水域直径450米，形成陆域面积58052平方米。

1月8日　烟台打捞局从来福士船厂购进“德浮1号”和“德浮2号”半潜驳船，交由银河轮渡公司负责经营管理，资产在局列账。

1月9日

●烟台打捞局投资建造的第四艘3676千瓦拖轮“德淳”轮举行开工仪式，因场地等原因，该船8月6日正式开工建造。

✦“德浮”船交接仪式/2008年摄

●救助飞行队“B7312、B7313”直升机连续多次出动，分别从4艘难船救助船员14名。

1月17日　经中共烟台市市委同意，烟台港集团有限公司经营层称谓由总经理、副总经理改为总裁、副总裁。

1月18日　丹麦A.P.穆勒－马士基航运公司烟台代表处成立，该公司在全球125个国家设有办事机构，拥有10万多名员工。

1月20日

●滨港码头火车装车台工程竣工，4月21日首列46节火车油运槽车满载燃料油驶往山东海化集团（寿光市），龙口港区不再单靠公路疏运液化品，油品日发送能力自2万吨提高到3万多吨。（该工程2007年8月开工建设）

●天津籍货船“上源”轮在东营海域遭遇大风进水沉没，“德瀚”轮前往搜救，救起1名遇险船员。

1月23日　招远市委书记徐少宁、副市长孙兴河一行走访龙口海关。

1月25日

●山东省发改委核准龙口港区两个2万吨级多用途泊位工程和两个5万吨级通用泊位工程项目。

●长岛港区港务有限公司成立，注册资金500万元，烟台蓬长客港有限公司为唯一股东。其前身为长岛港务管理局，办公地址长岛县海滨路307号，2010年干部职工70人，内设办公室、财务科、客运站、业务科、安保科、海上游管理科。

1月28日　烟台港集团有限公司与大连港集团有限公司、中海客轮有限公司共同出资成立中海港联航运有限公司，烟台港集团有限公司占30%，大连港集团有限公司占30%，中海客轮有限公司占40%。

1月31日　烟台港编制的《水路散装水泥熟料运输损耗规定》（标准编号GB / T 21376　2008）经国家质量监督检验检疫总局批准发布，2008年7月1日起实施。此前烟台港编制的《山东省客滚运输服务规范》《山东省散化肥装卸质量要求》两个省级标准获实施。

是月

◆蓬莱至长岛及长岛县各岛间登陆艇客货运营方式淘汰，9艘个体老旧登陆艇终止营运。

◆龙口港集团图书馆被中华全国总工会命名为全国首批“职工书屋”。

2月

2月1日　潘伟任北海第一救助飞行队队长（正处级）。

2月5日至3月16日　烟台打捞局海洋工程管理部完成S-500液压锤新西兰MARRIFPSO水下打桩工程。

2月13日　青岛港（集团）董事局主席、总裁常德传一行13人参观考察龙口港区。

2月15日　烟台海事局在蓬莱港查处"鲁荣油638"轮伪造公司符合证明及船舶安全管理证书违法行为。

2月15日至19日　"烟救14"拖带"德浮1号"驳船运输船体分段。

2月16日　救助飞行队超远程飞行210海里，在山东威海东南方向170海里处救助1名头部受伤渔民。

2月17日　威海港集团有限公司董事长、党委书记从建波带领中层以上干部一行72人参观考察龙口港区。

2月18日至21日　烟台打捞局"德翔"轮拖带"中远余山"号大型浮船坞自大连至连云港。

✦ 蓬长航线登陆艇客运 /2006年摄

2月25日　在山东省交通厅召开的物流试点专题会议上，烟台打捞局定为山东省海运甩挂运输试点单位。

2月27日　烟台检验检疫局在烟台港旅检通道查获1名旅客携带大批废旧服装，共11箱约500件，销毁处理。

3月

3月3日　烟台港中东航线首航仪式在烟台港环球码头举行，中海集运公司开辟，8艘5668箱位、航速24节的集装箱船舶营运，每周1班。自芝罘湾港区出发12天达马来西亚巴生港，19天抵阿联酋迪拜。

3月4日　中海（莱州）港务海庙作业区3000吨级泊位试运营。

3月11日　山东省委常委、副省长王军民察看龙口港区。

3月12日

●交通部反恐暨安全防范工作组抵烟台港集团，现场检查客滚运输码头反恐暨安全防范工作。

●中交烟台环保疏浚有限公司"津航浚405"船由自航半潜驳"发展之路"船装载，自烟台港起航开赴沙特吉达港，

✦ "B7312" 救助直升机出动救助遇险船员 /2008年摄

✦ 烟台港公安局芝罘湾港区安全监控 /2008 年摄

实施沙特阿拉伯吉达港工程，5 月 9 日“津航浚 405”船组开始在沙特吉达港施工。

3 月 13 日　烟台市港航局批复调整山东省烟台国际海运公司从事烟台港至国外集装箱班轮运输的船舶引航费按照交通部颁布的标准（每净吨 0.5 元）给予 30%的优惠，免收节假日附加费。至 2008 年 12 月 31 日前有效。

3 月 16 日至 21 日　烟台打捞局赵东项目部完成赵东二期工程首座平台安装，7 月 2 日至 21 日实施第二座平台安装，8 月 20 日至 10 月 9 日进行第三座平台的海上安装。

3 月 17 日　中交烟台环保疏浚有限公司船舶分公司揭牌成立，实行独立经济核算，并逐步实行市场化运作。

3 月 21 日

●烟台市港航局转发省交通厅港航局《关于认真贯彻实施〈交通标准化、规范化、集约化和人本化管理工作〉的通知》。

●蓬莱巨涛海洋工程重工有限公司取得港口经营许可证。

3 月 25 日　东方精工、世亚线材、优耐特机械等 6 家大宇造船配套企业集中开工投产。

3 月 26 日

●全市临港产业发展推进会议在蓬莱市召开，现场参观落户蓬莱市的造船和化工等临港企业。同日烟台市港航局承担烟台市临港产业发展推进委员会办公室工作。（“推进临港产业发展”时为全市八项重点工作之一）

●蓬长客港有限公司在蓬莱西港区和长岛港区两地客运站使用电子自动售检票系统。

3 月 27 日　龙口港集团加强和规范火车装卸作业过程中的各项管理，制定《火车作业控制程序》《火车作业管理办法》《火车作业流程》《取送车管理规定》《铁路货车验车管理规定》《铁路道口管理规定》等。

3 月 28 日　烟台打捞局订购 20 辆甩挂运输专用厢式半挂车，并与烟台东山物流有限公司合作开展渤海湾甩挂运输。

3 月 29 日至 7 月 14 日　烟台打捞局打捞在烟台港锚地沉没的“CHANG TONG”（畅通）轮艏段出水。

是月

◆烟台至大连铁路轮渡工程获得 2007 年度中国铁道工程建设协会火车头优质工程一等奖。

◆长岛县交通局投资 1000 万元建设长岛西海岸 480 米护岸工程开工。

✦ 打捞“畅通”轮艏段出水 /2008 年摄

4月

4月1日　烟台打捞局职工食堂开业，陆地职工（开办食堂单位除外）中午集中在职工食堂就餐。

4月4日　《山东省渡运管理办法》经省政府第四次常务会议通过，山东省人民政府第203号令发布，自2008年5月1日起施行。

4月9日　烟台打捞局西顺岸码头客滚专用桥（120吨双向客滚桥）在烟台打捞局船厂开工制造。

4月10日　中远集装箱运输有限公司“中远横滨“轮靠泊芝罘湾港区环球码头，轮长300.5米，宽42.8米，吃水12.4米，箱位7500标准集装箱，烟台至美西海运航线营运。

4月11日　苗跃学任龙口海关关长，党组书记。

4月12日　“德瀛”船在蓬莱巨涛海洋工程公司码头，将重达1100吨海上石油平台导管架准确吊放到“重任706”驳船指定位置。

4月15日　山东渤海轮渡股份有限公司、烟台长途汽车总站合作，开辟烟台至牡丹江航线水陆旅客联运业务。

4月17日　交通运输部同意将烟台港西港区防波堤一期工程和20万吨级航道工程纳入国家沿海港口“十一五”建设规划，并各安排部资金17640万元和8660万元。

✦“泰山”号桥式起重机/2008年摄

4月18日　10时，烟台来福士海洋工程有限公司大水坞坞门西侧3号码头桥式起重机“泰山”号启用，将自重2万吨的驳船缓缓吊离海面，时为世界最大、技术难度最高的大型起重设备，由大连重工·起重集团承制。设备总体高度118米，主梁跨度125米，采用高低双梁结构，起升高度分别为113米和83米，这台吊机共有12卷扬机构、整机共48个吊点，每个吊点起重能力为420吨，单根钢丝绳达到4000米，最大起升重量达20160吨，相当于把250节满载的火车车厢提升到23层高的楼上，可以实现同时提升、同时放下，起升速度每分钟0.2米。如果把这台起重机放倒，1个足球场才能把它装下。“泰山”号2万吨桥式起重机工程总投资3.5亿元，2006年始造。

✦“中远横滨”轮靠泊作业/2008年摄

4月24日

●烟台辖区首期非自航船船员适任统考在烟台海事局计算机标准考场开考，15名船员参加考试。

●烟台海事局联合烟台市海洋与渔业局、烟台市港航局、烟台

边防大队等9家单位，在蓬莱水域开展第一次大规模海上碍航物强制清除行动，派出8艘船舶、100人次，历时8小时，清除定置网具、网竿、蟹笼等碍航物，烟台电视台、烟台日报等媒体记者随船现场采访报道。

4月28日

●山东省人民政府授予烟台港集团董事长周波“山东省劳动模范”称号。

●银河轮渡公司董事会批准公司参股投资大连万通荣海船务有限公司的对外投资议案，7月签署合作协议书，银河轮渡公司投资3600万元，持有万通荣海船务有限公司20%的股份。

是月

◆山东渤海轮渡股份有限公司总经理于新建荣获山东省劳动模范称号。

◆烟台港西港区顺岸通用泊位开建，建设3个5万吨级通用泊位及相应配套设施，年设计通过能力480万吨。

4月至6月　烟台打捞局为莱阳市沐浴店镇北小店村内铺设水泥道路7500平方米，总投资45万元。

5月

5月1日

●烟台海事局与大连海事局建立烟台—大连海运航线恶劣天气通报制度。

●长岛县长通旅运有限公司投资2400万元新置“新长通1号”客滚船，开始蓬莱至长岛海运航线营运。船长72.24米、船宽14米，型深5米，满载吃水3.4米，总吨位1946吨，载客470人，车道长度180米，装载轿车80辆，航速14.5节，抗风等级8级。

5月4日　龙口滨港码头公司原油仓储经营资格获国家商务部批准，6月27日原油船“瑞金潭”轮靠泊滨港码头开始接卸。

5月5日　龙口港区进港铁路通用泊位装卸线通过初步竣工验收，4条装卸线全长2.1633公里，该工程2007年10月18日开工建设。

5月12日

●烟台港西港区液化罐区储罐制作安装工程开建。

●四川省汶川县发生强烈地震，17日龙口港集团和员工向灾区人民捐款100万元。

5月13日至16日　烟台打捞局邀请国际知名救捞专家、新加坡LOC公司李旭亮对烟台打捞局部分工程技术人员进行船舶救捞辅助计算GHS软件学习培训。

✦“新长通1号”客滚船停泊蓬莱西港/2014年摄

✦烟台港西港区液化罐区/2008年摄

5月13日至26日　烟台打捞局职工向四川地震灾区捐款47万余元。

5月17日至22日　烟台打捞局完成对沉没于威海水域的集装箱船“德山”轮探摸作业。

5月19日　原龙口港栈桥码头被龙口市确立为市级文物保护单位。

5月20日　烟台港引航站引航员引领长289米、吃水17.75米的20万吨铁矿船“查尔斯”乘高潮进港，突发主机倒车失灵，引航员处危不乱，沉着应对，安全将该轮靠泊码头。

5月21日　烟台至大连铁路轮渡海上安全监督系统（烟台侧）工程通过交通运输部海事局组织的竣工验收。2004年5月中铁渤海轮渡全额投资1878.11万元委托烟台海事局开建，2006年4月26日开始内部试运转。竣工验收后，中铁渤海轮渡与烟台海事局签订固定资产移交协议，自即日起该工程资产交付烟台海事局。

5月24日　莱州港引航分站引领“金河”轮靠泊莱州港装卸，此轮全长225米，宽32.26米，77250载重吨，装载铝矾土。

5月27日　大新华物流控股有限公司与烟台市签署收购山东烟台国际海运有限公司协议。（山东烟台国际海运有限公司主要经营至日本、韩国和东南亚海上集装箱班轮运输，船舶40余艘，经营乏力破产。）

5月29日　烟台市与韩国京畿道平泽市在青岛举行烟台港至平泽港开通轮渡航线合作协议签字仪式，烟台市委副书记、市长张江汀和平泽市市长宋明镐分别代表两市签署协议书。

5月30日　龙口港集团为适应港口快速发展，采取多种手段培训员工，组织拍摄制作“龙口港教育培训教材专题电视片”。

是月

◆烟台市港航局制定发布《烟台港口章程》。

◆龙口港集团开发镍矿业务，接卸“兰斯洛特”轮60305吨镍矿，靠泊26号码头，6月13日开始镍矿水路疏港转运业务。

◆龙口港区宏港10万吨级码头铁路运输线开通，首列60节火车驶入码头开始作业，龙口港区铁矿砂首次直接通过铁路运出。

“金河”轮靠泊莱州港作业 /2008 年摄

《烟台港口章程》/2011 年摄

6月

6月1日

●烟台至大连航线实行实名制乘船，旅客检票时查验船票及有效证件，并录入存档后方可乘船，未随身携带有效证件的旅客，如实填写旅客身份登记卡，该卡代替身份证与船票一起录像存档。

●烟台港西港区20万吨级航道开浚，疏浚20万吨级单向航道19.68千米，5万吨级支线单向航道6.92千米，航道总长26.6千米。

6月5日

●救助飞行队与山东海事局建立空中巡航执法和海上搜救长效合作机制，协议签字仪式在山东青岛举行。

●龙口港集团购置的8台国际先进大吨位瑞典V01V01220F型装载机抵龙口港区，该机额定载荷11吨。

6月6日

●烟台市港航局同意大连航运集团有限公司“万荣海”轮停靠烟台打捞局码头营运。

●烟台市政府口岸办组织烟台检验检疫局、烟台海关、烟台边防检查站、烟台港客运总公司、中韩轮渡公司等单位，在烟台港国际旅检厅举行不明旅客携带物应急处置演练。

6月8日　“万荣海”轮首航靠泊烟台打捞局码头。

6月10日

●龙口引航分站安全引领“裕樸”轮靠泊龙口港区13号泊位，接卸铝矾土78701吨，该轮长225米，宽37米，80230载重吨。

●交通部批复同意筹建烟台圣豪海运有限公司，2009年11月营业，16500万吨级的散货船1艘，主营中国沿海及长江中下游普通货船运输。

6月10日至13日　中国共产主义青年团第十六次全国代表大会在北京召开，救助飞行队员谈俊出席会议。

6月11日　烟台港引航站引航员引领长269米、吃水10.1米的大型矿船“和盛”轮出港过程中，在航道上发生主机失灵紧急情况，引航站及时启动引航船舶失控应急预案，将该失控船舶安全引领出港。当日在1个高潮期先后引领4艘15万吨级至20万吨级大型船舶安全进出港（包括“和盛”轮）。

6月12日　3万吨级“德浮2号”半潜驳船首航大连，进行船体分段下潜作业。

6月12日至13日　“黄渤海水域联合立体

✦龙口引航分站引领“裕樸”轮靠泊龙口港区/2008年摄

✦“德浮2号”船下潜作业/2008年摄

巡航执法行动”启动，由上海海事局“海巡 21”轮，烟台海事局“海巡 061”“海巡 0602”“海巡 0601”“海巡 0603”“海巡 0606”等巡航船舶以及救助飞行队 B7313 直升机组成的联合巡航编队，对烟台辖区进行海空立体巡航，航程 340 余海里，历时 26 小时。

烟台海事局空中巡视龙口港 /2008 年摄

6 月 14 日至 7 月 12 日　烟台打捞局海洋工程管理部完成 S-500 液压锤澳大利亚 MONTARA 导管架安装工程。

6 月 15 日　烟台打捞局码头实行客滚、货运分区，实现旅客登船通道、车辆登船通道及货运通道的封闭管理。

6 月 16 日　烟台港引航公司整建制划归烟台港引航站。

6 月 17 日　龙口港股份有限公司筹建领导小组成立，7 月 18 日北京金杜律师事务所、信永中和会计师事务所、中和评估师事务所人员相继到龙口港集团，股份制改造暨龙口港股份有限公司组建工作启动。

6 月 18 日

●中铁渤海轮渡经交通运输部批准取得“烟台至大连普通旅客、滚装汽车轮渡运输”和“烟台至大连货运列车轮渡运输”资质，7 月 10 日增添运营烟台—大连旅客和汽车滚装运输业务，烟台至大连客滚运输始有旅客、汽车、火车“同舟共渡”。

●中铁渤海轮渡与天津新港船厂在烟台签订“中铁渤海 3 号”渡船交船协议，16 时举行交船仪式。

6 月 22 日　中集集团副总裁李胤辉一行 6 人到龙口港集团考察洽谈海洋工程项目。

6 月 24 日　莱州港 12 号散杂泊位（3 万吨级兼顾 5 万吨级）试运营，设计通过能力 300 万吨，主要接卸铝矾土、铁矿石货物。

6 月 26 日　邵立洪任烟台检验检疫局党组书记、局长。（副厅级，2010 年 9 月 19 日调任山东检验检疫局党组成员、副局长兼济南检验检疫局党组书记、局长。）

6 月 27 日　烟台水运技工学校新校区落成暨烟台港集团培训中心揭牌。

烟台市港航局组织机关工作人员与家属爬山锻炼 /2008 年摄

6月28日　烟台市港航局组织机关工作人员和家属到牟平区雷神庙战斗遗址参观，进行红色革命传统教育，并组织爬山活动。

是月

◆烟台检验检疫局从来自韩国的巴拿马籍“联合光荣”号轮船上首次截获外来危险性害虫“嗜卷书虱”（LiposceLis bostrychophiLa BadonneL）。

◆蓬莱港港池、航道清淤工程开工（计划2009年11月完工），设计清淤210万立方米，总投资8827.06万元。

◆龙口港集团与远东国际租赁有限公司签订合同，利用2×2万吨级多用途泊位配套的5台25吨门机进行融资租赁业务，总金额达3600万元。开辟银行借款以外融资渠道，降低了融资成本。

◆烟台市气象局建移动气象台用于近海应急气象保障服务。

7月

7月2日　“烟救起重1号”船协助“大安7号”船扑灭火灾。

✦“中铁渤海3号”渡船靠泊烟台北站船桥装载作业/2009年摄

7月3日　莱州港区3个5万吨级液化专业码头对外开放（8号、9号、10号泊位）。

7月5日　下午，一股强龙卷风袭击龙口港区液化码头、煤码头、北办公区等处，部分设施设备受损，45人不同程度受伤，经济损失666.22万元。

7月7日

●山东渤海轮渡股份有限公司、韩国炫海集团、烟台港集团签订合作协议，组建中外合资经营公司，经营中国烟台—韩国平泽客滚运输业务。

●新加坡国际企业发展局署长谭宝鲳率新加坡海事与岸外考察团，到蓬莱市考察造船重工产业。

7月8日　烟台打捞局投资建造的2940千瓦（4000HP）全回转拖轮“德滨”轮在烟台打捞局船厂开工。

7月9日　烟台市港航局在烟台港北马路客运站2楼旅客候船厅组织观摩“2008烟台港‘平安客运’反恐演习”，保障第二十九届夏季奥林匹克运动会在北京举办期间渤海湾旅客运输安全。

7月15日　“中铁渤海3号”渡船开始烟台至旅顺航线营运。

7月19日

●上午，中（国）非（洲）民间商会在龙口港区举行“马达加斯加机械化运输公司首批车辆启航仪式”，全国政协常委、中央统战部副部长、中非民间商会会长胡德平及烟台市政协、龙口市政府、龙口港集团等领导出席。

●长岛县乐通轮舶有限公司投资1800万元建造的

5000吨级“长平号”散货船在江苏下水营运。

7月22日

●烟台市港航局、烟台海事局、烟台港公安局、山东渤海轮渡股份有限公司在“渤海银珠”轮进行渤海湾船岸联合防恐演习。

●龙口港集团制造2艘3677千瓦拖轮签约仪式在蓬莱渤海造船有限公司举行，总投资约8000万元。

7月28日　烟台打捞局投资的“德银海”客滚船在黄海船厂开工制造。轮长129.9米，宽20.4米，载客1091人，载车道总长700米。

7月29日　山东省危险化学品鲁东安全生产应急救援中心获批成立，“中心”依托龙口港区建设，主要为烟台、威海两市的危险化学品从业单位提供事故救援服务，10月29日“中心”在龙口港消防抢险救援大队挂牌成立。

7月31日

●龙口港区1月至7月发运出口非洲地区的水泥及杂货船舶41艘次，其中水泥（含水泥熟料）97万吨，占全国出口水泥总量30.3%。龙口港区成为中非贸易往来重要口岸。

●国家海事局批准蓬莱东港区设置引航检疫锚地。

是月

◆烟台检验检疫局从来自韩国的“斯帕克”号货轮上截获国家重点关注的危险性有害生物“菜豆象”。

◆龙口港集团与大新华物流控股有限公司共同出资，组建大新华轮船（烟台）有限公司，注册资本5亿元。

7月至8月　烟台打捞局派遣“德清”轮“烟救起重1号”船承担青岛奥帆赛海上保障守护任务。

8月

8月1日　深圳市蛇口通海轮船运输有限公司开始参与烟台打捞局救捞航运处“德安”“烟救13”“烟救14”“烟救15”4艘拖轮以及“重任706”“重任503”2艘甲板驳的经营管理，从事海上大件运输业务。

8月5日　上午，烟台港集团总裁纪少波与南金兆集团总经理段连全在芝罘区金海湾酒店签订长期合作协议，之后，南金兆集团与澳大利亚FMG集团合作的首船铁矿接卸仪式在芝罘湾港区三期码头63号泊位举行。

8月5日至24日　北海救助局“北海救111”轮“北海救196”轮在青岛列编海上保障船艇编队，开始巡防第29届夏季奥林匹克运动会帆船比赛海上预警区域，做好海上交通安全与应急保障。救助飞行队派出B7313救助直升机赴青岛承担人命救助、奥帆赛海域围油栏巡视、船舶交通及污染监视任务。

8月5日至30日　执行“神舟七号”发射上升段海上应急救援保障任务的“北海救112”轮前往上海，9月25日结束在指定区域的海上应急救援保障任务返航，此次海上保障待命历时17天，总航程达5200海里。

8月6日

●山东省委常委、常务副省长王仁元，省政府副秘书长韩金峰等考察中铁渤海轮渡烟台北站码头，烟台市市长张江汀、烟台市副市长郝德军和烟台市政协副主席王式亮陪同。

●长岛县长通旅运有限公司“长通9号”危险品滚装专用运输船营运，运输长岛县海岛民用包装危险品，该船为敞开式车辆甲板舱，山东省交通运输厅补助投资300万元。

8月8日　烟台港芝罘湾港区开通烟台—日本“绿色快航”，上海泛亚航运有限公司“竹子”轮首航。3艘运力564个标准箱的船营运，周五挂靠烟台东龙国际集装箱码头，周六启航，周二

早晨货物即可摆上日本超市柜台，在日本首推 HDS 快速交货服务。

8 月 9 日　栾家口港区航道及 2 个 5 万吨级散杂货码头工程通过烟台海事局组织的通航环境安全评审。

8 月 11 日　青岛海运诺扬航运有限公司“吉峰”轮靠泊烟台东龙国际集装箱码头，烟台港芝罘湾港区至日本关西、关东两条航线开通，诺扬航运投入 3 艘运力 300TEU 到 400TEU（标准箱）船舶，关西线周五、关东线周六挂靠。

✦ 全市临港产业发展调度会议 /2008 年摄

8 月 14 日　海阳港区一期扩建工程 2 号 10000 吨级、3 号 5000 吨级泊位试运营。

8 月 19 日　全市临港产业发展调度会议召开，烟台市港航局局长杜福堂主持，烟台市委常委副市长刘树琪到会讲话。

8 月 28 日

●上午，烟台市委副书记、市长张江汀在烟台港西港区主持召开西港区建设现场调度会，烟台市经济技术开发区管理委员会、烟台市发改委、烟台市交通局、烟台港集团等部门、单位参加。

●烟台打捞局投资购买大楼一座，占地面积 2616 平方米，定名“港安大楼”，烟台打捞局港务处迁至大楼内办公。

✦ 海阳港区 /2011 年摄

8 月 29 日

●龙口港区集装箱海路铁路联运启动运营，首批 10 个 20 英尺普通集装箱在进港铁路 6 号线装车，8 月 30 日火车抵达青州港天物流园集装箱场站卸车。

✦ “天虎”挖泥船 /2008 年摄

●中交烟台环保疏浚有限公司接管大型绞吸挖泥船”天虎”船完成试车投产，设计生产率 3500 立方米 / 小时，船长 108 米，宽 18.2 米，总装机功率 12396 千瓦。至 2009 年 9 月，该公司先后接管“天羚”“天泰”“天凯”“天柏”等 5 艘 3500 方大型绞吸挖泥船。

是月

◆烟台港西港区防波堤一期工程开建，

新建防波堤2782.1米，分西、北两段，西防波堤长682.1米，北防波堤长2100米。

◆烟台检验检疫局从一批来自台湾的木质包装中截获国家禁止进境的重要检疫性有害生物"松材线虫"（BursapheLenchus xyLophiLus ）。

◆烟台打捞局购进一套溢油回收设备。

◆莱州海通船务代理有限成立，从事国际船务代理业务，在龙口，日照，黄岛设有办事处。2010年，代理船舶72艘次。

9月

9月2日　救助飞行队"B7313"直升机参加"2008中国（山东）海上搜救及NOWAP中韩海上溢油应急联合演习"。

9月4日至12日　救助飞行队"B7313"直升机飞行1000多公里经停南通机场后抵上海高东机场，"B3636"飞抵盐城机场。12日，两架飞机对接"神舟7号"应急无线电定位系统，经空中仪表指示，准确找到应急定位信号，达到任务要求。9月13日至18日，"B7312"直升机执行"神舟7号"夜间保障任务，在大连基地进行夜航设备调试和夜间海上搜救试飞。

9月5日至14日　烟台打捞局对沉没于青岛锚地的"吉丰689"轮完成通风孔、加油孔的封堵作业。

9月6日　烟台市物流协会成立，协会主管部门为烟台市发展与改革委员会，第一届会长单位为烟台港集团有限公司，会长为烟台港集团有限公司总裁纪少波。

9月10日　交通部批复筹建蓬莱瑞峰海运有限公司。

9月11日　海阳港区首次靠泊万吨级货轮，"大河祥"号满载瑞钢联集团有限公司16200吨铁矿石，从青岛港出发，经3个半小时抵达海阳港区。

9月16日至25日　北海救助局"北海救112"轮执行"神舟7号"海上保障任务，航线单程2300海里。

9月18日　海阳市人民政府与中交二航海阳建设发展有限公司签订《山东省海阳市港口建设开发合同》，投资70亿元，建设海阳港东港区。

9月19日　蓬莱八仙过海旅游有限公司成立，经营八仙渡—田横山—登州小海距岸不超过1海里的旅游观光营运。

9月21日　长岛喉矶岛附近海域发生溢油污染事件，烟台海事局紧急应急处置，经化验鉴定和现场勘查，污染源为"金华夏158"沉船。

9月22日　受全国人大常委会副委员长华建敏委托，全国人大常委会委员、人大财经委员会主任委员石秀诗带领全国人大委员会劳动合同法执法检查组到中铁渤海轮渡检查工作。

9月23日　莱州港7号通用泊位（2万吨级）和11号通用泊位（兼顾3.5万吨级）试运营，总长578米，年设计通过能力210万吨，总投资2.6亿元。

9月24日　牟平港区航道、港池疏浚通过验收。

9月27日　乒乓球运动员王楠在"中铁渤海3号"渡船上举行隆重的海上婚礼。

是月

◆龙口港区完成出口非洲杂货班轮11艘次，货物吞吐量29.27万吨，1月至9月完成出口非洲杂货班轮57艘次，货物吞吐量167.6万吨，时为中国沿海对非出口重要贸易口岸。

◆边界层风廓线雷达在烟台开始使用，中国气象局"渤海监测一期工程"中的屺㟂岛、北长山岛、芝罘岛3个海岛站、2个海岛梯度风塔和

1个浮标站验收完毕。12月，在崆峒岛以北约3千米海域投放1个小型浮标站，对海面温度、降水、风向风力等气象要素和海浪、表层水温、海水盐度等水文情况进行观测。2009年年初，在北隍城岛和长山岛分别建立30米和70米梯度风观测塔各1座，开展近地面不同层次风观测。2008年至2009年在渤海轮渡公司5条客船上建立5座船舶自动站，2009年至2010年在北海救助局5艘救助船舶上建设5座船舶自动站，能够跟随船舶的移动测定航线上风向、风力、温度、湿度和降水等气象要素，填补海洋中间资料空白。

10月

10月1日　启用新版海员证和海员证管理系统，申请办理海员证、签发海员出境证明全部通过互联网申报。

10月4日　烟台市人民政府向淄博市、潍坊市、东营市、滨州市人民政府发出《关于对烟台港西港区—淄博输油管道项目建设予以支持的函》，相关各市回函表示支持。该项目总投资22.3亿元，投资回收期7.7年，输油管道总长424.9公里，设计年输送1500万吨燃料油，远期年输送2000万吨轻质燃料油。

10月6日　长岛县乐通轮船有限公司投资6500万元，由安徽中阳船舶工业有限公司开工制造16000吨级“长和”号散货船。翌年10月6日建成下水。

10月7日　郑东兵任交通运输部北海救助局党组书记。

10月9日　海阳港区一期扩建2号、3号泊位试运营。

10月8日至12日　第十三届中、俄、韩、日四国搜救操作级别会议在烟台举办，10日搜救专家参观烟台打捞局船厂在建船舶和救助飞行队，11日北海救助局、烟台海上搜救中心、山东渤海轮渡股份有限公司在烟台市北部沿岸海域联合举行“2008年烟台海上搜救演习”，“渤海银珠”客滚轮旅客垂直撤离，救助直升机直接空降医院，中、日、韩、俄四国搜救专家观摩。

10月15日　烟台市港航局编制的《烟台港龙口港区锚地工程可行性研究报告》通过交通厅审查，选划出龙口海域8个公用锚地，90个锚位，最大锚泊能力20万吨。

10月16日　全市2008年冬季海上交通安全与年度搜救工作会议召开。

10月20日　东营市委书记张秋波率东营市党政考察团一行53人参观考察龙口港区，烟台市委领导陪同。

10月23日　烟台打捞局开展“送温暖、献爱心”活动，向烟台市救助站和烟台市慈善总会捐赠价值75000多元的棉衣棉被等890多件，捐赠14360元。

10月26日　大连隆丰船务有限公司所属杂货船“锦川1号”轮在大竹山附近因大风货物移

全市海上搜救工作会议/2008年摄

动倾斜，“德安”轮受命从北纬 38° 07′、东经 120° 59′处将其顺利护航至蓬莱东港。

10 月 30 日　烟台打捞局投资建造的第二艘 2940 千瓦（4000HP）全回转拖轮“德河”轮在烟台打捞局船厂开工。

是月　烟大铁路轮渡渡船被评为“2008 年度品牌船型”。

11 月

11 月 1 日

●烟台港集团集装箱物流信息平台运行，核心内容是港口生产业务信息，整合各集装箱码头公司生产数据以及货主、船代、外理、海关、商检等信息资源构建而成，具有网上订舱、EDI 报文转换与传输、通关查验、货物跟踪、船舶及相关业务动态查询等服务功能。

●莱州港引航分站引领载铝矾土“明胜”轮靠泊莱州港，吃水 12.8 米（减载后引航）。

11 月 3 日　龙口港区集装箱综合楼通过竣工验收，总建筑面积 3943 平方米，配有高清晰新型集装箱中控设施，26 日海盛集装箱公司迁入办公。该楼 5 月 14 日开建。

11 月 4 日

●根据海峡两岸关系协会会长陈云林与台湾海峡交流基金会董事长江丙坤签署的《海峡两岸海运协议》，烟台港芝罘湾港区、龙口港区被列入大陆方面 63 个对台开放港口之中。

●长岛锦隆水运公司投资 2000 万元建造的“锦荣 18”5000 吨级散货船在安徽马鞍山下水。

●长岛常丰油轮运输有限公司成立，（民营）职工 18 人，船员 60 人，船舶 3 艘：租赁“常丰油 3”2407 载重吨 3 级油轮，投资 3280 万元建造“常丰油 6”3737 载重吨油轮，投资 3050 万元建造“常丰油 1”3652 载重吨一级油轮，运营中国沿海及长江中下游成品油运输。

11 月 4 日至 26 日　烟台海事局联合渔监和边防执法人员对烟台港避风锚地和东水道碍航养殖物进行强制清除，共清除养殖浮漂 920 多个、缆绳 24000 多米、网具 28 个、基桩 15 个，同时督促村民自行拆除部分养殖物。

11 月 14 日　交通部批复筹建烟台城峰海运有限公司，5000 吨级散货船 1 艘，主要从事国内沿海及长江中下游普通货物运输，翌年 3 月 26 日开业。

11 月 17 日

●救助飞行队和辽宁海事局就建立辽宁辖区“海空救助训练与巡航执法合作机制”举行签字仪式。

●烟台市劳动和社会保障局公布，龙口港区被列为烟台市高技能人才培训基地。

11 月 19 日　烟台港集团有限公司（后改烟台港股份有限公司）与中海客轮有限公司共同

✦“明胜”轮靠泊莱州港 /2008 年摄

出资成立烟台同三轮渡码头有限公司，注册资本6000万元，双方各占注册资本50%，2010年11月25日渤海轮渡完成对烟台同三轮渡码头有限公司注资手续，注册资本增至9230万元，三家股东所占股比：烟台港股份有限公司35%、其余两家各占32.5%。

11月20日　中国北部海域大风，27艘渔船67人困在辽宁省大连市庄河大王家岛镇西南角离岸不足200米位置，救助飞行队B7313中型救助直升机和B7125大型救助直升机共飞行6架次，飞行总时间8小时55分，救起54人。

11月22日　张家港港务集团董事长黄建林一行18人参观龙口港区。

11月24日

●烟台市国资委同意烟台港轮驳公司、烟台中港海员船舶管理公司、中国烟台外轮代理公司、烟台嘉宏报关行、烟台海港通信中心5户企业改建为法人独资公司，改建后分别更名为烟台港轮驳有限公司、烟台中港海员船舶管理有限公司、中国烟台外轮代理有限公司、烟台嘉宏报关行有限公司、烟台海港信息通信有限公司。

●载575吨石油焦的10节列车箱自龙口港区经地方铁路线驶入国家铁路线，发往淄博东风站，是龙口港区货物首次地铁直接转国铁疏港。

11月26日

●烟台港芝罘湾港区客滚中心1号、2号泊位改造后运营，3个货运泊位改造为2个万吨级客滚泊位，兼顾万吨级以下客滚船舶。

●中国建筑业协会《关于公布2008年度中国建设工程鲁班奖〔国家优质工程〕评选结果的通知》，中铁渤海轮渡获得中国建设工程最高奖“鲁班奖”。

11月28日　烟大铁路轮渡项目烟台端码头工程通过验收，受交通运输部的委托，山东省交通厅港航局组织有关部门和专家进行了工程验收。

是月

◆龙口港区疏港公路可行性研究报告获山东省发改委批复，同意建设。公路起点龙口开发区屺㟂岛东，终点北马镇奶儿夼村北，设互通立交与荣乌高速公路联通，全长25.9公里。

◆龙口港门机一班被中国海员建设工会授予2008年度全国交通建设系统“工人先锋号”荣誉称号。

12月

12月1日

●龙口滨港公司和阳鸿海达公司联合申请设立的31万立方米公用型保税油库获青岛海关批准，7座1万立方米储罐、4座3.5万立方米储罐、2座5万立方米储罐，主要从事原油、成品油仓储、中转等保税业务。

●烟台打捞局、烟台交运集团货运有限公司第三分公司签订滚装甩挂运输合作协议，并甩挂第一车次。

12月9日　救助飞行队与天津海事局签署建立海空搜寻救助与巡航执法合作机制协议。

12月10日至11日　东营市畅海航运有限公司所属运沙船“聚鑫”轮在东营海域遭遇大风进水沉没，“德成”轮救起全部8名遇险船员。

12月12日　朝鲜货轮载水泥8500吨靠泊海阳港区，12月17日载水泥14000吨再次靠泊海阳港区。

12月14日　三名香港特区政府飞行服务队队员参加救助飞行队2008年度渤海湾冬季值班待命任务。

12月15日

●烟台港西港区液化罐区12座1万立方米成品油储罐主体工程全部完工。

●龙口港区2个10万吨级通用泊位（24号、

25号）建设工程竣工，31日经烟台市港航局批准试运营。泊位为沉箱结构，码头长618米，顶标高+3.6米，底标高-15.6米，设计年通过能力340万吨，2009年7月6日通过安全设施竣工验收，2010年3月20日通过竣工验收（2007年10月6日开工建设）。

12月16日　龙口海关缉私分局举行揭牌仪式，青岛海关政委高翔宣布任命龙口分局领导班子（内设办公室、侦察科、法制科、情报科），青岛海关副关长、缉私局局长王宁，烟台市副市长杨秀庆，烟台市中级人民法院、检察院、公安局、安全局、龙口市委市政府及龙口、招远、莱州、蓬莱、长岛等县市相关单位，青岛海关缉私局党组全体成员，莱州、蓬莱海关领导和各分局共40余人出席。

12月19日

●山东省国资委批复龙口港集团与龙矿集团共同投资建设山东海港煤炭储配物流中心项目，翌年3月24日山东龙海煤炭配送有限公司获准注册成立。

●烟台打捞局投资建造的第五艘3676千瓦拖轮开工。

12月21日　“交抓106”号挖泥船在威海海域翻沉，烟台打捞局救捞工程处受船东委托对其实施打捞作业。

12月24日　上午，救助飞行队派出1架直升机联合辽宁海事局2艘海事执法船对大连南部海域及老铁山水道附近海域实施海空立体巡航。

12月26日　烟台中理外轮理货有限公司成立，烟台港集团有限公司和中国外轮理货总公司共同投资组建，注册资本150万元，烟台港集团有限公司占84%，中国外轮理货总公司占16%。经营范围：国际国内航线船舶的理货业务；国际国内集装箱业务；集装箱装、拆箱理货业务；货物的计量、丈量业务；监装、监卸业务；货损、箱损检定等业务。中国外轮理货总公司烟台分公司同时撤销。

12月27日　烟台港西港区、龙口港区、莱州港区疏港高速公路开工奠基仪式在烟台经济技术开发区侯家立交桥举行。

12月28日　“德翔”轮和“德清”轮联合拖带大型海上储油装置（FPSO）“PYRENEES VENTURE”（卡普）号由大连驶往青岛。

12月29日　烟台打捞局85米打捞工程船在烟台打捞局船厂开工建造。

12月31日

●位于烟台经济技术开发区的韩国大宇造船海洋（山东）有限公司100米钢材装卸码头（停泊能力2000吨级、设计年通过能力30万吨）和48米成品出运码头（停泊能力5000吨级，设计年通过能力25万吨）通过竣工验收。2010年，434米专用码头竣工验收。

●中交烟台环保疏浚有限公司经营合同额和产值过20亿元。

是月

◆烟台检验检疫局启用船舶自动识别系统（AIS）对出入境船舶实行动态监管。

◆中铁渤海轮渡公司荣获“中国企业新纪录（第十三批）节能减排双十佳企业”荣誉称号，为“减排十佳”企业之一（中国企业联合会、中国企业家协会评选）。

是年

▲“北海救111轮”获2008年度“全国工人先锋号”荣誉。

▲龙口港集团“中非杂货班轮”服务项目荣获2008年度山东省服务名牌称号。

▲烟台打捞局丛培坤、邢思浩被选为北京奥运会火炬手。

▲烟台检验检疫局共检验检疫出入境货物13.69万批，货值118.07亿美元，其中发现不合格3391批，货值16.75亿美元。传染病监测体检1.47万人次，预防接种1.07人次。检疫出入境船舶3108艘次，检疫集装箱24.73万标箱。发现动植物疫情84种，1617次。

2009年

1月

1月1日

●《长山水道船舶定线制》和《长山水道船舶报告制》实施。

●龙口疏港高速公路建设指挥部成立，下设征迁补偿组、工程保障组、安全稳定组、杆线迁移组4个专门小组。

1月5日　烟台打捞局“德翔”“德清”拖带大型海上储油装置“PYRENEES VENTURE”(卡普)顺利抵达青岛港外大公岛附近水域，1月7日交接完毕。被拖船舶总长274.2米，型宽48米，型深23.2米，总吨位81324吨。

1月9日　烟大铁路轮渡烟台、旅顺两地港口工程通过交通运输部竣工验收。

1月15日

●经青岛海关批准，龙口港区公用型保税仓库室外场地迁址24号泊位后方，面积由3.4万平方米扩大到10.4万平方米，1月17日保税铝土矿75257吨进场。

●龙口港集团“中非杂货班轮”服务项目被评为山东省服务名牌，12月9日“龙口港”和“木材全程物流服务”亦被评为山东省服务名牌。

●莱州港保税堆场始建，占地面积4万平方米，投资120多万元，4月15日竣工，本年莱州港二期扩建工程启动。

1月23日　烟台打捞局自筹资金在本局船厂制造的3676千瓦3用拖轮“德沣”轮取得船舶证书，2月3日交接自用。

1月29日　烟台打捞局成功救助搁浅在龙口港外孟家楼村附近浅滩上的驳船“中大1号”，获救财产价值7000余万元。

是月　国家税务总局、中国税务杂志社在北京联合发布2007年度“中国纳税百强排行榜”，龙口港集团有限公司以2964万元的纳税额位列装卸搬运和其他运输服务业纳税百强企业排行榜第46位。

2月

2月2日

●烟台打捞局将沉没在威海山东新船有限公司新建码头边缘的抓斗式挖泥船“交抓106”打捞出水(2008年12月21日开始打捞)。

●救助飞行队将独立运行手册报民航山东监管办。

●青岛港(集团)董事局主席、总裁常德传，董事局副主席、党委书记王论诚一行9人到龙口港集团公司考察，双方探讨和交流港口间的差异化发展、业务合作、体制改革、市场拓展等问题。

2月8日　烟台打捞局自筹资金由本局船厂承制的第一艘3676千瓦“德沣”远洋拖轮交付使用。

2月12日　救助飞行队开始夜航科目训练。

2月20日

●付俊任北海第一救助飞行队党委书记(正处级)。

●烟台港西港区液化罐区22万立方米燃料油储罐开建。

2月25日　经山东省交通厅倡议，青岛、日照、烟台3港口集团在青岛签订战略联盟框架协议。

2月26日

●“振华14号”轮装载上海振华港机(集团)公司制造的4台集装箱岸桥运抵芝罘湾港区，

岸桥起重量65吨，跨距35米，前伸距65米，能装卸11000标准箱以上大型集装箱船。

●“大庆244”油轮满载汽油进靠32号泊位，当船舶进入航道后舵机突然失灵，烟台港引航站立即启动应急预案，协调各方，采取有效应急措施及时处置，避免该危险品船舶搁浅事故发生。

是月

◆烟台港引航站引航员孙本荣被中国引航协会评为“全国优秀引航员”。

◆山东蔚阳水泥有限公司的4000吨/天水泥熟料及6兆瓦余热发电工程、一汽山东（蓬莱）汽车改装厂的汽车工业园项目、蓬莱中柏京鲁船业有限公司的船舶分段生产线、舾装码头及附属设备设施的改造项目被列入2009年山东省企业技术改造重点项目。

◆长岛县局部对外开放，蓬长客港公司对员工进行英语基本会话培训。

3月

3月7日　龙口港区计算机货运信息系统试运行。该系统包含公共信息查询、信息发布、生产动态、船舶申请、内部交流等5个管理模块。

3月8日　香港特别行政区行政长官曾荫权考察中铁渤海轮渡旅顺西站和“中铁渤海2号”渡船。

3月12日　王如政任天津海事局烟台航标处处长，兼任天津海事局烟台航标处党委副书记；钟建军任天津海事局烟台航标处党委书记兼纪委书记，兼任天津海事局烟台航标处副处长。

3月14日　烟台港芝罘湾港区环海路突堤式D5、D6客滚专用码头爆破拆除（码头全长102米，因存在安全隐患废弃）。拆除后，D3、D4泊位回船区增加1倍，便利大型客滚船安全停靠。

3月19日　大风降温，海面风力7—8级，阵风9级，浪高7—8米，3时20分蓬莱籍“冀乐渔103”渔船在唐山附近海域搁浅（北纬39° 05.48′、东经118° 49.36′），船体大量进水，船上8名渔民遇险，驻山东蓬莱和辽宁大连的救助飞行队B-7312中型救助直升机和B-7126大型救助直升机同时出动实施救援，7时20分，8名遇险渔民搭载直升机返回蓬莱。

✦ 大型集装箱岸桥运抵芝罘湾港区/2009年摄

3月21日　澳大利亚力拓矿业集团一行考察龙口港区。

3月22日　12时柬埔寨籍“SHAN TONG”轮在蓬莱距岸约70米处搁浅，船体进水。事发水域北风7到8级，巨浪巨涌。接报后烟台海事局立即协调救助，13时40分“B7312”救助直升机到达现场，救起5名遇险人员。

3月25日　烟台港芝罘湾港区三突堤集装箱码头2号泊位启用。

3月26日　詹天佑奖十周年庆典暨第八届颁奖典礼在国家大剧院召开，中铁渤海轮渡荣获詹天佑奖。

3月27日　蓬莱安邦油港公用型保税仓库举行揭牌仪式。（蓬莱安邦油港有限公司原油专用码头建有1万立方米原油罐13座，3万立方米原油罐2座，总存储量19万立方米。）

3月28日　救助飞行队和烟台海事局、济南

海事局在渤海湾东营水域联合组织实施“春季平安”集中巡航行动。

3 月 29 日 烟台海港机械厂获国家质量技术监督检验检疫总局颁发中华人民共和国特种设备安装改造维修许可证，取得门座起重机 A 级安装维修和门式起重机 B 级维修两项资格。

3 月 31 日 载 5 万吨龙口煤炭的“大业”号货轮从龙口港区启航，时为龙口港区操作的大吨位内贸出口煤炭船舶。

是月

◆栾家口港扩建工程通过省交通厅专家组验收。

◆莱州市祥通船舶代理有限公司成立，经营外籍船舶代理业务。

✦ 渡海车辆开下“渤海珍珠”客滚轮 /2011 年摄

✦“渤海珍珠”轮船员、服务员技术比武 /2009 年摄

4 月

4 月 2 日 龙口港区改造 19 号煤炭码头与原 20 号燃油码头之间护岸，10 月 8 日主体竣工。改造后总长 328.21 米，前沿底标高 -10.10 米，顶标高 +3.30 米，泊位宽度 42 米，1.6 万吨级泊位，编号 20 号泊位。

4 月 4 日 烟台海阳海事处首次开展国际航行船舶进出口岸查验业务，为开往韩国马山港的中国籍“瑞航”轮办理出口手续。

4 月 6 日 中交烟台环保疏浚有限公司购置的 “日照丸”号全回转拖轮抵达烟台港外锚地，更名为“中交通运 1”。3677 千瓦（5000 匹马力），总吨位 180 吨，总长 39.72 米，宽 9.6 米，拖力可达 50 吨。

✦“中交通运 1” 号全回转拖轮 /2009 年摄

4 月 7 日 烟台打捞局“烟救起重 1 号”完成红沿河核电站码头沉箱安装。

4 月 10 日

●山东渤海轮渡股份有限公司“渤海珍珠”轮首航仪式在烟台港芝罘湾港区 D3 码头举行，4 月 13 日开始烟台至大连海运航线营运。山东黄海造船厂制造，全长 163.95 米，型宽 25 米，载车线 2000 米，1571 客位。

●烟台打捞局与武昌船舶重工有限责任公司签订 10000 吨自航打捞工程船制造

合同，船舶设计主尺度为总长128.40米，型宽33米，型深7.8米，吃水深度5.2米，设计航速为9.5节。

4月14日　“京汉烟台”集装箱轮在烟台至仁川航线营运，该航线每周3班增至6班。

4月15日　中国北部海域大风降温，海上东北风持续达到8—9级，阵风10—11级，救助飞行队“B7312、B7313”直升机紧急出动在山东滨州附近海域救助20名被困渔民。

4月16日　烟台打捞局自筹资金在本局船厂开工制造“德渡”100吨浮吊打捞工程船，船舶设计主尺度为船长85米，船宽25米，型深6.8米，设计吃水4米。2010年3月31日，首次采用气囊滚装结合新造“德浮2”半潜驳船下水技术下水，8月10日交付使用。

“德渡”打捞工程船/2010年摄

4月17日　中国航天科技集团公司第5研究所在烟台港避风锚地海域进行“神舟8号”飞船返回舱海上漂浮试验。

4月21日　烟台港至西非班轮航线首航仪式在芝罘湾港区32号泊位举行，贝宁客商、烟台市政府有关部门、口岸部门等出席。

4月23日　烟台市发展和改革委员会批复同意《烟台港汽车轮渡码头改造工程项目可行性研究报告》，建设规模为：将2个5000吨级滚装泊位改造为2个23000吨总载重量客滚泊位。

4月26日　长岛县祥隆公司投资1000万元在长岛县船厂开工建造“和隆号”，航行区域为近海全封闭1000总吨客滚船1艘。

4月28日　烟大铁路轮渡工程通过国家验收。

4月30日　烟台港芝罘湾港区T3、T4股铁路装卸线单项工程通过竣工验收。

是月　蓬莱市京鲁船业二期工程项目列入山东省重点建设项目名单，京鲁船业二期工程总投资7亿多元，2009年计划投资3亿元，项目建成后将形成100万载重吨造船能力。

5月

5月1日　在一次高潮时间内，烟台港引航站引航员完成1艘15万吨级大型船舶出港、1艘15万吨级大型船舶的移泊、2艘15万吨级限于吃水的大型船舶进港靠泊引航任务。

5月2日　13时，长133.74米。宽20.53米的“银河公主”号客滚轮自打捞局码头开往大连途中（烟台港芝罘湾港区外锚地西南角、距小山子5海里处）机舱发生火情，北海救助局“北海救112”轮、“北海救131”轮、救助飞行队直升机B7313和烟台港数艘拖轮联合出动救助，烟港拖14号、19号和20号轮13时45分赶赴现场施救，烟港拖14号主拖“银河公主”轮返港，烟港拖19号轮用消防水炮为“银河公主”降温，烟港拖20号轮监护，16时20分靠泊烟台打捞局码头，98名旅客船员安全脱险，18时40分火情解除。

5月4日　“银河公主”轮停止在烟台至大连间营运。

5月5日

●烟台海事局、烟台市港航局联合调研长岛县海运发展问题。

✦ 烟台海事局与烟台市港航局人员联合查看海上运输安全设施建设情况 /2009 年摄

5月19日　国家发展和改革委员会核准烟台港西港区油品码头工程项目，8月24日交通运输部批准烟台港西港区油品码头工程初步设计，建设1个5万吨级油品泊位（可同时靠泊3000吨级和5000吨级油品船舶），以及相应配套设施，码头长283米，设计年通过能力为280万吨；与防波堤工程建设相结合，同步向北按10万吨级标准实施后续码头工程水工码头，长度353.5米。

●蓬莱市“烟台城峰海运有限公司”在蓬莱港举行开业暨“新峰1号”货轮首航仪式，“新峰1号”载重吨4925吨，可在8级大风海况下航行。

5月7日　寿光市委书记孙明亮，市委副书记、代市长朱兰玺一行67人考察龙口港区。

5月8日　龙口港集团公司与龙口海关举行《关港合作备忘录》签字仪式，总经理孟祥罡和海关关长苗跃学分别签字。

5月10日　山东铁雄能源集团董事长王清涛、淄博市焦化煤气公司总经理冯天甲、青岛市华通能源发展有限公司总经理陈彬一行到龙口港集团洽谈合作事宜。

5月13日　烟台港芝罘湾港区3突堤42号泊位启用。

5月14日　“罗德”轮承载109900吨铝土矿靠泊龙口港区码头，龙口港区首次接卸10万吨级以上船舶。

5月18日　烟台打捞局自筹资金由本局船厂承制的第二艘3676千瓦“德涟”远洋拖轮交付使用。

5月20日　山东渤海轮渡股份有限公司更名渤海轮渡股份有限公司（以下简称渤海轮渡）。

5月21日　烟台市副市长李淑芹一行察看龙口港区。

5月22日　长岛顺航海上旅游客运有限公司投资400万元建造的客船“祥坤5号”开始蓬长航线营运。

5月25日至27日　全国船检会议在烟台召开，交通运输部副部长徐祖远、山东省省长助理周齐、省交通运输厅副厅长迟焕然、烟台市委常

✦ “罗德”轮靠泊龙口港区码头 /2009 年摄

✦ 张江汀（左3）现场察看烟台港客滚中心选址规划 /2009 年摄

委副市长刘树琪出席。

5月26日　山东省人民政府批准龙口港散货堆场工程及龙口煤炭储备配送基地项目工程用海，两项目用海总面积87公顷（1305亩）， 6月1日山东省海洋与渔业厅批复散货堆场工程海洋环境影响报告书。

5月27日　烟台市市长张江汀察看烟台港客滚中心选址规划。

5月29日　烟台港引航站引航员引领长178米海上油驳“Jebense”轮进靠烟台莱弗士船厂小船坞。

5月31日　烟台打捞局与黄海造船有限公司签订10000千瓦起抛锚拖带供应船制造合同，船舶设计主尺度为总长76米，型宽17米，型深7.50米，吃水深度6米，设计航速约为15节。

是月

◆烟台打捞局获山东省富民兴鲁奖状，局长杜柠获山东省“富民兴鲁”奖章。

◆蓬莱市开展境内水域水下遗物、遗迹调查活动。

◆莱州港引航分站经烟台市港航局同意，受潍坊港引航站委托，承担潍坊港引航任务并代为培养4名实习引航员。

◆高速铝合金双体客船“长岛之星”开始蓬莱至长岛海运航线营运，投资500万元，长25米，宽4.5米，型深4.5米，载客180人。

6月

6月2日　烟台市港航局批准栾家口港区2个5万吨级散杂货泊位试运行。

6月4日　受中央宣传部新闻局委托，铁道部宣传部新闻处协调人民日报、人民日报海外版、经济日报、光明日报、工人日报、人民政协报、中国青年报、中央人民广播电台、中央电视台及人民铁道报、人民铁道影视中心等新闻媒体21名记者，对中铁渤海轮渡的企业文化建设经验进行两天专题采访，6月上旬予以集中宣传报道。

6月7日　山东省经济贸易委员会印发《关于印发山东省现代物流业振兴发展规划重点项目的通知》，龙口港集团内地“无水港”建设（二期）

✦ 大新华轮船（烟台）有限公司揭牌 /2009 年摄

项目、保税物流中心项目、数字化港口物流信息平台项目、龙口海达物流有限公司铁路专用线项目、龙口阳鸿海达物流有限公司铁路物料基地工程项目列入其中。

6月8日

●大新华轮船（烟台）有限公司揭牌仪式在烟台东山宾馆举行。

●龙口港区开通至非洲重型车辆滚装海运航线，在16号泊位举行首航仪式。

●烟台水运技工学校更名山东港口工程高级技工学校（烟台港湾职业中等专业学校）。

6月10日　烟台打捞局自筹资金由黄海造船有限公司制造的1100客位/700米车道客货滚装船“德银海”轮下水，10月28日取得船舶证书，11月18日在烟台至大连航线营运。

6月15日　龙口港区煤炭储配项目填海造地围堰工程开工，龙口港集团、山东龙海煤炭储配有限公司共同出资，围堰长度3241米，总造价2900余万元，规划围堰合拢工期6个月，形成陆域面积约1.32平方千米。

6月15日至16日　烟台打捞局“烟救14”救助“济宁1132”船。

6月23日　中国工商银行股份有限公司、烟台港集团、日照港（集团）有限公司在济南山东大厦签《全面银企合作框架协议》。

✦ 龙口港区煤炭储配项目填海造地围堰工程/2009年摄

6月24日　烟台打捞局投资300万元注册成立“烟台鲁辽甩挂物流有限公司”，隶属烟台打捞局港务处，内设综合办公室、业务部、财务部。

6月27日　烟台市港航局举行“2009年烟台市（莱州港）港口设施保安演习”。

6月30日　龙口港集团与中国船舶燃料油供应大连公司签署《保税油转关供应协议》。

是月　烟台打捞局李俊祥、李振伟两位船长获2008年度全国海上搜救先进个人；“德瀚”船获2008年度全国海上搜救先进集体；“德成”获2008年度山东省海上搜救先进集体；烟台打捞局救捞航运处获2008年度山东省海上搜救先进单位。

✦ 龙口港区开通至非洲重型车辆滚装航线/2009年摄

✦ 山东港口工程高级技工学校/2014年摄

✦北海第一救助飞行队队长潘伟/2009年摄

7月

7月1日　上午，救助飞行队首次对山东附近水域航道、航标进行空中巡航监控。

7月2日　龙口港集团、枣庄矿业（集团）有限公司签订共同开发森工项目战略合作协议。

7月8日　烟台市工商局核准注销山东省烟台市地方港务管理局。

7月9日

●烟台海事局同意牟平港区试行部分船舶夜间通航，缓解船舶通航压力。

●龙口港集团、招远市政府签订临港经济发展战略合作框架协议。

7月11日

●山东省发展和改革委员会核准烟台港西港区至淄博重质液体化工原料输送管道工程项目，起点烟台港西港区，途经市经济技术开发区、蓬莱市、龙口市、招远市、莱州市，潍坊市的昌邑市、寒亭区、滨海开发区、寿光市、青州市，淄博市的临淄区、桓台县，东营市的广饶县，滨州市的博兴县和山东潍北农场，终点桓台县，全长424.9公里，管道设计输送重质液体化工原料1500万吨/年。11月5日，山东省发改委在烟台组织召开烟台港西港区—淄博管道项目对接会议，管道沿线5个市及14个县市区的发改部门参加，成立由省发改委牵头的项目协调小组。

●烟台打捞局局西突堤码头工程初步设计通过交通运输部审查。

7月15日　第九次泛黄海中日韩经济技术交流会商务论坛在烟台国际博览中心举行，烟台市港航局局长杜福堂专题演讲，16日部分参加第九次泛黄海中日韩经济技术交流会的代表参观芝罘湾港区三突堤集装箱码头。

7月16日　龙口港集团、华南投资控股有限公司签订澳大利亚至中国山东铁矿砂全程物流服务项目战略合作框架意向书。

7月17日

●救助飞行队队长潘伟获国务院军队转业干部安置工作小组“中央单位模范军队转业干部”荣誉称号，入选“新中国成立60年海洋成就奖”十大海洋人物。

●烟台打捞局与“浙江国宏海运有限公司”签订合同，有偿转让“银河公主”客滚船，8月5日签订交接船议定书。

●蓬莱市遭暴雨，洪水夹带泥石冲进蓬莱西港区致道路淤塞，蓬长客港公司组织干部职工清除，保障正常通航。

●17日夜，龙口市遭遇50年来最强暴雨袭击，龙口开发区环海中路和龙口港区内低洼处积水严重，龙口港集团组织员工排涝，18日中午码头恢复生产。

7月23日

●12时30分，渤海轮渡“渤海玉珠”客滚轮自芝罘湾港区D2码头启航，开始烟台至大连航线营运。船长163.95米，型宽25米，载车线2000米，定员1571人。

●青岛海关批准成立蓬莱港有限公司公用型保税仓库，2009年8月18日挂牌营业。仓储面

积3万平方米，经营铝矾土、铁矿石、镍铁矿、化肥、水泥及熟料等商品的保税仓储业务，可一次性堆存货物约50万吨。

7月24日　驻烟台航务军事代表办事处选用双体高速客船运送新兵，总后军交部二运局局长李天宏、军区联勤部军交运输部部长陈汉春等现场观摩。

7月26日　烟台打捞局开始解体打捞沉没于东营海域的“华勇起重6号”，9月11日完成艏部部分船体吊运。

7月28日　莱州港引航分站引航员引领朝鲜籍“吉松5”货轮驶进潍坊港。

7月30日　中华全国总工会副主席、书记处第一书记孙春兰到中铁渤海轮渡公司旅顺西站及“中铁渤海1号”渡船察看。

7月31日　烟台市市长张江汀带领烟台市直有关部门和单位负责人到烟台港西港区建设现场观看并召开会议，要求进一步强化组织领导和协调调度，推动港口建设和临港产业协调健康发展。

是月

◆长岛县长丰油轮运输有限公司投资1500万元购置一艘3000吨成品油运输船营运。

◆“长通9”危险品滚装船开始蓬莱至长岛营运。投资700万元，船长49.9米，宽12.98米，深3.25米，总吨位491吨，航速10.5节，可装载14辆载重5吨汽车。

◆烟台检验检疫局从三批近1万株进口韩国大花蕙兰中检出检疫性有害线虫长针属线虫和大花蕙兰叶枯病，这是烟台口岸首次从进境花卉检出检疫性有害生物，烟台检验检疫局依法对上述3批韩国大花蕙兰监督销毁，对花卉存放场所及可能被污染的场地实施消毒杀虫处理。

8月

8月2日　12时“金玫瑰”沉船水下爆破成功，爆破后现场出现少量油污水，施工单位立即应急处置，“金玫瑰”轮2007年5月12日沉没于烟大客滚航路的老铁山—成山头习惯航路附近。

8月4日　交通运输部救捞系统海上值班待命和救助工作实行分区负责原则，北海救助局、救助飞行队共同负责绣针河口（北纬35°05′10″、东经119°18′15″）至平山岛北端（北纬35°08′30″、东经119°54′30″）的连线和北纬35°08′30″纬度线以北水域。

8月6日　烟台港客运总公司单日旅客出口量11540人。

✦“渤海玉珠”客滚轮/2009年摄

8月7日

●烟台打捞局船厂为广州打捞局制造的2只1200吨、4只800吨浮筒完工交接。

●9时30分，龙口引航分站引航员引领“EUPHONY ACE”轮靠妥龙口港区11号泊位，该轮长199.95米，宽32.32米，总吨58631吨，净吨17590吨，净空高度38米，最大高度45.2米，共有车位5000个，系大型滚装船首次挂靠龙口港。

8月8日　潍坊森达美港总经理刘秀丽一行考察龙口港区。

8月10日　龙口港区10万吨级航道拓宽工程可行性研究报告获山东省发改委批复，10万吨级单向航道自200米拓宽至300米，设计底高程为-16.0米，航道全长11.5公里，拓宽后能够满足2万吨级船舶双向和乘潮10万吨级船舶双向通航要求。总投资42701万元，工期2年。

8月11日　交通运输部交通战备办公室（交通战备办公室简称交战办）、交通运输部救助打捞局主办的北海海域国防动员海上搜救演练在烟台海域举行，北海救助局、烟台打捞局、救助飞行队承办。国家交战办、交通运输部交战办、交通运输部救捞局、海军交战办、北京军区交战办、济南军区交战办、广州军区交战办、交通运输部海事局交战办、烟台市政府等单位70余人观摩。

8月12日　烟台中交航务工程公司取得中华人民共和国建设部颁发的“港口与航道工程施工总承包壹级”资质证书。

8月13日　山东省发展和改革委员会批复同意龙口海域公用锚地工程可行性研究报告，设龙口海域公用锚地8块，总面积79.8平方公里，建设工期1年。12月31日，山东省交通运输厅、山东省发展和改革委员会联合批准《龙口海域公用锚地工程初步设计》。

8月14日　海阳港区一期扩建工程3000吨级工作船码头试运营，2011年1月25日海阳港区一期扩建工程通过竣工验收，实际建成1万吨级杂货泊位2个，5千吨级杂货泊位1个，出运专用泊位1个，核定年通过能力166万吨。

8月14日至16日　大新华轮船（烟台）有限公司购买“大新华烟台、大新华黄埔”轮自菲律宾抵达黄埔桂山锚地，两船载重同为45696吨，载箱量2680标准集装箱，航速19节。8月29日，“大新华黄埔”在营口港、“大新华烟台”在广州黄埔港开始营运。

8月21日　非洲投资网主席王文明、乌干达华人商会会长郭栋一行考察龙口港区，交流中非物流论坛合作事宜。

8月24日　新加坡康基集团“科罗拉”轮载6.5万吨轻质原油靠泊龙口港区21号码头卸

“大新华黄埔”轮/2009年摄

中华人民共和国

油，是龙口港区公用型保税堆场运行后首船进口保税原油。

8月25日

●烟台市委、市政府召开港口发展座谈会，烟台市委书记、市人大常委会主任孙永春到会提要求，烟台市领导王秀臣、刘树琪、于爱军、刘延林出席会议。

●牟平区对牟平港区功能调整，取消危险品运输中转功能，油气罐区整体拆除，逐步调整散货运输功能，重点发展旅游客运。

8月25日至27日　山东省港航系统第三届劳动技能竞赛轮胎式起重机竞赛项目在烟台港芝罘湾港区进行。

8月28日　烟台打捞局自筹资金由本局船厂制造的4000HP1号“德滨”全回转拖轮交付使用。

8月31日　龙口港集团运作首单保税油供应业务，大连中船燃保税油供应船在龙口港区补给烟台通力公司“宝石”轮保税燃料油430吨，柴油10吨。

是月

◆长岛县撤销港航管理局，成立长岛县港航事业管理处（正科级单位），内设办公室、水运监管科、港口监管科、安全科。

◆“北海救113”救助船建造完工，总吨位3860吨，主机台数/功率2/4500千瓦，拖力103.3吨，总长99米，型宽15.20米，型深7.6米，航速20.15节。

9月

9月6日　凌晨，受强冷空气影响，中国北部海域大风降温，海面风力7—8级，阵风9—10级，山东威海一家公司所属5000吨货船“太和九”轮不堪风浪袭击，在河北京唐港以南30海里海域进水右倾，救助飞行队派出两架直升机实施救助，12名遇险船员转危为安。

9月7日　国务院印发《关于同意设立烟台保税港区的批复》，烟台保税港区获准建设。（继上海洋山、天津东疆、大连大窑湾、海南洋浦、宁波梅山、广西钦州、厦门海沧、青岛前湾、深圳前海湾、广州南沙、重庆两路寸滩、江苏张家港之后中国第13个、山东省第二个保税港区，按照“功能整合、政策叠加”要求，以出口加工区和临近港区整合转型升级形成保税港区。规划面积7.26平方公里。）

9月8日　“2009山东（烟台）海上搜救演习”在“中铁渤海3号”渡船举行，山东省海上搜救中心主办、烟台市海上搜救中心承办，参演单位包括烟台海事局、北海救助局、救助飞行队、烟台打捞局、中铁渤海轮渡、烟台港公安局、烟台市气象局、烟台市卫生局等，参演力量包括1架搜救直升机、7艘船舶、6台车辆和300名人员，山东省政府、山东海事局、交通运输厅港航局、北海

✦“北海救113”救助船/2009年摄

海上联合搜救演习 /2009 年摄

直升机防恐演练 /2009 年摄

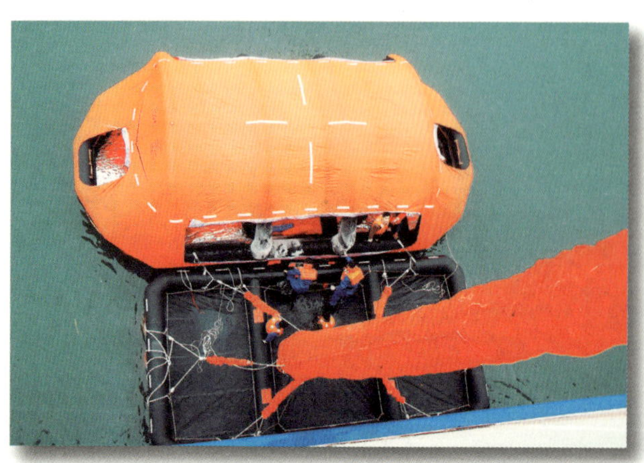

垂直式海上撤离装置 /2007 年摄

救助局等 40 多个单位人员现场观摩。

9 月 9 日

●莱州港区 10 万吨级码头及航道工程启动。

●烟台打捞局自筹资金由本局船厂承建的第 3 艘 3676 千瓦“德渝”远洋拖轮交付使用。

9 月 10 日　山东联合能源管道输送有限公司注册成立，系烟台港集团有限公司所属法人独资公司，注册资本 1 亿元，主要从事组织输油管道、重质液体化工原料管道的建设、经营；与管道输送业务相关的仓储设施建设、经营。

9 月 16 日　龙口港集团、上海中谷新良海运公司合作开通龙口—黄埔集装箱直达航线。

9 月 21 日　烟台仁海货运有限公司注册成立，注册资本 50 万元，为烟台港集团有限公司和烟台市弘昊商贸有限公司共同投资，烟台港集团有限公司占 80%，主要从事国际海运集装箱站与

渡船安全垂直撤离演练 /2009 年摄

✦ 烟台海港医院医疗综合大楼 /2014 年摄

✦ 龙口港区“百年史诗”浮雕 /2011 年摄

堆场业务；货物装卸、货物运输代理服务（不含运输）商品及技术的进出口等业务。

9 月 25 日　蓬莱仙阁海上旅游客运有限公司成立，管理员 7 人，从业人员 82 人，旅游船 41 艘，328 个客位，从事蓬莱阁水城海上观光旅游营运。

9 月 27 日

●烟台海港医院医疗综合大楼启用，建筑面积 3 万平方米。（2006 年 2 月 16 日开工建筑，址在芝罘区幸福路 100 号。）

●龙口港区世纪文化苑建成。占地面积 15.8 万平方米，核心建筑是 1919 年落成的栈桥码头，有主雕塑“世纪之门”，浮雕“百年史诗”等。

9 月 30 日　烟台港公安局全国特级优秀人民警察李正云赴北京参加国庆六十周年庆典。

是月

◆赵希康任蓬莱海关关长、党组书记。

◆烟台海事局统计全市注册船员 6054 名，航海院校在校生达到 4000 人，上半年外派海船船员 2283 名。

10月

10 月 10 日　沉没在距烟台港 12 海里 2 号锚地附近海域的“畅通”轮艉段被打捞出水，烟台打捞局工程利用拉力千斤顶起浮沉船，利用陆地非开挖技术机械攻打千斤洞，创国内应急抢险打捞新技术。

10 月 12 日

●大新华轮船（烟台）有限公司购买“大新华营口”轮在黄埔南沙交船，长 242.25 米，宽 32.2 米，型深 19 米，航速 21 节，总重 37235 吨，可装载 2954 标准集装箱，1990 年 9 月韩国三星

✦ “畅通”轮艉段被打捞出水 /2009 年摄

船厂制造。10 月 22 日，自里南沙码头开始营运。

●烟台打捞局“德成”轮救助“渔航 518”船。

10 月 22 日　烟台市经济技术开发区管理委员会、烟台港集团在烟台港西港区签共同推进西港区建设合作协议。

10 月 24 日至 25 日　龙口港集团承办 2009 首届中非物流与采购发展论坛，全国政协常委、经济委员会副主任委员、中非民间商会会长胡德平，中国港口协会常务副理事长曹忠喜，交通运输部水运局副局长杨赞，交通运输部国际合作司副司长李光灵，海关总署监管司副司长孙荣燕，贝宁驻华使馆一等参赞索努纳美托·埃比法纳，刚果（布）驻华使馆经济参赞恩格马·费利克斯，肯尼亚驻华参赞赛拉斯·齐拉古，安哥拉驻华大使特别代表曼松吉·西蒙，青岛海关，山东省交通运输厅，山东省交通运输厅港航局，烟台市政府，烟台市港航局，烟台市国有资产监督管理委员会，龙口市委，烟台市交通局，烟台市对外贸易经济合作局及知名航运企业、参与非洲建设的中字号企业、省内外大型制造业和建材企业界代表、物流与采购行业专家等 230 人出席，龙口市委副书记、市长李永乐主持，烟台市港航局副局长吴东有、龙口港集团总经理孟祥罡专题演讲。

✦龙口港集团总经理孟祥罡专题演讲 /2009 年摄

10 月 27 日　烟台打捞局“烟救 13”清理比利时籍散货船“LOWLANDS PROSPERITY”溢油。

10 月 28 日

●烟台港液化码头有限公司成立，注册资本 2000 万元，为烟台港西港区发展有限公司所属法人独资公司，主要从事液体化工产品的装卸和储存。

●烟台港集团、韩国仁川港签物流合作谅解备忘书。

10 月 29 日　烟台市 2009 年度海上搜救业务培训班在龙口市举行，来自全市各县市区相关单位以及海事、救助、海洋、边防等 24 个单位 40 余名搜救协调员参训。

10 月 30 日

●交通运输部救捞局调派国内先进海上大型专业救助直升机 B712G 列编救助飞行队。

●烟台打捞局自筹资金由本局船厂承建的 4000HP2 号“德河”全回转拖轮交付使用。

是月

◆烟台局检验检疫人员从一批来自莫桑比克的斯图崖豆木材中截获在国内尚未分布的棕异翅长蠹［Heterobostrychus brunneus（Murray）］和镰叉尾长蠹（XyLion faLcifer Lesne），且在山东省内均为首次截获。同时，还截获蜥蜴、毒蜘蛛等活体生物，依法对该批货物进行熏蒸除害处理。

◆全钢结构模块项目在巨涛海洋重工有限公司开工建设，该项目是澳大利亚中信泰富矿业管理有限公司用于海水淡化工程的整体模块，其生产安装技术工艺具有制造周期短、造价低等特点。

11 月

11 月 4 日　力拓集团全球商务副总裁克雷格、亚洲区市场和销售副总裁布鲁诺一行参观考察

龙口港区。

11月6日　北海救助局、救助飞行队、山东省海洋与渔业厅签订建立海上应急救援联动机制的协议，交流信息、资源共享、优势互补、注重实效、稳步推进为原则，积极合作，共同做好山东海上突发遇险事故应急救援处置，山东省海洋与渔业厅副厅长王守信、北海救助局局长迟双龙、救助飞行队队长潘伟分别在协议书上签字。

11月8日　烟台打捞局“德浩”轮救助“鲁威渔3325”船。

11月11日　龙口港区3个10万吨级通用泊位工程设计通过行业审查，2010年4月9日工程海洋环境影响报告书和海域使用论证报告通过评审。

11月12日　“甘泉”轮船员在龙口港区救助1名落水朝鲜籍船员。

11月15日　大新华轮船（烟台）有限公司购买“大新华常熟”轮营运，长232.5米，宽32.2米，型深19.7米，航速18.5节，总重37410吨，可装载2668标准集装箱，1990年7月韩国三星船厂制造。

11月16日　烟台打捞局“德涟”轮救助“冀丰渔6138”船。

11月17日至18日　“北海救196、北海救131”轮救助满载铁矿砂朝鲜籍沉没货轮“JISONG 5”轮14名遇险船员，打捞3名遇难者遗体和部分救生设备。

11月18日　烟台打捞局举行建港十五周年暨“德银海”轮首航庆典仪式。

11月19日　“银星”轮在龙口港区卸载3.3万立方米新西兰辐射松，是龙口港集团所属龙口海达物流有限公司与烟台龙强贸易有限公司共同开发海外市场首笔业务。

11月20日　烟台打捞局自筹资金由本局船厂承建的第4艘3676千瓦“德淳”远洋拖轮交付使用。

11月23日　《大连港集团与龙口港集团战略合作框架协议》签署。

11月25日　烟台蓬长客港有限公司属长岛港港务有限公司取得危险货物港口作业许可证，运输物品种类包括：汽油、柴油、氧气、乙炔、酒精、油漆。

11月 27日

●烟台港集团董事长周波会见台湾台中港务局局长王俊友一行。

●龙口港进港铁路工程通过山东省发改委组织的竣工验收。

11月29日　德大铁路（德州至潍坊大家洼站）和龙烟铁路新建工程同时开工，德大铁路自京沪线黄河崖站引出，经德州陵县、临邑县、济南商河县、滨州惠民县、阳信县、东营利津县、潍坊寿光市至大家洼站，正线全长256公里。龙烟铁路自龙口西站经蓬莱市、烟台市经济技术开发区至蓝烟铁路珠玑站，新建线路全长约113公里。

是月　货滚船“长通10”营运。长58米，宽11.6米，深3.8米，载车19辆，投资700万元。

12月

12月5日

●烟台港集团蓬莱港有限公司5万吨级8号码头试运营。

●香港籍货轮“阿夫拉托斯”（AFF1ATUS）威海海域遭遇大风，走锚触礁搁浅，机舱进水，北海救助局“北海救111”轮、救助飞行队“B7312”救助直升机救援，全部中外人员27人获救。

12月8日

●18时，“新吉祥6号”自台湾高雄港满载1500吨钢材驶入芝罘湾港区，是继2008年

船机救助“阿夫拉托斯”号货船中外人员 /2009 年摄

台湾“新吉祥 6 号”轮靠泊芝罘湾港区 /2009 年摄

12 月 15 日海峡两岸海运直航后烟台港接卸第一艘台湾籍货船。

●烟台打捞局开始“AFF1ATUS”救助工程（至 2010 年 5 月 23 日结束）。

12 月 11 日

●烟台打捞局水下探摸“神箭 361”运沙船。

●中交烟台环保疏浚有限公司承建阿联酋拉斯海马酋长国胡雷拉疏浚工程开工。

12 月 14 日　烟台港西港区防波堤一期工程竣工，全长 1638 米。

12 月 17 日　停航 6 年的蓬莱至旅顺客滚航线复航，由渤海轮渡属“英华”“宝华”轮两地对开营运。

12 月 18 日　龙口港集团与龙矿集团共同投资建设的山东龙口煤炭储备配送基地运营。（山东龙海煤炭配送有限公司）

12 月 19 日　烟台港集团、宝钢集团有限公司、中海集团投资有限公司、宝钢资源有限公司、中海码头发展有限公司、国投交通公司举行发起人协议暨股份公司章程签字仪式，共同发起设立烟台港股份有限公司，股份公司总出资额 51 亿元，注册资本 33.66 亿元。

12 月 20 日　烟台市港航局、烟台港集团获济南军区国防动员委员会军事交通运输工作正规化建设先进单位。

12 月 24 日

●烟台市港航局党委书记、局长杜福堂获人力资源和社会保障部、交通运输部“全国交通运输系统先进工作者”荣誉称号，龙口港集团获先进集体。

●8 时 58 分，龙口港煤炭储配项目围堰工程合拢，6 月 15 日开工。

12 月 26 日　烟台潮水国际机场开建。

12 月 28 日

●蓬长客港公司领导成员调整，杨金聪任董事长，龚磊任总经理。

阿联酋拉斯海马酋长国胡雷拉疏浚工程 /2009 年摄

✦烟台港股份有限公司发起人协议暨公司章程签字仪式 /2009 年摄

●中国海员建设工会、交通运输部交通安全委员会授予烟台港轮驳公司烟港拖 15 轮“2009 年全国水运系统安全优秀船舶”称号，授予烟台港联合港埠公司灌装公司包装队维修班、龙口港集团港埠分公司固机队修理 2 班“2009 年全国水运系统安全优秀班组”称号。

12 月 29 日

●龙口港集团有限公司董事会聘任张海军为龙口港集团有限公司总经理，任期三年。

●烟台市发展和改革委员会批复同意《烟台港芝罘湾港区客滚中心工程可行性研究报告》，选址芝罘区西港池码头及陆域区。建设面积 72900 平方米。

12 月 31 日

●烟台港股份有限公司注册成立。

●上午，龙口港集团新置“龙港拖 26”交付使用，该轮为功率 3678 千瓦的全回转拖轮，适航Ⅱ类航区，航速 13 节，续航能力 1300 海里。

是年　烟台检验检疫局检验检疫出入境货物 14.17 万批、货值 98.07 亿美元，其中检出不合格 3952 批、货值 14.86 亿美元。传染病监测体检 1.11 万人次，预防接种 8022 人次。检疫出入境船舶 2781 艘次，集装箱 23.91 万标箱。发现动植物疫情 104 种，1447 次。

2010 年

1 月

1 月 1 日　烟台海事局执法支队独立开展海事行政执法业务。

1 月 2 日　救助飞行队“B7312”直升机在龙口港区西南 8.5 海里处救助遭风浪船舱进水的“金旺 158”运砂船 7 名船员。

1 月 5 日　烟台港股份有限公司第一届董事会第一次会议选举纪少波为董事长，聘任孟祥罡为总经理。自 2010 年 1 月 1 日起，各任期 3 年。

1 月 6 日　烟台海事局全部事业费（包括航政经费、VTS 运行费、港口建设费）均实行国库

✦ 烟台港西港区防波堤一期工程 /2009 年摄

✦ 烟台海事局执法巡航 /2010 年摄

集中支付管理制度。

1月12日　救助飞行队“B7312”直升机救助长岛县一名突发心脏病病人，翌日又在滨州海域救助被冰凌围困的“三力1号”工程船6名遇险船员。

1月14日至17日　交通运输部港口设施保安年度核验检查组验收中海港务（莱州）有限公司港口设施保安符合证书、《港口设施保安计划》。

1月15日

●烟台海关为中国石油国际事业有限公司代理出口的7400吨政府援助朝鲜尿素办理紧急通关手续。

●蓬莱斯瑞尔重工3000吨级出运泊位试运行。

●渤海轮渡斥资15亿元制造4艘国际豪华客滚船舶技术研讨会在威海石岛召开，30多名专家研讨国际豪华客滚船设计方案细节，签订《国际豪华邮轮研发项目合作备忘录》。

1月16日

●烟台港股份有限公司揭牌。山东省委副书记、省长姜大明发贺信。

●莱州诚源海运有限公司投资6000万元，购买1艘14600载重吨散货船。

烟台港股份有限公司揭牌 /2010年摄

1月21日　“安山”轮进港时在港池内主机失灵，22日“彩虹”轮出港时在航道内主机失灵，烟台港引航站都及时应对，避免事故发生。

1月22日　救助飞行队“B7126”直升机救助长岛县砣矶镇1名73岁股骨头粉碎性骨折妇女。

1月23日　救助飞行队“B7313”直升机在大连以南70公里处救助“辽大甘渔15085”上一名胳膊折断船员。

1月24日　救助飞行队“B7126”直升机救助长岛县大钦岛一名突发脑淤血62岁男子。

1月25日　救助飞行队“B7312”直升机在蓬莱市安邦港外1海里处，救助1艘搁浅渔船上的一名船员。

1月27日　“烟台中交航务工程有限公司”更名“山东中交航务工程有限公司”。

1月31日

●渤海轮渡“渤海宝珠”轮自环海路客运站D3码头启航，开始烟台至大连海运航线营运。系该公

“渤海宝珠”客滚轮 /2011年摄

救助香港籍“阿弗拉特斯”货轮 /2010 年摄

司投资制造 6 艘大型豪华客滚船的第五艘，总吨 24024 吨，总长 163.95 米，宽 25 米，拥有 2000 米车道线，载客 1571 人。

●救助飞行队青岛救助飞行基地启用，救助飞行有效覆盖连云港以北至威海海域。

是月

◆烟台打捞局救助香港籍“阿弗拉特斯”货轮。

◆救助飞行队在大连基地独立完成 B-7313 直升机 1250 小时定检工作。系第一次在基地完成定检。

2月

2 月 1 日　经山东省商务厅批准，烟台东龙国际集装箱码头有限公司股东国投交通公司、烟台港集团有限公司分别将持有的 20% 股权转让给烟台港股份有限公司。股权转让后，烟台港股份有限公司占注册资本 40%，国际集装箱码头服务（香港）有限公司占注册资本 60%。3 月 1 日烟台东龙国际集装箱码头有限公司注册资本由 60000 万元增至 93000 万元，增资后双方股权比例不变。

2 月 2 日　烟台打捞局“德渝”轮救助“富通 6”船。

2 月 3 日　救助飞行队“B7312”直升机救助长岛县大钦岛一名发生车祸、颅内出血村民。

2 月 4 日

●栾家口港区 15 号、16 号、17 号泊位工程可行性研究报告通过省交通运输厅组织的专家评审。

●救助飞行队“B7313”直升机在大连领海线以外救助“辽庄渔 65285”上一名胳膊折断船员。

2 月 6 日　中远航运股份有限公司“大紫云”轮在芝罘湾港区 42 泊装载石材、设备 1.5 万吨赴天津后驶往荷兰鹿特丹等港口。

2 月 10 日　龙口兴龙船舶服务有限公司成立，经山东省交通厅港航局批准为船舶残油、污水专业处理经营公司。

“大紫云”轮靠泊芝罘湾港区装载货物 /2010 年摄

2月13日　烟台港引航站安全引领载铁矿石17.6万吨的香港“河北勇士”轮靠泊烟台港芝罘湾港区65号、66号泊位。系超大型矿船，长333米、宽60米，吃水14.80米，25.89万载重吨。

2月24日　烟台打捞局“德渝”轮救助“利通57”船。

2月25日　权良宝任烟台市交通运输局局长。

2月27日　救助飞行队“B7126”直升机救助长岛县大钦岛一名因风浪停船不能出岛脑血栓病人。

是月　长岛县常丰油轮公司投资2500万元，购置一艘3652载重吨的1级油轮“常丰油1号”。

3月

3月3日至4日　烟台打捞局“德渝”轮救助“天羚”船。

3月6日　救助飞行队“B7126”直升机在威海海域救助机舱进水、有倾覆危险的“富强608”轮6名遇险船员。

3月7日　救助飞行队“B7312”直升机救助长岛县北隍城岛一名突发心脏病妇女；3月12日，救助长岛县砣矶岛一名胎儿脐带缠绕、急需救治孕妇；3月12日，“B7126”直升机在长兴岛以北海域救助1艘进水坐底渔船上的5名遇险船员；3月16日，“B7126”救助长岛县大钦岛一名突发脑淤血病人。

3月8日　船舶总长292米，吃水18.33米超大型矿船“邦德”轮首航烟台港，时值气象海况恶劣，烟台港引航站连续几个昼夜密切观察气象、海况、潮汐情况，抓住气象海况变化有利时机，将该轮安全引领进港，船东中国五矿集团送锦旗表示感谢。

3月17日

●烟台港西港区大型深水矿石码头开建，建设大型、深水、专业化矿石、煤炭泊位各1个，配套堆场、桥式抓斗卸船机、皮带输送机等专业设备设施，建设工期2年。

●龙口港集团、浦海航运有限公司合作开通龙口至锦州直达集装箱航线。

●未申请引航的“向宁”轮在27号灯浮北侧搁浅，烟台港引航站及时排除险情。

3月18日　青烟威荣城际铁路开建（青岛—烟台—威海—荣成），正线长度299.18公里（其中利用既有胶济线13.3公里），总投资371.3亿元，为客运专线铁路，正线数目为双线。项目设计时速250公里，预留每小时350公里，建成后将实现青烟威三地1小时互通。

3月19日

●“好友”轮龙口港区装载5290吨朝鲜

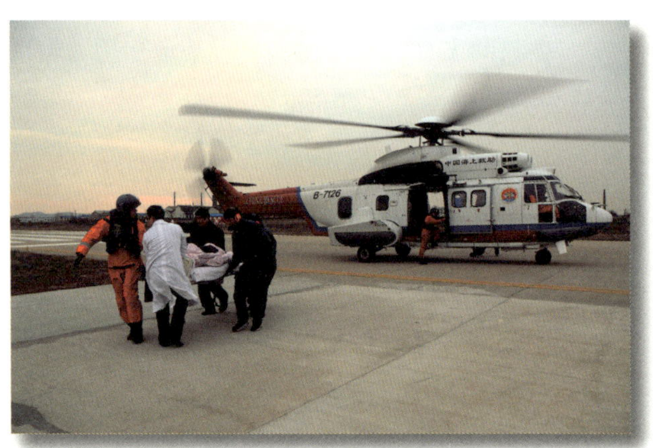

✦ 病危岛民被迅速转往医院 /2010年摄

✦ 香港“河北勇士”轮靠泊烟台港芝罘湾港区卸载 /2010年摄

煤炭转口韩国。

●交通运输部海事局常务副局长陈爱平到烟台航标处查看工作，烟台航标处书记钟建军陪同。

✦钟建军（左）向部海事局常务副局长陈爱平汇报工作/2010年摄

3月20日

●山东省省长姜大明察看莱州港区。

●龙口港区2个5万吨通用泊位、2个2万吨多用途泊位和滨港液体化工泊位通过竣工验收。

●龙口港集团、永晖集团控股有限公司选煤厂项目签约，项目占地约6.6公顷，总投资2.5亿元。永晖集团在龙口港区建设运营1座400万吨/年，规划发展到1000万吨/年的煤炭洗选工厂，建设周期7个月。

3月23日　交通运输部海事局组织辽宁、河北、天津、秦皇岛、山东海事局防污染专家14人赶赴长岛，实地查看长岛海域油污染情况，采集油污样品，并就应急防范和后续处理与地方政府座谈沟通。烟台海事局副局长张杰平参与。

3月26日

●烟台港公安局民警曲东获全国公安机关爱民模范称号，受到党和国家领导人胡锦涛、温家宝等接见。

●烟台海关对益海（烟台）粮油有限公司申请内销的31131吨、价值6285万元的菜籽粕征税1173万元，时为最大一笔副产品内销征税。

3月27日　蓬莱东港区8号泊位接卸马耳他籍货轮“大洋洲”轮（长229.98米，宽32.2米，最大吃水13.4米），载67569吨铝矾土。

3月29日　救助飞行队“B7126”直升机在莱州海域救助“兴航海118”轮一名脚被绞断船员。

3月30日

●烟台环球码头有限公司股东烟台港集团有限公和中海码头发展有限公司分别将其股权转让给烟台港股份有限公司，股权转让后，烟台港股份有限公司占注册资本67.5%，DP WorLd China (Yantai) Limited占注册资本32.5%。

●烟台打捞局自筹资金由本局船厂承制的第五艘3676千瓦“德济”远洋拖轮交付使用，“德济”轮采用预舾装技术。

是月

◆长岛县长通旅运公司投资950万元，新置“长通12”滚装货轮，长49.99米，型宽12米，型深3.5米。

◆烟台检验检疫局在烟台口岸从一批美国进境大豆中同时截获假高粱、黑高粱、豚草、三裂叶豚草和曼陀罗等5种检疫性有害生物，其中首次截获有毒生物曼陀罗。

4月

4月2日

●救助飞行队“B7313”直升机在大连东南海域救助“辽大旅渔55089”渔船2名受伤渔民，翌日又在大连夏家河子海域救助3名乘皮筏出海后无法靠岸的大学生。

●烟台海关保税仓库视频监控联网基本完成，烟台海关保税仓库视频监控中心试运行。

4月7日

●烟台港引航站引领无动力巴拿马籍大型散货船“海上先锋”轮安全靠泊芝罘湾港区码头，船长273米，高22米，宽43米，满载吃水17.5米。

●救助飞行队“B7312”直升机救助长岛县

大钦岛1名患急腹症62岁男性岛民，4月9日又救助长岛县北隍城乡1名急性胃出血妇女。

4月9日　龙口港区27号、28号、29号通用泊位工程海洋环境影响报告书和海域使用论证报告通过评审。

4月13日　救助飞行队“B7313”直升机在大连附近海域救助沉没“上源9”轮9名船员。

4月15日　大新华轮船（烟台）有限公司、香港丰年公司合作开通中国华南区域至泰国/越南航线（TVH），挂港顺序：香港—蛇口—林查班—曼谷—林查班—胡志明—香港，双方各一艘1300个标准集装箱船舶。

4月19日　《莱州港区总体规划》通过交通运输部和山东省人民政府联合审查。

4月21日　《烟台港蓬莱东港区总体规划、烟台港栾家口港区总体规划》通过交通运输部和山东省人民政府组织的专家评审。

4月24日　烟台市港航局《关于变更长岛顺航海上旅游客运有限公司经营资质的批复》，从“小型旅游船运输企业”升为“经营市内沿海普通客船运输企业”。

4月27日

●烟台打捞局“德成”轮救助“鲁垦渔1109”船。

●救助飞行队“B7312”直升机救助一艘失去动力漂泊渔船上一名船员；4月29日，在威海东北海域救助“辽庄渔运55099”渔船上一名脚踝断裂渔民；4月30日，在威海东南海域救助“辽营渔35737”上一名头部受伤渔民。

4月28日　塞拉利昂籍外轮“金龙”出莱州港避风，锚泊时走锚搁浅，莱州引航分站经6小时奋战使该轮脱浅。

是月

◆中海港务莱州有限公司投资4.3亿元扩建莱州港区5万吨级航道工程获交通运输部审批。

◆烟台打捞局申请的“一种海上沉船的打捞方法”发明专利获国家知识产权局专利局受理。（“畅通”轮打捞工程中，利用计算机控制多台千斤顶同时或单独受力提升沉船的打捞工艺，系烟台打捞局首次申请发明专利。）

5月

5月1日

●中交烟台环保疏浚有限公司承建的阿联酋沙迦迪芭港二期疏浚吹填工程开工。

●救助飞行队“B7312”直升机在威海南部海域救助“辽大金渔85151”一名头部受伤、双腿折断渔民；救助北隍城岛一名肠梗阻老年妇女。同日“B7313”直升机在海洋岛东南海域救助“鲁荣渔1849”一名被钢丝绳击伤昏迷渔民。

救助利比里亚籍“SEA SUCCESS”（海盛）货轮/2010年摄

5月2日

●大新华轮船（烟台）有限公司与RC1 合作开辟华东泰越线RBC，自泰国北上营运。

●救助飞行队“B7313”“B7126”直升机在成山头东北约27海里处救助相撞的两艘香港籍货轮“Sea success” 和“bright century”23名遇险船员。

5月3日至28日　烟台打捞局救助利比里亚籍“SEA SUCCESS”（海盛）货轮。

5月6日

●由原中共中央政治局委员、书记处书记、中央军委副主席张万年倡导并题写碑铭的“八路军挺进东北渡海出发地”纪念碑在蓬莱北沟镇聂家村北海滨落成。张万年出席纪念碑揭幕仪式。

●救助飞行队“B7312”直升机救助长岛县大钦岛一名脑溢血老年妇女，5月8日又救助北隍城岛一名脚被铁丝缠伤妇女。

5月7日　龙口市港航局批准烟台南山游艇俱乐部有限公司筹建旅游船经营项目，龙口市海上旅游开发启动。

5月11日　中海港务莱州有限公司、深圳赤湾港航股份有限公司达成合资经营协议，深赤湾港航有限公司注资8亿元，合作建设莱州港区。

5月14日　国家安全监管总局第四督导调研组监管三司监察专员王海军、省安监局危化处、烟台市安监局一行到龙口港集团调研危化品安全管理。

5月16日至27日　SRT公司（美国特别反应专业培训公司）在救助飞行队蓬莱基地进行飞行救生技术交流培训，飞行员、空勤员19人参加。

5月18日　大新华轮船（烟台）有限公司董事会表决徐伟勇任董事长。

5月20日

●海阳港区第一台40吨多用途门座式起重机进港，海阳港具备集装箱作业能力。本年海阳港区货物吞吐量达到151万吨。

●烟台港集团通过国家石油战略储备招标，承担国家储油任务。

5月24日

●龙口港集团西部转水码头建成启用，羊口港8号码头接卸魏桥集团2700吨铝矾土。

●龙口市民营兴隆航运有限公司万吨级散货船“道恩7”营运。

5月25日　烟台市政府国有资产监督管理委员会批复同意龙口港集团出资参股山东寿平铁路有限公司，11月19日山东寿平铁路有限公司创立，注册资本18亿元，由山东省地方铁路局、龙口港、桓台县兴桓铁路投资有限公司、邹平县铁路筹建处、山东焦化企业集团实业有限公司、山东华泰集团有限公司共同出资组建，主要建设和经营寿平铁路。

5月27日　长岛县龙兴油轮公司光租长岛龙庆船务有限公司“龙庆158”轮营运。

5月28日　渤海轮渡斥资15.8亿元制造4艘国际客滚船开工仪式在黄海造船有限公司举行，交通运输部发贺电，山东省交通运输厅，中国船级社青岛分社，山东省交通厅港航局，荣成市人民政府，荣成市石岛管理区委会等人员出席开工典礼。设计具有邮轮特色，长178.8米，型宽28米，型深9米，航速21节，3层车辆甲板，每层高度4.85米，车道长2500米，乘客定额国内航行2258人，国际航行1788人。

5月29日　上午，烟台打捞局局长杜柠和烟台港轮驳有限公司总经理邹波在烟台打捞局签署《应急抢险打捞战略合作协议》。

5月31日

●经省政府研究并报中央机构编制委员会办公室同意（中央编办复字〔2010〕158号文），设立烟台保税港区管理委员会（副厅级），为省政府派出机构，委托烟台市管理。

●长岛顺航海上旅游客运有限公司投资330万元，长岛船业总公司承造的“海神16”海上观光旅游船下水。

是月

◆中海港务莱州有限公司投资5000万元改造莱州港区1号至4号泊位。

◆龙口港港徽获国家工商行政管理总局商标局批准并颁发商标注册证书。

6月

6月1日　渤海轮渡“渤海翡珠”客滚轮开始烟台至大连海运航线营运，船舶总吨24024吨，总长163.95米、宽25米，拥有2000米车道线，载客1571人。

6月2日

●永晖集团“时代2”轮73000吨自加拿大进口的保税焦煤在龙口港区卸货。

●龙口港区首次接卸浓硫酸。

●烟台海事局开展专项整治非法采砂及运砂船舶行动，烟台辖区共没收非法采砂船5艘、砂石运输船2艘，公安机关刑事拘留21人。

6月3日

●烟台市海上搜救中心、烟台

✦“渤海翡珠”客滚轮 /2010年摄

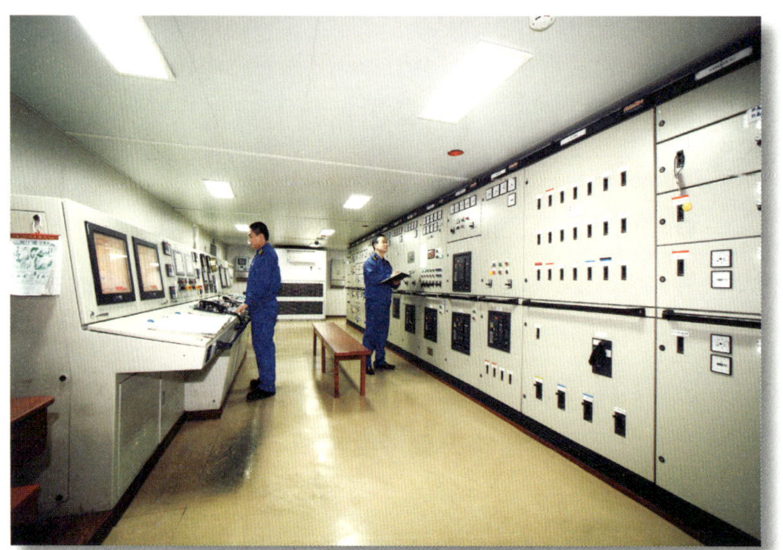

✦“渤海翡珠”轮集控室 /2011年摄

✦“渤海翡珠”轮驾驶室 /2011年摄

✦“北海救 116”救助船 /2010 年摄

市民政局、烟台市“120”急救指挥中心以及中国联通、移动、电信烟台分公司等 5 家单位签订《海上搜救善后处置 / 医疗援助 / 通信应急联动协议书》。

●“北海救 116”救助船建造完工，3522 总吨，主机台数 / 功率 2/4500 千瓦，拖力 105.2 吨，总长 99 米，宽 15.20 米，满载吃水 6.0 米，航速 19.6 节。

6 月 7 日至 8 日　国际海上救生联盟主办、瑞典海上搜救协会承办的国际海上救生联盟群体性人命救助大会在瑞典哥德堡召开，北海救助局局长迟双龙一行 3 人代表中国救捞系统出席，迟双龙演讲介绍中国救捞系统在群体性人命救助方面取得的经验、掌握的技术以及新研制出的相关救生装备。

6 月 9 日　烟台港西港区至淄博重质液体化工原料输送管道项目开工仪式在西港区（项目首站）举行，起点烟台港西港区，途经潍坊、东营、滨州、淄博，全长约 425 公里。

6 月 10 日　龙口港集团、上海振华重工（集团）股份有限公司签订 7 台门座式起重机购置合同，总金额 7746 万元，制造安装工期 7 个月。

6 月 13 日　长岛县长通旅运公司投资 600 万元购置高速豪华铝合金双体客船“长岛之星”轮，开始蓬莱—庙岛—大小黑山岛间海上旅游营运。

6 月 16 日　烟台打捞局自筹资金由本局船厂承制的第六艘 3676 千瓦“德澳”远洋拖轮交付使用。

6 月 17 日　烟台海事局与烟台市无线电管理办公室联合启动水上无线电发射设备检查 / 检测活动，重点查处擅自占用水上遇险频率、非法发射多余信号和随意增加发射功率等现象。

6 月 18 日　交通运输部、山东省人民政府印发《关于烟台港蓬莱东港区和栾家口港区总体规划的审查意见》。

6 月 21 日　“东方女王”轮 6 万吨美国转基因玉米在龙口港区 11 号泊位卸货。

6 月 22 日　山东省人民政府批复同意龙口港 27 号、28 号、29 号工程用海，总面积 7.5681 公顷，填海造地港口码头。

6 月 26 日

●上午，烟台市港航局“2010 年烟台市（蓬莱港）

✦烟台港西港区液化码头输送管道 /2011 年摄

港口设施保安暨世博安保演习”在蓬莱东港区举行。

●龙口港集团与中信银行举办“中信银行龙口港银港通”产品推广发布会，为货主客户搭建融资平台。12月7日，龙口港集团“港口现代物流融资支持平台”被评为山东省服务名牌。

6月28日　烟台港西港区液体化工码头启用，3万吨级（水工结构按5万吨级预留），码头主体重力式沉箱结构，长300.12米，水深14.5米，2006年6月开工，2008年4月完工。

6月29日

●山东省委常委、副省长王军民到烟台打捞局码头现场察看甩挂运输工作，山东省、烟台市有关领导和部门负责人陪同。

●蓬莱港中首物流有限公司项目签约，总投资7.5亿元，主要建设集加工、贸易、配送为一体的现代综合性临港物流园区。

●救助飞行队“B7312”直升机救助长岛县北隍城一名突发心肌梗塞65岁老人。

✦山东省委常委、副省长王军民考察甩挂运输/2010年摄

✦烟台打捞局港务处甩挂运输装载/2012年摄

6月30日

●承载9只重箱的“兴阳”号铝矾土转水驳船抵达龙口港区，龙口港区启动集装箱转水运输模式。

●“大春”轮进港至航道内时突降浓雾，烟台港引航站处置得当，安全引领该轮靠泊。

是月

◆北海救助局翻扣船救人技术、直升机带缆技术、

✦烟台港西港区液体化工码头/2010年摄

高海况下控船技术等多项救助新技术组成的“海上救助新技术开发应用”项目通过专家鉴定。

◆中海港务投资3000万元改造莱州港区8号泊位。

7月

7月7日至8日　大新华轮船（烟台）有限公司引进“大新华泉州、大新华连云港、大新华日照”船舶，经舟山船厂修理后，分别于8月5日、8月18日和9月2日在内贸航线营运。3艘船均德国制造，船长164.18米，宽27.5米，型深14.3米，航速18节，总重16236吨，装载1599个标准集装箱。

7月10日　上午，中共中央政治局常委、国务院副总理李克强视察烟台港芝罘湾港区，山东省委书记、省人大常委会主任姜异康，省委副书记、省长姜大明以及烟台市委领导等陪同。

7月13日

●山东省人民政府批复同意龙口港区煤炭储配堆场工程项目用海，用海类型为港口用海，用海方式为填海造地，用海总面积41.4455公顷，期限50年。本年11月，山东省财政厅、海洋渔业厅联合发文批准山东海港煤炭储配物流中心煤炭储配项目和山东省龙口煤炭储备配送基地工程海域使用金减免，两项目共计减免海域使用金1217万余元。

●受山东省海洋与渔业厅委托，山东省海洋咨询中心在烟台组织召开《烟台港海阳港区3.5万吨级航道工程海洋环境影响报告书》《烟台港海阳港区疏港路及散杂货物流货场工程海洋环境影响报告书》及《烟台港海阳港区疏港路及散杂货物流货场工程海域使用论证报告》专家评审会，山东省海洋与渔业厅、烟台市海洋与渔业局、海阳市海洋与渔业局等单位参加。

7月17日下午　国家专业救助打捞力量海上救助演练（烟台2010）在烟台海域举行，交通运输部救助打捞局主办，北海救助局、烟台打捞局、救助飞行队联合承办，交通运输部救助打捞局局长宋家慧担任总指挥，国防大学省部级领导干部交通战备专题研究班学员、有关省市政府以及交通战备相关单位领导150余人观摩演练。

7月17日至8月15日　救助飞行队“B7312、B7313、B7126、B3827”4架航空器对大连保税区中石油原油管道爆炸事故导致原油污染海域进行海上油污勘察，飞行28架次，飞行时间共54小时11分钟。

7月18日

●国防大学交通战备专题研究班现场考察中铁渤海轮渡烟台北站和“中铁渤海1”号渡船，国家交通战备办公室、国防大学、济南军区、

✦烟台打捞局派船赶赴大连湾参加“7·16”事故溢油清除作业/2010年摄

工业和信息化部、交通运输部、铁道部、民用航空局及各省市（含新疆建设兵团）的部队将军、省部级以上近百位领导现场观看演练。

●烟台打捞局派遣“德港”轮及工程技术人员赶赴大连湾，参加“7·16”事故大连湾泄漏原油清污作业。

7月20日　《烟台港海阳港区总体规划》获交通运输部和山东省人民政府联合批复。

7月21日　大型外贸集装箱船“新烟台”轮靠泊烟台港芝罘湾港区三突堤集装箱码头51号、52号泊位，系该码头首次靠泊集装箱船。“新烟台”轮长约280米，载箱量5688标准集装箱，载重量69225吨。

✦“北海救115”救助船/2010年摄

✦烟台海港机械厂制造的500吨抓斗/2010年摄

7月22日　11时30分，莱州引航分站引航员引领“大庆435轮”靠泊东营港2号泊位。

7月23日　“北海救115”救助船建造完工，3510总吨，主机台数/功率2/4500千瓦，拖力109吨，总长99米，型宽15.20米，满载吃水6.0米，航速 20.15节。

7月26日　烟台港能散货码头有限公司注册成立，该公司由烟台港集团有限公司与华能烟台八角热电有限公司共同投资成立，注册资本1000万元，各占50%，主要从事码头投资及建设、货物的装卸及仓储等业务。

7月27日　烟台海港机械厂举行世界之最—500吨抓斗新产品发布暨交接仪式，烟台港集团、烟台海事局、烟台打捞局出席。500吨抓斗获中国世界纪录协会认证（抓取重量500吨，自重250吨，抓取瞬间产生的力量可达1500吨，可切断10毫米钢板，该抓斗可直接抓取撕裂水下物体将其打捞出水）。8月，获山东省总工会、山东省科学技术厅、山东省经济和信息化委员会、山东省人力资源和社会保障厅联合颁发的山东省职工优秀技术创新成果二等奖。

7月30日

●烟台保税港区（一期）颁发验收合格证书仪式在东方海天酒店举行，烟台保税港区（一期）通过海关总署、国家发展改革委、财政部、国土资源部、住房城乡建设部、交通运输部、商务部、税务总局、工商总局、质检总局、外汇管理局等国家11个部委组成的国务院联合验收组的验收（是以出口加工区和临近港口整合转型升级形成的保税港区，也是全国第十三家通过正式

验收的保税港区）。国务院联合验收组和山东省政府签署《烟台保税港区一期基础和监管配套设施验收纪要》，国务院联合验收组向烟台保税港区管委会颁发验收合格证书，国务院联合验收组组长、海关总署副司长吕伟红，海关总署处长覃更，山东省长助理陈光，青岛海关副关长方幸福，山东省商务厅副厅长郭伟时，国务院联合验收组成员，烟台市领导孙永春、郝德军、于爱军、向和平出席仪式，吕伟红、陈光、孙永春、方幸福为烟台保税港区揭牌。烟台保税港区规划控制面积7.26平方公里，一期封关面积4.86平方公里，经10个月筹建，完成各项基础、监管、查验和配套设施建设。

●承载56000吨铝矾土原矿的“粤电52”抵达龙口港区，是该港区首次接卸进口铝土原矿。

●由振华港机厂建造的2台新型集装箱桥式岸边起重机抵龙口港区15号集装箱专用码头。

7月31日　莱州港区接卸第一艘集装箱业务船“新华轮6号”。

是月

◆莱州港区10万吨级通用泊位工程通过山东省交通运输厅行业审查，中海港务莱州有限公司投资3.6亿元。

◆莱州港区防波堤工程获山东省交通运输厅行业审查，总投资4亿元。

◆“玖龙王子”轮开始蓬莱至长岛海运航线营运。

◆烟台检验检疫局在一批从缅甸进口的白芸豆中检出国家重点关注的检疫性有害生物巴西豆象，是烟台口岸首次检出该有害生物。

✦ 烟台保税港区（一期）颁发验收合格证书仪式 /2010 年摄

✦ 烟台保税港区卡口 /2014 年摄

✦ 烟台保税港区示意图 /2014 年摄

中华人民共和国

◆救助飞行队与辽宁省政府、辽宁省军区联合完成高速公路直升机救援研究型演习任务，系中国高速公路遭遇重大交通事故动用直升机进行救援的首次演练。

8月

8月2日　山东省交通运输厅批复龙口港区10万吨级航道拓宽施工图设计。

8月3日　烟台市委决定，建立中国共产党烟台市委保税港区工作委员会，4日于华文任中共烟台保税港区工作委员会书记（副厅级）。

8月4日

●烟台市委、市政府印发《关于加快港口经济发展的意见》，加快实施“以港兴市”战略，充分发挥港口在区域经济发展中的作用，促进全市经济社会又好又快发展。

●烟台打捞局“德沣”轮救助“海洋石油161”平台。

8月5日　北方地区VTS合作组织第七届工作例会在烟台召开，山东海事局主办，烟台海事局承办，天津、辽宁、河北和山东海事局所属11个VTS中心的代表参加会议。

8月6日

●于华文任烟台保税港区管理委员会主任（副厅级）。

全市港口工作会议在东方海天酒店举行/2010年摄

●山东检验检疫局局长周建安到烟台检验检疫局调研。

8月7日　龙口港区接卸“云天客”轮外贸进口木片3.4万吨。

8月8日　“亚洲希望”轮在龙口港区装载200台陕汽重卡驶往阿尔及利亚，龙口港区开发北非市场启步。

烟台检验检疫局局长邵立洪（前左1）陪同山东检验检疫局局长周建安（前右1）在烟台检验检疫局调研/2010年摄

8月9日　烟台打捞局“德翔”轮救助1艘遇险渔轮。

8月12日

●烟台市委、市政府召开全市港口工作会议，烟台市委书记孙永春到会讲话。

●烟台市公安局交通警察支队烟台港大队龙口中队挂牌成立。

8月15日　龙口港集团与大新华物流有限公司合作开通龙口至黄埔直达海运航线，“大新华黄埔”轮首航抵龙口港区。

8月17日　北京军区政委符廷贵上将参观中铁渤海轮渡旅顺西站和“中铁渤海2”号渡船。

8月18日

●烟台打捞局自筹资金由大连中远船务工程有限公司制造两艘15000吨抬浮打捞驳船，驳船各总长125米，型宽35米，型深7.5米，满载吃水5米，载重量15000吨，抬浮力约10000吨，

主要用于安装拉力千斤顶进行打捞作业，兼做大件运输驳船。

●中海集团投资有限公司总经理蒋光建参观龙口港区。

8月20日

●龙口港区27号、28号、29号通用泊位工程环境影响报告书获批复。

●救助飞行队执行辽宁丹东抗洪救灾任务，20日至22日“B7312”直升机救助39名被洪水围困群众。

8月21日至26日　山东省政府暨港航代表团出访日本。

8月22日　8时30分，龙口引航分站引航员安全引领马耳他籍“CEACI1IE BU1KER”轮靠泊龙口港区25号泊位，船长291.97米，宽45米，93216总吨，60032净吨，载重吨179362吨，载货123440吨铝矾土，吃水14.3米。

8月25日　省交通运输厅港航局副局长刘长旭一行到海阳港区检查指导港口设施保安及危险品码头生产工作，烟台市港航局副局长张文生等陪同。

8月26日

●韩国Eukor公司“早晨冠军”轮在龙口港区装载469辆汽车（其中121辆小型江铃皮卡车），系龙口港区开通中韩滚装班轮航线以来出口汽车最多的一个航次。

●第五届中国民间工艺品博览会在烟台市国际博览中心举行，中铁渤海轮渡参展的“中铁渤海号”船模获金奖。

●16时，中铁渤海轮渡“珠烟线”一次送电成功，珠玑站至烟台北站间可以开行电力牵引机车。

8月27日

●台湾“贵顺”轮靠泊龙口港区1号泊位，是《海峡两岸经济合作框架协议》和《海峡两岸海运协议》签署后首艘抵达龙口港区直航船舶。

✦“B7312”直升机救助被洪水围困群众/2010年摄

●龙口港区9号码头11号、13号、15号门机通过陆路转运方式移至3号、4号码头，替代以往采用租赁浮吊整机吊运方式，节约费用200余万元。

●烟台港引航站引航员引领特种船舶“油服先锋”钻井平台出港试航，“油服先锋”是烟台来福士船厂制造的第一艘具有自动定位、先进的海上半潜式钻井平台，全长104.5米，型宽73.1米，型深36.85米，设计吃水8.5米到17.75米。

8月29日　烟台港引航站引航员引领总长312米，吃水18.50米，满载20万吨铁矿的超大型船舶“昌盛”轮安全靠泊烟台港芝罘湾港区码头。

8月30日　救助飞行队“B7312”直升机救助长岛县北隍城一名头部受伤昏迷渔民。

✦烟台港引航站引航员引领特种船舶“油服先锋”钻井平台出港试航 2010年摄

是月　巨涛海洋重工工程有限公司 1 号滑道及码头改造工程开工，建成后的滑道承载能力为 4 万吨。

9 月

9 月 3 日至 29 日　烟台海员职专和中国海洋工程公司在烟台打捞局潜水培训中心联合举办全国第五期潜水监督培训班。

9 月 6 日

●烟台同三轮渡码头有限公司在烟台港芝罘湾港区同三码头举行开业典礼，中海集团、辽宁省国资委、大连烟台两市相关部门、烟台港集团、渤海轮渡公司领导出席。同三轮渡码头公司由烟台港股份有限公司、中海客轮有限公司、渤海轮渡共同出资成立，总资产 1.6 亿元，经营烟台至大连间客滚运输。

✦ 同三轮渡码头有限公司开业 /2010 年摄

●下午，韩国国土海洋部次官金熙国一行 13 人现场考察烟台打捞局甩挂运输。

●中国龙口外轮代理公司实施公司制改建获烟台市国资委批复同意。

9 月 7 日

●龙口港区首次采用储罐接卸液体硫黄，“红进丸”号 3600 吨液体硫黄通过专用管道注入淄博建龙公司储罐内。

●夜晚，“胜利作业 3 号”在渤海湾浅海海域发生倾斜事故，平台上 30 余人遇险，2 人落水失踪，烟台打捞局、北海救助局、救助飞行队前往救助。9 月 8 日“B7313”直升机救助 25 人，9 月 10 日至 12 日，烟台打捞局属“芝罘岛”船赴东营，解体打捞“胜利作业 3 号”。

✦ 救助飞行队直升机救助“胜利作业 3 号”人员 /2010 年摄

9 月 9 日　在国家发展和改革委员会《关于调整龙口至烟台铁路项目建设规模及总投资的批复》中将烟台港西港区铁路支线 14.5 公里和港前站列入龙烟铁路建设项目。

9 月 12 日　蓬莱映华海运有限公司 2 艘从事海上旅游业务的旅游船（“今天”和“今天 1”）获批营运。

9 月 13 日　下午，宝钢资源考察团参观龙口港区，烟台港集团公司总裁纪少波等陪同。

9 月 14 日

●渤海轮渡公司将老旧“宝华”客滚轮提前淘汰，该轮退出蓬莱至旅顺航线营运。

●救助飞行队“B7313”直升机在大连附近海域救助“东升 103”轮一名突发疾病船员，同日“B7312”直升机在青岛东南 55 海里处救助“鲁胶南渔 9180”一名中毒昏迷渔民。

9 月 17 日

●龙口港集团与永晖焦煤物流有限公司合

✦ 同三轮渡码头 / 2014 年摄

✦ 金熙国（左 4）一行考察烟台打捞局甩挂运输 /2010 年摄

资组建的龙口港永晖码头有限公司通过烟台市国资委审核，注册资本 2 亿元，龙口港集团出资 1.02 亿元，占注册资本的 51%。

●救助飞行队“B7313”直升机在唐山附近海域救助沉没“中兴机 028”轮两名落水遇险船员，又在滨州附近海域救助“中工 018”与“瑞丰 01”轮相撞后四名遇险船员。

9 月 20 日

●刘建君任渤海轮渡董事长。

●和记黄埔中国港口执行董事华保盛一行参观考察龙口港区，中国港口协会常务副理事长曹忠喜、烟台港集团副董事长、烟台港股份公司总经理孟祥罡、龙口港集团总经理张海军、党委书记徐明熙等陪同。

9 月 21 日　烟台打捞局“德治”轮救助“枣庄 58”船。

9 月 23 日　烟台打捞局“德清”轮救助“东缆 868”船。

9 月 24 日　救助飞行队“B7313”直升机在蓬莱东北 52 海里处救助“辽庄渔 65237”上的一名突发心脏病船员。

9 月 26 日

●烟台打捞局应急潜水小分队在执行国际第二届体育航空节水上安保任务时，救助两名坠湖热气球乘员。

●烟台打捞局自筹资金由本局船厂承制的第七艘 3676 千瓦“德浜”远洋拖轮交付使用。

9 月 28 日

●烟台市政府办公室印发《烟台市人民政府办公室关于印发烟台市港航管理局主要职责内设机构和人员编制规定的通知》，烟台市港航管理局为正处级全额预算事业单位，由烟台市交通运输局管理。职责调整为取消已由国务院和省、市政府公布取消的行政审批事项。主要职责为拟定全市港口总体规划、水路运输行业发展规划及港口和水路运输管理规定，编制港口生产建设投资计划和水路运输生产计划，并组织实施等十项。根据职责，内设办公室、规划建设科（挂招商科牌子）、港务监管科、水运监管科、安全监管科、财务审计科、蓬长航线管理科。人员编制 42 名，其中，工勤人员编制 2 名，配备局长 1 名、副局长 2 名，总工程师 1 名，科级领导职数 12 名。

●救助飞行队“B7313”直升机救助长岛县砣矶岛一名突发脑溢血渔民。

9 月 29 日　中铁渤海轮渡在济南召开

第二十四次股东会暨三届五次董事会，刘君被聘为总经理。

9月底　牟平港区油气库区搬迁6家企业66个油罐罐体及附属设备全部安全拆除。

是月

◆长通旅运公司投资600万元开建“长岛海马”轮。

芝罘湾港区商品车堆场 /2010 年摄

◆莱州港区2个3.5万吨级通用泊位通过省交通运输厅行业审查，总投资6亿元。

◆烟台检验检疫局从一批来自巴拿马的卡雅楝原木截获3种检疫性有害生物活体成虫，分别为材小蠹(非中国属)[XyLeborus spp.(Non-Chinese)]、长小蠹属(非中国属)[PLatypus spp.(Non-Chinese)]和中对长小蠹（PLatypus paraLLeLus），在对口岸蝇类进行日常监测时发现新蝇种绯胫纹蝇(Graphomya rufitibia Stein)，均为烟台口岸首次截获。

◆烟台港航局批复同意祥坤运输公司建造2艘99客位旅游船舶的申请，2010年10月开始建造，总投资800万元。

10月

10月4日　救助飞行队“B7312”直升机救助长岛县砣矶岛一名突发脑溢血妇女，翌日又在长岛附近海域救助被撞渔船“鲁龙渔2033”两名遇险船员。

10月6日　渤海轮渡“渤海银珠”客滚轮开始蓬莱至旅顺营运。

10月13日

●烟台丹源仓储有限公司首艘糖蜜发酵液船抵靠烟台港西港区液化码头作业，是西港区接卸的首艘船舶。

●龙口港集团集装箱、散货堆场围堰工程开工，围堰施工总长度1250米，预算造价1150万元，形成85万平方米陆域面积。

10月14日　海阳港区扩建一期工程通过初步验收。

10月20日　上午，上海通用雪佛兰新赛欧轿车出口仪式在烟台港芝罘湾港区客运码头举行，首批1313辆商品车和一汽的38辆重卡出口南美。

10月21日　下午，张家港港务集团总裁赵建华一行参观龙口港区。

10月24日　救助飞行队“B7312”直升机在大连凌水海域救助失控“鄂黄

牟平港区 /2014 年摄

冈银河 602”工程驳船 6 名遇险船员。

10 月 25 日　“聚焦山东半岛蓝色经济区、第六届中国网络媒体山东行”联合采访团采访中铁渤海轮渡，人民网、新华网、新浪网、大众日报、齐鲁晚报等 50 余家媒体参与。

10 月 26 日　大新华轮船（烟台）有限公司公司邀请美国口岸代理人员培训部分业务部门及口岸人员，做好开发美西海运航线准备。

10 月 27 日　龙口港船舶燃料供应有限公司成立，注册资本 2000 万元。

10 月 29 日

●龙口港集团、天津市海运股份有限公司合作开通天津—龙口—泉州—汕头集装箱班轮航线，“天祥 63”轮首航。

●《海阳港 3.5 万吨级航道工程可行性研究报告》通过山东省交通运输厅审查。

●蓬莱东港区与北京中首物流有限公司合资成立蓬莱港中首物流有限公司，重点发展港口钢材、木材为主的综合临港物流园区。注册资本 2500 万元，主要从事物流投资管理、物流金融服务、IT 服务、流通深加工业务、钢材、木材及综合物资的交易及物流配送、零担业务、商务服务、生活服务等。

●日本北陆大学理事长北元喜朗一行 4 人专程来烟，对烟台海事局救助该校患病学生表示感谢，并赠送感谢匾。9 月 7 日，一名日本大学生乘由天津港开往日本神户港的客船“燕京”轮途中，因身患糖尿病加上饮酒过量，呼吸困难、生命垂危，在烟台港附近海域求救，烟台海事局协调“海巡 061”轮接至烟台港送往毓璜顶医院医治脱险。

11月

11 月 2 日

●救助飞行队“B7313”直升机在威海附近海域救助搁浅　浙江籍“万木春 12”　散货船 14 名遇险船员。

●龙口港区铝矾土总吞吐量过 1000 万吨，是继煤炭之后又一个千万吨级货种。

✦“B7313”直升机救助“万木春 12”轮遇险船员 /2010 年摄

11 月 3 日　救助飞行队“B7126”直升机在大连长兴岛西北海域救助翻扣“中泰鑫 55”散货船 3 名遇险船员。

11 月 5 日　烟台市国资委批复同意龙口港集团出资 7299.32 万元收购阳鸿有限公司和康基投资有限公司，合计持有龙口阳鸿海达物流有限公司 70% 的股权。

11 月 8 日　上午，烟台港化肥物流项目签字及奠基仪式在西港区举行，烟台港集团、运安公司、中农集团控股公司、中海石油化学股份公司、烟台市嘉禾农业资料公司共同投资设立。总投资 3.5 亿元，注册资本 1.225 亿元。

11 月 11 日　救助飞行队“B7313”直升机在大连正南 20 海里处救助翻扣“辽瓦渔 75206”渔船一名遇险船员，同日“B7312”直升机救助长岛

县砣矶岛一名突发急性哮喘妇女。

11月11日至12日　国务院应急办公室副主任郭晓光一行到烟台调研渤海湾海上溢油事件应对工作，省、市政府和省交通运输厅、省港航局等主管部门和烟台海事局派员参加。

11月12日

●国务院应急办公室处长周伟察看救助飞行队，山东省政府应急办主任张积军、烟台市政府副秘书长王志武陪同。

●龙口港集团提报《日立BH-MH轮胎龙门起重机系统化技术研发与应用》《自航式耙吸船施工亚黏土土质工艺研发与应用》《硫黄破碎自动灌包系统的研发与应用》获2010年度中国港口科技进步奖。

11月16日

●“交通运输部北部海域冬季待命启动暨北海救助局志愿者救援队成立仪式”在北海救助局大连基地南隍城救助站码头举行。

●龙口港区至中非散杂货航线在锦程物流网页设专栏（包括龙口港概况及新闻、中非动态、空船信息、航次租船、工程采购指南等。网址http://Lkg.jctrans.com/）。

11月18日　上午，山东香驰集团董事长兼总裁刘连民与全体董事会成员一行13人，到龙口港考察洽谈大豆蛋白饲料加工及配套项目。

11月19日　山东寿平铁路有限公司创立大会暨首次股东会、一届一次董事会、一届一次监事会在济南召开，山东省地方铁路局、龙口港集团、桓台县兴桓铁路投资有限公司、邹平县铁路筹建处、山东焦化企业集团实业有限公司、山东华泰集团有限公司共同出资组建，注册资本18亿元，主要建设和经营寿平铁路。龙口港集团出资2.88亿元，占注册资本的16%，首期货币出资1.5亿元。

11月22日　龙口港区与集团本部网络实现互联互通，可在网上实现数据上报。

11月23日　烟台打捞局完成“太马港”沉船水下探摸。

11月24日　烟台海事局首次组织GMDSS操作员计算机终端自主考试，烟台辖区GMDSS操作员理论考试纳入海船船员计算机考试系统范围。

11月26日至27日　交通运输部、国家发改委在福州召开全国甩挂运输试点工作会议，烟台打捞局代表甩挂运输试点单位作《陆海并重　协调联动　推动渤海湾烟大航线陆海联运甩挂运输发展》经验交流发言。

11月29日　烟台打捞局自筹资金由本局船厂承制的第8艘3676千瓦“德涓”远洋拖轮交付使用。

11月29日至12月1日　“北海救113”轮历时3天救助20万吨巴拿马籍大型散货轮“DONG FANG OCEAN”，船上共26名船员。

是月

◆华电莱州港务有限公司3.5万吨级航道工程通过省交通厅和省港航局行业审查，总投资9695万元。

◆烟台检验检疫局鉴定发现1批秘鲁进口铜精矿短重230吨，短重率达2.1%，依法出具鉴定证书，为企业挽回损失288万元。

12月

12月2日　经过系列清关、船检等手续后，中交烟台环保疏浚有限公司购自日本的25立方米抓斗船（津航浚407）抵达该公司码头。船长60米，船宽23米，总吨位1888吨，主机功率2500马力。

12月3日　宝钢资源有限公司总经理李庆予一行考察龙口港区。

12月6日　山东丰隆仓储有限公司在龙口港区举行投产仪式，9号、10号码头已可接卸硫酸等货种。

12月7日　蓬莱中柏京鲁一期项目两个舾装泊位、一个工作船泊位和二期项目两个舾装泊位通过试运行评审，舾装码头岸线近1500米，码头岸线水深小于10米。蓬莱中柏京鲁船业有限公司是由蓬莱京鲁渔业有限公司与外商合资建立的大型造船企业，船厂位于蓬莱西靠近栾家口港区，厂区占地面积66万平方米，生活区占地面积18万平方米，2006年4月开工。具备钢料预处理及加工设备厂房、管电铁舾装件制作设备及厂房、分段的小、中、大组立及预舾装起重运输设备及厂房、分段完整性涂装设备及厂房、分段的总组运输及起重设备、坞内船体合拢及设备安装的起重设备、码头船舶的系泊调试起重及调试设备等按照年产100万载重吨的现代化船舶总装厂的规模配置。

12月7日至12日　烟台打捞局救助“津航驳52号”驳船。

12月8日

●龙口港集团与寿光市人民政府签署开发建设寿光港合作意向书。

●龙口港集团“装卸作业服务”被评为山东省服务名牌。12月17日，“港口现代物流融资支持平台”和“环渤海黄金水道集装箱运输服务”被评为山东省服务名牌。

12月8日至9日　《海阳港通用泊位工程初步设计》通过山东省交通运输厅、山东省发展和改革委员会在济南联合组织的审查。

12月9日　烟台打捞局“德清”轮救助“鲁东渔0293”船。

12月10日

●烟台打捞局打捞“浙岭工9号”混凝土搅拌船，作业至翌年1月4日，确保了青岛港矿石码头的正常使用。

●烟台海关联合烟台市商务局和烟台市外商投资企业协会共同举办“走进海关，贴近外企”主题活动，全市50家重点外资企业负责人参加。

12月11日　烟台打捞局救助“津航浚406”脱浅，作业至翌年1月17日。

12月17日　大新华轮船（烟台）有限公司、韩进海运属码头公司Total Terminal International.LLC在大新华物流总部签合作协议，韩进海运、美国TTI码头公司，大新华物流、大新华轮船（烟台）公司、大新华码头管理有限公司等出席。

12月19日　“万通海”客滚船开始烟台至大连海运航线营运，由烟台打捞局、大连港、大连航运集团共同投资制造。

12月21日　烟台打捞局自筹资金制造1万千瓦（13600马力）大马力多功能海洋拖带船“德淇”轮在威海市黄海船厂下水。总长76米，型宽17米，型深7.5米，设计吃水6米，采用全焊接式钢质船体，纵、横混合骨架式，具有一层连续主甲板、二层长/短首楼，主甲板下设局部平台甲板和局部双层底，机舱区域为双底双壳，双主机、双可调螺距螺旋桨、双固定导管、双流线型悬挂式襟翼舵，前倾式船首，巡洋舰式船艉，船首设1台管状式侧推装置，船艉设有艉滚筒，长首楼后主甲

✦ 津航浚407抓斗船/2014年摄

✦ 救助搁浅的“津航浚406”挖泥船/2011年摄

板设有甲板载货区和营救作业区，载货区总面积约550平方米，甲板平均负载5吨/平方米。设计航速≥15海里/小时，系柱拖力大于150吨，自持力约40天，续航力约7200海里。

12月22日　炅向君任烟台检验检疫局党组书记、局长。（副厅级）12月31日，山东检验检疫局局长周建安带领有关部门负责人到烟台宣布任命决定。会见烟台市委书记孙永春、市长张江汀、副市长李树军等。烟台出入境检验检疫局内设12个行政处室，直属4个企事业单位，4个派出机构，在编302人，其中行政编制213人，事业编制89人。

12月27日

●中海客轮有限公司、大连港股份有限公司、烟台港股份有限公司共同投资组建中海港联航运有限公司，斥资5.18亿元制造“龙兴岛”轮在广州长洲岛码头交船。长167.5米、宽25.2米，总吨位23000吨，有旅客区三层、汽车舱三层，核定载客1400人、载车线2000米，服务航速19节。

●栾家口港区2个5万吨级散杂货泊位通过烟台市港航局组织的初步验收。

●中国航海图书出版社刊发《2274号中英文航海通告》（2010年第52期），确定烟大客滚航路与成铁干线航路船舶交汇区为警戒水域，告知船方船舶交汇区的具体位置，并在渤海海峡的诸海图上进行标注。

12月29日　烟台打捞局“德润”轮将“STAR SIRIUS”（天狼星）因遇险而抛掉的5T锚以及11节锚链打捞出水，解除对龙口港航道及其锚地威胁。

12月30日下午　交通运输部、山东航空集团、蓬莱市三方代表在《蓬莱沙河口机场资产交接协议》签字，交通运输部接收蓬莱沙河口机场，山东蓬莱沙河口机场继上海飞行救助机场外第二个专用海上救助机场，交通运输部副部长徐祖远，省委常委、副省长王军民，烟台市市长张江汀、市委常委、副市长刘树琪出席交接仪式。

12月31日　中共烟台市委组织部印发通知，聘任孙昕初为烟台港引航站站长。

是月

◆烟台市港航局组织编制的《烟台市港口物流产业发展规划》《烟台港口适应蓝色经济区建设的战略定位于发展方向研究》《烟台市港航“十二五”发展规划》完成。

◆长岛羚翔海运有限公司成立，注册资金500万元。

◆根据《青岛海关关于同意龙口、大港海关综合监管改革试点工作方案的批复》，龙口海关撤销加工贸易监管科，设立行政审批备案科；撤销通关科，设立通关事务管理科；撤销查验科，设立物流监管科；撤销稽查科，设立稽查核查科；撤销监管技术科，设立综合防控中心；撤销财务装备科，设立财务和关务保障科；保留办公室。

◆烟台打捞局“德洁”轮拖带“海洋石油931”勘探平台。

是年

▲烟台海关征收税款87.2亿元，与上年同期相比增长33.9%。监管进出境货物2583万吨，进出口总值366.2亿美元，审核进出口报关单55.4万票，加工贸易合同备案22.3亿美元，与上年同期相比分别增长6.1%、34.7%、21.7%和23.3%。

▲烟台检验检疫局获得“全国文明单位”称号。本年共检验检疫出入境货物16.15万批，货值126.81亿美元。其中检出不合格3620批，货值16.88亿美元。检疫出入境船舶3142艘次、集装箱23.98万标箱。传染病监测体检1.17万人次，预防接种7825人次。发现动植物疫情137种，3313次。

▲烟台港引航站引航员19人，其中高级9人、1级1人，2级2人、3级5人、助理引航员2人。全年引领中外籍船舶4643艘次，其中外贸船舶4205艘次，内贸船舶438艘次。引航船舶总吨位7576万总吨，引领船长250米以上超大型船舶425艘次，其中引领船舶总长250米至290米10万吨级至15万吨级大型船舶313艘次，船舶

总长 290 米以上 15 万吨级至 20 万吨级大型船舶 112 艘次，特种船舶 228 艘次。

▲龙口引航分站引领 3709 艘次，船长大于 180 米以上 1148 艘次。

▲蓬莱引航分站引领 672 艘次。

▲莱州引航分站引领 1469 艘次，其中内贸 167 艘次，外贸 962 艘次。

▲龙口港区货物吞吐量 5030 万吨，集装箱吞吐量 200497 标准箱。

▲莱州港货物吞吐量完成 1400 万吨，拥有生产性泊位 16 个，其中 5 万吨级液体石油化工品专用泊位 3 个，5 万吨级通用泊位 1 个，3.5 万吨级泊位 1 个，1 万吨级通用泊位 2 个，5000 吨级通用泊位 2 个，3000 吨级通用泊位 4 个，1000 吨级通用泊位 1 个，500 吨级通用泊位 2 个，港口设计通过能力达到 2000 万吨，其中原油、燃料油、成品油和液体化工品的通过能力为 800 万吨，每泊位配有 DN300 输油臂 2 台，DN250 输油臂 1 台，接卸能力达 4800 立方米 / 小时；18 条输油管线直接与罐区连通，可接卸原油、燃料油、沥青、渣油、成品油等石油产品及碱、酸、苯、醇、烯、酮、烷等几十种液体化工品。码头采用电视监控设施对码头、罐区、装车台实施 24 小时全程监控。有五大类液化品罐区，141 个罐体，约 124 万立方米的罐容。矿石等大宗散杂货通过能力为 1200 万吨。有各类堆场 33.95 万平方米，主要接卸货种为原油、燃料油、汽柴油等油品和化工品，铁矿石、铝土矿等大宗散杂货，原盐及盐化品，以及粮食、陶土、化肥等件散杂货。

"德洁"轮拖带"海洋石油 931"勘探平台 /2010 年摄

▲蓬莱西港区码头岸线 520 米，码头泊位 9 个，其中千吨级滚装泊位 5 个，500 吨级客运泊位 4 个。

▲长岛港区码头岸线 580 米，码头泊位 9 个，千吨级滚装泊位 4 个，500 吨级通用泊位 1 个，300 吨级客船泊位 4 个。

▲烟台海事局签发船员证书近 2.4 万本。

▲莱州检验检疫局共检验检疫出入境货物 12538 批，9.35 亿美元。其中出境 12229 批 3.12 亿美元，入境 309 批 6.22 亿美元，检出不合格商品 118 批，货值 2.43 亿美元；检疫出入境船舶 813 艘次。

▲龙口海关征收税款 50.13 亿元，监管进出口货物 1888 万吨，监管进出口货值 48.87 亿美元，加工贸易进出口货物总值 18 亿美元，审核报关单 3.58 万票，罚没入库 649.5 万元。

▲莱州海关监管进出口总值 133116 万美元，进出货物 415 万吨，进出境船舶 1059 艘次。

▲蓬莱海关监管进出口总值 110167.71 万美元，进出货物 289.2 万吨，进出境船舶 686 艘次。

2011年

1月

1月2日　烟台打捞局打捞“浙岭工9”混凝土搅拌船。

✦ 打捞“浙岭工9”混凝土搅拌船/2011年摄

1月4日　烟台港西港区液化码头启用接卸第一艘油轮，装载3.5万吨燃料油的“丹麦轮”油船，靠泊液化码头101号泊位。

1月5日　中交烟台环保疏浚有限公司“津航浚405”船组奋战13个多月，完成阿联酋胡雷拉港疏浚工程，并一次性通过中港及业主的严格扫海验收。

1月6日　中海港联航运有限公司新造“龙兴岛”轮靠泊芝罘湾港区同三轮渡码头，开始烟台至大连海运航线营运，长167.5米，宽25.2米，载车线2000米，定员1400人。

1月8日至10日　烟台港芝罘湾港区41号、42号泊位工程，龙口港区5万、10万吨级航道工程通过山东省交通运输厅组织的竣工验收。烟台港芝罘湾港区41号、42号泊位工程位于三突堤南侧岸线，新建5万吨级散粮泊位和通用泊位各1个，散粮泊位设计年通过能力240万吨，通用泊位设计年通过能力60万吨。水工结构设计底标高-15米，核定通过能力360万吨，41号、42号泊位2007年2月8日和2009年5月13日启用。

1月12日　上午，烟台市举行烟台保税港区开关运作启动仪式，烟台市委书记、烟台市人大常委会主任孙永春宣布烟台保税港区开关运作正式启动，山东省商务厅副厅长阎兆万，青岛海关副关长方幸福，烟台市人大常委会第一副主任刘筱杰，烟台市委常委、常务副市长赵强，烟台市委常委、副市长向和平，烟台市政协副主席李贤书出席。

✦ 烟台港西港区液化码头接卸油轮/2011年摄

✦ 烟台港芝罘湾港区41号42号泊位/2011年摄

✦ 烟台保税港区开关运作启动仪式 /2011 年摄

1 月 18 日　国际海上人命救助联盟秘书长杰瑞造访北海救助局，北海救助局局长迟双龙陪同座谈，并就 8 月在上海召开的国际海上人命救助联盟大会有关演练项目进行磋商。

1 月 20 日　由蓬莱港公司和北京中首物流有限公司共同出资建设的蓬莱港中首物流园区一期 10 公顷亩园区投入使用。

1 月 21 日　台湾台北市丽宝建设机构董事长吴宝田参观考察烟大铁路轮渡旅顺西站。

1 月 24 日　北海救助局“北海救 198”轮在龙口港锚地救助因冰困遇险“能达州 37”油船，船上 10 人获救。

1 月 25 日

●北海救助局“北海救 115”轮在石岛港东南 50 海里处，救助机舱失火的散装化学品船“永翔 15”轮，13 人随船获救。

●烟台打捞局“德济”轮救助“宏达”油轮。

1 月 27 日

●全省交通运输工作会议在济南召开，会议表彰“十一五”期间港航事业发展中做出突出贡献的 10 个单位，烟台港集团获山东省人民政府记集体一等功。

●烟台打捞局“德翔、德浚”轮救助“康海裕洋”散货船。

1 月 31 日　“港口吞吐量突破 2 亿吨、临港产业发展突飞猛进”被烟台市民评为“辉煌‘十一五’影响烟台发展的十件大事”之一。

2 月

2 月 10 日　上午，莱州引航分站引航员引 1 艘巴巴多斯岛籍“MINOTAUR”轮靠泊东营港 3 万吨级液体化工品码头卸货。

2 月 20 日　烟台打捞局派遣潜水员完成胜利油田“CB32-5”大型导管架打捞穿引钢丝任务。

2 月 22 日

●载 700 吨外贸转口朝鲜煤炭“黑河”轮自龙口港区发往韩国，是龙口港区韩国杂货班轮首次承运转口煤炭。

●烟台口岸首票 ECFA 进口货物办理通关。烟台海关启动 ECFA 货物报关预案为烟台某公司申报进口的 ECFA 项下一批货值 11.4 万美元的无纺布办理了快速通关手续。

2 月 24 日　烟台港集团、华电国际电力股份有限公司合资成立莱州华电莱州港务有限公司。注册资本 21513 万元，华电国际电力股份有限公

✦ 救助冰困遇险“能达州 37”油船 /2011 年摄

司占65%；烟台港集团占35%。

2月26日

●北海救助局“北海救131”轮在龙口港西北48海里处，救助主机故障“海祺9”运沙船及船上9人。

●下午，烟台打捞局“德淳”轮救助“辽锦渔15203、辽锦渔15155、辽锦渔15136、辽锦渔15216”4艘渔船。

是月　龙口市旅游船公司“龙口市胜通游艇俱乐部有限公司”开业运营。游艇4艘。

3月

3月1日　山东省发展和改革委员会核准烟台港龙口港区27号、28号、29号通用泊位工程项目，6月2日工程初步设计获山东省交通运输厅、省发展和改革委员会联合批复，项目概算总投资92466.57万元，新建5万吨级通用泊位3个（水工结构10万吨级），设计年吞吐能力600万吨，岸线总长891米，码头前沿水深16米。7月22日开建，工期2年。

3月1日至6日　烟台港集团蓬莱港公司接卸巴基斯坦籍“奇特拉尔”轮45438.87立方米原木作业，历时110小时完成64票新西兰辐射松卸船作业，创10500立方米/24小时新的国内港口原木卸率。5月24日在“诺克斯”轮3.4万立方米原木作业中，蓬莱港公司创人工捆钩卸北美材13365立方米/24小时卸率。

✦“奇特拉尔”轮靠泊蓬莱东港区卸载/2011年摄

✦“北海救131”轮救助“海祺9”现场照/2011年摄

3月4日　烟台打捞局港务处商品轿车单次装船量过千辆。

3月5日　渤海轮渡客滚班轮调整，“渤海明珠”轮蓬莱至旅顺海运航线营运，“渤海银珠”轮烟台至大连海运航线营运。

3月8日　龙口港集团煤炭基地配套洗煤场地围堰工程开工，围堰施工总长度1573米，预算造价约1200万元，与煤炭储配项目围堰工程同时进行，完工后形成46万平方米陆域面积。

3月10日　龙口港区至韩国平泽集装箱航线挂港顺序调整后复航，原龙口—烟台—平泽调整为烟台—龙口—平泽，班轮自龙口至平泽时间缩短至28小时。

3月10日至11日　美国维多利亚游轮集团总裁毕东江、副总裁毕祗成，美国龙安集团执行董事、中稷银泰资本投资有限公司董事长张柱宏，美国维多利亚游轮集团重庆公司总经理周琢，韩诺城市（北京）投资顾问有限公司项目助理刘喆一行5人参观“渤海宝珠”轮，烟台市委常委、副市长刘树琪，烟台市委常委、统战部部长李淑芹会见毕东江

✦ 芝罘湾港区商品车滚装运输 /2011 年摄

总裁一行。11 日上午，山东省交通运输厅巡视员迟焕然受山东省委常委、副省长王军民委托，与毕东江总裁一行就在中国发展国际邮轮项目会谈，省厅综合规划处调研员王伟、省港航局副局长刘长旭，烟台市港航局局长杜福堂、副局长张文生，烟台港集团总裁纪少波，渤海轮渡总经理丁新建参加。

3 月 11 日　山东省口岸办公室在龙口市组织召开龙口港集团 6 个码头泊位（14 号、15 号多用途泊位，23 号液体化工泊位，24 号、25 号通用泊位，26 号通用泊位）对外启用验收会议，山东省公安边防总队、青岛海关等相关部门出席。

3 月 14 日　烟台市安委会与烟台海事局共同约谈蓬莱市市长，通报登州浅滩海域非法采砂反弹行为，建议蓬莱市政府全面落实“属地管理”责任，坚决遏制海上非法采砂。

3 月 15 日　交通运输部指令渤海轮渡做好派船赴日本撤离中国公民准备（3 月 11 日，日本本州岛附近海域发生 9.0 级地震并引发海啸，导致福岛第一核电站发生爆炸并引发核危机），后交通运输部取消任务。

3 月 16 日　北海救助局“北海救 131、北海救 199”轮和应急反应救助队在蓬莱以西 4 海里处，对船体翻扣的“海洋 001”钢质采砂船实施船底开洞，救出 1 名幸存人员。

3 月 17 日

●烟台港集团有限公司与中交一航局第二工程有限公司签订《烟台港西港区一期工程（水工工程）》施工合同。

●烟台打捞局在大连中远船务有限公司制造的 15000 吨抬浮驳船 1 号船交付使用。

3 月 19 日　烟台港客运总公司继南美商品车航线外又开辟北非外贸滚装航线，向阿尔及利亚发运赛欧轿车 500 台。

3 月 21 日　龙口港集团集装箱货场项目获山东省人民政府颁发海域使用权证书，用海面积 47.3619 公顷，用海方式填海造地，用海期限 50 年。

3 月 22 日　北海救助局“北海救 115”轮、

✦ 船底开洞救出幸存人员㈠ /2011 年摄

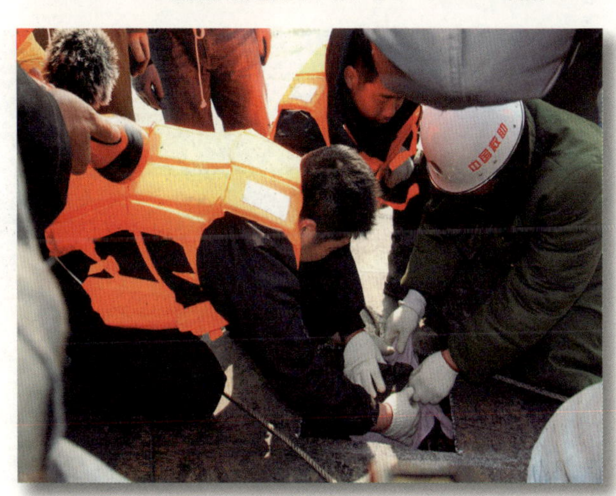

✦ 船底开洞救出幸存人员㈡ /2011 年摄

✦ 烟台保税港区工委、管委揭牌 /2011 年摄

✦ 烟台保税港区管委办公楼 /2014 年摄

应急反应救助队和北海第一救助飞行队直升机“B7312、B7313”联合出动，在石岛东南 112 海里处救助木质翻扣船“辽葫渔 35207”中 1 名幸存人员。

3 月 22 日至 5 月 27 日　烟台打捞局对蓬莱海域沉船“海阳 001”实施打捞和搜寻遇难者遗体作业，历时 66 天，投入船舶 10 艘。

3 月 23 日

●山东省人民政府批复同意烟台港龙口港区 2 个 2 万吨级多用途泊位、5 万吨级液体化工泊位、2 个 5 万吨级通用泊位、宏港通用泊位对外启用。

●龙口港集团首批液体硫黄造粒完成。

3 月 24 日　龙口市委、市政府对“抗冰灾保航运”先进单位和先进个人通报表彰，龙口港集团、龙港拖 23 轮、龙港拖 26 轮、龙港拖 17 轮获“抗冰灾保航运”先进单位。

✦ “海阳 001”公益性抢险打捞 /2011 年摄

3 月 28 日　中共烟台市委保税港区工作委员会、烟台保税港区管理委员会举行揭牌仪式。

3 月 29 日　烟台海事局与交通部北海第一救助飞行队联合开展“治砂 1 号”海陆空巡航专项执法行动，对莱州浅滩，海庙港锚地及周边主要砂石集散地进行巡查，发现并处理“宝堂 116”与“长发 1 号”2 艘非法运送砂石船舶。

3 月 30 日　中铁渤海轮渡股东会通过大连市人民政府出资人代表由大连市建设投资有限公司变更为大连港股份有限公司的决议。

是月

◆渤海轮渡公司总经理于新建荣获山东省政府首届安全生产贡献奖。

◆莱州港区 2 号港池围堰工程开工。

◆烟台打捞局自筹资金购置 11768 千瓦“德渼、德洳”2 条海工供应船。

4 月

4 月 1 日　烟台港集团、日本北九州市港湾空港局签订《烟台港和北九州港关于业

务合作的备忘录》。

4月4日　11时，烟台打捞局“德洳”轮拖带失去动力的巴拿马籍“RICSUN”大型散货船自天津到大连。船长266米，宽42米，空载干舷高度25米。

4月7日

●龙口港公司、北大荒商贸集团和龙口市龙达木业有限公司就合资成立北大荒（龙口）物流有限公司签订合作协议，合资公司注册资本5000万元，主要从事粮食、木材等货种的物流供应链经营业务。

●卢森堡籍“飞海”滚装轮在龙口港区16号泊位装载100辆中巴汽车、77辆装载机、18辆大巴汽车、5辆水泥泵车、3辆牵引车和1辆挖掘机，4月18日上午驶往非洲。

4月11日　魏桥铝土矿在龙口港区和芝罘湾港区之间启动一体化运作，承载163000吨铝土矿的“爱丽娜” 轮抵达芝罘湾港区。

4月12日　烟台打捞局船厂利用气囊灌装技术结合半潜驳方式，对两艘3676千瓦远洋拖轮“德淦、德滇”同时实施滚装下水。

4月18日至19日　国际海上救生联盟秘书长杰瑞·柯林第二次到北海救助局商讨群体性人命救助研究事宜，北海救助局局长迟双龙、副局长刘跃鲲与杰瑞秘书长交谈，并商定初步行动方案，形成报告在第二十一届世界人命救助大会与各国专家进行交流。

✦ 海工供应船“德渼”“德洳”/2011年摄

4月20日　龙口港集团、泉州市长海集装箱发展有限公司合作开通营口—龙口—泉州—龙口—营口集装箱班轮航线，采取南下直达泉州、北上直达营口，来回双挂龙口港区，3条6000载重吨船舶承运，5天班营运。“鸿安盛”轮首航。

4月21日

●北海救助局大连基地“华英394”艇在老铁山水道西口附近海域，救助因主机故障漂航遇险的“辽长渔运65221”及船上10人。

●烟台海关通过自主布控查获某公司以一般贸易方式申报出口棉制连衣裙等小商品货物中夹藏国家禁止出口商品木炭43.5吨，价值14.5万元。

4月22日　郑东兵任北海救助局局长、党组副书记，孙晓秋任北海救助局党组书记、副局长。

4月25日

●烟台港集团有限公司与中国石油山东销售公司新建成品油库及配套储运设施合作协议签字仪式举行，烟台市委常委、副市长刘树琪，烟台港集团有限公司董事长周波、总裁纪少波等出席。

●“美天客”轮41274吨进口木片在龙口港区卸货完毕离港。

4月27日　北海救助局组织召开“救助翻扣船‘海洋001’和‘辽葫渔运35006’轮的后评估会”，山东海洋与渔业厅、山东海事局、烟台海事局的专家应邀参加会议，与会专家从不同角度、不同层面对两起翻扣船救助进行了后评估。

4月29日　“永兴岛”轮在芝罘湾港区首航大连，该轮由中海客轮有限公司、大连港集团有限公司、烟台港股份有限公司共同成立的中海港联航运有限公司斥资5.18亿元制造。

是月　莱州华电2个3.5万吨级通用泊位、3.5万吨级航道工程开建，总投资7.2亿元。

5月

5月3日　龙口港区10万吨级航道拓宽工程开工。

5月4日

●财政部、交通运输部印发《港口建设费征收使用管理办法》的通知，自2011年10月1日起施行。

●龙口市胜通游艇俱乐部有限公司开业，购置5艘游艇营运。

5月5日

●芝罘湾港区接卸装载16万吨铁矿石的“一鲸”轮（长340米，宽60米，最大载重量32万吨）。

●烟台港西港区大型深水矿石码头沉箱安装，沉箱单体重约5800吨。

5月6日　蓬莱市渤海造船有限公司制造的“龙港拖27”轮在蓬莱交付龙口港集团，系龙口港区继“龙港拖23、龙港拖26”轮之后第三艘3677千瓦（5000马力）全回转拖轮。

5月7日　北海救助局“北海救113”轮前往石岛东南35海里处，救助失去动力的“金洋浚”施工辅助船及船上4人。

5月9日　烟台海事局通过中国人民解放军司令部航海保证部发布《航海通告》，重新划定庙岛群岛限制区，禁止过往船舶在限制区域抛锚、作业。

✦龙口港集团总经理张海军（前左）在签字仪式上/2011年摄

5月11日　沈阳军区原政委姜福堂上将参观烟大铁路轮渡旅顺西站和“中铁渤海2号”渡船。

5月14日

●烟台打捞局“烟救起重2号”救助1艘长岛渔船。

●烟台海关监查一起出口小商品伪报品名、侵犯知识产权案件。查获深圳某公司出口侵犯“CHANEL、LV、GUCCI、HERMES”等品牌的提包、钱包2.8万余个。该案涉及侵权品牌之多，货物数量之大，时为烟台口岸罕见。

5月16日　龙口港集团、香驰控股有限公司签约合作大豆蛋白饲料加工，10月14日龙口香驰粮油有限公司成立，合资公司注册资本5000万元，龙口港集团出资450万元，山东香驰集团出资4550万元。

5月18日　新型节能散货船“华鲁海1号”营运。

5月20日　“国家专业救援力量黄渤海区域海空应急救助演练”在大连星海湾广场海域举行，该演练是配合黄渤海区域海上应急处置合作联席

✦“一鲸”轮抵芝罘湾港区卸载/2011年摄

中华人民共和国

会议的召开而举行。交通运输部救捞局主办，北海救助局承办。交通运输部救捞局局长宋家慧担任演练总指挥，副局长丁平生担任副总指挥，北海救助局郑东兵局长担任现场总指挥。国务院应急办陈建安主任及黄渤海区13个省市负责应急管理的领导共70余人观摩了演练，演练展示了国家专业救助力量海空立体救助体系的装备水平和应急反应能力。

5月21日　宽67米“德浮2号”驳船经“龙港拖21、龙港拖22、龙港拖23”　轮4个多小时作业，拖带进龙口港区码头靠泊。

5月24日　烟台港集团有限公司、魏桥创业集团、韦立国际集团有限公司在新加坡签订《关于加强战略合作推进铝土矿等项目深入实施的框架协议》。

✦“国家专业救援力量黄渤海区域海空应急救助演练”观摩现场/2011年摄

✦“国家专业救援力量黄渤海区域海空应急救助演练”观摩现场/2011年摄

✦“渤海宝珠”轮成为大连海事大学教学实习基地/2011年摄

5月25日　龙口港区首台移动磅使用。磅体18米×3.2米，钢结构引桥，可自由拆卸，每个传感器最大限额40吨，整磅可衡重150吨货物。

5月26日　烟台市国资委批复龙口港集团出资3000万元，认购龙口农村合作银行（增资扩股）2000万股。

是月

◆烟台检验检疫局在烟台港口岸查获一名韩国旅客携带10箱共300瓶药品，作退运处理。

◆烟台检验检疫局在烟台港试行入境船舶“预抵检疫申报制度”。

6月

6月1日

●烟台市政府发布实施《烟台市港口水域禁（限）航管理规定（暂行）》。

●“渤海宝珠”轮成为大连海事大学教学实习基地，大连海事大学交通运输管理学院首批196名师生在该轮参加教学实习。

6月3日　北海救助局“北海救108、北海救199”轮与烟台打捞局“德港、德澳”轮联合出动，在东营港东北3海里处救助“融航甲100”失火运石船及船上7人。

6月4日　位于龙口市以北海域的蓬莱19-3油田发生重大溢油事故，据国家遥感监测数据，9月6日溢油面已达5500多平方公里，对渤海海洋生态造成破坏，本年蓬莱近海渔业生产和沿海筏养业皆有损失，近岸海洋动物和滩岸植物存量明显减少。

6月8日　中铁渤海轮渡公司在旅顺西站举行“和谐海路、温馨家园”服务品牌推介会，面向社会公布20条服务承诺，聘请10名服务质量社会监督员。来自大连、烟台市两地政府的45个单位的领导和新华社、人民铁道报、新华网、辽宁电视台、山东电视台等17家新闻媒体记者参会。

6月9日

● 张少春任烟台打捞局党组书记、副局长，杜柠任党组副书记。

●中共中央组织部四局局长夏崇源、交通部副部长徐祖远到中铁渤海轮渡烟台北站调研“创先争优”活动情况。

6月10日　烟台海关辖区首家具有供船资质的中石化烟台公用型保税仓库正式运营。该仓库容积3万立方米，主要经营燃料油的保税仓储业务。

6月13日　“时代2”轮装载7.4万吨澳大利亚原煤抵达龙口港区，永晖选煤厂（一期）首船进口原煤。

6月20日

●烟台港股份有限公司西港通用码头分公司成立，主要承担散杂货装卸、存储、中转等港口业务。

救助效率测试/2011年摄

●北海救助局大连基地“华英394”艇在南隍城东南8海里处，救助在大雾中迷失航向的钓鱼船及船上2人。

6月21日　烟台海关根据中国环境科学研究院固体废物污染控制技术研究所鉴定结果，查获某公司以一般贸易方式从韩国进口的锌矿泥实际为国家禁止进口的固体废物，共计269.4吨。

6月25日　龙口港区煤炭基地配套洗煤场地围堰工程坝体合龙，施工总长度1573米，回填石渣106126立方米、酥石2434立方米。

6月26日　北海救助局荣成基地应急救助分队在荣成市俚岛镇烟墩角村船厂码头救助因台风“米雷”遇险的2名渔民。

6月27日　烟台打捞局船厂制造的“德淦”轮交付使用。

6月28日

●国防大学交通战备专题研讨班现场教学活动在中铁渤海轮渡举行，国防大学副校长任海泉中将、国家交通战备办主任总后军交部部长张伟少将等120余名领导考察中铁渤海轮渡旅顺西站和“中铁渤海2号”渡船。

●北海救助局接待英国皇家救生艇协会志愿者策略经理WILL Stephens来访，并组织专题交流座谈会。

6月29日

●烟台市港航局在龙口港区液体化工区举行“2011烟台市（龙口港）港口设施保安演习”，山东省交通运输厅港航局局长刘福臣，烟台市港航局局长杜福堂，烟台市安监局副局长张广民，烟台市政府办公室副主任兼应急办主任张前程，龙口市委副书记刘树军、烟台市海事局、全市各县市相关部门人员观摩。

●北海救助局在广州签接“北海救116”轮。

是月　烟台市口岸办、烟台海事局、烟台海关、烟台检验检疫局、烟台市公安局、烟台市国

家安全局、烟台市卫生局、烟台港集团公安局、烟台边防检查站共同签署烟台海港口岸管控协作框架协议。

7月

7月4日至13日　烟台打捞局拖浅救助“NSS ADVANCE”轮。

7月5日至14日　北海救助局按照国际海上人命救助联盟要求，完成3种船型、4种救生装备8个科目的救助效率测试，全面掌握了救助人员操作各种救生装备的实际救助效率和体能极限，同时配合北海第一救助飞行队，完成了救助直升机3个科目的救助效率测试工作。测试的结果和相关音像资料将按照国际海上救助联盟的要求，提交到2011年世界海上人命救助大会相关分会，供各国搜救专家学者进行讨论研究。

7月7日　烟台市港航局批复同意山东远洋石油化工有限公司建设龙口港区石油储备库，建设6座15000立方米储罐（其中汽油储罐3座，柴油储罐3座），6座2000立方米储罐（其中汽油储罐4座，柴油储罐2座）。

7月7日至8日　交通运输部救捞系统2010年度应急救助抢险打捞典型案例后评估会暨船长、机长典型案例剖析会在烟台召开，交通运输部救捞局主办，北海救助局承办。

7月9日　中国机械设备进出口总公司出口刚果（布）2600余支铸铁管、杂货在龙口港区装上“美人鱼”轮驶往非洲。

7月11日　烟台市政府批准设立烟台港湾学校（隶属烟台港集团，址在芝罘区APEC科技工业园区东岳南路18号），全日制普通中等专业学校，隶属关系、行政级别、人员编制、经费渠道等维持不变。撤销烟台港湾职业中等专业学校。

7月15日　北海救助局举行“北海救116”轮列编仪式，交通运输部救捞局、北海救助局、烟台打捞局、北海第一救助飞行队、烟台海事局、烟台市交通局、烟台市港航管理局、烟台市海洋与渔业局、天津海事局烟台航标处、中铁渤海铁路轮渡有限责任公司、山东渤海轮渡有限公司等有关单位的领导出席。

7月17日　“鸿安盛”轮载166个集装箱驶离龙口港区，龙口港集团、大新华公司合作龙口—营口—锦州环渤海区间航线开通。

7月19日　烟台打捞局船厂制造的3676千瓦“德滇”拖轮交付使用。

7月25日　北海救助局“北海救111”轮在石岛港南偏东103海里处，救助主机故障的“新恒扬”散货轮及船上17名船员。

7月29日　北海救助局救助志愿者船“鲁长渔运9019”接救南隍城乡一名因腿被绞断，导致大出血险情的村民。

是月

◆莱州港12号码头接卸山钢集团、莱州港合作的第一船美国铁矿石原矿，“爱奥尼亚”轮承运。

◆烟台打捞局救助日本籍17万吨“南希前进”散货船。

✦ 救助日本籍17万吨“南希前进”散货船/2011年摄

8月

8月11日

●中铁渤海轮渡在旅顺西站组织单机牵引2组20辆货车上下船作业，每批减少4趟机车进入火车舱，减少作业环节，降低调车人员劳动时间，更有利于安全生产。

●龙口港集团、营口信宏物流有限公司合作开通龙口—营口—湛江—乍浦集装箱海运航线。“兴航海918”轮首航龙口港区。

●龙口港集团与潍坊宏坤物流有限公司合资组建的寿光港有限公司注册成立，注册资金2亿元，龙口港集团占70%，主要从事码头及其他港口设施设备的建设经营。

8月23日　龙口港区14号码头接卸“曙光”轮31324吨泰国木薯干。

8月24日至28日　北海救助局救助船队船长黄汝辉、救助值班室主任孟大秋出席“2011年世界人命救助大会”，分别作《翻扣铁质船的人命救助》和《北海救助局救生装备海上救助效率实测》发言，国际海上人命救助联盟主席乌拉斯托在大会闭幕晚宴上，感谢北海救助局在“群体性人命救助课题研究”方面给予的支持。

8月26日　龙口港集团、营口信宏物流有限公司合作开通龙口—营口—上海海运航线，“新运来”轮首航龙口港区。

是月　国务院副总理张德江接见烟台打捞局先进代表。

9月

9月7日　烟台打捞局完成“胜利油田中心3号”平台安装。

9月9日　北海救助局在本局码头举行“北海救301”艇列编仪式，“北海救301”艇长17.45米，宽4.7米，是一艘新型多功能高速自扶正救助船，动力采用船用柴油机和喷泵组合，最高航速超过32节。

9月10日　上午，烟台打捞局“德涓”轮救助北部湾“粤雷州15320”渔船。

9月12日　烟台打捞局完成“胜利作业3号”平台打捞工程。

9月16日　龙口港区完成接卸“荣港2号”轮10392吨朝鲜煤，朝鲜煤吞吐量突破200万吨，与上年同期相比增长54.2%。

9月17日

●参加2011年夏季达沃斯论坛的全球青年领袖代表团一行30余人参观“渤海翡珠”轮。

●北海救助局“北海救112”轮在芝罘湾港区东北49海里处，于大风浪中用救生吊篮从即

✦“北海救301”艇列编/2011年摄

✦打捞“胜利作业3号”平台/2011年摄

将沉没的“辽庄渔 51092”渔船救下 11 名渔民。

9 月 20 日　中铁渤海轮渡组织大连、烟台两港站运转车间职工到瓦房店铁路救援基地进行铁路车辆脱轨复旧演练。

9 月 21 日　交通运输部海（水）上搜救科学性研究调研组到北海救助局调研。

9 月 22 日至 29 日　烟台打捞局应中国莱芜第三届国际航空体育节组委会邀请，再次派遣救捞工程处潜水小分队担任体育节水上项目安保工作。

9 月 26 日　根据国家质检总局印发的《关于调整山东出入境检验检疫局部分机构的通知》，经山东检验检疫局党组研究决定，烟台检验检疫局机构进行调整。内设 12 个正处级处室：办公室、法制与综合业务处、卫生检疫处、动植物检验检疫处、食品检验监督处、机电化矿检验处、轻纺检验处、认证监管处、人事处、财务处、机关党委办公室（政工处）、纪检监察室。3 个直属事业单位：烟台检验检疫局检验检疫技术中心（正处级）、烟台国际旅行卫生保健中心（正处级）、烟台检验检疫局机关服务中心（正处级）。1 个企业单位：烟台检验认证有限公司，为中国检验认证集团山东有限公司全资子公司。4 个派出机构：烟台开发区办事处（正处级）、烟台机场办事处（副处级）、招远办事处（正处级）、烟台出口加工区办事处（副处级）。调整后，烟台检验检疫局处级领导职数 42 名，其中行政 33 名（含副局长 3 名、纪检组长 1 名），事业 9 名（含烟台检验认证有限公司处级领导职数 2 名）；科级领导职数 105 名，其中行政 82 名，事业 23 名。

✦ 用救生吊篮救助渔民/2011 年摄

9 月 27 日

●烟台打捞局自筹资金制造的“德渤”大型自航打捞工程船出厂交接。

●烟台市直机关工会与妇女工作委员会批复同意成立“烟台市港航局机关工会委员会”。

10 月

10 月 9 日　北海救助局“北海救 115、北海救 116”轮、应急反应救助队和北海第一救助飞行队直升机“B7313”联合出动，在烟台西北约 50 海里处翻扣的“辽丹渔 26628”渔船舱内，救出 4 名幸存人员。捞出 4 具遇难者遗体。

10 月 10 日　龙口市国土资源局为龙口港集团颁发 2 宗国有土地使用权证书，龙口港集团首次通过招、拍、挂方式取得国有土地使用权。

10 月 11 日　北海救助局大连基地举办南隍城救助志愿者培训班，对救助志愿者进行救助知识和技能培训。

10 月 12 日

●烟台打捞局自筹资金制造的 10000 千瓦“德淇”多用途工作船在威海石岛黄海造船有限公司交接。

●北海救助局“华英 394”艇在旅顺西南 7 海里处，成功救助舵机故障遇险“辽丹渔 25239”渔船及船上 6 人。

10 月 20 日　渤海轮渡、中铁渤海轮渡、大连航运集团有限责任公司、烟台港引航站 4 家单位各派出一名客船船员、引航员到烟台海事局

VTS中心参与VTS联合值班。

10月23日　烟台海关协调烟台港国际中转业务，由“奇云河”轮0979W航次载运至烟台港的2个集装箱共计40吨货物换乘“京汉烟台”轮0659E航次发往仁川。

✦ 烟台港引航站站长孙昕初（前左）在新造大型钻井平台上做引航准备 /2011年摄

10月24日　龙口—宁波直达航线开通，“新运成”轮载150自然箱驶离龙口港区。

10月25日　龙口港区接卸载82098吨石油焦“加内特”轮。

10月26日　龙口港集团、山东中海化工集团有限公司共同出资成立东营龙海港务有限公司，主要租赁经营东营港码头2号液体化工泊位。

10月28日

●烟台打捞局打捞巴拿马籍“ORIENTAL SUNRISE”（东方日出）散货船，翌年1月15日完成打捞作业，4月25日交付船东。

●烟台打捞局3600吨打捞起重船在烟台打捞局船厂开工制造。

✦ 打捞“东方日出”轮 /2012年摄

10月31日　张源任北海第一救助飞行队党委副书记（主持党委工作）。

11月

11月3日　烟台港引航站引航员到烟台中集来福士海洋工程有限公司咨询新造大型钻井平台技术参数，提前做好相关引航服务准备工作。

11月4日　中国重汽集团自济南至龙口港区装船，出口巴西380台重汽工程车辆，“远恒”轮承运。

11月9日至22日　由青岛海洋仪器仪表研究所主持、烟台打捞局救捞工程处协作的国家863重点科研项目“海洋焊接关键技术研究”之一水下焊接项目，在青岛海域完成二期试验，结果均达预期目标。

11月10日

●山东海事局与烟台港集团在烟台签“烟台西港区VTS（船舶交通管理中心）建设合作协议”，山东海事局党委副书记王宏图、烟台海事局局长马玉清、副局长赵晗、烟台港集团董事长周波、副总裁曲延词参加签字仪式。

●中储粮首次在龙口港区操作移库大豆业务，“恒博66”轮满载9863吨大豆驶离龙口港区。

11月11日　烟台海关联合检验检疫局对因“瘦肉精”超标被日本退运的1.6吨、价值4.1万元的猪肉串进行彻底查验，并办理退运进境手续。

11月11日至12月12日　渤海轮渡组织造船办、机供部、船管部、业务部、综合部相关人员，分3批考察美国皇家加勒比邮轮公司旗下“海洋神话”号豪华邮轮，随之成立邮轮项目工作委员会。

11月16日　烟台海关正式启动“监管袋”直通业务。一票毛重为2公斤、价值5808美元的集成电路货物采取“监管袋”直通模式，从青岛流亭机场运至烟台保税港区西区。

11月24日至27日　由烟台打捞局船厂为烟台打捞局制造的2艘4000HP多用途拖轮“德滋、德涞”采用气囊滚装结合半潜驳技术下水，2012年1月16日交付使用。

11月25日　烟台港集团、中国海油全资子公司中海石油化工进出口有限公司签署码头公司和石化仓储公司合资合作协议，在西港区共同投资设立中海油烟台港石化仓储有限公司、中海油烟台港油品码头有限公司，主要从事原油、成品油及化工品的储存、中转和保税仓储业务和原油、燃料油、成品油及化工品码头装卸服务。

11月25日至12月底　烟台打捞局与国家863重点项目“海洋焊接关键技术研究”项目组合作，在山东海洋仪器仪表研究所举办焊接技术培训班。

11月26日　“永吉23”轮载3000吨燃料油首航东营港2号液体化工码头，东营龙海港务有限公司开业运营。

11月28日　烟台打捞局船厂为本局制造的2艘3676千瓦“德湛、德沃”远洋拖轮同时交付使用。

11月30日

●烟台市政府、中国海洋石油总公司在北京中海油大厦共同签署战略合作框架协议，烟台港集团与中海油旗下全资子公司中海石油气电集团签署合资建设山东浮式LNG（液化天然气）接收终端项目合作框架协议，烟台市委副书记、市长王良，烟台市委常委、烟台市经济技术开发区工委书记、管委主任王曰义，烟台市政协副主席、发改委主任王式亮，中海油副总经理吴振芳、李辉出席签字仪式。

●烟台市国资委同意龙口港集团出资8000万元，与智晖兴业有限公司、内蒙古浩通能源股份有限公司合资设立龙口港永晖码头有限公司(暂用名)，建设运营28号泊位，合资公司注册资本2亿元。

是月　莱州港区研发“雷达智能监控系统”，无人值守监护外轮。这套系统融合激光雷达检测、人像识别、智能图像分析、移动身份识别和门禁控制技术，改变以往边检人员轮班现场站岗监管模式。2011年获山东省政府科技二等奖、山东省公安厅科技一等奖、全国港航系统科技三等奖。

12月

12月1日　龙口港区库场基础数据采集分析系统运行，对生产过程中货种、场地、泊位、集疏运等状况进行综合分析，提供数据支持港口生产经营决策。

12月1日至3日　烟台打捞局“德瀚、德淦”轮救助“新风1号”散货船。

12月4日　龙口港集团《RS40-4H型集装箱正面吊运机系统化技术研发与应用》《软土基大管径管线架设施工工艺研究与应用》获2011年度中国港口协会科学技术三等奖。

12月4日至5日　烟台市市长王良、副市长李树军考察新加坡邮轮码头和邮轮。

12月9日至11日　北海救助局“北海救113”轮在石岛东南约110海里处，救助“鲁广渔2300”渔船及其姊妹船“鲁广渔2299”上26名遇险渔民。

✦ 吹填作业 /2011 年摄

✦ 左侧标

✦ 右侧标

✦ 北方位标

中华人民共和国

12 月 18 日　烟台打捞局"德涓"轮协助清除"桂北渔 17020"溢油。

12 月 22 日　烟台打捞局芝罘湾打捞基地西突堤码头工程通过客滚试运营审核，2010 年 6 月 8 日开建，2011 年 7 月 15 日竣工，码头长 190 米，泊位 1 个。

12 月 22 日至 23 日　烟台港蓬莱东港区 5 万吨级泊位及航道工程通过山东省交通运输厅竣工验收。

12 月 24 日　徐增福任烟台海事局局长、党组副书记。

12 月 28 日　北海救助局"北海救 131"轮在龙口锚地救助主机故障"华平盛 198"货轮及其 13 名船员。

12 月 29 日　北海救助局荣成基地"华英 386"艇为遭遇大风进港困难的货船"源辰 19"轮引航，14 名船员随船获救。

12 月 31 日

●烟台打捞局船厂制造的 4000HP 多用途拖轮"德滋"试航。

●烟台打捞局"德治"轮搜救渔船落水者。

是月

◆"渤海玉珠"轮获中国海员建设工会、交通运输部安全委员会联合授予"2010 年全国水运系统安全优秀船舶"称号。

◆中交烟台环保疏浚有限公司 3500 立方米电力驱动绞吸式"天柏"挖泥船全年完成工程量

✦ 蓬莱港左灯桩 /2005 年摄

✦ 龙口客西灯桩 /2005 年摄

✦ 西北嘴灯桩 /2003 年摄

✦ 南方位标 ✦ 东方位标 ✦ 西方位标 ✦ 安全水域标 ✦ 孤立危险物标

1200 万立方米，产值过 2 亿元。

是年

▲烟台海关实现税收入库 110.50 亿元，与上年同期相比增长 26.78%。监管集装箱 41.6 万标箱、进出口总值 373.4 亿美元，与上年同期相比分别增长 11.7% 和 1.9%。监管进出口货物 2519 万吨，进出境船舶 5087 艘次，进出境旅客 32.9 万人次。

▲烟台检验检疫局共检验检疫出入境货物 14.7 万批、货值 129.2 亿美元，其中检出不合格货物 781 批、货值 14.1 亿美元。检疫出入境船舶 2885 艘次、集装箱 24.83 万标箱。传染病监测体检 1.13 万人次，预防接种 8866 人次。发现动植物疫情 99 种，3075 次。

▲烟台海事局签发船员证书近 2.5 万本。

▲烟台航标处管理各类公用航标 475 座，其中灯塔 19 座，灯桩 62 座，导标 24 座，立标 28 座，灯浮标 316 座，浮标 2 座，雷达应答器 13 座，雾号 2 座，AIS 基站 5 座，DGPS 台 1 座，其他助航设施 3 座。

2012 年

1 月

1 月 5 日　北海救助局、北海第一救助飞行队在烟台港外锚地联合举行“北部海域专业救助力量春运保障海上应急救助演练”，北海救助局“北海救 111、北海救 112、北海救 198”轮和北

✦ 珍珠门香炉礁灯桩 /2005 年摄

✦ 吕家坝子灯桩 /2005 年摄

✦ 春运海上保障应急救助演练㈠ /2012 年摄

✦ 春运海上保障应急救助演练㈡ /2012 年摄

✦ 春运海上保障应急救助演练㈢ /2012 年摄

海第一救助飞行队直升机“B7312”共同演练消防炮灭火、救助艇水面救人、吊篮转运伤员、拖带遇险船等科目。

1 月 16 日　北海救助局“北海救 131”轮在芝罘湾港区东北 25 海里处，救助因主机故障遇险伯利兹籍“SAKHALIN”货船及船上 22 名外籍船员。

1 月 31 日　北海救助局“北海救 116 号、北海救 201 号”轮在石岛东南 30 海里处，救助失火渔船“辽丹渔 23920”及船上 9 人。

2 月

2 月 14 日　烟台市第十六届人民代表大会第 6 号公告，杜福堂任烟台市人民代表大会城乡建设环境保护委员会主任委员。

2 月 16 日　烟台检验检疫局与烟台港集团签约建立进出口危险化学品分类鉴别与评估（GHS）合作实验室。

2 月 28 日　邢迎春任中共烟台市港航管理局委员会书记，不再担任烟台潮水机场工程建设领导小组办公室副主任职务。

2 月 29 日　邢迎春任烟台市港航管理局局长。

3 月

3 月 10 日　北海救助局荣成基地“华英 384、华英 386”艇前往蛃江港锚地救助因主机故障遇险的“新远东”轮，8 人随船获救。

3 月 16 日　烟台打捞局“德涟”轮救助“宏伟 1 号”杂货船。

3月20日

●烟台市港航局会同烟台市发改委、烟台市规划局、烟台市国土局、烟台市海洋与渔业局、烟台市交通运输局、烟台市旅游局等部门共商旅游码头规划事宜。

●北海救助局“北海救111”轮在石岛东14海里处救助失火“顺安168”散货船，18人随船获救。

✦ 烟台市市长王良（右2）到烟台港西港区调研 市港航局局长邢迎春（前排右2）、烟台港集团董事长周波（左2）汇报西港区建设进展情况 /2012年摄

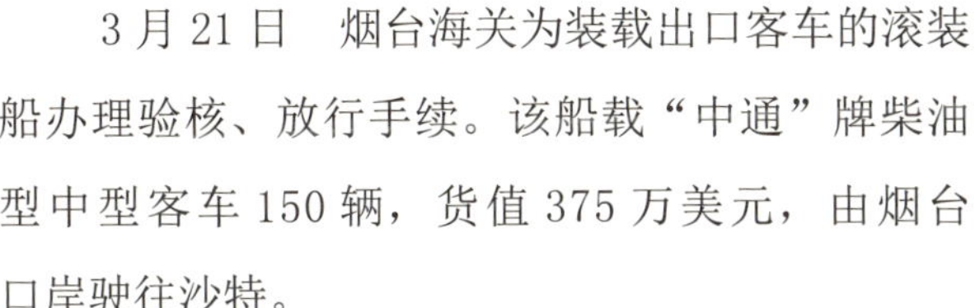

3月21日　烟台海关为装载出口客车的滚装船办理验核、放行手续。该船载“中通”牌柴油型中型客车150辆，货值375万美元，由烟台口岸驶往沙特。

3月23日　山东省建管局公布山东省2011年省级工法名单，烟台打捞局申报的“船舶气囊滚装下水施工工法、大型海洋平台模块的驳船海上安装施工工法、计算机控制液压同步提升沉船打捞施工工法”成为2011年山东省省级工法。

3月26日　烟台市委副书记、市长王良查看烟台港西港区建设。

3月27日　海阳港东港区一期工程可行性研究报告通过省交通运输厅审查。

是月　丛培坤任烟台海事局党组书记兼副局长。

✦ 救助遇险伯利兹籍“SAKHALIN”货船 /2012年摄

✦ 救助失火渔船 /2012年摄

4月

4月1日　北海救助局“北海救111”轮在石岛东北16海里处，救助因主机故障遇险“顺兴隆”货船及17名船员。

4月9日　长岛港区陆岛交通滚装码头开建。

4月12日　烟台市机构编制委员会办公室印发《关于调整市港航管理局机构编制的批复》，同意市港航局增设危化品管理科，编制增加3名，科级领导职数增加3名。同意烟台港引航站增设安全科和西港区引航科、海阳港区引航科。编制由55名调整到65名。

4月14日　龙口—台州—温州集装箱海运航线开通。

4月16日

●烟台市委书记张江汀查看龙口港区。

●长岛港区海上游候船厅开建，计划投资70万元。

4月19日　蓬莱引航分站引领大型海上石油钻井平台“海洋石油161”出港。

4月21日　烟台市港航局制定《烟台市省际客滚运输运价备案公告制度》。

✦ 烟台港引航站引航员细心引航 /2008年摄

4月24日　上午，烟台市港航局、韩国平泽港湾公社签署合作协议书，推进烟台至平泽客滚航线和中韩铁路轮渡项目。

4月25日　渤海轮渡经中国证券监督管理委员会发行审核委员会2012年第七十一次会议审核IPO首发获得通过。

4月26日

●省交通运输厅厅长贾学英、烟台市长王良调研长岛机场和跨海大桥前期工作，烟台市交通运输局局长权良宝、烟台市港航局局长邢迎春陪同。

●烟台环球码头有限公司、中国辐射防护研究院、山东核电有限公司三方签署《关于核燃料集装箱港口作业安全评价委托协议》，烟台环球码头公司承担山东核电公司进口核燃料港口装卸业务进入实质化运作阶段。

4月28日　交通运输部副部长冯正霖到烟台打捞局指导工作。

是月　北海救助局曹德广船长被中华全国总工会授予“全国五一劳动奖章”。

✦ 救助遇险“顺兴隆”货船 /2012年摄

5月

5月2日

●烟台芝罘岛集团有限公司顺岸码头启用。

●韩国仁川地方海洋港湾厅一行6人访问烟台海事局。

5月4日

●烟台港西港区102号液化码头启用。

●烟台打捞局“德浜”轮救助“桂北渔30378”渔船。

5月4日至6日　烟台港引航站引领大宇船厂“船背船”整船下水。

5月5日　山东省副省长张建国检查烟台市港航安全生产工作。

5月7日　世界大型滚装船“拉迪”轮（长232.38米，可装载10万立方米的货物，设计装载车辆7600辆）靠泊龙口港区，仅用5小时30分完成装载中国重汽集团331台重型车辆，驶往非洲尼日利亚。

5月8日

●烟台港集团、万华合成革集团签订合资合作协议，共同运营烟台港西港区。

●烟台港集团机械厂开工制造800吨水下打捞抓斗。

5月10日　烟台海事局组织召开烟台市海上搜救中心第五次联席会议，北海救助局、北海第一救助飞行队、烟台市海洋与渔业局、烟台市安监局、烟台市港航局、烟台市旅游局、烟台市公安边防支队、烟台市气象局、烟台市卫生局等10家搜救中心主要成员单位的分管领导及职能部门负责人参加。

5月15日至16日　烟台打捞局“德治”轮完成旅顺新港至大连星海湾大桥施工现场的沉箱拖带作业，该沉箱为方形，长69米，宽44米，高17米，箱重2.6万吨，吃水深度8.5米。时为中国桥梁建设水下施工最大沉箱。

✦ 冯正霖（前左2）在船上听取工作汇报/2012年摄

5月16日　海阳港区举行“迎亚沙、保安全”港口设施保安演习。

5月18日　新的蓬莱古船博物馆在蓬莱水城西南角试营业，该馆总投资1亿元，占地8500平方米，建筑面积7900平方米，展示和陈列面积约5000平方米。

5月17日至19日　“海上丝绸之路与蓬莱古船“登州港国际学术研讨会”在蓬莱市召开，来自韩国、日本以及国内的造船、航海等方面专家40余人与会，会上就海上丝绸之路、蓬莱古船、登州港和中外航海文化交流等课题展开研讨。

5月21日　公安部授予渤海轮渡乘警支队“全国优秀公安基层单位”称号。

5月23日

●以老挝中纪委副书记通西·沃拉西为团长的2012年度第二批老挝省部级党政干部考察团一行访问烟台保税港区，中联部参赞吴士雄陪同。

●上午，韩国仁川海事高等学校师生132人到烟台打捞局烟台海员职专参观访问。

5月25日　五星级豪华邮轮“汉莎蒂克”号（HANSEATIC）停靠芝罘湾港区。

5月28日　由大连出发的商品轿车专线班轮“安吉2号”停靠烟台打捞局码头，烟台打捞局开通烟台至大连商品轿车班轮航线。隔日1班。

是月　烟台打捞局“德渼”轮在南海为“勘探3号”平台服务。

6月

6月3日　来自朝鲜“清川江”轮上一名朝鲜籍船员突发急性阑尾炎，烟台检验检疫局及时处置。

6月4日

●龙口港集团投资寿光港码头工程用海预审意见获山东省海洋与渔业厅批复。

●由农业部、山东省人民政府共同主办的“2012渤海生物资源修复放流活动暨山东海洋增殖放流周启动仪式”在栾家口港举行，放流船队由23艘渔船组成，主要放流品种有中国对虾、鲈鱼、海蜇、黑裙、梭子蟹等。

●中柏京鲁船业有限公司举行“77米秋刀鱼船、鱿鱼钓船建造开工暨远洋渔船与技术示范基地”授牌仪式。

6月6日　渤海湾客滚运输行业峰会在烟台打捞局港务处召开。

6月7日　烟台港芝罘湾港区31号客滚泊位启用。

6月8日　省交通运输厅港航局局长刘福臣检查烟台客滚运输安全生产。

6月12日

●中铁渤海轮渡零缺陷通过DOC年度审核。

●省交通运输厅副厅长谢涛检查烟台港航安全工作。

6月13日　烟台海事局完成海阳亚沙会绿潮围网布设，抛投围网定位“扭王字块”501块，围控面积50平方公里，海上边线长度15500米、围网总长达到17000米。

6月18日

●渤海轮渡“渤海晶珠”轮下水。

●中海客轮有限公司“长山岛”轮烟台至大连航线营运。

6月20日

●上午，交通运输部部长李盛霖一行，由省委副书记王军民，省交通运输厅副厅长范正金，省港航局局长刘福臣，烟台市委书记张江汀，烟台市委副书记、市长王良，烟台市委秘书长李树军，烟台市政府秘书长李永乐陪同，检查烟台市港航安全生产。

●青岛海运口岸与烟台海关特殊监管区域间直通业务正式启动。

6月27日　烟台港集团、上海港务工程公司签署烟台港西港区液体化工4号—7号泊位工程合同。

6月28日　下午，烟台市港航局举办“2012年烟台市（安邦油港）港口设施保安演习”。

6月30日　国家统计局局长

“德渼”在南海为“勘探3号”平台服务 /2012年摄

✦ 烟台市港航局新办公地址揭牌 /2012 年摄

✦ 中铁渤海轮渡公司办公楼 /2014 年摄

马建堂到烟台港调研当前经济形势及企业生产经营情况，山东省副省长贾万治陪同。

7月

7 月 3 日　北海救助局荣成基地“华英 384、华英 386”艇前往基地东南 2 海里处，救助因主机故障遇险的“鲁荣渔 65419”船及其拖带的 6 条舢板，13 人随船获救。

7 月 8 日　由中国工程院、北京交通大学共同举办的中国工程院重点咨询项目“渤海海峡跨海通道战略规划研究”到中铁渤海轮渡调研。

7 月 9 日

●烟台港西港区至淄博管道工程中全长 1800 米弥河水下定向钻试穿越工程完成。

●渤海轮渡“渤海翠珠”客滚轮开始烟台至大连海运航线营运。

7 月 11 日　烟台海事局组织客滚船船员技能大比武。中国交通报、中国新闻网、新民网等新闻媒体予以报道。

7 月 16 日　烟台市港航局办公地址迁至芝罘区环海路 60-11 号。（三水合一花园小区中铁渤海铁路轮渡公司楼内，烟台港引航站也迁至此楼内办公。）

7 月 18 日　交通运输部召开节能减排专项资金项目管理工作会，“烟台港港口生产作业智能管理系统”获资金支持 197 万元，“龙口港港口智能化运营管理系统应用项目”获资金支持 62 万元。

7 月 20 日

●北海救助局荣成基地志愿者服务队成立。

●下午，烟台打捞局“德浜”轮救助“琼洋浦 20029”渔船。

✦ “渤海翠珠”客滚轮 /2012 年摄

✦ 烟台航标处处长王如政在现场会上作典型发言 /2012 年摄

7 月 22 日　烟台打捞局“德淳”轮救助翻扣“鲁济 2666”船。

7 月 27 日　龙口港集团、北大荒粮食物流有限公司、龙口市龙达木业有限公司三方合资组建山东北大荒粮食物流有限公司，注册资金 5000 万元，龙口港集团占 35% 股份。

7 月 28 日　烟台航标处的“品牌职工之家建设”工作经验在直属海事系统被树立为先进典型。

7 月 31 日

●交通运输部组织召开烟台港西港区一期工程建设规模调整审查会，同意本工程建设规模由 20 万吨级矿石接卸泊位和 7 万吨级煤炭接卸泊位各 1 个调整为 30 万吨级矿石接卸泊位和 15 万吨级煤炭接卸泊位各 1 个。

●交通运输部、山东省人民政府联合发文《关于烟台港蓬莱东港区和栾家口港区总体规划方案的批复》，批复同意将蓬莱东港区和栾家口港区规划调整方案纳入《烟台港总体规划》。

是月

◆根据《交通运输部关于中华人民共和国烟台海事局主要职责机构设置和人员编制规定的通知》和《中华人民共和国海事局关于烟台海事局有关机构主要职责机构设置和人员编制规定的通知》文件，烟台海事局由事业单位转为行政单位，452 名在职职工转为公务员。

◆烟台检验检疫局在海港旅检通道截获一名自韩国入境旅客携带 2.5 公斤放射性严重超标物品，经检测钾 40、镭 226、铀 235、铀 238、钍 232 均超国家限值，退运处理。

8月

8 月 6 日　根据铁道部运输局、总后军交运输部、济南铁路局印发的《关于烟大铁路轮渡开办军事运输通过业务的通知》，中铁渤海轮渡公司正式开办军事运输通过业务。

8 月 8 日

●渤海轮渡“渤海翠珠”客滚轮贯彻国防要求项目竣工仪式举行，济南军区司令员范长龙查看装甲车、火炮、运输车等重型装备装载演练。

●烟台新绎游船有限公司成立，注册资金 5000 万。根据烟台市港航管理局的批复，营运范围“烟台港至长岛港海上旅游观光运输（筹建专用）”。一艘高速客船“北游 6”号（后更名为“新绎 1”），9 月 15 日，开通烟台港至长岛港旅游航线。2013 年 2 月 7 日，营运范围变更为“烟台港至长岛港、蓬莱西港至长岛港海上旅客运输”，2013 年 6 月 22 日“新绎 1”开始在蓬莱到长岛航线营运。2013 年 8 月 14 日，营运范围变更为“烟台港至长岛港、蓬莱西港至长岛港高速客船运输”，公司购置“新绎 3”号在烟台港至长岛港航线营运。2013 年 10 月 7 日，“飞翔”号因旅游淡季停航。2014 年 1 月，“新绎 1”轮停止营运。2014 年

✦ 烟台打捞局局长杜宁（右 1）向杨传堂（左 2）汇报工作 /2012 年摄

5月5日，营运范围又变更为“烟台港至长岛港、蓬莱港至长岛港至北五岛（西三岛）间客船运输”。（公司注册地址为烟台市汇宾路8-1号，2014年8月21日变更为长岛县长山路33号。）

8月9日

●交通运输部党组书记杨传堂在芝罘湾港区登上“渤海翠珠”客滚轮查看，渤海轮渡总经理于新建汇报安全生产工作。

●下午，交通运输部党组书记杨传堂察看烟台打捞局指导工作，山东省副省长张建国，交通运输部安全总监宋家慧，办公厅主任杨咏，安监司司长王金付，国家海事局常务副局长陈爱平，交通运输部救捞局局长王振亮，山东省交通运输厅厅长贾学英、副厅长谢涛，烟台市市长王良，烟台副市长蔡国华和烟台市委常委、市委秘书长李树军等陪同。

8月12日　长岛港区当天出岛旅客26576人，车辆919辆。

8月14日　烟台港引航站引领“开拓勇士”号深水半潜式起重生活平台出港，烟台中集来福士海洋工程有限公司制造，为半潜式自航平台结构，集安装、运输和调试等海上石油开发服务功能于一体，造价约5亿美元。总长137.5米，型宽81米，型深39米，航速11.3节。最大可变甲板载荷7070吨，2台1800吨重型甲板起重机，具备双机联合起吊功能和直升机起降平台，额定居住618人。8月21日，北海救助局“北海救131”轮在北海1号位正南3海里至30海里之间海域，为试航的“开拓勇士”号安全护航。

✦“开拓勇士”号深水半潜式起重生活平台出港/2012年摄

8月16日　烟台海事局与烟台检验检疫局签署《关于加强进出口监管提高口岸工作效率合作备忘录》，烟台海事局局长徐增福与烟台检验检疫局局长昃向君分别签字。

8月23日　烟台市委副书记、市长王良、烟台市政协副主席、发改委主任王式亮，烟台市政府秘书长李永乐查看龙口港集团工作，龙口市委书记杨洪旭、龙口市市长韩世军陪同。

8月24日至25日　蓬莱港公司承办2012年全国交通运输行业物流园区年会暨物流信息化发展推进大会。

8月29日　中铁渤海轮渡公司党委成立。

9月

9月2日　北海救助局“北海救116”轮前往石岛以南约100海里处，救助因主机故障遇险的“丽云”满载集装箱轮及船上17人。

9月6日　渤海轮渡A股上市，募集资金11.11亿元，山东省首家上市航运企业。

9月7日　海关总署党组任命边佩全为青岛海关副关长，免去其青岛海关所属烟台海关关长职务。

9月8日　龙口港区接卸冷冻丙烯5000吨。

9月11日　匹克国际贸易有限公司中标的联合国援助刚果金水泥项目首船13000吨水泥，由“盐田海”轮自龙口港区运出。

9月14日　烟台打捞局“德涓”轮救助搁浅“骏鑫288”散货船。

9月15日　北海救助局“北海救115”轮在烟台北50海里处，救助翻扣“辽庄渔65450”渔船，救出舱中3名幸存人员。

9月20日　中国首届世界海洋大会在渤海轮渡“渤海翠珠”客滚轮召开。

✦“开拓勇士”号深水半潜式起重生活平台出港 /2012 年摄

✦中铁渤海轮渡总经理刘君（前右 1）、党委书记武林祥（前左 1）向部队领导介绍情况 /2012 年摄

9 月 21 日

●北海救助局“北海救 111 轮”“华英 387 艇”天津基地应急救助队参加交通运输部和天津市政府在天津港东疆国际邮轮母港联合举行的“2012 年全国港口设施保安演习”，是一次海陆空立体联动、船港互动、多部门协同的港口保安综合演习，涉及港政、公安、海事、救助、边防、港航企业等多个部门和单位，共 500 余人参加，交通运输部部长杨传堂观摩了演习。

●烟台打捞局与中国交通建设股份有限公司，在珠海市举行港珠澳大桥岛隧工程沉管浮运、安装、潜水作业合同签约仪式。

9 月 22 日　北海救助局大连基地“华英 394”艇在南隍城西北 5 海里处，救助因机械故障遇险的“鲁长渔 63038”及船上 5 人。

9 月 26 日

●烟台市港航局局长邢迎春任中国人民解放军济南军区驻烟台航务军事代表处兼职主任。

●中国人民解放军驻鲁某部在烟大铁路轮渡烟台北站举行“中铁渤海轮渡开通军事运输仪式”。

9 月 27 日　“京润”轮靠泊华电国际（莱州）电厂 2 号码头，华电国际（莱州）电厂运营。

9 月 28 日

●中海油烟台港石化仓储有限公司在烟台港西港区举行石化仓储项目开工仪式，一期总投资约 12.4 亿元。

●北海救助局针对中秋和国庆期间的应急救助安全工作，在烟台外锚地举行“2012 年船岸联合应急演练”。

✦救助翻扣“辽庄渔 65450”渔船 /2012 年摄

✦北海救助局“2012年船岸联合应急演练”/2012年摄

9月29日　交通运输部发布《关于海峡两岸海上直航发展政策措施的公告》，烟台港蓬莱东港区为增设的大陆与台湾两岸直航港口（港区）之一。

是月　武林祥任中铁渤海轮渡公司党委书记。

10月

10月1日　蓬莱至长岛海运航线首次夜航。

10月8日　龙口至珠海集装箱海运航线开通。

10月8日至12日　烟台市港航局局长邢迎春率烟台港航代表团访问韩国平泽、蔚山、仁川港湾公社，并分别与蔚山港湾公社、仁川港湾公社签署《战略合作框架协议书》。

✦“渤海晶珠”客滚轮/2012年摄

10月10日　渤海轮渡“渤海晶珠”轮开始烟台至大连航线营运。

10月14日至19日　烟台市市长王良带领考察团，赴宁波市、厦门市、连云港市、大连市、营口市港口考察学习。

10月16日　莱州港区接卸“EMMA SCHULTE”散货轮，长254米，宽43米，吃水9.7米，总载重吨115000吨，载铁矿石62964吨。

10月23日至25日　北海救助局派员参加在济南举行的“第十七届中日韩俄搜救操作级别会议”，并在会上介绍大型客滚船搜救技术。

10月27日　北海救助局“北海救116”轮在石岛东北8海里处，救助进水货船“金城9号”轮上3名遇险船员。

10月28日　全国政协副主席、全国工商联主席黄孟复一行莅临中海港务（莱州）有限公司，山东省委常委、统战部部长颜世元陪同。

11月

11月1日　全市138艘旅游船季节性停航，12座以下小型旅游艇全部陆地存放，大型旅游船固定港口集中靠泊。

11月2日

●省经济和信息化委员会批复蓬莱船舶工业园区升格为省级船舶工业园区。

●烟台打捞局船厂为3600吨打捞起重船自行设计、制造的8台“万象导览器”通过静载负荷试验，取得中国船级社的认可。

11月5日至8日　烟台打捞局水下探摸“连航浚2”船。

11月11日　北海救助局“北海救108轮、北海救111轮、北海救

198轮”与北海第一救助飞行队直升机“B7309”联合出动，在南长山锚地救助进水沉没的“新晨光18”运沙船上6名落水船员，打捞2具遇难者遗体。

11月12日　北海救助局荣成基地“华英384”艇在蛎江港将搁浅渔船“鲁荣渔5370”脱浅。

11月16日　《烟台市突发港口公共事件应急预案》修订后以烟台市政府办公室“烟政办发〔2012〕107号”文发布。

11月17日　在北京召开的全国世界文化遗产工作会议上，蓬莱与宁波、泉州、广州、海口等9个城市联合申报的“海上丝绸之路”项目入选《中国世界文化遗产预备名单》。

10月23日　烟台海关协调完成烟台港首票国际中转业务。由“奇云河”轮0979W航次载运至烟台港的2个集装箱共计40吨货物换乘“京汉烟台”轮0659E航次发往仁川。

11月26日　寿光港1号、2号、3号液化品泊位工程、8号至13号多用途泊位工程通过山东省发展与改革委员会核准。

11月27日

●交通运输部追加龙口港区10万吨级航道拓宽工程、莱州港区5万吨级航道工程、莱州港区3.5万吨级航道工程补助资金1.13亿元。

●北海救助局“北海救112”轮在石岛东北8海里处，救助因舵机故障遇险的“皖鸿运2928”驳船及4名船员。

●上午，北海救助局、北海第一救助飞行队“第八次船长机长实务研讨会”在蓬莱召开，北海救助局救助船长、北海第一救助飞行队机长及两个单位相关业务处室、基层单位的代表参加，烟台市海上搜救中心应邀派员参加。会议就救助船、飞机海上联合搜救方案、救助直升机向险情现场转运救助人员及装备的定量问题、烟台起降点的设置问题、应急救助队员与救助指挥、宣传人员登机手续简化问题、直升机夜航训练时的船机配合、直升机降落救助船甲板时的船机配合、船机配合训练时的节能问题等7个议题进行了研讨。

✦“第八次船长机长实务研讨会”/2012年摄

✦ 救助“新晨光18”运沙船落水船员/2012年摄

11月28日　北海救助局召开“2012年典型救助案例后评估会”，北海救助局救助处、安监处、救助船队、应急反应救助队、大连基地、秦皇岛基地代表参加，会议对翻扣渔船“冀乐渔2352”、翻扣渔船“辽盘渔35077”和机舱进水运沙船“海丰60”等三起典型救助案例进行后评估。

12月

12月4日　北海救助局在烟台外锚地举行“北部海域专业救助力量冬季海上应急救助演练（2012）”，该演练是配合“海空立体救助知识更新高级研修班”现场教学而举行，交通运输部人劳司副司长李良生，国务院应急办处长吕红频及研修班全体学员共50余人观摩演练。

12月6日　上午，蓬莱东港区5号、6号、7号泊位对外开放。

12月11日　烟台打捞局“德湛”轮救助“桂北渔23007”船。

12月19日　龙口港区29号通用泊位（结构按10万吨级设计）试运行。

12月25日　山东核电有限公司副总经理张震到烟台海事局赠送“品牌服务保设备运输安全，情系山核，助核电事业发展”锦旗。

12月28日

●烟台海关和烟台检验检疫局签署加强关检全面合作备忘录。通过建立联席会议制度、设立关检合作办事机构、开展关检专业项目合作等方式，在支持地方经济发展、推进大通关建设、执法领域合作、突发事件应对、重大活动保障、非业务领域合作等七个方面进行合作交流。

烟台检验检疫局局长昃向君（右2）陪同烟台市市长王良（左1）、副市长杨丽（左3）查看烟台检验检疫局技术中心实验室/2012年摄

救助直升机冬季海上应急救助演练/2012年摄

北部海域专业救助力量冬季海上应急救助演练/2012年摄

●烟台打捞局“德滇”轮将中国籍失去动力散货船“明洋”轮，从日本志布志港拖航至山东威海港。

●中交烟台环保疏浚有限公司申报的“链斗船泥斗加装斗齿”和“3500绞吸船850管线改造”获国家实用新型专利。

●“北海救101”救助船建造完工，总吨位4747，主机功率7200千瓦，拖力170吨，总长116.95米，型宽16.20米，满载吃水6米，航速22节。

12月31日　烟台市委副书记、市长王良、副市长杨丽到烟台检验检疫局调研工作，看望报检大厅和实验室的一线检验检疫职工，烟台检验检疫局局长昃向君陪同。

“北海救101”救助船/2012年摄

是年

▲全市公安户籍总人口650.29万人，市区人口180.27万人。全年全市城市居民可支配收入30045元，全年农民人均纯收入13298元。全市生产总值达到5280亿元，完成公共财政预算收入357.4亿元，全社会固定资产投资达到2970亿元，接待海内外游客4500万人次，旅游总收入达到460亿元。全市统计港口企业80家，生产性泊位170个，万吨级以上64个。水运企业51家，海运服务企业144家，船舶270艘，81.87万载重吨、55.1万千瓦。全年港口吞吐量2.7亿吨，集装箱吞吐量185.05万标准箱，旅客吞吐量1102.01万人。

▲交通运输部北海救助局职工742名，其中船员、应急反应救助队员占职工总数的62%以上。下设烟台、天津、秦皇岛、荣成、大连5个救助基地和1个应急反应救助队；拥有各类救助船舶21艘，其中，1940千瓦救助船舶5艘、3200千瓦以上救助船舶9艘、4480千瓦快速穿浪救助船1艘、快速救助艇6艘，分别部署在秦皇岛、大连、天津、渤海海峡、长岛、龙口、烟台、石岛、青岛等重点海域的12个长年待命点（救捞体制改革前，交通部烟台救捞局有烟台、荣成、大连3个待命点）；在交通运输部救捞局的直接领导下，辖区水域部署救助直升机2架，固定翼飞机1架。截至2012年年底，共完成值班待命42278艘天，执行救助抢险任务2308次，救助遇险人员6594人，救助遇险船舶355艘，获救财产价值135.7亿元。

▲中交烟台环保疏浚有限公司拥有18艘先进的大型主力施工船舶和辅助船舶，其中每小时3500立方米绞吸式挖泥船6艘，每小时2500立方米绞吸式挖泥船1艘，斗式挖泥船4艘，自航驳、拖轮、起锚艇等7艘，装机总功率达到105532千瓦。

▲烟台海关共监管进出口货物总值362.9亿美元，进出口集装箱38.8万标箱，征收税款89.6亿元。

▲烟台检验检疫局共检验检疫出入境货物14.9万批、货值135.6亿美元，其中检出不合格830批，货值10.9亿美元。检疫出入境船舶2754艘次、集装箱27.2万标箱。传染病监测体检1.10万人次，预防接种9387人次。发现动植物疫情71种，1038次。

2013年

1月

1月4日　王震峰任北海第一救助飞行队队长（正处级）。

1月11日

●烟台港西港区液体化工品码头及配套设施工程通过竣工验收并交付使用。

●龙口港集团与泉州安通物流有限公司合作的龙口—黄埔、龙口—泉州—汕头航线开通，“仁建6”集装箱船靠泊龙口港区。

●烟台泰山石化港口发展有限公司101号码头通过山东省交通运输厅竣工验收。

1月13日　渤海轮渡总经理于新建当选山东省第十二届人民代表大会代表。

1月15日　烟台港集团有限公司聘任张海军为烟台港基本建设指挥部副总指挥、龙口港建设指挥部指挥，解聘张海军烟台港股份有限公司总经理助理职务，免去徐明熙龙口港集团副董事长、烟台港基本建设指挥部副总指挥、龙口港建设指挥部指挥职务，聘任徐亮为龙口港集团副总经理。

1月17日　烟台市委书记张江汀，烟台市委副书记、市长王良等察看烟台港西港区。

1月18日　天津海事局烟台航标处更名为

交通运输部北海航海保障中心烟台航标处办公楼/2014年摄

交通运输部北海航海保障中心烟台航标处。

1月20日 龙口港区货11铁路装卸线工程竣工。

1月22日 烟台市港航协会召开二届二次常务理事扩大会议，选举烟台市港航局副局长李凯明为会长，法人代表。

1月24日

●国家安全生产应急救援指挥中心范晋生主任一行考察调研鲁东应急救援中心，山东省安监局高建军副局长等陪同。

●交通运输部公安局副局长吴建平考察“渤海翠珠”轮，了解船舶消防设备管理、消防演练及乘警队的日常执法、队伍建设和管理等。

●北海救助局荣成基地“华英386”在蜊江港航道10号浮附近，救助失去动力渔船“鲁荣渔572160”及船上3人。

1月25日

●龙口港区至东营港散杂货转水业务正式启动，“鲁能海3”轮靠泊东营港1号散杂货码头。

●长岛县“校船工程”安排专船、港区开放“绿色通道”、专人负责护送北五岛243名学生乘船回家。

1月26日 北海救助局“北海救115”轮在石岛以南93海里处，救助船舱进水货船“运舟7”及19名船员。

1月27日 北海救助局荣成基地“华英384、华英386”艇前往荣成东南约15海里处，救助因船舶机械故障遇险“鲁荣渔51409”渔船及船上4人。

1月29日 中共烟台市委组织部决定撤销中共烟台港引航站支部委员会，建立中共烟台港引航站总支部委员会，5月20日邵明福任书记。

1月31日

●省交通运输厅副厅长谢涛一行检查烟台港航春运工作。

●烟台打捞局“德济、德涟”轮先后协助绥中港破冰，进行灯标复位。

是月

◆烟台市港航局召开2012年度机关工作总结暨廉政工作会议，表彰2012年度机关考核先进集体和个人，部署机关廉政工作安排。

◆北海救助局“北海救196、北海救197”两轮报废处理，“北海救159、北海救169”两轮调拨给烟台打捞局。

◆北海救助局“北海救101”列编。

✦ 烟台市港航局机关2012年度总结及廉政工作会/2013年摄

✦ “北海救101”列编/2013年摄

2月

2月4日　烟台打捞局船厂正式取得农业部颁发的渔业船舶建造修理工厂认可证书，准予修造各尺度钢制渔业船舶，此级别为渔业船舶修造最高资质，认可证书允许修造的船舶类型主要包括渔政船、捕捞作业船、渔业冷藏运输船等。

2月6日　烟台市市长王良检查港航安全生产及春运工作。

2月8日　经新加坡高等法院批准，中国国际海运集装箱（集团）股份有限公司拥有100%股权的中集海洋工程控股有限公司完成对中集来福士海洋工程（新加坡）有限公司（以下简称“中集来福士”）其余股份的收购，自此，中集来福士成为中集海洋工程100%拥有的全资子公司。

2月10日　龙口港区济钢铁矿进口业务重新启动，载17.8万吨铁矿船“阿尔法”轮驶入港口锚地。

2月11日、13日、15日　烟台打捞局救捞工程处潜水工程队受港珠澳大桥工程项目部委托，分3批派遣共计27名潜水员开赴港珠澳大桥工程组织施工。

2月13日　烟台市委、市政府出台《关于加快港航建设推动港口经济发展的意见》。

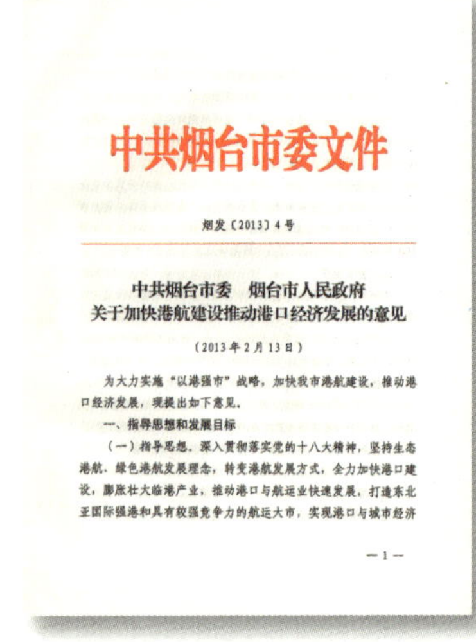

中共烟台市委文件

烟发〔2013〕4号

中共烟台市委　烟台市人民政府
关于加快港航建设推动港口经济发展的意见

（2013年2月13日）

为大力实施“以港强市”战略，加快我市港航建设，推动港口经济发展，现提出如下意见。

一、指导思想和发展目标

（一）指导思想。深入贯彻落实党的十八大精神，坚持生态港航、绿色港航发展理念，转变港航发展方式，全力加快港口建设，膨胀壮大临港产业，推动港口与航运业快速发展，打造东北亚国际强港和具有较强竞争力的航运大市，实现港口与城市经济

—1—

✦《关于加快港航建设推动港口经济发展的意见》文件/2013年摄

2月20日，交通运输部副部长徐祖远在《烟台港公安局一次破获三起跨省贩毒案缴获毒品2849克》上批示，向参与侦破三起跨省贩毒案的烟台港公安局民警表示敬意，要求按照国家禁毒委员会的统一部署，坚决筑牢水上毒品贩运的防线。

2月24日　北海救助局“北海救115、北海救198”轮在青岛以东约50海里处，救助巴拿马籍失火“HUA SHAN”货船及船上16名朝鲜船员。

2月25日　交通运输部副部长翁孟勇到烟台打捞局调研甩挂运输。

2月26日　北海救助局“北海救195”轮、北海第一救助飞行队“B7312、B7313”直升机、广州打捞局“华天龙”在龙口西北28海里处，联合救助因失火遇险的“顺开79”油轮及其10名船员。

2月28日　寿光港4号至7号液化品泊位通过山东省交通运输厅行业审查。

✦翁孟勇（前右2）在滚装船上察看甩挂运输作业/2013年摄

3月

3月1日

●中国海监一支队执法队长王峰一行四人检查龙口港区海域使用及海洋工程跟踪监测情况。

●前外交部部长李肇星莅临烟台保税港区。

✦ 李肇星莅临烟台保税港区 /2013 年摄

3 月 1 日至 5 月 30 日　烟台港芝罘湾港区西港池北防波堤拆除。

3 月 2 日　长岛县“长通 16”号客货滚装船蓬长航线营运。

3 月 3 日

●蓬莱至旅顺海上航线启用微机售票系统。

●中国外运长航集团日本航线调整，开始与威兰德和中远合作，两条 2700 标准集装箱船营运。

3 月 8 日　龙口水域 4 号锚地及龙口港区 28 号通用泊位工程通过烟台海事局通航安全核查。

3 月 11 日　栾家口港区 15 号、16 号、17 号泊位工程初步设计获批复。

3 月 12 日　北海救助局“北海救 115”轮在石岛南 85 海里处，救助因机械故障遇险“宝迪 168”货轮及 14 名船员。

3 月 13 日　山东省副省长夏耕一行到烟台保税港区调研，烟台市委书记张江汀，烟台市副市长于爱军、杨丽陪同。

3 月 15 日

●“斯塔罗斯金船长”轮满载 6672 吨钛精矿驶进龙口港区，系龙口港集团开发的首船外贸进口大包钛精矿货种。

●烟台打捞局 3600 吨打捞起重船“德浮 3600”采用气囊滚装结合半潜驳方式下水，17 日下午 1 时 30 分，靠泊烟台打捞局西顺岸码头。

●龙口滨港公司启动“龙口—东营”转水业务。

3 月 16 日　由天津驳运至龙口的集装箱货源，经龙口港区中转，通过中谷珠海线内贸出口至珠海。

3 月 18 日　北海救助局“北海救 111、北海救 195”轮和北海第一救助飞行队“B7309”直升机前往龙口西北 40 海里处，联合搜救沉没集装箱船“光阳新港”轮的 14 名失踪船员，打捞遇难者遗体 11 具。

3 月 20 日　龙口港区 28 号通用泊位通过试运行审核。

✦ 山东省副省长夏耕（左 3）一行到烟台保税港区调研 /2013 年摄

3月24日 张源任北海第一救助飞行队党委书记（正处级）。

3月25日 凌晨5点，中海港务41个小时将停靠莱州港11号泊位的“康佑”轮75000吨铝矾土全部卸完。

3月29日 教育部批准鲁东大学蔚山船舶与海洋学院开办，中韩两国地方政府扶持，大学、企业通力合作，是鲁东大学下设的二级学院，在招生、教学、财务、管理等方面相对独立。学院首批设置两个本科专业：机械设计制造及其自动化，船舶与海洋工程。

是月 北海救助局“北海救301”调拨给南海救助局。

4月

4月1日

●“蓬长航线联合营运中心”成立，3家船运公司联合营运（长通、祥隆、映华，共有12艘客滚船，8艘客船，5800客位、157车位）。统一经营、调度、核算。

●烟台海关、烟台国际机场有限公司业务协作实施办法签字仪式在烟台海关驻莱山机场办事处举行。实施办法就双方共同加强对烟台机场口岸进出境旅客行李物品的监管，形成打击走私违规和维护航空安全的工作合力明确了协作机制。

4月3日 “映华9”客滚船加入蓬莱至长岛航线营运，属蓬莱映华海运有限公司。

4月5日 龙口港区3个昼夜8小时卸完“彼得”轮2.5万立方米木材。

4月8日 烟台市机构编制委员会批复，烟台市港航局蓬长航线管理科更名为蓬长航线管理处。

4月9日 下午，龙口港集团与正本物流集团在淄博举行港口罐区建设项目签约仪式。

4月11日 北海救助局荣成基地成立石岛交通局救助志愿者队伍，志愿者队伍扩大到3个分队。至此，北海救助局4个救助基地和应急反应救助队都建立救助志愿者队伍。

4月12日

●蓬莱东港区和巨涛集团签订东港区客滚码头项目和巨涛0号滑道及码头项目建设岸线综合利用备忘录。

●山东华鲁海运有限公司“华鲁海2”营运。该公司的运力由2012年的132987载重吨，更新到145416载重吨，由83175总吨更新到90460总吨。

●龙口港区屺㟂岛4号码头10万吨级通用泊位（按靠泊15万吨级船舶设计）竣工，重力式沉箱结构，长360米，前沿顶高程+5.5米，底高程-19.7米。7月17日试运行。

4月13日 长岛县大钦岛码头西侧登陆点抬升工程完工。

4月14日 北海救助局组成12人灭火小分队，前往烟台奇山竹林寺附近协助当地消防扑灭山火。

4月16日 蓬莱港区东防波堤工程开工，总长1812.1米，起点为现有渔港防波堤东端，西防波堤工程2012年2月开工，已建设850米。

4月22日 烟台市港航局核发烟台泰山石化港口发展有限公司“港口经营许可证。”

4月23日

●龙口港集团开发首船几内亚铝土矿业务，“德雷克”轮承运6.5万吨铝土在龙口港区卸货。

✦石岛交通局救助志愿者队伍/2013年摄

●烟台港芝罘湾港区三突堤集装箱码头1号、2号泊位工程竣工，交通运输部组织专家组验收。

●长岛县庙岛、小黑山岛、大钦岛陆岛交通码头工程施工海域清理完成。

4月24日

●长岛县大钦岛码头升级改造开工。

●下午，烟台打捞局“德沃、德涓”轮援助“鑫华祥”船。

海关总署副署长孙毅彪（前右1）察看烟台保税港区/2013年摄

4月25日　《交通运输部关于安排烟台长岛县砣矶岛等七处陆岛交通码头工程建设资金的函》同意为长岛县砣矶岛、小钦岛、庙岛、小黑山岛、大钦岛陆岛码头各安排建设资金1400万元，共计7000万元。

4月26日

●栾家口港区15号、16号、17号泊位工程施工图设计获批复。

●海关总署副署长孙毅彪察看烟台保税港区。

4月28日　龙口港集团总经理张海军、烟台港股份有限公司联合港埠分公司装卸二大队副队长周建军获山东省政府授予“山东省劳动模范”。

龙口检验检疫人员在港区检疫/2013年摄

是月

◆北海救助局王海杰被中华全国总工会授予“五一劳动奖章”。

◆从培忠任龙口检验检疫局局长、党组书记。龙口检验检疫局内设办公室、法制与综合业务科、检务科、卫生检验检疫科、动植物检验检疫科、食品检验监督科、化矿检验鉴定科、机电轻纺检验鉴定科、财务科、政工科、后勤保障科11个科室和综合技术服务中心1个事业单位，在编56人。

◆青岛渤海轮渡票务有限公司（渤海轮渡全资子公司）收购青岛风华假期国际旅行社有限公司66.67%股权，更名渤海轮渡（青岛）国际旅行社有限公司。

5月

5月3日　长岛祥隆水运有限公司光租“钦岛3号”班轮，在长岛县北大钦岛、小钦岛、南隍城岛、北隍城岛间营运。

5月5日　芝罘区至长岛县海上航线复航。

✦ 烟台警备区司令员许胜廷（前右2）一行参观救助指挥值班室/2013年摄

5月6日

●烟台打捞局救捞工程处潜水项目部配合港珠澳大桥岛隧工程，实现首节（E1）沉管的海上浮运、沉放和对接。

●烟台警备区司令员许胜廷及各县、市区人武部领导一行40人到北海救助局调研民兵调整改革任务建设工作，参观救助指挥值班室、应急救助反应队等。

5月9日　烟台市机构编制委员会办公室印发《关于烟台港引航站机构编制事项核定方案的批复》，烟台港引航站人员编制65名，单位领导职数4名，中层领导职数18名，内设办公室、调度室、引航科、安全科、财务科，下设龙口、蓬莱、莱州、西港区和海阳5个分站。

5月12日　"银鹏"轮满载4.3万吨内贸铁矿石球团靠泊龙口港区。

5月13日　烟台市委副书记、市长王良到烟台港西港区调研。

5月15日　长岛县小黑山岛陆岛交通码头改造开工。

5月16日　山东省交通运输厅港航局批复，同意蓬莱巨涛海洋工程重工有限公司以3万吨级杂货船作为设计代表船型，对蓬莱场地西端458.5米岸线范围的码头结构进行加固改造；同意龙口港区24号、25号通用泊位结构加固改造工程方案，水工结构等级调整为10万吨级；同意烟台港芝罘湾港区D4泊位码头结构加固改造工程方案，以27000GT客滚船为设计代表船型对其进行加固；同意蓬莱东港区8号通用泊位码头加固改造工程方案，水工结构等级调整为7万吨级。

5月17日

●山东省蓝黄"两区"考察团一行30余人在省"黄蓝办"副主任关兆泉带领下参观考察莱州港，烟台市、莱州市领导陪同。

●环球码头有限公司第一届董事会第七次会议在迪拜召开。

5月21日

●烟台港接卸液体尿素，尚属首例。

●交通运输部批复，同意对龙口港区22号泊位、23号泊位工程码头结构按靠泊10万吨级油船进行码头结构加固改造，码头规模和功能保持不变。

5月22日　中国人民解放军总后勤部副部长孙黄田、济南军区副司令员刘沈扬考察"渤海翠珠"轮，山东省政府副秘书长齐涛、省交通运输厅厅长张传亭，烟台市副市长徐少宁、烟台市交通运输局局长权良宝陪同。

5月23日

●烟台检验检疫局牵头承办的国家口岸核与辐射涉恐事件应急处置演练在烟台港举行。质检总局反恐办、山东省公安厅反恐总队、山东省环保厅辐射管理站、烟台市有关领导以及山东检验检疫系统40余名反恐培训班学员现场观摩指导。烟台边防检查站、烟台海关、烟台市卫生局、烟台港客运站等涉恐事件应急处置部门、单位参加演练。

●龙口港区停车场工程开工。

●北海救助局"北海救101"轮前往石岛东南60海里处，救助因主机故障遇险"大庆739"油船及船上19人。

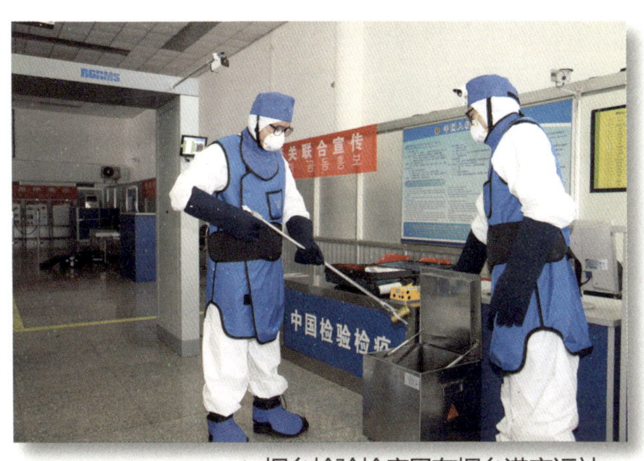

烟台检验检疫局在烟台港客运站开展口岸核与辐射反恐演练 /2013 年摄

5 月 24 日

●龙口港集团开发首船墨西哥铁矿业务，“科罗娜”轮满载 4.3 万吨墨西哥原矿抵龙口港区。

●龙口港区至天海黄埔线复航。

5 月 25 日

●莱州至昌邑输油管线开通运营，年设计输油能力 1800 万吨，总投资 12 亿元，全长 110 公里，莱州境内 64 公里，2009 年 7 月开工建设，2010 年 12 月底全线完工。

●长岛县庙岛陆岛交通码头改造开工。

●烟台打捞局救捞工程处潜水小分队完成秦山核电厂扩建项目 1 号机组安全壳整体打压试验高压作业保护项目工程。

●北海救助局“北海救 112”轮在上海外高桥码头参加“神舟 10 号”海上应急救援保障综合演练。

5 月 29 日　交通运输部下达 2013 年交通运输固定资产投资计划（草案）通知，烟台市 9 个港口建设项目列入 2013 年交通运输部水运建设计划，补助资金 2.71 亿元。其中：龙口港区 10 万吨级航道拓宽工程 3940 万元，莱州港区 5 万吨级航道工程 3112 万元，龙口海域公用锚地工程 1820 万元，蓬莱东港区防波堤工程 13350 万元，长岛县庙岛、小黑山岛、大钦岛陆岛交通码头工程各 700 万元，长岛县砣矶岛、小钦岛陆岛交通码头工程各 1400 万元。

5 月 30 日　北海救助局“北海救 195”轮在青岛内锚地救助失去动力的“HUA　SHAN”轮。

5 月 31 日　国家海事局发布《具备开展海船船员过渡期适任培训资质的单位名单》。烟台打捞局所属烟台海员职专取得《中华人民共和国船员培训管理规则》和《关于做好〈STCW 公约马尼拉修正案履约准备工作有关事项〉的通知》规定和要求的所有履约培训项目的培训资质。

5 月 31 日至 6 月 20 日　烟台打捞局救捞工程处潜水小分队完成宁德核电站 2 号机组安全壳打压试验期间承压环境下安全支持任务。

是月　北海救助局FRAMO溢油回收设备验收交接。

6月

6 月 1 日　山东北大荒粮食物流有限公司粮食物流仓储建设项目动工，总投资 5000 万元，建设 10 个 6000 吨散粮储罐，由北大荒粮食物流有限公司、龙口港集团、龙口市龙达木业有限公司三方运营。

6 月 6 日　山东耀昌集团有限公司第一艘墨西哥铁矿石运输船，靠泊莱州港 12 号泊位。

6 月 8 日　山东省卫生厅及烟台市疾病预防

救助“大庆 739”油船 /2013 年摄

控制中心等有关专家评审烟台泰山石化港口发展有限公司二期工程项目职业病危害预评价报告。

6 月 9 日　寿光港物料及粉磨储运项目合作签字仪式举行，总投资约 2 亿元，分两期建设。该项目是龙口港集团落户寿光港的第一个散杂货合作项目，年可拉动港口散杂货吞吐量百万吨以上。

6 月 11 日

●龙口港区新添“尿素”外贸货种，装载 20 个标准集装箱发往韩国仁川。

● 17 时 38 分，“神舟 10 号”载人飞船发射成功，交通运输部北海救助局“北海救 112”轮完成海上应急救援保障任务返航。

6 月 13 日　蓬莱安邦油港 5 万吨级码头首次接卸 1 艘载重 4 万吨、吃水 11.4 米的油轮。

6 月 20 日

●龙口港区首次通过国地铁联运方式为客户疏运货物，一列满载 3600 吨球团的火车直接驶往济钢。

●烟台港栾家口港区 15 号、16 号、17 号泊位工程开工，建设 2 个 5 万吨级散杂货泊位、1 个 1.5 万吨级散装水泥泊位，建设工期 18 个月，总投资 4.2 亿元。

6 月 22 日　“远鉴”轮靠抵烟台港西港区 301 泊位，全船载重设备 1775 吨，其中分离塔设备件长 114 米，重 1286 吨，为烟台万华工业园建设项目的大型设备之一，时为烟台港装卸的最大件货设备。

✦ 救助船与客滚船带缆及拖带作业演练 /2013 年摄

6 月 25 日　烟台市海上搜救中心、烟台市港航局、北海救助局、烟台海事局、中国船级社烟台办事处、渤海轮渡、中铁渤海轮渡、烟台市气象局联合举行“2013 年山东（烟台）客滚船应急拖带救助演练”，北海救助局“北海救 113”轮与渤海轮渡客滚船“渤海晶珠”轮、海事巡逻艇“海巡 0602、海巡 0603”及相关人员共同演练搜救行动的协调、组织和指挥，救助船消防灭火，救助船和遇险客滚船的带缆及拖带作业等 6 个科目，并检验船岸人员组织、配合、施救等方面的快速反应能力。

6 月 27 日　烟台打捞局“德湛、德沃”轮参与“海润 18”失踪船员搜救。

6 月 28 日

●烟台中集来福士开工制造挪威 North Sea Rigs As 公司 North Dragon 北海深水半潜式钻井平台，该平台是为挪威北海制造的第五座深水半潜式钻井平台，将服务于挪威北海、巴伦支海油气田。

●北海救助局“北海救 169”轮、烟台应急救助队、北海第一救助飞行队直升机“B7312”前往东营老黄河口水域，救助外侧翻沉无名渔船及 8 名失踪渔民。

●烟台港引航站与欧伦（大连）船业有限公司签定《烟台港引航站引航交通艇建造合同》。

6 月 30 日　烟台市港航局核发泰山石化港口发展有限公司“港口危险货物作业附证”。

是月

◆烟台海事局完成“三定”机构改革，为副局级行政单位，内设办公室、法规规范处、综合计划处（基建装备处）、财务会计处、人事教育处、指挥中心（搜救中心办公室）、通航管理处、船舶监督处、船员管理处、危管防污处、规费征

✦"北海救 203"轮列编仪式 /2013 年摄

稽处、科技信息处、党组工作部（组织处）、宣传处、纪检监察处（审计处）、直属机关党委办公室（工会办公室）；政务中心、船员考试中心、船舶交通管理中心、烟台溢油应急技术中心 4 个处室办事机构。下设中华人民共和国芝罘海事局、蓬莱海事局、龙口海事局、莱州海事局 4 个正处级分支机构，烟台牟平海事处、烟台海阳海事处、烟台长岛海事处 3 个派出机构。设立中华人民共和国烟台海事局后勤管理中心，为副处级财政补助事业单位。截至 2013 年 6 月 30 日，在职 455 人，配备海上执法船艇 10 艘及 VTS、AIS 等现代化水上安全监督管理设施。辖区为烟台市行政区域内中国沿海、港口和内河水域。管辖区域海岸线长 910 公里，水域面积 2.1 万平方公里。

◆烟台渤海轮渡国际船舶管理有限公司成立，开展国内和国际船舶管理、船舶买卖、租赁；提供船舶体系、海务、机务管理服务等业务，11 月 22 日渤海轮渡属烟台渤海轮渡国际船舶管理有限公司取得"中华人民共和国水路运输服务许可证"，开展代管国内散货船业务。

◆北海救助局"北海救 203"轮列编。

7月

7 月 2 日　北海救助局"北海救 108"轮在长岛西北 15 海里处，救助因机舱失火遇险的"湘货 0588"货船及 2 名船员。

7 月 3 日　"平安 2013"烟台市港口设施保安演习在烟台港集团环海路客运站举行，烟台市港航局主办，烟台港公安局承办，交通运输部北海第一救助飞行队、烟台港股份有限公司客运滚装分公司、渤海轮渡、烟台海港医院等单位参加。

7 月 4 日

●山东省副省长邓向阳检查蓬长客港、烟台港集团、渤海轮渡船舶现场安全生产工作，烟台市委书记张江汀，烟台市市长王良等陪同。

●烟台市国资委同意龙口港注册资本由原来的 3.6 亿元增至 9 亿元，同意龙口港以现金方式出资 3000 万元与龙口市国资局共同发起设立龙口保税物流有限公司，占注册资本的 60%。

●烟台打捞局与中海客轮有限公司签订客滚船光船租赁合同，"德银海"光船出租中海客轮有限公司经营。

●大型无动力甲板驳船"海洋石油 229"轮装载深水气田平台导管架，在烟台港引航站三名引航员和 5 条港作拖轮的配合下，平稳掉头驶离蓬莱巨涛重工码头。"海洋石油 229"轮长 234 米，船宽 65 米。番禺 34－1 导管架主体重量 24000 吨，8 个水平层，8 条导管腿，长 202 米，宽 85 米。

7 月 5 日　交通运输部批复，同意中海客轮有限公司以光船租赁方式租入"万通海、万荣海、

✦烟台港引航站引领"海洋石油 229"轮装载深水气田平台导管架安全驶离码头 /2013 年摄

国际葡萄及葡萄酒组织主席克劳迪亚·奎尼（左）烟台保税港区管委主任于华文（右）烟台市人大副主任高琦（中）共同为第七届烟台国际葡萄酒博览会保税港区分会场揭幕 /2013 年摄

德银海”3 艘客滚船，从事大连至烟台航线客滚运输。

7 月 6 日　第七届烟台国际葡萄酒博览会保税港区分会场开幕，国际葡萄及葡萄酒组织主席克劳迪亚·奎尼，国际葡萄及葡萄酒组织总干事卡斯特卢奇，津巴布韦共和国驻华特命全权大使弗雷德里克·沙瓦，坦桑尼亚驻华全权公使乔治·马农纪，法国昂热市副市长奥莉薇亚·唐宝，法国昂热市副市长让·克洛德·班切洛特，德国文化经济促进会主席爱哈德罗等出席开幕式。

7 月 9 日　“海洋石油 229”（时为亚洲最大、世界第二大的专业导管架下水驳船）承载蓬莱巨涛重工制造的番禺 34-1 中心平台导管架出港。

7 月 10 日　常丰油轮有限公司投资 3200 万元新置的 4300 吨“常丰油 7 轮”营运，长岛县海上成品油运输能力提高。

7 月 13 日

●上午 11 点，烟台打捞局“德银海”轮开始烟台—大连香炉礁营运。

●北海救助局荣成基地“华英 384”艇前往荣成市嘉渔汪养殖区，救助因主机故障遇险的“鲁荣渔养 65853”养殖船和 19 条舢板及 22 人。

7 月 15 日　中集海洋工程研究院研发大楼建成使用，位于烟台市高新技术产业园区，是一个高端海工产品产业化、专业化、国际化的研发设计平台，被国家能源局授予“国家能源海洋石油钻井平台研发（实验）中心”，占地面积约 533360 平方米，总建筑面积 60293 平方米。

7 月 16 日　北海救助局“北海救 195”轮

国际进口酒类食品展示交易中心 /2013 年摄

前往青岛大公岛附近海域，救助机舱进水“宏达海 10” 油轮及船上 22 人。

7 月 17 日

●龙口港区屺𡶴岛码头 4 号泊位试运行。

●青岛关区首票“两单一审”报关单在烟台保税港区放行。

7 月 17 日至 29 日　烟台地质勘查院技术人员对长岛县砣矶岛码头水下地质进行钻探勘察，为施工方案编制提供依据。

7 月 18 日　莱州港区华电 1 号泊位 2 个 3.5 万吨级通用泊位试运营。

7 月 23 日　龙口滨港公司获济南铁路局颁发“铁路危险货物托运人资质证书”，具备国铁油品运输资质。

7 月 21 日至 26 日　应美国维多利亚游轮公司总裁毕东江及夫人邀请，渤海轮渡总经理于新建等人，参加“大西洋号”邮轮上海至台湾两岸首次直航活动。23 日晚在基隆港停靠，台湾国民党荣誉主席吴伯雄及夫人，台湾两岸共同市场基金会荣誉董事长萧万长，台湾移民署署长谢立功，台湾海洋大学校长张清风，基隆市市长张通荣，基隆港管理要员，歌诗达邮轮公司

✦ 国际奶类交易中心 /2013 年摄

✦ 国际商品展示中心 /2013 年摄

✦ 烟台保税港区卡口 /2013 年摄

✦ 美国 CNE 商品展示中心 /2013 年摄

中国区总裁等50多人参加欢迎宴会等活动。

7月31日　交通运输部海事局副局长郑和平一行，检查渤海轮渡落实“安全大检查”工作情况，山东海事局副局长王海宇、烟台海事局局长徐增福等领导陪同。

孟凡利（左1），蔡国华（左2），邢迎春（左3）等查看西港区建设/2013年摄

8月

8月1日　龙口港集团东营港煤炭业务启动，外贸朝鲜煤船“联合2”靠泊1号泊位。

8月2日

●烟台市委副书记孟凡利、烟台市副市长蔡国华、烟台市港航局局长邢迎春等查看烟台港西港区建设。

●烟台市港航局印发《关于对水运企业实行分级管理和约谈制度的通知》，对全市水路运输企业实施分级管理和安全主管约谈制度，强化安全生产主体责任。

●长岛县港航局对非长岛籍的岛内常驻居民和工作人员进行优惠购船票的身份信息采集，分三次共采集信息3850份。

8月6日　“信风广州”轮首航抵达龙口港区，龙口港区至信风广东集装箱航线开辟。

8月7日　烟台海关查获一名中国籍旅客未申报携超量人民币出境（50万元），时为烟台口岸查获的最大一起旅客超量携带货币出境情事。

8月9日　北海救助局“北海救201”轮在成山头东北8海里处，救助碰撞沉没“辽绥渔35182”渔船九名遇险人员。

8月10日

●龙口港区省际燃料油转水业务启动，“风畅1”轮装船出港。

●烟台港引航站引航员安全引领装载26万吨铁矿的新加坡籍“巴普”轮靠泊烟台港西港区502泊位。（历经7小时，船长328米，宽57米，吃水18.8米。）

●下午，烟台打捞局签定12000吨抬浮力打捞工程船制造合同，该船长159.6米，型宽37.02米，最大抬浮力12000吨，主要用于大型遇难破损船舶的应急抢险打捞、装载与运输。

8月12日

●烟台港集装箱货运公司在环球码

救助遇险渔民/2013年摄

头运营莱州—龙口—烟台支线。

●莱州朱旺港与烟台港集团合作集装箱仓储运输业务。

●第十一届全国人大常委会副委员长、原中国科学院院长路甬祥莅临中集海工研究院，烟台市委书记张江汀陪同。

8月14日　下午，山东省原省长李春亭莅临烟台港西港区，烟台市委书记张江汀陪同。

8月15日　中海港务党委换届，选举崔文罡为书记、刘川为副书记，邵国胜、崔云平、李方同为委员。

8月19日　“龙港拖28”轮启用，系龙口港区新置的首艘具有破冰功能的拖轮。

8月20日至9月30日　渤海轮渡开展“金榜题名送平安”公益营销活动，活动期间，凡当年录取的大学新生，从住地到学校入学报到需要乘船的，凭身份证、大学入学通知书可以免费乘坐船舶并享受三等客舱床位，送子女上学的家长可以享受购买座席票免费入住三等客舱的优惠。

8月22日

●烟台港芝罘湾港区D4泊位码头结构加固改造工程通过试运行审核，客滚运输试运行。

●“惠中”轮首航抵达龙口港区，莱州—龙口—烟台集装箱支线开通。

8月23日　徐州徐工轮胎等5家公司发往俄罗斯的16000条轮胎在龙口港区装船离港。

8月24日　招商局集团有限公司董事长傅育宁一行考察烟台港芝罘湾港区和西港区矿石码头，烟台市委副书记、代市长孟凡利陪同。

8月25日　龙口港区首次操作斐济铝土矿业务，承运7.4万吨铝土的“东疆海”轮卸货离港。

8月28日　中集来福士为挪威FrigstadDeepwater公司承制的超深水双钻塔半潜式钻井平台FrigstadDeepwater Rig ALfa在海阳基地开工。

8月30日　重汽出口尼日利亚的首个航次275台牵引头搭载“开拓”轮驶离龙口港区。

8月31日　龙口港区石油焦吞吐量过100万吨，与上年同期相比增长9.1%。

是月

◆渤海轮渡（青岛）国际旅行社通过国家旅游局的出境资质审批，具备承揽国际业务基础条件。

◆经国务院批准，烟台打捞局于传蛟获2012年度政府特殊津贴证书，荣获“享受国务院政府特殊津贴专家”荣誉称号。

9月

9月2日至4日　受交通运输部部长杨传堂委托，由山东省交通运输厅原厅长周秋田、广东省交通运输厅原厅长张远贻、福建省交通运输厅

“巴普”轮载26万吨铁矿靠泊西港区/2013年摄

原厅长谢兰捷、青海省交通运输厅原厅长周建新、交通运输部科学研究院喻洁等一行8人组成的交通运输部部长政策咨询小组，到渤海轮渡调研邮轮发展，山东省交通运输厅港航局党委副书记、纪委书记张德泉等陪同。

9月5日　交通运输部纪检书记刘建波带队督察安全生产，并到“渤海翠珠”轮和烟台泰山石化港口发展有限公司现场督察，山东省交通运输厅厅长张传亭、烟台市委副书记代市长孟凡利、烟台市委常委副市长蔡国华、烟台海事局书记从培坤、烟台市交通运输局局长权良宝、书记贺业增、副局长吴东有、烟台市港航局局长邢迎春等陪同。

9月6日　山东省交通运输厅和山东省财政厅联合下发《关于下达2013年省补助投资港航建设项目投资计划的通知》，全市2个港口建设项目被列入2013年省补助投资港航建设项目计划，共计争取省财政补助资金1630万元。其中：海阳港区防波堤工程获补助1100万元，莱州港区3.5万吨级航道工程获补助530万元。

9月9日　烟台港引航站引领三角平台“中油海10”从烟台中集来福士专用码头出港至港外油轮过驳锚地，装载上半潜船“振华29”。

9月10日

●交通运输部下发文件，认定渤海轮渡为安全生产标准化一级达标企业，全国获此殊荣的企业共有7家。

●龙口港区疏港高速公路通车，全长26.34公里，其中高速公路10.91公里，一级公路15.43公里，概算总投资11.1亿元，2010年10月开工建设。

9月11日　烟台海关在烟台港国际旅检厅现场开展中韩海运航线联合宣介活动。对中韩海关有关旅客进出境通关规定、知识产权海关保护规定及打击毒品、枪支、濒危动植物走私等相关内容进行宣传。

9月15日　寿光港第三个5000吨级散杂货码头试运营，“恒通988”轮靠泊10号码头。

9月17日

●龙口港区铝矾土吞吐量累计完成2018.6万吨，与上年同期相比增长55.8%，铝矾土成为该港区首个2000万吨级货种。

●龙口港区古栈桥码头修复工程开工。

●北海救助局大连基地应急救援队与北京蓝天救援队联合前往沈阳财湖，打捞失事美国小型表演飞机一名美籍飞行员遗体。救助结束后，美方表示感谢。

“中油海10”引航装载作业/2013年摄

打捞失事美国小型表演飞机/2013年摄

9月23日　海关总署任命张秀清为烟台海关关长（副厅局级）。

9月25日

●韩国京畿道平泽港湾公社社长郑奉承、部长金正勋一行到渤海轮渡参观访问，烟台市港航局局长邢迎春、渤海轮渡总经理于新建就进一步加深双方合作、推动烟台平泽客滚航线尽早通航等事宜与其会谈。

●蓬莱东港承办山东省木材行业2013年年会暨协会五届三次理事会议。

9月27日　上午，中集来福士为中海油服欧洲钻井公司承建的第四座深水半潜式钻井平台中海油服兴旺号上下船体合拢。

9月29日　中海石油（龙口）基地物流有限公司新建2个5000吨级码头工程开工，拟投资1.91亿元。

9月30日　蓬长航线发展领导小组组成，烟台市港航局局长邢迎春任组长，成员为烟台市港航局和蓬莱、长岛政府及两地港航局分管领导，蓬长航线相关港口、航运企业负责人。

是月　渤海轮渡完成700多名新兵的运输任务。

10月

10月4日　蓬长航线单日发送旅客4.66万人次，创历史新高。

10月8日　烟台港西港区30万吨级原油码头工程通过省交通运输厅港航局安全条件审查。

10月10日　山东省人民政府公布第四批省级文物保护单位606处，烟台港芝罘湾港区东海关码头验货房旧址和龙口港区栈桥码头入列。

10月11日　下午，烟台打捞局承制的2艘新加坡8200HP操锚拖轮举行合同签字仪式，12月26日上午9时18分在烟台打捞局船厂举行开工仪式。（8200HP操锚拖轮为双螺旋桨、多用途拖轮，主要用于海上拖带、起锚及海洋石油平台服务，入BV级，适用于无限航区。该船总长53.8米、型宽13.8米、型深6米、设计吃水5米、设计航速13节，系柱拖力120吨，配DP1系统，船舶定员28人。）

10月12日　长岛县砣矶岛码头防波堤加固工程通过审计验收交付使用。

10月13日　龙口港区《“全程式”港口散货物流信息系统的开发与应用》与《门座起重机实训台研发与应用》两项科技创新成果，分别被中国交通企业管理协会授予“2013年交通运输企业科技创新成果”一等奖、二等奖；龙口港集团总经理张海军获“2013年全国交通运输企业科技创新人物”奖。

10月14日　烟台市委副书记、代市长孟凡利查看龙口港区。

10月14日至15日　烟台打捞局“德涟”轮为因主机和锚机故障而左锚入水的23万吨级货轮“PIGI”轮守护。

10月16日　下午，北海救助局完成海军潜艇学院承办的斯里兰卡军方海上搜救培训班现地教学培训任务。

10月17日

●上午，海军潜艇学院斯里兰卡军队培训班到烟台打捞局参观。

●山东省水产研究所专家分别到长岛县砣矶岛、小钦岛实地测量两个陆岛交通码头工程用海情况，为海域使用报告编制搜集资料。

10月17日至18日　中诚国际海洋工程勘察设计有限公司专家分别到北隍城岛、大黑山岛实地考察陆岛交通码头情况，为码头升级改造“工可报告”编制积累资料。

10月19日　龙口港集团开发首船多米尼加

铝土矿业务，承运在平信发铝土矿的“中腾海”轮靠泊龙口港区码头。

10月23日　烟台市港航局赴北京就“长岛—旅顺航线”“水运发展规划”等相关事宜与交通部水运局国内处、规划院对接跟进。

10月26日　烟台打捞局“德瀛”轮拆除中海油首例低位浮拖导管架锦州9-3油田CEPD连接框架，该连接框架长40余米、宽24米、高近20米，总起重重量近500吨。

✦ 救助进入养殖区的货轮 /2013年摄

10月30日　长岛县砣矶陆岛交通码头改造升级初步设计变更及长岛港3个1000吨级陆岛交通码头工程初步设计通过专家审查。

10月31日

●龙口港区27号通用泊位试运行。

●青岛海关党组任命张秀清为烟台海关党组书记。

是月　中交烟台环保疏浚有限公司《基于提升核心竞争力的软土质绞吸船定位施工关键技术的研发与应用》获得“2013年全国交通运输企业科技创新成果”一等奖，成果主创人邵宗泉被授予“2013年全国交通运输企业科技创新人物”奖，该公司申报的“绞车容绳卷筒”“不等臂厚异型口”“泥泵复合衬板”“绞刀焊接工艺”四项船机技术获国家实用新型专利。

✦ 大钦岛陆岛交通码头 /2013年摄

11月

11月1日　渤海轮渡举办以青岛地区老人为主要服务对象的“千名老人坐游轮游大连”公益营销活动。8日再度举办。

11月3日　北海救助局“北海救201”轮前往石岛以南67海里处，救助“鲁荣渔55309”船上4名中毒人员。

11月5日　龙口港区GPS货运管理系统上线运行。

11月8日　蓬莱至长岛航线“长通16”轮替换“长通9”轮承担滚装危险品运输。

11月11日　烟台打捞局“德淇”轮参与“顺航998”货船失踪船员搜救。

11月14日　北海救助局荣成基地“华英384、华英386”艇在蜊江港4号浮附近，救助进入养殖区的“源辰9”货轮。

11月15日　烟台市港航局批准龙口中集来福士海洋工程有限公司码头试运营。

11月19日　中交烟台环保疏浚有限公司承建的长岛县庙岛、小黑山岛、大钦岛陆岛交通码头工程完工，系该公司第一个重力式码头。

"北海救 112"轮清理油污 1/2013 年摄

"北海救 112"轮清理油污 2/2013 年摄

11 月 20 日　龙口保税物流有限公司成立。

11 月 21 日　龙口港集团有限公司《"全程式"港口散货物流信息系统的开发与应用》《门座起重机实训台研发与应用》和《抛料式散货装箱机的设计与研发》科技项目，分获 2013 年度"中国港口科技进步三等奖"。

11 月 22 日

●长岛县明珠海水浴场码头前沿修缮工程完成，投资 20 余万元。

●蓬长客港通过青岛船级社安全生产标准化二级考评。

●北海救助局"北海救 112"轮前往青岛黄岛油库附近海域，清理因输油管道爆炸流入胶州湾内的油污。

11 月 24 日　北海救助局"北海救 113、北海救 101"轮、北海第一救助飞行队"B7313"在石岛南 20 海里处，联合搜救沉没货船"紫海顺"14 名失踪船员，打捞遇难者遗体 9 具。

11 月 27 日

●烟台市政府副市长于松柏召集交通、港航、海事、救助、烟台港集团等部门和单位，在烟台市港航局召开海上安全生产工作专题会议。

●北海救助局"北海救 101"轮在石岛南 50 海里处，救助因舵机故障遇险的"辽庄渔 4467"及 8 名渔民。

11 月 29 日

●环球码头有限公司第一届董事会第八次会议在上海召开。

●龙口港区累计铁路运量 1100 万吨，与上年同期相比增长 47%。

●北海救助局"北海救 117"轮在广州中船黄埔造船有限公司建造厂下水，该轮是交通运输部救捞局为北海救助局新置的第六艘 8000 千瓦海洋救助船。

是月　烟台打捞局"德浮 15001"执行渤海湾大件运输总包作业。

"德浮 15001"作业 /2013 年摄

12月

12月1日　烟台打捞局码头年商品车装卸中转量过8万辆。

12月3日　《交通运输部关于安排烟台港西港区防波堤二期工程建设资金的函》，核定安排4.999亿元资金用于补助烟台港西港区防波堤二期工程建设。

12月6日

● 烟台海关张秀清关长陪同烟台市副市长杨丽到口岸服务中心查看报关大厅、视频监控室，并慰问现场关员。

●龙口齐港码头有限公司注册成立。

12月8日　龙口港区加油站改造工程完工对外营业。

12月9日　烟台港西港区一期工程（30万吨兼顾40万吨级矿石泊位和15万吨级兼顾20万吨级煤炭泊位）试运营。

12月10日

●沾化县委书记贾善银、滨州市交通运输局局长李勇一行分别考察龙口港区和寿光港。

●龙口港区开展木材深加工业务，海达南院蒸汽烘干车间试投产。

12月12日　龙口港区27号、28号、29号通用泊位工程通过职业病防护设施竣工验收初审。

✦ 烟台海关关长张秀清（前左）陪同烟台市副市长杨丽（前右）到口岸服务中心查看 /2013年摄

12月13日　“金航8”轮满载5248吨朝鲜煤靠泊18号码头，龙口港区朝鲜煤累计吞吐量达200万吨，与上年同期相比增长35.8%。

12月16日　烟台打捞局“德涓、德湛、德沃、德澳”轮救助“长龙002”船。

12月16日至19日　蓬莱东港区和安邦油港通过青岛船级社安全生产标准化2级考评。

12月18日　15时，烟台打捞局5000吨打捞起重船在上海振华重工（集团）长兴岛基地举行开工仪式，该船总长199米、型宽47.6米、型深15.0米、最大航速13.5节，设计吃水7.5米、通航高度56米。计划2015年底完工，制成后将主要承担国家应急抢险打捞任务，并具有海洋工程服务能力。

12月24日　济钢集团“铁矿石物流配送中心”项目落户龙口港区，龙口市发改局立项备案。

12月30日　上午，“德浮3600”交付暨列编仪式在青岛举行，正式交付烟台打捞局使用。

是年

▲全市港口实现吞吐量28679.95万吨，与上年同期相比增长6.10%；集装箱吞吐量215.03万

✦ 3600吨打捞起重船“德浮3600”/2013年摄

标准集装箱，增长16.20%；货物吞吐量在全国沿海港口排名中上升至第10位。全市共有水运企业54家，船舶273艘，88.3万总吨、82.3万载重吨、55.2万千瓦，23936客位，1844车位（其中，从事省际运输企业27家，共有船舶106艘、86.3万总吨、81.9万载重吨、14734客位、1695车位、51.2万千瓦；从事市内运输企业7家，共有船舶28艘、1.6万总吨、3870载重吨、6165客位、149车位，1.99万千瓦；从事市内旅游船经营企业20家，共有旅游船舶139艘，3037客位）。全市共有水路运输服务企业185家，其中船货代理企业102家，货运代理企业15家，船舶代理66家，船舶管理1家，船舶服务机构1家。

▲烟台港引航站共引领中外船舶10852艘次，位居全国引航机构第10位。

▲烟台海关共监管进出口货运量2467万吨，与上年同期相比增长6%；进出口总值350亿美元，征收税款82.2亿元。

▲烟台检验检疫局检验检疫出入境货物13.97万批，货值117.17亿美元。其中检出不合格943批，货值11.35亿美元。检疫出入境船舶2809艘次，检疫集装箱21.91万标箱。传染病监测体检1.24万人次，预防接种9251人次。发现动植物疫情161种，2071次。

▲龙口出入境检验检疫局货物监管11316批，货值638741万美元。

✦ 烟台港城夜景/2010年摄

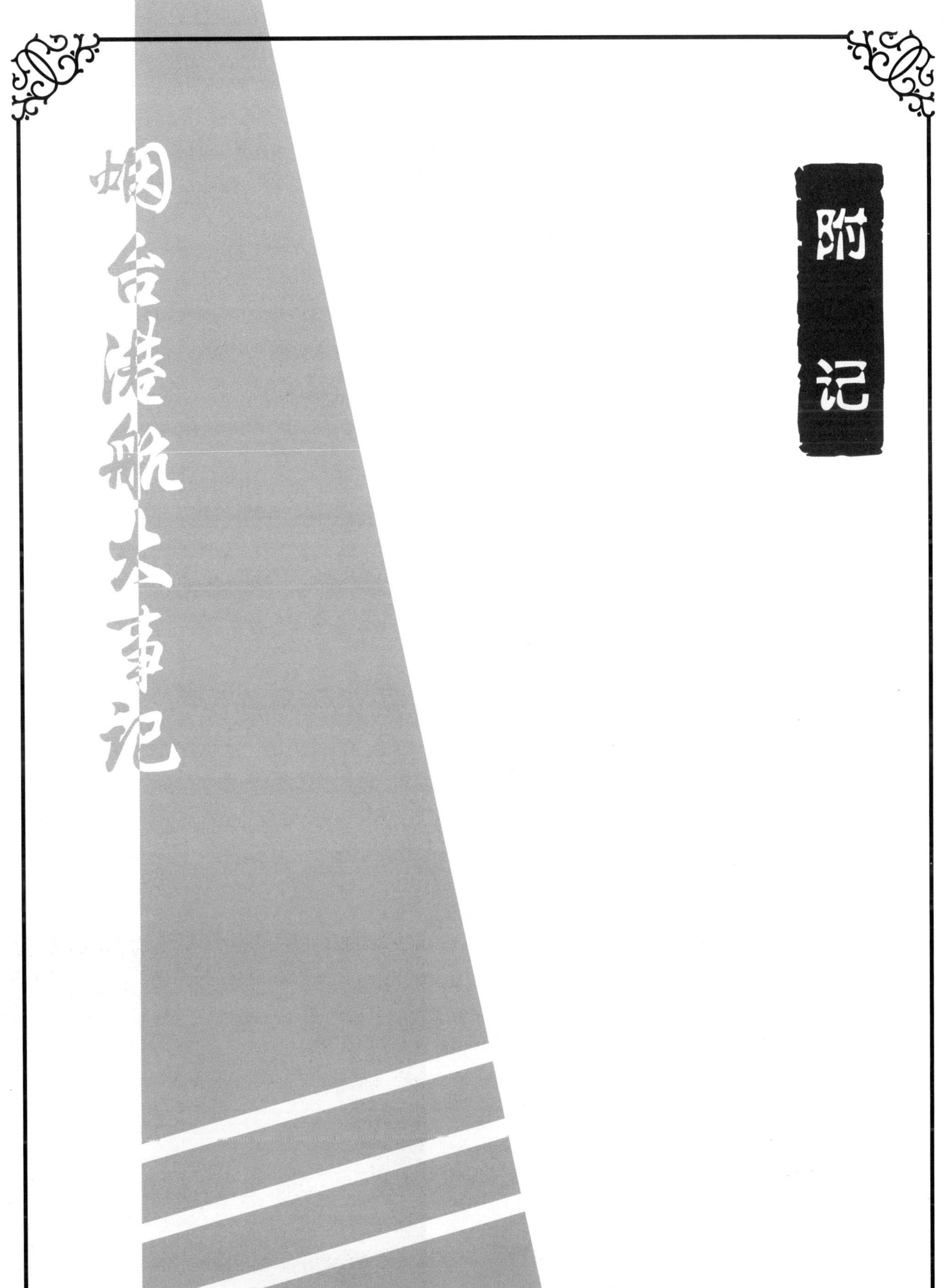

附记

附 记

舟，始于黄帝。（见《壹是纪始》）

帝命共鼓、化弧刳木为舟，剡木为楫。（见《长编》）

黄帝作舟楫，济不通。（见《前汉地志》）

黄帝见窾木浮而知为舟，舟成，帝见鸾飞尾转而知为舵。（见《淮南子》）

共鼓、货狄作船。（注：黄帝臣，见《世本》）

淫梁生番禺，是始为舟。（见《山海经》）

虞姁作舟。（见《吕氏春秋》）

化弧作舟。（见《物理论》）

伯益作舟。（见《发蒙记》）

《周易·系辞下》记："古者包牺氏之王天下也，仰则观象于天，俯则观法于地，观鸟兽之文，与地之宜，近取诸身，远取诸物，于是始作八卦，以通神明之德，以类万物之情。作结绳而为网罟，以佃以渔，盖取诸《离》。包牺氏没，神农氏作，斲木为耜，揉木为耒，耒耨之利，以教天下，盖取诸《益》。日中为市，致天下之民，聚天下之货，交易而退，各得其所，盖取诸《噬溘》神农氏没，黄帝、尧、舜氏作，通其变，使民不倦，神而化之，使民宜之。易穷则变，变则通，通则久。是以自天祐之，吉无不利。黄帝、尧、舜垂衣裳而天下治，盖取诸《乾》《坤》。刳木为舟，剡木为楫，舟楫之利，以济不通，致远以利天下，盖取诸《涣》。服牛乘马，引重致远，以利天下，盖取诸《随》。重门击柝，以待暴客，盖取诸《豫》。断木为杵，掘地为臼，臼杵之利，万民以济，盖取诸《小过》。弦木为弧，剡木为矢，弧矢之利，以威天下，盖取诸《睽》。上古穴居而野处，后世圣人易之以宫室，上栋下宇，以待风雨，盖取诸《大壮》古之葬者，厚衣之以薪，葬之中野，不卦不树，丧期无数，后世圣人易之以棺椁，盖取诸《大过》。上古结绳而治，后世圣人易之以书契，百以治，万民以察，盖取诸《夬》。"

前221—前206年／秦

秦始皇统一六国，分天下为三十六郡，实行郡县制。胶东郡治所在今即墨境内，郡下设黄县、腄县、高密等县。秦始皇即位后东巡，抵胶东郡，祭祀月主、阴主、阳主。

前203年／汉高祖四年

韩信俘齐王广，灭齐国。汉高祖始置掖县，为东莱郡治，辖掖县（今莱州）、腄县、临朐（今莱州城西北）、曲成（今莱州城东北）、东牟（今牟平区）、当利（今莱州城区西南）等十七县。

西汉时期全国设三十五处盐官，时境内有五处，盐业兴盛，均为濒海之地。（当利：莱州市西南，曲城：招远市西北，东牟：烟台市牟平区，巾弦：龙口市西南，昌阳：莱州市东南）

621年／唐武德四年

是年　始置登州。领文登、观阳二县，治所文登，属河南道。武德六年(623年)，割观阳属牟州，置清阳、廓定二县属登州。贞观元年（627年），废登州和清阳、廓定二县。如意元年（692年），复置登州，辖黄县、文登、牟平三县，治所牟平。神龙三年（707年），改黄县为蓬莱县，登州治所移至蓬莱。先天元年（712年），又割蓬莱县置黄县。天宝元年（742年），改登州为东牟郡。乾元元年（758年），复为登州，领蓬莱、黄县、文登、牟平四县，治所蓬莱。

莱州市博物馆藏盐印／2011年摄

661年／唐显庆六年

朝廷设市舶使于广州，总管海路邦交外贸，派专官充任。市舶使主要职责：征收船舶贸易关税，代表宫廷采购舶来品，管理商人向皇帝进贡的物品，监督和管理市舶贸易。

782—785年／唐建中三年－贞元元年

杭州知府李皋在战船上安装轮桨，靠人力踩动桨轮拨水前进，称“明轮船”或“轮船”。《旧唐书·李皋传》记：“常运心巧思为战舰，挟二轮蹈之，翔风鼓浪，疾若挂帆席，所造省易而久固。”

约790—810年／唐贞元六年－元和五年

新罗国灾荒、连年内乱，民不聊生，为生计许多新罗人渡海至唐。登州蓬莱、牟平、文登等地设有多处接待新罗朝贡使节的新罗馆，管理新罗人的贸易机构为“勾当新罗所”。新罗侨民聚居街巷称新罗坊，定居新罗人主要从事与海上贸易有关的职业，形成数量众多新罗船队，频繁往来东亚三国之间，时境内登州港等成为新罗与唐朝海上往来基地。

801年／唐贞元十七年

《新唐书》记：“其后贞元宰相贾耽考方域道里之数最详，从边州入四夷，通译于鸿胪者，莫不毕纪。其入四夷之路与关戍走集最要者七：一曰营州入安东道，二曰登州海行入高丽渤海道，三曰夏州塞外通大同云中道，四曰中受降城入回鹘道，五曰安西入西域道，六曰安南通天竺道，七曰广州通海夷道。”

813年／唐元和八年

李吉甫撰《元和郡县图志》，莱州、登州域情及海陆交通里程有记述。

838年／唐开成三年

六月十三日　日本僧人圆仁法师随遣唐使团渡海入唐求法，海路“涛波高猛”“人人惊怕”。七月二日，抵扬州海陆县白潮镇桑田乡东梁丰村停宿。开成四年（839年）二月廿一日，从扬州上船发，六月七日午时，“到赤山东边泊船”，寄住文登县清宁乡赤山村新罗院（法华院）。开成五年（840年）二月二十六日，圆仁率弟子僧惟正、惟晓、行者丁雄万，“早朝出招贤馆”，西北翻山傍海“策杖膝步而行”四百里，经斜山馆、卢山寺、芝阳馆、望仙乡王庭村寺（蓬莱县管内），三月二日入宿登州开元寺换牒。十日后启程，经黄县→莱州掖县→青州→贝州→赵州→镇州→五台山，再经并州→汾州→晋州→蒲州→同州→长安。会昌五年（845年）八月十六日又抵登州府，宿开元寺，后往文登。大中元年（847年）九月二日午时，圆仁“从赤浦渡海，出赤山莫琊口”，渡海回国。其旅行日记整理而成《入唐求法巡礼行记》，对唐朝社会政治、经济、宗教、文化、民间海上交往、中日关系以及新罗人在东亚海上活动等有详细记述。与唐僧玄奘的《大唐西域记》、元代意大利人马可·波罗的《马可·波罗游记》并称“东方三大旅行记”。

960—1279年／宋

宋代始，指南针和海图广泛应用于航海，航向更为稳确，航行时间也大为缩短，促进了海上交通和贸易发展。时有《针经》海路专书。

971年／宋开宝四年

朝廷设市舶司于广州。后陆续于杭州、明州（今浙江宁波）、泉州、密州（今山东诸城）增设。市舶司主要职责：根据商人所申报的货物、船上人员及前往地点，发给公凭，（出海许可证）派人上船“点检”，防止夹带兵器、铜钱、女口、逃亡军人等；“阅实”回港船舶；对进出口的货物实行抽分制度，即将货物分成粗细两色，官府按一定比例抽取若干份，所抽货物解赴都城（抽解）；按规定价格收买船舶运来的某些货物（博买）；经过抽分、抽解、博买后所剩的货物仍要按市舶司的标准，发给公凭，才许运销他处。主持祈风祭海。

1008年／宋大中祥符元年

宋廷置都转运使、发运使，管理漕运之事。全国分六路转漕京师，山东属广济河输入京师路，置水陆发运使机构。

1369年／明洪武二年

倭寇山东沿海州县，海防设三大营，十一卫，十四所，二十巡检司，二百四十三墩，一百二十九堡。三大营即登州营、文登营和即墨营，每营独当一面。登州营在今蓬莱市北，下设登州卫、莱州卫和青州左卫，奇山、福山中前、王徐前（莱州东北）千户所。文登营在今文登市东北，宣德年间置，辖宁海（今牟平西）、威海、成山、靖海（今荣成南）、海阳（今乳山东南）、金山（今牟平东北）、百尺崖（今威海东南）、寻山（今荣成东）等千户所。除卫所外，沿海要害之地遍设城池、烽火台、碉堡、烽堆，并置海船巡逻海域。

1370年／明洪武三年

《明实录》记：“三月，遣莱州府同知赵秩持诏谕日本国王良怀曰：朕闻顺天者昌，逆天者亡，此古今不易之定理也。粤自古昔帝王居中国而治四夷，历代相承，咸由斯道。惟彼元君本漠北胡夷，窃主中国今已百年。污坏彝伦，纲常失序。由是英俊起兵，与胡相较几二十年。朕荷上天祖宗之佑，百神效灵，诸将用命，收海内之群雄，复前代之疆宇，即皇帝

位已三年矣。比尝遣使持书飞谕四夷，高丽、安南、占城、爪哇、西洋琐里即能顺天奉命，称臣入贡。既而西域诸种番王，各献良马来朝，俯伏听命。北夷远遁沙漠，将及万里，特遣征虏大将军率马步八十万出塞，追获歼厥渠魁，大统已定。蠢尔倭夷，出没海滨为寇，己尝遣人往问，久而不答。朕疑王使之，故扰我民。今中国奠安，猛将无用武之地，智士无所施其谋，二十年鏖战，精锐饱食终日，投石超距。方将整饬巨舟，致罚於尔邦。俄闻被寇者来归，始知前日之寇，非王之意，乃命有司暂停造舟之役。呜呼！朕为中国主，此皆天造地设，华夷之分。朕若效前王，恃甲兵之众，谋士之多，远涉江海，以祸远夷安靖之民，非上帝之所托，亦人事之不然。或乃外夷小邦，故逆天道，不自安分，时来寇扰，此必神人共怒，天理难容。征讨之师，控弦以待。果能革心顺命，共保承平，不亦美乎。呜呼！钦若昊天王道之常，抚顺伐逆，古今彝宪，王其戒之，以延尔嗣。”

1376年 / 明洪武九年

五月　改登州为府，置蓬莱县。（时以登、莱二州皆濒大海，为高丽、日本往来要道，非建府治、增兵卫不足以镇之。遂割莱州府文登、招远、莱阳三县，益登州为府，置所属蓬莱县。复以青州府之昌邑、即墨、高密三县补莱州府。）

十二月　置杭州前卫、登州卫。（登州卫指挥署设于登州府城内，隶属左军都督府山东都司。初辖左、中、右、前、后和中左、中右七个千户所，屯田一千二百余公顷。常备军有京操军春戍一千二百七十六名，秋戍七百三十三名，捕倭军八百二十名，守城军二百五十名，种屯军一百一十四名，守墩军十八名。后又增设中前千户所。洪武十年（1377 年），调中前千户所于福山，称福山千户所，仍归登州卫统辖。登州卫在刘家旺、解宋营、芦洋等设百户所，各建城寨，在栾家口修建备倭城。沿海设防倭报警狼烟墩、台。

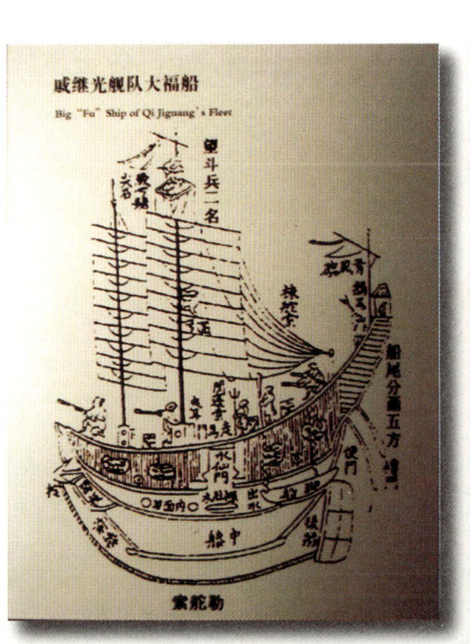

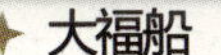
✦ 大福船

✦ 沙船

✦ 网梭船

✦ 苍山船

1405年 / 明永乐三年

六月十九日（7月11日） 明成祖命太监郑和［原姓马，小字三保，云南昆阳人。（今昆明市晋宁县）］率船队下西洋，（规模大时海船二百四十余、船员二万七千四百名）至宣德八年（1433年）有七次之多。每次由苏州刘家港出发，到过爪哇、苏门答腊、苏禄、 彭亨、真腊、古里、暹罗、阿丹、天方、左法尔、忽鲁谟斯、木骨都束等三十余国家，最远达非洲东海岸，红海、麦加。宣德八年四月回程到古里时，郑和病逝於船。

1558年 / 明嘉靖三十七年

六月 “总督蓟辽侍郎王忬奏，辽东三面直虏，惟西南隅山海一关通道京师。即今岁比大侵，斗米至价银八钱，民饥死者十八九。议赈议蠲，别无良策。臣谨按山东辽东，旧为一省，近虽隔绝海道，然金州、登、莱南北两岸间，渔贩往来，动以千艘，官吏不能尽诘。莫若因其势而导之，明开海禁，使山东之粟可以方舟而下，此亦救荒一奇也。又言宣大辽东，俱系京师支辅，乞照例乞运通仓米给军。 上皆从之。既而给事中许从龙因请就海道以行乞运，或将天津仓粮从黑洋河一带抵昌黎，登岸达山海关，或将登、莱等处起运钱粮，量发近海民船，从沙门岛一带抵金州达辽阳，此可省陆挽之劳民两便。下户部议，行彼处海道官核实计处以闻。”（见《明实录》）

✦ 郑和下西洋路线图

1559年 / 明嘉靖三十八年

十二月　“先是巡抚辽东都御史侯汝谅以辽东大饥，议开山东之登莱、北直隶之天津二海道转粟入辽阳。部臣以海道迂险，行令覆勘。既而汝谅勘上天津入辽之路，自海口发舟，至右屯河通堡，不及二百里，可达辽阳。中间若曹泊店、月沱、桑沱、姜女坟、桃花岛咸可湾泊，各相去不过四五十里，可免风波盗贼之虞。请动支该镇赈济银五千两，造船二百艘，约每舟可容粟百五十石。委官督发至天津通河等处，招商贩运。仍令彼此觉察，不许夹带私货。下户部议，覆据勘天津海道，路近而事便，当如拟行。第造船止須百艘，令与彼中岛船相兼载运。其登、莱海道，姑勿轻议，以启后患。从之。”（见《明实录》）

1571年 / 明隆庆五年

九月　“山东守臣言，青、登、莱三府海岛，潜住辽人。辽东累年勾摄，既不可得。而山东虚文羁縻，终非永图。臣等博采群策，有安集之议七焉：

__定分管；青州诸城县分管斋堂岛，莱州府胶州分管灵山岛、竹槎岛，即墨县分管福岛、大管岛、小管岛、田横岛，掖县分管扶蓉岛，登州府文登县分管刘公岛，宁海州分管崆峒岛、青岛、宫家岛，蓬莱县分管沙门岛、长山岛、大竹岛、鼍矶岛、黑山岛、小岨岛，黄县分管桑岛，三府共二十岛。辽人附居者，皆籍而抚之。

__严保甲；大岛每十家为一保，保有长。仍立一总保、副保，以约束诸保长。小岛止立一保长。朔望诣州县受事，岁报户口之数。

__收地税；今各岛见耕地八千三百八十六亩，宜比寄庄事例，亩量税银五厘，每岁十月各送保长，输官以充巡察海道备倭都司修船之用。新垦者续报，敢匿者罪之。

__查船只；各岛辽人渔贩船只，大则税银二钱，小则一钱二分，各输州县以充修船之用。敢有擅用双桅远泛海洋或近高丽者，罪无赦。

__平贸易；辽人既为编氓，一切贸易，宜与土人彼此均平禁。不许入夜私交以生他衅，亦不许货违禁物。

__专责成；安辑抚绥，当责成海道及都司，乃有统纪，必明法令，毋务姑息。

__修哨船；往时海道及都司，同处登州城，各有哨船，故各岛流人望风远避。今海禁日弛，乞将臣等所造海雕船十艘、辽船八艘，饬后人修理毋坏。

__杜续逃；各岛安插既定，辽人避事，必有续逃者，宜令辽镇重禁金州等处人毋复越海。上从之。”（见《明实录》）

1616年 / 明万历四十四年

三月　“山东巡按御史王雅量以登、莱岁荒请海运。上言，国初旧制，山东、辽东原系一省，山东粮饷、布、花，命镇海侯吴祯总丹师万人，繇海度辽，以给军需。至永乐四年，平江伯陈暄督饷，繇登、莱至旅顺口，岁以为常。弘治十八年，舟坏运废。正德年间，海运复通。商贾骈集，贸易货殖，络绎於金、复间，辽东所以称乐土也。自逆瑾用事，海船损坏不修，料价乾没。山东本色悉改，折色繇山海陆运入辽，海运复废。嘉靖二十七年，辽值大饥，转输无计，始从按臣之议，海道复开。后因岛民作梗，尽徙其民塞下而复禁之。至万历十四年，辽复饥，暂开海运以济。十九年，倭奴侵据朝鲜，遂严行禁止，此从来海运通塞之大较也。盖其塞也以防倭之变，而其通也以济辽之穷。与其守穷以待变，变至而无以应，孰若裕财以足兵，兵足而又何虞变哉？！故海运之通，其利有六，民生易阜，额岁易徵，匀补易足，边需易兴。而且沿海皆兵，可以防倭，营伍充实，可以御虏。乃若其害亦有之，其大者，倭奴、岛寇与逋成三事。然岛寇在弹压之得人，逋成在稽查之有法，惟通倭一节，所宜长计。往者倭奴之入，闽、浙为甚，苏、松、淮、扬次之，登、莱又次之，而辽左则绝无至者，其地形水势不便也。通倭之人，亦惟闽、浙习为之。而辽左不能，其船只舟师不惯也。夫利什而害一，必为之，况利有害无，宁容再计。上下该部议覆。”（见《明实录》）

1807年 / 清嘉庆十二年

8月17日　世界公认“轮船之父”美国人罗伯特·富尔顿（Robert Fulton）发明建造出“克莱蒙特号”，长45.72米、宽9.14米、排水量为100吨的铁壳轮船。船上安装1台72马力的瓦特蒸汽机，带动船两侧的“明轮”使船只前进。“克莱蒙特号”载着40名乘客从纽约首航出发，沿哈得逊河逆流而上240公里，32小时后到达阿尔巴尼城，这段航程普通帆船需要4天4夜，首次试航成功后，这条轮船进行改造并继续运输服务了若干年，成为世界上第一艘投入商业运输的轮船。

1811年 / 清嘉庆十六年

《清实录》记载：“三月，谕军机大臣等，前据陈凤翔奏于本月初一日开放御黄坝，今已十日，尚未据奏到开坝后是何情形。现在黄水高于清水五尺有余，而下游将近海口之大淤尖地方，又形浅滞。即使本年粮运，尚可勉强通行，日久终恐贻误，不可不豫为之计。因思海船试运一事，上年据章煦覆奏吴淞一带，尚有沙船可雇，果能试行有效，则来年即可踵行，比之拨运截卸一切事宜，皆为径捷。惟地方官办理之始，不无畏难，此事全在该督抚实力讲求，认真经理。将此时应洒配若干船只、应拨用何项米石、如何设法交卸及旗丁水手如何安置，均即熟筹妥办，今岁不拘粮石多寡，务即赶紧试行。切勿坐视因循，又以海洋涉险为词，率行推卸仍一面催趱重运。北上至浙省，虽向无海运出口章程，其应如何帮雇船只之处，蒋攸铦亦应一体筹商，互相经理，方为不负委任。将此传谕知之。寻据两江总督勒保等会议，不可行者十二事。

__漕运惟元至元十九年始为海运，至明永乐十三年而罢。然元明虽系海运，而内河漕运仍不废。今以清黄交会之水，消长靡常，欲易河运为海运，俾得专治河淮，为一劳永逸之计。若海运与河运并行，则御黄坝仍不能闭，凡漕运官弁一切不能少减，徒增海运之费。

__江南至天津海道，必从吴淞江出口。由崇明南茶山而北，东过山东成山，至绿水大洋，西过之罘山，又西北由大沽海口始达天津。其闲吴淞口之阴沙、黄河口之大沙五条沙，以及山东猫儿岛、沙门岛等处，沙礁丛杂，皆海道极险之处。天庾正供，非可尝试于不测之地。

__海行欲避外洋之险。前代曾欲从胶西开凿，陆地径通直沽海口，劳费不赀，迄无成功。雍正初，朱轼亦奏开山东胶莱运道，卒以工力难施而止。

__海运若由旗丁领运，则旗丁不习海洋。如责成船户收兑，则船户非如旗丁有册编审，必致散漫无稽，又难约束。且河运有总漕及巡漕御史等统领稽察，复有各省粮道及地方文武押送查催，尚不免短缺霉变等事。若改海运，断不能设立多官出洋巡视，将来船户偷盗私卖，捏报沈失，甚至通盗济匪等，弊皆所必有，甫经肃清之洋面，转恐匪类萌生。

__海行风信靡常。凡商贾市舶，往往飘至外洋，经年累月而后返，并有竟不能返者。漕船向

在内河，可以随地催趱，一出海洋，其迟速平险，皆非人力可施，设有耽延，所关匪细。

__海运需筹经费。查至元闲，每石给中统钞八两五钱。迨及至大延祐闲，加至十三两。彼时相距不过数十年，而其费已加至三分之一。方今物力昂贵，以古准今，其费必甚浩大。

__海运即需用船。计造海船一只，其大可装载二三千石者，估需工价不下万金。以全漕而论，需船一千七八百号，即需银一千七八百万两。

__造船既不能行，不得已议雇商船。若照民闲贩运给值，则需费不赀实难为继。若祇给以官价，则在官支发之数已多，而船户犹形苦累。即如闽洋勦匪添船，多系随时短雇，大小多寡不等，悉按受载石数，每月每石给银七分。截至上年二月，已发过官价银十九万余两。船户等除领官价外，又得行商津贴，仍以赔累为辞，规避官雇，今欲长雇运漕，尤恐避匿不前，难于雇觅。况重洋巨浸，必须船身坚大，始敢开行吴淞一带。头号沙船向赴天津贸易者，止有四五十只，每只带米不过千石，受载无多。间省惟赴津大船，始谙北洋水道，亦属不敷供运。至粤省相距更远，其船向不能北行。浙省则更无船可雇。

__查元明海运，每年必有漂失之米。统计到仓米石欠交者，每石自数合至一斗数升不等。今时生齿日繁，常虑地之所产，不敷人之所食，岂堪再有漂失之数。

__海运即需添设水师防护。若令现有水师分段护送，兵船少而漕船多，遥为声援，鞭长莫及，必致有名无实。若每船配兵一二十名，即须设兵三四万名，所需粮饷，又复不赀。

__京师百货之集，皆由粮船携带，若改由海运，断不能听其以装米之船，多携货物，将来京城物价，必骤加昂贵，并恐官民日用之物，皆致缺少，于生计亦有关碍。

__运丁所用兵工短纤等项。以每船二十人而论，现用者计八九万人，穷民赖以资生。若改海运，均需另募熟悉海道之人。而此常年运漕之八九万人，一旦失业，难保不流而为匪，亦非安辑之道。得旨，前因洪湖洩水过多，运河浅涸，恐新漕北来阻滞，是以令该督等兼筹海运，以为有备无患之策。至其事之需费浩繁，诸多格碍，朕亦早经计及，今据分款胪陈，以为必不可行，自系实在情形。此后竟无庸再议及此事，徒乱人意。河漕二务，其槃相乘，其利亦相因。漕运由内河行走，已阅数百年，惟有谨守前人成法，将河道尽心修治，河流顺轨，则漕运按期遄达，原可行所无事。即万一河湖盈绌不齐，漕船不能畅行，亦惟有起剥盘坝，或酌量截留，为暂时权宜之计，断不可轻议更张，所谓利不百不变法也。”

1835年／清道光十五年

英国“查甸轮”来到中国。

1836年／清道光十六年

英国工程师发明螺旋桨，安装在船尾水下部分，称为“暗轮”，后逐渐取代“明轮”成为当今轮船的主流。

1855年／清咸丰五年

三月　“又谕。前据崇恩奏报海运防卫事宜，声明内洋口岸，责成登州府汪承镛亲历各岛，稽查弹压。外洋巡哨责成登州镇田浩然亲督师船，节节迎护。是该总兵即应刻日出洋，探明来船，妥为防护。乃据全庆、文彩奏，江苏运船孙德茂、浙江运船盛宝安均於二月二十五日，在石岛以南洋面被匪抢去银米货物。江苏运船宋源昌、张协隆二号先被抢劫，复於二十九日被匪截入岛内，勒银赎船，且有装豆卫船数十余只同被掳困等语，

览奏殊堪骇异。石岛为荣城县所属地方，商舶往来必经之路，即无海运船只，亦应认真巡哨，以安行旅。况海运为天庾正供，甫入东境，即被抢掳，并未见有该省师船为之防护，任令艇匪肆行无忌，殊堪痛恨。该总兵田浩然於所辖洋面，漫无防范，著先行摘去顶带，责令将洋面艇匪尽数掺剿，不准稍事耽延。傥此后续过海运漕船再有疏失，朕必将该总兵从重治罪，即崇恩亦不能辞咎。至石鸟迤上，烟台、俚岛、庙岛等处，均系海口要路。并著崇恩严饬派出员弁，实力掺捕。其石岛以南失事地方员弁，并著查明参奏。将此由六百里谕令知之。”（见《清实录》）

1859年／清咸丰九年

十二月　《清实录》记：“山东省烟台海口，近年以来，商贾云集，俱系该地方官私行收税。”福山县知县余栺将本年所收厘税报出，“其上年徵收若干坚不承认，显有隐匿侵吞情弊。且该处甫议设局，另定章程。辄有商民聚众滋事，尤难保非该县句串指使，亟应彻底究办，以儆官邪。”咸丰帝令将余栺革职，交文煜提讯。署任福山县知县陈寿元，虽甫经接篆，惟於商民滋事未能豫防，咎亦难辞。济南府知府余棨，系余栺之兄，恐有瞻徇护庇情弊，致案情难期核实，著即撤任，听候查办。在籍主事萧铭卣、举人谢会清、知府衔张健封、孝廉方正杨成林、监生张循典并署知县陈寿元、都司王汝忠等，把总刘延禄，一并交文煜秉公提讯确情，奏明办理。

1861年／清咸丰十一年

《清实录》记载：“十二月，恭亲王等又奏，据三口通商大臣崇厚咨呈，北洋三口自本年开办以来，天津、牛庄‘办理尚属妥协。惟登州一口，前经山东抚臣奏派候补知府董步云，並经该大臣奏调直隶候补知府王启曾等前往会办，於六月间抵口。嗣据禀报，该口向收内地及南洋各岛海船商税，皆由地方官抽收釐金。办理诸形含混，曾经附片奏明在案。並因该委员等办理数月，未能得力。即该大臣处所委之员，系因隔省人员，一切呼应不灵。復经专摺请旨饬下山东抚臣，迅饬登莱青道前往烟台，会同委员等妥议章程，赶紧开办。曾奉谕旨寄信抚臣谭廷襄，即饬该道崇芳驰往会办。嗣因南捻偪近海口，该道亦即折回，未能会商一切。虽续据该委员等禀报，该口已於七月十七日开办，迄今究未能办理画一。’请旨饬令山东登莱青道，改行驻紮烟台海口，作为税务监督，以资得力。並请饬下礼部颁给东海关监督关防，用昭信守。凡该口进出船洋税，按照条约並新定章程办理。至登、莱、青三府沿海州县各海口，进出内地商船土税，由户部发给内地关税则例，按照天津钞关章程征收，另款造报。武定一府，除地方公事仍隶济东道管理，所属州县沿海各口商船土税，一体归登莱青道经管，以昭画一。御批：依议。”

是年　英国在烟台设领事馆。（中英《天津条约》互换生效后，先后有16个国家在烟台山及周围设领事馆或领事代办处。其中，设领事馆又建馆舍的9个国家，分别是英国、美国、日本、丹麦、德国、俄国、挪威、瑞典、意大利；设领事馆未建馆舍的两国，分别是法国、奥匈帝国；设领事代办处的5个国家，分别是荷兰、比利时、西班牙、芬兰、朝鲜。英国领事馆是近代烟台第一个外国领事馆，而且是外国驻烟台领事馆中占地最多、势力最大的领事馆。其领事管辖区域为整个胶东地区，控制了东海关税务司，把持着关税大权，掌握着烟台的经济命脉。

1861–1945 年外国驻烟台领事馆或代理领事馆一览表

表 1

国别	设馆时间	地点	级别	闭馆时间	备注
英国	1861	烟台山	领事馆	1941年被日军查封	业务由中立国瑞典代理至1945年。
法国	1861	烟台山	领事馆	1941年被日军查封	初为代理领事馆，1901年改为领事馆。
美国	1863	烟台山	领事馆	1941年被日军查封	
挪威	1864	海岸街	领事馆	1941年被日军查封	开始两国合设馆，1906年分设馆。
瑞典	1864	海岸街	领事馆		
德国	1867.3	烟台山	领事馆	1945	1918年第一次世界大战后撤销，1920年，建在烟台山上的德国领事馆遭火灾烧毁，1935年德国又在烟台设立代理领事，由德商布斯兼任，1943年正式建立领事馆，设在盎斯洋行内。
荷兰	1867		代理领事馆	1919	1933年由德商布斯兼任荷兰领事，直至1945年8月。
丹麦	1867	烟台山	领事馆	1919	
意大利	1871.5	东太平街北端	领事馆	1945	先为代理领事馆，1938年改为领事馆。
奥地利	1873.5	张裕公司内	领事馆	1919	初为代理领事馆，1902年改为领事馆。
比利时	1874.8	海岸街	代理领事馆	1945	
日本	1875.11	烟台山	领事馆	1945	1937年8月20日闭馆，1938年2月复馆。
俄国	1881.6	大马路东端	领事馆	1919	1923年苏联又在此设馆，1925年闭馆。
西班牙	1885	烟台山	代理领事馆	1945	
朝鲜	1901.1	海岸街	代理领事馆	1945	
芬兰	1904	海岸街	代理领事馆	1945	由挪威领事代理，1932年设领事馆。

附记

英国人建烟台第一座公用码头和灯塔，建有东海关税务司公署、海关公会等机构，在烟台山及其附近开办了众多的洋行、银行等。）

1866年 / 清同治五年

4月　徐寿、华蘅芳经过4年努力，在安庆试造成中国第一艘机动木质明轮船，取名“黄鹄号”。载重25吨，长55尺，高压引擎，单气筒，航速每小时10公里。同年，清政府建福州马尾船政局和江南造船所。

1868年 / 清同治七年

9月28日　上海江南制造总局第一艘木质明轮蒸汽军舰“恬吉号”（后改“惠吉号”）竣工下水。设计制造者为徐寿及其儿子徐建寅等。船长185尺，宽29.2尺，吃水8尺，马力392匹，载重600吨，船上有炮8门。此前，1867年（同治六年），江南制造局造船厂建成，并修建一座长100米的船坞，同时由机器厂和锅炉厂分别制造船用机器和锅炉。“恬吉号”即为该厂以自制的机器和锅炉用了不到两年时间建造而成，当“恬吉号”军舰在黄埔江举行下水试舰仪式时，虽然是木壳明轮，（推进器装在船身两侧）但它是中国自制的第一艘机器兵轮，因此引起了社会各界的关注和重视。9月15日，新船在黄浦江上试航，颇为轰动。兵船从上海船厂驶至金陵，曾国藩在金陵下关登船试航。参加试航的有上海道官员、局中总办、轮船委员和中外匠工等。船上插有一面黄龙旗，上海全市为之轰动。当时上海的《教会新报》报道说：“兹此轮船乃为本国始初自造也。”

1913年

1月8日　北京临时政府颁布《各县地方行政官厅组织令》，将清代的府、直隶厅、州都改为县。基层组织设保甲，十户为甲，十甲为保，层设甲、保长。保甲组织的任务是“管、教、养、卫”人民。

1914年

5月　北洋政府置胶东道，治所烟台，登州废止。

6月2日　北洋政府公布“各省厩道区域表”，胶东道维持原名，道署改驻烟台，辖26县。

1934年

3月　烟台从福山县划出，成立烟台特别行政区，隶属山东省政府。

1938年

1月19日　中国共产党领导的抗日民主政权“胶东军政委员会”成立。

1949年

10月8日　中国共产党胶东区烟台市委员会《烟台市战前战后情况调查》记载：“战前烟市人口约计178500余人，工厂约计270余家，工人约计36850余人（内花边、发網女工占三万人）。现有户数28959户，人口102756名……民国初年有捕鱼帆船三千余艘，渔民约有二万余人，十八九年暂有汽船捕鱼，二十五六年计有汽船197艘，帆船达七千余艘，渔民增至40余万人。日寇侵入后，对渔业统治无征不至，因而渔业陷入没落不振之境，船网毁坏颇巨，生产数量亦逐渐减少，截至敌人投降时止，所剩帆船商不足500艘，汽船34艘，产量减至千万斤。在我第一次解放时，虽经我政府大量扶持及贷款，总因渔民未能了解我之经济政策，故仅有渔轮16艘，各岛帆船700余艘在海上捕鱼，但我们之扶持是起一定作用的，全年产鲜鱼六百余万斤，盐干鱼二百余万斤。迨至三十六年我更进一步扶持渔业，进行政策教育，解决渔民之具体困难，调整劳资关系，海面安全之保障，粮食问题之解决，并贷

款9200余万元等，是年产鲜鱼突增至1400万斤，盐干鱼300万斤，此时渔帆船又增至900余艘。蒋匪盘踞仅一年余，因它残酷掠夺，鱼之产量即由1000万斤降至700万斤，能出海打鱼之船已不足700艘。烟市之渔行现有正式营业者达86家，本市辖区有渔船119艘，各岛来烟者约有1000艘，渔民共计1400余人。”

公私营船艘统计清单：

表2 汽船（公营）共七艘

船名	载重	业主	船长姓名及住址门牌
兴利	26.93吨	警五旅	张治家 广东街十七号
建发	37.36吨	警五旅	张治家 广东街十七号
德茂顺	20.27吨	警五旅	张治家 广东街十七号
烟台一号	49.97吨	警五旅	华丰街三十二号
华生一号	36.68吨	海防办事处	刘书圃 滋大路
华生二号	37.5吨	海防办事处	刘书圃 滋大路
德增利	43.63吨	振太航运公司	顺太街

表3 公营帆船共八艘

船名	载重	业主	住址
公兴	338担	振太航运公司	顺太街
东盛顺	411担	振太航运公司	顺太街
龙利	94担	振太航运公司	顺太街
天成顺	894担	振太航运公司	顺太街
同兴顺	641担	振太航运公司	顺太街
利增顺	274担	振太航运公司	顺太街
金尔利	3027担	振太航运公司	顺太街
恒盛顺	983担	振太航运公司	顺太街

表4 私人帆船共二十六艘

船只名称	业主	载重	住址
洪茂顺	王洪忠	429担	北大街 232号
永兴顺	于德兴	280担	海滨街 24号
孙顺太	孙道一	132担	
德胜顺	准华高	244担	德太巷 3号
发财顺	孙业发	113担	建德街 24号
同和顺	王实颖	421担	后海街 5号
洪兴顺	孙丕松	193担	富隆街 3号
张发顺	张发年	70担	北叶市场街
双兴顺	李桂山	583担	朝阳街
还海顺	于秀海	122担	海滨街 24号
同发顺	典广进	316担	北大街 232号
东利顺	毕克忠	25担	惠西街 9号
双发顺	蔡树芬	43担	北马路 84号
呈祥顺	吴志富	96担	海滨街 26号
吴展安	吴展安	162担	东莱兴栈 11号
文长顺	徐文财	94担	西沙旺 40号
新兴一号	王子厚	553担	西莱兴栈
利生顺	邹发堂	93担	海东街 27号
同严顺	黄胜海	310担	海滨街 24号
广信顺	赵兹琴	140担	海滨街 24号
姜德内	姜文会	280担	后海岸街 31号
赵永风	区永风	36担	海滨街 24号
吴常兴	朱双	167担	海滨街 24号
吕洪顺	吕洪顺	129担	通街 30号
乾元二号	吕镜序	130担	北马路 24号
佟肇清	佟肇清	95担	海东街 141号

烟台港船只统计：

“由于战前战期及战后第一次解放城市，对各种统计的数字表报未有系统的存案（即有经过解放撤退再解放也被损坏），故今对前三个时期的船只统计无从稽改，兹将去年十一月至今年八月底烟港所有贸易船只及出入转口贸易船只数统计如下：

1. 烟港公司现有船只（在烟港注册）：（1）汽船7只（本港公营）；（2）帆船34只（内本港公营八只，私营二十只），下附各公私汽帆船清单。

2. 只出口船只（与国际及非解放区口岸来往）：

进口：（1）汽船46只（内华籍7只，朝鲜籍36只）；（2）轮船19只（内英籍12只，巴拿马籍1只，葡萄牙籍4只，意大利籍1只，缅甸籍1只）；（3）帆船28只（华籍）。

出口：（1）汽船46只；（2）轮船19只，（3）帆船218只（船籍与入口者同）。

3. 转进出口船只（与山东解放区及其他解放区往来）：

转进口：（1）轮船24只；（2）汽船366只，（3）帆船1830只（以上皆华籍唯轮船内有苏联籍的）。

转进口：（1）轮船23只；（2）汽船284只；（3）帆船1776只（船籍与转入口同）。”

1950年

5月9日 政务院决定撤销胶东区，设文登区、莱阳区和烟台市。11日，山东省政府决定，撤销胶东区行政公署及所辖各专署，成立文登区行政督察专员公署，莱阳区行政督察专员公署，省辖烟台市政府。中共中央山东分局决定，撤销中共胶东区委及所辖各海区地委，组建中共文登地委，中共莱阳地委，中共烟台市委。1956年2月24日，国务院批准文登、莱阳专区合并为莱阳专区，

3月8日，山东省人民委员会决定，文登专署并入莱阳专署。1958年5月22日，山东省政府决定，烟台市由省辖市改地辖市，归莱阳专区管辖。1958年8月26日，中共莱阳地委、专署机关迁驻烟台市。10月18日，经中共中央、国务院批准，中共莱阳地委改称中共烟台地委，莱阳专署改称烟台专署。

1983年

8月30日　国务院决定撤销烟台地区，组建省辖烟台市，原烟台市改为芝罘区，原福山县改为福山区。

1984年

4月　国家进一步对外开放14个沿海城市，烟台市在列。

1985年

乡镇海运企业有掖县金城海运公司、掖县西由海运公司、掖县航运公司、招远县辛庄镇沙场、牟平县华侨企业联合公司及长岛县砣矶乡、钦岛乡、隍城乡、黑山乡和北长山乡等10处，计有小型钢、木质船舶26艘2370吨位，从业人员192人。村队及个体海运船只100多艘。20世纪60年代中期起，境内开始有兼营船队。至1985年，计有烟台粮油储运公司、烟台石油分公司和水产供销公司船队3家。

1988年

5月30日　山东省政府决定烟台市所辖县、市全部列为对外开放区（除长岛和重要军事设施区域外）。

1999年

11月24日　山东航运集团有限公司控股企业—烟大汽车轮渡股份有限公司（以下简称烟大公司）所属客滚船“大舜”轮，从烟台驶往大连途中在烟台附近海域倾覆。船上304人（40名船员，264名旅客）中的22人获救（5名船员，17名旅客）。包括船长、大副和轮机长等船上主要船员在内的282人遇难（男228名，女54名）。直接经济损失约9000万元。

党中央、国务院、中央军委对此十分重视，国务院成立“11·24”特大海难事故调查处理领导小组，对事故进行全面深入的调查，对打捞出水的“大舜”轮进行验证。《“11·24”特大海难事故调查处理报告》详述了事故经过：

（一）“大舜”轮概况

总吨：9843吨；净吨：5118吨；载重吨：2888吨；总长：126.23米；型宽：20.0米；型深：6.7米；空载/满载吃水：3.93/5.408米；空载/满载排水量：4915/7803吨；设计航速：18.5节（海里/小时）；乘客定额：520人；主机型号：NKK-SEMTIRPC-5V；主机功率：4629千瓦×2；建造日期：1983年4月20日；建造地点：日本内海造船株式会社；船籍港：烟台。

该轮于1999年2月以650万美元（离岸价）从日本进口，成为烟台至大连的班轮。船舶证书和船员适任证书齐全有效。

（二）公司概况

“大舜”轮的船东、经营人和管理人—烟大公司为股份制企业，成立于1998年1月11日，经营烟台至大连航线的客滚运输，由山东航运集团有限公司（以下简称集团公司）控股。集团公司直属山东省交通厅，对烟大公司按“直属企业”实施管理。该公司拥有客滚船9艘。其中“盛鲁”轮于1999年10月17日从大连开往烟台途中，在风浪中由于大角度转向避让渔船，导致车辆移动、货舱起火，船舶沉没，造成1死亡、1人失踪和

50余人受伤（简称“10·17”重大事故）。

（三）事故经过

1999年11月24日13时20分，“大舜”轮经山东省烟台港航监督签证，载旅客264人（检票数262名，另有2名未购船票的儿童）、船员40人、各种车辆61台，载重1722.12吨（未超载），自烟台开往大连。当天11时烟台气象台发布寒潮警报：“受西伯利亚一般较强冷空气影响，北到东北风，烟台沿海海面、渤海海峡逐渐增强到7-8级，阵风9级。冷空气前峰过后，气温将明显下降10℃。”

13时41分，“大舜”轮驶过烟台港6号灯浮，船长令主机定速后离开驾驶台，由二副指挥出港。

13时45分，左舷正横小山子岛，定向018°，航速15.5节。

15时，船位约37°53´.0N/121°34´.5E，风力7—8级，大浪，船舶发生剧烈颤抖，船长、大副、轮机长等先后上驾驶台。

15时3分，为缓解和减轻风浪对船体的影响，船长令备车减速，将定速改为港内前进三（12节左右）。几分钟后，值班乘警报告：汽车舱内有车辆碰撞，车辆可能移动。船长既未派人下去查看车辆的移位情况，也未采取其他措施，而当即向烟大公司汇报并决定返航，在未得到烟大公司答复的情况下，命令船舶掉头回烟台港避风。

15时20分，风向西北，风力8级，浪高5米，船位37°56´.0N/121°36´.2E，船长下令减速为前进二（10节左右），并向右转向掉头。因船位已偏原计划航线东侧，加之向右掉头后船位更明显偏东，为驶回烟台港，船长又逐步调整航向至220°，致使船舶更接近横风横浪，船体横摇约达30°，水手操舵十分困难，舱内车辆移位、碰撞加剧，船体出现左倾，船长令施放防摇装置。

16时21分，船位在小山子岛东北约10海里，驾驶台烟雾报警系统报警：D甲板（从上数第四层）汽车舱6区、7区起火。船长令大副、二副组织人员灭火。二副打开汽车舱侧门，发现舱内浓烟滚滚，在没有探明火情的情况下，就立即关闭舱门，并通知驾驶台开启压力水雾系统灭火。同时，轮机长、大副带人去关闭汽车舱通风筒，但艉部一通风筒没能关闭。

16时30分，船位约37°43´.5N/121°37´.4E，船长通过单边带电话向烟大公司调度室报告险情并请求救助；二副与水手使用4支消防水枪冲水冷却C甲板（从上往下数第三层）；服务员组织旅客穿救生衣并在救生艇甲板集合。烟大公司将“大舜”轮险情通报山东省烟台港航监督和山东省海上搜救中心烟台分部。之后，烟大公司派本公司的“齐鲁”轮、“兴鲁”轮（均为空载客滚船）前往救助，但由于风浪太大，两船均未能抵达现场。

16时35分，左舵机失灵，20分钟后右舵机失灵。但始终没有启用应急舵。船舶处于失控状态。

16时45分，交通部烟台海监局（现中华人民共和国烟台海事局）总值班室（本次搜救的现场指挥部）接烟大公司险情报告，于17时8分和17时13分，分别报告烟台市政府值班室和中国海上搜救中心值班室；有关接报单位立即通知和组织协调烟台救捞局、烟台港务局和当地驻军等方面的船舶前往施救。出动参与施救的船舶有“烟救13”（2600马力拖轮）等共16艘，只有“烟救13”和“岱江”两轮抵达“大舜”轮附近。

17时25分，根据烟大公司抛“活锚”的建议，船长为了减轻船舶横摇，令抛左锚1节入水（实际1节在锚机，长度25米）。至船舶倾覆时止，船舶平均以约2.2海里／小时的速度随风浪拖锚向岸边漂移。

17时30分，途经的空载杂货船“岱江”轮（4042总吨）受命抵达现场施救，因风浪太大、操纵困难，救助失败。此后，该轮按照指挥部的命令，在“大舜”轮东侧约1000米左右的海面上抛锚待命。

17时40分，烟台市政府通知公安、卫生、交通等部门做好岸上各项救援准备工作，随时待命。

18时，烟台市政府值班室向山东省政府值班室报告“大舜”轮遇难情况，交通部副部长抵达中国海上搜救中心。

18时25分，交通部烟台海监局请求烟台市政府与部队联系派直升机参与救助。山东省委、省政府和烟台市委、政府及青岛市政府及时并在此后的3个小时多次请求北海舰队出动直升机支援。北海舰队答复“直升机不能起飞”，原因是：“天气恶劣，情况复杂，不具备夜间起飞条件”；“抵烟台就需加油，但烟台不具备加油条件”；“莱山附近的空军第五师的机场只给大型机加油，其机场人员、设备型号等多方面条件都与直升机的要求不符，无法加油”；“直升机派飞的条件不具备，风浪太大，螺旋桨会结冰”。

19时21分，“烟救13”轮抵达遇险现场并试图拖带“大舜”轮，该轮在下风舷先后5次接近“大舜”轮，4次向“大舜”轮发射撇缆枪，“大舜”轮也2次向“烟救13”轮发射撇缆枪，但都因风浪太大，带缆失败，此过程持续约2小时。之后，根据指挥部的命令，“烟救13”轮一直守候在“大舜”轮附近，伺机救援。

19时30分后，因风大、浪高、天寒等原因，甲板上的旅客陆续回舱。此后，船长没有再组织旅客到甲板集中。

20时45分，据在同一海域遇险的“银河公主”轮观测：风向偏北，风力9—10级，阵风11级，狂浪。

21时30分，“大舜”轮火势加大而无法控制。

22时40分，烟台牟平区委、区政府组织干部群众赶到养马岛海岸附近，准备救援。

22时45分，山东省一位副省长等领导在恶劣的气象条件下，冒着风险从济南乘小型飞机抵达烟台，直接赶赴指挥部。

23时，“大舜”轮消防水枪因停泵打不出水，同时船体左倾加剧。在岸上，近700名公安干警、医护人员和部队官兵集结在烟威高速公路养马岛出口处待命，200多辆救援车和2100多名救援人员陆续抵达牟平。

23时38分，船体左倾加剧到90°，并突然倾覆，倒扣在离烟台牟平姜格庄云溪村海岸1.5海里处，船底露出水面，艏向324°，船位37° 28´.5N/121° 47´.6E，当时水深约21米（含潮高4米）。

2009年

6月8日　大新华轮船（烟台）有限公司揭牌。该公司是由海南航空集团三大支柱产业之一的大新华物流控股（集团）有限公司与龙口港集团共同出资，通过购置山东省烟台国际海运公司部分资产、定向招聘员工的方式组建而成，是一家以经营国内外集装箱班轮运输为主的大型股份制航运企业。

山东省烟台国际海运公司其前身是1947年7月成立于威海的胶东军区海防办事处，时有船舶60余艘，多为木船，主要任务是运载军火支援前线作战。1949年春迁至烟台，接管招商局在烟台产业，改称招商局烟台办事处。1950年，改称烟台人民轮船公司。次年易名北洋区海运管理局烟台办事处。1953年，与烟台港务局合并，更名为山东省航运公司烟台分公司。同年6月，改称青岛航运分局烟台办事处。1958年10月，与烟台港务局合并成立烟台专署海运局。1961年5月，港、航分设，成立山东省交通

厅海运局烟台办事处。1969年夏，改为山东省革命委员会交通局青岛海运局烟台办事处。1976年11月，改称青岛海运局烟台分局。1980年7月，更名为山东省交通厅海运局烟台分局。1985年，改称山东省烟台海运公司。隶属山东省交通厅的全民所有制企业。计有船舶22艘，其中钢质货轮16艘，计10550吨位，拖轮2艘，200客位客轮1艘，客货轮1艘，油驳2艘。1985年，山东省烟台国际海运公司成立，为烟台市属企业。1992年，建国际海运大厦，1994年竣工使用。1993年，根据上级指示精神，与烟台地方港合并，1994年又兼并烟台市轮船运输公司。1993年自筹资金，自行组织设计、自行组织施工建设2个5000吨级标准化专用滚装泊位，同时建设7000多平方米的烟台海港西客运站，4000多平方米的沿港区商贸一条街。该公司先后在香港设立“芬威船务有限公司、芝兴船务有限公司、烟通船务有限公司、烟海船务有限公司、烟发船务有限公司”等6个境外独资海运企业。经国家交通部批准设立海道国际船舶代理公司，经国家经贸部批准成立烟源国际货运代理公司。具有相当于中型经营规模的企业已达14个，形成以海上运输为龙头，内外运结合、客货运并举，集海上运输、港口业务、船代货代、宾馆贸易、船舶修理、物资供应、劳务输出等为一体的多业并举的集团化综合性经营格局。组建港航集团的规划和设想已得到省经委等有关部门批准，“八五”期间该公司固定资产比“七五”末增加6亿多元，资产总额增加近10亿元，比1990年年末增加近30倍。在1994年全国500家大型服务行业企业评价中，列水上运输业第23位。五年累计开辟国际国内新航线40多条，1995年实现营运总收入比1990增加649%；利税总额完成5200万元。主要经营亚洲区域内的集装箱班轮航线和散杂货业务。自2005年下半年起，烟台国际海运公司受市场急剧下滑和成本持续上涨等因素影响，经营面临严重困难。烟台市政府和烟台市国资委通过招商引资，引进大新华物流控股有限公司，以购买部分资产、定向安置员工的方式，投资组建大新华轮船（烟台）有限公司。2007年9月下旬，大新华物流控股有限公司与烟台市国资委签署框架协议。2008年7月10日，在烟台市芝罘区注册成立大新华轮船（烟台）有限公司。注册资本8亿元。7月20日，大新华轮船（烟台）有限公司与烟台国际海运公司签署资产买卖及员工安置方案等一系列文件和协议。到2008年，自有船舶11艘，员工1481人。

2014年

1月3日　烟台港西港区顺岸通用泊位（301号—303号泊位）工程通过竣工验收交付使用。该工程水工工程码头长775米，采用重力式沉箱结构，码头面高程5.5米，码头前沿底高程为-15.50米；土建工程包括堆场道路工程、1号变电所工程、通用仓库A工程。该工程2008年3月开工，2013年3月完工，设计年吞吐能力480万吨。

1月6日　烟台港第四艘3676千瓦全回转消拖两用拖轮“烟港拖22”轮抵港并举行交接仪式。

1月7日

●烟台市港航局在全市港航系统内开始实行安全生产委员会警示通报制度。

●龙口港集团操作完成首船外贸进口大麦，载重66000吨外贸进口大麦的“纳维斯”轮卸货后驶离龙口港区。

●山东省人民政府发文《关于烟台港龙口港区木材堆场工程用海的批复》，同意龙口港区木材堆场工程用海申请。

1月10日　国家发改委出台《煤炭物流发展规划》，确定在全国发展30个煤炭物流节点，龙口煤炭物流园区纳入国家发展规划，成为山东省三大煤炭物流节点之一。

1月12日　韩国驻华大使馆公使衔国土交通

参赞李元宰一行10人到中铁轮渡公司参观。

1月13日

●烟台市委副书记、市长孟凡利，烟台市副市长杨丽到烟台检验检疫局走访慰问。

●烟台港西港区液化仓储物流中心项目（LNG配套造地）获烟台市发展和改革委员会核准建设。项目填海45.67 公顷，新建围堰总长约1789米，陆域回填540万立方米，新建5万立方米储罐两个，新建仓库11座及汽车装卸区、辅助建筑和配套设施等。

●烟台港西港区原油疏港道路工程获烟台市发展和改革委员会备案立项，道路全长1318米，其中隧道长492.5米。

1月16日

●蓬莱东港与大连海运（集团）公司、蓬莱市国有资产监督管理局在东港会议室举行蓬莱港客滚码头项目签字协议。

●龙口港集团与芝罘湾港区、朱旺港区的集装箱业务合作，采取集装箱一体化运作方式，操作魏桥铝锭出口上海业务。

1月17日

●烟台港西港区专用铁路工程项目获得省发改委核准建设。项目线路正线于烟台西港站东接轨，经曲河大桥后折向东北，在CK4+100处设烟台港港内站，最后引入矿石作业区，正线全长6.299千米。在本线右侧预留二线位置。另有液化作业区、化肥作业区、通用散货作业区、金属矿石作业区和非金属矿石作业区装卸作业线11条，线路全长25.054铺轨千米。

●龙口港集团在全国企业应急救援知识竞赛活动中被国家安监总局授予“优胜单位奖”。

1月21日　长岛新绎客运有限公司设立，参与蓬长航线营运的航运公司由3家增至4家。

1月22日　烟台港汽车轮渡码头改造工程通过竣工验收，该工程建设规模为：将2个5000吨级滚装泊位改造为2个23000吨总载重量客滚泊位。

1月24日　烟台港引航站、烟台港股份有限公司客运滚装分公司被山东省文明办和山东省交通运输厅命名为“十佳文明港航窗口”。

2月1日　烟台港引航站引领无动力事故船“利加利”轮（船长225米，吃水12.6米）安全靠泊龙口港区11号泊位。

2月7日　渤海轮渡股份有限公司全资子公司—渤海邮轮有限公司在香港注册成立，注册资本7000万港币。

2月15日　烟台港35号泊位和331K仓库通过澳大利亚DAFF认证机构对烟台港出口澳大利亚化肥低风险港口资质的审核认证，烟台港成为中国第五个通过出口澳大利亚化肥装船资质的港口。

2月17日　烟台港集团公司获2013年度烟台市委、市政府“骨干明星企业、重要工作重点项目推进先进集体”，中铁轮渡公司同获“骨干明星企业”。

2月18日　烟台港蓬莱东港区货场回填项目开工。

2月20日

●龙口港集团首次通过国地铁联运方式将1节满载70吨小包硫酸铵的国铁车皮自山西襄汾运抵龙口港站。

●14时20分，“莱港拖6”靠泊莱州港12号泊位交付使用，莱州港大型船舶安全助靠泊能力增强。配备两台主机共5000匹马力，并具备消防功能，可协助扑救不同类别的船舶及码头前沿火灾。

2月25日　烟台港卸载铁矿石一体化操作，满载133300吨毛里塔尼亚粉的“河北腾飞”轮在芝罘湾港区减载2.3万吨后，又靠泊龙口港区24号泊位卸载。

2月28日　韩国全国海洋水产劳动组一行10人考察龙口港区。

是月　烟台检验检疫局在海港国际旅检通道截获2批次日本枫树种子，共计42公斤。这是烟台海港口岸首次截获观赏植物种子。

3月6日　蓬莱港中首物流园区建设项目举行开工仪式。该园区位于蓬莱市经济开发区，是由蓬莱港公司与北京中首物流有限公司共同合资建设，工程投资2.4亿元，占地约5.3公顷，主要建设集仓储、配送、商务和海关监管为一体的大型物流交易中心。

3月7日　烟台—厦门—汕头内贸集装箱直达海运航线开通，“锡伯河”轮首航烟台港。该航线4天直达厦门，较原来非直达航线节省2—3天的时间。暂定每周1班，挂港顺序为：天津—烟台—厦门—汕头，成为继中远和中海南沙线之后，烟台港开通的又一条内贸集装箱直达干线。

3月8日　龙口港27号、28号、29号泊位工程安全设施及职业病防护设施顺利通过省安监局专家组的验收。

3月10日　山东省发改委发文同意烟台港至淄博重质液体化工原料输送管道项目变更工程建设内容开展前期工作（增加原油输送介质工程）。

3月13日

●交通运输部函复山东省交通运输厅，安排建设资金4200万元用于烟台长岛港区3个1000吨级陆岛交通码头建设。2014年，长岛港区的码头用海、安全、环保、海洋环评、海域论证、海事通航安全、工程招投标等工作全面开展。

●海关总署批复同意烟台市开展跨境贸易电子商务服务试点工作，烟台市成为省内继青岛之后第二个获批开展跨境电子商务服务试点工作的城市。

3月14日至16日　方圆标志认证集团有限公司对渤海轮渡股份有限公司质量管理体系进行现场审核，渤海轮渡质量管理体系以“零不符合”通过换证审核。

3月15日　烟台市委副书记、市长孟凡利到渤海轮渡股份有限公司调研邮轮发展工作。烟台市委常委、副市长王中，烟台市副市长于松柏，烟台市政府秘书长李永乐，烟台市政府副秘书长包信勇，烟台市财政局局长黄永政，烟台市国土资源局局长唐建平，烟台市规划局局长张冰开，烟台市交通运输局局长权良宝，烟台市安监局局长张建生，烟台市港航管理局局长邢迎春陪同。

3月17日　在交通运输部、国家安全监管总局组织的全国交通运输行业公路水运建设项目“平安工程”冠名活动中，烟台港西港区一期工程（矿石码头工程）被冠名为2013年度公路水运建设“平安工程”。

3月21日

●交通运输部综合规划司和山东省交通运输厅在烟台联合召开《烟台港西港区西侧岸线规划方案研究（送审稿）》专家咨询会，同意利用西港区西侧预留的2.5公里港口岸线布置液化天然气作业区。4月4日，交通运输部正式出具审查同意意见。

●烟台海关首次应用内销集中征税模式为烟台中集来福士海洋工程有限公司办理一批保税料件内销手续。

●龙口港区货源结构添新货种，龙口道恩集团近1200吨硫酸亚铁装船转口日本。

● 烟台市委书记张江汀、烟台市长孟凡利、烟台市政协主席郝德军等和参加烟台市加快重点项目推进工作会议200多位与会人员到西港区观摩调研规划建设情况。

3月25日

●国务院国资委国有重点大型企业监事会

主席杨坚一行察看烟台港芝罘湾港区。

●渤海邮轮股份有限公司以 4368 万美元从意大利购进 1 艘邮轮（命名为“中华泰山”号），渤海轮渡股份有限公司全资、自主经营、自主管理该邮轮。（2000 年德国建造，船长 180.45 米，型宽 25.5 米，总吨 2.45 万吨，吃水 7.10 米，载客 1000 人左右，船上主要服务项目有餐饮、住宿、娱乐、健身、购物等。）

3 月 26 日

●首船万华电煤在烟台港西港通用码头公司接卸。（“顺强 818”轮，2.2 万吨。）

●烟台港公安局消防支队整体搬迁至烟台港西港区办公。

3 月 27 日　“神华 512”轮自龙口港区满载装运 4.4 万吨铝钒土出港。

3 月 28 日　烟台海关和烟台出入境检验检疫局在蓬莱市碧海污水处理有限公司联合监督销毁 1.3 万瓶法国进口经检验不合格葡萄酒。该批葡萄酒共 1.0 万升，货值 3.29 万欧元。

3 月 30 日　龙口港集团开发玉米酒糟粮食新货种，载有 5.3 万吨 DDGS 饲料的“行动”轮停靠龙口港区 12 号泊位接卸作业。

是月　烟台海港机械厂设计建造 200 吨客滚连接桥。

4 月 1 日　长岛互通货滚船运输有限公司成立，由长岛长通旅运有限公司、长岛祥隆水运有限公司、蓬莱映华海运有限公司和烟台新绎游船有限公司以股份制形式共同出资。

4 月 3 日　烟台海关首次通过“两岸海关电子信息交换系统”验放进口货物聚四亚甲基醚二醇 428.02 吨，享受 ECFA 协定税率优惠 66.5 万元。

4 月 9 日　烟台海关在烟台保税港区东区正式开展海关特殊监管区域“两单一审”通关业务改革。

4 月 17 日　烟台港蓬莱东港区东部作业区东防波堤工程和蓬莱大金海洋重工有限公司专用码头工程通过山东省发改委的立项审查。

4 月 18 日　龙口港集团公司与中国重型汽车集团签订战略合作框架协议，双方将在车辆出口、

“中华泰山”号邮轮 /2014 年摄

工程机械采购等方面进行全方位合作。龙口港集团公司总经理张海军和中国重汽董事、执行总监刘培民分别在协议上签字。

4月21日　烟台市财政局发文《关于提前下达2014年成品油价格改革财政补贴资金（岛际水路客运）预算指标的通知》预算指标5394万元。

4月21日至23日　交通部水运局李宏印副局长一行对拟开通的长岛至旅顺陆岛运输航线进行实地调研。

4月24日　龙口港区国铁油运业务启动，首个国铁专列满载清源石化2500吨保税油驶离。

4月28日　渤海轮渡公司“中华泰山”号邮轮停靠石岛港。

4月29日

●交通运输部安监司副司长翁磊带领部第二督查组督查渤海轮渡公司安全工作，就贯彻落实国务院加强水上交通安全工作文件精神以及吸取韩国“岁月”号客轮沉船事故教训、防范和遏制重特大水上交通事故的发生现场检查“渤海翠珠”轮，山东省交通运输厅、烟台市交通运输局、烟台市港航管理局等相关领导陪同。

● 烟台市人民政府授予烟台港西港通用码头公司王敬海“烟台市劳动模范”荣誉称号。

5月4日　烟台渤海国际轮渡公司租用欧洲Stena RoRo公司的“Stena egeria”号客滚船（船总长186.5米，总吨24418吨，518个客位，最大航速23节。）航行烟台至韩国平泽航线。

5月5日　龙口港区客滚中心工程通过行业审查。（客2号、1号码头改造工程）

5月8日　山东省交通运输厅党组书记、厅长张传亭一行到烟台港西港区调研建设情况。

5月14日　交通运输部公安局局长李国平、政治部主任张京普一行检查“渤海翠珠”轮船舶安全、安保和管理工作。

5月15日　南金兆集团首艘秘鲁矿石“瓦迪”轮靠泊龙口港区并在宏港码头举行仪式，南金兆集团董事长段连文、烟台港集团公司副董事长、烟台港股份公司总经理孟祥罡、龙口港集团公司总经理张海军出席。

5月16日　烟台海关经过前期试点调试，正式在辖区所有进行税款缴库的商业银行全面运行海关税款无纸化缴库。

5月18日　龙口港集团公司开发塞拉利昂铁矿石货种，济钢“琳达”轮满载12万吨靠泊龙口港区25号泊位卸载。

5月20日

●“蓬莱港客运码头有限公司”成立，由烟台港集团蓬莱港有限公司、大连海运（集团）公司以及蓬莱市城市建设投资集团有限公司共同出资组建。

●山东地方铁路局常务副局长李亚东、运输处处长于忠宁一行9人到龙口港区调研港口铁路运输情况。

5月23日

●烟台港公安局消防岗位比武暨西港区应急救援中心罐区灭火演练在烟台港西港区举行，烟台港公安局及泰山石化公司、通用公司等10个单位110名公安民警、消防战斗员和企业职工参加。烟台市安监局、烟台市港航局的领导和烟台港集团公司董事长周波、副总裁王钺和张韶纲现场指导。

●烟台市港航局在龙口市召开龙口齐港码头有限公司10万立方米液化烃储存设施项目可行性研究报告行业审查会。

5月24日　烟台市港航局批复山东丰隆仓储有限公司港口经营业务的仓储资质。

5月25日　烟台港朱旺集装箱码头项目通航仪式在莱州经济开发区举行。中国西部发展促进

会会长李蒙，山东省政协副主席齐乃贵，中国西部发展促进会理事长程路，烟台市政协副主席、市工商联主席夏晓峰，莱州市委书记李明，莱州市委副书记、市长宫权，烟台港集团有限公司董事长周波、莱州经济开发区管委会主任葛学通、朱旺港务有限公司总经理滕国军等出席。

5月26日　“龙港拖29”轮接船仪式在龙口港区举行，

5月30日

●山东省安监局批复通过龙口港区30号、31号通用泊位工程和32号、33号多用途泊位工程以及5000吨级通用泊位工程职业病危害预评价。6月12日批复通过安全预评价。

●开展党的群众路线教育实践活动中，烟台市委常委、统战部部长、政法委书记程德智与市委统战部、政法委部分机关人员一起到渤海轮渡股份有限公司及“渤海翠珠”轮“走基层访民情”。

●山东省交通运输厅和山东省财政厅联合发文《关于下达2014年省补助投资港航建设项目计划的通知》，烟台港西港区防波堤二期工程项目列入2014年省补助投资港航建设项目计划，计划给予省财政补助资金2500万元。

是月

◆《烟台市临港产业发展调研报告》评为2013年度山东省政府系统优秀调研成果三等奖，由烟台市港航管理局邢迎春和连卫东撰写。

◆烟台检验检疫局联合烟台边防检查站、烟台海关、烟台港客运站等单位开展烟台海港口岸国际旅检防恐防爆演练。

6月3日　烟台海关全面开展简化电子支付税单流转改革。

6月4日

●龙口港区开始安通黄埔线内贸冷柜业务。

●龙口港区接卸首船加纳铝土矿。

●龙口港区开发木皮新货种。

6月5日

●龙口港区开始运营集装箱小柜单背自卸车辆。

●烟台市文明办、烟台市国资委、烟台市港航局、蓬莱市政府、长岛县政府等单位联合发起“蓬长航线文明创建活动”，以“温馨蓬长旅途，建设文明港航”为主题，以“安全、畅通、文明、舒适”航线为目标。

6月5日至6日　烟台市政府安委会办公室组织烟台、莱州两级安监、港航部门以及有关专家对莱州港液体化工区规范化建设情况进行达标验收。

6月7日　烟台港芝罘湾港区北航道改建工程（一阶段）过渡航道正式通航（含原北防波堤拆除及北航道改线两部分）。

6月9日　烟台市财政局发文《关于下达2014年省补助港航建设养护工程资金预算指标的通知》，补助港航建设养护专项资金预算指标2500万元，用于补助烟台港西港区防波堤二期工程建设。

6月10日　龙口港集团公司自主设计制作的集装箱着箱定位系统开始使用。

6月13日　蓬莱东港区8号泊位升级事宜获得烟台海事局批复，同意近期不需进行港池拓宽，在现有条件下，配备足够马力拖轮，做好安全保障工作，制定完善应急预案，8号泊位可以按照7万吨级码头进行靠泊生产。

6月14日

●龙口港区老客运站拆除（1986年始建，1989年使用）。

●山东省财政局《关于下达2014年国家补助老旧运输船舶和单壳油轮报废更新补助资金预算指标的通知》，补助资金预算指标1299万元。

6月15日　龙口港区办理柬埔寨籍“津泰”轮出口监装业务。

6月18日　渤海轮渡股份有限公司与烟台市海上搜救中心、芝罘海事局共同举行船岸联合弃船演习，“渤海珍珠”轮参加。

6月24日　龙口港区木材堆场围堰工程合拢（长1572米，为4×10万吨级码头建设奠基）。

6月25日　山东省旅游局局长于冲到“中华泰山”号邮轮调研，听取渤海轮渡股份有限公司发展国际邮轮经济规划介绍。

6月26日

●在纪念烟台市对外开放30周年大会上，烟台市委、市政府表彰50户“烟台市对外开放功勋企业”，烟台港集团有限公司、烟台中集来福士海洋工程有限公司、蓬莱巨涛海洋工程重工有限公司、益海（烟台）粮油工业有限公司、大宇造船海洋（山东）有限公司、中海港务（莱州）有限公司、山东汇洋集团（蓬莱京鲁船业有限公司为其下属企业之一）榜上有名。

●渤海轮渡股份有限公司与中国人寿养老保险公司签订企业年金受托合同，正式推行企业年金制度。

●“平安2014”烟台市港口突发保安事件演习在中铁渤海轮渡有限责任公司烟台北站客滚码头举行，由山东省交通运输厅港航局和烟台市港航局联合主办，中铁渤海轮渡承办，烟台市政府应急办、烟台市安监局、烟台海事局、烟台市反恐怖支队、烟台市公安边防支队等有关单位领导观摩演习。

7月1日

●烟台港芝罘湾港区集装箱资产及业务重组整合工作全部完成。烟台国际集装箱码头有限公司正式运营，注册资本7.54亿元，由国际集装箱码头服务（香港）有限公司(ICTSI (HK) Ltd)、烟台港股份有限公司、迪拜环球港务集团(DP WorLd)三家股东合资成立，股比分别为51%、36.5%和12.5%，

●中国韩国陆海联运汽车货物运输烟台通道开通暨烟台国际集装箱码头有限公司开业仪式在烟台港芝罘湾港区举行，烟台港集团公司总裁纪少波主持仪式，中央、省、市有关部门和有关中外企业领导出席，烟台渤海国际轮渡有限公司租赁的“斯坦纳女神”号船担负首航（烟台至韩国平泽客滚班轮航线正式开通）。同日，中韩陆海联运码头完成接岸设施改造和配套设施建设并启用。（该码头位于芝罘湾港区51号泊位西端，可以停靠3万GT客滚船舶。）

●烟台港西港区防波堤二期工程启动建设。该工程新建总长6219米的防波堤1座，建成后能够掩护的水域面积为11.68平方千米，预期2016年底完成。

7月2日

●山东省交通运输厅发文《山东省交通建设项目档案验收意见》，龙口港区27号、28号、29号通用泊位工程通过档案专项验收。

●烟台港公安局芝罘湾派出所被交通运输部公安局记集体二等功一次。烟台港公安局刘敬善被交通运输部公安局记个人二等功一次。

●烟台市港航局到海南三亚市考察邮轮经济。

7月2日至5日　烟台市委副书记、市长孟凡利率领烟台市经贸代表团赴韩国，参加由中韩两国政府联合举办的经贸合作论坛。中铁轮渡公司和渤海轮渡股份有限公司总经理随同在韩国参加有关项目洽谈。

7月4日　莱州港液体化工区一体化监控中心完工启用，系莱州港区落实烟台市安委会要求，提高莱州港液体化工区信息管理水平，保障安全的措施。

7月7日

●龙口市港航管理局迁至环海中路4001号办公。

●交通运输部发布《关于印发渤海湾水路运输旅客实名制试点方案的通知》，决定在渤海湾地区开展水路客运实名制试点工作，明确2015年6月底前，各客运站实现实名制验票登船；2016年6月底前，在实名制验票登船的基础上，实现实名制售票。

7月9日

●龙口港区3个通用泊位工程通过竣工环保验收，山东省环境保护厅发文《山东省环境保护厅关于龙口港集团有限公司烟台港龙口港区27号、28号、29号通用泊位工程竣工环境保护验收的批复》。

●大新华轮船（烟台）有限公司取得“台湾海峡两岸间海上集装箱班轮货物运输”经营资质，该公司所属“大新华烟台”轮（集装箱船，34231总吨、45625载重吨、2680标准箱）营运，具体航线为：天津—大连—烟台—基隆—台中—高雄—天津。

7月10日　山东地方铁路局常务副局长李亚东、海化集团总经理韩星三一行12人到龙口港区调研座谈，就深化铁路、港口、企业三方战略合作和共同发展达成共识。

7月14日　烟台市财政局发文《关于下达2014年国家港口建设费预算指标的通知》下达烟台市2014年国家港口建设费预算指标4.52亿元，其中，西港区防波堤二期工程获补助资金4亿元，海阳港区防波堤工程获补助资金1000万元，长岛港区3个1000吨级陆岛交通码头工程获补助资金4200万元。

7月15日　烟台港集团公司与山东海事局共建的烟台西港区VTS工程（船舶交通管理系统）开始雷达设备安装。11月25日系统完成调试并试运行测试。

7月22日

●烟台市港航局发文同意中海石油（龙口）基地物流有限公司新建码头项目试运行。

●龙口市发展和改革局核准龙口港集团有限公司龙口港客滚中心工程建设项目。

●中海石油（龙口）基地物流有限公司新建的2个5000吨级散杂货泊位试运行。

7月25日　上午，烟台市市长孟凡利、烟台市人大第一副主任李淑芹等与烟台市人大常委会委员和部分住烟全国、省人大代表到烟台港西港区调研工程建设情况。

7月26日　烟台港西港区油品码头及配套设施工程通过竣工验收。（此次竣工验收的码头工程分别为102号5万吨级码头及相应配套设施、103号10万吨级码头主体、相关港池回旋水域等。油品码头工程于2008年3月开工，2012年4月完工，建成码头长636.66米，设计年吞吐能力280万吨。）

7月28日

●龙口港区1号（西侧和东侧）、5号、6号铁路道口开始技术改造。

●龙口港区重启集装箱铁路运输方式。

7月30日　烟台中韩轮渡公司购入“香雪兰”轮，实现从租家到船东的转变。（中韩轮渡公司2002年3月18日租“香雪兰”轮，主营烟台至韩国仁川航线的客货运输业务，承接烟台、仁川、釜山及周边城市的集装箱及大件货物的运输。该轮为德国建造的客/箱船，自动化程度高，拥有392客位及293TEU箱位。每周一、三、五从烟台开船，航程约16小时可达韩国仁川。）

8月2日　“中华泰山”号邮轮靠泊烟台港芝罘湾港区。

8月4日

●山东省委副书记王军民察看“中华泰山”号邮轮，烟台市委书记张江汀，烟台市委副书记张永霞，烟台市委常委、秘书长李树军等陪同。

●石油焦转口船舶“沃斯2号”轮（2万吨）装船驶离龙口港区。

8月7日　烟台港联合港埠公司负责修订的《港口化肥装卸质量要求》通过山东省质量技术监督局召开的专家审查会评审，并同意作为省地方标准发布实施。

8月8日

●烟台市人大常委会第一副主任、党组书记李淑芹，烟台市人大常委会副主任张维利等人大常委会领导察看“中华泰山”号邮轮。

●山东省质监局批准发布《集中控制型消防应急疏散指示系统技术规范》等65项山东省地方标准的公告，烟台港集团公司起草的《港口商品车装卸服务规范》作为山东省地方标准予以公布。

8月9日　中国援助安哥拉罗安达省总医院首批医疗设备在龙口港区由“卡迪诺”轮装载启运。

8月10日　国务院批准烟台港西港区和海阳港区口岸扩大对外开放，此次开放范围包括51300米岸线共40个泊位，烟台市港口一类开放口岸由6处增至8处。烟台港西港区开放范围：水域为北纬37°45′00″、东经121°00′00″，北纬37°51′00″、东经121°00′00″，北纬37°51′00″、东经121°12′00″，北纬37°35′00″、东经121°12′00″四点连线内。岸线为：北纬37°45′00″、东经121°00′00″和北纬37°35′00″、东经121°12′00″两点间39000米岸线。

8月12日　长岛东方明珠快航有限公司投资建造的“仙岛1号”高速客船开始蓬长航线营运。（广东江龙船舶制造有限公司承建，总投资3000万元，2013年5月开造，2014年6月建成。船舶总长49.98米，型宽10米，航速16节，抗风7级，设3个客舱360客位，1—2层为高档客舱和贵宾客舱，3层为观光甲板。）

8月13日

●蓬莱东港陆岛交通码头工程通过烟台市交通运输局质监站质量验收。

●龙口港区接卸一批大型挤压设备。其中，超过200吨的设备共5件，最大件吨数为278吨。

●烟台市发展和改革委员会备案立项烟台港西港区液化管廊扩建工程。

8月14日　烟台市海洋与渔业局以《关于龙口港客滚中心项目海洋环境影响报告表的核准意见》批复同意龙口港客滚中心工程建设。

8月15日

●烟台市市长孟凡利察看“中华泰山”号邮轮，烟台市港航管理局局长邢迎春等陪同。

●龙口港区接卸河南安阳钢铁集团“酷睿”轮装载的铁矿砂，安钢集团是年累计操作量过100万吨，成龙口港区铁矿石百万级客户。

8月16日　“中华泰山”号邮轮自烟台港芝罘湾港区17号滚装泊位首航烟台至韩国仁川、济州岛航线。

8月18日　中国物流与采购联合会审定通过中国第十八批A级物流企业，其中龙口港集团有限公司、龙口滨港液体化工码头有限公司荣膺国家AAAA级物流企业，龙口外代国际货运有限公司、龙口港外轮代理有限公司荣膺国家AAA级物流企业（龙口港区AAAA级物流企业增至3家）。

8月20日　龙口市人民政府批复龙口港客滚中心项目用海，用海面积0.2725公顷，用海形式为透水构筑物，主要对原客2号泊位进行改造。

8月24日　龙口港区接卸“浙远大连”轮装载的79952吨纽曼矿粉，港口贸易铁矿石再添新货种。

✦ 龙口引航分站引领三角型石油钻井平台整装下水 /2014 年摄

8 月 26 日

●首列铁路下水山西煤炭抵龙口港区，“北煤外运”开辟龙口通道。

●“中华泰山”号邮轮正式营运，至 11 月 18 日又转航上海，加入南方航线。在烟台期间共进烟台港芝罘湾港区作业16航次，接发旅客16567人次。

是月　姜力军任北海第一救助飞行队党委书记（正处级）。

9 月 8 日

●龙口港区栈桥修复工程经半年多施工完成。

●龙口港区研发的牵引车泊车检测定位系统开始使用。

9 月 9 日　龙口港区连续接卸两船内贸进口高粱，是继 DDGS 和大麦后开发的粮食新货种。

9 月 10 日　《龙口港志（1978—2010）》卷本印刷出版。

9 月 11 日

●交通运输部海事局副局长智广路、山东海事局副局长王海宇等一行 13 人到渤海轮渡股份有限公司调研客滚船搜救合作计划执行情况，并乘坐“渤海翠珠”轮查看船舶现场管理情况。

●烟台海关正式启动总署海关特殊监管区内销产品返区维修业务试点。

9 月 12 日　“渤海钻珠”客滚轮在黄海造船有限公司船厂下水，渤海轮渡股份有限公司投资近 4 亿元建造。

9 月 14 日　烟台港引航站龙口分站引航员引领中集来福士船厂龙口基地首座新建三角型石油钻井平台整装下水。

9 月 16 日　龙口港集团首次操作碎石外贸出口业务，载有 5200 吨碎石的“先锋”轮离龙口港区驶往澳大利亚。

9 月 19 日

●山东省发改委发文同意烟台港至淄博重质液体化工原料输送管道淄博复线等 4 条支线项目（二期）开展前期工作。

●烟台海关按照总关部署，正式启动“简化统一备案清单”工作，由此烟台海关复制推广上海自贸区 14 项海关监管创新制度工作进入实质性阶段。

9 月 23 日　山东省交通运输厅港航局对龙口港区 2013 年度港口设施保安工作进行审核。

9 月 24 日

●烟台市发展和改革委员会备案立项烟台港西港区疏港大道工程。（项目总长 2221.2 米，道路红线宽度 32 米。）

●　烟台市发改委备案立项烟台益海粮食筒仓扩建工程。（建设粮食筒仓 12 座，建设配套的生产与辅助生产建筑工程、购买设备等。）

9 月 25 日　烟台港芝罘湾港区客运码头重新命名，D1—D2、D3、D5—D6、D4、31 号、32 号—33 号、34 号分别更名为 K11、K12、K15、K16、

K17、K18和K19。

9月28日　龙口港集团举行庆祝建港一百周年纪念暨龙口港展览馆开馆活动。龙口市政府、口岸等部门领导和烟台港集团、济南钢铁集团、中国铝业、山东海化集团等80余家企业的嘉宾出席。

9月30日　烟台海关监查某企业涉嫌伪报归类骗取出口退税情事。申报出口的121吨、价值238万美元的接触线归类有误，涉嫌骗取出口退税约249万元。

是月　中共山东省委驻烟台群众路线教育实践活动督导组组长、原山东省副省长张建国，督导组第一副组长袁策一行到"中华泰山"号邮轮察看，听取渤海轮渡股份有限公司发展邮轮产业相关情况汇报，烟台市委常委、政法委书记程德智等陪同。

10月8日　海峡两岸关系协会会长陈德铭，海协会秘书长、国台办综合局局长杨流昌一行到访参观龙口港区，山东省副省长夏耕、烟台市委副书记张永霞、烟台市副市长杨丽、龙口市市长韩世军等陪同。

10月8日至28日　烟台港引航站引航员安全引领巨型钻井平台"油服兴旺"出海试航（船长105米，无动力）。

10月9日　国家质检总局公布首批进境粮食指定口岸名单，芝罘湾港区和龙口港区位列其中，其中芝罘湾港区获批为进境粮食水运散装指定口岸及进境粮食水运集装箱指定口岸，龙口港区获批为进境粮食水运散装指定口岸。

10月13日　山东省质监局批准发布《客滚运输服务规范》等38项山东省地方标准的公告，烟台港集团公司起草、修订的《客滚运输服务规范》《港口化肥装卸质量要求》作为山东省地方标准予以公布。

10月15日　烟台港引航站引领"亚马逊"轮安全靠泊烟台西港区502泊位（长327米、宽55米、载重27.4万吨、吃水20.36米）。

10月15日至17日　渤海邮轮有限公司在天津第九届中国邮轮发展大会暨博览会上荣获中国邮轮公司最具成长力品牌奖。

10月16日　烟台港集装箱公司首次采用"单船四条路"进行船舶作业，在14小时内完成"布

烟台港引航站引领"亚马逊"轮安全靠泊西港区502泊位/2014年摄

依河”轮763箱、1100标准集装箱的装卸作业。

10月18日　龙口港区接卸安钢集团“焦维”轮后，铁矿石业务吞吐量过500万吨，成为支柱货种。

10月24日　烟台来福士海洋工程有限公司海洋钻井平台舾装码头工程9个泊位及相应配套设备试运行。

10月27日至29日　渤海轮渡安全管理体系以“零不符合”通过山东海事局年度审核。系该公司连续第三年以“零不符合”通过审核，并获交通运输部授予“安全诚信公司”。

10月30日　山东省交通运输厅港航局组织的全省港航系统第八届劳动技能（滚装安检员）竞赛在烟台港客运公司举办，大型车辆违禁物品识别项目中，北马路客运站和环海路客运站的选手分别获得第一名和第二名（前10名均为烟台市港航企业选手）。

是月

◆“中华泰山”号邮轮以“零缺陷”通过韩国PSC检查。

◆烟台市参加全省港航系统第八届劳动技能竞赛的选手齐雷、赵勇、刁克鹏分别获液体危险货物消防员应急抢险项目和消防用电故障排除项目以及液体装卸工法兰应急堵漏项目竞赛第十名，被山东省交通运输厅港航局授予“全省港航系统第八届劳动技能竞赛“十佳”荣誉称号。

◆烟台检验检疫局在烟台港举行埃博拉出血热疫情应急处置演练。

11月1日　龙口港集团开发集装箱省外货源，载有3040吨陕西煤炭的106个集装箱通过国铁抵龙口港区。

11月2日　烟台海事局组织专家到蓬莱东港对蓬莱—长岛陆岛码头工程进行通航安全核查，同意该工程通过竣工通航安全核查，航行通告发布后正式运营。

11月3日　龙口港区山西煤炭下水业务正式启动，首船“鹏鹭9”轮靠泊龙口港区24号泊位装载。

11月4日　烟台市发改委核准建设烟台港西港区30万吨级码头至一期库区连接管线工程项目，管线长7.28千米。

11月5日　龙口港区开发硫铁矿新货种。

11月6日　客滚船“渤海玛珠”轮在黄海造船有限公司船厂下水。

11月7日

●即日起，游客乘坐“中华泰山”号邮轮赴韩国，韩国法务部给予免签证。

●中国人民解放军第二炮兵原副政委、中国老区建设促进会顾问罗东进中将参观龙口港区、古栈桥码头、龙口港展览馆。龙口市委副书记李才令、龙口港集团公司总经理张海军陪同。

11月10日　烟台海关关检合作“三个一”试点首票“一次申报”运行。

11月13日

●华东区域应急联动机制建设工作会议在龙口市召开。其间，国家安监总局应急指挥中心张平远副书记与华东六省一市各应急指挥中心负责人等一行到龙口港区观摩山东省危险化学品鲁东安全生产应急救援中心。

●交通运输部发文《交通运输部关于安排烟台港海阳港区防波堤工程建设资金的函》，安排部建设资金11190万元。

11月14日

●龙口滨港化工罐区公用管廊工程正式开工，管廊总长约1450米。

●龙口港区接卸“天狼星”轮进口大豆，龙口港区粮食累计操作量过200万吨。

11月17日　山东海事局局长袁宗祥一行查看龙口港区，烟台海事局局长徐增福、龙口海事局副书记阚永仁陪同。

11月18日

●山东省发展和改革委员会核准建设烟台港西港区顺岸19号、20号通用散货泊位工程。项目建设7万吨级和15万吨级散货泊位各1个，同步建设直立岸壁、护岸、堆场及其他及配套工程，设计年通过能力950万吨。

●烟台港芝罘湾港区北港池公用航道工程可行性研究报告获得山东省发展和改革委员会批复。

11月19日　龙口港区新增片碱货种装卸作业资质通过安全评价审查。

11月20日　长岛县属在建“仙岛2号”客船下水试航调试。

11月26日　上午，“长岛明珠”客滚船在浙江方圆造船有限公司下水，长岛长通旅运有限公司投资4000余万元建造，船长78.6米、宽16米，船舶总吨3760吨，核定载客499人，抗风等级8级，主机功率为2680KW，航速14节。

是月

◆“中华泰山”号邮轮通过中国船级社ISM、ISPS及海事劳工公约初次审核，取得中国船级社颁发的第一张国际邮轮安全管理证书（SMC）、保安证书（ISSC）、海事劳工符合证明（MLC），该轮成为第一艘通过中国船级社审核认证的国际邮轮。

◆烟台海港机械厂800吨水下打捞抓斗获山东省企业技术创新优秀成果一等奖。

12月1日　龙口港区供货商统一管理平台建成使用。

12月3日　《烟台市旅游码头总体布局规划》通过烟台市政府第三十七次常务会议审查。

12月5日　烟台市港航局同意蓬莱—长岛陆岛交通货物滚装码头试运行。

12月8日　山东省交通运输厅以《关于印发烟台港龙口港区27号、28号、29号通用泊位工程竣工验收鉴定书的通知》批复同意龙口港区27号、28号、29号通用泊位工程通过竣工验收。该工程2011年8月6日开工，2013年7月28日竣工，工程实际建成10万吨级通用泊位3个，（其中27号通用泊位的水深、水工结构按15万吨级泊位建设）年通过能力670万吨。

12月9日　龙口市发展和改革局立项批准龙口港区职工体育活动中心项目开工建设。

12月10日

●龙口港集团公司与山东京博物流股份有限公司合作的京港罐区项目正式签约，项目总容量28万立方米。

●交通运输部和山东省人民政府联合批复，同意将西港区防波堤一期工程至平畅河口段2.5千米港口岸线调整为液化天然气作业区，用于液化天然气船舶接卸和中转运输。

12月11日　烟台港蓬莱东港区客滚码头工程通过省发改委立项审查。

12月12日　山东省交通运输厅港航局在济南组织召开《烟台港龙口港区2号等10个泊位工程码头靠泊能力论证报告》复核会。会议复核同意在限制条件下龙口港区2号等10个泊位靠泊等级提高1—2个等级减载靠泊。

12月15日　上午，旅游班船“海马5”抵达长岛，长岛黑山旅运有限公司投资400万元建造，广东江龙船舶制造有限公司承建，2014年3月开工，9月完成。船舶总长19.89米，型宽6米，航速18节，99客位，1层为高档客舱，2层为观光甲板。

12月22日

●烟台市政协副主席郝德军、谭伟、田明宝等7人到渤海轮渡股份有限公司调研，烟台市交通运输局党委书记贺业增、烟台市港航管理局局长邢迎春陪同。

●烟台港蓬莱东港区东部作业区东防波堤工程初步设计通过省交通运输厅和省发改委的评审。

12月23日　烟台港芝罘湾港区北港池公用航道工程初步设计获得山东省交通运输厅及山东省发展和改革委员会的联合批复。

12月25日　烟台港引航站莱州分站引航员引领“罗萨”轮安全靠泊莱州中海8号泊位（船长274米，吃水9米）。

12月25日至26日　交通运输部和山东省交通运输厅在烟台联合召开烟台港总体规划修订审查会并通过审查。

12月27日　烟台市港航局安全标准化评审组对宏港公司进行评审，宏港公司成为烟台港航企业中首个安全标准化三级达标的港口普通货物码头企业。

12月29日　烟台海关邮运空运现场跨境贸易电子商务一般出口模式正式启动。

12月31日

●烟台市港口年实现货物吞吐量31970.73万吨，与上年同期相比增长11.47%；集装箱吞吐量235.63万标准集装箱，增长9.58%。

●烟台市人民政府批复《烟台市旅游码头总体布局规划》。

●山东省质量强省及名牌战略推进工作领导小组发文《关于公布2014年度山东省服务名牌名单的通知》，烟台港联合港埠公司“烟台港精装化肥”，客运总公司“烟台港客运“德纳四海客”、龙口港公司“中非杂货班轮”通过名牌到期复评，获得“2014年度山东省服务名牌”。

是月　邢迎春和连卫东撰写的《烟台市临港产业区与中日韩自由贸易区叠加模式研究报告》被评为2014年度烟台市政府系统优秀调研成果一等奖。

是年

▲烟台港引航站共引领中外船舶10965艘次，保持位居全国各引航机构第十位。

▲烟台海关共征收税款84.5亿元，监管进出口总值2467亿元，与上年同期相比分别增长7%和14.5%。

▲烟台检验检疫局共检验检疫出入境货物8.2万批，货值80.4亿美元。其中检出不合格8994批，货值13.15亿美元。传染病监测体检1.08万人次，预防接种8596例。检疫出入境船舶2916艘次、集装箱23.0万标箱。发现动植物疫情186种，2396次。2014年年末，烟台检验检疫局共有12个正处级内设处室：办公室、法制与综合业务处、质量安全监督管理处、卫生检疫处、动植物检验检疫处、食品检验监督处、检验监管处、认证监管处、人事处、财务处、机关党委办公室（政工处）、纪检监察室。3个直属事业单位：烟台检验检疫局检验检疫技术中心（正处级）、烟台国际旅行卫生保健中心（正处级）、烟台检验检疫局机关服务中心（正处级）。1个事业附属机构：海泰卫生除害科技服务有限公司，为正处级事业附属机构。1个企业单位：烟台检验认证有限公司。为中国检验认证集团山东有限公司全资子公司。6个派出机构：烟台开发区办事处（正处级）。烟台机场办事处（正处级）、招远办事处（正处级）、烟台保税港区办事处（2014年10月，由出口加工办事处更名，升格为正处级）、烟台莱阳办事处（正处级，2011年12月增设）、邮检办事处（正处级，2014年5月新增）。控制编制300人（行政212人，事业88人）。现实有人数行政208人，事业85人。其中，机关行政133人，事业65人；烟台开发区办事处行政16人，事业6人；烟台机场办事处行政16人，事业5人；招远办事处行政11人；保税港区办事处行政22人，事业6人；莱阳办事处行政10人，事业3人。

港口作业部分设施设备

✦ 20英尺干货集装箱/2014年摄

✦ 40英尺冷藏集装箱/2014年摄

✦ 40英尺干货集装箱/2014年摄

✦ 岸边集装箱起重机（岸桥）/2014年摄

✦ 20英尺冷藏集装箱/2014年摄

✦ 叉车/2014年摄

✦ 堆取料机 /2014 年摄

✦ 客梯 /2014 年摄

✦ 浮式起重机（浮吊）/2014 年摄

✦ 滚装连接桥 /2014 年摄

✦ 高架吊 /2014 年摄

✦ 龙门起重机（龙门吊）/2014 年摄

✦ 轮胎吊 /2014 年摄

✦ 牵引拖车 /2014 年摄

✦ 门座式起重机（门机）/2014 年摄

✦ 带式输送机（皮带机）/2014 年摄

✦ 桥式抓斗卸船机 /2014 年摄

✦ 推耙机 /2014 年摄

✦ 抓斗 /2014 年摄

✦ 拖轮 /2014 年摄

✦ 装载机 /2014 年摄

✦ 挖掘机 /2014 年摄

✦ 自卸车 /2014 年摄

✦ 灌包机 /2014 年摄

✦ 滚装汽车安检设施 /2014 年摄

✦ 登船梯 /2014 年摄

✦ 船用装卸臂 /2014 年摄

✦ 消防炮 /2014 年摄

✦ 快速脱缆钩 /2014 年摄

✦ 冷冻式压缩空气干燥机 /2014 年摄

✦ 电动消防泵组 /2014 年摄

✦ 螺杆空压机 /2014 年摄

✦ 变压吸附制氮机 /2014 年摄

✦ 东风 7G 型内燃机车 /2014 年摄

✦ P70 棚车 /2014 年摄

✦ C70 敞车 /2014 年摄

✦ NX70 平车 /2014 年摄

✦ GQ70 罐车 /2014 年摄

✦ 中铁渤海轮渡“一对五”铁路道岔 /2014 年摄

主要参考文献

《春秋公羊传》

《史记》

《明实录》

《筹办夷务始末》

《清实录》

《清史稿》

《资治通鉴》

《登州府志》明泰昌版复印本。

《万历福山县志》（明）宋大奎修．郭如泰纂．明万历四十六年（1618 年）复印本。

《顺治登州府志》（清）施闰章 刘昌臣等纂修．清顺治十七年（1660 年）复印本。

《康熙福山志》（清）罗博修；陆清兆甲纂．康熙十二年（1673 年）复印本。

《康熙莱阳县志》（清）万邦维修．卫元爵 张重润纂．清康熙十七年（1678 年）复印本。

《雍正文登县志》（清）王一夔等纂修．清雍正三年（1725 年）刻本影印。

《乾隆莱州府志》（清）严有禧纂修．清乾隆五年（1740 年）刻本影印。

《乾隆登州府续志》（清）韩永泰修纂．清乾隆七年（1742 年）刻本影印。

《乾隆海阳县志》（清）包桂纂修．清乾隆七年（1742 年）刻本。

《乾隆福山县志》（清）何乐善等撰．复印本

《乾隆栖霞县志》（清）卫苌纂修．影印本

《道光重修蓬莱县志》（清）王文焘修．张本 葛元昶纂．清道光十九年（1839 年）影印本。

《道光荣成县志》（清）李天陟等纂修．清道光庚子年（1840 年）刻本影印。

《道光招远县续志》（清）陈公等撰修．清道光二十六年（1846 年）刻本影印。

《顺治招远县志》（清）张作砺修．张凤羽纂．清道光二十六年（1846 年）刻本影印。

《同治重修宁海州志》（清）舒孔安 王厚阶等纂修．清同治三年（1864 年）．牟平书院刻本。

《同治黄县志》（清）尹继美 王棠等纂修．清同治十年（1871 年）刻本影印。

《光绪海阳县续志》（清）王敬勋 李尔梅编修．清光绪四年（1878 年）刻本。

《光绪栖霞县续志》（清）黄明中 于如川编纂．清光绪五年（1879 年）刻本。

《光绪增修登州府志》（清）周悦让等纂．清光绪七年（1881 年）刻本。

《光绪蓬莱县续志》（清）郑锡鸿 江瑞采修．王尔植等纂．清光绪八年（1882 年）影印本。

《光绪掖县全志》（清）沈廷芳撰．清光绪癸巳（1893 年）．本衙（掖县）藏版。

《山东通志》（清）杨士骧 吴廷斌等总裁．罗正钧 陈荣昌等监修．孙葆田 法伟堂等总纂．商务印书馆．（1915 年）排印本。

《烟台要览》郑千里编著．（1923 年）．芝罘日报社铅字印刷。

《民国福山县志稿》王陵基 于宗潼等修纂．（1931 年）烟台福裕东书局．排印本。

《民国莱阳县志》梁秉锟 王丕煦等纂修．（1935 年）铅印本。

《民国牟平县志》宋宪章 于清泮等纂修．（1936 年）济南：山东印刷局．铅印本。

《烟台概览》刘精一编．（1937 年）．出版者不详。

《烟台大观》池田薰 刘云楼编辑．（1941 年）青岛新民报印务局铅印．复印本。

《中国近代航运史资料（第一辑）》聂宝璋．编上海人民出版社．1983 年 11 月。

《山东航运史》武醒民主编．人民交通出版社．1993 年 5 月。

《烟台市交通志 1840—1985》烟台市交通局编．北京：科学普及出版社．1993 年 3 月。

《中共烟台历史大事记(1919—1949)》中共烟台市委党史研究室编著．郭春晓主编．北京：中共党史出版社．2003 年 10 月。

《烟台海关史概要》边佩全主编．济南：山东人民出版社．2005 年 7 月。

《烟台历史大编年》陈华殿 苏洪泰 姜瑞珍主编．中国文史出版社．2006 年 10 月。

《登州古港史》单兆英　寿杨宾主编．人民交通出版社．1994 年 12 月。

《烟台港史》古、近代、现代部分．烟台港史编写组编．人民交通出版社．1988 年 9 月、2008 年 1 月。

《考古烟台》烟台市博物馆编．齐鲁书社．2006 年 6 月。

《蓬莱市志》山东省蓬莱市地方史志编纂委员会办公室编．方志出版社．2013 年 11 月。

编后话

本记编写源于2004年。初，仅为结合“烟台港航信息”的印发记录全市港航系统发展建设的一些重要活动，限于人手，烟台市港航局办公室安排人员兼顾，每年零散汇集各县市区港航行业大事。2010年9月，烟台市港航局联手烟台市史志办，由吴东有、于瑞友组织双方专人进行相关资料的搜集整理，筹备编写。

2013年，《烟台港航大事记》的编写工作正式启动。烟台市港航局纪委书记刘鹏负责组织推进，资料整理范围加大，并确定撰稿框架形式，2014年春节过后，完善初稿文字、图照的整合和考证，经几番修改和征求有关方面对初稿的意见后，2014年6月24日召开初审会，进一步增删补正。2015年7月，将初步设计的样书打印分发给相关单位做最终修改后，10月赴北京交出版社审核出版。

本记编辑期间，山东省地方史志办公室、山东省交通运输厅港航局、烟台市地方史志办公室、烟台市档案馆、烟台市芝罘区档案馆、烟台市博物馆、烟台市图书馆、烟台日报社、蓬莱市蓬莱阁管理处、莱州市博物馆、长岛县博物馆、中华人民共和国烟台海关、中华人民共和国龙口海关、中华人民共和国蓬莱海关、中华人民共和国莱州海关、中华人民共和国烟台海事局、交通运输部北海救助局、交通运输部北海第一救助飞行队、交通运输部烟台打捞局、中华人民共和国烟台出入境检验检疫局、中华人民共和国莱州出入境检验检疫局、中华人民共和国龙口出入境检验检疫局、山东省烟台船舶检验局、交通运输部北海航海保障中心烟台航标处、中国船级社青岛分社烟台办事处、中华人民共和国烟台边防检查站、烟台保税港区管理委员会、烟台市经济和信息化委员会、烟台市港航管理局、烟台市文化局、烟台市海洋与渔业局、烟台市商务局、烟台市气象局、烟台港引航站、莱州市港航管理局、龙口市港航管理局、蓬莱市港航管理局、长岛县港航管理局、烟台市经济技术开发区港航处、海阳市港航管理局、烟台市牟平区港务局、牟平区交通局航务管理所、招远市航务管理所、莱阳市交通局运输管理处、烟台市芝罘区地方史志办公室、莱州市地方史志办公室、龙口市地方史志办公室、蓬莱市地方史志办公室、长岛县地方史志办公室、招远市地方史志办公室、烟台市牟平区地方史志办公室、海阳市地方史志办公室、莱阳市地方史志办公室、烟台市福山区地方史志办公室、栖霞市地方史志办公室、烟台港集团有限公司、龙口港集团有限公司、渤海轮渡股份有限公

司、中铁渤海铁路轮渡有限责任公司、烟台蓬长客港有限公司、海阳港务有限公司、烟台中韩轮渡有限公司、大新华轮船（烟台）有限公司、中海港务（莱州）有限公司、中交烟台环保疏浚有限公司等部门和单位给予了大力支持和帮助。

烟台文史界宋玉娥、林仙庭、吕福堂、王景文和张宜人、王士鹏、潘从宪等前辈不吝指教，受益匪浅。

栾德强、姜瑞贞、刘树伟、周宪冲、刘文君、李建伟、姜元武、蒋纪波、吴宇震、孙志烂、张春岭、王威、张少云、石磊、杨克兴、侯嘉、孙玉清、王淑英、孙明瑞、陈修升、王保林、魏洪言、梁亮、柳明、初中杰、武敏、冷北勇、王金杰、冯秀松、李醒、王东海、葛益民、曲彩玲、薛英云、晏军、汤黎明、宋宏伟、徐强、谢峰、李新辉、孙兆东、马玉亮、王宏、王芳、姜世平、王军、王顺磊、董世玉、于洁、蒋永华、高远、刘灿辉、于江、张新春、隋洪业、栾红状、于冰、徐东晓、郝光亮等提供部分文图照资料。

杜福堂、李迎春、张文生、李凯明、孙显军、连卫东、石祖勋、张晋明、李岩、孙培志、王相东、张秀海、刘玉忠、孙洪海、王磊、尹春辉、陈玉先、王永安、刘华江、张春光、邵明福、兰朋学、韩宗丰、刘玉胜、孙学森、赵连刚、毕春胜、杨明喜、曲广文、吴承宁、东超、刘岩颜、张旭、严洋、孟大秋、于海波、李为涛、曲明辉、马子云、王健、杨冰冰、林琳、黄志梅、刘胜芳等帮助校正。

邹广仁、张大浩、张学省、于松申、姜智铭曾先后参与资料搜集整理。

众人协力事成此记，在此一并表示由衷的谢意。

由于此记时间跨度长，涉及的内容多，资料搜集有限，编者才疏学浅，勉力为之，因此难免欠妥和谬误之处，敬请知情者斧正。

书稿付印正值新春，海风从东方吹来，带着清凉的气息。晚霞映衬着朦胧的远山，依稀可见烟台山灯塔下，启航的巨轮正犁开码头岸桥在海面上的倒影，缓缓驶出港湾。一声笛鸣，余音穿过奇山所城里的老街巷，在高楼林立的港城上空迴荡。

风催浪起，大潮澎湃，愿烟台港航风帆高扬！

编　者

2016年1月

版式编排：任　璐　林伟伟

ISBN 978-7-5144-1932-0